KB168233

동서고금 명사들의 일화집

역사를 만들고
일화로 남은
사람들

편저자 김재은

Episode

동서고금 명사들의 일화집

역사를 만들고
일화로 남은
사람들

편저자 김재은

대양미디어

● 이런 책이 왜 필요한가?

역사상의 명사들이란 그 시대에 살면서, 혹은 그가 사망한 후에도 국가나 인류의 역사의 물꼬를 트고, 자기가 관여하던 분야의 발전이나 혹은 동시대나 후세에 크게 영향을 끼쳤거나 문제를 일으켜 세상을 떠들썩하게 만든 인물들을 말합니다. 그래서 그런 인물들에 관해서 메모를 하기 시작해서 공동저자인 내 차남과 함께 자료 수집을 4~5년에 걸쳐 해서 3,000명에 가까운 인물들의 자료를 모았고 그 중에서 약 1,300명가량을 뽑아서 이 책을 내게 되었습니다.

영어의 anecdote는 일화(逸話) 혹은 기담(奇談)이라고 번역하는데, 웹스터 영 사전에는 "흥미롭고, 우스운 전기적 사건(傳記的 事件)을 짧은 이야기 체로 적은 것"이라고 정의하고 있습니다.

이 일화는 어떻게 보면 그 사람의 뒷이야기 같은 것입니다. 이 전기적 사건 속에는 오리지널 스토리(original stories)가 반드시 들어가야 되지만, 그 오리지널 스토리를 누가 직접 목격했고, 목격한 것을 어떻게 기록하고, 전달했느냐가 큰 문제였습니다. 즉 6하 원칙에 따라서 필기로나 그림으로 적어놓았던 것이면 몇 천년이 지나도 판독과 이해가 가능하지만 사건─사실을 기록할 문자나 매체가 없었을 때에는 대개 구전이어서 확실성에 문제가 있는 것은 사실입니다. 문자가 발명되기 전이나 정보 통신기술이 제대로 발달되지 않아서 극소수의 역사가나 목격자가 양피지나 대나무나 파피루스나 돌이나 찰흙판 등에 적어 두었던 내용도 많은 부분은 구전이었습니다.

그러나 문자가 발명되고 역사를 기록할 종이가 발명되고 정보 통신 기술이 발달되어도 사실(史實)이냐 혹은 사실(事實)이냐 아니면 가짜 뉴스냐의 여부는 따지기 매우 어렵습니다. 그래서 일단은 책이나 신문, 잡지, 방송, 인터넷 등으로 전해져 온 기록들을 중심으로 발췌했습니다. 그러니까 여기에 수록된 내용이 반드시도 진정한 사실(authenticity)을 적었다고 장담하기는 어렵습니다. 독자들은 그 점을 양해해 주시기 바랍니다.

사실 외에 오랜 세월동안 전래되어 온 이야기, 유명 인사들의 재치 있는 대담, 우연히 일어난 돌발적인 사건의 앞 뒤 사정 같은 것도 신도록 했습니다. 별로 기대하지 않았던 이야기, 의외로 충격적이었던 이야기, 의외였거나 놀랍고 특별한 이야기들이 대부분입니다.

● 일화란 무엇인가?

일화는 그 리얼리티(reality-사실성)에 있어서는 서너 단계로 나눠질 수가 있습니다.

첫째는, 그런 사건이 일어났던 현장을 목격했거나 직접 관여한 사람이 기록한 것이거나 구전한 내용이 가장 사실성이 높은 일화일 것입니다. 또한 요즘 같으면, 현장을 취재한 신문사 기자나 방송사 리포터가 현장을 찍은 사진이나 비디오 (스마트 폰으로 일반 시민이 찍어 제보하는 특종감 기사)나 녹취록이 여기에 해당할 것입니다. 말하자면 팩트(fact)에 가장 가까운 내용들일 것입니다.

고려시대나 조선조의 큰 인물들은 대개 실록에 기록되어 있어서 자료가 비교적 정확하나 역사에는 정사(正史)와 야사(野史)가 있는데, 공적 기록은 없지만 지방마다, 문중에서 보관하고 있는 문집(文集), 오랫동안 마을에서 돌아다니던 야사적인 것도 상당수 있습니다. 그러나 야사는 재미가 있고 구전되어 내려오는 부분이 많아서 상당히 극적으로 각색이 되어있는 경우가 많습니다.

둘째로, 이렇게 기록으로 남겨진 역사는 취사선택을 한 것이니 원 자료에 해석이 붙은 것입니다. 이것이 두 번째 단계의 리얼리티가 됩니다.

셋째로는, 제 삼자가 그 글을 읽거나 이야기를 듣고 거기에 윤색을 해서 더 재미있고, 전파력이 센 작품으로 만드는 과정이 있습니다. 이것은 줄거리만 비슷하고 나머지는 픽션일 가능성이 많습니다. 또한 이런 것들은 일화라기보다 창작 작품에 가깝습니다. 그래서 이런 부류의 내용은 일화가 되기 어렵습니다.

● 어떤 인물들을 선정하였는가?

이 일화집에 수록한 이야기들을 선정하는 데는 몇 가지 규칙에 따랐습니다. 그렇게 해서 그 이야기가 비교적 역사적 근거를 갖도록 노력했습니다. 즉

첫째 이 책에 수록된 내용은 1차적으로는 쓰여진 역사자료 예컨대 역사책, 역사사전, 인명록, 백과사전 등에 등재되어 있는 인물들을 우선적으로 선정했습니다.

둘째 대상자가 살아 있었던 시대와 출생—사망 연도가 확실하지 않는 이야기는 빼도록 했습니다. 반드시 출생과 사망 연도를 기록하기로 했습니다만, 분명히 역사적 인물임에는 틀림이 없지만 출생—사망에 관한 연도 기록은 확인되지 않

는 경우가 있습니다. 특히 고대 희랍—로마시대나 중국의 당나라 이전에는 그 점이 분명치 않는 인물이 대부분입니다. 성인이나 위인들 중에도 그런 인물이 많습니다.

셋째 사건이 일어났거나 일이 벌어졌던 시간과 장소를 될 수 있는 대로 객관적으로 표기하려고 했습니다.

넷째 지금 생존해 있는 인물은 원칙적으로 다루지 않기로 했으나 아주 드문 사례 몇 명만 다루었다는 점을 밝혀 둡니다.

● 내가 발견한 중대한 교훈은 무엇인가?

나는 이 일화집에서 굉장히 흥미로운 사실들을 발견하게 되었다는 점을 적어두고 싶습니다.

첫째, 개인의 생애 중 어느 한 시기에, 한 장소에서 있었던 일화 속에서 그 사람의 모든 것을 추리해 볼 수 있고, 그 사람의 정신을 읽어낼 수 있는 단서나 자료적 암시가 상당히 많았다는 점입니다.

둘째, 제왕이나 장군, 위대한 정치가나 사상가의 개인적 일화는 단순히 그 개인에게 일어난 돌발 사건이나 이야깃거리가 아니라 그 시대의 역사적 상황이나 맥락과 맞물려있다는 것을 알 수 있습니다. 즉 그 개인의 삶이 역사와 시대성의 좌표 속의 어딘가에 자리 잡고 있는 사건이나 일화였다는 점을 발견하게 되었습니다.

셋째, 비록 한 개인이지만, 그 개인의 힘이 긍정적이든 부정적이든 간에 역사의 물꼬를 트고, 바꾸고, 뒤로 되돌려놓는 큰 힘도 가지고 있다는 사실을 발견하게 되었습니다. '히틀러'니 '나폴레옹'이나 '칭기즈칸' 등과 같은 통치자의 예가 좋은 본보기입니다.

넷째, 모든 인간은 '황제'라든가 '대통령'과 같은 그의 공적 타이틀과 관계없이, 역시 인간으로서의 나약함과 한계를 가지고 있구나 하는 것을 발견하게 됩니다. 그들도 보통사람이 앓는 것과 똑같은 정신적 육체적 고통과 질병을 앓고 있었습니다. 즉 그들에게도 일상적인 고뇌, 분노, 비탄, 원한, 모진 악질로 인해 그의 삶이 무너지는 경우를 많이 보게 되었습니다.

다섯째, 인간사란 자연의 법칙처럼 명쾌하게 정제된 질서로 해결되는 것이 아니라 복잡다단하고, 얽히고설키고 착종된 것이어서 해결이 쉽지 않다는 점이었습니다.

여섯째, 이 일화집에 등장하는 성인, 제왕, 장군, 정치가, 기업가, 예술가, 학자, 스포츠맨들의 이야기를 통해서 우리는 인류역사의 흐름과 그 변환, 전쟁과 평화, 개인의 위대함과 나약함, 삶과 죽음의 의미, 인간적 갈등과 투쟁, 탐욕과 분노, 웃음과 눈물, 수사(修辭)와 소통, 이성(理性)과 감성의 교착, 인간의 신성과 야성을 동시에 읽을 수가 있습니다. 일화는 단순한 이야깃거리가 아니고 거기서 우리는 이런 여러 가지 흥미로운 인간의 면모와 인류 역사의 조망(眺望)도 읽을 수가 있습니다. 그래서 더욱 흥미롭습니다.

1. 여기에 실린 내용들의 출처는 이 책의 끝 부분에 〈참고문헌〉으로 달아서 적어 두었습니다. 이 책은 논문이 아니어서 개인별로 출처를 밝히지는 않았습니다.

2. 내용 중 신문이나 잡지, 인터넷 등에서 인용한 것은, 그대로 옮기지 않고 '발췌' 하거나 '요약'해서 실었다는 것을 밝혀 둡니다. 일일이 필자에게 양해를 구하지 못 했음을 유감으로 생각하지만 양해해 주시기 바랍니다.

3. 여기 실린 인물들의 이름의 표기는 한국인을 제외하고, 유럽과 남북 미주인들 은 그 나라의 표기방법을 최대한 따르려고 했습니다. 일본인은 일본식 표기를 썼으 니 중국인은 우리나라 한자 음으로 표기했습니다.

4. 유럽이나 남북 미주인의 이름표기는 성(姓)에 해당하는 이른바 'family name' 과 이름에 해당하는 'first name'만 적었습니다. 유럽식 표기에는 중간 이름 즉 'middle name'이란 것이 있는데 그건 대개 조상의 이름을 따는 경우가 많습니 다. 이 책에서는 이 미들 네임을 쓰지 않았습니다. 그 이유는 너무 길고 복잡하기 때문입니다. 예컨대 영국의 유명한 극작가 〈조지 버너드 쇼〉가 있는데 〈George Bernard Shaw〉의 경우 〈Shaw, George〉라고만 표기했다는 말입니다. 즉 성을 앞 에, 이름을 뒤에 적었습니다.

이 책을 만드는데 근 1년이 걸렸는데 몇 번의 인물선정의 수정과 첨삭 끝에 탄생 하게 되었습니다. 그동안 워드작업과 편집에 수고를 많이 하신 출판사의 정영하 선 생과 출판을 흔쾌히 허락해주신 사장 서영애 님께 깊은 감사의 말을 드리고 싶습 니다.

이 책으로 인해 독자들의 삶이 더욱 풍요로워지기를 기대합니다.

2019년 8월
편자 적음

차 례

차 례

차 례

차 례

차 례

차 례

차 례

차 례

Korea
Japan, China, India
etc.

아시아편

한국·일본·중국·인도 등

● 강감찬(姜邯贊 : 948~1031), 고려시대 현종 때의 명장

아버지는 삼한벽상 공신이다. 어려서부터 학문을 좋아하고, 지략이 많아 성종 때 갑과(甲科)에 장원급제하였다.

1010년 현종 1년에 글안(契丹 : Kitai족)의 성종이 40만 대군으로 침입하자 고려에서 처음에는 강초가 30만 대군을 이끌고 나가서 패했다. 그래서 많은 신하들이 왕께 항복하라고 권했으나 강감찬만이 반대하여 하공진을 적진에 보내 설득하여 물러나게 했다.

그 뒤 한림학사 등 관직을 거치면서 왕의 총애를 받았다. 1018년 글안의 성종이 다시 고려를 치니 나이 70에 강감찬이 상원수가 되어 20만8천 대군으로 귀주(龜州)에서 적을 크게 무찔러 살아 돌아간 적군이 불과 수천이었다고 한다. 이것을 귀주대첩이라고 한다.

강감찬은 적 포로들의 전리품을 거두어 돌아오니 왕이 친히 영파역까지 마중나와 그를 환영했고, 금화 팔찌를 머리에 꽂아주었다. 그 후 공신의 호를 받고 정계에서 물러나서 글을 벗하며 조용히 살았다.

● 강영훈(姜英勳 : 1922~2016), 정치가, 장군, 육사교장, 학자, 국무총리 역임

육군사관학교 교장(중장) 재직 중 5·16쿠데타가 발생했으나 참여를 거부해 '반혁명 장성 1호'로 서대문교도소에 수감됐던 그는 1988년 12월 5일 제6공화국 2기 내각의 국무총리를 역임하고 다양한 사회활동에 참여해 왔다. 특히 1990년 서울에서 남북 최초의 총리회담을 개최해 남북화해의 새 장을 열었다. 같은 해 10월에는 홍성철 통일원 장관과 함께 우리 총리로는 처음으로 북한 평양을 직접 찾아 주석궁에서 김일성 주석을 만나기도 했다. 또 3차례에 걸친 남북고위급회담을 성공적으로 이끌며 남북 협력 발전의 실질적인 기초를 닦았다.

그는 지극한 애처가로 알려져 치매를 앓고 있는 부인 간호에 온갖 정성을 다하다가 작고하였다는 후문이다.

● 강우규(姜宇奎 : 1885~1920), 한국의 독립운동가, 사이토 총독 암살기도

강우규(姜宇奎)가 폭탄을 가지고 잠입하였다. 원산(元山) 최자남(崔子男)의 집에 숨었는데 그는 친구이자 항일 운동가였다.

한 달쯤 지나니까 사이토(齋藤實)가 부임을 한다는 소식이다.

"이제 서울로 가야겠는 걸?"

하고 강우규가 말문을 열자 최자남이 서운한 듯이 말했다.

"좀 더 쉬고 가시지. 이제 가면 영 이별인데 하루 이틀 더 쉬시구려."

강우규가 고개를 저으면서 대답했다.

"수렵기(사냥할 시기)가 다가오는 걸 그래. 시기를 놓치면 안 되지."

서울로 잠입한 강우규는 사이토의 부임 행렬에 폭탄을 던져서 육군소장 무라다(村田信行) 외 37명에게 중경상을 입혔고 일본 신문기자 2명이 죽었다. 강우규 의사는 1919년 9월 2일 사이토(齋藤實) 총독에게 폭탄을 던졌으나 실패하고 체포되어 사형되었다.

● 강종(康宗 : 1152~1213), 고려 22대왕, 재위 1211~1213

강종은 최충헌이 강종 삼촌의 아들, 4촌인 희종(熙宗)을 쫓아내고 세운 임금이다. 환갑이 다 되어서 왕이 된 드문 예이다. 강종은 왕이 되자 모든 나라 일을 최충헌이 만든 교정도감에 맡겼다. 그러나 강종은 워낙 나이가 많아서 왕이 된지 20개월 만에 세상을 떠나고 만다.

강종이 나라를 다스리던 시기에 대해 "강종은 모든 나랏일을 처리하는데 있어 최충헌의 통제를 받아야 했다. 그러다 갑자기 병에 걸려 한 나라의 임금으로서 누릴 수 있는 행복을 제대로 맛보지도 못하고 숨을 거두었으니 참으로 슬픈 일이다"라고 역사가들이 적고 있다.

이처럼 강종 때의 고려도 임금은 있었으나 실제의 임금노릇은 최충헌이 한 때였다.

● 강홍립(姜弘立 : 1560~1627), 조선조 중기(명종 · 인조)의 장군

1597(선조 30)년에 문과에 급제했다. 명나라가 후금국(後金國)의 건주(建州)를 칠 때, 조선에서 원병을 보내게 되어 강홍립은 사양했으나 오도도원사(五道都元師)로서 2만 명을 거느리고 나가 싸우다가 군량이 떨어져 항복하여 흥경(興京)으로 붙잡혀갔다. 처음부터 명나라에 대한 체면상 할 수 없이 출병한 것인데, 광해군(光海君)이 명나라가 패배할 것을 짐작하고 홍립에게 정세를 보고 적당히 향배를 정하라고 시켰다는 말이 있다. 1627년, 인조 5년에 정묘호란(丁卯胡亂) 때는 적군의 선도를 맡았고, 후금의 사신으로 강화에 와서 화의를 주선한 일도 있다.

그는 10년이나 후금에 억류되어 있다가 풀려나와서 고국에 돌아왔으나 진정된 후 국내에 남게 된 홍립이 역신(逆臣)인지 충신인지를 따지는 격론이 벌어지고 마침내 역신으로 규정되매 단식 끝에 죽었다. (이홍직 편 국사대사전)

● 거칠부(居柒夫 : ?~579), 신라 진흥왕 시의 승려, 장군

거칠부는 신라 진골(眞骨 : 신라시대의 골품제도인데 부나 모 어느 한쪽이 왕족인 후손들에게 붙여진 골품인데, 신라 29대 태종무열왕 이하 임금은 모두 진골출신이다) 귀족 출신으로 성격이 호탕했다. 젊어서 중이 되어 사방을 돌아다니다가 고구려 땅에 들어갔다. 마침 혜량(惠亮)법사가 불경을 강론하는 자리에 참석했다가 눈에 띄어 신라인임을 고백하게 되었다. 혜량으로부터 "그대는 장수가 될 상이오. 만일 군사를 거느리고 오거든 나를 해치지 말라"라는 말을 듣고 그러마고 다짐하고 귀국했다.

그는 24대 진흥왕의 명을 받아 『국사』를 편찬했고, 551년(진흥왕 12)에 신라와 백제가 공동으로 고구려를 공격할 때 8명의 장군들과 죽령 이북의 10개 군(郡)을 탈취했다. 이때 다시 혜량법사를 만나자 그를 수레에 태우고 돌아왔다. 혜량은 신라에서 승통(僧統)에 임명되어 처음으로 백좌강회(百座講會)와 팔관회(八關會)를 열기도 했다. 거칠부는 576년(진지왕 1)에 상대등이 되어 군사권을 맡아 보다가 78세에 생을 마쳤다. (하일식의 한국사 참조)

● **견훤**(甄萱 : 867~936), 후백제의 시조(재위 900~935), 본성은 이씨

　견훤은 상주 호족의 아들로 태어났다. 전설에 따르면, 지렁이가 사람으로 변하여 밤마다 광주(光州) 북촌에 있는 부잣집 딸을 찾아와 동침한 뒤 그를 낳았다고 한다. 자라서 서남해안을 지키는 장교가 되었다가 농민봉기를 틈타 세력을 모아 892년 지금의 전라도 일대를 장악했다.

　900년 완주(전주)에 와서 견훤은 환영 나온 주민들 앞에서 백제의 멸망을 한탄하면서 "어찌 의자왕(백제 30대왕)의 오랜 원한을 씻지 않겠는가?" 하면서 신라에 대한 적개심을 토로했다. 그리고 후백제 왕으로 자칭하면서 이듬해 신라 공격에 나서 대야성(합천)을 공격했으나 실패했다. 이때 궁예(태봉)가 왕건을 시켜 금성(나주)을 점령한 뒤 재탈환을 노리고 910년 금성을 포위 공격했으나 실패했다.

　그 뒤 견훤은 태봉의 정변으로 궁예가 죽고(918) 왕건이 고려 태조로 즉위하자 축하사절을 보내기도 했다. 그러나 후백제와 고려는 끝내 적대관계를 유지했다.

　920년 견훤은 보병과 기병 1만을 이끌고 대야성을 함락시킨 뒤 자주 고려를 공격했다. 927년에는 경주를 공격하여 포석정에서 놀던 경애왕(제55대 왕)을 죽이고 왕비를 강간한 뒤 경순왕을 세우고 철수했다.

　후백제는 오랫동안 고려와 신라에 대해 군사적 우위를 지켰으나 929년 고창(안동)전투에서 고려군에 패해 800명의 사상자를 내고 물러갔다.

　견훤은 많은 아내를 두었고 10여명의 아들을 두었으나 넷째 아들을 왕으로 삼으려하자 위의 형 세 사람이 아버지를 금산사에 가두고 왕권 후계자 동생 금강을 죽였다. 견훤은 석 달 뒤 나주로 도망해서 왕건에게 망명을 요청했고, 왕건은 그에게 상문(尙父)의 지위를 주는 등 후대했다. 그 뒤 아들들이 936년에 고려군에게 대패해서 후백제는 멸망했다.

● **경순왕**(敬順王 : ?~979), 신라 56대 왕

　경순왕은 경애왕의 6촌 동생이다. 927년 9월에 후백제의 견훤이 신라를 침범해서 고을부(지금의 영천)에 이르니 경애왕은 고려 태조에게 구원을 청했다. 태조(왕

견)는 장수에게 명하여 강한 군사 1만 명을 거느리고 구하게 했으나 구원병이 미처 도착하기 전에 견훤은 그해 11월에 신라 서울(경주)로 쳐들어갔다. 이때 왕은 비빈(妃嬪), 종척들과 포석정에서 잔치를 열고 즐겁게 놀고 있었기에 적군이 오는 것도 알지 못하다가 순식간에 벌어진 일로 어찌할 바를 몰랐다. 왕과 비는 달아나 후궁으로 들어가고 종척과 공경대부와 사녀(士女)들은 사방으로 흩어져 달아나다가 적에게 사로잡혔으며 귀천을 가릴 것 없이 모두 땅에 엎드려 노비가 되기를 빌었다.

견훤은 군사를 풀어 조정과 민간의 재물을 약탈하고, 왕궁에 들어가서 기거했다. 이에 좌우사람을 시켜 왕을 찾게 하니 왕은 비첩 몇 사람과 후궁에 숨어 있었다. 이를 군중(軍中)으로 끌고나와 왕은 억지로 자결케 해 죽게 하고, 왕비를 욕보였으며, 부하들을 풀어 왕의 빈첩들을 모두 욕보였다. 왕의 족제인 부(傅)를 세워 왕으로 삼으니 왕은 견훤이 세운 셈이 되었다. 왕위에 오르자 전왕의 시체를 서당(西堂)에 안치하고, 여러 신하들과 함께 통곡했다. 이때 고려 태조(왕건)는 사신을 보내 조상하였다. 이때가 경순왕 8년 935년이었다.

신라는 56대, 992년 이어져 왔다. 그래서 신라 1000년은 막을 내렸다.

● 경허선사(鏡虛禪師 : 1846~1912), 한국 불교의 선사

☞ 경허는 조선조 말에 태어나서 아홉 살에 시흥 청계사에 들어가 행자가 되었다. 수행에 몰입하여 피눈물 나게 정진한 끝에 마침내 큰 깨달음을 얻어 대장부의 큰일을 다 마치게 되었다. 그 후 탁월한 제자들을 길러내, 현대한국불교의 초석을 놓는 근대 불교사에서 최고의 선승이오 중흥자로 인정받고 있다.

☞ 제자 만공(萬空)과 같이 길을 가고 있었다.
"스님 쉬었다 가면 안 될까요?"
"힘드냐? 그렇다면 내가 축지법을 가르쳐주지."
"네!"
"저 아랫마을에 가서 가르쳐 주지."

마을에 이르자 한 여인이 우물에서 물을 긷고 있었다. 경허는 물 좀 달라며 그 여인에게 다가가서 볼에 입을 맞추었다.

그러자 그 여인은 "저 땡중이 나를 겁탈하려 한다"며 고래고래 소리쳤고, 두 사람은 걸음아 나 살려라며 달아났다. 마을을 벗어난 경허가

"아직도 힘이 드느냐?"

"아니오."

"그래 그렇다면 축지법은 이미 전수한 것이다."

● 계백(階伯 : ?~660), 백제말의 장군

660년 백제 제30대 의자왕 20년에 당나라 장군 소정방(蘇定方)과 신라의 장군 김유신의 나당연합군이 백제에 쳐들어올 때, 달솔(達率 : 백제의 16등 관직의 계급 중 제2위의 관직)에서 장군이 되어 기울어져가는 백제를 구하고저 결사대 5,000명을 뽑아 거느리고, 자기의 처자들도 손수 죽여 나라를 위해 목숨을 버릴 것을 굳게 맹세하고, 황산벌 싸움터에 나갔다. 그의 결사대는 신-라 김유신의 5만 여명의 군사와 네 차례나 싸워서 이겼으나 결국 나이 어린 신라 화랑 관창(官昌)의 전사에 흥분되어 노도처럼 밀려드는 신라군에게 중과부적으로 폐하고 계백과 결사대 전원이 장렬한 최후를 마쳤다.

● 고개지(顧愷之 : 344~406), 중국 晋대의 명화가

중국 남경(南京)에 와관사(瓦棺寺)라는 절을 짓는데 중들이 각처를 다니면서 권선(勸善)이라는 이름하에 의연금을 모금하는데 조정의 고관들 중에도 10만 냥을 낸 사람이 없었다. 그런데 고개지라는 화가를 찾아갔더니 가난하기가 이를 데 없는 사람이 선뜻 100만 냥을 적어냈다.

모두가 그건 거짓말이라고 했다. 그 후 절이 낙성된 후 중들이 모금을 재촉하니 고개지는 붓을 들고 절로 가서 문을 걸어 잠그고 100여일에 걸려 유마상(維摩像 : 부처에 귀의하여 보살이 된 사람의 모습) 하나를 벽에다 그렸는데, 다 그리고 눈동자를

그리면서 중더러 "누구든지 첫날 문을 열고 보는 사람에게는 10만 냥씩을 받고, 둘째 날에는 5만 냥씩 받고 그 다음부터는 제각기 받으라"고 일렀다.

그림을 마치고 문을 여니 그림에서 방사하는 광명에 온 절 안이 환하게 밝아졌다. 그러나 한번 보는데 10만, 5만 냥씩이라는 거액이지만 고개지의 신필(神筆)을 보려고 다투어 구경하는 바람에 며칠 안에 100만 냥이 모였다고 한다.

● **고국천왕**(故國川王 : ?~197), 고구려 9대왕, 재위 179~197

신대왕의 둘째아들이고, 왕비는 제나부(提那部) 우소(于素)의 딸이다. 형인 발기가 못났으므로 동생인 남무가 왕이 되었다. 그는 모든 일을 잘 판단하여 처리하였으며, 아울러 관용과 용맹을 갖추고 있었다. 을파소를 등용하여 어진 정치를 하였다.

고국천왕이 재위 19년만인 197년 5월 갑자기 후사 없이 세상을 떠났다. 왕의 병세를 알고 있던 왕후 우씨는 다음 왕이 자기를 궁 밖으로 내쫓을 것 같아 미리 계략을 세웠다. 아들이 없으니 왕의 동생들 가운데서 왕이 될 터이니 미리 손을 써야겠다고 생각하고, 왕이 죽은 날 밤 궁을 몰래 빠져나가 왕의 바로 아래 동생 발기(發岐)의 집에 찾아가 "왕이 후사가 없으니 왕제께서 왕위를 이어야 될 것 같다"면서, 왕위에 오르게 하는데 도와주겠다고 제의했으나 발기가 도리어 형수가 방해를 놓으려는 수작이 아닌가 생각하고 박대를 한다.

우씨는 작은 왕제 연우(延優)를 찾아가니 연우는 형수를 극진히 대접했다. 그리고 식사대접을 받고 궁으로 돌아가는데 연우가 궁궐까지 배웅을 했다. 그래서 우씨는 연우를 고국천왕의 유언이라고 꾸며서 연우를 왕으로 앉혔다. 그리고 다시 왕비가 되어 동천왕(11대왕)을 낳았다. 우씨는 두 형제의 왕비가 된 것이다.

● **고니시 유키나가**(小西行長 : 1555~1600), 임진왜란 때의 왜국 장군

상인의 아들로 태어났으나 도요토미 히데요시(豊臣秀吉)의 막하에서 공을 세워 24만 석(石)의 영주가 되었다. 임진왜란 때에는 가토 기요마사(加藤清正 : 1562~1611)와

함께 선봉으로 우리나라에 침범했다. 평양까지 진격하였다가 명나라 이여송(李如松)에게 크게 패하였다. 심유경(沈惟敬)과 접촉해서 화의를 성립시켰으나 명나라 문서에 히데요시를 일본국왕으로 봉(封)한다는 말이 있어서 화의가 결렬되었다. 정유재란에 다시 침입하여 한산도·순천·남원·울산 등지에서 우리나라 군과 싸웠다. 도요토미 히데요시가 죽은 후 도쿠가와 이에야스(德川家康 : 1542~1616)의 세력을 제거하려고 노력하였으나 세끼가 하라(關原) 싸움에서 지자 주위에서 할복하라고 권했으나 예수(천주교)를 믿는 까닭에 거절하고 붙잡혀 죽었다.

고니시가 처음으로 우리나라에 상륙할 때 데리고 온 천주교 선교사 세스페데스(Cespedes)는 사실상 우리나라에 제일 먼저 들어온 천주교 신부로서 뒤에 일본에 잡혀간 우리나라 포로들을 많이 구출해 주었다.

● **고선지**(高仙芝 : ?~755), 唐나라 장군

그는 사계(舍鷄)의 아들이다. 고구려 사람으로 고구려가 멸망한 후에 당나라에 들어가 하서군에 예속되어 사진교장(四鎭校將)이 되었다. 풍채가 늠름하고 기사(騎射)에 능하고 용감하여 어릴 때 아버지를 따라 안서(安西)에 이르러 아버지의 공으로 유격장군이 되었다. 20여 세에 장군으로 승진하여 아버지와 같은 지위에 올랐다.

처음에는 절도사의 부하로 있다가 나중에 도지병마사가 되었다. 747년 당나라 현종 6년에 보기병 1만을 지휘하여 소발율국을 쳐서 평정하고, 그 왕과 공주를 포로로 하여 돌아와 승진하고, 절도사가 되었다가 장군이 되었다. 석국(石國)을 쳐 평정하고, 또 승진하여 대장군이 되고, 작위까지 받았다.

안녹산이 범양에서 반란을 일으켰을 때에 부원수가 되어 출전하였으나 전임자 상청(常淸)이 패전한 사건을 나라에 보고하지 않은 사실이 발각되어 사형 당했다.
(이홍직의 국사대사전 참조)

● **고종**(高宗 : 1192~1259), 고려 23대왕, 재위 1213~1259

고종은 몽고의 침입으로 강화도로 도읍을 옮긴 임금이다. 고종이 왕위에 오를

무렵 중국은 거대한 소용돌이에 말려들고 있었다. 칭기즈칸이 몽고족을 통일하고 정복전쟁을 벌였던 것이다. 이로 인해 고려 북쪽의 여진, 거란 등은 걷잡을 수 없는 혼란에 빠졌고, 송나라 역시 몽고의 위협에 벌벌 떨어야 했다.

그러던 때 고려에서는 최충헌이 숨을 거두자 그의 아들 최이가 아버지의 뒤를 이어 권력을 휘둘렀다. 중국에서 거대한 전쟁의 바람이 휘몰아치고 있음에도 불구하고 최이는 권력을 넓히기 바빴다. 고종 역시 최이의 기분을 맞추느라 정신이 없었다.

이런 소용돌이 속에 1231년 드디어 몽고가 고려에 쳐들어 왔다. 그러자 최이는 몽고와의 항쟁을 결심하고 강화도로 도읍을 옮겼다. 그 뒤 몽고의 침입은 30년 가까이 계속되었고, 왕과 귀족들이 강화도로 도망가 있는 사이 백성들은 끊임없이 몽고군의 말발굽에 짓밟혀야 했다.

이처럼 강화도에 있는 동안 백성들의 고통에 아랑곳하지 않고 살았던 고종은 1259년 강화도에서 세상을 떠났다. 강화도에 28년이나 있었다. 이때 나이 65세였다.

● **고희동**(高羲東 : 1886~1965), 한국의 화가, 호는 春谷

☞ 고희동은 13세에 1899년에서 1903년 사이 한성법어학교에서 프랑스어를 배웠다. 그리고 궁내부에서 행정 관료로 일했는데, 이때 서양의 화가들이 궁에 드나들면서 남긴 그림을 보고 서양화를 알게 되었다고 한다. 그 무렵 그는 심전(心田) 안중식과 소림 조석진 문하에서 취미와 교양으로 동양화를 배우고 있었다. 프랑스어에 능숙했던 그는 프랑스 공사관에서 열린 소규모 전시회에서 서양화 화풍을 흉내 낸 자신의 그림을 출품하기도 했다.

☞ 고희동은 을사조약이 체결되자 충격을 받고 관직을 그만두었으며 스스로를 달래려고 동양화가 아닌 서양화에 눈을 돌리게 되었다. 1909년 일본에 유학해서 동경미술학교에서 서양화를 공부했다.

1915년 학업을 마치고 귀국할 무렵 한국에는 '미술'이란 말이 처음으로 생겼는데, 고희동의 귀국을 알리는 신문기사가 처음 쓰였다. 귀국 후 서양화를 가르치며 지내다 사회의 시선이 그다지 좋지 않아 그가 스케치를 나가면 엿장수나 담배장수로 오인하는 사람이 많았다고 한다.

● **공민왕**(恭愍王 : 1330~1374), 고려 제31대 왕, 재위 1351~1374

고려 27대 충숙왕의 둘째아들로서, 1341년 11세에 원나라(몽고 정권)에 갔다. 원나라 위왕(魏王)의 딸 노국대장공주를 비(妃)로 맞이하여, 원의 지시로 충정왕(30대 왕으로 공민왕의 조카)을 폐하고 왕위에 올랐으나 원에 반항할 뜻을 품고 있었다. 원나라에 다녀온 최영, 유탁 등의 보고로 원의 쇠약해져가는 진상을 파악하고 1352년(공민왕 1년)에 변발, 호복 등 몽고풍을 폐지하였고, 공민왕 5년에는 몽고의 연호·관제를 폐지하였다. 원 황실과 인척관계를 맺고 권세를 부리던 귀족일파를 숙청했다. 원에게 빼앗겼던 영토도 회복했다.

1368년 공민왕 17년에 주원장(朱元璋)이 명나라를 세우자 이인임을 보내서 명과 협력하여 요동에 남아 있는 원나라 세력들을 공략해서, 1370년 이성계로 하여금 동녕부를 치게 하고, 오로산성을 점령하고 국위를 떨쳤다. 불법으로 노비가 된 사람들을 해방시키는 등 선정을 베풀었다. 그러나 공민왕 9~10년에 홍건적이 침입하고 왜구도 쳐들어와서 나라 형편이 기울어지기 시작했다. 공민왕 14년에 노국공주가 난산으로 죽자 불사(佛事)에만 전심하고, 왕비만을 추모하며, 국정에는 힘쓰지 않고 정사를 신돈에게 맡기니, 그의 전횡으로 풍기문란이 극심해지고 홍륜이라는 소년이 익비(益妃)를 범하여 임신시키는 등 불상사가 계속 터지자 공민왕은 이 사실을 은폐시킬 의도로 이를 밀고한 최만생을 죽이려다가 도리어 그들에게 암살당하고 말았다.

공민왕은 글씨와 그림에 능하였는데, 덕수궁박물관에 소장되어 있는 '천산대렵도'가 전해지고 있고 글씨는 경북 안동시의 '안동웅부(安東雄府)'의 현판이 유명하다.

● **공병우**(公炳禹 : 1906~1995), 한국의 안과의사, 한글학자

☞ 공병우는 1957년부터 한글학회 고문을 맡아 한글연구에 크게 이바지 했고, 병원 간판도 '공안과'로 한글표기를 고집했다. 그는 1969년에 공병우 타자기 연구소 소장을 하면서 한글타자기를 개발해서 보급했다. 1971년에는 맹인용 점자 타자기를 개발했으며, 중국 발음부호타자기를 개발했다. 72년 한영겸용타자기를 개발하고 1972년 맹인자활센터를 설립했다. 편자인 본인도 1969년부터 공병우 한글 타자기를 사용해 왔었다. 그는 최초로 한글로 된 시력검사표를 만들었다. 공병우는 기발한 발상자로, 죽은 후에 무덤(봉분) 안 만들기, 집안에 장독·고추장독·김치독 안 놓기(공장에서 제조할 것), 집안에 문턱 없애기 등 생활개선 운동의 선구자였다.

☞ 그의 유언을 보면
"나의 죽음을 세상에 알리지 마라, 장례식도 치루지 마라."
"쓸 만한 장기는 모두 기증하고, 남은 시신도 해부용으로 기증하라."
"유산은 장애인, 특히 시각 장애인 복지를 위해서 써라"였다.
"나는 내 식대로 행복하게 살아왔다"고 자서전에 밝히면서 88세를 일기로 세상을 떠났다.

● **공양왕**(恭讓王 : 1345~1394), 고려 34대 왕, 재위 1390~1391

공양왕은 창왕(辛昌 : 신돈의 아들로 알려져 있음)의 후손이 아니고 20대 왕 신종의 7대손이다.
1389년 이성계 일파에 의해 창왕이 폐위되고 영입되었으나 과단성 없는 성품인데다 이성계 일파의 압력과 간섭을 물리치지 못하고 우(禑)·창(昌) 부자를 살해했으며, 이성계 일파는 자기들의 세력 부식을 위하여 여러 가지 제도를 개정하고 없앴으니, 배불숭유론으로 인한 주자가례(朱子家禮)의 시행, 녹제(祿制), 전제(田制)의 개혁, 인물추고도감의 설치 등이 그것이다.

이성계 일파의 반대파인 정몽주가 살해되자 형세는 이성계의 독무대가 되어서 한 달도 되지 않아 왕이 덕이 없고 어리석다는 이유로 폐위시키고, 조준, 정도전, 남은 등의 모의로 이성계가 왕으로 추대되었다. 처음에 원주로 추방되어 공양군에 강등되었다가 삼척에서 죽었다.

● 공자(孔子 : BC 551~479), 중국 춘추전국시대의 사상가

☞ 공자도 조금은 오만에 대해서 께름칙했던지 노자라는 노인을 만나 가르침을 받으러 갔더니 노자가,

"양고(良賈 : 어진 장사)는 깊은 곳에 감추어 없는 것과 같고, 군자는 성덕(盛德) 있어도 용모약우(容貌若愚)와 같음"라고 말하면서 다음과 같이 경계하였다.

"당신의 오만, 욕심, 돋보이기, 사심(邪心)이 너무 많아 이것들은 모두 그대에게는 전혀 유해무익한 것이다. 내가 말하고 싶은 것은, 이것뿐이요."

일설에 의하면, 공자가 노자 곁을 떠날 때 노자가

"사람을 떠나보낼 때에, 부자는 재물을 선물로 주고, 인자(仁者)는 말을 선물로 주는 법이오. 나는 부자가 아니므로 굳이 인자를 흉내 내는 것을 용서하시오"라고 말하면서 다음과 같은 말을 선물로 했다고 한다.

"총명하고 통찰력에 뛰어나면서도 죽음의 위험에 노출되는 사람들이 있지만, 그것은 다른 사람을 지나치게 비판하기 때문이오. 달변이고 박식하면서도 그 몸에 위협이 닥치게 하는 사람들이 있는데, 그것은 다른 사람의 악(惡)을 들추어내기 때문이오. 대체 사회관계 속에 사는 사람은 아무쪼록 자기주장은 삼가야 할 것이오."

☞ 공자가 천하를 두루 다니다가 제(齊)나라에 도착해서 고소자라는 제나라를 다스리던 경공의 신하를 찾아가서 그 집에 머물면서 제나라의 여러 학자들과 학문을 토론하며 지내다가 고소자의 소개로 경공을 만났다.

경공이 "공 선생, 내게 나라를 잘 다스릴 수 있는 법도를 가르쳐주시오" 하니,

"누구든 자신의 본분과 도리를 다하면 됩니다. 한 집안의 아버지가 아버지답게

사랑으로 집안을 이끌고, 자식은 자식답게 부모를 공경하면 그 집안은 저절로 화목해질 것입니다."

"나라도 이와 마찬가지입니다. 임금은 임금답게 어질게 백성을 다스리고, 신하는 신하답게 임금께 충성을 다하면 나라는 저절로 잘 다스려질 것입니다."

● **곽상훈**(郭尙勳 : 1886~1980), 한국의 정치인, 국회의장

6·25사변이 나서 정부가 부산으로 피난 가 있는 동안 '부산정치파동'이란 것이 있었다. 이것은 장면 박사를 대통령으로 추대하려는 시도였다. 당시(1952~1953) 2대 민의원 의원이었고 나이는 56세 때 곽상훈과 야당의원들이 본인(당시 총리였던 장면 박사)의 의사와는 관계없이 이승만 대통령을 내보내고(당시 헌법은 대통령을 국회에서 뽑게 되어 있었다) 장면을 추대하자는 움직임이었다. 이승만 박사가 독재를 해서 안 되겠다는 것이었다.

"그 무렵 오위영 씨 댁에 모여 차기 대통령 선거에는 고집불통이요, 심술쟁이인 이 박사를 몰아내고 운석(장면)을 대통령으로 앉힐 계획을 세웠다. 우리는 압도적인 사전 지지를 얻는데 성공했다." 곽상훈의 말이다.

곽상훈은 "그날 집에 돌아와 곰곰이 생각해 보았다. 이 박사에게 너무나 가혹하게 하는 것 같았다. 당시에 그는 비록 실정을 하고 있지만, 그래도 과거 이 나라의 독립을 위해서 한때는 사형직전에 구사일생으로 탈옥한 일도 있지 않는가? 그리고 지금 전시인데 갑자기 내각책임제로 개헌하고 또 이 박사까지 몰아내는 두 가지 일을 한꺼번에 해 치우기란 용이한 일이 아닐 것 같았다…"

장면 추대운동은 실패로 돌아갔고, 곽상훈은 부산정치파동 직후 체포되어 추궁 당하였으나 숨어버린 장면의 행방은 발설하지 않았다.

● **곽재우**(郭再祐 : 1552~1617), 조선조 임진왜란 때의 의병장

황해도 관찰사 월(越)의 아들로서 젊었을 때 낚시질로 소일하다가 임진왜란이 일어나서 여러 고을이 연이어 함락되고, 임금이 의주로 피난하자, 경상도 의령에

서 의병을 일으켰다. 붉은 옷을 입고 선두에 서서 싸워 많은 공을 세워서 홍의장
군이란 별명이 붙었다. 왜구들로 하여금 낙동강을 오르지 못하도록 길을 막아 끝
까지 의령을 지켰으며, 그렇게 함으로써 경상좌도의 뭇 고을이 험상궂은 발길에
짓밟히지 않고 옛날처럼 생업을 이을 수 있게 했다.

왜적들이 동래·부산을 휩쓸어 거침없이 침략의 발길로 우리를 괴롭힐 때 곽
재우는 시골에서 조용히 선비답게 본분을 지키고 있었으나 여러 고을의 수령들
이 싸울 생각을 잊은 채 도망가기에 바빴고, 백성들은 도탄에 빠져들어 갈 때, 먼
저 조상의 사당에 마음먹은 바를 아뢰어 바치고, 조상들의 무덤이 훼손당할까봐
봉분을 없애고 집안 살림은 의병을 모으는데 썼다.

곽 장군이 용맹했던 것은 적군에 대한 정세판단이 정확하고 빨랐으며, 적의
무기의 성능 등을 자세히 알아서 대응했으며, 유격전에 능했고, 의병들을 종횡
으로 지휘한 능력 때문이었다. 그때 '해전에는 이순신 장군, 육전에는 곽재우 장
군'이라고 할 만큼 큰 공을 세웠고 진주성의 대첩에도 큰 공을 세운 문관출신
장군이다.

전쟁이 끝난 후 정부에서 여러 요직을 임명하려 했으나 모두 사절하고 고향에
돌아가 망우정(忘憂亭)이란 정자를 짓고 여생을 보냈다. 65세까지 살았다.

● **관창**(官昌 : 645~660), 신라 무열왕 때의 화랑

신라 좌장군(左將軍) 품일(品日)의 아들이고 어려서 화랑이 되어 널리 사람들과 교
제하였다. 16세에 기사(騎射)에 능해서 어떤 고관이 무열왕에게 추천해서 660년
(무열왕 7), 신라가 당나라와 합세하여 백제를 칠 때 부장(副將)으로 삼았다.

황산벌에서 백제군과 싸운 끝에 적에게 생포되었으나 적장 계백(階伯)은 그 어린
나이로서 용맹에 탄복하여 죽이지 않고 돌려보냈으나, 다시 적진에 돌입하여 분
전하다가 또 생포되자 관창의 목을 베어 말안장에 메달아 돌려보냈다. 신라군은
소년 관창의 죽음에 크게 자극되어서 백제군을 대패시켰고, 계백도 이때 전사했
다. 왕은 급찬(級湌) 벼슬을 추증하고 예를 갖추어 장사지냈다. (국사대사전 참조)

● 광무황제(光武皇帝 : ?~?), 後漢 1대 황제

광무황제의 누님 호양공주가 과부가 되었다. 그때 얼굴이 잘 생기고 풍채도 좋고 사람됨이 대단히 무거워서 황제의 신임이 두터운 송홍(宋弘)이라는 재상이 있었다. 누님이 이 송홍 재상에 호감을 가지고 있어서 한번은 황제가 송 재상을 궁중에 불러들였다. 공주와 약속하고 송홍의 의향을 떠보기 위해 공주를 병풍 뒤에 숨겨놓고 황제가

"내 들으니 속담에 사람이 부(富)하게 되면 친구를 바꾸고, 귀(貴)하게 되면 아내를 바꾼다는 말이 있는데 그게 옳은 일이요?"라고 물었다.

송홍은 "그것은 당치 않는 말씀입니다. 가난할 때 사귄 친구는 일생을 두고 잊지를 못하는 법이오, 조강(糟糠)을 먹어가며 고생하던 아내는 아무리 흠이 있어도 버리지 못하는 법입니다. '귀천지교불가망(貴賤之交不可忘), 조강지처불하당(糟糠之妻不下堂)'이니 어찌 부귀로써 마음을 변하겠나이까?"

이 말을 들은 광무황제는 송홍을 돌려보내고 병풍 뒤를 향해, "아뢰겠나이다. 단념하십시오"라고 했다.

(糟糠之妻란 말은 여기서 나온 말이다. 가난해서 찌개미와 쌀겨로 죽을 쉬 먹던 시절의 아내란 말이다.)

● 광서제(光緖帝 : 1855~1875), 淸나라 11대 덕종(德宗)왕

1875년 1월 청조의 동치제(同治帝 : 穆宗)는 스무 살의 젊은 나이에 죽었다. 자녀가 없었다. 천연두로 죽은 것으로 발표되었다.

선대의 함풍제(咸豐帝 : 文宗)가 1861년에 죽었을 때 황후(동태후)에는 자녀가 없었다. 그래서 비인 서태후의 아들인 동치제가 즉위했다. 그때 나이 6세다. 동태후와 서태후 둘이서 섭정을 했다.

동태후는 점잖은 사람이었다. 정치적 야심도 없었다. 그러나 서태후는 재기가 넘치는 여걸이어서 둘이서 나란히 서면 권력은 서태후 쪽으로 기울어지는 것은 자연스러운 결과였다.

더욱이 얄궂게도 동치제의 황후는 동태후가 추천한 여성이었다. 따라서 서태후는 동치제가 황후와 친밀하게 지내는 것을 좋아하지 않았다. 그래서 제 몸에서 난 아들인 황제도 소원하게 되었다. 그러다가 황제가 사망했다. 더욱이 회임중인 황후는 황제의 사망 후 자살하고 만다. 그래서 서태후는 사망당일 궁정회의를 소집해서 다음 황제를 결정해 버렸다. 그이가 11대 광서제(德宗)이다.

서태후의 누이동생의 아들이고 불과 5세, 동서의 태후가 섭정해야 할 일도 동시에 정해졌다. 그리고 6년 후 동태후가 급사했다. 이때 독살했다는 풍문이 돌았다. 권력은 서태후에게 모였다.

광서 13년(1887), 황제가 성인이 되었고, 서태후의 섭정은 중지되고 황제의 친정체제가 공표되었다. 그러나 서태후의 권력은 쇠하지 않았다. 황제도 중요한 정무에는 일일이 태후에게 품의했다. 황후에게도 서태후의 질녀를 밀어 넣었다. 청년 황제는 불만이었다. 서태후나 그 측근에게 반대하는 사람들도 광서제 밑으로 모였다. 최고의 권력을 둘러싸고 태후당과 황제당의 대립이 차츰 표면화 되었다.

이것이 폭발한 것이 이른바 무술정변(戊戌政變)이다. 즉 1898년 광서제는 소장의 관료를 등용해서 서정의 쇄신을 단행했다. 새로운 정치가 개시된 것이다. 물론 서태후나 수구파의 측근은 계속 새로운 정치를 비난했다.

드디어 혁신파는 최후의 수단에 호소했다. 군벌의 수령인 원세개(袁世凱)를 자기편으로 끌어들여서 수구파의 거두를 넘어뜨리고, 서태후를 폐쇄시키려 했던 것이다. 그러나 원세개는 황제의 밀명을 받고 그대로 서태후의 측근에게 달려갔다. 즉시 서태후의 명이 떨어졌다. 혁신파는 체포되고, 처형되고, 광서제는 유폐되는 몸이 되었다. 서태후는 세 번째로 섭정에 들어갔다. 그 뒤의 광서제는 이름뿐인 황제이고 정령(政令)은 서태후의 입에서 나왔다.

광서 34년(1908)에 그 전년의 가을부터 병에 걸렸다고 한다. 서태후도 큰 병으로 눕게 되었다. 이미 74세의 노령에 이른 것이다. 병상의 서태후가 최후의 중대 결정을 내렸다. 11월 13일, 황태자로서 3세 된 부의(溥儀)를 지명했다. 광서제에게는 아이가 없었다. 그래서 그 동생인 순친왕(醇親王)의 아들을 세운다는 내용이었다. 부의가 궁중에 들어오고 순친왕은 섭정 왕이 된다. 그 이튿날 광서제는 급사한다. 그리고 그 다음날 서태후도 죽는다.

광서제는 독살되었다는 소문이 돌았다. 부의는 청조 최후의 황제인 동시에 만주국 황제가 되었다.

● 광종(光宗 : 925~975), 고려 제4대왕, 재위 949~975

광종이 재위 19년째 되던 해 봄, "반야산에서 커다란 바위가 어린아이를 업은 채 땅에서 솟아났다고 하옵니다." 순간 광종의 몸이 보이지 않게 떨렸다. "이것은 분명히 불길한 징조야."

노비안검법과 과거제도로 인해 힘을 잃게 된 호족들은 960년부터 크고 작은 역모를 일으키기 시작했다. 그러자 광종은 자신에게 반대하는 사람을 사정없이 죽였다. 심지어 혜종(제일 큰형)의 아들과 정종(둘째형)의 아들도 역모에 관련되어 처형되었다. 이때 100여 명의 호족 가운데 60명 이상이 광종의 손에 목숨을 잃었다.

광종은 반야산에 일어난 일이 무엇을 뜻하는지 알아오도록 했다. "이것은 그 바위에 부처를 새겨 반야산에 세우고, 그간 목숨을 잃은 사람들의 넋을 위로하라는 하늘의 뜻이라 하옵니다."

광종은 곧 고려에서 가장 불상을 잘 새기는 혜명 스님에게 그 바위에 부처를 새기라고 말했다. 이것이 지금의 논산 관촉사에 있는 은진미륵으로 불리는 석조미륵보살 입상이다.

● 광평대군(廣平大君 : 1425~1444), 조선조 세종의 다섯째 아들

세종대왕의 다섯째 아들 광평대군을 한 관상가가 보더니 "굶어죽을 팔자"라고 했다. 왕의 아들이 굶어죽다니! 이 말을 들은 세종이 "내 자식이 굶어죽을 수가 있단 말인가?" 하고는 다른 대군들보다도 특별히 많은 전답과 재산을 떼어주었다. 그러나 그 후 광평대군은 생선을 먹다가 고기 뼈가 목에 걸려 아무리 빼내려야 빼낼 도리가 없어서 필경은 음식을 먹지 못하고 굶어서 죽고 말았다. 향년 19세에 세상을 떠났다.

● 광해군(光海君 : 1575~1641), 조선조 15대왕, 재위 1609~1622

선조는 여러 왕자를 두었으나 아직 후계자를 정하지 않은 상태였다. 한번은 여러 왕자를 놓고 시험해 묻기를 "너희들 반찬 중에서 어느 것이 제1이더냐?" 하고 선조가 물은 즉 고기가 좋으니 채소가 좋으니 하는데 유독 광해군만은 "소금이 제일이옵니다" 하였다. 이상해서 이유를 물으니 "백미(百味)를 조화하는데 소금이 원소이니까 그렇소이다" 하였다. "그러면 너희 마음속에 부족하다고 생각되는 것 중에 가장 대표되는 일이 무엇이냐"고 물으니 "어머님이 일찍 돌아가시어 오래 모시지 못함이로소이다" 하는 것이었다. 선조는 이 두 마디 말로 광해가 일찍이 임금될 소질이 있는 줄로 생각하고 후계자로 올려놓은 것이 광해인데, 마침내 폭군으로 지탄받고 조카인 인조에게 왕위를 물려주게 되었다.

● 광형(匡衡 : ?~?), 중국 前漢시대의 재상

전한시대의 재상 광형은 가난한 농부 집안에서 태어났으며, 자라서 책을 사기 위해서는 낮에 다른 사람의 세배나 더 일을 해야 했다. 밤에 책을 읽었지만 불을 밝힐 기름을 살 돈이 없어서 이웃집 벽에 구멍을 뚫어서 그 빛으로 책을 읽었다. 구멍이 작았기 때문에 책을 구멍 앞에다 바짝 대고 책을 움직여 가면서 책을 읽었다고 한다.

● 구로타 나가마사(黑田長政 : 1563~1623), 임진왜란 때의 왜국 장군

13세 때부터 도요토미 히데요시(豊臣秀吉)를 따라 종군하여 공을 세웠다. 임진왜란 · 정유재란에는 고니시 유키나가(小西行長)와 함께 선봉에 서서 조선에 침입했다. 그의 부대는 김해 · 창원을 함락시키고, 전후 7년간 각지를 전전하면서 싸웠다. 도요토미 히데요시가 죽은 후 도쿠가와 이에야스(德川家康)편에 붙어서 후쿠오카 성을 지키며 52만석을 수확하는 부자가 되었다.

● 구인회(具仁會 : 1907~1969), 한국의 기업인, LG그룹 창업자

☞ 구인회 집안은 본래 양주군과 파주군에서 세거하는 문인 집안이었다. 12대조 구사민은 좌찬성 구사맹의 동생이며 9대조 구음도 승정원 좌승지를 역임하였다. 8대조 구문유가 고령현감을 지낸 후 7대조 구반부터 벼슬에 나가지 않고 진주로 내려와 터를 잡고 조부 구연호가 문과 급제 전까지 모두 벼슬에 진출하지 않았다. 구인회의 조부는 홍문관교리, 사간원 정언을 지냈다. 따라서 사업을 시작하는데 강한 유교가풍 때문에 많은 어려움이 있었지만 오히려 강한 유교가풍 덕에 할아버지의 지지를 받고 사업을 시작할 수 있었다.

☞ 첫 사업은 진주에서 1931년에 24세 때 포목상점 사업을 시작해서 사돈관계에 있던 현 GS그룹의 소유 집안인 허씨 집안과 동업으로 하였고, 돈을 벌어 많은 토지를 사서 일제 말에 만석꾼이란 소리를 들을 정도로 대지주가 되었다. 그 토지를 매각한 돈으로 부산에서 화장품 크림도 시작하고, 1953년에 럭키산업 주식회사를 설립했다. 1959년에 금성사를 창립해 라디오 생산도 시작했고, 이어 전화기, 선풍기, 에어컨, TV, 냉장고 등을 한국 최초로 생산하는데 기여했다. 럭키사도 치약, 칫솔, 비누, 합성세제 등을 연이어 최초로 생산했고, 부산에 국제신보라는 신문사도 창립했고, 전국경제인연합회 부회장도 지냈다. 럭키의 'L'자와 금성의 'G'자가 합쳐져서 'LG'가 된 것이다. 동양방송(TBC)의 전신인 RSB라디오 서울을 삼성의 이병철 회장과 함께 설립하여 사장이 되었으나 이병철 회장이 전자사업에 뛰어들자 둘의 사이가 나빠져서 사장직에서 물러났다.

슬하에 자녀 6남 4녀를 두었고, 이병철과는 사돈지간이 되었다. 장남 구자경이 LG그룹 명예회장이고, 3남 구자학이 아워홈 회장이고, 4남 구자두가 LB 인베스트먼트 회장이고, 5남 구자일, 6남 구자극은 엑사 이엔씨 회장이다.

구인회 씨는 62세로 작고했다.

● 국경인(鞠景仁 : ?~1592), 조선조 선조 때의 문신, 반란자

그는 유배되어 함경북도 회령(會寧)에 살았으며, 그곳 아전으로 있었다. 임진왜란 때 회령으로 피란 간 선조의 두 아들 임해군·순화군 두 왕자와 종신(從臣)을 적장 가토 기요마사(加藤淸正)에게 넘겨주고, 자기를 유배시킨 조정에 대한 원한을 품었다. 그 후 품관(품계의 관리) 신세준을 주모로 하는 의병에게 그의 일당과 함께 피살되어 그의 목은 당시 함경북도 경성(鏡城)을 진압하고 있던 의병대장 정문부 (鄭文孚)에게 보냈다.

● 굴원(屈原 : BC 343~290?), 중국 최초의 위대한 楚나라시대 시인

중국 고대 초나라에 굴원이라는 나라일 걱정하는 중신이 있었다. 나라일 걱정에 왕에게 간하는 일 잦으니 직언거사는 미움을 사기 쉽다. '귀찮은 놈'으로 통했다. 이 한마디로 국외로 추방되고, '안색 초췌하고 형용 고고(枯槁 : 파리해짐)'해서 강가를 떠돌며, 드디어 율라라는 강에 투신자살하고 만다.

굴원이 지은 시 '어부(漁父)'라는 시에는

"온 세상이 두루 썩었으나 나 혼자 깨끗하네.
온 세상사람 모두 취했으나 나 혼자 깨어 있도다."
"창랑(滄浪)의 물이 맑으면 갓끈을 씻을 터이고
창랑의 물이 더러우면, 내 발을 씻으리."

● 궁예(弓裔 : ?~918), 태봉국 임금, 후고구려를 건국한 왕, 재위 901~918

궁예는 신라 47대 헌안왕(憲安王) 혹은 48대 경문왕(景文王)의 아들이라고 알려졌다. 왕과 궁녀 사이에서 태어났다는 것이다. 날 때 이미 이가 나 있고 단오날에 태어난 것을 불길하게 여기고 왕이 그를 죽이라고 명했다. 군사들이 강보에 싸서 절벽 밑으로 던진 것을 유모가 받는 과정에서 한쪽 눈을 실명했다고 한다. 중이 되었다가 농민 봉기에 가담해 기훤(箕萱) 휘하에 들어갔다가 다시 양길(梁吉)의 휘하로 들어갔다가 경상도 북부지방과 명주(강릉) 등지를 공략하는데 공을 세웠다. 이때 황해도의 호족과 송악의 왕건 부자도 항복했다. 양길이 궁예의 위협을 느껴

죽이려 했으나 오히려 패하고 901년 고구려왕을 칭하고 왕이 되었다. 903년에
는 왕건을 시켜 후백제의 배후인 금성(나주)을 공략했다. 911년에 국호를 태봉(泰
封)으로 개칭했다.

궁예는 "신라가 당의 군대를 빌려 고구려를 멸망시켰으니 지금 평양에는 풀만
무성하다. 내가 그 원수를 갚겠다"고 선언하고 신라와 싸우기를 다짐했으나 궁예
가 말년에 부인 강씨와 두 아들을 죽이고 신하를 포악하게 다루자 918년 홍유 등
이 쿠데타로 왕건을 추대했다. 그는 위장해서 도망가다가 백성들에게 살해당하
고 말았다.

● **권겸**(權謙 : ?~1356), 고려 공민왕 때의 문신

그의 아버지는 정승을 지낸 권부(權溥)이다. 충숙왕(27대) 초에 왕을 따라 원나라
에 가서 5년간 머물고 돌아와서 시종의 공으로 공2등을 받았다. 이어 승진하였
고 충목왕(29대, 충숙왕의 손자, 공민왕의 조카) 때 판삼사사(判三司事)로 임명되고, 공민왕
초에 복안부원군으로서 원나라에 들어가 딸을 황태자에게 바치고 원의 태부감태
감(太府監太監)을 지냈으나, 후에 공민왕의 반원(反元)정책으로 불리해지자 기철(奇轍)
과 함께 난을 일으켰다가 살해되었다. 기철은 공민왕 때의 문관인데, 누이동생이
원나라 수제의 후궁으로 들어가 제2 왕후로 책봉되어 태자를 낳았다. 그런데 공
민왕이 반원 정책을 펴자 이에 불만을 품고 둘이서 서로 세력다툼을 하다가 발각
되어 기철과 권겸의 부자는 모두 주살되고 그 도당은 모조리 쫓겨났다.

● **권경희**(權景禧 : 1451~1497), 조선조 성종 때의 수찬관, 연산군 때 문신

세조 때 진사, 성종 때 문과에 장원급제하여 수찬관(정사를 기록하는 일)이 되었다.
수찬관은 문벌이 좋지 못하면 할 수 없는 자리인데, 그의 아내 김씨는 가난한 집
안 출신이라 그의 문벌은 세상 사람이 몰랐다.

권경희가 수찬관이 되자 간관(諫官 : 임금을 간하는 벼슬)들이 권경희의 부인이 미천
한 집안 출신이라 임금에 간하여 그를 수찬관 자리에서 쫓아내려고 하였다. 이

말을 들은 경희의 부친은 아들이 아내를 버리고 새장가를 들라고 권했으나 거절하고, "10년 동안을 갖은 고생을 다해 오면서 오늘날이 있기를 바라다가 오늘날 내 몸이 잘 되었다고 같이 고생하던 아내를 버린다는 것은 사람으로서는 할 수 없는 일이니, 부귀를 위해서 사람 아닌 짓을 하는 것보다는 부귀를 버리고 사람이 되겠습니다. 마음에 없는 부귀 보다는 마음에 맞는 빈천이 더욱 즐거웁지 않습니까?" 이 말을 들은 부친은 그의 뜻을 장하게 여기고 다시는 강권치 않았다.

나중에 김씨 문벌이 천하지 않다는 것이 드러났고 경희는 하정사(賀正使)로서 중국에 들어가 예악을 배워서 우리 예악에 큰 도움을 주었고, 그 후 대사헌(大司憲)에 이르렀다.

● **권근**(權近 : 1352~1409), 고려 말, 조선조 초기의 학자, 명신

권근은 조선 초기의 성리학의 이론을 폭넓게 이해하고 일관되게 정리한 성리학자였다. 권근은 40권 10책에 달하는 문집을 냈다. 권근이 중국 남경에 사신으로 갔다가 돌아올 때 가져온 외교문서가 문제가 되어 충주로 귀양을 갔다.

태조가 계룡산에 거동했을 때 일이다. 태조는 권근을 행재소(임금이 밖에 나가 있을 때 머무는 곳)로 불렀다. 그리고 자기의 행차를 따라온 신하들에게 은쟁반 하나를 주며 활쏘기 내기를 하도록 했다.

내로라하는 무신들이 차례로 나가 활시위를 당겼으나 누구하나도 그 은쟁반을 맞추지 못했다. 권근의 차례가 되었는데 그는 평생에 한 번도 활을 쏘아본 적이 없었다. 그런데 권근이 잡은 활시위에서 떠난 화살이 정확하게 은쟁반을 맞혔다.

"활 쏘는 것으로 그의 덕을 짐작할 수 있다더니 이 경우를 두고 하는 말이외다"라고 모두 말하였다고 한다. (송은영의 글에서)

● **권덕규**(權悳奎 : 1890~1950), 한국 근대 국문학자, 사학가

국어학자 권덕규의 술은 유명하다. 집 판 돈을 모조리 술값으로 탕진하자 그는 마당에 버티어 서서 호령하였다.

"너 이놈, 집아! 지금까지는 내가 네 안에서 살았지만, 이젠 네가 내 속에서 사는구나!"

그런 권덕규가 하루는 술을 마시고 가다 남의 집 들창 밑에다 오줌을 깔기기 시작했다. 갑자기 창문이 열리더니 부인네의 앙칼진 소리가 귀청을 때렸다.

"어떤 빌어먹을 놈이 남의 집 들창 밑에다 오줌을 싸기냐!"

권덕규가 늠름하게 대꾸했다.

"어떤 빌어먹을 년이 남의 ×을 공짜로 보느냐? 볼 테면 돈 내놓고 보아라!"

그 무렵은 모든 방송이 제 시간을 생방송으로 나가는 관례였다. 권덕규가 한국어 강좌를 담당했는데, 하루는 시간이 임박하도록 정작 강사가 오지 않았다. 당황한 방송국 직원이 사방을 헤매다 간신히 권덕규를 모셔왔다. 그런데 마이크 앞에 서더니 이건 또 기막힌 실수, '이거 참 큰일 났는걸… 술이 몹시 취하는데…' 놀란 프로듀서가 스위치를 끄고 달려와 보니 권덕규는 쓰러져 자고 있었다.

● 권수평(權守平 : ?～1250), 고려 고종 때의 문신

성품이 강직하고 청렴하여 존경을 받았다. 대정으로 있을 때 매우 가난하여 귀양간 복장한(卜章漢)의 전답을 경작하게 되었다. 복장한이 사면되어 돌아오자 장한에게 조부(租簿)와 경작료를 돌려주자 장한이 "조부만 돌려주면 되었지 경작료는 받을 수 없다" 하고 문을 닫았다. 그러자 그는 "불의의 도리를 범할 수 없다" 하고, 문서를 돌에 매달아 던져 반환하여 세인이 감탄했다. 그 후 견룡(牽龍)에 등용되었으나 가난을 핑계로 사퇴하였는데, 친구가 "부잣집으로 구혼하면 누가 재혼이라 해서 마다하랴" 하고 권하자, 그는 "빈부는 재천이라 하였는데, 어찌 20년 조강지처를 버리고 부를 구하리오" 하니, 권하는 사람이 부끄러워하며 감복했다 한다. 그 후 누진되어 추밀원부사에 이르렀다.

● 권율(權慄 : 1537～1599), 조선조 선조 때 도원수

1582년(선조 15) 식년문과에 병과로 급제하여 승문원 정자를 거쳐, 그 후 전라도 도사 · 예조정랑 · 경성판관 등을 역임하고, 1591년 의주목사가 되었다. 1592년 임진왜란이 일어나자 광주목사로서 방어사 곽영(郭嶸)의 휘하에 들어가서 중위장이 되어 북진, 왜군과 싸웠다. 이어 1천 명의 의용군을 모집하여 금산에서 고바야카와(小早川隆景)의 정예부대를 대파하고, 전라도 순찰사에 승진했다. 그 후에도 여러 차례 왜적을 격파하고, 1593년에는 3천여 병력을 이끌고 행주산성에 주둔하여 왜군을 맞아 싸워 크게 승리를 거두었다. 그 전공으로 도원수에 올랐다. 이어 한성부 판윤 · 비변사 당상 등을 거쳐 다시 도원수가 되어 1597년 정유재란 때도 많은 전공을 세우고, 1599년 노환으로 관직을 사임하고 고향으로 돌아갔다.

● **권일신**(權日身 : ?~1791), 조선조 말의 천주교 신부, 세례명 프란시스 자비에

안정복(安鼎福 : 정조 때 학자)의 사위이고, 이익(李瀷 : 영조 때의 학자)의 제자인 정약전 · 정약용 · 권철신(권일신의 형) · 이덕조 등과 함께 1777년(정조 1)부터 한강 가에 있는 산가에 모여 천주교 교리를 연구하여 신앙운동을 전개했다. 1783년(정조 7) 동지 이승훈이 그의 아버지 서장관 이동욱을 따라 북경에 갔다가 다음해 봄에 영세를 받고 돌아오니 당초 신앙운동을 같이 하던 동지들과 함께 그에게서 영세를 받고 완전한 천주교 신자가 되었다. 1785년(정조 9) 이승훈의 주재로 서울 명례동(명동)에 모여 신부로 뽑혀 천주교 지도자가 되었다. 1791년(정조 15) 신해사옥으로 잡혔던 두 신자가 처형된 후 이승훈과 함께 서학(西學) 간행의 혐의로 잡혀 이승훈과 삭직(평택 현감)되고 권일신은 제주도로 귀양 갔다가 다시 예산으로 옮겨간 후 회개서를 바치고 석방되었다.

● **권절**(權節 : 1422~1494), 조선조 세종 때의 충신, 생육신의 한 사람

권절이 1447년 조선 세종 때 문과에 급제하자 그가 문무겸비하고, 사서에 정통한 젊은이라 무예에 정진하라고 세종이 그를 집현전 교리로 임명하였다. 세조가 찬위를 꾀하여 그에게 은근히 대사 도모를 흘리자 귀가 어두운 척 하고 동문

서답하여 시종 대답을 안 하고는 자기 조카 집에 숨어 살았다. 세조가 찬위한 뒤 그의 재주를 아껴 첨지중추부사에 발탁해 임명하여 금병(禁兵)을 장악케 했다. 그리고 관찰사에까지 올랐다. 그러나 권절은 미친 짓을 꾸며 하면서 만나는 사람마다 '국가태평 성주만년'을 외치니 왕명을 거역한들 꼬투리를 잡을 수가 없어서 처벌을 면하고 그냥 초야에 묻혀 살게 되었다.

● **권진규**(權鎭圭 : 1922~1973), 한국의 조각가

테라코타를 즐겨 썼기 때문에 테라코타 조각가로 불린다. 일본 무사시노 미술학교의 조각과를 졸업했다. 1967년 작인 '지원(志媛)의 얼굴'은 중학교 교과서에 실린 대표작이다. 해방 후 가족과 함께 월남했다가 26세에 다시 일본으로 건너가 조소를 공부한 뒤 1959년에 귀국했다.

1959년에 권진규가 직접 설계해서 서울 성북구 동선동에 지은 그의 아틀리에는 독특함과 문화적 가치를 인정받아 2004년에 등록문화재 134호로 등록되었다.

1973년 5월 4일, 51세에 자살로 생을 마쳤다. '인생은 공(空), 파멸'이라고 쓴 유서를 남겼다고 한다.

우리나라에 이 작가의 작품을 제일 많이 소장하고 있는 사람은 1983~1990년에 대우전자 사장을 지낸 김용원(金容元) 씨인데 김용원 씨가 조선일보 문예부기자를 할 때 권 작가의 아틀리에에 들러 그냥 돈 놓고 집어오곤 했다고 한다. 권진규는 생전에 작품을 판매한 적이 없어서 화랑에 나와 있는 작품이 매우 드물다. 서양화가 권옥연은 그의 9촌 조카이다.

● **권태호**(權泰浩 : 1903~1972), 한국의 성악가

권태호는 일본 나까음악학교(1925~30)를 수료하고 1934년부터 1940년까지 광성학교와 중앙보육학교(지금의 중앙대 전신)에서 교편을 잡았다.

성악가 권태호는 천하의 주호(酒豪)로 통했다. 거의 날마다 만취상태라 통금(通

禁)에도 자주 걸리곤 하였다.

시간이 넘어서 집으로 갈 때 파출소가 저만치 보이면 권태호는 엉금엉금 기는
것이다. 그러면 정문을 지키던 순경의 요란한 소리가 들린다.

"누구야!"

"개올시다."

하고 권태호가 능청스럽게 대답한다. 순경은 어처구니가 없어서 "무슨 개가 말을
한담?" 하고 파출소로 잡아들인다. 그런데 이튿날이면 또 그 모양이다.

마침내 권태호는 파출소 앞을 지날 때마다 미리 말하게 되었다.

"어어, 말하는 개가 갑니다."

순경은 또 그 양반이군 하고 나무라지 않았다. 이리하여 권태호만은 절대로 통
금 없이 활보할 수가 있었다.

● **권필**(權韠 : 1569~1612), 조선 중기(광해군)의 시인

과거에 뜻이 없어 시 · 주로 낙을 삼고 가난하게 살다가 여러 문신들의 추천으
로 동몽교관에 임명되었으나 끝내 취임하지 않았다. 강화부에서 많은 유생들을
가르쳤고, 대문장가로 알려진 명나라의 사신 고천준(顧天俊)을 접반하게 되어 문사
를 엄선할 때, 야인으로서 뽑혀 문명을 떨쳤다. 광해군 초에 권신 이이첨(李爾瞻)이
교제를 청해 왔으나 끝내 거절했다. 광해군의 비인 류씨의 아우 류희분(柳希奮) 등
척족들의 방종을 궁류시(宮柳詩)로써 비방하자 광해군이 대노하여 시의 출처를 찾
던 중 그의 시임이 밝혀져 왕에게 직접 국문을 받고 귀양 가던 도중에 죽었다.

● **금성대군**(錦城大君 : 1426~1457), 조선조 세종대왕의 여섯째아들

세종임금의 여섯째아들로서 세조의 동생이다. 그릇이 크고 덕이 높아 세조가
사랑했다. 그러나 세조조의 우상(右相) 한확의 무고로 삭녕 지방에 귀양을 갔다가
성삼문 등 사육신이 죽고 난 후 그들과 연관되었다 하여 경북 순흥에 안치시키고
가산을 몰수했다. 금성대군이 순흥부사 이보흠 등과 모의하여 단종의 복위를 모

의하다가 발각되어 안동감옥으로 끌려가서 처형을 당했고 순흥부 사람들도 많이 연루되어 죽었다.

금성대군이 순흥에 있을 때 기거하던 빈관 앞에 오리발나무(鴨脚樹), 은행나무 한 수가 있었는데 금성대군이 처형되자 말라죽었는데, 영조 때에 와서 그의 억울함을 씻기 위해 복관했는데, 뿌리도 형적도 없던 오리발나무에 별안간 싹이 나와 점점 커서 그늘이 질 만큼 되니, 이것은 금성대군이 원한을 풀었다 하여 그곳에 포충단을 쌓았다.

● 기건(奇虔 : ?~1460), 조선조 세조 때 문관

성질이 맑고 분별력이 있으며, 세밀하였고, 독서를 좋아했다. 세종 때 평민에서 발탁되어 지평(持平 : 사헌부 정5품)이 된 후, 관찰사 · 대사헌 등을 역임하였다. 벼슬이 중추원사에 이르렀으나 단종 때 그만두었다. 세조가 다섯 차례나 그의 집을 찾았으나 눈 뜬 장님이라는 핑계로 벼슬을 사퇴하니 세조가 바늘을 가지고 찌르려 하여도 눈을 뜬 채 피하지 않아 끝내 조정에서 벼슬을 주지 못했다.

● 기자헌(奇自獻 : 1562~1624), 조선조 선조 때의 문신

1590년 선조 23년 28세에 문과에 급제하여 광해군 때 우의정에까지 올랐다. 대비의 폐모(유폐) 불가를 단독으로 극렬히 간하다가 광해주의 노염을 사서 길주로 귀양살이를 갔다.

인조가 광해를 내몰고 반정할 때, 여러 늙은 신하들이 한교(韓嶠)를 보내 그 뜻을 떠보려고 계책을 물으니 기자헌이 거짓으로 귀먹은 체 하고 대답을 않은지라 두 번째 물어도 역시 대답을 안했다. 아무리 나쁜 임금이라도 그 밑에서 섬기던 신하의 입으로 임금을 내쫓는다는 말은 차마 할 수가 없었던 것이다. 한교는 돌아와 그대로 보고하니 대신들은 "저 대신(영의정)이 몸가짐이 정중하여 움직이지 않고 지혜가 많은 사람이니 그가 만일 뜻을 얻어 세력을 쥐는 날에는 우리들이 마음대로 못할 것이니, 거사에 불참시키는 것이 옳겠다"고 했다.

그러나 유독 이귀(李貴)만이 기자헌이 폐모(廢母) 때에 반대하고 절개를 지킨 사람이니 일을 같이 하자고 주장했으나 모두가 듣지 않고, 인조가 반정 후 기자헌을 시기한 늙은 신하들은 기어코 그를 모함하여 서산에 귀양을 보냈다.

기자헌이 반역의 뜻을 품고 있다고 밀고한 자가 있어서 때를 놓치지 않고 그를 서울로 끌어올려 문초를 했다. 자헌은 이때 임금(인조) 앞에 나아가 "臣(저)은 아무 죄가 없으나 근일 천상(天象)이 좋지 못하니 이것은 재상이 대신 화를 받아 국가의 재앙을 면하게 하는 것이 옳으니 신(저)을 죽여서 국가의 재앙을 대속(代贖)하소서" 하였다.

이때 마침 이괄(李适 : 인조반정 때 벼슬에서 제외되었다고 반란을 일으킨 자)의 항의 글이 들어왔다. 늙은 대신들은 겁이 나서 모의하기를 "만일 기자헌이 이괄에게 내통을 하면 큰일이니 그를 죽여야 한다"고 인조께 밀고하여 기자헌의 가족, 아들과 그 가족 등 78명을 모조리 죽이고, 자헌은 대신으로서 참형(목 베 죽이는 것)은 중지하되 자살하게 했다. 벼슬은 영원하지 않다.

● 기쿠치 히로시(菊池寬 : 1888~1948), 일본의 소설가

시코쿠(四國)의 가난한 사족(士族)의 집안에서 태어났다. 학생시절에는 분방한 성격으로 쿄토대학 영문학과 재학 중 퇴학하고 아쿠타가와 류노스케(芥川龍之介)와 어울리면서 소설을 시작했다(1916).

기쿠치는 동료작가를 보살펴 주는 것으로 잘 알려져 있었다. 카와바타 야스나리(川端康成 : 노벨문학상 수상자)의 빚도 대신 갚아주었고, 나오키 산주고(直木三十五)가 죽은 후 남겨진 막대한 빚으로 곤궁한 가족을 위해 그의 전집을 기획해 주기도 했다.

후 반생은 문예춘추사(文藝春秋社)의 사장도 하고, 다이에이(大映 : 영화사)의 사장도 지냈다. 문학자에게 어울리지 않는 사업가로서의 소양도 가지고 있었다. 문예가협회의 이사장도 지냈다.

반면에 자기 자신의 일에 무관심 했고 게을렀다. 더욱이 몸가짐이 불결했다고 한다. 세수도 잘 안하고 목욕도 잘 안 했다고 한다. 가끔 세수를 할 때라도 수도 꼭지에 얼굴을 갖다 대고 직접 물을 맞았다고 한다. 그 뒤 얼굴을 수건으로 닦지 않고 자연 건조시켰다.

기쿠치는 고등학교(대학예비고)에 입학했지만 학우의 죄를 뒤집어쓰고 퇴학당하자 부친의 친구가 기쿠치를 자기 집에 데려다 놓고 먹이고 학자금도 대주었다. 그러나 기쿠치가 너무나 더러운데 놀라서 그 집에 머무는 조건으로,

① 아침에 일어나면 자기 스스로 이부자리를 정리 정돈할 것

② 세수를 할 것

③ 매일 밤 목욕할 것 등

● 기허(騎虛 : ?~1592), 조선조 선조 때의 고승

이름은 영규(靈圭)라고 한다. 서산대사의 제자이다. 공주 청련암에 있었고, 신력(神力)이 있었다고 한다. 선장(禪杖)을 가지고 무예를 연습했다고 한다.

임진왜란 때 승병 수백 명을 모집하여 여러 장수들과 더불어 빼앗겼던 청주를 다시 찾는데 성공했다. 이때 다른 장수들은 달아났으나 기허는 홀로 적과 싸웠다. 의병장 조헌이 금산의 적 대군을 맞아 치려고 할 때 이를 말렸으나 듣지 않음으로 그와 함께 싸우다가 조권 등 700명의 의병들과 함께 전사했다.

● 길재(吉再 : 1353~1419), 고려 우왕 때의 대신

길재는 호가 야은(冶隱)인데 은자(隱字) 돌림의 선비가 셋 있는데, 그 중 한 사람이다. 명유 목은(牧隱 : 李穡), 포은(圃隱 : 鄭夢周) 등이 있다.

그는 공민왕 2년에 경북 선산에서 출생, 세종 1년 66세에 세상을 떠났으니 두 왕조를 살다 갔다.

고려 우왕(32대) 때 문과에 급제하여 벼슬길에 들어섰으나 조선조 개국 후에는 일체의 벼슬을 싫다하고, 두 임금을 섬기지 않는 충절(忠節)을 지켰다.

그는 유학사에도 큰 발자취를 남겼는데 고려 때는 정몽주에게서 이어 받고, 김

숙자(金叔滋), 김종직으로 이어진 조선 유학의 정통성을 지켰다.

18세에 경서를 통해 성리학을 접한다. 그 뒤 이색(李穡), 정몽주(鄭夢周), 권근(權近) 등에게서 배운다.

22세에 생원에 합격, 국자감 유생생활, 31세에 사마감시(司馬監試)에 합격 성균관에서 공부, 이때 이방원(조선조 太宗)과 함께 공부했고, 그 후 성균관 박사로 계속 학문연구에 몰두했다.

그 사이 이성계는 창왕을 옹립해서 나라의 실권을 잡게 된다. 야은은 38세에 종사랑·문하주서라는 벼슬자리를 버리고 개성을 떠났다. 그 후 정변이 계속되자 목은은 귀양지에서 급사하고, 포은은 이방원이 보낸 자객에 의해 격살되고, 고려왕조는 막을 내린다.

야은의 은둔생활이 안정되자 많은 후학들이 경전(經典)을 토론하고 성리학을 배우겠다고 찾아왔다.

귀향살이 10년에 정종(定宗 : 조선조 2대왕)의 부르심을 받게 된다. 정종의 아우 방원(태종)의 추천에 의한 것이었다. 야은은 상경하였으나 벼슬자리를 사양하고 귀향한다.

뒷날 세상 사람들은 야은 길재를 조선의 '첫 번째 선비'라고 부르고 찬양하고 있다. 야은은 오로지 홀로 의리를 주장하고 세상 모든 사람들이 복과 록을 추구하고 있을 때에도 오로지 도덕을 내세웠다.

채미정(採薇亭)이란 이 정자는 선생이 숨어 살던 옛터에 1768년 영조 때의 선비들이 정성과 힘을 모아 세운 정자이다.

● **김경서**(金景瑞 : 1564~1624), 조선조(선조) 때 부원수

김경서는 부정공 평(副正公 枰)의 후손으로 선조 21년 무과에 급제하여 감찰이 되었으나, 집안이 가난하고 미천하다는 이유로 파직되는 불운을 맞았다. 그러나 1592년 임진왜란이 일어나자 그의 능력을 인정, 다시 기용되어 평양방위에서 대동강을 건너오는 적병을 격퇴한 공으로 평안도 방어사가 되었다. 이듬해 7천7백

의 병력으로 명나라 이여송과 함께 평양성을 탈환, 경상도 방어사로 전직했고 이곳에서 권율 장군의 명으로 남해안 일대 적을 소탕, 경상우도 병마절도사에 승진되었다.

1618년 그가 평안도 병마절도사가 되었을 때 후금을 치기 위한 명나라의 원병 요청이 있자 원수 강홍립(姜弘立)과 함께 출전한다. 부차(富車)싸움에서 패전한 강홍립은 적군을 이끌고 금나라에 항복, 김경서(金景瑞)도 함께 포로의 몸이 된다. 그는 6년간 포로생활을 하면서 적정을 탐지하여 이를 기록, 본국에 보내려다 강홍립의 밀고로 이역 땅에서 사형을 받았다. 죽은 뒤 우의정에 추증되었고 양의공(襄毅公)이란 시호가 내려졌다.

● **김계행**(金係行 : 1431~1521), 조선조 성종 때 대사간, 호는 寶白堂

☞ 김계행은 성격이 매우 엄격하고 청백하기로 유명했다. 그의 형(係權)의 아들 학조(學祖)가 불도에 빠져 중이 되어 호를 등명선사(燈明禪師)라 하고 성종의 신임을 받아 자주 궁 안에 출입했다. 나중에 국사(國師 : 임금의 스승)가 되어 증곡대사라 불렸다.

이때 유교에서는 불교를 사교라 하여 배척이 심한지라 숙부 계행은 조카 학조를 집안을 망치는 자식이라고 눈앞에 얼씬도 못하게 했다. 일찍이 계행이 교수가 되어 성주(星州) 땅에 내려가 있을 때 등명선사가 찾아가 뵈니 계행은 반기기는 커녕 무엇하러 내 앞에 나타났느냐고 몽둥이질을 해서 피가 흐르도록 때렸다. 등명선사는 맞아가며 말하기를 "숙부님께서 오래도록 불우한 처지에 계시니 출세를 하실 생각이 있으시면 제가 상감께 아뢰어 주선하겠습니다" 하였다.

이 말을 들은 계행은 더욱 성을 냈다. "뭣이 어째? 네놈이 마음부터 비루한 놈이니 중이 아니 되었겠느냐? 그래 내가 네 놈의 덕분에 출세를 하여 세상에 얼굴을 들고 산단 말이냐?" 하면서 더욱 몽둥이질을 해 내쫓았다.

☞ 호가 보백당(寶白堂)인 김계행은 청백리로 추앙받았다. 그는 50세 늦은 나이에 등과하여 여러 관직을 거쳤는데, 벼슬에 나아가서는 내외직에서 청렴공직으

로 일관하였고, 정언(正言 : 사간원에 속해있는 정6품 관직)에 재임할 때 직언으로 시대의
폐해를 논박하여 권신의 미움을 받아 파직되기도 하였다.

그는 6조의 관직을 거쳐 성균관 대사성, 사간원, 대사간, 대사헌, 홍문관, 부제
학 등 삼사(三司)의 청직(淸職)을 역임하고 연산 원년 도승지에 임명되어 충간(忠諫)
으로 일관했다.

87세에 운명하면서 자손들에게 "청백(淸白)을 가법(家法)으로 이어가고, 공근(恭
謹)을 대대로 지켜가며, 효우돈목(孝友敦睦)하라 하고, 교만이나 경박으로 가성(家聲)
을 떨어뜨리지 마라. 오직 정성과 경건을 다하고, 낭비와 허례를 말라"고 유언했
다. 그리고 그 집안(안동시 길안면 묵계리)이 지금도 그것을 지켜오고 있다. "내 집에
는 보물이 없다. 있다면 오직 청백뿐이다"는 그의 유명한 가르침이다. 그래서 호
가 보寶白堂이다. 깨끗한 것이 보배로운 집이란 뜻이다.

● **김굉필**(金宏弼 : 1454~1504), 조선조 초기(성종 · 연산군) 성리학자

김굉필은 형조좌랑을 지냈고, 사후 중종이 우의정을 추서했다. 무오사화(1498
년 연산군 4년, 김일손 등 신진 사류가 유자광을 중심으로 한 훈구파에 의하여 화를 입은 사건) 때 김
종직 일파로 몰려 희천, 순천 등지로 유배되었다가 갑자사화(1504년 연산군 10년) 때
처형당했다. 갑자사화는 연산군 어머니 복위문제로 연산군이 일으킨 사화이다.

21세 때 김종직 문하에 들어가 학문의 출발이 소학(小學)에 있다고 깨달아 그
정신을 평생 실천하며 자식과 후학을 가르쳤다. 갑자사화 때 참형을 받고 저잣거
리에 효수됐다. 김굉필의 마지막 모습은 단아하고 비장했다. 사형 명령이 내려지
자 김굉필은 목욕을 하고 관대를 갖춘 후 형장에 나갔다. 그리고 손으로 수염을
쓰다듬어 입에 물고 칼날을 받았다. "몸과 터럭과 피부는 부모로부터 온 것이니
감히 훼손할 수 없다"는 효경의 가르침을 마지막까지 지켰다. "남아는 죽어도 불
의에 굴복해서는 안 된다"고 한 당나라 한유의 글을 세 번 되풀이 뇌이고 눈물을
흘렸다. 의연한 죽음이었다. 그 후 광해군 2년(1610년)에 정여창, 조광조, 이언적,
이황과 함께 문묘에 종사됐다.

● **김교신**(金敎臣 : 1901~1945년), 한국의 종교인, 교육자, 독립유공자

김교신은 함남 함흥농고를 나와 일본 도쿄의 고등사범학교를 졸업하고, 일본에서 무교회주의자인 우치무라 간조(內村鑑三)를 사숙해서 귀국 후에도 함석헌, 유영모, 송두용, 정상훈, 양인성, 유석동 등과 무교회적 신앙잡지 『성서조선(聖書朝鮮)』을 발간해서, 독립정신을 고취했다는 이유로 투옥되기도 했다. 제2차 대전 때는 흥남 질소비료공장에서 강제노동을 당하면서 신앙운동과 독립정신을 계몽하다 병사했다.

● **김구**(金九 : 1876~1949), 한국의 항일독립운동가, 정치가, 임시정부주석, 호는 白凡

☞ 백범일지(白凡逸志)의 일절을 전재하자.

「식사도 끝나고 시계가 일곱 시를 친다. 윤 군(윤봉길 의사)은 자기의 시계를 꺼내어 내게 주며

"이 시계는 어제 선서식 후에 6원을 주고 산 것인데 선생님 시계는 2원짜리니 제 것하고 바꿉시다. 제 시계는 앞으로 한 시간 밖에는 쓸 데가 없으니까요."

하기로 나도 기념으로 윤 군의 시계를 받고 내 시계를 윤 군에게 주었다. 식장을 향하여 떠나는 길에 윤 군은 자동차에 앉아서 그가 가졌던 돈을 꺼내어 내게 준다.

"왜 돈을 좀 가지면 어떻소?" 하고 묻는 내 말에 윤 군은

"자동차 값 주고도 56원은 남아요." 할 즈음에 자동차가 움직였다.」

'윤 군'은 윤봉길(尹奉吉), '나'는 백범 김구(白凡 金九)이다. 여기 전재한 글은 상해 홍구공원(虹口公園)으로 떠나면서의 마지막 대화. 그날 윤봉길은 상해 파견 군사령관 시라카와(白川義則) 대장과 그 외 여럿을 살상하여 일본의 침략을 고발하였다.

☞ 1948년 2월 10일, 바야흐로 우리 역사상 최초의 보통선거(일반국민의 의사를 묻는) 실시를 코앞에 두고 있을 무렵, 서대문 경교장(京橋莊 : 김구 선생의 거처)에서 분을 삭이고 있던 백범 김구가 역사에 길이 남을 명문의 성명을 발표한다.

「삼천만 동포에게 읍고함」

"나의 육신을 조국이 수요(需要)한다면, 당장에라도 제단에 바치겠다. 나는 통일
된 조국을 건설하려다가 38선을 베고 쓰러질지언정 일신의 구차한 안일을 취하
여 단독정부를 세우는 데는 협력하지 아니하겠다. 나는 내 생전에 38이북에 가
고 싶다. 그쪽 동포들도 제 집을 찾아가는 것을 보고서 죽고 싶다. 궂은 날을 당
할 때마다 38선을 싸고도는 원비(怨悱)의 곡성이 내 귀에 들리는 것 같았다. 고요
한 밤에 홀로 앉으면 남북에서 헐벗고 굶주리는 동포들의 원망스러운 용모가 내
앞에 나타나는 것도 같았다."

성명 발표한 두 달 후 김구는 김일성을 만나러 38선을 넘었다. 1949년 6월 26
일, 서대문 경교장에서 김구는 육군소위 안두희에게 암살되었다.

● **김귀영**(金貴榮 : 1519~1593), 조선조 중기(선조)의 문신

문과에 급제한 후 여러 요직을 거쳐 우의정에 이르러서 1581년 61세에 상락
부원군에 봉해지자 기로소에 들어갔다. 1592년 임진왜란이 일어나자 선조의 2
남 임해군을 모시고 관북으로, 황정욱은 순화군을 모시고 관동으로 난을 피했다.
순화군은 도중에서 적군이 관동에 들어왔다는 소식을 듣고 관북으로 가서 형과
합류하여 함북 회령으로 갔다. 몇 달 동안 회령에 있는 동안 힘이 센 종들을 시
켜 지방관을 협박하고 민가를 약탈하여 크게 민심을 잃게 되자 회령부사 국경인
은 두 왕자와 김귀영·황정욱을 묶어가지고 왜장 가토 기요마사의 부대에 항복
하였다.

김귀영은 적중에서 두 왕자를 탈출시키려고 꾀하다가 사전에 발각되어 수행하
던 장정들은 모두 피살되고 김귀영은 적장 가토의 청으로 화의를 성립시키고자
선조가 있는 의주로 갔다. 선조는 김귀영이 적에게 잡히고도 죽지 않았을 뿐 아
니라 화의를 성립시키려고 왔다고 탓하여 고문하려고 하자 유성룡 등의 간청으
로 중지되었으나 희천으로 가서 죽었다. 숙종 때 허적이 진정해서 그 죄가 용서
되었다. (이홍직 편 국사대사전 참조)

● **김규식**(金奎植 : 1881~1950), 한국의 항일독립운동가, 정치가, 호는 우사(尤史)

우사는 미국 프린스턴 대학원과 로어노크대학원에서 석 · 박사학위를 받고 1913년 중국으로 망명 독립운동을 하였다. 6·25사변 때 납북되어 북에서 사망했다.

다음은 중일전쟁 10년 전에 영문으로 쓴 글에 중일전쟁을 예견한 대목이 나온다.

"이런 사실들(1894년 청일전쟁과 1904년 러일전쟁)은 조선이 극동 문제의 열쇠라는 것을 보여준다. 그러므로 조선에 관한 문제가 적절하게 해결되지 않는 한, 러시아 · 중국 · 일본이 연관된 극동 전체가 혼란에 빠지게 될 것이다."

임시정부 부주석을 지낸 김규식이 1922년 7월 영국 공산당 잡지 '커뮤니스트 리뷰(Communist Review)'에 기고한 논문 '아시아의 혁명 운동과 제국주의'의 한 구절이다. 이 논문은 우사가 조선 독립의 정당성을 역설하기 위해 1922년 소련 모스크바 극동 인민회의에 참석했을 당시에 발표됐다.

우사는 이 글에서 "궁극적인 싸움은 중국과 일본 사이에 있을 것이고 이는 진정한 투쟁(real struggle)이 될 것"이라며 "일본은 중국이 무기를 들지 않을 수 없을 때까지 중국을 지속적으로 자극할 것"이라고 예견했다. 이 논문을 번역한 심지연 경남대 명예교수는 "일본이 1931년 만주사변을 일으킨데 이어 1937년 중일전쟁을 일으켰다는 점을 상기하면 10년을 앞선 우사의 선견지명은 놀랍다"고 말했다.

● **김극핍**(金克愊 : 1472~1531), 조선조 중종 때의 문관

26세에 과거에 급제하고 관직에 올랐으나 연산군의 횡포를 간(諫)하다가 장배(杖配 : 매를 맞고 유배 가는 것)되었다. 중종반정 이후 다시 벼슬에 복귀 우찬성에까지 올랐으나 국사에 대해서 계속 간한 탓으로 1530년 58세(중종 25)에 관직을 빼앗기자 단식하다가 죽었다. 일생을 통하여 청렴결백하였으며, 어떤 대신이 서정(西征)을 주장했을 때 이를 극히 반대했으나 뜻을 이루지 못하였으며, 오직 뒷사람들

이 그의 원려(遠慮)에 탄복하였다.

● **김낙행**(金樂行 : 1708~1766), 조선조 영조 때의 학자

아버지 성탁(聖鐸)이 옥서(玉署)에 있다가 무고로 옥에 갇히자 금오문(金吾門) 밖에서 주야로 울기를 5개월, 그의 효성에 의해서 아버지가 드디어 제주로 유배를 갔다. 그리고 그 이듬해 광양으로 옮긴 후 7년간 유배지마다 따라다니면서 지성으로 아버지를 모시다가 아버지가 돌아가심에 따라서 너무 애통해하던 나머지 본인도 병들어 죽었다. 학문이 해박했으며 저서도 많다.

● **김대건**(金大建 : 1821~1846), 조선조 후기 우리나라 최초의 가톨릭신부

김대건은 신학생으로 뽑혀 1837년 15세 때 마카오의 신학교에 가서 공부하고 1845년 23세 때 귀국했다. 귀국 후 국외를 오가면서 외국신부와 선교사를 국내에 몰래 데려와 천주교 포교에 힘쓰다 1846년 체포되었으나 정부의 요청으로 옥중에서 세계 지리와 지도를 번역해 제출하기도 했다.

그는 25세 때 배교(背敎)를 거부하고 한강 새남터(지금의 용산구 서부이촌동) 형장에서 처형되었는데 1984년 천주교의 성인으로 추대되었다.

● **김동리**(金東里 : 1913~1995), 한국의 소설가, 시인, 교수

☞ 결혼은 세 번했고, 첫 부인과 26년 살다가 이혼, 두 번째가 소설가 손소희 씨와 39년 함께 살고 1987년 그녀의 사망으로 소설가 서영은(30세 연하)과 재혼했다. 그는 황순원과 함께 한국 현대소설의 거장이다.

☞ 서라벌예술대학 교수시절, 좌익의 혈육이라는 따가운 시선아래 여러 가지로 압박을 받고 있던 이문구(李文求)를 제자로 받아들였고, 경찰에서 나와 이문구를 조사하려고 하면 "내 제자보고 왜 그래?"라고 하면서 방패를 쳐주었다고 한다. 게다가 이문구의 문제를 알아보고 여러 가지로 도움을 주었으니 여러모로 이

문구에게는 아버지 같은 사람이었다고 한다. 이문구는 이러한 스승의 영향으로 일평생 보수 · 진보 문인들을 상호 연결해주며, 사상에 구애되지 않고 모두와 교분을 다졌다.

☞ 서라벌예대 시절 가르쳤던 제자들이 모두 등단했다는 것은 전설로 통한다. 그리고 그 제자 중 한 사람이 박경리이다. 스승이고 제자고 간에 하나같이 일가를 이루고 있다. 직계 제자는 아니지만 가정주부로 지내던 강신재(「젊은 느티나무」 작가)를 추천해서 문단에 등단시키기도 했다.

● 김동삼(金東三 : 1878~1937), 한국의 독립운동가

김동삼은 1907년 29세에 향리 안동에 협동중학교를 설립하고, 1909년에는 대동청년단을 조직하였다. 1911년에는 남만주로 가서 이시영(李始榮)과 의논해서 교포의 자치기관인 부민단을 조직했다.

3·1독립운동 때 한족회(韓族會)를 결성해서 이상룡 등과 서로 군정서를 조직하고, 이해 여름에 한족대표대회에 참석했다. 1923년에는 통의부를 조직하고 총장이 되었다.

상해 임시정부에서는 안창호(安昌浩)의 뒤를 이어 노동국 총판이 되었고, 김좌진, 지청천, 황학수 등과 임시 역신위원회를 조직하였다. 만주사변 후 이원일(李源一)과 함께 하얼빈에서 일본경찰에 체포되어 본국에 송환되고, 10년형을 받고 경성형무소 복역 중 60세에 옥사하였다.

● 김동진(金東振 : 1913~2009), 한국의 작곡가

☞ '봄이 오면', '가고파'와 같은 교과서에 실려 있는 그의 곡으로 잘 알려진 한국의 대표적 작곡가이다. 그는 평양 숭실중학교에 다닐 때 미국인 선교사로부터 바이올린과 피아노, 화성학, 대위법 등 작곡법을 배워 '봄이 오면'은 중학교 5학년 18세 때 작곡한 곡이다. 그는 숭실전문학교 영문과를 거쳐 일본 고등음악학

교에서 바이올린을 전공하고 만주 신경의 교향악단 단원 생활을 하다가 광복 후 귀국해서 활동하다가 6·25전쟁이 발발하자 평양에서 걸어서 서울까지 와서 남한에 정착해서 계속 작곡활동을 하였다. 그는 96세를 살았는데 1,000여곡을 작곡했고, 특히 서양의 발성법과 우리 고유의 판소리를 결합한 '신 창악'이란 새로운 장르를 개척한 '한류음악'의 원조이다.

☞ 김동진이 1950년 12월 추운겨울 6·25때 부서진 대동강 철교를 건너서 피난을 오다가 크게 난관에 부딪힌 일이 있다.

임진강을 거쳐 서울에 온 김동진은 또 다른 난관에 부딪힌다. 헌병의 심문을 받는 순간 그들 일행의 신분을 확인해줄 증거가 없었다.

"생각다 못한 나는 궁여지책으로 '당신 가고파라는 노래 아시오?' 물었더니 의외로 두 헌병 모두 안다는 것이었다. '내가 바로 그 노래를 작곡한 김동진이요' '그걸 우리가 어떻게 믿을 수 있단 말입니까?'… 한 헌병이 자기가 내 음악회를 본 적이 있다면서 그때의 상황을 말하라는 데까지 질문이 발전하고 나서야 두 헌병이 '가고파'에 대한 여러 이야기를 들려주었고, 나는 그때 비로소 '가고파'가 오히려 여기서 널리 불려지고 있다는 것을 알게 되었다." ('내 마음' 김동진 가곡집)

● 김동환(金東煥 : 1901~1958), 한국의 시인, 교수, 호 巴人

함경북도 경성 출신으로, 우리나라 최초의 서사시 형식을 갖춘 작품 '국경의 밤'을 발표했다.

일제강점기 말기에 '삼천리'사를 배경으로 친일단체에서 활동하고 전쟁지원을 위한 시를 발표하는 등 활발한 친일활동을 했다.

광복 후 이광수, 최남선 등과 함께 문단의 대표적인 친일 인사로 꼽혀 반민족행위특별조사위원회에 체포되어 재판을 받았다. 한국전쟁 때 납북되었는데, 그의 부인 최정희 씨가 일생동안 "강이 풀리면… 임도 탔겠지, 오늘도 강가에서 기다리다 가노라"라는 시처럼 파인을 기다리다 작고했다.

1956년 재북 평화통일촉진협의회회에 참여했고, 그 후 평안북도 철산군의 노동자 수용소에 송치되었다가 1958년에 사망한 것으로 되어 있다. 최정희와의 사이에 태어난 두 딸 김지원과 김채원도 소설가이다.

● **김두한**(金斗漢 : 1918~1972), 한국의 정치인

그는 영화 '장군의 아들'로도 유명하고, 아버지가 독립운동가 김좌진 장군이고, 일제하의 항일운동의 일환으로서 서울의 일인 조직폭력배를 견제해온 조직의 두목이었다는 것으로도 잘 알려져 있다. 탤런트 김을동은 그의 딸이다.

그가 6대 국회의원 보궐선거에서 용산에 출마해서 당선되었다. 1966년 9월 삼성재벌 이병철의 사카린 밀수가 밝혀지면서 여론이 벌집 쑤신 듯 들끓을 때였다. 9월 22일, 국회부의장 이상철이 김대중 의원의 발언 후 발언권을 주어 단상에 섰다. 이상철 부의장이 본론을 이야기하라며 시간을 재촉하자 김두한은 국회에 출석해 있던 정일권 국무총리와 장관들을 하나의 피고로 다루겠다고 말하자 의석에서 웃음소리가 터져 나왔다. 김두한은 종이로 싼 상자를 들어 보이고 이 내각을 규탄하는 국민의 사카린이라며 "이 내각은 고루고루 맛보아야 할지, 똥이나 처먹어 이 개새끼들아!" 하고 외치며 국무의원석을 향해 똥을 끼얹었다. 정일권 총리는 똥 세례를 받았다. 이 일로 김두한은 의원직을 사퇴했다.

● **김만중**(金萬重 : 1637~1692), 조선조 숙종 때 문학가, 판서

김만중의 구운몽(九雲夢), 사씨남정기(謝氏南征記) 등의 소설을 쓴 작가이자 판서까지 지낸 사람이다.

그는 문과에 급제하여 대제학 · 판서 등의 벼슬을 두루 거쳤다. 명문 집안에서 태어났는데, 아버지가 병자호란(丙子胡亂) 때 강화도에서 전사한 뒤 유복자로 태어났다. 어머니가 교육열이 대단해서 필요한 책을 사는 데는 값을 묻지 않았고 구하기 어려운 책은 일일이 손으로 베껴서 자식들을 공부시켜, 만중은 16세에 진사시에, 29세에 문과에 합격해서 벼슬길에 올랐다.

아버지 모습을 모르는 것을 평생 한으로 여겨 어머니께 효도를 다하였다. 늙을 때까지 어머니 곁을 떠나는 일이 별로 없었고, 별거한 후에도 매일 아침 문안을 드렸다고 한다.

숙종이 인현왕후를 폐비시키는 것을 반대해 남해에 위리안치(圍籬安置 : 울타리 밖으로 못나가게 하는 조치)되었다가 유배지에서 죽었다. 그는 "우리나라의 시문(詩文)을 쓰는 사람은 자기 나라 말을 두고 남의 나라 말을 쓰는데 급급하니 이는 곧 앵무새가 사람의 말을 흉내 내는 것과 같다"고 양반들의 한문 문학을 비판했다. 유배지에서 숙종을 참회시키기 위해 『사씨남정기』를 지었고, 어머니를 위로하기 위해 『구운몽』을 지었다.

● **김방경**(金方慶 : 1212~1300), 고려 후기의 명장, 구 안동 김씨의 시조

신라 경순왕의 후예로서 어려서는 뜻을 학문에 두고 독서에 열중했고, 소년시절에 과거에 급제했다. 벼슬은 한림학사에까지 이르렀다. 서북면 병마판관으로 있을 때 몽고병의 침입을 위도에서 막아 싸웠다. 1263년(원종 4)에 진도에 침입한 왜구를 물리치고, 상장군으로 있다가 잠시 남경유수로 좌천되었다.

1269년 원나라에 있을 때 임연(林衍)이 원종을 폐하고 안경공 창(淐)을 세우니까 몽고 황제의 명으로 맹격도와 함께 군사 2,000을 거느리고 동경(東京 : 발해수도)에 이르렀으나 이미 원종이 복위되었음을 알고 되돌아갔다.

그 이듬해 장군 배중손 등이 삼별초를 이끌고 난을 일으켜 왕으로 온(溫)을 추대하자 그 무리를 치고, 1271년에는 몽고군과 합세 온을 죽이고 잔당이 제주도로 도망치니 몽고의 장군들과 삼별초를 쳐서 완전히 평정했다.

1274년 원종이 죽고 충렬왕이 즉위했다. 이때 원나라가 합포(마산)에 정동행성(征東行省)을 두고 일본을 정벌하려 할 때 방경은 고려군을 거느리고 중장군으로 출전 2만 5,000명의 몽한군(蒙漢軍)과 함께 대마도를 친 다음 본토로 향하는 도중 풍랑으로 실패했고, 1281년에 연합군 10만 대군을 이끌고 2차 정벌에 올라 하카다(博多)에 이르러 상륙하려다가 대폭풍이 일어나 싸우지도 못하고 큰 손해를

입고 돌아왔다.

몽고의 장군 다구(茶丘)의 무고로 대청도에 유배 갔다가 풀려나 벼슬자리에서 물러나겠다고 상소하니 원제는 공신 호를 주고, 상락군 개국공에 봉하였다. 부하 장병들의 민폐를 막지 못한 것과 일본 원정 후 불공평한 행상 등으로 민심을 잃어 죽은 후 고향 안동에 장례를 지내지 못하였으나 충선왕 때 벽상 삼한삼중 대광에 추증, 신도비를 세웠고, 시호를 내렸다. (고려사)

● 김병기(金秉驥 : 1916~), 한국의 화가, 서울대 미대 교수 역임

김병기는 2016년 100세에 서울대학교 개교 70주년 특별전에 작품을 출품하고 동창회보 기자와 인터뷰한 기사가 있다.

김 화백은 이중섭 화백과 소학교(초등학교), 일본 문화학원 미술과를 다닌 동기 동창이다. 그는 이중섭에 대해 다음과 같이 말했다.

"이중섭이 극한 상황 속에서 한 인간이 그림 하는 태도를 보여줬어요. 아내와 애들 있는 일본에 갔다가 그냥 돌아왔습니다. 형제(남북)가 싸우는데 어디 피난 가 있느냐 이거에요. 거기에 이중섭의 드라마가 있습니다. 이중섭의 포인트는 '반 커머셜리즘'이에요. 누구한테 보이려고 하는 생각도 없이 그냥 그렸어요. 이중섭의 주검을 발견한 게 접니다. 적십자병원에 만나러 가니까 없어요. 시체실에 있어. 친구들한테 알렸더니 20명이 모여 홍제동서 화장을 지내줬어요." 이중섭이 세상을 떠난 후 김 화백은 한 잡지에 이런 글을 썼다. "큰 브러시로 좋은 캔버스에 그리지 않았다고 이중섭을 가볍게 보면 안 된다. 은박지 골필화, 데생으로 6·25동란이라는 리얼리티를 누구보다 더 생생하게 대변했다."

● 김병시(金炳始 : 1832~1898), 조선조 고종 때의 정치가, 영의정

1855년(철종 6) 정시문과에 을과로 급제, 1860년 교리, 1862년 이조참의 등을 지내고, 다음해 총융사·어영대장·무영도통사 등의 무관직을 역임하고, 1870년(고종 7) 충청도 관찰사가 되었다. 그 후 이조·호조의 판서를 거쳐 임오군란

(1882년)으로 대원군이 잠시 재집정했을 때는 지삼군부사가 되었다.

1884년 김옥균(金玉均) 등의 개화당 인사들이 갑신정변을 일으키자 사대당원으로서 이들과 대결, 청나라의 세력을 끌어들여 개화당을 몰아내고 사대당 중심의 내각을 조직, 외무아문 독판이 되어 전권대신으로 이탈리아·영국·러시아와 수호통상조약을 체결했다. 우의정을 거쳐 좌의정이 되고, 1894년 동학혁명 때 청일 양군의 개입을 극력 반대했으나 뜻을 이루지 못했다. 영의정에 이르렀으나 청일전쟁이 일어나자 사임하고, 군국기무처 독판에 취임, 이것이 뒤에 중추원으로 개편됨에 따라 그 의장이 되었다.

1896년 아관파천(1896년 2월 11일부터 약 1년간 고종과 태자가 러시아 공사관에 옮겨서 거처한 사건)으로 왕과 왕세자가 러시아 공관으로 들어간 직후 친로파 중심의 내각이 조직되어 내각 총리대신에 임명되었으나 취임하지 않았다. 사대당 보수파로서 끝까지 개국을 반대했고, 1895년의 단발령에도 특진관으로 있으면서 반대했다.

● **김병연**(金炳淵 : 1807~1863), 조선조 말의 방랑시인 김삿갓(金笠)

☞ 조부 김익순(金益淳)은 선천부사를 지냈는데, 1811년(순조 11), 가산에서 일어난 홍경래(洪景來)의 난 때 그의 조부가 반란군에 항복하여 가문이 적몰(籍沒)되었다. 이에 굴욕을 느껴 벼슬을 단념하고, 삿갓을 쓰고, 죽장을 짚고, 일생동안(56세) 방랑생활을 하였다. 풍자·해학으로 세상을 개탄·저주·조소하는 시구를 가는 곳마다 쏟아 놓으며 세월을 보냈다.

☞ 어느 추운 날 거지 차림으로 양양 근처의 어떤 큰 마을에 이르렀다.

'아침조차 먹지 못했으니 큰일이구나. 음, 저기 보이는 큰 기와집에 사람들이 들끓고 있는 걸 보니 무슨 잔치가 벌어지고 있는 것이렷다.'

그 큰 기와집의 영감님이 오늘 환갑을 맞이했다는 것이었다. 환갑날이라 부근의 거지들이 마당에 모여 앉아서 음식을 퍼먹고 있었다.

김삿갓은 곧장 큰 사랑을 향해서 성큼성큼 올라가서 마루턱에 턱 걸터앉았다.

이때 손님 중의 한 사람이 소리쳤다.

"어딜 올라오는 거야. 저 아래로 썩 내려가지 못해!"

"경사스러운 날 찾아오는 손님을 쫓아내는 법이 어디 있소? 당신들도 손님, 나도 손님, 피차 다투어 무엇 하겠소?"

김삿갓은 이렇게 대꾸하고 필낭에서 붓과 종이를 꺼내 글 두 줄을 써서, 마침 저쪽에서 황급히 달려온 이 집의 아들에게 건네주었다.

사람이 사람 집에 왔으나 사람대접을 아니 하니

주인의 사람 대하는 것이 사람답지 못하구나.

인도인가불대인(人到人家不待人) 주인인사난위인(主人人事難爲人)

아들은 정중히 인사를 했다.

"객지에 나와 고생을 하시는 모양이군요. 너무 허물치 마시고 마루에 올라오십시오."

☞ 경상도 상주에서 태어나 행실로나 인품으로나 문학으로나 기이한 인물로 알려진 김삿갓에 관해 황오(黃五)가 쓴 『녹차집(綠此集)』의 '김사립전(金莎笠傳)'이란 한 편의 글에 이런 것이 있다.

"김사립이란 자는 동쪽 나라에 태어난 사람으로, 김은 그의 성이요, 사립은 머리위에 쓰고 다니는 것으로써 말함이다. 을사년 겨울 내가 장안에서 나그네로 있을 때, 하루는 우전(雨田) 정현덕(鄭顯德 : ?~1883, 고종 때 문신, 형조참판)이 나에게 글월을 보내 말하기를, 천하의 기이한 남자가 여기 있으니 어찌 가서 만나보지 않을 것이랴' 했다.

● **김복한**(金福漢 : 1860~1924), 구한말의 문신, 의사

음보로 참봉이 되고, 1892년(고종 29) 별시문과에 병과로 급제, 홍문관 교리가 되었다. 다음해 사서, 뒤에 대사성·형조참의를 거쳐 1894년 승지에 승진하고, 1895년 을미사변으로 명성황후 민씨가 살해되자 벼슬을 버리고 낙향, 이 해 단

발령이 내리자 이설(李偰) · 안병찬(安炳瓚) 등과 의병을 일으켜 싸우다가 체포되어 서대문 감옥에 수감되었다. 다음해 특지로 석방되었다. 대사성 · 중추원 의관에 임명되었으나 사퇴하고, 1905년 을사조약이 체결되자 매국 5적신을 참수하라고 상소하여 또 투옥, 뒤에 석방되었다. 1906년 참판 민종식(閔宗植)과 홍주에서 다시 만나 일본군과 싸우다 체포되고, 서울 경무청에 수감되어 심한 고문에도 불구하고 끝까지 매국 5적의 참수를 주장했다. 1910년 한일합방 후에는 두문불출, 1919년 유림대표로 곽종석(郭鍾錫) 등과 함께 파리 강화회의에 독립청원서를 발송했다가 체포되고, 서대문 감옥에서 옥사했다.

● 김부식(金富軾 : 1075~1151), 고려 인종 때의 명신, 사학가

숙종 때 과거에 급제하고 한림원에 들어갔고, 여러 직책을 맡았다. 인종이 즉위하자 이자겸이 왕의 외조부로서 권세를 잡자 자겸으로 하여금 자신의 의견에 따르게 하고, 박승중 등과 함께 『예종실록』을 수찬하였다. 호부상서 등을 거쳐 높은 직을 맡았다.

1134년 중 묘청의 서경천도를 적극 반대해 왕에게 극언해서 왕의 서행을 중지케 하고, 이듬해 묘청 등이 모반을 일으키자 부식이 중장군으로 서경을 칠 때 정지상 등을 잡아 목을 베고, 묘청 등을 죽이고, 이듬해 잔당을 소탕하고, 그 공으로 여러 직함을 제수 받았다.

1145년 인종 25년에 『삼국사기(三國史記)』 50권의 편찬을 끝냈다. 이듬해 의종이 즉위하자 『인종신록』의 편찬을 주도하고, 저서로 『삼국사기』, 『김문렬공집 20권』, 『봉사어록』 등이 있다.

그가 남긴 업적 중에서 무엇보다도 중요한 것은 우리나라에 현존하는 최초의 정사 『삼국사기』의 편찬을 주재하여 오늘에 남기고 있는 점이다.

● 김사다함(金斯多含 : ?~?), 신라 제24대 진흥왕 때의 화랑

신라 17대 내물왕의 7대손, 지기가 방정하여 화랑으로 추대되었다. 그를 따르는 자가 1,000명에 이르렀을 정도였다. 562년(진흥왕 23년)에 왕이 이사부를 시켜 가야를 치게 하자, 15, 6세에 불과한 그가 종군하기를 간청하여 비장이 되어 그의 무리와 함께 5천 기마병을 인솔해서 일선에 나가서 싸워 가야를 멸망시켰다. 승전의 공으로 좋은 밭과 노비 300을 상으로 받았으나 밭은 병사들에게 나누어 주고, 노비는 다 자율적으로 해방시켜 보냈다. 왕이 다시 밭을 하사했으나 사절하여 국민의 칭송을 받았다. 무관랑(화랑)과 함께 살다 죽기를 맹서하였는바, 무관랑이 병들어 죽자 7일 동안 통곡하다가 17세 어린 나이로 죽었다. (삼국사기)

● 김사미(金沙彌 : ?~1194), 고려 명종 때의 사람, 무신정권기의 민란의 주동자

1193년 명종 23년에 경상도 청도의 운문산을 본거지로 해서 불평분자들을 모아서 난을 일으켰다. 한편 사미와 별도로 난을 일으킨 효심(孝心)이라는 사람과 모의해서 각 지방을 돌아다니며 약탈을 일삼았고, 한때는 세력이 대단했다.

조정에서는 처음에는 대장군 김존걸, 장군 이지순 · 이공정 · 김척후 · 김경부 · 노식 등을 보냈으나 토벌하지 못하고 돌아왔기 때문에 이듬해 다시 상장군 최인을 남로착적병마사로, 고용지를 도지병마사로 보내 토벌하자 김사미가 투항해 왔으나 후에 처참되었다. 즉 목을 베어 죽였다는 뜻이다.

● 김상옥(金相玉 : 1890~1923), 한국의 항일투사

김귀현의 둘째아들로 태어나 어릴 때 기독교신자가 되었다. 고학과 노동으로 수학했으며, 1919년(3·1운동해) 4월 스물아홉 살에 영국인 피어슨 여사 집에서 혁신단을 조직하였다. 12월에는 암살단을 만들고, 1920년 8월에는 미국의원단이 입국하는 기회에 일본인을 대거 암살하려고 계획을 세웠으나 사전에 발각되어 상해로 망명해서 의열단에 가입했다.

1921년 7월에 귀국해서 남도에서 임시정부 의연금을 모금해서 상해로 돌아갔고, 1922년 12월에는 일본 요인 암살을 목적으로 폭탄과 권총을 가지고 입국했다. 1923년 1월 12일 종로경찰서에다 폭탄을 던지고 피신해서 일본형사의 추격을 받게 되었다. 접전 끝에 포위망을 뚫고 남산으로 피신했다. 왕십리에 있는 안정사에 가서 중의 옷으로 갈아입고 효제동에 피신 중 일본경찰대가 포위하자 쌍권총을 들고 3시간 동안 격전 끝에 마지막 한발로 자결했다.

● **김상용**(金尙容 : 1561~1637), 조선조 인조 때의 문신, 우의정

1590년(선조 23) 증광문과에 병과로 급제, 검열에 등용되고, 이어 병조좌랑 · 정언 · 수찬 · 응교 등을 역임, 원수 권율(權慄)의 종사관으로 호남지방을 왕래, 1598년 승지, 이 해 겨울 성절사(聖節使 : 조선조 때 명이나 청나라 황제나 황후 생일을 축하하기 위해 파견된 축하 사신)로 명나라에 갔다. 다음해 귀국, 대사성을 거쳐 정주 · 상주의 목사를 역임하고, 광해군 때 도승지 · 대사헌 · 형조판서를 지냈다.

1623년 인조반정 후 서인의 한사람으로서 판돈령부사를 거쳐 예조 · 이조의 판서를 역임, 1627년(인조 5) 정묘호란 때는 유도대장으로 있었다. 1630년 기로소에 들어가 노령으로 관직을 사퇴하려 했으나 허락되지 않고, 1632년 우의정에 임명되자 거듭 사임할 것을 청하여 허락을 받았다.

1636년 병자호란 때 왕족을 시종하고 강화로 피난했다가 다음해 강화성이 함락되자 화약에 불을 질러 자살했다. 글씨에 뛰어났고 시조로 유고에 오륜가 5편, 훈계자손가 9편, 그 밖에 『가곡원류(歌曲源流)』 등에도 여러 편이 실려 있다.

좌의정을 지낸 김상헌과는 친형제나 상헌이 백부(伯父)에 출계하여 4촌간이 되었다. 상헌보다 9세 연상이다.

● **김상헌**(金尙憲 : 1570~1652), 조선조 중기(선조 · 인조)의 학자, 좌의정

☞ 김상헌은 인조 때 사람이다. 최명길(예조 · 이조판서)이 청국과 화해를 주장하며 항서(降書)를 보내려는 것을 찢어버린 것으로도 유명하지만, 공(公)은 법 앞에서는 한 점의 사(私)도 없었다. 공이 대사헌으로 있을 때, 장약관(掌藥官) 박시량이 조회에 들어가는데 비가 내려 길이 진흙 밭이 되었기 때문에 가죽 덧신을 신고 들어간 것이 발각되었고, 역관(譯官) 장현이 집을 지으며 부연을 쓴 것이 알려졌다.

이 두 가지는 모두 국법에 금지되어 있는 것이었다. 김공은 두 사람을 잡아들여 죄를 다스리는데 장약관은 오윤겸(정승을 지냄)과 절친했고, 오윤겸은 김공과도 막역한 사이였다. 박시량의 아내가 오윤겸을 찾아가 애원을 하니 오공은 "비록 내 자식이라도 한번 죄에 걸린 이상 김공이 결코 용서치 않을 것이니 그런 줄 알면서 어떻게 부탁할 수가 있느냐?"고 마음에는 심히 측은하게 생각되지만 결국 말 한마디 부탁을 못하고 처형을 당했다. 이렇게 김상헌은 법 앞에서는 굽혀본 일이 없기 때문에 동료 간에도 두려워했다.

☞ 그의 아버지 도정공(都正公) 김극효(金克孝)는 호방하고 해학을 좋아했다. 아들이 그것이 지나치다 생각하고 아버지에게 간(諫)하니 자식의 말이라도 정중한지라 부친은 친구끼리 농담을 하고 놀다가도 아들이 밖에서 돌아오면 "쉬! 우리 집 어사가 온다" 하고 손을 내둘렀다고 한다.

● **김생**(金生 : 711~791), 신라 후기의 명필

가난한 집에서 태어나 글씨를 쓸 종이가 없어서 나뭇잎을 따서 거기에 글씨를 익혔다고 한다. 이렇게 어려서부터 서도에 정진, 일생을 바쳐 필법을 닦아 예서·행·초서를 따를 사람이 없었다. 중국의 서성 왕희지의 글씨 솜씨를 능가할 정도였다고 한다. '신라 서예의 할아버지'라고도 일컬어진다.

● **김석진**(金奭鎭 : 1843~1910), 조선조 고종 때의 문신

1860년(철종 11) 정시 문과에 병과로 급제하였다. 이후 종친부의 벼슬을 거쳐, 사과·전적 등을 역임하고 홍문관의 관직을 지내고, 지평·장령·사성·사간 등 요직을 지냈다. 호조·형조·병조·이조의 참의에 이어 한성부 판윤, 호조·이조·형조·공조의 참판, 형조판서·광주부 유수·통어사 등을 지냈다.

1896년 특진관, 이어 비서원경·장례원경·귀족원경 등을 역임했고, 1905년 판돈령부사에 이르렀다. 1905년 을사조약이 체결되자 항의 상소를 하여 조약에

찬성 날인한 을사 5적신(五賊臣 : 즉 내부대신 이지용, 군부대신 이근택, 외부대신 박제순, 학부대
신 이완용, 농상공부대신 권중현의 다섯 사람을 말하는데, 을사보호조약 체결에 찬성한 사람들이다)의
처형을 주장했으며, 1910년 한일합방이 되자 음독 자결했다.

● 김성일(金誠– : 1538~1593), 조선조 선조 때의 명신, 호는 학봉(鶴峰)

퇴계 이황의 제자로서 유성룡과 쌍벽이다. 27세에 사미시(진사와 생원을 뽑는 시험)
에 들었고, 30세에 문과에 급제함. 부제학 · 통신부사로 정사인 황윤길과 일본엘
2년간 다녀왔다. 일본을 다녀와서 황윤길은 일본이 반드시 침략해 올 것이라고
보고했으나 김성일은 상반되는 보고를 조정에 했다. 이로 인하여 경상도 우병사
로 있을 때 임진왜란이 일어나자 선조는 대노하여 김성일의 처벌을 명하였으나
좌의정 유성룡의 변호로 용서받고 초유사(招諭使)로 종군, 각지에서 의병을 일으켜
진주성을 사수하다가 순직하였다.

● 김소월(金素月 : 1902~1934), 한국의 시인

본명 정식(廷湜)이다. 1920년 18세 때 시단에 등단했고, 배재고보 다닐 때 김억
의 지도로 시를 본격적으로 쓰기 시작, 20세 때 '금잔디', '산유화', '예전에 미처
몰랐어요' 등을 계속 발표했다. 졸업 후 도쿄 상과대학에 입학했으나 관동대지진
으로 자퇴하고 귀국했다. 광산업을 하던 조부의 사업이 실패, 동아일보 지국을
경영하다가 실패하자 생활고로 의욕상실로 1934년 32세에 고향 평북 구성에 돌
아와 154편의 명시를 남겨놓고 아편중독으로 자살했다.

● 김수근(金壽根 : 1931~1986), 한국의 건축가

☞ 김수근이 유명한 건물을 많이 설계했는데, 그가 설계한 건물 중 악명 높은
저 '남영동 대공 분실'도 김수근의 작품이라 한다.

방마다 문을 엇갈리게 설치한 것, 고문당하는 사람들끼리 혹시 서로 마주쳐서

연락을 주고받는 상황을 방지하며, 또한 건축적으로 시각적인 불안정을 야기시켜 공포감을 부추기게 했다.

중간층에 밖이 보이지 않게 세로로 길고 좁은 창으로 되어 있는 것이 모두 고문실이다. 창문 깨고 사람이 나가기조차 어려울 정도로 좁다. 건물에 층수 표시도 없고 어둡다. 나선형으로 연결되어 있는데 취조를 받으러 이 계단을 처음 올라가는 반정부인사들에게 방향감각과 공간감각을 혼란시켜 공포감을 주기 위해 설계되었다고 한다.

☞ 그가 설계한 주요건축물을 보면, 올림픽주경기장, 올림픽공원 체조경기장, 타워호텔, 공간 사옥, 대학로 샘터 사옥, 종합문예회관, 원서동 성남도서관, 경복궁역 전시 공간, 경동교회, 한계령 휴게소, 강원 어린이회관, 마산성당, 국립경주박물관 등 엄청난 작품을 남겼다.

● **김수온**(金守溫 : 1410~1481), 조선조 전기(세조)의 학자, 문신

수온은 남에게서 책을 빌려오면 반드시 뜯어서 소매 속에 넣고 다니며 외우다가 막힌 곳이 있으면 꺼내 보고, 보지 않고도 외울 만하면 아무데나 버리는 것이었다. 그러므로 책을 한 질을 외우게 되면 그 책 한질은 산산이 날아가 버리는 것이다.

영상(총리) 신숙주에게 진기한 고서 한 권이 있다 해서 애지중지하는데 하루는 김수온이 찾아왔다가 그 책을 보고 빌려달라고 청했다. 차마 거절할 수가 없어 빌려주었더니 몇 달이 되어도 돌려보내지 않았다.

하루는 신숙주가 수온의 집을 찾아가보니 빌려준 책으로 벽을 발랐는데 연기에 그을려 새까맣게 되었다. 신숙주는 깜짝 놀라 물으니 수온은 대답하기를 내가 항상 누워서 읽고 외우느라고 그리했다는 것이다. 신숙주는 입맛만 다시고 돌아왔다.

● 김수항(金壽恒 : 1629~1689), 조선조 숙종 시 영의정, 청음(淸陰) 김상헌金尙憲의 손자, 영의정

　　　　　창집의 아버지

　　1646년(인조 24) 사마시(司馬試 : 진사, 생원을 뽑는 시험)를 거쳐 1651년 알성문과에
장원, 1656년 문과중시에 을과로 급제, 정언·교리 등 여러 관직을 거쳐 이조정
랑·대사간에 오르고, 1659년(효종 10) 승지가 되었다.

　　다음해 자의대비(인조의 계비)의 복상문제로 제1차 예송(예절에 관한 논란)이 일어나
자 서인으로 송시열과 함께 남인 허목(許穆)·윤선도(尹善道)의 3년설(만 2년)을 누르
고 기년설(만 1년)을 주장하여 서인이 승리하게 하였다. 그리고 특히 윤선도의 상
소문을 탄핵했다.

　　1661년 이조참판이 되고, 다음해 대제학에 특진, 예조판서·대사헌·이조판
서 등을 거쳐 1672년 우의정이 되었다. 이어 좌의정을 지내고, 다음해 판중추부
사가 되어 사은사(謝恩使 : 은혜에 보답하는 사신)로서 청나라에 다녀왔다. 1674년 효종
비 인선왕후가 죽었을 때 자의대비의 상복문제로 제2차 예송이 일어나자 김수흥
과 함께 대공설(9개월)을 주장했으나 남인이 주장한 기년설이 채택되자 벼슬을 내
놓았다.

　　1675년 왕의 부름으로 다시 좌의정이 되고, 뒤에 영의정에 이르렀다. 남인에
대한 강경·온건파로 서인이 분열되자 송시열을 중심한 노론에 소속되어 소론들
의 죄를 엄중히 다스렸으며, 1689년 기사환국(己巳換局 : 숙종 때 소의 장씨의 아들을 세자
로 삼으려는 숙종에 반대한 송시열 등 서인이 이를 지지한 남인에 의하여 패배당하고 정권이 서인에서
남인으로 바뀐 일)으로 남인이 재집권하자 진도에 유배된 후 사사(賜死)되었다. 전서
를 잘 썼다. 그의 아들 김창집도 영의정을 지낸 부자 영의정 집안이다.

● 김순남(金順南 : 1917~1983), 북조선의 작곡가, 피아니스트

　　1940년대 조선 제일의 작곡가였으며 본명은 김현명이다. 그의 곡 중 대표작은
'산유화'이며, 월북하면서 무남독녀인 딸 김세원을 그리워하며 지은 '자장가'가
있다.

1938년 21세 때 일본 도쿄의 고등음악학원 작곡부에서 공부하며 당시 일본의 프롤레타리아 음악계의 지도자급인 하라 다로의 영향을 크게 받았다. 귀국 후 첫 해방가요로 '건국행진곡'을 비롯하여 '농민가', '해방의 노래', 임화(월북시인)의 시에 곡을 붙인 '인민항쟁가'도 그의 작품이다.

남로당 당원이었으며, 좌익 예술가 단체인 조선음악건설본부, 조선음악가동맹 등에 가입해서 활동하다가 1947년 좌익 활동이 불법화되자 월북했다. 1952년 소련으로 유학 가서 모스크바 차이코프스키 음악원에서 하차투리안에게 배웠다. 1953년 이후 북한의 내부 사상투쟁으로 비판받고 남로당계가 몰락하면서, 1950년대 후반 조선소 노동자로 숙청되었으나 권리가 회복되어 활동하다가 폐결핵으로 1983년경 신포에서 요양 중 사망했다. 향년 66세.

한국의 방송인 김세원은 그의 외동딸이며, 사위로는 서울대 신문학과의 강형두 교수가 있다. 1988년 딸 세원은 아버지를 남쪽에서 해금시키기 위해 다년간 노력 끝에 얻어냈다.

● 김시민(金時敏 : 1544~1592), 조선조 선조 때의 무장

1578년 선조 11년에 무과에 급제하였다. 훈련판관으로서 병조판서에게 상신한 것이 뜻대로 안되자 항의하고 벼슬을 떠났으며, 그 후 선조 24년에 진주통판에 임명되었다. 이듬해 진주목사가 죽고 임진왜란이 일어나자 목사를 대리하여 진주성을 사수하고자 제반 준비를 갖추던 차에 목사로 승진하였고, 사천·고성·진해 등지에서 왜군을 무찌르고 영남우도 병마절도사에 특진했다. 그리고 금산의 전투에서 왜적을 격파해서 사기가 충천했다.

그해 겨울 바다에 적의 대군이 몰려와서 진주성을 포위해서 14일간 전투 끝에 적을 물리치고 성을 순시하다가 시체 속에 숨어있던 왜적병사의 저격에 중상을 입고 순직하였다. 그래서 온 성 중의 남녀노소가 대성통곡하고 조정에서는 선무공신의 호를 내리고 상락군에 봉하였다가 뒤에 영의정·상락부원군을 추증했다. (이홍직 편 국사대사전 참조)

● **김시습**(金時習 : 1435~1493), 조선조 초기(세조)의 생육신의 한 사람. 호는 매월당, 문인

시습은 5세 때 중용 · 대학을 읽어서 신동소리를 듣고 자랐다. 집현전 학사 최치운이 감탄하여 시습이라 이름을 지어주었다고 한다. 21세 때 수양대군(世祖)이 단종을 쫓아내고 왕위에 올랐다는 소식을 듣고 문을 닫고 3일이나 통곡했고, 세상을 비관하여 책을 불사르고 중이 되어 전국을 누비며 글을 지어 세상일의 무상함을 읊었다. 그 뒤 단종에 대한 절개를 끝까지 굽히지 않았다.

성종 때에 머리를 길러 47세에 결혼해서 유학자들과 교류할 때에는 불도에 대해 언급하지 않았다. 상처를 한 후 재혼을 하지 않고 무량사에서 죽었다. 선조는 이율곡을 시켜 시습의 전기를 쓰게 했고, 숙종 때에는 해동의 백이(伯夷)라 했고, 뒤에 중종은 이조판서를 추증했다. 남효온과 함께 영월 육신사(六臣祠)에 배향되었다. 유불사상에 정통, 뛰어난 문장으로 많은 작품을 남겼다. 우리나라 최초의 소설인 『금오신화』의 작가이다. 이때 '매월당(梅月堂)'이라는 호를 사용했는데 이것은 매화나무에 달이 떠오르는 집이란 뜻이다. 김시습이 매화와 달을 무척 좋아했음을 짐작할 수 있겠다.

● **김시좌**(金時佐 : 1490~?), 조선조 성종 때 참봉(종6품)

태사공(太師公) 김선평(金宣平)의 12세 후손으로 안동서 태어나 일찍이 아버지를 여의고 어머니 장씨를 지극정성으로 봉양했다. 집이 가난해서 두 동생과 함께 농사짓고 글 읽고, 천렵해서 반찬으로 삼으면서 어머니를 봉양했다. 그러던 중 어머니가 중병으로 여러 해 몸져눕자 머리에 빗질을 못하여 이가 성하여 굵게 되자 시좌는 자신의 머리카락을 어머니의 머리카락에 섞어서 이를 옮겨서 잡아주고, 등창으로 앓게 되자 주야로 헌데를 입으로 빨아 효험을 보고, 드디어 어머니가 돌아가시자 화재가 나서 빈소에 불이 번지자 시좌가 관을 안고 통곡하여 불을 향해서 머리를 조아리자 풍향(風向)이 바뀌어 불이 꺼지니 당시 사람들이 효성에 감응하였다고 극구 찬양하였다.

3년을 시묘(侍墓)하자 샘을 파도 물이 나오지 않았는데, 시좌가 샘가를 돌며 통

곡을 하자 맑은 물이 솟아올랐다. 여묘(廬墓 : 무덤 옆에 상주가 거처할 초막을 짓고 무덤을 지키는 일) 3년에도 집에 돌아올 줄 몰랐으며, 석물을 갖추지 못함을 고심하였는데, 어느 날 홀연히 도승(道僧)이 찾아와서 "공(公)의 출부지효(出夫之孝)를 돕기 위해 입석(立石)을 자원하겠노라"라고 말하고 갔다. 그 후 하룻밤 사이에 돌이 다듬어져 있고 연유를 알 수 없는 불교문양의 섬세한 솜씨로 만든 석물(石物, 文官石까지)이 갖추어지니 마을 사람들이 신이 도왔다고 말을 전했다.

3년 상을 지낸 후에는 조석으로 사당에 배례를 거르지 않고, 삭망에는 존물(尊物)을 갖추어 제사지내기를 종신토록 하였다.

● 김심(金深 : ?~?), 고려 27대 충숙왕 때의 문신

심은 주정의 아들이다. 충렬왕(25대) 때 볼모로 원나라에 갔다가 돌아와 낭장(郎將)이 되었다. 충숙왕이 원에 들어가 있을 때 오기(吳祁), 석천보(石天輔) 등이 왕의 총애를 미끼로 왕의 부자를 이간시킴으로, 홍자번과 같이 군대를 동원하여 왕궁을 포위하고 오기를 잡아 원에 압송했다. 뒤에 충렬왕을 따라 원에 들어가 충선왕(26대)을 모시고 돌아와 참리(參理)가 되었다. 그의 딸이 원제의 총애를 받고, 뒤에 황후가 됨으로 원으로부터 고려 도원수의 벼슬을 받았다. 일찍이 왕이 원에서 돌아오지 못한 것은 권한공 등의 소행이라 생각하고 그 세 사람의 죄상을 자세히 적어 고소하여 그들을 하옥시켰는데 이것 때문에 유배를 가게 되었다. 그 후 공신으로 인정받고 부원군의 호칭을 내려 받고 공신시호도 받았다.

● 김안국(金安國 : 1478~1543), 조선조 전기 명신

의성 김씨의 대표적 학자이며, 조선 인종묘정에 배향된 김안국은 김굉필의 문하에서 학문을 닦았다. 연산군 7년 생원 · 진사 양시에 합격하고, 2년 뒤 별시문과에 급제했다. 사림의 대표인물로, 전라도 관찰사로 있다가 기묘사화 때 대사헌 조광조의 일파라는 이유로 파직되었다. 관직은 대사헌, 병조판서 등을 역임했다.

김안국은 성리학뿐 아니라 천문 · 병법 · 국문학 등에도 조예가 깊었으며『동몽선습(童蒙先習)』등 저서와 여러 편저서가 있다. 조광조와 같이 지치주의(至治主義)를 주장했으나 급격한 개혁에는 반대했다. 그의 문하에는 하서(河西) 김인후, 미암(眉菴) 유희춘 등이 배출되었다.

그의 동생인 정국(正國, 1485~1541) 역시 김굉필의 문하에서 학문을 닦았고, 중종 4년에 문과에 급제하여 호당(湖堂)에 뽑혔고, 황해도 등 관찰사를 거쳐 병조·형조참판을 지냈다. 기묘사화 때 관직에서 물러나 후학을 가르치다가 다시 기용되어 예조참판을 지냈다.

● 김안로(金安老 : 1481~1537), 조선조 중종 때의 권신

김안로는 중종 때 영의정으로 권세가 충천하였다. 그로 인해 어진 사람이 조정에서 쫓겨나고 죽임을 당한 사람이 적지 않았다. 그러나 오직 한승정(韓承貞)과 송인수(宋麟壽) 두 사람은 김안로가 움직이지 못했다.

한승정은 어려서 김안로와 주계군(朱溪君)의 밑에서 글을 읽은 동문이었다. 세상이 모두 김안로에게 아부를 하여 문전성시를 이루었으나 한승정만은 그를 좋아하지 않았다.

김안로가 한공의 뜻을 시험해 보려고 심언광(沈彦光)을 시켜 공의 집 가까운 정자에 앉아 술 한 잔 하자고 해도 몸이 불편하다며 피했고, 김안로가 문병하겠다고 해도 만나주지 않았다. 많은 사람이 한공의 신분을 걱정했으나 그는 동요치 않았다. 그가 김안로의 죄상을 들어 나라에 상소하여 김안로가 쫓겨나고 한공은 대사간이 되었으나 그가 죽은 후에 장례를 치룰 돈이 없어서 친구들이 장례를 치러 주었다.

한편 송인수는 과거에 급제하여 등용되니 김안로는 그의 명성을 듣고 중국서 들여온 좋은 향과 먹을 보냈으나 송인수는 소인에게서 보낸 것이라 하여 담구멍에 찔러 버렸다. 김안로가 세력을 잡고 있는 동안 폐인으로 있다가 그가 실각하자 비로소 관직으로 나아갔다. 중종 때 명신이 되었으며, 홍문관 정자, 수찬관을 지냈다.

● 김약시(金若時 : ?~?), 고려조 말기의 충신

김약시는 종사(宗社)가 무너지자 부인과 함께 도보로 경기도 광주 산골로 들어가 나무를 얽어 막을 치고 겨우 비바람을 가리고 살았다.

시골 늙은이들이 그의 행색을 괴이하게 여겨 종종 묻는 이가 있어도 대답을 안 하고, 또 술과 음식을 선사해도 안 받고, 다만 늘 하늘을 우러러 보고 눈물을 지을 뿐이니 남이 그 소회를 알 길이 없었고 이름조차도 모르고 지냈다.

태조 이성계가 사람을 풀어 약시가 있는 곳을 알아내어 편지에 송헌(松軒)이란 호까지 써서 보냈다. 이것은 태조가 약시와 동년배로서 전날의 친분을 생각해서 그렇게 한 것이었다. 그러나 약시는 눈이 멀었노라고 속이고 끝끝내 편지 받기도 거절하고 집안사람에게는 "나는 망국지대부(亡國之大夫)라 다만 멀리 도망가지 못한 것은 선대의 무덤이 여기에 있었기 때문이로다. 내가 죽거든 또한 여기에 묻고 봉토(封土)도 하지 말며 비도 세우지마라"라고 말하고 마침내 통곡하다가 세상을 떠났으니 집안사람들이 그 뜻을 알고 유언대로 실행하였다.

● 김양도(金良圖 : ?~670), 신라 중기 태종무열왕 때의 장군

김양도는 660년 태종무열왕 7년에 백제 정벌에 공을 세워 당나라 장수 소정방(蘇定方)으로부터 백제 땅을 식읍(食邑)으로 받았으나 이것을 사양했고, 668년에 김유신 등과 함께 고구려 정벌에 함께 나서서 공을 세웠다. 669년에 백제의 토지와 유민을 함부로 다스린데 대해 당나라 황제에게 항의하러 갔다가 옥사하였다.

태종무열왕 김춘추시대에 재상까지 역임하였고 두 딸 화보(花寶)와 연보(蓮寶)를, 이차돈이 순교한 후 법흥왕이 세운 대왕법륜사의 노비로 보낼 정도로 불법에 심취하기도 했다. 이것을 사신(捨身)이라 한다. 김양도는 신라가 국운을 걸고 일통삼한(一統三韓) 전쟁을 벌이던 시기에는 혁혁한 전과를 낸 전쟁 영웅이면서, 대(對) 중국 외교에서도 발군의 실력을 발휘했다.

● 김여경(金餘慶 : ?~?), 조선조 인조 때의 인물

김여경은 인조반정의 1등공신인 이귀의 사위였다. 광해군의 폭정이 심해지자 이귀는 김유(金瑬)와 더불어 광해주를 몰아낼 계획을 세울 때 사위 김여경에게 그 뜻을 말하고 그의 의견을 물었다. 김여경이 "빙장(장인)께서 이윤(伊尹)의 덕이 있다면 가하지만 이윤의 덕이 없으시다면 불가한 줄 압니다.(주 : 伊尹은 옛날 은나라 賢臣으로서 임금 太康이 어질지 못하매 桐宮으로 내몰았다가 그가 잘못을 깨닫고 어진 사람이 됨에 다시 맞다가 임금을 삼았다는 고사).

이귀는 그날 밤 아들 시백(時白)에게 그 말을 하니 시백이 "매부의 입에서 이러한 말이 나왔다면 이 말을 외부에 누설할 것이니 그를 일찍 죽여서 누설이 되지 않게 하는 것이 옳겠습니다"고 했다.

부친 이귀는 '네 매부 또한 네가 죽이러 올 줄 알고 벌써 피했을 것이다'라고 했다. 과연 시백이 칼을 품고 매부 김여경을 찾아가니 이미 처자를 데리고 간곳이 없었다. 김여경은 입장을 바꾸어 이시백의 입장이었다면 반드시 죽일 것이라고 생각하고 피한 것이니 죽이러 간 사람이나 피한 사람이나 지혜가 같은 것이었다.

● 김연광(金練光 : 1524~1592), 조선조 선조 때의 문관

명종 때 문과에 급제하고 평창군수가 되었다. 1592년 임진왜란 때 적장 모리 요시나리(毛利吉成)가 강원도에 쳐들어옴으로 군인·관리들이 모두 도망쳐 버렸다. 그 후 회양성문 앞에 홀로 정좌한 채 왜적에게 참살 당하였다. 재상 윤두수(尹斗壽)가 김연광의 사람됨을 경탄하여 그의 어머니를 찾아 절하고 형제의 의를 맺었다.

● 김영윤(金令胤 : ?~684), 신라 신문왕 때의 장군

각간 흠춘의 손자, 급찬 반굴의 아들이다. 조부와 아버지가 당나라 군사와 연합하여 황산벌(연산)에서 백제군과 싸우다 전사하였다. 684년 신문왕 4년에 고구려 잔적이 보덕성에서 반란을 일으키자 왕은 김영윤을 기감으로 임명하고 토벌케 했다. 담장성 남쪽에 이르렀을 때 적장 대문(大文)은 이미 진을 치고 기다리고 있었다. 모두들 적이 피로할 때를 기다리자고 물러나는데 홀로 영윤만은 싸움에 는 전진이 있을 뿐이라면서 적진에 뛰어들어 격투 끝에 전사하였다. 왕은 울면서 말하기를 "그런 아버지가 있었으니 그런 아들이 있다" 하고 작위와 상을 후하게 추증했다. (삼국사기)

● 김영철(金英哲 : 1599~1682), 조선조 중기(광해 · 인조)의 무신

1618년 광해군 10년에 명나라에서 건주(建州 : 만주)를 토벌할 때 우리나라에서 파견된 강홍립 원수 휘하의 김응하 영장의 선봉으로 나섰다가 노병(虜兵 : 중국 남방 오랑캐)의 포로가 되어 노장(虜將) 아라나(阿羅那)의 집에서 종으로 있다가 도망하여 등주까지 왔다가 명나라 임금으로부터 많은 상을 받고 장가까지 들어 두 아들을 낳고 생활하였다.

1630년 인조 8년에 진하사(進賀使) 이연생을 만나 이듬해 봄에 평양을 거쳐 집에 돌아왔다. 다시 1640년에 오랑캐 장군 아라나가 개주를 공략할 때 징발되어 임경업 장군 휘하에서 수군 5천을 이끌고 참전하였다가 뒤에 유림과 같이 오랑캐 진영에 들어가 아라나를 만났으나 유림의 주선으로 죽음을 면하였다. 1658년에 산성을 짓고 아들 4형제와 함께 20여 년 동안 성중에서 만년을 보내다가 83세로 죽었다. (인물고)

● 김옥균(金玉均 : 1851~1894), 조선조 말기의 정치가

김옥균은 1872년 고종 9년 21세에 문과에 합격 호조참판까지 했다. 1870년 경부터 박규수의 사랑방에서 개화사상을 배웠다. 그래서 일본에 건너가 제도와 문물을 시찰하고 임오군란이 일어난 뒤 수신사(修信使) 박영효, 부사 김만식의 고문으로 일본에 들어가서 활약했다.

1881년부터 일본의 메이지 유신(明治維新)이 전개되는 것을 살피고 일본정치가들과 접촉했다. 조선도 일본과 같은 방식으로 근대화를 추구해야 한다고 국내정치의 개혁을 주장했다.

민씨 정권과 대립이 심해지자 갑신정변을 일으켜 짧지만 호조참판으로 재정권을 장악하고 신정부를 지휘했다. 그러나 개혁이 실패로 끝나자 일본으로 망명했다. 그의 어머니와 누이는 독약을 먹고 자살했다. 망명과정에서 조선정부의 요구로 일본공사 다케조에 신이치로(竹添進一郎)가 김옥균 일행에게 배에서 내칠 것을 요구했으나 선장 쓰지쇼사부로(辻勝三郎)가 김옥균을 내주지 않아 간신히 목숨을 건졌다. 이후 배 밑창에서 선원들이 끈에 달아 내려주는 빵조각을 먹으며 일본으로 건너갔다고 한다. 그는 정부가 보낸 자객 홍종우의 총에 맞아 상하이에서 죽었다.

● **김용기**(金容基 : 1912~1988), 한국의 농민운동가, 교육자

경기도 양주 출신인데 그는 '가나안 농군학교' 설립자로서 유명하고, 새생활혁명운동의 선구자이자 지도자이자 교육자였다. 그의 호가 일가(一家)인데, 일가 댁 가정규칙이 무려 27가지 있다.

예컨대, "머리를 짧게 깎아야 한다." "양복과 넥타이와 구두는 안 된다." "생일 잔치도 안 된다." "국민소득이 1만 달러 넘어설 때까지는 고깃국은 안 된다"는 규칙 등이다. 실제로 그는 평생 작업복과 모택동 복장을 입고 다녔으며, 그의 아들 목사는 실제로 국민소득 1만 불이 넘어선 YS시대에야 처음으로 고깃국을 먹을 수 있었다고 한다.

"장례식도 안 된다." "호화분묘는 안 된다"고 유언했고, 88년 8월 임종했을 때 가족장을 준비했지만 농민단체와 종교계의 반대로 겨우 농민장으로 대신하고 가족묘에 안치했다. 향년 76세.

● **김용옥**(金容沃 : 1948~), 한국의 철학자, 교수, 한의사

그가 『대화(對話)』라는 책에서 다음과 같이 말하고 있다.

"내가 70년대 세계 최고의 명문대학을 누비며 나의 생각을 확인한 결론은 무

엇이었던가? 이에 대한 답으로 나의 입버릇이 허용하는 솔직한 표현을 옮기기 위하여 독자들에게 실례를 해야겠다.

'아무것도 아니더라?'

"나는 옛날에 헤겔, 칸트가 굉장한 사람인줄 알았다. 플라톤, 공자가 나의 생각과 격리된 저 피안에 우뚝 서 있는 엄청난 진리인줄 알았다…

그리고 옥스포드대, 동경대, 하버드대가 정말 진리가 깨알같이 쏟아져 나오는 별천지인줄 알았다. 이 모든 것이 나에게 천안삼거리 능수버들 개천가에서 한밤중 쳐다보았던 하늘을 수놓고 있는 아름다운 환상의 세계처럼 느껴졌다.

그런데 어쩌다가 나는 70년대 우주여행을 한 것이다. 그 위대한 사람을 다 만나보고, 그 엄청난 별세계의 캠퍼스를 다 다녀본 것이다.

그 결론은 무엇이었던가?

나는 무엇을 확인했던가?

아무것도 아니더라!"라고 적고 있다.

● **김유**(金鎏 : 1571~1648), 조선조 중기(선조 · 광해군)의 공신

김유는 선조 때 문과에 급제하였으나 광해군이 왕위에 오르자 벼슬을 버리고 집에 엎디어 있다가 이귀(李貴), 장유(張維)와 더불어 인목대비(선조의 계비)의 내명을 받고 거사를 하여 광해군을 몰아내고 인조를 맞아들여 1등 공신으로 부원군에 봉하고 벼슬이 우상을 거쳐 영의정까지 이르렀다.

김유가 광해조에 벼슬을 안 하고 집에 있을 때 백사 이항복(白沙 李恒福)이 북청으로 귀양살이를 가게 되자 김유는 백사를 전별하려고 찾아갔더니 백사는 김유에게 말을 그려놓은 조그마한 족자 하나를 주었다.

김유는 이 족자를 가지고 와서 보니 누가 그린 것인지도 알 수 없고, 잘된 그림인지 못된 그림인지는 알 수 없으나 다만 어른이 주신 것이니(백사가 1556년생이니 김유보다 16세 연상) 그 뜻을 생각하여 사랑 벽에 걸어두었다.

이 그림은 선조께서 말년에 여러 손자들을 불러놓고 글씨나 그림을 제 생각나

는 대로 한 장씩 그리라 하여 그 중에서 인조가 그린 말의 그림을 이항복에게 내리신 것을 이항복이 귀양을 가면서 김유에게 주고 간 것이다.

어느 날 인조가 잠저(왕이 되기 전에 거쳐하던 집)에 계실 때 출타를 했다가 소나기를 만나 길가의 어느 집 처마 밑에 들어가 비를 피하고 있는데 그 집 하녀가 방에 들어오라고 해서 들어가니 그 집 안주인이 극진히 대접했다. 그 집이 바로 김유의 집이었다. 그런데 그 집에 자기가 그린 말 그림이 걸려있지 않는가? 나중에 인조가 보위에 오른 뒤 술자리를 마련하고는 김유더러 "경의 사랑에 걸어 놓은 말 그림이 어찌하여 경에게 돌아갔소? 내 그 까닭을 알고저 하오."

"황송합니다마는 전하께서 그린 그림은 부원군 이항복이 북청으로 귀양살이를 갈 때 신에게 주고 간 것입니다." 인조는 백사의 아들을 불러 그 그림의 내력을 아느냐고 물으니 "일찍이 신의 선인께 듣사옵건데, 선조대왕 말년에 신의 선인을 부르시고 모든 왕손을 부르자 신의 선인과 대면을 시킨 후 여러 가지 서화를 보이시고 마음에 드는 것이 있거든 골라 가지시라는 처분이 계셔서 신의 선인이 그 그림 한 장을 받아 들고 왔다는 말을 들었습니다."

곁에 있던 김유는 비로소 백사가 인조를 자신에게 부탁한 뜻을 깨달았다고 한다. 후일 김유는 인조가 보위에 오르게 한 1등 공신이 되었다.

● 김유신(金庾信 : 595~673), 신라의 장군, 김춘추의 처남

김유신은 15세 때 신라 화랑이 되었지만, 원래 신라 사람이 아니다. 그는 금관가야(가락국)의 왕족으로 할아버지는 김무력(金武力), 아버지는 김서현(金舒玄)으로서, 어머니는 만명부인(萬明夫人)이다. 만명의 아버지, 즉 김유신의 외할아버지 숙흘종(肅訖宗)은 딸이 금관가야 왕족과 결혼하는 것을 반대했다(근친이 많기 때문에). 그리하여 만명은 김서현이 만노군(萬努郡 : 충북 진천) 태수로 부임할 때 집을 도망쳐 나와 그를 따라갔다. 가출소녀였다. 김유신을 낳을 때는 금빛 갑옷을 입고 구름을 탄 동자가 내려오는 꿈을 꾸었다고 한다. (삼국유사)

● **김육**(金堉 : 1580~1658), 조선조 효종 때의 영의정

1605년 선조 38년에 사마시에 급제하고, 문묘의 책임을 맡았다. 정인홍(鄭仁弘 : 광해군 때의 권신)을 비판하다가 광해군의 노여움을 받아 경기도 가평으로 돌아가 잠곡에서 은둔생활 10년을 지냈다. 1623년 인조반정으로 다시 조정에 불려가서 금오랑의 벼슬을 받았다. 1624년 봄에 이괄(李适)의 난으로 임금이 피난하자 모시고 다닌 공으로 음성현감이 되었다. 그해 괴과(魁科 : 과거제도의 문과 중 갑과)에 합격하여 예조판서, 1651년에 영의정에 이르렀다.

대동법을 실시하도록 상소하여 공부의 불균형과 부역의 불공평을 해결하려 했고, 『구황촬요벽온방』이라는 책을 발간하여 각 도에 배포했고, 수차의 제도, 용차의 편리, 주조통화(상평통보)의 제도를 주장하였고, 실학의 선구적 역할도 했고, 성리학 · 천문 · 지리 · 병법 등에도 정통했다.

● **김윤식**(金允植 : 1835~1922), 조선조 말기의 문신, 문장가, 문인, 학자

☞ 경기도 광주 출신인데, 구한말 개화파 정치인의 한 사람이다. 1919년 일본 정부에 조선의 독립을 탄원하는 탄원서를 올렸고, 중추원간부를 지냈고, 한때 조선의 귀족신분이었으나 이용직과 함께 3·1운동에 동조하여 작위를 박탈당했기 때문에 친일파 목록에서는 제외되었다.

☞ 유신환에게 배워 학문에 통달하여 1874년 고종 11년 33세에 문과에 합격했다. 1881년 영선사(領選使 : 조선조 때 청나라에 파견된 사신)로서 청국의 청진에 파견되었다. 1882년 대원군의 집권을 반대하는 민씨 일파와 결탁하고 이홍장(李鴻章)에게 원조를 청해서 청국 병사 4,500명을 한국에 보내니 이들이 와서 대원군을 잡아가고, 부단히 내정을 간섭하려 들었다. 1884년 고종 21년에 전권대사의 자격으로 러시아와 통상조약을 체결했고, 1894년에는 갑오경장 후 김홍집 내각의 외부대신이 되어 개혁정치에 힘쓰다가 친일파로 몰려 10년간 귀양살이를 했다. 1874년 증광시 병과에 합격하여 황해도 암행어사, 순천부사를 역임했다. 1881

년(고종 18)에는 영선사로 청나라에 파견되었다.

● 김은호(金殷鎬 : 1892~1979), 한국의 동양화가, 호는 이당(以堂)

김은호는 인천 출신이며 1905년 서울 서화미술회화과를 졸업하고, 이 학교 재학 중 李王(순종)의 초상화를 그렸다. 1928년에는 창덕궁 선원전에 봉안된 순종 어진(純宗御眞)과 태조 · 세조 · 원종 어진을 그렸다. 이충무공 영정과 춘향상 등을 그렸다.

어릴 때 아버지가 사주전(私鑄錢 : 위폐) 제작에 돈을 댔다는 혐의로 재산이 몰수되고 아버지는 옥살이를 하자 은호는 가족을 이끌고 서울에 올라왔다. 1912년까지(20세) 이발소 잡부, 인쇄소 제판 견습공, 도장포의 도장 새기기, 제화 견습공, 측량기사의 조수 등 고난의 체험을 했고, 어머니는 교회에서 신앙으로 이겨냈다.

일거리를 얻으려고 교회의 장로를 찾아갔다가 마침 그곳에 들렸던 김교성이 김은호의 글씨 솜씨와 그림에 뜻이 있음을 알고 경성 서화미술원을 소개해서 알게 되어 화가의 길에 들어섰다. 그는 서화미술회에 안중식(安中植)을 찾아가서 배우게 되었는데 그의 뛰어난 모사능력을 보고 이왕가(李王家)의 어진도 맡게 되었다.

월전 장우성, 운보 김기창, 소정 변관식, 산정 서세옥이 그의 제자이다.

● 김응하(金應河 : 1580~1619), 조선조 광해군 때 무장

안동 출신 김방경의 후손으로, 14세 때 부모를 여의고, 아우 응해와 우애가 지극하여 고향에서 칭찬이 자자했다. 25세 무과에 급제했고 병조판서 박승종에게 선발되어 선전관이 되었다. 뒤에 박승종이 호남지방 관찰사로 내려갈 때, 비장(裨將)으로 따라가 근엄하게 행동했다. 그 후 이항복이 여러 직책을 맡기면서 국경지대의 방비를 튼튼히 했다.

1618년(광해군 10)에 건주위(建州衛 : 만주)가 반란을 일으켰으므로 명나라는 조선에 군사를 청하였다. 김응하는 1619년에 도원수 강홍립의 부하로 압록강을 건너

명나라 장군 유정의 군사와 같이 건주위 정벌에 종군했다. 이때 명나라 군사가 경솔히 행동하여 곤경에 빠져 도원수 유정이 자살했다.

김응하는 부하 3천을 거느리고 적(오랑캐)의 군사 6만과 대치하여 앞에 포병을 내세우고, 반격하여 적을 물리쳤다. 그러나 별안간 태풍이 일어나 모래 속에 묻히게 되자 군사들이 흩어졌다. 응하는 홀로 버드나무 아래서 적병 수십 명을 죽이고 중과부적으로 적에게 포위되어 전사했다.

1620년 명나라 황제가 요동백(도지사격)을 봉하고 처자에게 백금을 내려주었고, 조선 조정에서는 영의정을 추증했다.

● 김익겸(金益兼 : 1614~1636), 조선조 중기의 문신

1636년 후금(後金)의 태종이 국호를 청(淸)이라 고쳤을 때, 이를 축하하기 위해 청나라에 다녀온 이확 등을 나라 위신을 손상시켰다고 주장해 처형할 것을 상소하였다. 병자호란이 일어나 인조 14년에 왕(인조)은 남한산성으로 피신했으나 남한산성이 포위되자 강화로 가서 성을 지키다가 함락되기 직전에 김상용(金尙容)을 따라 남한산성의 남문에 올라가 화약에 불을 지르고 분신자살했다.

● 김익두(金益斗 : 1874~1950), 한국 해방 전후에 활동한 기독교 목사

황해도 안악 출신으로 그는 애주가에다 완력가로 유명했다. 그 지방에서는 왕따였다. 언더우드 선교사의 전도를 받아 기독교를 믿게 되고 1910년 장로교 신학교를 졸업해서 신천교회 목사가 되었다. 그는 전국을 순회하면서 신앙부흥운동을 펼쳤고, 한국에서 최초의 부흥목사가 되었다. 6·25동란 때 황해도 신천교회를 지키다가 공산군에게 피살되었다. (편자도 해방 후 그분의 부흥사경회에 참석한 적이 있다.)

● 김인후(金麟厚 : 1510~1560), 조선조 인종 때의 명신

김인후가 어떤 사람인지, 송시열이 쓴 「하서선생 신도비명 병서(河西先生 神道碑銘

#序) 역문(譯文)」을 통해서 알아보려고 한다.

김인후, 호는 하서(河西)이다. 김안국(金安國)의 제자이다. 1540년 과거에 오른 후 홍문관 부수찬 등 관직에 있다가 윤원형, 윤임 사이의 당쟁을 염려하다가 을사사화 후 고향 장성으로 돌아가 성리학을 연구하는데 전념했다. 송시열은 하서보다 97년 후에 태어난 인물이다.

그가 하서의 신도비문을 지은 것이 지금도 전해져오는데 그 자체가 명문이다. 그 내용을 요약하면 다음과 같다.

"우리나라의 많은 인물 중에서 도학(道學)과 절의(節義 : 절개와 의리)와 문장이 겸하여 탁월한 이는 그다지 찾아볼 수 없고…… 하늘이 우리 동방을 도와 하서(河西) 김 선생을 종생(鍾生)하여 자못 이 세 가지를 다 갖추게 되었다."

● 김일손(金馹孫 : 1464~1498), 조선조 연산군 때의 학자

경북 청도에서 태어남. 무오사화(戊午士禍 : 1498년 연산군 4년에 김일손 등 신진 사류가 유자광 중심의 훈구파에 의하여 화를 입은 사건) 필화로 죽게 되었다. 일손은 35세의 짧은 생애를 살았지만 15세기 후반기의 역사적 시점에서 시대가 요구하는 바에 따라 그리고 왕조의 미래가 요청하는 바에 따라 현실을 냉철하게 인식하였고, 추호의 망설임 없이 대응한 초기 사림파 중의 대표적 인물이다.

연산군 4년 7월 2일, 일손은 함양군의 일두 정여창(丁汝昌)의 집에 머물고 있다가 체포되었다. 동석하고 있던 일두가 "사림의 화는 이로부터 시작일 것이다" 하니 일손은 "이는 필시 이극돈(李克墩)이 일으키는 '사초'에 관한 사건일 것이며, 나는 돌아오지 못할 것이다. 바라건대, 일두는 도(道)를 위하여 자애(自愛)하시오"라고 했다. 일두는 "여러 말 하지 마오. 나 역시 이 행차에 뒤따르게 될 것이오"라고 하니, 일손은 소이부답(笑而不答)할 뿐이었다고 한다.

그에 앞서 김종직은 세조가 단종을 살해하자 '조의제문(弔義帝文)'을 지어놓았는데, '조의제문'이란 김종직이 세조의 왕위찬탈을 비난한 글이다. 그 후 성종 21년

(1490) 3월에 일손은 사관에 입직(入直)하고 있었으므로 '조의제문'을 성종실록의 '사초(史草)'에 실었던 것이다. 일손이 이를 사초에 실었던 것은, 세조의 왕위찬탈 과정에서 저질렀던 역사의 진실을 후세에 전하려는 의도가 있었기 때문이었다. 이것은 일손이 쓴 사초가 무오사화의 발단이 되었던 것에서 알 수 있다. 결국 훈구파는 일손의 사초를 정치쟁점화 하여 대역죄로 몰아 희생시켰다. 그를 능지처참(陵遲處斬)한 것이다.

일손이 의금부에 수감되어 있으면서 모진 고문을 당하며 진술서도 제출했다. 임금은 일손의 사초를 보면서 심문을 계속하였는데, 그 중에 "어찌 조의제문을 수록하여 놓고 그에 찬사를 보냈느냐" 하면서 충분(忠憤), 즉 "충성스러운 울분이란 말을 덧붙여 놓은 저의가 무엇인가?" 하고 추궁한 대목이 있다. 이에 일손은 "세조 때의 사실을 '사초'에 기록한 까닭은, 임금의 선악과 신하의 충간(忠奸)을 후세에 권장징계로 삼고저 함이며, 스승 김종직의 '조의제문'은 노산군(단종)의 사실을 실제 감지한 그대로이며, 신이 이를 '사초'에 편집한 것은 천년 후세까지 이를 보여 공론케 하고저 함이다"라고 진술하였다.

또 "사초를 같이 의논한 사람은 누구냐?"고 묻자, "이미 실정대로 모두 진술하였다. 본래 같이 의논한 사람은 없다. 홀로 죽기를 바란다"고 했다.

「연산군일기」에는 임금의 신문에 대해 "신이 어찌 감히 숨기겠사옵니까? 전해들은 사실을 사관은 모두 기록할 수 있기 때문에 신이 또한 썼을 뿐입니다. 소문처를 하문하시는 것은 부당하옵니다… 사관의 들은 곳을 만약 반드시 밝히라고 한다면 사실대로 기록해야 할 실록이 폐지될까 두렵사옵니다. 원래 사법(史法)에 '先是(이에 앞서)'라는 말과 '初(처음)'라는 말이 있으므로 신이 또한 감히 선조(先朝)의 사실을 썼을 뿐이옵니다."

그는 임금의 권위를 위협했다 해서 대역죄로 날조해서 그를 사형시켰으나 그는 의연한 자세로 사관의 막중한 책무를 다했다고 당당하게 응대하였다.

(김학수 선생의 글에서)

● 김일엽(金一葉 : 1896~1971), 한국의 여성운동가, 언론인, 시인, 승려, 본명 元周

☞ '일엽(一葉)'이란 이름은 일본 동경 유학중이던 친구 이광수(춘원)가 지어준 이름이다. 이화학당에 들어가서 서양문화도 배우고 신교육을 받았으나 어머니가 사망하자 고아 신세가 되었으나 할머니가 그를 키웠다.

동경유학 당시 이광수와 그의 미래 부인이 될 허영숙, 나혜석 등과 교류했으며 한국여성 최초로 자유연애를 주장한 개방된 사상가였다. 1931년 35세에 충남 소재 수덕사에 입산해서 승려가 되어 일생을 보냈다.

☞ 1930년 금강산에 들어가 승려가 될 준비를 하다 승려이자 숭실전문대 교수와 보성전문대 교수를 했고, 일본 와세다 대학 강사로 불교학과 동양철학을 가르치던 하윤실과 재혼한다. 하윤실은 대처승이었다. 1931년 다시 속세를 잊지 못해 경성(서울)으로 나와서 나혜석을 다시 만나서 승려가 되겠다는 결심을 표명하고, 1933년에 하윤실과는 이혼하고 1933년에 승려가 되었다.

● 김자수(金自粹 : ?~?), 고려조 말기의 문신, 도관찰사

김자수는 고려 말 사람으로 이성계(李太祖)와는 평시에는 좋은 친구였고, 도관찰사라는 벼슬을 지냈다. 이태조가 등극한 후 제일 먼저 그를 불러 대사헌을 삼으려 했으나 그는 아무 말 없이 집안에 엎드려 나오지를 않았다. 몇 번이고 불러도 안 나오자 단념하였다.

그 후 태종이 등극한 후 다시 김자수를 형조판서로 임명하고 나오기를 재촉하니 김공은 가묘(家廟)에 하직을 고하고 아들로 하여금 치상(治喪)도구를 갖추게 하여 뒤를 따르라 하고, 집을 떠나 경기도 광주(廣州)땅 추령(秋嶺)에 이르러 그 아들에게 말하기를 "이곳은 곧 나의 뼈를 묻을 곳이다. 비록 어리석은 여자라도 두 남편을 섬기지 않거늘 하물며 남의 신하가 되어 그의 녹(祿)을 받은 자가 두 임금을 섬길 수 있겠느냐. 나의 뜻은 이미 결정된바 있으니 내 시체를 이 추령(秋嶺)에 묻고 비도 세우지마라. 나라와 운명을 같이 못한 불충(不忠)한 인간이 비를 세워 이

름도 남길 필요가 없다"고 약을 마시고 자결했다. 그가 추령(秋嶺)에 와서 죽은 것
은 거기에 정몽주의 의대(衣帶)가 매장되어 있어서 포은(圃隱)을 사모하는 의미를
띄고 있다.

● 김자점(金自點 : 1588~1651), 조선중기의 문신, 영의정

음보로 등용되어 광해군 말에 병조좌랑에 이르렀으나 당시 집권당인 대북파에
의해 밀려났다가 1623년 인조반정에 가담하여 정사공신 1등에 올랐다. 반정에
성공한 서인이 집권당이 되면서 반정에 직접 가담하여 공을 세운 파와 반정에 전
혀 관여치 않았던 일파 사이에 틈이 벌어져 전자는 공서, 후자는 청서로 분파하
게 되자 그는 공서파에 송하여 김상헌(金尙憲) 등 유림세력을 배경으로 한 청서파
와 대립하였다. 인조 말에 공서는 다시 자점을 영수로 하는 낙당과 원두표(元斗杓)
를 영수로 하는 원당으로 갈라졌다. 이 무렵 그는 우의정·좌의정을 거쳐 낙흥부
원군(洛興府院君)에 봉해지고 영의정에 올랐으며, 그의 손자가 인조의 딸 효명옹주
와 결혼하자 왕실의 외척으로서 실권을 잡고 세력을 떨치다가 인조가 효종이 즉
위하자 김경록(金慶祿)·송준길(宋浚吉) 등으로부터 국정을 농하고 조정을 어지럽힌
다는 탄핵을 받고 파직되었다.

● 김장생(金長生 : 1548~1631), 조선조 중기(광해군·인조)의 학자, 호는 사계(沙溪)

김장생은 이율곡과 송구봉의 수제자로 기호(畿湖)학파의 대가다.

서울 정동(현재의 구 법원청사 소재지) 부근에서 태어나 13세 때 구봉(龜峰)의 제자로
입문, 예학(禮學)을 전수받아 우리나라 유학의 전성기를 이루었다. 난세를 바로잡
기 위해서는 천리(天理)를 밝히고 인심을 바로 잡는 예(禮)로써 다스려야 한다는 것
이다.

김장생의 예학은 아들 김집(金集)과 우암 송시열, 동춘 송준길에게 전승되어 예
학파의 주류를 형성하게 되고 또 그의 후손에서 7명의 대제학이 나왔으니 이때
가 '광김(光金)'의 전성기였다. 즉 광산 김씨 말이다.

김장생의 후손인 익희(益熙) · 익겸(益兼) 형제는 이조 중기에 '광김(光金)'을 빛낸 인물들이다. 김익희(金益熙)는 병자호란 때 척화신(斥和臣)의 한 사람으로 효종 때 대제학 · 이조판서를 지낸 명신이요 대학자이다.

유명한 기인(歌人)인 남파 김천택(南波 金天澤)도 장생의 후손이다. 그가 편찬한 우리나라 최초의 시가집(詩歌集)『청구영언(靑丘永言)』은 귀중한 국문학 자료이며 그가 지은 시조 57수는 『해동가요(海東歌謠)』에 실려 아직도 전해지고 있다.

● **김재규**(金載圭 : 1926~1980), 박 대통령 집권 말기의 중앙정보부장

1979년 10월 26일, 저녁 7시 35분경, 서울 궁정동 중앙정보부 밀실에서 몇 발의 총성이 울렸다. 1961년 5월 16일 쿠데타로 정권을 잡고 18년 동안 통치해온 박정희 대통령은 그의 부하 중앙정보부장의 총탄을 맞고 사망했고, 동시에 청와대 경호실장 차지철도 같은 운명을 맞았다. 그 후 김재규는 그의 명령과 계획에 따른 정보부 간부 몇 사람과 함께 사형에 처해졌다.

● **김재순**(金在淳 : 1923~2016), 한국의 정치인, 국회의장, 출판인, 서울대 총동창회장

☞ 31세에 정계에 입문해서 정부 · 국회 · 정치단체에서 활동하고 1988~90년에 국회의장을 지냈다. 70년에 '샘터'라는 출판사 설립『샘터』라는 월간지 발간, 2017년 12월로 575호를 발간했다.

그의 장례 입관식에서는 고인의 팔에 채워진 손목시계가 화제가 됐다. 수의를 입히고 입관하는 절차상 고인에게 거추장스러운 손목시계를 채우는 것은 드문 일. 그러나 생전에 시간 약속을 누구보다 소중히 했던 고인의 뜻에 따라 유족들이 시계를 함께 넣었다.

'샘터' 대표인 아들 김성구는 "국산 브랜드 오리엔트 시계인데 돌아가시기 하루 전까지도 손목시계를 찾으셨다"며 "시계가 아니라 아버지 몸의 일부인 '시간'이라고 생각했다. 그래서 유족들이 합의해 시계를 채워드렸다"고 말했다.

☞ 『샘터』 잡지를 처음 발행하려 했을 때 한 전직 언론경영인이 그에게 이런 충고를 했다고 한다. "잡지는 전부 벗겨야 합니다. 요새 벗지 않으면 안 봅니다." 그는 이에 "벗기는 건 그쪽이 하시고 나는 입히렵니다." '지식을 입히겠다는 뜻'이었다. 1970년 창간이나 지금 나이가 48년이 되었다. 그리고 아직도 입히는 구실로 살아남아 있다.

☞ 1993년 제14대 대통령선거 때 김영삼 대통령 만들기에 앞장섰던 그가 YS 집권 직후 재산신고 논란에 휘말려 정계를 떠났다. 당시 그가 인용한 말 '토사구팽(兔死狗烹)'은 두고두고 회자되는 말로 남고 있다. 즉 '토끼사냥이 끝나자 사냥개를 삶아먹는다'는 말인데, 이 고사 성어는 비정하고 부당한 정치의 핵심과 민심을 찌른 풍자로 인용되고 있다.

누가 "YS를 용서했느냐?" 하고 물으니 "한순간이 아까운 인생인데 응어리를 지니고 있으면 그 사람에게 인생을 지배당하는 것이 아니겠느냐"라고 대답했단다.

● 김재찬(金載瓚 : 1746~1827), 조선조 순조 때의 재상

김재찬은 순조 때 영의정이 되었고, 홍경래의 난을 평정한 유명한 재상이다. 일찍이 주서(注書)라는 관직에 있을 때 밤에 입시번(당직)이 되어 어전에 나아가니 왕은 재찬의 아버지 노 대신 문정공(文貞公) 김습(金熠 : 정조 때 영의정)의 동정을 물은 즉 재찬이 "연로해서 기력이 쇠약해져 있다"하니 왕이 산삼 세 근을 하사하시고 부친의 병을 고치라고 했다. 집에 와서 왕이 산삼을 하사하셨다고 아뢰니 문정공은 반가워하기는커녕, "너 같은 놈들이 왕을 좌우에 모시고 있으니 나라 일은 가히 알 수 있다. 임금이 대신을 예우하는 것은 사은(私恩)이어서는 안 된다. 임금께서 산삼을 내리시려거든 마땅히 사관(史官)을 시켜 정정당당하게 선유(宣諭 : 임금의 명령을 공포)를 하시고 내리시는 것이 대신을 대우하는 상례로 되어 있거늘 어찌 밤중에 그 자식을 불러 남모르게 내리신단 말이냐? 네가 사람 같은 놈이라면 마땅히 사유를 들어 규간(規諫 : 사리를 밝혀 말함)을 해서 정당한 길을 밟도록 임금을 인도

해야 할 것이지 아무 분별없이 주시는 것만 감사해서 받아가지고 왔으니 한심한 일이 아니냐? 빨리 갖다 바쳐라."

재찬은 부친의 책망을 듣고 임금께 부친의 말을 전하면서 산삼을 도로 가져다 바쳤다. 왕, "아하! 내가 실수를 했다" 하고 교유를 내리시어 사관으로 하여금 산삼을 전하게 하였다.

(옛사람들의 공명정대함을 보는 실례이다.)

● 김정호(金正浩 : ?~1864), 조선조 고종 때의 지리학자, 호는 古山子

황해도 출신으로 독학으로 조선지도 제작에 힘써 30년 동안 방방곡곡을 다니면서 실제 답사를 통하여 처음에는 청구도(靑丘圖)를 제작하고, 다시 가장 정확한 대동여지도(大東輿地圖)를 완성하여 1861년(철종 12년)에 혼자 힘으로 각판(刻板)을 간행했으며 대동지지(大東地志) 32권 15책을 내어 여지승람(輿地勝覽)의 착오를 정정하였다.

지도는 22첩으로 가로 접게 되고, 10리 방안(方眼)으로 거리를 측정하게 하여 상세한 부분은 거의 5만분의 1 지도와 비길만하다.

후일, 서대문 밖에서 그의 딸과 함께 지도를 판각하여 대원군에게 올렸던바, 나라의 기밀을 누설하는 것이라고 의심을 받아 각판은 몰수되어 불태워지고, 김정호는 감옥에 가두어 심한 고문 끝에 감옥에서 죽었다.

● 김정희(金正喜 : 1786~1856), 조선조 말기의 고증학자, 금석학자, 서화가, 호 추사, 완당

☞ 호가 많은데 제일 많이 쓰는 것이 추사(秋史)이다. 박제가에게서 공부하고, 1814년(순조 14)에 문과에 합격, 벼슬은 병조판서에까지 이르렀다.

20세에 아버지를 따라 연경에 가서 당대의 거유들과 막역하게 지냈다. 1840년(헌종 6)에 윤상도(尹尙度)의 옥사에 관련되어 제주도로 유배 갔다. 1851년(철종 2) 헌종묘천(憲宗廟遷) 문제로 북청에 귀양 갈 때, 66세의 노구로 귀양살이를 도합 13년이나 했다. 특히 그는 금석, 도서, 시문, 전예지학(篆隸之學), 묵화에 뛰어났고, 서법도 독창성을 얻어 추사체를 이룩하고 명필가로 역사에 기록되고 있다.

☞ 추사는 제주 유배지에서도 청나라의 최 신간 서적을 읽고 있었다. 제자인 역관 이상적이 중국에서 구해와 보내준 것이었다. 120권 79책에 달하는 거질의 『황조경세문편(皇朝經世文編)』을 받고는 크게 감격했다. 추사는 답례로 작은 집 옆에 벼락 맞아 허리 꺾인 낙락장송이 겨우 한 가지 비틀어 잔명을 보존한 형상을 그린 그림을 초묵(焦墨)의 갈필로 이상적에게 그려주었다. 이 그림이 이후 중국과 일본을 오가며 수많은 얘기를 만들어낸 저 유명한 세한도(歲寒圖)다.

'날씨가 추워진 뒤에야 소나무 잣나무가 나중 시듦을 안다'(歲寒然後, 知松柏之後凋)는 말은 『논어』에 나온다. 여름철 모든 나무가 초록일 때는 소나무 잣나무의 푸름은 특별나보이지도 않았다. 낙목한천의 겨울이 되어 모든 나무가 잎을 떨어뜨리자 그제야 송백의 상청(常靑)이 새삼 눈에 들어온 것이다.

● 김조근(金祖根 : 1793~1844), 조선조 현종 때의 무신

김조근은 김상헌의 8대손이며 헌종의 장인이다. 그의 8촌 형제간에는

철종의 장인이 된 문근(汶根)이 있고,

영의정을 지낸 좌근(左根)이 있고,

판서를 지낸 응근(應根)이 있고,

영의정을 지낸 흥근(興根)이 있다.

헌종의 장인으로서 음보로 광주부 판관을 거쳐 1837년(헌종 3) 일약 승지에 승진, 딸이 헌종의 비로 책봉되자 영흥부원군(永興府院君)에 봉해지고 영돈령부사에 올랐다. 이어 어영대장·호위대장·주사대장 등을 역임, 당시 새로 대두한 풍양 조씨 세력과 함께 왕실의 외척으로서 쌍벽을 이루었으며, 철종 때의 안동 김씨 세도의 기반을 마련했다. 영의정에 추증되었다.

● 김종수(金鍾秀 : 1728~1799), 조선조 정조 때의 문신, 좌의정

김종수는 강직하고 청백하기로 유명했다. 벼슬을 그만두고 한가히 지낼 때에도 지방관들이 새로 임명되면 부임하기 전에 현직 대신은 물론 전임 대신들에게

도 인사를 다녔다.

지방관들이 찾아오면 의례히 허술한 베옷에 나막신을 끌고 반가이 맞이하고 신임을 치하한 후 굳이 붙들어 앉히고 밥 한 끼를 먹여 보내는 것이었다. 노 재상의 권유를 못 물리치고 황송해서 밥상을 피하곤 했다.

김 정승은 손수 모가 떨어진 상에다 순 보리밥에 김치 한 그릇을 놓고 탁주 한 양푼을 들고 나와 먹기를 권했다. 지방관이 임지에 가면 호의호식 할 터인데, 꽁보리밥이 목에 넘어가지 않는다. 고역 중의 고역이다. 이때 김 정승은 "지방에 내려가면 금의옥식(錦衣玉食)을 한 터인데, 백성들의 피와 땀으로 된 음식이니 지방에 가거든 부디 선정을 베풀어주게" 하고 충고하는 것이었다. 김종수가 평양감사에서 내직으로 승진해가는 날 뱃놀이를 하다가 담뱃대를 대동강 물에 빠트렸다. 그래서 김종수는 "내 평양감사 3년에 소득이라면 담뱃대 하나뿐인데 대동강의 신이 그것마저 가지고 가지 말라는 구나!" 하였다고.

● **김종직**(金宗直 : 1431~1492), 조선조 초기(성종)의 문신, 사상가

김종직은 1459년 28세에 문과에 급제하여 벼슬이 형조판서에까지 이르렀다. 아버지 김숙과는 야은 길재의 학풍을 이은 조선조 초기의 대유학자였다. 아버지는 수양대군이 단종을 몰아내고 왕권을 찬탈하자 벼슬을 버리고 밀양(고향)으로 내려가 후학을 가르치면서 지냈다. 종직이 이 아버지 밑에서 독실하게 공부를 해서 문명(文名)을 떨쳤다.

성종이 왕위에 오르자 경연을 열고 선비를 19명 선발했는데 종직이 이들 중 으뜸이었다. 춘추관 기사관으로 있다가 연로한 어머니를 모시기 위해 사직하고 밀양에 내려가려는데 성종이 함양군수로 임명해서 어머니를 가까이서 모시도록 했다.

그는 함양고을을 다스리면서 학동들을 모아 교육을 했다. 그 학동 가운데는 정여창, 김굉필이 있었고, 남효은, 김일손, 조위와 같은 훌륭한 제자들을 길러냈다.

그는 문장 · 덕행 · 정치 세 가지 일을 엄격하게 실천한 유학자요, 문인이었다.

퇴계도 말했듯이 그는 시와 문장에서 뛰어난 유학자였다.

● **김종필**(金鍾泌 : 1926∼2018), 한국의 정치가, 중앙정보부장, 국무총리

　1961년 5월 16일 남산 KBS방송국의 뉴스시간에 박종세 아나운서가 '군사혁명 공약'과 '혁명포고문'을 읽었다. 쿠데타군이 방송국을 점령한 것이다.

　이 혁명공약과 포고문 초안은 김종필이 작성한 것이다. 그전에 김종필은 혁명 직후 수립할 권력기구 구상에 골몰할 무렵 박정희는 '군부대동원' 계획을 세웠다. 그런데 놀랍게도 이 쿠데타는 단 한명의 사망자도 없이 3시간 만에 대한민국을 '인수'했다.

　미국은 김종필을 쿠데타의 핵심인물로 일찌감치 지목하고 있었다. 쿠데타 발발 사흘 뒤인 1961년 5월 19일, 주한미군사령관 매그루더는 본국에서 하달된 '쿠데타 승인 및 작전지휘권의 즉각 회복' 지령에 따라 쿠데타 세력의 핵심을 불러 이 문제를 논의했는데 이 자리에 초대된 사람은 다름 아닌 김종필이었다. 그는 혁명당시 군인 신분도 아니었고, 쿠데타의 상징이라 할 군복도 걸치지 않았으며, 쿠데타 부대를 지휘하지도 않았다.

　또 단 한 명의 사병도 동원할 능력이 없는 완벽한 민간인인데다, 그 각박한 새벽에 누구 말처럼 '한가하게 인쇄소에서 인쇄공을 닦달'하고 있었을 뿐인데, 그런 김종필이 경천동지할 쿠데타의 '핵심브레인'이었다니!

● **김좌진**(金佐鎭 : 1889∼1929), 한국의 독립운동가, 장군

　김좌진은 어릴 때부터 힘이 장사였다고 한다. 15세 때 집에서 부리던 노비 30명의 노비문서를 불태우고 논밭을 나누어 주었다. 1905년 16세에 서울의 무관학교에 입학, 이듬해 고향 홍성에 호명학교 설립, 자기 집을 교사로 사용하였다.

　1911년 22세에 북간도에 무관학교를 설립하기 위한 자금을 조달하려다 2년 6개월간 옥고를 치렀다. 1917년에 광복회에서 김좌진을 만주로 파견했다. 1919년 30세에 북로군 군정서의 총사령이 되었고, 1920년 홍범도 부대와 연대하여

청산리전투에서 승리를 거두었다.

1929년 40세에 일제의 탄압으로 참여하고 있던 혁신의회가 해산된 무정부주의자들과 제휴하여 한족총연합회를 결성하고 북만주 조선인들의 자치 확립과 경제 진흥에 노력했다. 김좌진은 1930년 41세에 자기가 경영하던 정미소 앞에서 그를 친일파로 오해한 공산주의자의 총에 맞고 죽었다. 그는 임권택의 영화 '장군의 아들 : 김두한'의 실부이다.

● **김준**(金浚 : 1582~1627), 조선조 광해군 때의 무신

광해조 때 병조에서 일하던 김준은 계해반정(癸亥反正) 때에 눈으로 본 일을 정재륜(鄭載崙 : 숙종시 학자)에게 이야기 했는데, 그 말에 의하면, 광해군의 무도 포악한 행실이 이루 말할 수 없어, 심지어 철없는 부녀자나 삼척동자까지도 원망치 않는 사람이 없었다. 그러나 막상 의거가 있던 날 광해가 강화도로 쫓겨 가는데, 그의 행색이 너무 비참한 것을 보고는 도리어 측은한 생각이 나서 보는 사람이면 남녀노소, 귀천을 막론하고 눈물을 흘렸다는데, 어제까지 그 밑에서 신하로 있던 훈신(勳臣)들 중에는 슬퍼하는 사람은 몇이 안 되고, 기뻐하는 사람이 많았다고 한다. 뒷날 보니 슬퍼한 사람은 모두 어진 사람이 되어 새 조정에 충성을 했지만, 기뻐하던 사람치고 제 명대로 살다가 죽은 사람이 지극히 드물다고 했다.

● **김창숙**(金昌淑 : 1879~1962), 한국의 유학자, 독립운동가, 정치인, 시인, 호는 心山

1910년(31세) 한일합방이 되자 통곡하면서 울부짖었다. 그 후 술에 취해 방랑하기도 하고 중국으로 건너가 독립운동에 참여하다가 일경에 검거되어 일본으로 연행되어갔다가 다시 부산으로 압송되었다. 다시 대구로 이송된 뒤 경찰에서 심한 고문을 당했으나 입을 열기를 거절하며 시(詩) 한 수를 지었는데, 한시를 이해 못한 일본인 형사는 조선인에게 한시 해석을 부탁했고, 한시의 뜻을 해석한 일본인 형사는 머리를 조아리며 "선생"이라 부르며 고문형을 완화시켜 주었다.

법정 예심이 끝나자 일본인 판사는 그가 수감된 감옥에 직접 찾아와 개인적으

로 만나 시국을 논할 것을 부탁했으나 거절하였다. 가족들은 그에게 변호사 선임을 의논하였으나 그는 변호사 선임을 거절했고, 변호사 김완섭이 세 번이나 면회를 갔으나 뜻을 바꾸지 않았다. 징역 14년 언도를 받고 복역했다.

● 김창식(金昌植 : 1857~1929), 한국 최초의 안수목사

김창식은 황해도 수안 출신이다. 그는 20세까지 농사일을 하다가 이러다가는 일생동안 농사꾼으로 살게 될 것 같아 부모에게 알리지 않고 가출, 10여 년 동안 8도를 돌아다니며 마부생활, 객주집의 심부름꾼으로 살다가 29세에 한 처녀를 만나 결혼을 하고, 방랑생활을 끝내고 가정에 정착했다.

1888년 어느 날 길을 가다가 큰 돈 뭉치를 줍게 되었다. 어렵게 돈 주인을 찾아 돌려주었는데 돈 주인은 올링거(Rev. Franklin Ohlinger)라는 선교사의 개인교사였다. 김창식의 정직한 성품을 인정해서 그는 올링거의 하인으로 일하게 되고, 그 집에서 성경을 읽게 되고 자기의 부족함을 고통스럽게 느끼고 기도하다가 죄 용서함을 받는 은사체험을 한다.

그 후 그는 정동교회에서 세례를 받고 김연창 등과 함께 정동교회 창립멤버가 되었다. 그러자 김창식은 올링거의 요리사가 되고, 열심히 성경을 읽어서 드디어 하나님의 부르심을 받게 된다.

1891년 35세가 되던 해 올링거가 귀국하고 후임으로 제임스 홀(James Hall)이 부임했다. 그는 의사이고 평양선교의 아버지다. 이때 올링거의 추천으로 홀의 조수노릇을 하게 되었다. 이 무렵 1894년 5월 신교에 대한 박해가 시작되자 김창식이 감옥에 갇히게 되었고, 심한 고문을 당하고 목에 칼을 쓰고 사형 날짜만 기다리고 있었다. 제임스 홀이 백방으로 노력하고 국왕에게 탄원해서 김창식은 석방되었다.

김창식은 옥중에 있는 동안 "하나님을 욕하고, 외국인을 섬기는 일을 그만두라"는 협박을 받았으나 거절했다.

석방되던 날 귀가 중 민중들의 돌팔매질에 피투성이가 되었고, 이러한 핍박이

태풍처럼 지나고 청일전쟁 후 난관이 있었으나 1901년 한국인으로서는 최초로 신교 목사안수를 받았다.

그는 일생동안 48개 교회를 개척했고, 125개 교회에서 시무했다. 1929년 고혈압으로 쓰러져 72세를 일기로 세상을 떠났다.

● **김창업**(金昌業 : 1658~1721), 조선조 후기(숙종·경종)의 학자, 화가

영의정 수항의 4남, 영의정 창집의 아우. 둘째형 창협, 셋째형 창흡과 함께 모두 도학·문장으로 이름을 떨쳤다. 1681년(숙종 7) 진사가 되고 벼슬이 교관에 이르렀고, 시문과 그림에 뛰어나 화양서원의 송시열 화상의 원화를 그렸다. 송계에서 전원생활을 했다. 1712년 큰형 창집이 사은사(謝恩使)로 청나라에 갈 때 따라가 그곳의 산천·관방·사관·시암·인민·요속·비판·서적·기용을 기록해서 연행록(燕行錄)을 썼다. 1721년(경종 1) 신임사화(1721~22 경종 때, 왕위계승 문제를 에워싸고 노론과 소론 사이에 일어난 당쟁의 화옥(禍獄 : 즉 옥사사건)을 말한다)로 큰형 창집 등 노론 4대신이 탄핵받고 섬에 유배되자 울분으로 병사했다. 그림에도 뛰어나 산수·인물을 잘 그렸다.

● **김처선**(金處善 : ?~1505), 조선조 연산군 때의 환관, 정2품

김처선은 연산군이 정사를 어지럽힐 때마다 간(諫)하였다. 연산군의 측근에 있으면서 잘못을 지적하니 미운 생각이 쌓이고 쌓여 폭발점에 이르렀을 때에 처용희(處容戱)를 일삼고 날이 갈수록 황음(荒淫)무도해지는지라 처선은 자기 가족들에게 "오늘은 내가 죽는 날이다"고 유언을 하고 궁 안에 들어가 간하기를 "늙은 종이 4대를 섬겨왔지만 전하 같은 임금은 처음 뵈옵니다. 고금을 통해서 전하 같은 임금이 또 있었습니까?" 하고 극언을 하였다. 연산은 그만 쌓이고 쌓였던 노염이 폭발하여 "이놈, 무슨 잔말이냐?" 하고 활을 당겨 옆구리를 맞추었다. 처선이 말하기를 "늙은 환관이 어찌 죽음을 두려워하겠나이까? 다만 애석한 것은 전하께서 이 자리에 오래 계시지 못할 것이 한입니다." 연산은 성이 머리끝까지 치밀어

다시 다리를 끊어 놓고 서서 걸으라고 하니 처선이 말하기를 "전하는 다리 없이도 걸어 다니십니까?" 하였다. 부아통이 터져 처선에게 달려들어 혀를 끊고, 배를 갈라 창자를 내어 개를 주고, 그래도 분이 풀리지 않아 조정에 명하기를 '처(處)'자와 '선(善)'자를 절대 이름에 쓰지 말라고 했다. 부모의 무덤까지 헐어버렸으며, 처용무를 풍두무(豊頭舞)로 고치기까지 했다. 1506년 중종 때 고향에 정문(旌門 : 충신 · 효자 · 열녀를 표창하기 위해서 세우는 붉은색 문)이 세워졌다.

● **김천일**(金千鎰 : 1537~1593), 조선조 임진왜란 때의 의병장

1592년 선조 25년 6월 임진왜란이 일어났을 때, 부사(府使)를 그만두고 나주에 있다가 고경명, 최경회 등과 의병을 일으켜 수원 행산고성에 들어갔다. 8월에 강화도로 진을 옮긴 후 연안 각처에 주둔한 왜군을 소탕하고 배를 몰아 양화도에서 대승을 거두었다. 1593년 5월에 진주 싸움에 참전하여 성이 함락될 무렵 아들 상건과 촉석루 아래서 남강에 몸을 던져 장렬히 순절하였다. 영의정으로 추증되었다.

● **김춘추**(金春秋 : 604~661), 신라 29대왕(태종무열왕), 신라 중기 첫 왕

☞ 신라 진덕여왕이 죽은 뒤 성골(聖骨)이 다하여 진골(眞骨)에서 왕을 찾으니 김춘추가 출중하였다. 김춘추는 왕좌에 오르기 전 김유신과 같이 선덕 · 진덕 두 여왕을 보필하여 반도 통일의 대업을 도모하였다(AD 643).

김춘추는 김유신의 매부가 되어 여기에 경주 김씨 왕실과 가락의 김해 김씨와의 결합이 성립되어 춘추 이후 왕위 계승이 순조로워 그 후 8대에 걸쳐 왕위계승이 이루어졌다.

김유신에게 두 누이가 있었는데, 애초에 큰 누이인 보희를 김춘추와 짝지어줄 요량이었는데 춘추와 첫 데이트 날 보희가 월경을 시작해서 둘째 누이인 문희를 춘추의 방에 들여보냈다. 삼국사기에는 문희는 "담백한 화장과 산뜻한 옷차림과 빛나는 요염함이 사람의 눈을 부시게 했다"고 묘사했다. 김춘추가 "혼인하자고

해서 혼례식을 치르고 이내 임신해 아들을 낳았으니 그가 바로 법민(法民)이다." 이 법민이 곧 30대 문무왕이다.

그러나 이설은, 법민은 혼전임신으로 태어난 아들이란 것이다. 하마터면 미혼모의 아들이 될 처지였다. 그 이유는 유신이 문희를 춘추의 방에 들여보내자 춘추는 유신의 의도를 알고 마침내 문희와 사랑을 나누게 되고 이후 자주 유신의 집을 왕래하게 되었다. 그러다가 문희가 임신을 했는데 혼인을 계속 미루고 있었는데, 화가 난 유신이 남산에 불을 피워 문희를 불태워 죽이려고 한다는 소문을 내어(쇼를 해서) 결국 춘추로 하여금 문희를 정식 부인으로 받아들이게 했다고 한다. 그 둘 사이에서 태어난 법민이 위대한 문무대왕이 되었다.

☞ 서기 642년 음력 7월 백제·신라 간 전투에서 신라 대야성 성주 김품일과 그의 아내 고타소가 죽었다.

성을 침략한 백제군은 두 사람 목을 잘라 백제 수도 사비성 감옥 바닥에 묻었다. 소식을 들은 신라 김춘추는 '기둥에 기대어 서서 하루 종일 눈도 깜박이지 않았고, 사람이나 물건이 그 앞을 지나가도 알아보지 못하였다(삼국사기).' 그가 말했다. "백제에 원수를 갚으리라." 죽은 고타소는 김춘추의 딸이고 김품일은 사위였다.

18년이 흘렀다. 서기 660년 음력 8월 2일 나당연합군에 의해 백제가 멸망했다. 신라왕 태종이 부여를 찾았다. 그가 김춘추다. 백제에 망명해 대야성을 함락시킨 배신자 검일을 소 네 마리에 묶어 찢어 죽이고 백마강에 시체를 버렸다. 딸과 사위 목을 잘라간 원수에 대한 복수전이었을 뿐, '삼국통일'이라는 개념은 없었다.

백제 멸망을 위하여 김춘추는 일찌감치 당 태종을 만나 나당연합을 제안했다. 그때 태종이 말했다. "산천과 토지는 내가 탐내는 바가 아니니, 평양 이남의 백제 땅은 신라에 주어 편안하게 하겠다."

그런데 이때 당 제국이 배신한 것이다. 소정방이 백제를 멸망시키고 개선하자 당 고종이 힐난했다. "신라는 왜 가만 놔뒀느냐."

부여 함락 5년 만에 당은 김춘추의 아들 문무왕을 공주 취리산으로 불러 의자왕의 아들 부여융과 치욕스러운 화해를 강요했다(취리산 회맹식). 백제 땅과 고구려 땅에 괴뢰정권을 세워 당 직할 통치를 시도했다. 670년 사신이 가져온 당 정부 문서를 보니, '백제 고토를 백제에 돌려주라'고 돼 있었다. 이에 반발한 신라 군부가 일으킨 전쟁이 나당전쟁이었다.

● 김충선(金忠善 : 1571~1642), 조선조 선조 때 일본군 장군으로서 귀순함

☞ 김충선은 일본인이지만 임란 때 귀순해서 귀화한 일본의 장군이었다. 본명은 사야가(沙也可)다. 그는 어려서부터 성인의 글을 읽어 예의를 알고, 검술이 비상하고, 대포며 소총이며 화약도 만들 줄 알았다.

임진왜란 때 가토 기요마사(加藤淸正)가 그의 재주를 알고 누차 사람을 보내 도와주기를 간청했다. 그러나 그는 조선은 예로부터 예의를 아는 나라로 동방군자의 나라인데 아무 까닭 없이 남의 나라를 쳐들어간다는 것은 의가 아니라 생각하고 굳이 사양했다. 그러나 가토는 끝까지 나오라고 재촉했다. 이때 사야가는 이 기회에 조선의 예의와 문물을 보고 오는 것도 유익하리라 생각하고 가토의 휘하로 들어가 선발대가 되어 군사 3,000명을 거느리고 조선 땅에 들어와 비로소 조선 사람의 의관·문물을 대하고 기뻐했다.

"이제야 내가 살아갈 곳을 얻었다. 어찌 이러한 군자의 나라에 병(兵)을 가(加)할 수 있으랴."

사야가는 사방에 방문(榜文)을 써서 붙였다.

"나는 본시 조선을 사모하는 사람이지 조선을 치러 온 사람이 아니니 여러 백성은 안심하고 직업에 종사하라. 만일 나의 군사로 백성을 침해하는 자가 있으면 목을 베어 백성 앞에 사죄하겠다"고 했다.

☞ 병자호란이 일어날 때 충선은 대구에 내려가 있었다. 충선은 늙기는 해도 기력이 남아 있어서 분연히 칼을 짚고 서울로 올라오니 상감은 이미 남한산성으

로 피난을 하고, 성내는 인심이 어수선했다. 충선은 쌍령으로 달려가 단독으로 적을 가로막고 싸워 적병의 주검이 산을 이루었다고 한다. 충선은 큰 포대를 만들어 적병의 코를 베어 담은 것이 수천 개였다. 상감께 바치기 위해서였다. 이 포대를 어깨에 메고 남한산성에 다다르니 조정은 벌써 항복을 하고 화의를 하기로 결의가 된 후였다.

충선은 포대를 땅에 내던지고 분에 못 이겨 통곡을 했다. 예의지국으로서 무지한 오랑캐들에게 무릎을 꿇다니! 내 이 칼 하나만 가졌으면 백만 명을 당해 낼 터인데 이제 이 칼을 쓸데가 어디 있는가?

충선은 칼을 내던지고 통곡을 하며, 대구로 돌아가 우록촌(友鹿村)에 숨어서 가훈(家訓)과 향학(鄉學) 등을 만들어 자녀와 동리 사람의 교화에 여생을 바쳤다.

● 김취려(金就礪 : ?∼1234), 고려 고종 때의 장군

장군으로 올라 동북계를 진압한 후 대장군이 되었다. 1216년 고종 3년에 글안(契丹)의 왕자 금산·금시가 대요수국왕(大遼收國王)이라 칭하고 몽고군에게 쫓겨 동북지방에 쳐들어온 것을 무찔러 물리쳤고, 1218년에 또 한 차례 쳐들어 온 것도 물리쳤다. 1219년 한순, 다지 등이 의주에서 반란을 일으키자 취려가 이를 평정하였다. 그는 용맹스럽고 성품이 곧고 깨끗하여 규율을 엄하게 지켰고, 부하를 아꼈으며, 싸움터에서는 뛰어난 지략을 발휘하여 큰 공을 세웠다.

● 김형석(金亨錫 : 1920∼), 한국의 철학자, 교수

☞ 김형석은 김태길, 안병욱과 함께 우리나라 해방 후의 3대 철학자로 꼽힌다. 물론 이분들은 많은 저서를 통해 독자를 확보하고 있었기 때문이며 강단철학 이외에 생활철학에 깊이 영향을 끼쳤기 때문이다. 거기에다 이 세분은 동갑내기고, 모두 동시대에 일본서 공부한 분들이다.

평남 대동군 출신이며 독실한 기독교 집안에서 성장했으며 지금도 그는 깊은 신앙심을 유지하고 있다.

편자와는 여러 번 지방 강연에 동행한 적이 있는데, 항상 미소 짓는 표정으로 응대한다. 한번은 서울역에서 선생이 대합실 의자에 앉아 있어서 "선생님 어디에 가시는지요? 저는 부산엘 가는데?" 했더니 아무런 표정의 변화도 대꾸도 없어서 이상히 여기고 있는데 그분이 "나 김형석 교수가 아니에요" 해서 멋쩍게 돌아선 일이 있다. 김형석을 너무도 닮은 사람이 있었다.

☞ "내게는 일할 수 있는 만큼의 최소한 건강만 필요해요. 생전에 안병욱(전 숭실대 철학과 교수와는 친구) 선생은 정신적 긴장을 주는 공부와 여행, 연애가 장수 비결이라고 했어요. 내가 '그걸 알면서 당신은 왜 늙었나?' 하고 농담하니, '연애를 못해 그렇다'고 대답하더군요."

☞ 한 TV강연에서 김 교수(97세)가 "배우자를 잃고 혼자 남겨졌을 경우에는 팔십이 넘어서도 이성 친구를 사귀는 것이 좋겠다고 생각한다"고 하니 한 패널이 "혹시 선생님 사귀는 여자 친구라도 있습니까?" "호텔 카페에서 가끔 만나서 커피 같이 마시는 젊은 여성이 있었어요. 그런데 하루는 '선생님 말씀 드릴 것이 있는데요, 들어주실 건지 모르겠네요' 했어요. 혹시 무슨 말을 하려는가 하고 기다렸는데, '선생님 제가 결혼을 하게 되었는데, 주례 좀 서 주실 수 있을지요?' 해서 순간 커피 맛이 뚝 떨어지더군." 모두가 웃었다. "그리고 사람은 늙어도 늘 설레임을 가지고 있는 것은 좋아요" 했다.

● 김홍도(金弘道 : 1745~?), 조선조 후기(영조 조)의 화가

우리가 너무나 잘 아는 김홍도의 투견도 등 풍속화의 작가. 그는 몰락한 양반 집안 출신이다. 어릴 때부터 영조의 부름을 받아 궁궐을 드나들며 그림을 그렸다. 스승인 강세황(姜世晃)의 천거로 도화서의 화원이 되었다. 그는 독창적인 화법으로 뛰어난 그림을 그려 스승이 '신필(神筆)'이라고 할 정도였다. 왕족의 초상화를 비롯하여 산수화 등도 많이 그렸고 만년에는 전원생활의 풍속화에 주력했다.

김홍도는 풍채가 좋고 성격이 호탕하였다고 한다. 300냥에 그림 한 점을 팔아, 200냥으로 원하던 매화 분재를 사고, 80냥으로 친구들과 함께 매화를 즐기며 술을 먹고, 남은 20냥으로 겨우 사흘 버틸 쌀과 땔감을 살 정도로 생활에는 무관심하여 끼니를 거르는 일도 잦았다.

● 김홍륙(金鴻陸 : ?~1898), 조선후기의 역관

1898년 광무2년에 김홍륙이 공홍식을 시켜 고종과 태자가 마시는 커피에 독약을 넣은 사건이 일어났다. 김홍륙은 러시아말 통역관이었으므로 아관파천 때 고종의 총애를 받았다. 그 후 김홍륙이 러시아의 세력을 믿고 정권을 농락하려 해서 흑산도로 유배를 당했다. 이에 원한을 품고 있다가 고종의 생일에 전선사 주사 공홍식에게 아편을 주어 고종과 태자가 마시는 커피에 넣게 했다. 공홍식은 은전 천원(元)을 주겠다는 조건으로 김종화를 꾀어 왕이 마시는 커피에 아편을 넣어 바치게 했다. 임금은 냄새가 이상해서 마시지 않았고, 태자(순종)는 마시다가 토하고 쓰러졌다. 이 사건으로 김홍륙, 공홍식, 김종화는 사형을 당하고, 김홍륙의 처 김소사는 태(笞) 100대, 징역 3년에 처했다.

● 김홍섭(金洪燮 : 1915~1965), 한국의 법관

전북 김제 출신, 가난한 농부의 아들로 태어났다. 정규교육이라고는 4년제 원평보통학교를 마쳤을 뿐이다. 독학으로 중등과정을 수료하고, 온갖 어려움에도 일본 도쿄 일본대학 전문부에 유학해서 1년 만에 '조선변호사시험'에 합격해서 세상을 놀라게 했다. 25세 때이다.

귀국한 후 법조계 대선배인 김병로(金炳魯 : 1887~1964)가 자기의 변호사 사무실을 함께 쓰자고 제의했고, 그 후 그는 1996년 문화방송국이 300여 명의 법조계 중진들에게 '가장 존경하는 법관은 누구인가?'라는 질문에, 첫째가 사법부의 독립을 지킨 초대대법원장 김병로, 둘째는 청렴과 양심의 상징인 김홍섭 판사였다. '대쪽검사'로 알려진 최대교(1901~1992)가 세 번째로, 이 세 사람이 '법조삼성(法曹

三聖'으로 일컬어진다.

소년시절에는 법조인이 되고 싶은 생각이 없었으나 일제의 통치가 강압적으로 변해가자 김홍섭은 변호사가 되고 싶었다. 그래서 해방 뒤 그는 '보신'으로 법률에 매달렸다고 고백했다. "법률, 너와 나는 부자연스럽게 결합된 사이였다"고 했다.

1945년 일제가 패망하자 법조계를 떠날 생각이었다. "법률 또는 법조인에게는 더러운 세상과 타협하기 좋아하는 속성이 있다"고 했다. 그러나 악덕과 불의와 싸우기로 마음먹고 법조계에 남기로 했다. 몇 년 뒤 형사사건 전담판사가 되었다.

그의 삶은 선명하다 못해 투명하였다. 그는 기름 한 방울 나지 않는 나라에서 고위층이 고급승용차를 타고 다니는 것은 잘못이라고 비판했고, 그 자신은 서울고등법원장 시절 관용차를 청사에 세워두고 도보로 출퇴근 했으며, 평생 촌지는 물론 일체의 접대와 향응도 사절했다. 개인용도로 법원의 편지봉투 한 장도 안 썼으며, 그가 몸에 걸친 평상복은 중고품이었다. 신발도 '비닐'로 구두 흉내만 낸 것, 검정고무신을 신고 다녔다. 오버코트는 미군 담요에 물들여 지어 입었다. 점심은 단무지 도시락으로 때웠다. 그는 매일 도시락과 법전을 끼고 출퇴근했고, 그래서 법원에서는 '도시락 판사'라는 별명이 붙었다.

그의 집무실 책상위에는 정약용의 『목민심서』가 놓여 있었고, 그는 '서서 고생하는 바보 공직자'로 일관했다.

그는 법관으로 판결하는 것이 아니라 피고인의 교화에도 힘썼다. 틈이 나면 교도소를 방문했고, 특히 사형수들을 자주 방문해서 위로와 감화를 주었고, 그 중에는 김창룡 특무대장을 암살한 허태영도 들어 있었다. 그는 '수인(囚人)들의 아버지'로 불렸다.

훗날 장면 총리는 김홍섭을 '사도법관' 즉 그리스도의 사도와도 같은 법관이란 뜻이다. 그는 독실한 가톨릭 신자이기도 했다. 그는 봉급의 대부분을 가난한 죄수들을 돌보고 사형수들의 묘지를 사는데 썼고 그 자신도 사형수 곁에 묻혔다. 그는 '법복 입은 성직자'였다.

"하느님의 눈으로 보면 재판장석의 나와 피고인석의 여러분 중 누가 죄인인지 알 수 없습니다. 이 사람이 능력이 부족해서 여러분을 죄인이라 단언하는 것이니 이해해 주기 바랍니다"식으로 사형수 재판에서 말하였다.

그는 언제나 신앙양심에 따라 바른 재판을 하려고 애썼고, 항상 자신을 수도자처럼 채찍질하며 청빈한 삶을 살았다. 자신의 독특한 실존적 법사상을 정립해 중국의 오경웅(吳經熊), 일본의 다나카(田中)와 함께 동양의 3대 가톨릭 법사상가로 평가받고 있다.

그는 간암진단을 받고 1965년 3월 가족들에게 "행복한 삶이었다"고 유언을 남기고 세상을 떠났다. 나이 51세였다.

● 김홍신(金洪信 : 1947~), 한국의 소설가, 국회의원

36세 때 한국 최초로 밀리언셀러 작가가 되다. 『인간시장』으로 1983년에 100만부 이상 팔렸다. 2016년 기준 그는 134권의 책을 냈다.

그에게 큰 에피소드가 두 가지 있다. 1997년, 15대 국회의원이 되었을 때 의원들에게 편지를 보내 "30일부터 일을 시작하는 5월에는 이틀만 근무하는데 한 달 치 세비를 받는 건 국민 혈세를 남용하는 것"이라며 세비 거부 운동을 벌였다.

1998년 5월에는 김대중 당시 대통령에 대해서 "사람들은 너무 많이 속아서 염라대왕에게 끌려가면 공업용 미싱으로 입을 더럭더럭 박아야 할 것"이라고 말해 '막말 파문'을 일으키기도 했다.

● 김홍집(金弘集 : 1842~1896), 조선조 말기의 개화당 거주

그는 25세(고종 4년) 때 문과에 합격했다. 아버지는 참판. 1880년 38세에 수신사로 일본에 다녀왔고, 40세에 이유원과 함께 한국 전권으로 제물포 조약을 체결했다.

동학란과 청일전쟁으로 일본 세력에 의지해서 개화당이 득세해서 영의정이 되었다. 갑오경장을 단행했으나 백성뿐 아니라 임금과 태자의 머리를 강제로 깎게

한 단발령과 일본인의 민비시해 사건으로 민심을 잃은 데다 고종의 러시아공관 파천 사건 후 친로파에게 광화문에서 붙잡혀 참살당했다.

● 김환기(金煥基 : 1913~1974), 한국의 화가

2015년 김환기의 1971년작 작품 '19-Ⅶ-71#209'는 서울 옥션 홍콩경매에서 한화 47억2,100만원(3,100만 홍콩달러)에 낙찰되었고, 이로써 이전의 최고가로 남아있던 박수근의 '빨래터'를 제치고 국내작가 미술품 경매 중 최고가를 기록했다.

2017년 4월 12일 K옥션에서는 김환기의 작품 '고요'가 65억5,000만원에 낙찰되어서 다시 기록을 깼다.

● 김효성(金孝誠 : 1585~1651), 조선조 인조 때의 목사

김효성은 여색을 좋아하여 한 달이면 스무날을 외방에서 자고 왔다. 부인이 아무리 말해도 듣지 않아 속상해 하다가 꾀를 냈다. 베(布) 한 필을 사다가 회색 물을 들여서 일부러 남편의 눈에 띄기 쉬운 곳에 놓아뒀다. 하루는 남편이 이것을 보고 부인에게 "이것은 어디에 쓸 것이오? 중이나 입을 색깔이지 여염집엔 이런 색깔을 입을 사람이 없을 터인데." 이 말은 부인이 노리고 있던 말이었다. 부인은 정색을 하고, "영감께서 너무나 방종한 생활을 하시고 저를 원수같이 보시니 저는 이제 머리 깎고 중이나 될까 하고 이 베를 물들여 놓은 것입니다" 그랬더니 효성은 웃으면서 말하기를 "그거 참 좋은 일이오. 그간 계집치고는 기생으로부터 무당, 백정, 하인 할 것 없이 얼굴만 반반하면 가까이 안 해 본 여자가 없는데 중만은 가까이 해본 일이 없는데, 부인이 중이 된다니 그것은 나의 평생소원을 이루어 주는 것이오."

"아이고, 이 지긋지긋한 영감 같으니라고……"

● 김흥호(金興浩 : 1919~2012), 한국의 목사, 교수, 동양고전연구자

☞ 1980년대 초 편자가 소속되어 있던 한 소그룹 동호인 모임에 김흥호 목사

를 강사로 모시고 그분의 영적생활의 단면에 대해서 이야기를 들었다.

그분은 엄청난 양의 독서가이시다. 한번은 여름방학이 시작되자 대학 도서관에 책 빌리러 갔더니 그분은 약 20권의 책을 껴안고 나오시는 것을 목격했다. 편자가 흥미 있어 하는 책을 뽑아 책 뒷장안의 도서카드를 보니 이미 김흥호가 빌려본 책이었던 것이 많았다.

그분은 10년을 1일 1식을 하였단다. 몸에 위궤양, 폐결핵, 관절염, 신경통 등이 있었는데 10년 동안 절식함으로써 완전히 치료하셨다고 했다. 처음 3개월이 고비이고 이 고비를 넘기면 몸이 편안해진다고 했다. 그런데 그분은 93세를 사셨다.

☞ 한번은 한 일본의 젊은 여성이 1990년대 초에 새벽 5시경 자기 집 대문을 두들겨서 나가보니 알지 못하는 사람이었다. 그래 연유를 물어보니 한국에 여행을 와서 신촌의 한 호텔에 머물고 있는데, 새벽에 우연히 바깥을 보게 되었는데 거기서 푸른 빛줄기가 이화여대 뒤쪽으로 내려 비추는 것을 보았다고 한다. 그래서 자기는 일어나서 그 빛이 지상에 떨어지는 지점에 와보니 바로 이 집이어서 뭔가 영적 계시가 있을 것으로 알고 찾아왔다고 했다.

● 나운규(羅雲奎 : 1902~1937), 한국의 영화배우, 영화감독, 호는 춘사(春史)

1923년 21세에 신극단 예림회의 배우가 되었다. 연극 '장한몽' 등에서 주연을 하였다. 26세 때 자신의 원작인 '아리랑'을 제작. 그 후부터 영화에 관계하기 시작했다.

영화의 불모지였던 우리나라 영화사에 끼친 그의 공로는 실로 지대하다. 그는 자신의 영화에 대한 열정을 이렇게 표현했다. "죽었다 다시 태어나도 나는 배우가 될 것이다"였다.

그가 23세 되던 해에 영화배우가 되기 위해 일본인이 운영하던 영화사 '조선키네마'를 찾아갔다. 오디션을 보는 자리였는데 그는 테스트를 받기 위해 시험관 앞에 섰는데 시험관이 윤백남이란 감독이었다. 그는 대뜸 이렇게 말했다.

"나운규 씨, 당신은 영화배우가 될 수 있다고 생각하는가?"

"네, 저는 누구보다도 연기를 잘 할 수 있다고 생각합니다."

"미안하지만 나운규 씨는 안 되겠어."

"제 얼굴 때문인가요? 그 이유를 말씀해 주십시오."

"나운규 씨는 체격부터가 배우로서 적합하지 않아, 키가 보통 사람보다 작은 데다 안짱다리가 아닌가? 게다가 얼굴 또한 잘생긴 것도 아니잖나. 그런데 어떻게 배우가 되겠다는 건가?"

그는 눈 하나 깜짝하지 않고,

"그러나 연기는 잘 할 수 있습니다."

"모르는 말 말게, 연기만 잘한다고 해서 배우가 될 수는 없어. 적어도 배우가 되려면 인물이 좋아야 해. 나운규 씨는 불합격이야."

"감독님, 저를 한번 써보십시오. 그러면 생각이 달라질 것입니다."

감독님은 그의 간절한 애원을 지나칠 수가 없어서

"그렇게도 영화배우가 되고 싶은가?"

"좋아, 그러면 잔심부름부터 하도록 하게."

그는 그렇게 발탁되어, '아리랑'에 감독 주연으로 발탁되었다.

● **나운영**(羅運榮 : 1922~1993), 한국의 작곡가

작곡가로서 그는 현대음악기법을 사용하는 한국의 대표적 작곡가이면서도 종교음악에서도 '한국적 정서'를 강하게 반영시키는 것을 신조로 삼고 있다. 그 대표작인 '여호와는 나의 목자시니…'이다.

이 성가는 영어, 일어, 라틴어로 번역되어 세계 도처에서 불려지고 있다. 1974년판 『새 전례 가톨릭 성가집』에도 102장으로 수록되어 있다. 생전의 그는 매월 7~8편의 찬송가를 쓰고 한 달에 한 번씩 봉헌 예배를 드린바 있다. 그의 성가는 성공회가 1990년에 펴낸 성가에 무려 16곡이나 실려 있어서 그의 성가는 교파

를 초월해서 사랑을 받고 있다.

● **나혜석**(羅蕙錫 : 1896~1948), 한국의 화가, 시인, 조각가, 여성운동가, 사회운동가, 언론인

☞ 일본서 공부할 때 오빠친구 게이오대 학생이던 최승구를 만나 연애하게 된다. 최승구는 작가로서 표현력이 뛰어났으나 불행히도 요절했다.

그 후 김우영과 결혼하게 된다. 10년 연상인 김우영에게는 전처의 딸이 하나 있었다. 그래서 결혼 승낙 조건을 네 가지를 걸었다.

① 평생 지금처럼 사랑해 줄 것

② 그림 그리는 것을 방해 말 것

③ 시어머니와 전처의 딸과는 별거하게 해줄 것

④ 최승구의 묘지에 비석을 세워줄 것

☞ 한때 여러 남성들과의 연애 사건으로 문제가 되었으나 곧 그림활동에 매진하던 중 외교관 최린과의 염문으로 이혼하게 된다. 그러나 뒤에 최린으로부터 버림받게 된다. 그는 결혼 청첩장 대신 청첩을 신문광고로 4일간 연속 게재했다. 최린과의 스캔들로 1930년에 김우영과 이혼한다. 11년간의 결혼생활동안 나혜석은 시어머니와 시누이, 시삼촌, 시사촌 등의 등쌀에 한시도 마음 편안한 날이 없었다고 한다.

1931년 나혜석은 "혼외정사는 진보된 사랑의 행동이다"라고 주장해 사랑할 자유를 외쳤다.

만년에 불교 승려가 되려했으나 실패하고 파킨슨병과 관절염, 중풍으로 고통받으면서도 강연·계몽활동을 나섰고, 1948년 12월 10일 서울시립자제원 무연고자 병동에서 사망하였다. 당시 나혜석은 소지품 하나 없이 병사한 것으로 되어 있다. 배우 나문희의 고모할머니이다.

● 남을진(南乙珍 : ?~?), 여말 조선조 초의 문신

고려 공민왕 때 참지문하부사(參知門下府事)를 지낸 경남 의령 사람이다. 정몽주나 길재 같은 여러 현인과 교제가 있었는데, 왕씨 정사(王氏 政事)가 어지러워지자 벼슬을 사임하고 사천(沙川)에 내려가 살았다.

이태조가 등극하고 을진(乙珍)에게 옛 친구라고 해서 초빙하는 편지를 보냈으나 "굴속에서 늙어 죽기로 맹세하였노라" 하고 굳이 사양함으로 이 말을 들은 태조는 위연(喟然)히 탄식하면서 그를 사천백(沙川伯)으로 봉(封)하니 "내가 산에 들어왔으나 더 깊이 못 들어가 이런 일을 만난다" 하고 곧 감악산 속으로 들어가 종신토록 사람을 보지 않다가 마침내 그 산중에서 죽었다. 후에 사람들이 그 굴을 남선굴(南仙屈)이라 칭하고 그 속에 돌을 세워 상(像)을 새겨 그의 수절을 기리고 있다.

● 남이(南怡 : 1441~1463), 조선조 세조 때의 장군

세조 때 강순(康純)과 남이 두 사람 사이의 관계가 아주 복잡 미묘했다. 세조 13년에 강순이 남이와 더불어 이시애의 반란(1467년 길주의 호족 이시애가 지방 세력을 등에 업고 일으킨 반란)을 평정하고, 또 중국의 건주 수장 이만주가 반란을 일으켜 명나라에서 원군을 청하자 정부에서는 남이, 어유소로 좌우 장군을 삼고, 강순을 주장으로 해서 정병 1만 명으로 압록강을 건너 건주로 쳐들어가 반란족을 평정하고 돌아와 강순은 1등 공신에 신주부원군을 봉하고 그 후 우의정이 되었다가 다시 승진하여 영의정이 되었다.

세조가 세상을 떠나고 예종이 즉위하자 간신 유자광(柳子光)이 남이가 반역을 도모하였다고 무고를 하여 사형으로 다스리게 될 때 강순도 영상으로서 고문하는 자리에 나타나 있었다. 남이는 형장에 맞아 다리뼈가 부러졌다. 남이는 드디어 강순이 시켜서 모반을 했다고 자백했다.

남이는 전쟁에서 같이 싸운 장군이 영의정까지 올라갔는데 사실이 아님에도 자기를 변호해 주지 않자 남이는 끝끝내 물고 들어갔다. 그러나 강순도 고문에 못 이겨 자백하고 말았다. 다음 남이와 강순이 주고받은 말이다. 남이가 강순이 자백한 것을 보고, "내가 지금까지 불복한 것은 이 억울한 죄를 벗고 뒷날이 있을 것을 바랐지만 이제는 뼈가 부러지고 살아도 쓰지 못할 병신이 되었으니 살면 무엇하는가? 나 같은 젊은 사람(23세)도 죽거늘 다 늙어 빠진 늙은이가(70대) 살아서 무엇 하려는가? 내 짐짓 끌어넣었노라." 웃으면서 남이가 말했다.

강순이 남이와 함께 형장으로 끌려가면서 소리를 질러 남이를 불렀다.

"남이야, 네가 나에게 무슨 원한이 있어 나를 끌고 들어가느냐"고 하니, 남이는 "억울한 것은 피차가 일반이 아닌가? 그대는 일국의 재상으로서 내가 억울한 줄을 알면서도 한마디 말을 아니하고 보고만 있으니 억울하게 죽는 것은 마땅치 않는가?"

강순은 탄식을 하면서 "어린 사람을 가까이 하면 이런 봉변이 있는 법이다"라고 했다.

● **남지**(南智 : ?~?), 조선조 세종 때의 문신, 좌의정

음보로 등용, 의성군에 봉해졌다. 1435년 형조참판으로 성절사가 되어 명나라에 다녀와서 여러 관직을 거쳐 1451년(문종 1) 좌의정에 오르고, 황보인(皇甫仁)·김종서(金宗瑞)와 함께 단종을 보필해 달라는 문종의 고명을 받았으나 그 해 풍질로 벙어리가 되어 은퇴했다. 딸이 안평대군의 아들 이우직(李友直)에게 시집갔는데, 1453년(단종 1) 계유정난으로 안평대군 부자가 죽음을 당할 때에도 풍질로 화를 면했다. 1519(중종 14) 훈구파 대신으로 심정(沈貞)과 함께 기묘사화를 일으켜 집권자 조광조(趙光祖)와 신진사류들을 숙청한 후, 1523년 영의정에 올랐다. 문장과 글씨에 뛰어났으나 만년에는 죽은 뒤 자기 글이 기묘사화로 추탈될까 염려하여 사고(私稿)를 불태웠다.

● **남포**(南褒 : 1489~1570), 조선조 명종 때의 은사(隱士)

일찍이 과거에 급제하여 벼슬이 직제학(直提學 : 집현전의 종3품)에까지 이르렀으나 그의 형 남곤(南袞 : 성종 때 대사헌, 대제학, 영의정 역임)이 선비들을 모함하여 많이 죽

게 해서 국사가 날로 글러 가는 것을 보고, 이 세상 공명을 단념하고 청맹(靑盲)이 되었다고 하고 벼슬을 버리고 적성에 있는 감악산에 들어가 숨어 살았다. 누더기 옷을 입고 헤진 갓을 쓰고 산천을 주유하면서 스스로 창랑거사라고 불렀다. 그래서 세상에 그를 알아보는 사람이 없었다.

신사년에 집에 돌아와 경자년에 82세로 세상을 떠나면서 아들 장령(掌令), 정진 (廷縉)에게 훈계하기를 "네가 여덟 번 군수로 임명받아 세 번 사양하고 다섯 번 취임한 것은 부모를 위해서 한 일이지만 내 집에 아직도 풍우를 가릴만한 집이 있고, 근근이 지으면 호구는 할 만한 전토가 있으니 내가 죽은 후는 다시는 벼슬에 뜻을 두지 말라"고 했다. 아들 정진은 아버지의 유훈을 받고 다시는 벼슬에 나가지 않았다.

● **남효온(南孝溫 : 1454~1492), 조선조 세조 때의 생육신의 한 사람**

김종직의 문인으로서 어려서 사육신의 충성을 보고 1481년 성종 12년 28세 때 문종의 왕후 권씨의 능인 소릉을 복위할 것을 상소하여 일반인들에게 미친 사람 소리를 들었고, 스스로 벼슬할 생각을 버리고 각지를 유람하다가 병사했다. 연산군의 갑자사화 때 효온이 김종직의 제자요, 소릉의 복위를 상소한 일이 있다 해서 이미 죽은 그의 관을 꺼내서 참시형을 했고, 아들 세충(世忠)도 따라 사형되었다. 그 후 2년 만에 중종이 왕위에 오르자 이 사실을 듣고 좌승지에 추증했고, 숙종 때에는 서산서원을 세워 이맹전 · 조여 · 원호 · 김시습 · 성담수와 함께 배향하는데 함께 배향하도록 하고 이들을 생육신이라 일컫게 되었다.

● **노신(魯迅, 루쉰 : 1881~1936), 중국의 문학인**

20세기 중국 문학의 거장이다. 그는 일본 도후쿠 대학에서 의학을 공부했고, 반청혁명단체인 광복회에 가입했다. 일본의 침략행위를 이기기 위해서 민중의 정신을 개혁해야 한다고 생각하고, 의사의 길을 포기하고 글쓰기를 시작했다.

귀국 후 국민정부의 교육부원으로 참가했다가 혁명에 대한 실망과 원세개 정부에 대한 반감으로 은둔하다가 글쓰기에 몰두했다. 우리나라에도 일찍이 소개된 소설 『아Q정전』이 있다.

이 소설은 '아Q'라는 일용노동자를 주인공으로 하여 봉건적 중국사회가 만들어낸 민족적 비극을 풍자한 작품이다.

1932년 국민당 정부에 항거하여 결성된 '민권보장동맹'에 참여했다가 수배를 받았다. 그는 아파트 방에 틀어박혀 집필을 계속하다가 결국 폐결핵에 걸려 1936년 10월 19일 56세로 세상을 떠났다. 이때 시민과 학생 조문객이 만 명에 이르렀다고 한다.

● 노자(老子 : ?~?), 중국 춘추시대의 사상가

함곡관이라는 관문을 나갈 때 관문장 윤희(尹喜)의 간청으로 5,000자에 이르는 책을 지었는데, 그것이 지금의 『노자(도덕경)』이다.

노자는 도(道)의 무작위성(無作爲性)이 인간윤리의 규범이 되며, 사람은 갓난아기처럼 무지무욕이어야 한다고 했다. 정치의 목표도 백성을 무지무욕하게 하는데 있고, 국가의 형태도 소박하고 자연적인 원시공동체 촌락을 이상으로 하였다.

사마천의 시대(BC 145~BC 85)부터 이미 노자라는 학자는 불가사의한 존재였다. 그가 적은 글에 "소칙득(少則得), 다칙혹(多則惑)이라 다장필후망(多藏必厚亡), 적으면 득이 되고 많으면 혼란스러워진다. 많은 것은 반드시 망할 수 있다."

● 노천명(盧天命 : 1911~1957), 한국의 시인, 교수

☞ 조선일보사 재직당시 조선일보 학예부장이자 시인이었던 김기림이 한때 노천명에게 마음을 빼앗겼다. 눈 오는 겨울밤, 김기림은 노천명 집을 찾아가 밤늦도록 노천명이 나오기를 기다렸으나 나오지 않자 되돌아갔다. 후일 최정희(소설가)는 구두 발자국은 댓돌 앞까지 왔다가 되돌아나갔다며, 김기림 씨 하면 시보다 눈 위에 발자국을 남긴 것이 먼저 떠오른다고 하였다. 김기림은 그에게 구애하였으나 노천명은 김기림의 구애를 칼같이 거절했다.

☞ 1950년 한국전쟁 당시 조선인민군이 서울을 점령했을 때 피난하지 않고 임화 등 월북 좌파들이 주도하는 조선문학가 동맹에 가입하여 문화인 총궐기대회에 참가했다가 대한민국 국군이 서울을 수복한 뒤 조경희(수필가)와 함께 부역죄로 체포되어 투옥되었다. 모윤숙 등 우파계열 문인들의 위치를 염탐하여 인민군들에게 알려주고, 대중 집회에서 의용군으로 지원할 것을 부추기는 시를 낭송한 혐의로 징역 20년형을 받아 복역하였다. 서울형무소에 수감되었다가 1951년 1·4후퇴 때 부산형무소로 이감되었다. 당시 노천명은 대통령 비서실에 근무하던 시인 김광섭에게 "거기 있으면서 왜 나를 구하지 못하는가, 3월 2일까지 나를 구하라"라고 명령 투의 편지를 보냈다.

1951년 4월 4일 사면을 받아 풀려났다. 휴전 후 서울로 돌아와 인왕산 근처의 한옥에서 생활했다. 출감 후 부산중앙성당에서 정식으로 천주교에 입교, 세례를 받고 베로니카라는 세례명을 받았다.

● **누루하치**(女兒哈赤 : 1559~1626), 중국 청나라의 초대황제(재위 1616~1626)

누루하치는 건주여진(建州女眞) 출신이다. 그는 건주여진의 부족장 가문에서 1559년에 태어나 20대 초반에 지도자가 되었다. 그의 아버지와 할아버지는 명나라가 아타이를 공격하는 과정에서 명조가 지원하는 다른 부족과의 싸움에서 전사했다. 이에 누루하치는 명에 대해 원한을 품고 있었다. 또 자신의 부족이 쇠퇴해 가는 상황에서 살아남기 위해 필사적 노력을 했다.

1589년 나이 서른에 누루하치는 건주여진의 5부를 항복시켜서 건주여진 세력을 통일하고 추장에 올랐으며, 건주여진을 만주(滿洲)로 개명했으며, 계속 세력을 확장하여 1616년 요령성에 금나라를 세우고 칸의 자리(왕)에 오르니 이것이 후금이다.

누루하치의 후금은 계속 명을 공격해서 대승을 하고 드디어 명을 멸망시켰다. 1619년 사르프에서 명군을 격파하고, 1621년에 요동을 정복했으며, 도읍을 요양에서 심양으로 옮겼다. 이것이 청나라 발전의 기초가 되었다.

● 다나베 하지메(田邊元) 박사

일본의 대표적 철학자 다나베는 태평양 전쟁 중과 전쟁 후 산장에서 생활을 했다. 그 생활이야말로 칸트를 닮은꼴이었다. 낮잠 자는 시간이 되면 문 닫는 소리로 이웃에 사는 사람들은 지금 몇 시인지 시계를 안 봐도 알 정도였다. 전중, 전후의 산장생활이란 부자유로운 생활이었지만 식사 시간은 1분 1초라도 늦거나 빠르거나 해서도 안 되었다. 그래서 취사담당 여자 직원은 언제나 울상이었다고 한다.

● 달라이 라마(Dalai Lama : 1935~), 티베트 불교 지도자, 현재는 14대 달라이라마이다.

2012년 일본 요코하마에서 열린 법회와 조계종의 미국인 승려 현각과의 대담에서 달라이 라마가 한 말이다. "불교적 신념을 따르지 마십시오. 종교적 신념만 따르면 많은 문제가 생길 수 있다는 뜻입니다. 종교를 정확하게 인식해야 합니다. 무조건 믿지 말고 공부를 하십시오. 반야경의 반야(般若)는 '지혜'를 뜻합니다. 지혜를 얻으려면 분석하고 이해해야 합니다."

현각이 "불교는 신앙의 대상인가, 하나의 신념체계입니까?" 하고 묻자, "대만에서 만난 평범한 교사가 숲속 잘려진 나무그루터기에 평온히 앉아 있는 모습에서 2500년 전 부처가 보였다. 불교의 실천을 모든 이와 공유하면 조화로운 세계가 만들어진다. 나는 여러분과 다를 바가 없다"고 거듭 강조했다.

● 달마(達磨 : ?~528), 인도 출신의 선사

달마대사가 처음으로 양무제를 찾아왔을 때 무제가 물었다.

"짐이 즉위한 이래로 1천 곳에 절을 짓고 1천 개의 탑을 쌓았으며 수많은 스님을 후원해 그들이 도를 펴도록 도왔소. 그런 내게 얼마나 큰 공덕이 있다고 생각하시오?" 하니 달마가 "공덕은 무슨 공덕? 그저 대왕께서 지옥에서 벗어날 수만 있다면 그것으로 큰 다행일게요."

"그렇다면 다시 묻겠소. 불교의 가장 성스러운 진리 중 첫째 되는 것이 무엇이오?"

"모든 것이 텅 비었거늘 거기에 무슨 성스러움이 있겠소?"

그리고 그는 양무제와 헤어져서 소림사로 떠났다.

● 담징(曇徵 : 579~631), 고구려 영양왕 때의 중, 화가

고구려가 수(隋)나라의 침입을 받아 나라가 어지러울 무렵 그는 신라에서 그림 공부를 하고 있었다. 그는 중이면서 5경(五經)과 채화(彩畵)에 능하였다. 610년 영양왕 21년에 중 법정(法定)과 함께 일본의 초청을 받아 백제를 거쳐 일본으로 건너갔다. 당시 일본은 고수이(古推) 여천황 18년이었는데, 일본 기록에도 610년 3월에 일본에 왔다는 기록이 있다. 일본의 중인 호오조와 같이 있으면서 일본에 가서 오경 · 채화 · 공예 · 종이 · 먹칠 · 맷돌 등을 만드는 법을 가르쳐 주었으며, 특히 일본에서 맷돌을 만들기 시작한 것은 이때부터라고 한다.

고구려에 대한 걱정으로 그림 그리기에 온 정성을 집중시킬 수 없다가 을지문덕 장군이 수나라를 물리치고 대승했다는 소식을 듣고 조국에 대한 사랑과 부처님에 대한 감사의 마음으로 일본 호류지(法隆寺)의 금당에 관음상의 벽화를 그렸다. 그래서 탄생된 '금당벽화'는 개인적인 재능뿐만이 아니라 조국에 대한 깊은 충성심이 맺은 작품으로서, 중국의 원강 석불과 경주의 석굴암과 더불어 동양의 3대 미술품으로 알려졌으나, 1948년 화재로 벽화가 소실되어 버렸다.

● 당태종(唐太宗 : 599~649), 중국 唐나라 2대왕

☞ 당태종은 군주정치로는 전무후무한 영주(英主)로 알려진 군주이다. 하루는 어느 나무 밑에서 쉬면서 그 나뭇가지가 무성하여 그늘이 좋은 것을 사랑하고 칭찬을 했더니 시신(侍臣) 자문사급(字文士及)이란 자가 따라서 아첨을 했다.

"뜻 없는 초목도 폐하의 우로(雨露 : 즉 은혜)에 젖어 이렇게 무성합니다. 하물며 백성들이야 얼마나 태평가를 부르고 잘 살겠습니까?"

태종이 이 말을 듣고 정색을 하며, "일찍이 위징(魏徵)이 짐(朕)더러 측근에 있는 간사한 무리들을 멀리하라고 하기에 누구를 지목한 것인지 의심을 하고 있었더니 이제 보니 너를 가리킨 것이로구나" 하니 자문사급은 얼굴을 들지 못했다.

☞ 태종이 "신라가 어렵다니 연개소문을 쳐서 신라를 구하라"고 명했다. 고구려의 연개소문이 임금 영류왕을 시해한 뒤에 보장왕을 세우고 백제와 협력하여 신라에 쳐들어갔다.

644년 당태종 이세민이 10만 대군을 모아 고구려 원정에 나섰다. 요동성을 함락하고, 백엄성을 빼앗고, 안시성을 공략했다. 그러나 안시성은 군민(軍民)이 똘똘 뭉쳐 치열하게 항쟁하니 당태종이 군량도 떨어지고 추위도 몰려오고 해서 결국 공격을 포기하고 태종은 안시성 앞에 송별의 예를 행하고 비단 1백 필을 남기고 떠났다. 이 싸움에서 태종은 한쪽 눈을 화살에 맞아 실명했다고 한다. 그 후에도 두 번 고구려를 쳤으나 실패하고 백성들의 생활도 피폐해지자 불로장생을 위해 먹었던 약이 잘못되어 세상을 떠났다. 그의 나이 51세 때다.

● 당현종(唐玄宗 : 685~762), 중국 唐나라 6대 임금

당현종을 일명 '당명황(唐明皇)'이라고도 부른다. 현종은 양귀비(楊貴妃)를 연상하게 된다. 그는 양귀비를 만나 그에게 매혹되기 전에는 대단히 명석한 군주였다. 그러던 것이 한번 미색(美色)에 빠지니 살아서 밝을 명자(明字) 명황(明皇)이 죽어서는 검을 현자(玄字)의 현종(玄宗)이 되었다.

한휴(韓休)라는 측근 신하가 있었는데 언제나 명황(明皇)이 옳지 못한 일이 있으면 서슴없이 간하여 임금이 그렇게 하지 않게 말리어서 왕이 골치가 아플 정도였다. 이에 어떤 간신이 "한휴가 만사에 간섭하여 폐하의 자유를 구속하는 것도 정도가 그럴 수 없으니 한휴를 조정에서 추방시키사이다"라고 진언했다. 그 자는 명황이 자기 말을 좋아할 줄 알았더니 정작 명황은 그 사람의 얼굴을 한참이나 쳐다보다가 "그건 자네가 모르는 말이야. 그 사람의 말을 들을 적마다 짐(朕)의 살

(肉)이 내리는 반면 백성들은 그만큼 살이 오르는 것일세. 그 사람을 내쫓아서 짐 한 사람의 살이 찌고 만백성이 살이 내려서야 되겠나? 그 사람을 놓아두고 한 사람 짐이 야위어지는 편이 우리 당나라를 위해서는 나을 것이 아니겠는가?…" 하였다.

한휴는 나중에 충직했다는 이유로 상국(相國 : 3정승 자리)에까지 올랐다. 이때만은 현종(玄宗)이 명황(明皇)이었다는 것을 알 수 있다.

● **대조영**(大祚榮 : ?~719), 발해의 시조 고왕(高王), 재위 699~719

고구려가 신라 · 당나라 연합군에게 망한 뒤(668), 그는 고구려의 유민으로서 당나라 대장군 이해고(李楷固)의 군사를 천문령에서 격파하고, 읍루의 동모산에 홀한성을 쌓고 말갈(靺鞨)과 고구려의 남은 무리를 모아 나라를 세워 국호를 진(震)이라 하고 스스로 왕이 되어 연호를 천통(天統)이라 지었다(699). 판도는 5천리(동은 바다, 서는 글안, 남은 신라), 10여만 호와 수만의 정병을 가진 큰 나라였다.

713년 국호를 발해(渤海)라 고치고 신라와 국교를 열었고, 당나라와 화친하여 사신의 내왕도 빈번했다. (이홍직 편 국사대사전 참조)

● **덕종**(德宗 : 1016~1034), 고려 9대왕으로 현종의 아들, 재위 1031~1034

16세의 어린나이에 즉위한 뒤 글안에 억류된 고려인의 송환을 요구했으나 글안은 반대로 하정사(賀正使)를 중지하였다. 삭주 등지에 성을 쌓고 유소에게 명하여 압록강구로부터 14개 성을 거쳐 동해안 도련포(지금의 광포)까지 천리를 석축으로 장성을 쌓았다. 동여진인과 글안인들의 투항이 많았고, 현종 때 시작한 국사편찬 사업도 완성했다.

죄가 가벼운 죄수들을 풀어주고, 지방에서 임금에게 올리는 진상품을 신하들에게 골고루 나누어주고, 국자감을 설치해 인재등용을 공명정대하게 해서 어린 나이답지 않게 대담함을 보였으나 1034년 건강악화로 아우 평양군(정종)에게 왕위를 넘겨주고 죽었다. 19세 때였다.

● 도선(道詵 : 827~898), 통일신라시대 국사

궁에서 나와 지리산에 들어가 암자를 짓고 침식을 잊을 만큼 정진하였다. 그러던 어느 날 이상하게 생긴 사람이 찾아와서 국사에게 재배하고 말하기를,

"제자는 물외(物外 : 세상 물정을 벗어난 바깥)에 방랑하기를 여러 해이온데 조그마한 술법(術法)을 알고 있습니다. 존사께서 꾸지람을 안 하시고 버리시지 않으시면 후일 남해(南海)가에서 가르쳐 드리고자 합니다. 이 술법도 모두 대보살이 중생을 교화하고 세상을 구제하는데 큰 방편이 되니 가벼이 물리치지 마시고 받아들이는 것이 좋을 줄 아옵니다" 하고 말이 끝나자 그 사람은 온데간데없이 보이지 않았다.

그 후 약속 장소에 갔더니 거기에 다시 그 사람이 나타났다. 그는 바닷가 모래로 풍수지리의 비결을 소상히 가르쳐 주었다. 그리고는 사라졌다. 도선은 모래를 모아서 풍수지리의 혈맥과 음양5행의 술법을 환하게 터득하게 되었다. 그리고 그 연구결과를 책으로 낸 것이 『옥룡자비결(玉龍子祕訣)』이란 책이다.

그는 그 이치로 개성 송악산 반월대 밑이 왕 씨의 5백년 도읍지인 것을 알았고, 한양 북악산 밑에는 왕 씨 다음에 이 씨가 500년 도읍을 할 터임을 알았다고 한다. 신라 말의 중의 예언이다. (고려사)

● 도연명(陶淵明 : 365?~427), 이백 두보가 나오기 전 중국 진(晋)나라 시대의 대표적 시인

도연명이 팽택령(彭澤令)이라는 벼슬을 얻은 지 80일 만에 사임한 일은 유명하다. 특히 그의 '귀거래사(歸去來辭)'는 역사적 작품이다.

도연명이 41세에 팽택령(지금의 江西省의 성장)이 된지 80일 만에 상관격인 독우(督郵)가 팽택에 온다고 온 청 내외가 떠들썩하게 분주히 굴며, 관리들이 말하기를 현령(縣令 : 도연명)께서도 중도에까지 나가서 맞아들여야 한다는 것이었다.

도연명은 탄식하는 모습으로,

"다섯 말 쌀의 록(祿 : 봉급)에 팔려 일개 독우에게 이 허리를 굽힌단 말이냐?" 하고 도연명은 명패를 끌러 내던지고 집으로 돌아와 귀거래사를 지어 자기의 회포

를 달래고 일생을 은거하였다.

귀거래사

돌아가리라, 나 돌아가리라
나의 고향이 황폐해지기 전에
나 돌아가리라.
지금까지 나라의 부름을 받아 잘 지냈거니
어찌 아쉬워하고 홀로 슬퍼하고 있는가?
지난 세월은 부질없음을 알았으니
앞으로 어찌 살아야 하는가도 알았도다.

(귀거래사의 일부)

그는 그 후 죽을 때까지 20여 년간 은둔생활에 들어갔다. 도연명은 농사꾼으로 생활하면서 자연주의의 전원시 시작으로 말년을 보내다가 62세에 세상을 떠났다.

● **도요토미 히데요시**(豊臣秀吉 : 1536~1598), 일본의 장군, 다이묘(大名)

☞ 일본의 전국시대를 평정한 도요토미 히데요시와 다도(茶道)의 대가인 센 리큐(千利休)와의 차를 둘러싼 에피소드에 유명한 '한 송이 나팔꽃' 이야기가 있다.

한번은 히데요시가 리큐 집의 나팔꽃이 볼만하다는 이야기를 들었다. 뜰에 가득 무수한 나팔꽃이 피어 있어서 실로 아름다웠다고 한다.

곧 히데요시가, "내일 아침 자네 집 나팔꽃 보러 갈 테니 그리 알고 있게"라고 말했다.

그런데 이튿날 아침 히데요시가 그 집에 가보니까 나팔꽃은커녕 아무 꽃도 피어 있지 않았다. 히데요시는 점점 불쾌해졌다. 꽃이 안 피었으면 그렇다고 이야기하고 통지를 해 줘야 되지 않느냐고 리큐에게 화를 냈다.

다실(茶室) 앞에 왔기 때문에 집안에 잠시 들러보고 싶어졌다. 들어가 보니 마루에 한 송이 나팔꽃이 피어 있었다. 히데요시는 너무나 아름다움에 감동했다.

리큐는 그 전날에 뜰의 나팔꽃 모두를 뽑아버리고 다만 한 송이만 남겨놓고 그것을 다실에서 살려 놓았던 것이다. 그 힘 있는 히데요시도 리큐의 일류 미학(美學)에는 탄복한 것이다.

☞ 리큐는 결국 70세 때 히데요시의 화를 불러 할복을 명받는다. 그러나 차(茶)의 세계에서는 히데요시도 리큐를 인정하지 않을 수가 없었다.

천하를 평정한 후 이미 두려울 것이 없는 히데요시였지만 리큐에게만은 머리를 들 수가 없었다. 그래서 이리저리 지혜를 짜서 리큐를 괴롭혀보려고 했다. 그 주고받고 하는 방법이 재미있다.

'한 송이 나팔꽃'으로 당한 히데요시는 어떻게 해서라도 복수를 하고 싶었다. 물이 가득 차 있는 커다란 금색의 화분을 준비하고, 그 옆에 홍매화(紅梅)를 한 가지 두고는 리큐를 불렀다. "이 큰 화분에 그 홍매를 살려봐라"라고 명령했다.

금빛색의 화분, 가득 차 담겨져 있는 물, 모두 리큐의 차의 세계에는 어울리는 대상들이 아니다. "한 줄기 홍매를 어떻게 살려도, 상당히 기괴한 세계가 되어버릴 터인데" 하면서 리큐는 태연히 중얼거렸다. 그리고 즉시 홍매를 한 손으로 집고는 큰 화분 위에서 훑기 시작했다. 물 위에는 홍매의 꽃잎이나 꽃봉오리가 물 위에 떴다. 그것이 금색 화분에 비쳐져서 뭐라고 말할 수 없는 새로운 세계가 태어났다. 히데요시는 또 한 번 자기도 모르게 탄성을 질렀다고 한다.

● **두보(杜甫 : 712~770), 중국 唐대의 최고의 시인**

"관 뚜껑을 닫을 때까지는 사람의 가치는 모르는 것"이란 말을 흔히 하는데 실은 이 말은 두보가 이미 8세기에 사용한 말이다.

친구의 아들 소혜(蘇徯)라는 젊은이에게 두보가 보낸 편지 형태로 시가 쓰여지고 있다. 내용은 "관통(棺桶)의 뚜껑이 닫히고 비로소 그 사람의 평가가 결정된다. 사람은 죽어서 진가를 알 수 있는 것이다. 살아있는 동안의 시비선악의 평가 등은 의미가 없다."

그때 두보 나이 50세를 한참 넘긴 숙년에 있었지만(두보는 58세를 살았다) 서울의 궁정으로부터 버림받고, 세상으로부터도 잊혀져 낙담·빈곤의 몸을 끌고 산간벽지로 숨어들어가서 불우한 날을 보내고 있었다.

소혜라는 젊은이도 또한 젊은 날의 소망이 이루어지지 않자 초췌해져 두보와 같이 심산유곡에서 자기 자신의 불운을 한탄하고 있었다.

연장의 두보가 그래서 그 친구의 아들에 대해서 마음으로부터 격려하는 시를 써 보냈다. 시의 대의는 이렇다.

"젊은이, 아무도 돌보지 않는 개골창 연못에도 용이 숨어있을 수 있네. 옛날 잘려져 넘어진 오동나무가 100년 후에도 금(琴)이 되어 다시 태어나기도 하네. 이것과 같은 거네. 남자라고 하는 것은 관통(棺桶)에 뚜껑이 닫힌 후에야 비로소 그 진가를 알 수 있는 법이네. 다행이 자네는 늙은이인 나와는 달리 아직 젊지 않나. 인생에 아직도 앞날이 있어. 이런 심산유곡에서 살아 실의의 운명을 한탄하는 것은 바보스러운 일이야. 이 산중은 젊은이가 있을 것이 못돼. 당장 나가라고. 새로운 천지를 찾아 가슴을 펴고 사는 거야."

두보는 자기 자신에게 말하듯 했다.

● **등소평**(鄧小平, 덩샤오핑 : 1904~1997), 중국의 정치가

사천성 출신인데, 모택동의 문화대혁명기에 유소기와 함께 공산당으로부터 비판받고 실각되었다. 1973년 부수상으로 복귀해서 74년부터 병든 주은래 수상을 대행했고, 75년 부주석이 되었다. 같은 해 주자파(走資派)로 비판받고, 다시 실각하고, 76년 천안문사건의 책임자로 몰려 모든 직책에서 쫓겨났다. 같은 해 4인방의 실각으로 다시 복귀, 77년에 복직되었다. 81년에 당 부주석·중앙군사위원회 주

석이 되면서 실권자가 되었다.

그의 정치혁명이 오늘날의 중국을 강대국으로 등장시키는데 결정적 역할을 했다. 정치는 일당 독재 체제를, 경제는 시장주의를 택한 것이다. 그의 어록 중 유명한 것이 "검은 고양이든 흰 고양이든 쥐를 잡으면 좋은 고양이다"(黑猫白猫論)는 국가 경제 살리기 정책의 핵심적 구호가 되었다.

● **마강한**(馬江漢 : ?~?), 18세기 明 말 淸초의 화가

마강한은 만년에 세상이 귀찮아 친지들에게 자기 손으로 자기 부고를 내고는 죽은 사람으로 자처하고 집안에 틀어박혀 있었다. 얼마 후 한번은 너무도 심심해서 산책을 나갔는데 친구에게 들켰다. 그 친구는 반가워서 강한의 이름을 부르며 자꾸 쫓아왔다. 한두 번 부르다가 이쪽이 대답을 안 하니 그만 두었으면 좋았겠는데 굳이 따라오는 것이 귀찮게 생각된 강한은 홱 돌아서면서 "죽은 사람이 대답할 줄 알고 자꾸 부르는 거야?" 하고 핀잔을 주었다.

● **마루야마 시게토시**(丸山重俊), 조선총독부 경무고문(警務顧問)

마루야마가 경무고문으로 조선에 부임했다. 대한제국 정부의 경찰간부들에게 한 시간 가량을 훈시했는데 통역은 불과 20분으로 끝나고 말았다.

'이런 엉터리가 있을까!' 하고 생각한 마루야마는 어지간히 불쾌해서 통역을 은연중 비꼬아 힐책했다.

"조선말은 참 편리한 모양이군, 그래! 내가 한 시간을 지껄였는데 불과 20분으로 통역이 되니 말이야."

통역이 콧방귀를 뀌면서 대답했다.

"원 천만에! 내가 고문께서 말한 대로를 옮겼다고 생각합니까? 도대체 고문께서 조선의 실정이라곤 개 코도 모르고 그런 말을 하시다니, 누가 들어도 깔보겠더군요! 내가 적당히 꾸며서 알맞게 지껄였으니 걱정일랑 마십시오."

마루야마는 배짱깨나 두둑하다는 인물이지만 아무 대답할 말이 없었다.

● 마의태자(麻衣太子 : ?~?), 신라 마지막 왕 경순왕의 아들

마의태자는 신라 마지막 왕 경순왕의 태자였다. 935년 경순왕 9년에 후백제의 견훤과 고려 왕건의 세력에 백성만 계속 희생되는 싸움은 그쳐야겠다고 생각하고 왕이 친히 군신회의(君臣會議)를 열고 고려에 항복할 것을 논의하자 태자는 충신과 의사를 시켜 민심을 수습하고 "나라의 존망에는 반드시 천명이 있다. 충신 · 의사와 화합하여 민심을 수습하고 굳게 지키다가 힘이 다한 뒤에나 생각해 볼 일이다. 어찌 일천년 사직을 하루아침에 남에게 주느냐"며 반대하다가 나라가 기울자 개골산(금강산)에 들어가, 베옷에 초식으로 일생을 마쳤다고 한다.

● 만공선사(滿空禪師 : 1871~1946), 한국 불교 승려

1884년에 바우라는 14세나는 소년이 집에서 도망쳐 승려의 길에 들어섰는데, 그가 후의 만공선사이다. 처음에는 이 절, 저 절 옮겨 다녔으나 경허 스님에게 발견되어 태허 스님에게 맡겨졌다.

23세에 존재에 대한 큰 의문을 일으켜 참선 공부를 시작하여 깨달음을 얻었고, 31세 때 또다시 깨달음을 얻어 경허선사로부터 인가를 받았다. 이때 만공이라는 법호와 전법계를 받았다.

그 뒤 덕숭산 수덕사에서 수많은 제자들을 지도하였으며 일본총독 미나미(南)가 각 사찰의 주지를 모아놓고 훈시하던 중,

"천황폐하를 찬양하는 불공을 드리시오, 알겠소?" 그 자리에 앉아있던 만공은 분연히 일어서서 그를 꾸짖었다. "전 총독 데라우치(寺內)는 우리 불교를 망쳐놓은 자요, 지금 무간지옥에서 고통 받고 있으려니와, 당신네는 우리나라 불교에 더 이상 간섭마시오" 하고 외쳤다.

● 맹사성(孟思誠 : 1360~1438), 조선조 세종 때의 상신(相臣)

맹 정승이 지방 행차 중 중도에 비를 만나 용인의 한 주막에 들렸다. 한 젊은이

가 좋은 말에 하인 여럿을 데리고 그 주막의 제일 큰 방을 차지했다. 맹 정승은 수수한 베옷에 소를 타고 왔으니 농부로 알고 구석방을 주었다. 젊은이가 술상을 차려놓고

"여보 노인장, 우리 술이나 한 잔 같이 나눕시다."

"허, 이거 미안한데…"

"괜찮습니다. 이 방으로 오십시오."

맹 정승은 젊은이가 있는 방으로 가서 술을 나누었고 어지간히 취하자 농담이 벌어졌다. 두 사람은 말끝에 공(公)자와 당(堂)자를 붙여서 문답을 하기로 했다.

"서울은 무엇하러 가는 공?"

"녹사(錄事 : 조선조 때 의정부나 중추부의 벼슬) 추천을 받고저 합니당."

"내가 녹사를 시켜줄공?"

"쓸데없는 거짓말 맙시당."

이 젊은이는 경상도 출신으로 서울로 녹사운동(취직운동)을 가는 길이었다.

맹 정승이 상경해서 정당(政堂 : 관청)에 나와 앉아 있으니 용인에서 만났던 전의 그 젊은이가 녹사 추천을 받아 가지고 맹 정승을 뵈러왔는데 젊은이가 절을 하고 일어서는데 "어떠한공?" 하고 물었다. 젊은이가 깜짝 놀라 "죽여 지이당" 하고 황송해서 어찌할 바를 몰랐다고 한다.

(맹 정승의 겸손함과 해학을 엿볼 수 있다.)

● **맹손(孟孫 : ?~?), 중국 노(魯)나라 중신**

중국 춘추시대에 있었던 노국(魯國)에 맹손이라는 중신이 있어, 사냥을 가서 새끼 노루를 사로잡았을 때 이야기다. 진서파(秦西巴)라는 부하에게 명해서 가지고 오라고 했다. 그랬더니 어미 노루가 뒤따라와서 슬프게 울었다. 진서파는 가엾게 여겨 새끼를 풀어주었다. 그런데 돌아온 맹손은 그 새끼 노루를 가지고 오라고 했다. 진서파가 "가여워서 어미에게 돌려주었습니다"라고 대답했는데, 맹손은 격노해서 진서파를 추방해 버렸다.

그런데 3개월 후 다시 진서파를 되불러서 자기 자녀 보디가드로 기용했다고 한다. 마부가 이상하게 생각해서 "그런데 한번 처벌한 인간을 다시 불러 자녀지킴이로 쓰다니, 그 이유를 모르겠습니다"라고 묻자, 맹손이 이렇게 대답했다.

"새끼 노루에게까지 정을 준 사나이다. 틀림없이 내 아들들에게도 정을 주어 지켜줄 것이 아닌가?"

'한비자'는 이 이야기를 소개하면서 다음과 같은 코멘트를 덧붙였다.

교묘하게 남을 속이는 것은 일시적으로 성공하는 듯이 보여도 언젠가는 흠이 드러나며, 서투른 정성은 도리어 신뢰를 얻게 만든다.

● 맹자(孟子 : BC 372~289?), 중국 전국시대 사상가

맹자는 어떤 사람이 "임금이 되어서 천하를 통치하면 즐거운 일이 아니겠습니까?"라고 말하니까, "아니 아니, 그런 것은 즐거움에 안 들어가요. 군자의 즐거움에는 세 가지가 있소. 그 중 제일의 즐거움은 양친이 갖추어져 있고 건재할 때, 형제들도 무사할 때, 두 번째는, 하늘과 사람 앞에서 부끄러워야 할, 뒤가 켕기는 일이 없는 것이고, 셋째는, 천하의 영재를 모아 교육하는 일입니다"라고 했다.

● 명성황후, 민비(明成皇后, 閔妃 : 1851~1895), 조선조 26대 고종황제 비

고아로 자란 처녀가 왕후가 되다니 세상이 다 놀랐다. 민비는 어려서 어머니를 먼저 잃었다. 그런 후 아버지가 계모를 맞았는데 부친 역시 곧바로 세상을 하직했다. 그러나 민비는 낮에는 어려운 살림을 꾸려 나가면서 밤에는 공부를 했다. 더구나 집안일을 깔끔히 처리해 동네 사람들에게 칭찬이 자자했다.

그녀는 궁중에 들어온 첫날밤부터 소박을 맞았다는 소문이 백성들 사이에 퍼졌다. 백성은 민비를 가엾게 생각하고 고종을 비난했다. 중전을 소박하도록 만든 것은 이 상궁이라는 미인 때문이라는 소문도 돌았다.

대원군이 이 소문을 듣고, 민비가 3년 동안 처녀로 독수공방하면서 임금이 멀리하고 있는 것까지는 몰랐다. 대원군은 그런 사실도 모르고 손자 없다고 부인

민씨에게 잔소리를 했다.

부인은 상궁 이씨와 임금이 가까이 지낸다는 것도 알고 있었으나 양쪽 여인에게서 아이가 없어서 걱정이 태산이었다. 차츰 상궁 이씨의 지위가 중전보다 더 높아지고 있는 듯이 보였다. 민비는 고종의 관심을 끌기 위해 몸치장도 바꿔보았으나 여전히 관심을 회복시키지 못하자 지식으로, 권력에 대한 야망으로 자신의 존재감을 알려 임금과 백성의 마음을 끌어야겠다고 생각했다. 그것이 대원군의 섭정에서 고종의 친정으로 바뀌어가게 한 힘이 되었다.

● **모둔**(冒頓 : ?~?), 기원 전후 흉노국(匈奴國)의 왕

흉노 모둔이라면 흉악한 침략자로만 알고 있으니 이 모둔에게 이웃나라 동호(東胡)에서 사자를 보내서 "귀국에 용마(龍馬)가 있다는데 그것을 주실 수 없소?" 하고 요청했다. 모둔이 이것을 내주려고 하니 신하들이 "그것은 국보인데 어떻게 줄 수가 있겠습니까?" 이에 모둔이 "아무리 국보라 하나 일개의 말인데 뭐…" 하고 내주었다.

이에 맛을 들인 동호는 모둔의 힘이 약하니까 주저 없이 요구에 응한 줄 알고, 이번에는 "귀국 왕께서는 희빈(姬嬪)과 희첩(姬妾)을 많이 두셨다니 한 사람을 양도할 수 없습니까?" 하였다. 여기에 모둔의 신하들은 분개해서 "이것은 우리 국왕에 대한 모욕이니 그냥 있을 수 없다"고 말했으나 모둔은 역시 "일개 천첩에 대한 것인데 그렇게까지 심각하게 생각할 것 없어…" 하며 미희 한 사람을 잘 화장시켜 보냈다.

두 번이나 자기들의 요구에 응한 것을 보니 모둔이 약해서 그런가보다 하고 세 번째로 사자를 보내서 "양국 사이에 있는 땅을 달라…"고 오만한 태도로 나왔다. 모둔의 신하들은 저희 군주가 동호의 말을 잘 들으니까 이번에도 순순히 내 놓을 줄 알고 간(諫)해보아야 소용이 없을 터이니 토지를 주어버리라고 하였더니 모둔은 얼른 결정을 내리지 않는지라 어느 신하가 "그까지 불모지가 수입도 없는 땅인데 무얼 망설이십니까?" 하고 역 제의를 했다. 이 말을 들은 모둔은 화를 내면

서 "불모지라도 국토인데 나라를 남에게 주어?" 하며 즉시 군대동원령을 내려 아무 방비도 없이 있는 동호를 질풍노도와 같이 쳐들어가니 동호는 그대로 망해버렸다.

● 모윤숙(毛允淑 : 1910~1990), 한국의 시인, 외교관

☞ 모윤숙은 함경남도 원산 출신이며, 개성의 호수돈여학교를 졸업하고 이화여전 영문과에 들어갔다. 만주 북간도 용정의 명신여학교 교사로 있을 때 「피로 색인 당신의 얼굴」을 『동광』지에 발표하면서 시인으로 활동했다.

1933년 안호상을 만나 결혼하였으나 이혼하고, 이후 평생 독신으로 생활했다.

☞ 한국전쟁 중에는 '낙랑클럽'을 이끌고 고위 미국인들을 상대로 로비를 했는데, 모윤숙은 나라를 위해서 스스로 논개가 되었다고 말했다. 이때 접대한 사람은 델러스 미 국무장관, 리지웨이, 콜터, 벤프리트 장군, 무초대사 등이었다. 그는 후일에 "김활란 박사가 외국인과 대화하는 매너와 에티켓을 지도했고, 서툴지만 사교댄스도 추었으며, 때로는 미인계도 썼지 뭐"라고 고백했다.

● 모택동(毛澤東 : 1893~1976), 중국의 정치가, 중국인민공화국 창설자, 공산당 주석

2016년 현재 홍콩대 인문학 석좌교수로 있는 네덜란드인 프랑크 디쾨터가 쓴 『해방의 비극』에서 발췌한다.

마오의 중화인민공화국이 1949년에 탄생할 때부터 홀로코스트(대학살)와 공포정치를 기반으로 세워졌다고 한다.

집단적 광기에 사로잡힌 1965년에 시작된 '문화대혁명'이나 무모한 '대약진운동'에 비해 1945년부터 10여 년간은 중국 역사에서 희망에 찬 역사로 묘사된다. 하지만 이 시대는 간첩·반혁명분자·지주 등으로 몰려 500만 명이 살해된 '야만의 시대'였다고 한다.

기획자는 모택동이었고 덩샤오핑(鄧小平)이나 시중신(習仲勳 : 시진핑 주석의 아버지)은 방조자였다. 시중신이 1948년 1월 19일 모택동에게 보고한 내용에는 "사람들을 소금물이 담긴 통속에 넣어 익사시켰다. 머리에 끓는 물을 부어 튀겨 죽이는 경우도 있다"라고 되어 있다.

같은 시기 덩샤오핑은 안후이 성에서 지주 몇 사람을 죽였다가 보복을 두려워하는 농민들의 요구에 그 친척들까지 연쇄적으로 죽인 경험을 후회했다.

"결국 우리는 200명에 달하는 사람을 죽였으며, 우리가 이 12개 마을에서 한 일은 모두 엉망이 되고 말았다."

폭력은 치밀하게 계산된 것이었다. 모택동은 '1,000명당 1명'꼴로 죽여야 할 사람의 숫자까지 할당했다. 사람들은 "너무 적게 죽이기보다는 그래서 우파로 몰려 숙청되기 보다는 차라리 '너무 많이' 죽이는 편을 택했다." "그들이 죽음을 맞은 것을 보면서 나는 내 자신이 자랑스러웠다"고 한 20대 여성 지하운동원이 말했다.

이 공포의 시대를 거치면서 공산당이 정권을 잡은 지 10년 만에 주석(모택동)에게 반기를 드는 사람은 아무도 남지 않았다. 모두의 손에 피를 묻히는 방법으로 죄의식을 불식했다.

● **목창명**(睦昌明 : 1645~1695), 조선조 숙종 때의 판서

목창명은 해학을 좋아했다. 그의 종형에 창운(昌運)이 있었는데 안성조수를 하고 있었다. 한번은 종형이 찾아와서 둘이서 술을 나누었다. 판서 창명이 종형에게 이르기를

"형님, 옛말에 기생의 다리를 들어보지 못하면 죽은 뒤에 저승에 가서 벌을 받아 흙(土)지고 다니는 고역을 시킨다는데 형님은 어떠시오? 한번이나 들어보셨소?"

순진하고 어리석은 창운은 진정으로 알고 솔직하게 대답했다.

"아니 지금껏 못 해봤는데……"

"허! 거 큰일 났습니다. 저는 전날 평양에 갔을 때 평양기생 다리를 든 일이 있

으니 저승의 벌은 면할 것 같습니다. 형님은 저승에 가셔서 그 고역을 어떻게 감당하시겠습니까?"

창운은 임지 안성으로 돌아가는 길에 수원에 들러 수원부사를 찾아 인사 끝에 자기 방에 기생을 넣어줄 것을 부탁했다. 부사는 원래 순진한 사람이 기생을 재촉하는 것이 이상하다 싶어 하면서 기생을 넣어주었다. 부사가 하는 말,

"내가 어찌 기생 하나를 아끼겠소마는 종제 창면 판서께서 조금 전에 편지를 보내왔는데, 귀하께서 오시면 방기(房妓)만은 보내주지 말라고 신신 당부를 하셨는데 어떻게 하면 좋을까요?"

"그건 염려마시오. 설마하니 형을 어떻게 하겠소? 기생을 데리고 자지는 않을지라도 잠깐 얘기조차 못할 것이야 있겠소?"

그는 기생이 들어오자 기생 다리를 만지작거리더니 별안간 다리를 들었다 놓으며,

"이만했으면 기생 다리는 들어봤지! 이제는 나도 저승에 가서 벌은 면하게 되었다."

이 이야기를 듣고 수원부사, 기생들이 박장대소 하였단다.

● 묘청(妙淸 : ?~1135), 고려 인종 때의 승려

그는 고려시대의 술승(術僧)이었다. 정심(淨心)이라고도 불렀다. 정지상(?~1135, 고려시대의 문신, 시인)의 추천으로 왕의 고문이 되어, 묘청의 난이란 것이 일어났는데 (1135), 17대 인종이 15세 어린 나이로 등극하여 국내 정세가 자못 불안해지자 음양 도참설을 교묘히 이용한 묘청이 개경(開京 : 즉 개성) 출신의 옛 신하들의 세력을 꺾기 위해서 서경(평양)으로의 천도운동을 전개하다가 뜻을 이루지 못하자 서경을 근거지로 국호를 대위국(大爲國)이라 하고, 반란을 일으켰다. 반란군은 평서원수 김부식에게 패하자 내분을 일으켜 묘청은 부하 조광에게 피살되어 개경에 효시(梟示)되었다. 즉 목을 베어 높이 매달아서 뭇사람들이 보게 하였다. 조광은 1136년 2월에 분사함으로써 1년 만에 난이 진압되었다.

● **무라야마 도미이치**(村山富市 : 1924~), 전 일본수상

2016년 2월 무라야마 일본 전 총리가 일본에 가 있는 조선일보 김수혜 특파원과 인터뷰한 기사가 있었다.

큐슈의 시골 오이타에 사는 전 총리 무라야마는 초소도 없는 오래된 단독주택에서 살고, 수행원 없이 혼자서 외출하며 초인종도 없다. 그의 한일관계 견해를 들어보자.

"한국에 '결자해지(結者解之)'란 말이 있습니다. (일본군 위안부 문제는)일본이 한 일이니까 일본이 사죄를 하고 확실하게 성의를 보이고 해결해야지요. 아베 총리가 어떻게든 해결하고 이야기를 진전시켜 가자는 생각을 하고 있었던 것 같은데, 그게 명확하게 한국에 전달되지 않았다고 생각합니다."

무라야마 전 총리가 이처럼 아베 총리를 꾸짖는 건, 아베 총리가 직접 한 · 일 국민 앞에 나서지 않고 총리명의 사죄문을 기시다 후미오 외무상에게 대독시킨 뒤 자기는 나중에 전화로 박근혜 대통령에게 사죄했다는 점이었다.

● **무왕**(武王 : ?~641), 백제 제30대 왕, 재위 600~641

아명이 서동(薯童)이다. 그는 신라 서쪽 국경을 여러 번 침공하였고, 수나라에 조공을 바쳤다. 고구려를 토벌하기 위해 여러 번 수에게 원병을 청했다.

수가 망하고 당나라가 일어나자 무왕 25년, 624년에 당에 사신을 보내 조공을 바쳐 당 고조로부터 대방국왕 백제왕(帶方國王 百濟王)에 책봉되었다.

626년에는 당나라로 가는 길을 고구려가 막는다고 호소했고, 627년에는 신라에게 잃었던 땅을 되찾으려 했으나 당나라가 중지시켜서 뜻을 이루지 못했다. 왕의 조카가 당에 가니 반도삼국이 서로 싸우지 말라는 권고를 받고 돌아왔다.

관륵(觀勒) 등을 일본에 보내 천문 · 지리 · 역본(曆本) 등의 서적과 불교를 전하게 하였다. 만년에 사치와 유흥에 빠져 백제 멸망의 원인을 만들었다. 「서동왕자」 설화의 주인공이다.

● 무학대사(無學大師 : 1327~1405), 고려 말, 조선조 초의 승려

무학대사(無學大師)가 안변(安邊 : 平南) 설봉산 밑의 토굴 속에서 도를 닦고 있었다. 이태조가 출세하기 전에 하루는 꿈을 꾸니 무너진 집속으로 들어가 서까래 셋을 지고 나온 꿈이었다. 태조는 무학 대사를 찾아가서 해몽을 청하였다.

"셋(三) 서까래를 지었으니 이것이 왕자(王字)가 아니고 무엇입니까? 장차 군왕이 될 것입니다."

태조는 곁들여서 전에 꾼 꿈도 물었다.

"꽃이 떨어지고 거울이 깨어지는 꿈을 꾸었는데 그것은 무슨 징조입니까?"

무학 대사는 즉석에서 대답하기를

"꽃이 떨어지면 열매가 맺는 법이오, 거울이 깨어지면 소리가 나는 법이니, 이런 좋은 일이 다시 있겠습니까?"

태조는 크게 기뻐하여 왕위에 오른 후 그곳에다가 무학대사를 위하여 큰 절을 짓고 왕몽(王夢)을 해석했다 하여 석왕사(釋王寺)라는 이름을 내렸다. 그리하여 그곳에는 태조의 친필이 있었으나 병화에 없어졌다.

● 묵자(墨子 : BC 5세기경), 중국 춘추전국시대의 사상가

어느 날 자금이라는 사람이 묵자를 찾아와 고민을 털어놓았다.

"선생님, 저의 고민을 청하오니 가르침을 주십시오."

"그래요? 무슨 일인지 말해보시오."

"저는 말을 잘하는 사람을 보면 존경심이 듭니다. 말을 잘하는 사람들은 발음도 정확하며, 태도 역시 반듯합니다. 저는 사람들 앞에만 서면 다리가 심하게 떨리고 말을 할 수가 없습니다. 말을 잘 할 수 있는 방법을 가르쳐 주십시오."

"말은 그다지 중요하지 않소. 세상 만물 모두가 말하고 살지는 않지요. 천지를 환히 비추는 해와 달도 언제나 말없이 제 일을 하지요. 나무가 말하지 않아도 우리에게 주는 이로움은 줄어들지 않지요. 아무리 말을 잘한다고 해도 검은 말을 하얗게 만들 수는 없어요."

그리고 이어 "말이 많으면 쓸 말은 상대적으로 적은 법입니다"라고 했다.

● 문무왕(文武王 : ?~681), 신라 제30대 왕, 재위 661~681

태종무열왕의 맏아들이다. 654년 무열왕이 즉위하자 태자에 책봉되었다. 660년(무열왕 7)에 당의 소정방이 백제를 공격하려고 군사를 이끌고 오자 김유신과 같이 당군과 연합하여 백제를 멸망시켰고, 661년에 고구려를 정벌할 때 아버지 무열왕이 죽자 귀국하여 즉위하였다. 즉위하자 백제의 잔적을 소탕했고, 664년에 제복을 당나라 식으로 따르게 하며, 당악(唐樂)을 배우게 하는 등 당 문화 수입에 노력하였다.

죽은 후 시체는 유언대로 화장하여 경주 감은사 동쪽(감천) 바다 대왕암상(大王岩上)에 장사하였다. 이 해중 능으로 인해 그가 용이 되어 왜적이 신라로 쳐들어오는 것을 막아 주었다고 한다.

● 문익점(文益漸 : 1331~1400), 고려 말기의 문신

1363년 32세 때, 사신을 따라 원나라(몽고 정권)에 갔다가 귀국할 때 목화씨를 붓두껍에 숨겨 가지고 돌아왔다. 문익점은 이것을 장인인 정천익(鄭天益)에게 주어 재배시켰으나 겨우 한 그루만 살릴 수 있었다. 그 뒤 몇 년간 노력하여 전국에 퍼뜨릴 수 있었다. 그리고 중국에서 와서 정천익의 집에 머물던 승려로부터 목화에서 씨를 뽑고, 실을 잣는 물레 만드는 방법을 배웠다. 이렇게 하여 목면(무명)이 우리나라에 보급되었다. 문익점은 보수적인 관료였다. 이성계 일파의 토지제도 개혁이 추진될 때 미온적인 태도를 취하다가 조준(趙浚)과 탄핵을 받아 관직에서 물러났다.

● 문종대왕(文宗 : 1414~1452), 조선조 제5대왕, 재위 1451~1452

1421년 세종의 맏아들인 문종은 세종 3년에 세자로 책봉되어 20여 년간 아버지 세종을 도왔고, 그의 아들이 단종이다. 문종이 병약해서 1450~1452년 사이 2년간 밖에 재위하지 못하고 아들 단종에게 자리를 물려주었다.

　문종이 하루는 집현전의 학자들을 불러서 술상을 열었다. 그 자리에 세자 단종이 있었는데, 문종이 아들의 등을 쓰다듬으면서 학자들에게

　"과인은 세자를 경들에게 맡기겠소. 세자는 세상에 태어난 지 아흐레 만에 엄마를 잃었소. 과인이 죽고 나면 어린 나이라 어떻게 될지 모르겠소…"

　학사들이 세자에게 여러 가지 질문을 했다. 열두 살 나는 세자는 "육조란, 이조, 예조, 형조, 병조, 공조, 호조를 말함이지요." 똑똑하게 대답하였다. 한 학사들이 세자를 크게 칭찬하니,

　"공들은 세자에게 삼촌이 너무 많다는 것을 어떻게 생각하시오?… 물론 세자가 내 뒤를 잇겠지만… 어린 세자가 아무리 총명해도 궁중의 비바람을 어찌 막아내겠소?"

　문종은 이미 단종(아들 세자)의 장래를 걱정하고 있었다. 단종에게는 수양대군(세조)을 비롯해서 6명의 삼촌이 있었다.

● **문종**(文宗 : 1019~1083), 고려 11대왕, 재위 1046~1083, 현종의 셋째아들

　어느 날 문종은 아들들을 불러 모았다. 그리고 "너희들 가운데 혹 출가하고 싶은 사람이 없느냐?" 하고 물었다.

　"아바마마, 제가 출가하겠사옵니다. 저는 예전부터 부처님의 제자가 되고 싶었사옵니다." 넷째 아들이었다. 이 아들이 바로 고려의 유명한 스님인 대각국사 의천(義天)이다.

　의천은 1055년 7월에 태어나 11세 되던 해인 1065년 절에 들어갔다. 그는 곧 많은 스님들을 제치고 불법을 강의했고 신도들도 많이 따랐다. 문종은 불교를 따르는 백성들이 왕자 출신의 스님을 중심으로 뭉치면 큰 정치적 힘이 되겠다고 생각했다.

　지금 조정은 모두 유학을 공부한 신하들이다. 물론 유학에서 효·충도 중요하

나 이들의 힘이 너무 커진다면 다른 문제가 생긴다고 생각해 대각국사가 된 아들을 두고 나라를 잘 다스려 태평성대를 누렸고, 1083년 65세의 나이로 숨을 거두었다.

● 미조라 히바리(美室ひばり : 1937~1989), 일본의 한국계 엔카 가수

한때의 천재는 많다. 그러나 죽은 후까지 천재로 불리는 사람은 적다. 미조라 히바리는 20세기 후반 일본의 가요계를 풍미한 천재이다.

히바리는 9세에 데뷔했다. 그해 NHK의 아마추어 노래자랑에 출연했다. 그런데 차임이 안 울렸다. 어린이면서 어른의 노래를 불렀고, 색기(色氣)까지 풍겨서 불건강하다는 것이 이유였다.

12세 때, '슬픈 휘파람'이 대 히트를 쳐서 히바리는 일약 천재 가수라는 평판을 얻게 된다. 그런데도 차가운 반응을 보이는 사람들이 많았다. 그 중 대표적 인물은 시인 사토하치로(佐藤八郎)인데 그는 히바리를 매도까지 했다.

"괴물, 도깨비와 같은 존재다. 축제 때의 곰, 거미, 목이 긴 괴물과 무엇이 다른가?"까지 혹평했다. 히바리의 어머니는 그런 말이 실려 있는 신문을 오려서 히바리의 부적으로 삼았다. 굴욕을 도리어 발판으로 삼았다. 12년 후 사토하치로는 히바리에게 '내 어머니의 모습'이란 시까지 지어 보냈다.

● 민손(閔損 : ?~?), 중국 진(晋)대의 인물

진대의 민손이라는 사람은 일찍이 어머니를 여의었다. 그래서 아버지는 후처를 들였다. 계모는 아이 셋을 낳았다. 그런데 계모는 자기가 낳은 아이만 사랑하고 자기를 소외시키고 엄하게 다루었다. 그의 아버지가 그것을 알고 후처를 내보내려고 했다. 그 사실을 안 손은 "지금은 나 혼자만 괴로움을 당하고 있지만, 그렇게 하시면 아이들 셋이 괴로움을 당하게 되지 않습니까? 아버지."라고 말하면서 아버지의 결심을 말렸다. 아버지는 이혼할 것을 중지하고 계모도 그런 사실을 알고 손(損)을 더욱 귀여워 해주었다고 한다.

● 민영환(閔泳煥 : 1861~1905), 조선조 말기의 충신, 순국지사

아버지는 병조판서 민겸호. 1878년 고종 15년 17세에 문과에 급제하였고, 미국공사로 있다가 1896년 3월 러시아 황제 니콜라이 2세의 대관식에 참석하였고, 군부대신으로 있을 때, 영국 · 독일 · 프랑스 · 오스트리아 · 미국 등 여러 나라를 방문하여서 신문명에 밝았고, 돌아와 정치 · 경제 등 전체적인 제도 개혁을 주장했으나 군제개혁만 받아들여졌다. 1898년 독립협회를 도와 정부시책을 고칠 것을 주장했고, 조병세와 함께 일본과의 을사보호조약의 폐기를 상소했으나 뜻을 이루지 못하고 벼슬에서 물러났다. 1905년 11월 5일 새벽 그는 나라의 은혜에 보답하고, 국민과 각국 공사에게 고하는 유서를 남기고 단도로 자결하였다. 서울 안국동 로터리에 그의 동상이 서 있다. 처음으로 양복을 입고 사신으로 가는 사람의 변복이 이때부터 시작되었다.

● 민종식(閔宗植 : 1861~1917), 구한말 고종 때의 애국자

아버지는 판서. 1882년 고종 19년에 문과에 급제했다. 벼슬이 참판에 이르렀으나 사임하고 충청남도 정산에 가서 살았으며 조야에 덕망이 높았다. 1905년(광무 9)에 한 · 일 신 조약이 성립되자 이를 반대하고, 동지를 규합하여 이듬해 5월에 호서에서 의병을 일으켜 성읍에 본진을 두니 그 무리가 500여명에 이르러 세력이 대단하였다. 경찰과 헌병이 진압하려 했으나 쉽지 않아서 군대를 풀어서 토벌했고, 82명이 포로로 잡혔고 죽은 자도 많았다. 김상덕과 함께 도망해서 공주군에 있는 전 참판 이남규의 집에 숨었다가 체포되었다. 이듬해에 평리원에서 사형선고를 받았으나 법부대신 이하영의 주청으로 진도에 유배되었다가 특사로 석방되었다.

● 박목월(朴木月, 본명 朴泳鍾 : 1916~1978), 한국의 시인

박목월은 경주 출신이고 대구 계성중학교를 나와 대학 국문학과 교수를 지낸 시인이다. 처음에는 동시를 쓰기 시작해서 1940년대 「文章」지를 통해서 등단, 박두진·조지훈과 공동으로 『청록집』을 내면서 '청록파' 시인으로 불려왔다.

유종호 예술원 회장은 "박목월은 20세기에 서정시의 원형을 가장 잘 보여준 시인"이라며 "서정시가 읽히는 한 박목월은 끝까지 읽힐 것"이라고 선언했다. 박목월은 '다정(多情)도 병(病)인양 하여 잠 못 이뤄 하노라'고 노래한 시조(時調)의 서정성을 제대로 계승한 시인이었고, '시 고유의 내재율과 리듬 조성에 주력해 고전적 간결성을 갖춘 시편'들을 꾸준히 내놓았다는 것이다.

또 "잘 외워지는 시가 좋은 시"라며 "박목월의 시 '나그네'는 세 번만 읽으면 머리에 기입되지 않느냐"고 했다. 그는 박목월의 시 세계 변화도 자세히 짚었다. 초기 시는 '서경시(敍景詩)' 중심이었고, 중기 시에선 시인의 일상생활을 다룬 시편들을 통해 인간의 본질적 고독을 노래했고, 말년에는 '죽음에 대비하는 사색(思索)'을 담은 시가 많았다.

● **박문수**(朴文秀 : 1691~1756), 조선조 영조 때의 공신, 유명한 암행어사

21대 영조대왕 때, 암행어사 박문수가 민정을 살피기 위해서 경향 각지를 유랑하다가 사불산(四佛山) 대승사(大乘寺)에 가서 젊은 스님들이 누각 위에 앉아 장기 두는 것을 보았다.

어사 문수가 생각하기를 수도승이라면 염불이나 참선을 해야 하고 공부가 다 된 스님이라면 거리에 나가 중생을 깨우쳐주는 것이 도리인데… 그래서 못마땅한 표정으로 눈살을 찌푸리면서 법당 앞에다 오줌을 쌌다. 그때 한 스님이 이것을 보고, "여보시오, 뉘신지는 몰라도 의복은 남루해도 거동이 선비임에 틀림없거니와 법당 앞에서 함부로 소변을 보다니 이런 실례가 어디 있소?" 하고 야단을 쳤다. 박 어사 가로되 "말(馬)이 가고 차(車)가 오고 상(象-코끼리)이 간다 하기로(자 말 받아라, 차 간다 하고 장기를 두니), 나는 마구간인 줄 잘못 알았소. 이 집이 부처님에게 사용되는 집인 줄 알았다면 그럴 리가 있겠소?"

이렇게 대꾸하고 돌아선 박 어사는 나라에 이 사실을 알려서 각 사찰 중들이

무위도식하고 장기나 두고 있으니 무엇인가 일을 시키지 않으면 안 된다고 강조하였다.

● 박수근(朴壽根 : 1914~1965), 한국의 서양화가

☞ 박수근 화백은 국내에서 보다 미국 등 외국에서 더 인정받는 화가이다. 그런데 그는 정규 미술교육을 받은 사람도 아니고 입상경력도 변변치 않았던 화가이다. 그런데 어째서 그의 그림이 경매시장에서도 최고가로 팔릴 만큼 인정을 받은 것일까?

"화강암처럼 질박한 독특한 마티에르 기법으로 시장의 아낙네들, 어린이, 시골노인 등 한국적 정서와 인간상을 화폭에 담아냈기 때문인 것 같다. 그림을 사가는 외국인들이 '이 그림은 다른 나라에서 볼 수 있는 그림이 아니다. 너무 독특하다. 이거 한 점이면 한국을 기념하고 추억할 수 있겠다'는 얘기들을 많이 했다"는 것이 갤러리 현대 박명자 회장의 회고담이다.

"나는 인간이 선함과 진실함을 그려야 한다는, 예술에 대한 대단히 평범한 견해를 가지고 있다"고 박수근 화백은 말했다고 한다.

☞ 박수근은 1914년 2월 22일 양구군 양구읍 정림리에서 태어났다. 그는 일곱 살에 양구보통학교에 입학했다. 양구보통학교는 1911년 4월 1일 개교한 학교다. 현재 양구읍 양구우체국 뒤쪽으론 양구등기소, 그 뒤쪽으로 양구교육청, 좌측 방면으로 '박수근 나무'로 지정된 느릅나무 두 그루가 있다. 수령 300년인 느릅나무는 보통학교 시절 박수근이 자주 올라 그림을 그리곤 했다고 알려져 있다.

박수근의 작품에는 유난히 나무가 많이 등장한다. '나무와 두 여인', '고목과 여인', '귀로' 등의 유화 작품도 많지만, 잎과 열매가 없어 벌거벗은 듯한, 마치 추워 죽어 있는 듯한 나무 스케치가 대부분이다.

정림리 앞쪽을 흐르는 서천가도 박수근의 작품이 잉태된 곳이다. '빨래하는 여인', '절구질하는 여인', '맷돌질하는 여인', '나물 뜯는 여인', '아기 업은 소녀' 등

현재 알려져 있는 박수근 작품의 상당수가 이곳을 배경으로 그려진 작품들이다.

박수근은 어린 시절부터 일하는 여인들의 모습을 그리는 일에 천착했다. 상급 학교에 진학하지 못한 청소년기의 박수근은 농사일을 돕거나 일찍 시집간 누나들을 대신해 집안의 소일거리들을 도왔다. 밀레의 '만종' 같은 목가적인 풍경을 그리고 싶었던 박수근은 자신의 일상 속에서 자연스럽게 작품세계를 체화했다.

● **박순천**(朴順天 : 1898~1983), 한국의 정치가, 교육자, 독립운동가

1919년 2월 일본에서 귀국 후 마산에 체류 중이던 이갑성(33인 중 1인)과 만나 일본 유학생들이 2월 8일 일본 동경에서 2·8독립선언을 했다는 소식을 듣고, 3월 1일 서울 거사계획도 듣고, 이갑성이 협력해 줄 것을 부탁했다. 그래서 마산에서 3·1운동에 적극 가담했다. 이 사건으로 일본 헌병대에 끌려가 조사를 받고, 3월 12일 한석규 목사, 이은상 시인, 이승규 목사(이은상의 아버지) 등의 신원보증을 받고 가석방되었다. 3개월간 은신해 있다가 마산에 와서 기생으로 가장해서 일본으로 출국하는데 성공했다.

● **박승종**(朴承宗 : 1562~1623), 조선조 광해군 때의 재상

광해조 때 폐모(廢母)의 논의가 시작되자 영상으로서 이에 반대했다. 그 후 광해가 쫓겨나고 인조가 반정하자 승종은 그 아들 경기감사 박자흥(朴自興)과 더불어 삼악사(三岳寺)에서 자살하면서 유서에다가 "신하로서 임금을 바로잡지 못하여 오늘 이 지경에 이르렀으니 무슨 면목으로 지하에 가서 선왕을 뵈오리오. 이 목숨을 끊어 천지신명께 사죄하노라" 하였다.

승종이 영상으로 있으면서 항상 주머니 속에 계란같이 큰 비상을 넣고 다니며 말하기를 "불행한 때를 만나 어느 때 죽을지 모르니 이것을 준비 안 할 수 없다" 하고 혼자 있을 때면 남몰래 눈물을 흘리고 자탄한 것을 보면, 몸은 비록 영상으로서 최고 지위와 영화를 누리고 있지만 항상 자결을 각오하고 있었던 것이다.

삼악사에 가서 승방에 누워서 줄로 목을 매고, 줄 끝을 문틈으로 내보내고 하

인들더러 잡아당기라고 하니 하인들은 꿇어 엎디어 말하기를 "하인의 손으로 어떻게 상전을 죽일 수 있습니까? 죽어도 그 일은 못하겠나이다"고 하니 승종은 하인들에게 "내가 오늘 죽지 아니하면 만고에 죄인이 될 것이오, 네가 나를 죽이지 아니하면 주인을 죄인으로 만드는 불충한 종이 될 것이다"고 누누이 타이르니 하인은 통곡을 하면서 줄을 당겼다. 그 아들 자흥도 또한 이곳에서 자결했다.

● 박승환(朴昇煥 : 1869~1907), 구한말의 군인, 순국지사

1907년 일제의 강압으로 7월 18일 고종이 강제 퇴위 당해서 황태자에게 자리를 물려주게 되고 한국 군대마저 해산 당하자 당시 시위연대(侍衛聯隊) 제1대대장으로 있던 그는 서소문에 있는 자기 병영에서 권총 자살하여 부하장병들의 무력항쟁의 실마리가 되었다.

● 박심문(朴審問 : 1408~1456), 조선조 세종 때의 문관

아버지와 두 형이 일찍 죽고 홀어머니 밑에서 어머니를 모시고 장성하였다. 1436년 세종 18년에 과거에 급제했다. 김종서가 함경도 절도사가 되자 그의 종사관으로 6진 개척에 힘썼다. 박심문의 건의에 따라 김종서는 조정의 허가를 얻어 야인들을 몰아내고 남도사람들을 이주시켰다. 1443년에 일을 마치고 돌아온 후로는 다시 임지에 가지 않았다. 1453년(단종 1) 김종서가 수양대군 일파에게 맞서 죽은 후로는 병을 핑계로 집에 들어앉아 화초를 가꾸고 시를 읊으면서 성삼문·하위지 등 몇 사람과 내왕할 뿐이었다. 사양하다 못해 명나라에 사신으로 갔다가 돌아오는 길에 의주에서 성삼문 등 6신이 사형 당했다는 소식을 듣고 독약을 먹고 자살했다. 그는 성삼문과 약속이 있었다고 한다. 그러나 끝내 그 약속은 지켜지지 못했다.

● 박연(朴堧 : 1378~1458), 조선조 세종 때의 명신, 문신, 음율가

악률에 전통하였고, 특히 적(笛)의 명수였으며 금(琴), 슬(瑟) 등의 악기에도 매우 능하였다. 금이란 현악기를 말하며, 껴안고 타는 25줄의 현악기를 말한다. 1411년 33세에 문과에 급제, 세종 때는 왕명을 받들어 석경(石磬)을 만들었다. 고구려의 왕산악, 신라의 우륵과 함께 3대악성으로 불린다.

박연은 삼국시대부터 내려오던 향악, 중국에서 건너온 당악을 조선의 궁중음악으로 새롭게 정리해 음악 발전의 기틀을 마련하였다. 하지만 세종이 세상을 떠난 뒤 계유정난이 일어나자 박연은 죽을 위기에 몰렸다. 그의 아들 박계우는 수양대군이 왕위에 오르는 것을 반대하다 처형되었다. 박연은 원로대신이라는 점을 인정받아 목숨을 건졌다.

● **박연**(朴淵, 朴燕, Jan Janse Weltevree : 1595~?), 조선조 때 귀화한 네덜란드인

그는 우리나라에 처음으로 유럽을 소개했다. 1592년 선조 28년에 북 네덜란드에서 태어난 얀은 1626년에 일개 수부로 홀란디아(Hollandia)호에서 일하던 중이었는데 일본에 가려고 1627년에 우베르케르크(Ouwerkerk)호를 바꿔 타고 항해하던 중 제주도에 표착했다. 동료들과 함께 음료수를 구하러 제주도에 상륙했다가 관헌에 붙잡혀 서울에 호송되었다. 병자호란이 일어나자 친구와 세 사람은 모두 출전하여 얀을 제외한 두 사람은 전사했다.

얀은 훈련대장 구인후의 지휘를 받아 항복해온 왜인과 포로가 된 청나라 군인을 통솔 감시했고, 1653년 효종 4년에 하멜(Hamel) 일행이 제주도에 이르렀을 때에 파견되어 하멜 등을 서울로 호송하고, 하멜이 도감군오에 소속되자 이를 감독하는 한편, 우리나라 풍속을 가르쳐 주었다. 명나라에서 수입된 총포의 제작법과 조종법을 우리 군인에게 가르쳤다. 우리나라에 귀화하고 우리나라 여자와 결혼해서 남매를 낳았다. 이름을 박연이라 고쳤다. (이홍직 편 국사대사전에서)

● **박열**(朴烈 : 1902~1974), 한국의 독립운동가

박열은 농부의 아들로 태어났는데 15세에 상경하여 경성고보(경기고등) 사범과에 다니다가 3·1운동과 관련되어 퇴학당했다. 도일해서 영어 학교에서 영어를

배우고, 무정부주의자 단체 흑도회(黑濤會)와 항일 비밀결사를 조직했다.

1923년 21세에 일본 천황 부자를 한꺼번에 살해하려다가 일본인 부인 가네코 후미코(金子文子)와 함께 구속되어 사형선고를 받았다. 옥중에서 부인은 의문의 변사를 당했는데 천황을 죽이려 한 조선인과 일본인의 결합을 증오한 일본인이 살해했을 것이라는 소문이 돌았다. 무기징역으로 감형되어 1945년까지 23년간 감옥살이를 했다.

해방 후 일본에서 거류민단 단장을 지내다 귀국한 뒤 6·25가 나서 납북되었다. 박열은 이북에서 재북한평화통일촉진협회 회장을 지냈고 죽은 뒤 평양 애국지사 능에 묻혔다. (하일식의 글에서 발췌)

● **박영**(朴英 : 1471~1540), 조선조 중종 때의 명신

하루는 좋은 의복에 좋은 말을 타고 지나가는데 웬 젊은 여자가 손짓을 하기에 하인을 돌려보내고 따라갔다. 이리 저리 돌고 돌아 박영을 외딴 집으로 유인했다. 여자를 따라 방에 들어서서 대면하자 여자가 펑펑 울었다. 웬일이냐고 물으니 여자는 쉬쉬했다. 박영의 귀에 대고 "보아하니 고귀하신 분 같은데 저 때문에 죽을 것 같아서 그럽니다" 했다. 다시 그 이유를 물으니 "여기는 도둑의 소굴인데, 저를 미끼로 삼아 남정네를 유인해서 죽이고 재물을 뺐습니다. 제가 잡혀온 지 1년이 넘었으니 저를 구해주실 수 없을까요?" 하고 간청했다.

한밤중이 되자 천장에서 밧줄을 내려 보내면서 사나이를 묶어서 올려 보내라고 했다. 박영은 칼을 빼들고 여자를 등에 업고 담을 넘어서 여자의 치맛자락 한 폭을 잘라 도망해서 집으로 돌아와 이튿날로 벼슬을 그만두고 선산 땅에 돌아가 글을 읽고 호방한 기질을 고쳐 큰 학자가 되었다. 그의 곁에는 이 치맛자락을 두고 여색을 경계했다고 한다.

● **박은식**(朴殷植 : 1859~1925), 한국의 독립운동가

일찍이 「황성신문(皇城新聞)」, 「대한매일신보」, 「서북학회월보」 등 신문의 주필

로 있으면서 애국정신을 고취하고, 구 한국정부의 실책을 비판했다. 3·1운동 후에는 시베리아와 만주에서 애국노인단을 조직했고, 상해에서 「한족공보」「사민보(四民報)」의 주필을 지냈다.

1925년 12월 임시정부의 국무총리로 대통령을 대리했고, 26년 3월에 대통령에 피선되었으나 이해 7월에 헌법이 개정되어 퇴임했다. 1925년 9월 병으로 죽었다. 그의 명저 중 『한국통사(韓國痛史)』는 유명하다.

● 박이문(朴異汶 : 1930~2017), 한국의 철학자, 시인, 교수, 본명 朴仁熙

☞ 박이문은 이 책의 편자와는 오랜 친구이자 제자의 남편이다. 그가 1957년에 석사학위를 받자 이화여대 불문학과 전임이 되었다. 편자는 2년 후 같은 대학 전임되어 2년간 친밀하게 지냈다. 그와는 서울대 대학원 동기인 탓으로 그때부터 알고 지내던 사이였다. 그가 서대문구 봉원사(새절) 곁에서 홀아비로 하숙하고 지낼 때 자주 들려서 차 마시고 밥도 같이 먹곤 했다.

그러던 그가 1961년 교수직을 그만두고 프랑스로 공부하러 갔는데, 가기 전 그때 "결혼 안 할 거야?" 하고 편자가 물으니 "잘 생기기나 했나, 돈이 있나, 교수라는 타이틀 하나 가지고 버티고 있는데 누가 시집오겠어? 제자 소개 좀 해 줘."

그러던 그가 파리 소르본느 대학에서 '시인 발라르메' 연구로 문학박사 학위를 받고 다시 도미해서 USC에서 철학공부를 하고 '멜로 폰티' 연구로 철학박사 학위를 받고 미국대학·여기저기서 교수를 했다. 이때 14세 연하의 동아방송 아나운서를 하고 있던 내 제자와 결혼했다. 몇 년 후 이혼하고 그 졸업생의 1년 선배인 내 제자와 다시 52세에 결혼하고 35년간 살다가 2017년 3월 26일 세상을 떠났다. 내가 "제자 소개해줘"가 씨가 되어 두 부인 모두가 내 제자였다. 묘한 인연이었다.

☞ 2010년 초에 서울 인사동의 이탈리아 식당 '카사 아지오'에서 나는 박과 점심을 같이 하고 차 마시며 환담을 했다.

"문학박사 하나면 됐지, 뭐 철학박사까지 했어?"

"문학은 개별성이 강하고 철학은 전체성이 강하니, 개(個)와 전(全) 사이의 조화를 보아야 했지."

"철학으로 뭘 하자는 거야?"

"인생에 의미가 있는가? 우주의 운행에 무슨 의미가 있는가를 찾는 거지."

"그래 뭘 찾았어?"

"인생에는 별의미가 없다는 것을 발견했지. 다만 그 의미를 찾아가는 과정은 소중한 경험이지, 그 찾는 과정 자체는 흥미로워."

그는 2014년 뇌경색으로 기억력에 문제가 생기기 시작하자 노인 요양원에 입원 중 사망했다.

● **박인로**(朴仁老 : 1561~1642), 조선조 선조 때의 시인

1599년 38세에 무과에 급제하였다. 수문장 · 선전관 등을 지내다 임진왜란이 일어나자(1592), 수군으로 종군하여 많은 무공을 세운 후 나포만호(羅浦萬戶)가 되어 선정을 베풀었다. 어려서부터 시문에 뛰어나 종군할 때에는 태평사(太平詞)를 지어 병사들을 위로하였으며, 하야 후에는 독서와 시작에 전념하여 정철의 뒤를 이어 역대 작가 중 가장 많은 가사(歌辭)와 시조를 남겼다. 『태평사』, 『영남가』 등 다수의 작품집이 있다.

● **박인수**(朴仁秀 : 1929~?), 한국의 박인수 사건의 주인공

☞ 1955년 7월 22일 서울지방법원 대법정에서는 역사상 큰 반향을 불러일으킨 재판이 진행되고 있었다. 피고인은 육군(해군?) 헌병 출신의 26세의 박인수라는 예비역 군인이었다. 죄목은 '혼인을 빙자한 간음행위'다. 그는 해군장교 출신이라고 자기 신분을 속이고 해군 장교클럽, 국일관 등 댄스홀에서 만난 여성들을 꾀여 1년 남짓한 시간에 70여명의 여성을 농락해서 법망에 걸려든 것이다. 그의 재판장 증언에는 "자기와 관계를 가졌던 여성 중 처녀는 미용사 한 사람 밖에 없

더라"라고 해서 세상을 놀라게 했다. 그 무렵 언론에는 연일 그의 죄상(?)에 대해 호기심을 자극하는 기사로 도배를 했다. 그 상대한 여성 중에는 고관부인, 여대생, 사회저명인사 부인도 있었고, 유명 정치가의 딸도 있었다.

☞ 이 재판을 맡은 권순영 판사는 '자격사칭행위(헌병사병 출신이 해군대위 출신이라 사칭하고 다닌 것)'에 대해 벌금형을 매기고 '혼인을 빙자한 간음행위'는 무죄선고를 내렸다. 판결문의 요지는 이렇다. "법은 정숙한 여인의 건전하고 순결한 정조만을 보호할 수 있다." 즉, "보호받을 값어치가 있는 정조만 법은 보호한다"고 판결해서 박인수에게 무죄를 선고한 것이다. 이 판결문은 명문으로 인정되고 있다. 이 말을 뒤집으면 "보호받을 가치가 없는 정조(무책임하게, 방종해서 문란한 성 행위를 한 경우)는 국가가 보호해 줄 수 없다"는 말이다. 이때 이 박인수에게 댄스홀에서 걸려들어 희생된 여성 중에는 명문여대생도 몇 명이 있어서 사회의 이목을 끌었다. 한동안 이 판결이 주는 충격에 관련해서 갑론을박이 있었고, 지금은 교과서 같은 명 판결로 인정되고 있다.

● 박인환(朴寅煥 : 1923~1956), 한국의 시인

'세월이 가면', '목마와 숙녀' 등을 쓴 시인 박인환은 향년 30세로 세상을 떠났다.

1956년 3월 어느 날, 서울 명동의 '경상도 집'에서 문인들과 함께 술을 마시던 중 박인환이 즉석에서 한편의 시를 썼고, 동석한 작곡가 이진섭이 곡을 붙였다. 이 노래를 옆에 있던 나애심(가수)과 테너 임만섭이 불렀다. 세월이 가도 잊혀지지 않는 노래 '세월이 가면'이 탄생한 순간이었다. 그리고 박인환은 며칠 후 세상을 떠났다.

● 박정희(朴正熙 : 1917~1979), 한국의 제5~9대 대통령

☞ 1961년 5월 16일 육군소장 박정희는 용기만 있지 정의가 무엇인지 모르

는 '젊은 영관급장교'를 모아 합법적이고 민주적인 절차에 의해 구성된 정권을 무능·혼란·부패 등의 이유로 쿠데타로 정권을 빼앗았다. 이것이 '5·16군사혁명'이다. 그는 혼자서 진급하여 대장까지 오른 후 전역하면서 "자기와 같은 불행한 군인이 다시는 나와서는 안 된다"고 눈물을 흘리며 강조했다. 그의 쿠데타는 상명하복과 위계질서를 생명으로 하는 군에 치명적인 전통을 세웠다(김만이의 글에서).

그는 18년간 권력을 독점한 후 비명에 가자, 역사는 되풀이되어 1979년 12월 12일 전두환 소장의 쿠데타로 20년 만에 다시 1980년 9월 1일 그가 11대 대통령이 되었다. 또 불행한 군인이 태어났다. 그는 임기 끝나자 영어의 몸이 되었고 백담사에 유배되기도 했다.

☞ 박정희 대통령이 1966년 4월 육군사관학교를 방문했다. 평소 생도들을 아끼고 애지중지했던 그는 인근에 생도들을 위한 골프장을 건설할 것을 지시했다. 박정희는 "미래의 인재들이 골프를 모르면 나라 망신이다"라고 말했다.

외국장성들과 골프를 했던 그는 군 장성들에게도 골프를 권장했다. 당시는 대통령의 말 한마디가 법이었던 시절이어서 명령이 떨어지기가 무섭게 군이 동원됐다. 사단 공병대가 땅을 팠고, 착공한지 6개월 만에 18홀이 완성되었다.

박정희가 골프를 하는 동안 삼엄한 경호작전이 펴지고, 무장한 경호원 2명이 앞뒤로 따랐다. 박정희식 골프괴담이 있다. 첫째 앞뒤 조에는 팀이 없어야 하고, 둘째 퍼팅은 단 한번만 했고, 셋째 티샷이 잘못되면 무조건 다시 쳤다. 넷째 캐디는 무조건 최고로 예뻐야 했다. 그러나 당시는 캐디가 모두 남자였다.

● **박제순**(朴齊純 : 1858~1916), 구한말의 친일정치가, 외무대신

1905년의 매국조약이 체결된 얼마 후이다. 우용택(禹龍澤)이란 선비가 외부(外部)대신 박제순(朴齊純)을 찾아가서 당돌하게 말을 건넸다.

"대감께서 하도 잘 팔아 자신다는 소문을 듣고 벼슬이나 한 자리 살까 해서 왔습니다."

그런데 벼슬 값이라고 내미는 금액이 천 냥도 만 냥도 아니라 단돈 백동(白銅) 한 푼이다. 그 말하는 수작하며, 붉으락푸르락 나그네를 한참 쳐다보더니 박제순이 이윽고 중얼거렸다.

"허 참! 그, 고얀 손이로군!"

그 순간이다. 갑자기 우용택이 화로를 박제순에게 덮씌우면서 우용택은 크게 소리 질렀다.

"뭐 고얀 손? 내 돈 내고 벼슬을 사겠다는데 고얀 손? 이놈아! 팔기 싫다거나, 한 푼짜리 벼슬이 없다면야 못 사고 물러갔지 다른 도리는 없다. 덮어놓고 고얀 손이라니, 부자놈 천 냥만 돈이고 내 돈은 그저 풀잎사귀냐?"

청지기를 불러야겠다고 박제순은 미처 생각조차 못했다. 이글이글 불덩어리가 상투며 수염을 끄스르는 것을 떨어버리는 데만 손이 바빴다.

● **박종악**(朴宗岳 : 1735~1795), 조선조 후기의 중신

박종악의 백부(伯父)는 사도세자의 누이 화평옹주와 혼인했다. 따라서 박종악과 정조는 6촌 관계다. 두 사람이 주고받은 편지들은 조선왕조실록 같은 공식 사료 이면에 숨겨진 정조의 '어찰 정치'를 파악하는데 도움을 주는 자료로 평가받는다.

'입을 세 겹으로 꿰맨 것처럼 하라는 성상의 말씀'이라는 1791년 6월 편지를 통해 정조가 편지 내용을 발설하지 말라고 당부했다는 것을 짐작할 수 있다.

이 편지에서 박종악은 "평택수령은 사람됨이 용렬하고 정사(政事)가 해괴하다", "덕산 현감은 완전히 술에 빠져 일을 제대로 하지 않습니다"는 등 지방 현감의 비위(非違)를 낱낱이 고하고 있다. "상소는 어제 하교하신 대로 내일 올리겠습니다"라는 1792년 5월 22일 편지 구절에서는 정조와 박종악이 상소의 시기와 방법을 사전에 조율했다는 점도 추론할 수 있다. (조선일보 김성현 기자 글에서 발췌)

● **박종홍**(朴鍾鴻 : 1903~1976), 한국의 철학자, 교수, 대통령 특보, 사상가

김정렴 비서실장이 박정희 대통령께 국제정치담당 특별보좌관을 두기를 건의

한 것이 계기가 되어 김정렴은 1968년 12월 5일 국민교육헌장을 발표하는데 참여한 50여 명 중 박종홍을 특별보좌관으로 추천했는데, 본인은 밤새 연구하고 새벽에 취침하는 생활습관 때문에 안 된다고 세 번이나 사양했는데 박 대통령이 삼고초려해서 오후에 출근해도 좋다고 해서 승낙했으나 공무원과 같은 시간에 출퇴근하였다. 그리고 국민정신연구원 설립을 건의했으나 실현이 안 되고, 그의 사후 1978년 6월에 한국정신문화연구원을 설립했다.

● **박지원**(朴趾源 : 1737~1805), 조선조 후기(정조)의 학자, 호는 연암(燕巖)

서울에서 출생하여 벼슬을 싫어해서 황해도 금천 산속에서 경제 · 정치 · 군사 · 문학을 공부하고 홍대용(학자, 북학파 · 실학파로, 과거에 뽑히지 못했다)과 함께 자연과학에 열중했다. 1780년(정조 4) 박명원의 수행원으로 청나라에 들어가 중국의 학자와 지내면서 식견을 넓혔다. 귀국 후 『열하일기(熱河日記)』를 저술하여 당시 사상계에 큰 영향을 주었다. 50세에 처음으로 관직에 진출했다. 그는 노론파의 홍대용 · 박제가와 함께 북학파의 한 사람으로서 선진적인 외국문화의 섭취를 주장했다. 정약용 등과 실학연구에 힘을 썼다. 그의 기행문 『열하일기』는 명문장의 보고이다.

● **박춘금**(朴春琴 : 1891~1973), 한국의 일제강점기 정치깡패, 친일 반민족행위자

박춘금은 무학이었으나 구한말 도일, 점원 · 갱부 · 노무자 등을 하다가 폭력배가 되었다. 1920년 29세에 상애회(相愛會)를 조직해서 회장이 되어 노동자의 권익 옹호를 내세웠으나 실제로는 일본에 있는 조선인의 노동운동을 억압하고 노동자의 사상 통제를 목적으로 일본 당국의 후원을 얻어 조직된 단체이다.

1923년 관동대지진 이후 경시총감(경찰청장) 아카치 아쓰시(赤池濃)와 연락하여 조선인 노동자 300여명을 동원하여 시체처리, 조선인 노동자 조사와 수용 등의 활동을 했다. 이 조직을 일본 전국으로 확대해서 많은 노동쟁의와 민족운동단체에 대한 폭력적인 탄압에 앞장섰다.

1924년 33세 때, 이 조직을 서울에도 만들어 내선공영(內鮮共榮) 경영, 직업소개, 독립운동자 구제 등을 앞세워 폭력을 행사했다. 민족주의와 사회주의에 대항하기 위한 친일단체 각파유지연맹(各派有志聯盟)에 참가했다가 「동아일보」가 이 연맹을 비난하는 기사를 실었다고 송진우(사장)와 감성수(사주)를 감금 · 폭행했다.

그는 1932년 41세에 도쿄에서 중의원에 출마해 당선되었고, 여러 번 재선되었다. 일본 의회에서 조선인에게도 병역의무를 달라, 지원병으로 일본군이 되게 해 달라 등의 청원을 했고, 일본의 대동아 건설을 지원하는 목적으로 한 조선인 대아세아 협회의 상담역을 맡았다.

그 후 일제의 한반도 침략전쟁 찬양, 학병권유, 전시협력 등을 강요하는 연설을 하고, 윤치호(애국가 작사가) 등과 함께 전쟁 협력과 내선일체를 목적으로 하는 야마토 동맹(大和同盟)을 결성하여 이사가 되고, 폭력단체 대의당(大義黨)의 당수가 되었다.

8·15까지 대의당 당수로 일본 제국주의에 협력했고, 해방 후 일본에 거주하며 반민족행위특별조사위원회에서 소환을 요구했으나 불응했다.

(하일식의 글에서 발췌)

● **박팽년**(朴彭年 : 1417~1456), 조선조 초기(세조 · 단종조)의 학자, 충신

1456년, 단종 복위운동의 주도자이다. 이른바 사육신의 한 사람이다. 형조참판으로 있을 때 명나라 사신 환영잔치 모임을 틈타 세조와 세자(예종)를 죽이려는 계획을 세웠는데 김질(金礩)의 밀고로 계획이 탄로되어 구속되고 사형에 처하게 되었다.

박팽년은 집현전 학사로 훈민정음 창제에도 관여했는데 국문장(고문취조)에서 세조를 "전하"니 "폐하"니 부르지 않고 "나으리"라고 부르면서 "나는 상왕(上王 : 단종)의 신하이지 나으리의 신하는 아니다"고 했다. 모의에 가담한 것을 부인하면 살려주겠다는 세조의 제의를 거절했다. 그는 39세에 사형에 처해졌다. 세조 2년. 숙종 때 누명을 벗기고 관작을 복구, 시호를 내리고 절개를 표창하였다.

● 박한주(朴漢柱 : 1459~1504), 조선조 연산군 때의 간관

박한주가 연산군 때 예천군수로 있다가 치적이 좋아 연산이 불러 간관(諫官)에 임명했다. 한주는 불려오자마자 연산의 무도함을 간했다.

"묘사능침(廟社陵寢)에 친제(親祭) 한번 올리지 않고 술 마시고 놀기만 하시니 효도에 어그러진 처분이 아니십니까?"

연산은 눈병이 있어서 행하지 못한다고 대답했다.

"안질이 계셔서 친제는 못 올리고 후원에서 말 달리고 공치기 하시고 용봉장전(龍鳳帳殿)을 둘러치고 밤을 낮 삼아서 노시는 데에는 안질이 상관이 없으십니까?"

연산은 말이 궁하자 대노해서

"이놈아 용봉 장전이 네 것이냐? 용봉 장전을 치고 놀거나 말거나 네가 무슨 상관이냐?"

"그것이 모두 백성의 힘과 땀으로 된 것입니다. 좋은 정치를 하셔서 백성을 편히 살게 해달라고 백성들이 힘과 땀을 다해서 받드는 것입니다. 궁궐로부터 일용사물 무엇 한 가지 백성의 것 아닌 것이 있습니까? 용봉 장전도 백성의 것이지 임금의 것이 아닙니다. 어찌 소중한 백성들 힘을 술 마시고 노는 데에 허비하신단 말씀입니까?"

연산은 마음에 독을 품고 있다가 끝내 그를 죽이고 말았다.

● 박헌영(朴憲永 : 1900~1956), 한국의 독립운동가, 노동운동가, 남조선 노동당 당수, 공산주의 운동가

박헌영은 해방당시 조선공산당 책임비서, 분단 후 46년에는 남조선 노동당 책임자 자리를 가지고 있었다. 박헌영과 콤그룹(국제공산당조직)이 '족보도 없는' 장안파를 흡수하여 좌익운동의 독점체제를 굳히던 무렵인 1945년 9월 19일, 김일성 휘하의 항일유격대원 수십 명이 소련 군함을 타고 원산항에 입항하였다.

그리고 10월 9일 박헌영은 개성소련군 사령부에서 김일성을 처음 만났다. 이 자리에 김일성은 소련 점령군 민정사령관 로마넨코를 대동하고 나타나서는 박헌

영을 보고,

"반까이 합시다."

"뭐 말입니까(짐짓 모른 체 하면서)?"

"당 말이오. 당, 조선공산당!"

"뭐요? 이 사람이 '조공'(조선공산당)이 무슨 콩인 줄 아시오. 그걸 어떻게 나눈단 말이오?"

박헌영이 로마넨코에게 코민테른 이야기를 하면서 지원을 요청했다.

"코민테른이 일국 일당 원칙을 결정한 게 언젠데, 조선에 당 중앙을 두 개나 만들자니 그게 말이 됩니까? 안 그렇소? 로마넨코 동지?"

"허 이 양반 소식이 깜깜이네. 코민테른 망한지가 언젠데, 38선 북쪽 문제에 대해서는 신경 끄세요, 오늘부로."

이렇게 소련의 스폰서를 등에 업고 나타난 김일성(1912년생)에게 열두 살 위인 박헌영(1900년생)이 주도권을 빼앗기고 조선반도의 공산당은 박헌영의 '조선공산당'과 김일성의 '북조선 노동당'으로 갈라지고, 박헌영은 실질적인 힘을 잃게 되어, 남조선의 지하조직관리 권한 밖에 없는 신세가 되었다. 그러다가 6·25사변 때 미국 스파이로 몰려 김일성에 의해 1955년 숙청되었다.

● **박흥식**(朴興植 : 1903~1994), 한국의 경영인

평남 용강 출신으로 1918년 진남포에서 미곡상으로 사업을 시작해서 인쇄소, 지물포, 1930년에 27세에 화신상회, 경성방직, 조선생명보험, 화신무역, 제주도 흥업 등을 창업했다. 일제 때 종이를 팔아서 거부가 되었다. 이 과정에서 철저히 일본총독부의 지배 권력에 영합하였다. 1942년 태평양전쟁 발발 2년째 되던 해, 일왕을 만나서 "대동아(大東亞)전쟁 완수에 전력을 바치겠다"고 맹세한 일은 유명한 일화이다.

해방 후 1949년 반민족행위처벌법에 관한 특별조치법 제1호로 구속되었다. 이유는 '전쟁 중 비행기, 병기, 탄약 등 군수공장을 경영한 죄'에 있었다. 그 후 곧

풀려 53년에 흥한방적을 설립하고 55년에 신신백화점 개점, 56년에 화신백화점을 열 정도로 당시의 친일파 처단은 유야무야되고 말았다.

1961년 5·16군사쿠데타가 일어나자 부정축재자로 체포되었으나 43일 만에 석방되어 송도해수욕장 개발권과 화학섬유공장 설립권까지 얻었으나 1966년 막대한 외재를 투입한 흥한화섬(원진레이온)이 1969년에 한국산업은행 소유로 넘어갔다. 70년대의 화신전기, 화신 쏘니 등을 창업했고, 몰락하기 시작하여 결국 1979년 화신전자(지금의 아남정밀산업)의 부도로 연쇄부도를 초래해서 마침내 재계에서 사라졌다.

이 와중에서 구리시에 지은 원진레이온의 개스 오염사건으로 종업원이 죽고 병들어 몇 년간 노조의 치열한 투쟁이 있었고, 드디어 산업은행으로 넘어가고 공장은 폐쇄되고 그 자리에 아파트 단지가 들어섰다.

● **방정환**(方定煥 : 1899~1931), 한국의 어린이운동가, 아동문학가, 호 소파(小波), 손병희 선생 사위
                    '어린이 날' 제정 선도자

"어린이를 '내 아들놈', '내 딸년' 하고 자기 물건같이 알지 말고, 자기보다 한결 더 새로운 시대의 새 인물이란 것을 알아야 합니다. 어린이 뜻을 가볍게 보지 마십시오. 싹(어린이)을 위하는 나무는 잘 커가고, 싹을 짓밟는 나무는 죽어 버립니다. 희망을 위해, 내일을 위해, 다 같이 어린이를 잘 키웁시다."

방정환 선생이 1923년 5월 1일 첫 번째 어린이날을 기념해 쓴 글에서 어른들에게 호소한 말이다. 그는 '어린이'(1920년 《개벽》 3호)라는 말을 처음 만들어 낸 인물이다.

1917년 천도교 3대 교주 의암 손병희 선생의 첫째 사위가 된 그는 기미년 3월 1일 독립선언문을 돌리다 일본경찰에 잡혀 고문을 당하기도 했다. 어린이들에게 동화를 들려주다가 과로로 쓰러진 그는 1931년 7월 23일 고혈압으로 숨을 거뒀다.

32세의 나이로 세상을 뜨면서 "어린이를 두고 가니 잘 부탁하오"라는 유언을

남긴 방정환. 서울 망우리 아차산에 있는 그의 묘비명은 '동심여선(童心如仙 : 어린이의 마음은 신선, 즉 하느님과 같다)'이다. (한국경제 최명수 기자 글에서 발췌)

● **배정자**(裵貞子 : 1870~1952), 조선조 말 비구니, 일본 제국의 조선 정보원, 외교관, 창씨개명은
　　　　　다야마 사다코(田山貞子)

　생부가 민씨 일파(민승호, 민영익, 민영환 등)에게 처형당한 뒤 연좌제법에 의해 관비(官婢)가 된 어머니를 따라 여러 곳을 떠돌아다니다가 밀양의 기생으로 팔려갔으나 탈출해서 1882년 고종 19년에 비구니가 되었다.

　1885년 일본으로 도피해서 1887년에 이토 히로부미의 양녀가 되었다는 설이 있다. 그 후 일본 정부로부터 밀정(스파이)교육을 받고 1894년 귀국해서 대한제국과 일제강점기에 일본의 밀정으로 활동했다는데 이것을 입증할 사료는 없다. 1920년 일본군의 시베리아 출병 때는 만주와 시베리아를 오가며 군사 스파이로 활약했다. 그 후 간도와 상하이 등지에서 독립운동가들의 체포를 위해 암약하다가 1927년 은퇴했다. 1949년 반민족특별조사위원회에 친일파로 체포되었다.

　영화인 이철은 그의 딸 현송자의 두 번째 남편이며, 일제강점기의 영화인 배구자의 고모이다. 경상남도 김해군 출신이며, 본명은 배분남(裵紛男)이다.

● **배중손**(裵仲孫 : ?~1271), 고려 원종 때의 장군

　1270년 2월 몽고군이 서경(평양)에 동녕부(東寧府)를 세웠다. 그래서 원종 11년에 원종이 강화도에서 나와 개성으로 환도할 때에 삼별초(三別抄)의 영수 배중손은 이에 복종하지 않아서, 왕이 장군 김지저(金之氏)를 강화에 보내서 그를 파직시키고, 그 일파의 명부를 가져왔다. 이에 배중손은 야별초(夜別抄) 노영희와 함께 강화에서 반란을 일으켜 승화후(承化侯) 왕온(王溫)을 임금으로 세우고 개경에 대해서 적의를 표하는 한편 몽고에 대한 최후의 항전을 시작했다. 그러나 병졸들 중 이탈자가 늘어감에 방어가 어려워지자 배에다 재산과 부녀자들을 싣고 진도로 옮겼다. 조정에서는 김방경(金方慶)을 보내서 토벌하게 했으나 다음해 몽고의 원군을

얻어서야 평정되고 배중손은 전사하였다. 이것이 '삼별초의 난'이다.

● 백결선생(百結先生 : ?~?), 신라시대의 거문고 명수

신라 20대 자비왕(재위 458~478) 때 거문고의 명인. 경주 낭산(狼山) 밑에 살았는데 대단히 가난하여 옷을 여러 겹 기워 입었기 때문에 그때 사람들이 '백결선생'이라 불렀다 한다. 희로애락, 불평등 모든 심사를 거문고로 보내니, 어느 해 섣달 그믐께 설 떡 준비로 요란한 이웃집들의 방아소리에 그의 아내가 서글퍼하며 "우리만 쌀이 없으니 어떻게 설을 맞겠소?" 하자, 그는 하늘을 우러러 탄식하며 "생사는 명에 있고, 부귀는 하늘에 있으니 어찌 임의대로 하겠소. 너무 마음 상하지 마오" 하고 거문고로 방아 소리를 내어 아내를 위로하였다. 세상에서 이를 전하여 대악(碓樂)이라 했다. (삼국사기)

● 백낙준(白樂濬 : 1895~1985), 한국의 교육자, 연세대총장

1976년 이화여대 창립 80주년 기념강연이 이화여대 대강당에서 있었다. 이때 백낙준 박사가 강연―설교자로 초청되었다. 백낙준이 설교대 앞에 서서 설교를 시작한지 채 5분이 안되어 몇 분(약 4~5분)동안 말문이 막혔다. 원고가 안보이고 머릿속이 하얗게 되었다. 일시적 뇌경색 증세가 일어난 것이다. 강당 안은 초긴장 상태에 빠졌다. 당시 총장이던 김옥길 선생이 교목에게 연락해서 빨리 병원으로 후송하라고 지시했다. 그래서 설교는 중단되고 앰뷸런스로 바로 옆에 있는 세브란스병원으로 후송되어 갔다. 그때 그분 나이가 81세 때였다. 그 후 9년을 더 사시고 세상을 떠났다(90세로).

● 백남준(白南準 : 1932~2006), 한국의 예술가, 비디오아트 창시자로 세계적 작가

☞ 1988년 백남준이 88올림픽을 기념해서 뉴욕, 도쿄, 모스크바, 서울을 연결하는 4원 방송을 기획하고 실제로 방송에 참여해서 화제를 모은 적이 있다. 그때 방송과 대담할 때 사회자가 "선생님은 예술을 무엇이라고 생각합니까?" 하고 질

문을 했다. 그 질문에 백남준은 서슴없이, "예술이란 사기 치는 거지 뭐"라고 대답했다. 질문자가 너무도 뜻밖의 대답을 듣고는 당황해서 말을 잇지 못하자, "다만 사람들을 즐겁게 해주는 사기지" 하고 다시 덧붙였다.

"예술이 사기라?" 이 말 자체로도 백남준은 위대한 예술가이다. 어디 감히 전세계가 보는 TV 카메라 앞에서 '예술이 사기'라니? 그러면 예술가들은 사기꾼이란 말인가?

백남준이가 만든 비디오 아트란 것도 따지고 보면, 모니터 위에 비치는 이미지 가지고 장난치는 것이다. 그 이미지를 으그러뜨리는 기술이 곧 비디오 아트이다. 그런데 그걸 보고 듣고 하는 소비자들이 즐거워하니까 그것이 생명을 부지하지 않는가? 백남준은 그런 점에서 대담하고 솔직하고 위대한 예술가임을 알 수 있다.

☞ 백남준이 연주를 멈추고 벌떡 일어나더니 관중석으로 달려왔어요. '무슨 일이 있나? 왜 저러지?' 사람들의 시선은 모두 그에게 쏠려 있었어요. 백남준은 관중석에 내려와 잠시 두리번거리다가 케이지를 발견하고는 빠른 걸음으로 케이지 앞으로 갔다. '왜 그러나?' 그러나 백남준은 아무 말도 하지 않고 씩 웃더니 주머니에서 가위를 꺼냈어요. 그리고는 케이지의 넥타이를 잘라버렸어요. '응? 아니, 이 사람…' 케이지는 놀란 듯이 백남준을 바라보았어요. '하하하!' 백남준은 잘라낸 넥타이를 손에 들고 통쾌하다는 듯이 아주 호쾌하게 웃었어요. 그것을 본 케이지도 백남준을 손가락으로 가리키며 웃었어요. 그것을 보고 관중들은 어리둥절한 표정이었어요. '도대체 뭘 하고 있는 거지?' 그때 백남준은 케이지 옆에 앉아 있는 데이빗 튜더를 힐끗 쳐다보더니 뭔가 눈치를 챘다는 듯이 박수를 치며 웃고 있었어요. 백남준은 품에서 병을 꺼내더니 튜더의 머리에 쏟아 부었어요. 끈적끈적하게 떨어지는 샴푸였어요. 튜더는 넋을 잃고 있다가 샴푸 세례를 받고 피하려고 했지만 백남준은 이미 다 쏟고 무대 쪽으로 올라가는 길이었어요. 사람들의 시선은 케이지에게서 튜더에게로 옮겨 와 있었지요. 그러나 백남준은 무대로 올라가지 않았어요. 무대 옆에 있는 작은 문을 통해 밖으로 나간 백남준은 근

처 술집에 가서 맥주를 한 잔 마셨어요. 그리고 주인의 전화를 빌려 공연장으로 전화를 했어요. "저 백남준입니다. 공연은 끝났습니다."

기발한 아이디어로 기존의 권위와 관습을 깨는 백남준 특유의 예술관이 잘 드러나는 일화입니다.

● 백선엽(白善燁 : 1920~), 한국 군인, 예비역 육군대장, 육군참모총장

백선엽은 해방, 6·25전쟁의 산 증인이고 그 자신이 역사의 일부이다. 그의 6·25전쟁에 대한 생각을 들어보자.

총 3권으로 펴낸 『백선엽의 6·25전쟁 징비록』의 1권, 전쟁터의 리더십이 큰 주제다.

"사실 건국한 지 2년도 지나지 않은 1950년 당시 우리의 군대 역량은 내세울 게 없었다. 그럼에도 김일성이 도발한 전쟁에 맞서 대한민국을 지키기 위해 전 장병 모두 열심히 싸웠다." "용맹함에 있어서는 결코 우리 모두 다른 군대에 비해 뒤지지 않았다. 하지만 쉽게 나아가는 용기에도 불구하고 항상 쉽게 물러서는 단점도 드러냈다."

"이 점은 김일성 군대도 마찬가지였다. 그들 역시 쉽게 나섰다가 쉽게 물러서는 경향을 보였다. 역시 충분한 시간을 두고 훈련을 쌓은 군대가 아니었기 때문이다. 북한군을 이끌었던 김일성 본인이 전쟁 자체를 충분히 알지 못했다. 그는 전쟁의 참혹함, 모든 것이 걸린 싸움의 복잡성, 늘 등장하는 전쟁터의 변수에 다 둔감했다."

"기록적인 패배가 여러 차례 있었다. 초전에서 김일성 군대에 3일 만에 서울을 내주고 패퇴한 일은 잘 알려져 있다. 불가항력적인 면이 있었다. 그러나 대오를 제대로 추슬렀던 낙동강 전선 전투 이후, 특히 중공군이 참전한 뒤의 싸움에서 우리는 쉽게 나아갔다가 쉽게 등을 보이며 붕괴 위기에 처한 적이 많았다."

"김일성 본인이 전쟁을 잘 이해하지 못한 측면이 많았다. 아무래도 연해주 등 지역에서 아주 작은 소규모의 게릴라 병력을 지휘했던 게 전부인 그의 이력과 무관치 않을 것."

"오랜 세월을 준비하고 또 준비하다가 전쟁터에 나가 하루 만에 제 힘을 바치고 죽는 존재가 바로 군대다. 그런 부단한 노력과 훈련이 결여된 군대는 전쟁터에서 반드시 진다. 옆에 선 전우와 신뢰가 없고, 적에게 포위됐을 때 '내 동료는 나를 반드시 구하러 온다'는 믿음이 없는 군대 또한 반드시 적에게 진다. 6·25전쟁의 많은 장면에서 우리는 이런 경험을 심각하다 싶을 정도로 많이 쌓았다. 이 점을 잊어서는 안 된다."

● **법정**(法頂 : 1932~2010), 한국의 조계종 승려, 본명 朴在喆

☞ 1954년 승려 효봉의 제자로 출가하여 1970년대 송광사 뒷켠에 손수 불일암을 지어 주로 거기서 저술하고 수도했다.

1997년 12월 14일 서울 성북동 길상사 개원 법회에서 한국천주교 성직자인 김수환 추기경이 참석하여 축하해주자 이에 대한 답례로 1998년 2월 24일 명동성당을 방문하여 특별강연을 가져 종교간 화합을 보여주었다.

☞ 법정은 "사후에 책을 출간하지 말라"는 유언을 남겨서 그의 저서는 모두 절판, 품절이 되었다. 그 후 그의 책이 품귀 되어 10만 원을 호가하게 되자, 판권소유자인 '맑고 향기롭게' 법인과 출판사가 2010년 7월 30일까지만 서점에 보급하고, 12월 31일 이후에는 모두 수거해서 판매하지 않기로 약정했다.

● **벽송암**(碧松庵 : 1812~1890), 한국의 승려

그는 광산 김씨 사계(沙溪) 선생 8대손으로 명문대가의 자제였는데, 하루는 과거공부를 하다가 종로 네거리로 나갔더니 사람이 운집해 있어서 보니 상투머리가 동강 잘려서 매달려 있었다. 누구의 머린가 하고 물어보니 "모 참판대감의 머리입니다" 했다.

"어째서 저지경이 되었습니까?"

"4색 당파에 몰려서 반대당파의 누명을 쓰고 저런 죽음을 한 것이지요" 했다.

"며칠 전까지만 해도 교동 일대를 뒤흔들던 참판(지금의 정부 차관급)대감이, 오늘 저렇듯 나뭇잎의 이슬처럼 동강 떨어져 증발되어 가고 있으니 과거에 급제하여 대감참판이 된들 무엇 하랴? 실로 세간의 명리(名利)가 욕됨이 저와 같구나."

그는 19세에 부모 몰래 도망쳐 경기도 안성군의 청룡사에 들어가 중이 되었다. 그는 오직 불도에만 정진하기 수십 년. 1890년 12월 27일, 벽송암 스님은 문도들을 모아 놓고,

"오늘은 내가 갈 곳으로 가야겠다(죽겠다는 뜻). 뜻이 있는 자는 마땅히 독경과 염불을 게을리 하지마라." 이 말을 듣던 손주상좌가 "노스님 내일모레가 섣달그믐이 아닙니까? 대중 스님들이 떡과 진수성찬을 차려 과세준비를 하고 있는데, 초상이 나면 무슨 꼴이 되겠습니까? 좀 더 명을 늘이실 수 없습니까?"

"그래, 나는 오늘이 꼭 떠나갈 날이라 그만 열반에 들려 하였더니 너의 말을 들으니 그럴 법도 하구나. 나이 78세 중노릇하기 60년을 가까이 했는데 죽고 사는 것 하나 자재(自在)하지 못한다 해서야 되겠느냐? 그럼 어서 과세불공 준비나 잘들 해라."

무사히 과세를 치르고 정월 초이튿날,

"자, 그럼 가도 되겠지?"

하고 물었다. 또 손주상좌가,

"노스님 오늘은 안 됩니다. 내일이 초3일이라 수많은 신도가 불공을 오시는데 만일 노스님께서 돌아가시고 보면 모두 부정스럽다고 불공을 드리지 못할 것입니다."

"그래, 그렇다면 며칠 더 묵지. 세상에 일도 많구나."

"노스님 고맙습니다. 한 번도 아니고 두 번이나 연기를 해주셔서 이제 사중(寺中) 일은 원만히 마쳤사오니 스님 뜻대로 하십시오."

"그럼 너희들 모여라."

대중이 모이자 스님은 법상에 앉아,

"너희들 잘 들어라. 중이 불도를 닦을 때 생사를 해탈하려면 세 가지 단계가 있

다. 첫째는 생사 없는 이치를 알아야 하고(知無生死), 둘째는 생사 없는 것을 증무하는 것이고(證無生死), 셋째는 생사 없는 것을 활용하는 것이다(用無生死). 일지반해(一知半解)만 두둑하고 이에 만족하면 생사는 자재할 수 없는 것이니 내가 생사를 자재(自在)함은 곧 이를 알고 증하고 쓰는 까닭이다.

자, 그럼…" 하고 스님은 앉은 그대로 말이 없었다. (영험록靈驗錄)

● **변영로**(卞榮魯 : 1898~1961), 한국의 시인, 호는 수주(樹州)

서울 종로 인사동의 천향원(天香園)이라는 요정에서 변영로는 술을 마시고 있었다. 좌중은 5, 6명. 재담(才談) 준론(峻論)이 무르익을 때 한 소리가 귀에 들려왔다.

"내가 일본에 갔을 때 히라누마(平沼) 수상(首相)과 바둑을 두었지!"

다소 친일적이던 어느 인사의 말이다. 이어서 쏟아진 말은 하도야마(鳩山 : 일본 수상)며 정우회(政友會)를 파는 자기선전도 있었다. 변영로가 이를 보고 골려줘야겠다고 벼르는데 때마침 그 자가 화장실엘 가는 것이었다.

옳거니! 큰 컵에 오줌을 누고 얼음까지 얹어서 변영로는 볼품 있게 한 잔을 만든다. 솜씨 좋게 권하자 받아 마신 그 자는 대번에 얼굴이 변하면서

"우우! 웨— 웨!"

좌중에 박장대소가 터졌다. 그자만 노발대발, 좌중은 누구나가 그것을 통쾌하게 생각하였다.

● **변영만**(卞榮晚 : 1889~1954), 한국의 법률가, 학자, 변영태 · 변영로의 형, 판사, 변호사

일본인 재판장이 변호사 변영만(卞榮晚 : 자유당 시대 국무총리인 卞榮泰氏의 형님, 20세에 법관이 되어 판사, 변호사, 成大교수를 역임)을 '오마에'라고 불렀다. 이 말은 한자로 '어전(御前)'이라 쓰이지만 '너'라는 뜻이다. 그러니까 변호사에 대한 모욕이자 안하무인의 건방진 수작이다.

변영만이 항의하자 재판장은 제법 재치 있게 변명하였다.

"뭐, 그렇게 노할 것 없소이다. '오마에'란 최상급 존칭이 아니오? 한자로 '御前

(어전)'이라 쓰니까 당신네 말이라면 '임금님 앞'이란 말이 안 되오?"

"아 그래요?" 하고 변영만이 말했다.

"그럼 나도 당신을 존경하니까 앞으로는 '오마에'라 해야겠군요?"

폐정(閉廷) 선언을 한 채 재판장은 모습을 감추고 말았다.

● 보우(普愚 : 1303~1382), 고려 말기의 승려

13세에 출가하여 선(禪)수행에 정진했다. 1346년에는 원나라(몽고)에 가서 궁중에서 「반야경」을 강하기도 했다. 보우는 공민왕의 신임을 받아서 왕사로서 선문 구단의 폐단을 없애고 국가의 부패한 정치를 바로 잡으려 했으나 신돈이 득세할 무렵인 1368년에는 참소(남을 헐뜯어 소송함)를 받아 잠시 속리산에 금고된 적이 있다. 왕에게 각종 폐단의 시정을 건의했고, 도읍을 한양(현 서울)으로 옮길 것을 주장하기도 했다. 현재 〈조계종의 종조(宗祖)〉로 받들어진다.

● 빙허각 이씨(憑虛閣 李氏 : 1759~1824), 조선조 후기(순조)의 여성실학자

박영민 고려대 민족문화연구원 연구교수가 조선 후기 여성 실학자로 불린 빙허각 이씨(憑虛閣 李氏)의 '청규박물지(淸閨博物誌)'를 학술적으로 처음 조명했다. '청규박물지'는 새로운 여성 지식인의 탄생을 알린 신호였다.

박 교수는 이날 논문 '빙허각 이씨의 청규박물지 저술과 새로운 여성 지식인의 탄생'을 발표했는데, 이것은 2004년 발견된 유일본인 일본 도쿄(東京)대 오구라(小倉)문고 소장 필사본을 분석한 것이다. 박 교수는 빙허각 이씨의 청규박물지 저술로 당시 여성들이 남성의 전유물이던 지식을 단순 공유한 수준을 넘어 지식 생산의 주체로 떠올랐다고 주장했다. 그는

① 여성 살림 · 실용지식 기술(1~2권)에서 남성의 전유물이던 천문, 지리, 격물 등의 영역(3~4권)으로 확대된 점

② 한자를 못 읽던 여성을 배려해 한글로 기술된 지식서라는 점

③ 기존 지식 소개에 그치지 않고 '신증(新增 · 새로 찾아냄)'이 더해진 점 등을 근거

로 들었다. (동아일보 김배중 기자의 글에서 발췌)

● 사도세자(思悼世子 : 원명은 장헌세자(莊獻世子)였음, 1735~1762), 조선조 21대왕 영조의 둘째아들

1762년 영조 38년 5월, 영조는 사도세자를 뒤주 속에 가두어 굶겨죽였다. 영조는 정성왕후 서 씨와 계비 정순왕후 김 씨에게는 소생이 없었고, 영빈 이 씨 소생으로 효장세자(일찍 죽음)와 사도세자가 있었는데, 영조는 1749년(영조 25년) 사도세자로 하여금 대리 청정케 하였다. 그러나 세자에게는 나쁜 버릇이 있어서 학문을 게을리 하고, 궁녀나 내시를 함부로 죽이고, 기녀(기생)나 여승(비구니)을 희롱하는 등 행실이 좋지 않았다.

세자의 이러한 비행에 대하여 계비를 비롯하여 신하들의 귀띔과 모함이 그칠 사이가 없던 중, 1761년(영조 37년) 세자는 임금도 모르게 관서 지방을 유람 순회하고 돌아왔다. 몇몇 신하들이 상소하여 이러한 행동이 왕세자의 체통에서 벗어난다고 주장하여 대신 여러 명을 파면하였다.

이듬해인 1762년 5월 몇몇 신하들의 선동을 받아 세자의 비행 10개 조목을 들어 상소하니 영조는 세자를 불러서 왕세손의 어머니를 죽였다. 여승과 사귀어 궁중을 출입하게 한 일, 관서지방에 순행한 일, 북성에 나가 논 일 등 세자의 비행을 꾸짖은 다음, 5월 13일 세자를 폐하여(27세) 서인(庶人)으로 하고, 세자와 그의 어머니 영빈의 간청에도 불구하고 영조 자신이 아들 사도세자를 뒤주에 가두어 죽였다.

사도세자는 어려서부터 영특하고 서예와 무예에 뛰어났으나 영조를 대신하여 정치업무를 보게 되면서 노론과 마찰을 빚게 되었고, 뒤주에서 최후를 맞게 되었다. 영조는 28세 나이에 죽은 세자를 슬퍼하면서 사도(思悼)라는 시호를 내렸다.

뒤주에 갇히기 전 "네가 자결하면 종묘사직을 보존할 수 있을 것이다. 어서 자결하라." 영조가 명하자 땅에 조아린 세자의 이마에서는 피가 흘렀다.

영조가 칼을 들고 자결을 재촉하니 세자가 눈물로 용서를 빌었다. 그러나 임금님은 누그러들 기미를 보이지 않았다. 살려만 달라는 세자의 절규를 외면하고,

영조는 끝내 명을 내린다.

"세자를 폐서인으로 삼고, 뒤주에 가두라." (영조실록 참고)

● 사마천(司馬遷 : BC 145~86), 중국 한(漢)나라시대 역사가

사마천은 한무제(漢武帝)시대에 산 사관(史官) 집안 출신이고, 전설의 통치자 황제(黃帝 : BC 2300년 경)부터 한무제에 이르는 세계의 역사로서 52만 6,500자에 이르는 『사기(史記)』 130권을 기전체(紀傳體 : 인물이 행한 일을 중심으로 쓴 역사체제)로 썼다.

사마천은 대대로 황제에 봉사하는 사관의 집에서 태어났는데, 어릴 때부터 만 권의 책을 두루 읽어 역사의 소양을 쌓았고, 드디어 랑중(郎中 : 옛날 벼슬, 남자무당)이 되었다.

아버지 마담(馬談)은 BC 110년에 행한 무제의 봉선(封禪)의 의식(하늘과 사천에 제사를 올리는 의식)을 후세에 전해주기 위해 기록관으로서 참가하는 것을 원했으나 뜻을 이루지 못하고 실의에 빠졌다. 죽을 때를 알아차린 담은 아들 천(遷)을 불러서 자기가 하다 남겨놓은 일(春秋)의 뒤를 잇도록 사서를 편찬하는 일을 이어받도록 권했다. 3년 후 BC 108년에 아버지의 뒤를 이은 아들 천이 태사령(太史令)이 되어 여러 가지 기록을 정리하고 그 4년 후 BC 104년에 『사기(史記)』 집필을 개시했다. 10년 후 BC 99년, 젊고 용감한 장군 이릉(李陵)은 불과 5,000명의 보병을 이끌고 흉노군을 공격했지만, 8만 명의 흉노군에게 포위되어 곤경에 빠졌다. 이릉은 선두에 서서 1만 명의 적 병사를 쓰러트렸고 온갖 작전을 썼지만 흉노에게 항복하고 만다. 이릉에 대한 평가가 일변해서 벌로써 이릉의 일족을 멸하는 문제가 논의되었으나 다만 한 사람 사마천이 이릉의 용기를 칭찬하여 그의 입장을 변호하였다. 그러나 그와 같은 주장은 무제에 대한 비난으로 받아들여져서 사형선고가 내려졌다.

부친의 유지를 이어 역사책을 완성시키는 것이 자기 생애의 업이라고 생각하고 있던 사마천은 그냥 죽을 수가 없어서, 죽음을 면할 유일한 방법은 궁형(宮刑 : 거세형)에 처하는 길 밖에 없었다. 그래서 환관(宦官)이 되는 길이다. 그래서 BC 98

년 사마천은 환관이 되어 남자로서의 굴욕을 견디며 역사책을 완성하였다.

● **서거정**(徐居正 : 1420~1488), 조선조 초기(세종)의 학자

☞ 사가 서거정(四佳 徐居正)은 해학에도 능했다. 어느 날 그가 인색하기 짝이 없는 친구 집을 찾았다. 주인이 서거정을 반갑게 맞이하여 주안상을 내놓았다. 그런데 술안주라고는 나물뿐이었다.

주인은 살림이 궁해서 그렇다느니 시장이 멀어서 그렇다느니 하면서 자기변명을 늘어놓았다. 그런데 서거정이 보니 몇 마리의 닭이 뜰에서 모이를 쪼고 있었다. 그러자 서거정이 말했다.

"여보게, 저 말을 잡아 안주로 하세."

주인이 깜짝 놀라

"어허, 말을 잡다니. 자네가 돌아갈 때는 무엇을 타고 가려고 하는가?"

하고 물었다. 그러자 서거정은 태연한 얼굴로

"그거야 걱정할 필요가 없지. 돌아갈 땐 자네 집 닭 한 마리를 빌려서 타고 가면 돼."

☞ 서거정은 세종조 갑자년에 문과에 합격하여 좌찬성(左贊成 : 의정부의 종1품)에 이르렀다. 계유년(癸酉年) 세조가 수양대군 시절 사신으로 연경(燕京 : 베이징)에 갈 때 부교리(副敎理)로 그를 수행하여 압록강을 건너 파사보에서 잘 때 그날 밤 모친 권 씨의 부음(訃音 : 죽었다는 기별)이 왔다. 그러나 수양대군은 숨기고 알리지 않았다. 거정은 꿈자리가 어지러워 일어나 엉엉 울었다. 동행인이 왜 우느냐고 물으니까 "꿈에 달이 괴상해서 운다. 달은 어머니를 형용하니 연로한 어머니의 건강이 불길해서 우노라"고 말하였다. 이 이야기를 수양대군에게 알리니 수양대군이 "거정의 효성이 족히 하늘을 움직였구나" 하고 그에게 어머니의 부음을 알리고 후일 세조로 즉위하여 거정을 기용할 때 그대를 씀은 비단 재주만이 아니라고 하였다.

● 서경덕(徐敬德 : 1489~1546), 조선조 중종시 학자, 호는 화담(花潭)

18세 때 『대학』을 배우다가 격물치지(格物致知)에 크게 깨달은 바가 있어서 그 원리에 의지하여 학문을 연구하였다. 그는 한 사물을 생각하다가 끝내지 못하면 화장실에 가서도 생각하고, 밥 먹는 것도 잊고, 잠자는 것도 잊으면서, 며칠 동안 문을 닫고 아무것도 깔지 않은 채 숯(木炭)위에 단정히 앉아서 이렇게 3년 동안 사물의 이치를 골똘히 생각하면서 공부했다. 그러다가 3남 지방(전라 · 경상 · 충청)으로 여행을 떠나서 명산과 고찰을 방문하고 백성들의 삶을 관찰하고 시도 썼다. 1년 반 만에 귀가해서 다시 파고들었다.

"사람이 되어서 우주의 진리를 깨닫지 못하고서 어찌 사람이라 할 수 있으며, 선비가 되어서 그것을 구명(究明)하지 못하고서야 글을 읽어 무엇하랴."

그는 늙은 어머니를 생각해서 43세가 되어 성균관 생원시험에 합격했으나 벼슬에는 나가지 않았다. 그리고 송도(개성) 동문 밖 화담 위에 조그만 초막을 짓고 거기서 혼자 학문연구하며 사색에 잠겼다.

● 서산대사(西山大師 : 1520~1604), 조선조 선조 때의 고승, 본명은 휴정(休靜)

평안도 안주에서 9세에 어머니를, 10세에 아버지를 잃고 고아가 되었다. 안주 목사를 따라 서울에 올라와 양반집 아이들이 공부하는 반재(泮齋)에서 공부를 했으나 마음에 맞지 않아 동급생 몇 사람과 같이 지리산에 들어가 경전을 공부했다. 드디어 선가(禪家)의 법을 깨닫고 숭인장로에게서 중의 계를 받았다.

21세에 운관(雲觀)대사에게 허락을 받고 촌락으로 돌아다니다가 정오에 닭 울음소리를 듣고 홀연히 심신(心神)을 깨달았다. 선과(禪科)에 합격했으나 승직을 버리고 금강산에 들어가서 삼몽사(三夢詞)를 짓고 향로봉에 올라가 "만국의 도성들은 개미집이오, 고금의 호걸들은 바구니 벌레 같네. 창에 비친 밝은 달빛아래 청허하게 누우니 끝없는 솔바람의 운치가 별미로다"라는 시를 지었다.

1589년 선조 22년에 정여립(鄭如立 : 선조 때 기축옥사를 일으킨 사람)의 옥사 때 이 시를 가지고 무고를 하여 체포되었으나 선조가 그 억울함을 알고 석방하였을 뿐 아니라 시를 찬양하고 상을 내렸다.

● 서세옥(徐世鈺 : 1929~), 한국의 화가, 서울대 미대 명예교수

대구의 항일투사 후손으로 태어난 산정(山丁) 서세옥은 민족의 정체성과 왜색 청산에 팔을 걷어 붙였다. 그는 1955년부터 1995년까지 서울대 미대 동양화과 교수를 지냈다.

그는 2014년 국립 현대미술관에 자기 작품 100점을 기증했다. 그는 수묵 추상 의 거목으로 알려지고 있다.

1990년대에 그가 프랑스 파리에서 개인전을 연 일이 있었다. 그때 화선지 한 장 크기에 먹으로 몇 획 긁적거린 추상 그림 두 점이 2천만 원, 3천만 원으로 팔 린 적이 있는데, 이때 한 기자가 "그거 너무 비싼 것 아닙니까?" 하고 물으니 "이 것 한 장 건지는데 100장을 쓰레기통에 구겨버려야 돼"라고 대답했다.

● 서재필(徐載弼 : 1864~1951), 한국 개화기의 정치가, 독립운동가

서재필은 일본의 게이오 의숙과 도야마(戶山) 육군학교에서 공부하고 귀국했다. 갑신정변에 실패한 뒤 일본을 거쳐 미국으로 망명해서 조지워싱턴대 의과대학을 졸업하고 병리학 교수가 되었다.

서재필은 환국해서 「독립신문」을 발행하였으며 철저히 미국인(필립 제이슨)으로 행세해서, 한국을 '귀국(貴國)'이라 불렀다.

1898년 미국으로 돌아갔고, 1919년 제1차 대전이 끝난 후 임시정부 구미위원 회에 관여했다. 3·1독립운동이 일어나자 전 재산을 정리, 독립운동 자금으로 바 쳤다. 1947년 하지 중장(미군정 장관)의 요청으로 귀국해서 미군정 고문이 48년 미 국으로 돌아갔다.

후사가 없어서 양자를 들였는데, 그분의 양자는 전 이화여대 정치학과 교수였 던 서희원(徐希源) 교수이다.

● 서정주(徐廷柱 : 1915~2000), 한국의 시인, 교수

☞ 일제강점기에 태평양전쟁을 찬양해 당시 조선인의 전쟁 참여를 독려하는 시와 글을 통해 친일행위를 하였는데, 후일 그는 "일본이 그렇게 쉽게 질줄 몰랐다"고 고백했다.

'국민총동원령'의 강제에 따라 어쩔 수 없이 징용에 끌려가지 않기 위해서 친일문학을 썼다. 살기 위해 어쩔 수 없었던 일이라고 변론한바 있다. 그리고 전두환 정권 때 전두환을 찬양하는 시를 써서 논란을 일으켰으며 문단을 대표하는 비례대표 국회의원도 지냈다.

☞ 서정주는 말년에 기억력 감퇴를 막기 위해 아침마다 세계의 산 1,624개와 각 나라의 수도 이름을 외웠다고 한다. 시 「자화상」에서 '자신을 키운 건 8할이 바람이었다'고 고백했다. 이 구절은 그의 삶을 거론할 때 자주 인용된다. 그러나 그는 실제로는 유복한 성장기를 보냈다.

● 서태후(西太后 : 1835~1908), 청나라 말기 황후

32세 때인 1866년 서태후는 자신의 무덤 자리를 찾을 것을 명한다. 이듬해 자리가 정해지고 이에 대한 풍수 보고서가 제출된다. 그 가운데 '산세존엄(山勢尊嚴), 금성원정(金星圓頂), 결성돌혈(結成突穴)'이란 열두 글자가 핵심이다. '산세존엄'에서 존엄통치자를 존엄이라 표현한다. 금성이란 오행(五行) 가운데 쇠[金]를 의미한다. 쇠처럼 강한 지도자, '결성돌혈(結成突穴 · 돌혈을 이루었다)'에서 돌혈이란 혈처(穴處 · 무덤이 들어설 곳)의 모습을 말한다. 지맥이 푹 꺼졌다가 치솟아 오르면서 마치 용이 하늘을 향해 비상하는 모습, 즉 비룡승천(飛龍昇天)을 뜻한다. 용은 황제를 상징한다. 태후 신분이되 황제로 군림하겠다는 의도이다.

그녀의 보석 사랑은 동서고금 그 어떤 황후보다도 집요했다. 생전에 모은 보석 모두를 무덤으로 가져갔다. 이성무(李成武)가 남긴 '서태후 무덤에 묻은 보석 목록(자희장보도기 · 慈禧葬寶圖記)'이 종류 · 수량 · 가격 등을 소개하고 있는데, 당시 청나라가 지고 있던 빚을 다 갚고도 남을 가치였다.

보석과 풍수의 기운을 통해 영원히 썩지 않는 사후의 삶, 즉 영생(永生)을 얻고자 함이다. 보석 가운데 최고는 야광주(夜光珠)였다. 밤에도 스스로 빛을 내는데, 더위와 추위를 잊게 하며 죽은 자가 입에 물고 있으면 시신이 영원히 썩지 않는다고 한다. 소원대로 죽은 그녀의 입에 야광주가 넣어졌다. 그러나 그로부터 20년 후(1928년) 군자금이 필요했던 군단장 손전영이 이곳을 도굴한다. 야광주를 빼내기 위해 서태후의 입을 찢었다(얼마 후 장개석의 부인 송미령에게 전해졌으나 이후 야광주의 행방은 묘연해졌다). 심지어 음부에 넣었던 보석들도 군인들로 하여금 모두 빼내게 하였다. 이 때문에 그녀는 군인들에게 시간(屍姦 · 시체 강간)을 당했다는 치욕적인 오명을 뒤집어쓴다.

● 서희(徐熙 : 942~998), 고려 초기(경종 · 성종)의 장군

서희는 960년 스무 살에 과거에 급제하였고, 내의시랑(內議侍郎)이라는 직책에까지 올라갔다. 그는 외교관이기도 했다.

982년 송나라에 가서 중단되었던 국교를 맺고 돌아왔다. 사신으로 송나라에 다녀와서 성종 때에 병관어사(兵官御事)를 지냈다. 993년, 성종 12년에 거란이 남침하자 서희가 중군사로 북계에 나가 적과 대진하였다. 싸움이 불리하자 일부 신하들이 서계(西界—평안도지방)의 땅을 거란에 양할하고 화평하자고 주장하는 것을 반대하고, 스스로 적장 소손녕(蕭遜寧)의 진영에 들어가서 담판하여 해결을 지었다.

다음해에 여진이 또 쳐들어왔을 때 이를 몰아내고 압록강 이남, 지금의 평안북도 일대를 완전히 장악하였다.

소손녕은 "그대의 나라는 신라 땅에서 일어났으니 고구려의 옛 땅은 마땅히 우리 것이다"라고 우겨대서 서희는 "아니다 우리나라는 고구려를 뒤이은 나라다. 그래서 이름도 고려라고 했다. 이 땅은 마땅히 고려 땅이다"라고 반박해서 휴전을 성사시켰다.

● 석가모니(釋迦牟尼 : BC 563?~483?), 인도의 불교의 창시자

☞ 석가모니가 사위국(舍衛國)의 어느 정사(精舍)에 머물고 있을 때였다.

난타(難陀)라는 한 여자가 있었는데, 이 여자는 갈 곳도 없고 가난했기 때문에 거지 생활을 하면서 살았다.

그녀는 석가모니를 공양하기 위하여 하루 종일 쉬지 않고 걸어 다니며 자비를 받아 겨우 10원을 얻어냈다. 10원을 가지고 기름을 사려고 하자 기름집 주인은 10원으로는 기름을 살 수 없다고 말하면서 무엇에 쓰려고 그러느냐고 물었다.

난타는 가슴속의 이야기를 했다. 주인은 그녀를 불쌍히 여겨 충분한 기름을 주었다. 난타는 등에 불을 붙여 정사의 석가모니에게 바쳤다. 난타의 성심으로 바쳐진 등불 하나는 한밤중까지 계속 빛나고 다른 등불이 다 꺼진 뒤에도 계속 빛났다. 이것이 빈자의 등불하나(貧者之一燈)이다.

이와 비슷한 예화는 기독교 신약성경에도 있고, 예기(禮記)에도 나온다.

☞ 부처님이 한창 설법을 하고 있는데 어떤 사람이 욕지거리를 계속 늘어놓으면서 설법을 방해했다. 부처님이 그 사람의 욕설이 끝날 때까지 기다렸다가 그에게 이렇게 물었다. "어떤 사람이 다른 사람에게 선물을 건네주었습니다. 그런데 받는 쪽에서 그 선물받기를 거절했습니다. 그러면 그 선물은 누구 것이 되는 것입니까?"

"그거야 준 사람으로 돌아가겠지요"라고 말했다. "그러면 나는 당신이 내게 준 욕설 받기를 거절하겠소. 당신이 그것을 받아 처리하시오"라고 말하였다고 한다.

● 선덕여왕(善德女王 : ?~647), 신라 27대왕 재위 632~647

선덕여왕은 신라 최초의 여왕이며, 26대 진평왕의 딸이다. 성은 김, 이름은 덕만(德曼)이다. 여자의 몸으로 왕이 될 수 있었던 것은, 당시 한껏 높아져 있던 왕족의식이 바탕이 되었다. 곧 진평왕에게 아들이 없어서 성골(聖骨) 남자가 끊어진 상태였으므로, 화백회의는 덕만의 즉위에 동의하였다.

어려서부터 총명하여 당(唐)나라에서 보낸 모란꽃 그림을 보고 꽃에 향기가 없음을 미리 안 것, 개구리 울음을 듣고 백제군의 침입을 안 것, 자신의 죽을 날과 묻힐 곳을 미리 알아맞힌 사실 등이 『삼국유사』에 적혀 있다.

재위 중 백제의 공격에 끊임없이 시달렸으나 김유신과 김춘추의 활약으로 견디어냈다. 말년에 여왕통치에 불만을 품은 비담(毗曇)과 염종(廉宗)의 반란이 일어났고, 채 진압되기 전에 사망했다. 반란은 김유신, 김춘추의 활약으로 진압되었고 진평왕의 조카인 승만(勝曼)이 왕위에 올랐다. 이 사람이 28대 진덕(眞德)여왕이다. 선덕여왕의 4촌 동생이다. (하일식의 한국사에서)

● **선우휘**(鮮于煇 : 1922~1986), 한국의 작가, 언론인, 반공주의자

☞ 1961년 5월 16일 그는 출근길에 쿠데타 소식을 듣고 육군본부로 가서 "어떤 정신 나간 놈들이 쿠데타를 일으켰나" 하고 일갈했고, 그 일로 체포령이 떨어져 보름쯤 숨어 지내다가 신문사에 복귀해 1년간 무기명으로만 글을 썼다. 이때 그는 술에 취한 상태로 육본으로 뛰어 들어갔으나 박정희의 배려로 풀려났다.

☞ 1963년 조선일보 발행인이 된 방우영 상무가 편집국장직을 제의했을 때, "방 상무가 정도를 벗어나면 언제든지 그만 두겠다"고 조건을 달았다. 1964년 공화당이 언론 통제를 노린 언론윤리위원회법을 국회에서 통과시킨 후 각 언론사에 윤리위 소집에 대한 입장표명을 요구했을 때, "신문사는 문을 열고 죽는 수가 있고, 문을 닫고 사는 수가 있다"며 방인영 당시 대표에게 호소해 반대의사를 밝히도록 했다.

● **선조대왕**(宣祖大王 : 1552~1608), 조선 14대왕, 중종의 손자, 덕흥대원군의 아들

선조대왕이 임진왜란을 겪고 나서 나라의 질서가 잡히고 안정이 되니 이제는 어떻게 했으면 오래 살아볼까 하고 장수지책을 생각하고 있었다.

군신들이 모인 가운데서 간혹 신선 이야기를 끄집어냈는데 대부분 진시황이나

한무제도 그걸 믿었으나 모두가 허망한 것이라고 했으나 참찬(의정부 소속 정2품 관리) 이준민이 신선이 실제로 살아 있다고 말해서 모두 놀랐다.

"신선이란 오래 사는 게 신선이온데 지금 판부사로 있는 원혼(元混)은 어려서부터 술과 여색을 삼가고 정력을 낭비하지 않았기 때문에 지금 90이 넘도록 병이 없고 정신이 맑아서 젊은 사람이 따를 수가 없으며, 앞으로 얼마나 더 살지 모르오니 그것이 신선이 아니겠습니까?"

이것은 선조의 주색을 삼가라는 풍자였다. 이 말을 들은 선조는 옳다고 여기고 기뻐했다.

● 설중매(雪中梅 : ?~?), 고려말, 조선조 초 기생

고려 말 송도(개성)에 설중매라는 유명한 기생이 있었다. 이태조가 등극한 후 여러 신하에게 잔치를 내렸다. 이 자리에 모인 사람은 대개 고려조에서 벼슬을 하던 옛 신하들이었다. 기생 설중매도 이 잔치에 불려 다녔다. 그는 재주가 많고 얼굴이 뛰어나게 잘 생긴데다가 서방질 잘 하기로도 유명했다.

어느 정승 하나가 술이 취해 가지고 설중매를 붙들고 희롱하기를 "들으니 너는 아침에는 동쪽 집에서 밥을 먹고, 저녁에는 서쪽 집에서 잠을 잔다하니 오늘 밤은 늙은 나와 하룻밤을 지내보자."

설중매는 서슴없이, "지당하신 말씀입니다. 동쪽에서 밥 먹고, 서쪽에서 잠자는 기생이 왕씨(王氏)도 섬기고 이씨(李氏)도 섬기는 정승과는 좋은 짝이 아닙니까?"라고 대답했단다.

● 설총(薛聰 : 655~?), 신라 31대 신문왕 때의 학자

그는 원효와 요석공주 사이에 태어난 아들이다. 신라 3대 문장가요 신라의 열 사람의 현인 중의 한 사람이다.

벼슬은 한림(翰林 : 문서를 다루는 높은 벼슬)에 이르렀고, 경사(經史)에 통했고, 이두(吏讀)를 집대성하였다. 불교가 휩쓰는 마당에 유학을 깊이 파고들었다. 『삼국사기(三

國史記)』나 『삼국유사(三國遺事)』를 보면, "설총은… 중국의 경사에 널리 통달하여 신라 십현 중 한 사람이다. 그는 우리말과 소리로 중국이며 동방족들의 말이며, 물건 이름들을 잘 옮겨 적었고, 중국의 경서와 문학을 우리말로 풀어 해석하였다"고 되어 있다. 또 삼국사기에 "우리말로 아홉 가지의 중국 경서를 풀이하여 후생들을 가르쳤다"고 했다.

그는 임금과의 문답하는 가운데 슬쩍 비유로 이야기를 만들어 임금으로 하여금 은연중 깨닫게 한 대목이 있다. 옛 중국의 순우곤(淳于髡)이나 동방삭이 하였던 것처럼.

● 성담수(成聃壽 : ?~1456), 조선조 세조 때의 생육신의 한 사람

성담수는 세종조에 문과에 합격해서 교리(校理 : 정5품 벼슬)로 있다가 단종 때 조카 성삼문(成三問)과 함께 어린 왕 단종을 돕다가 조카 성삼문이 죽자 그 일당으로 몰려 모진 고문을 당했으나 입을 다물고 말을 안했다. 김해로 귀양 갔다가 풀려난 후로 부친 무덤 옆에 은거하며, 베옷에 잡곡밥으로 끼니를 이으면서도 고통을 말하지 않고 서울에는 발도 들여놓지 않고 문벌(門閥)을 말하지 않고 지내니까 동네 사람들이 그를 농부로 여겼다.

그의 조카 하나가 경기 감사가 되어 그의 소재를 찾아내어 돗자리 몇 장을 보냈으나 담수는 그게 당치 않다고 돌려보냈다. 단종이 귀양 가고 삼촌인 세조가 담수의 아들에게 참봉(參奉) 자리를 내렸으나 끝내 받지 않고 낚시질 하는 것으로 세월을 보냈다.

● 성삼문(成三問 : 1418~1456), 조선조 초기(세종 · 문종 · 세조)의 문신

성삼문은 집현전 출신으로 훈민정음 창제에 크게 공헌했다. 세조 때 받은 녹봉(월급)은 하나도 쓰지 않고 쌓아놓아 집의 재산이라고는 이불 몇 채가 전부였다고 한다. 단종복위 계획에 참여했다가 김질(金礩)의 밀고로 발각되자 구속되어 국문장(고문취조)에서 팔을 자르고 다리를 불로 태우는 고문에도 굴하지 않고 세조와 신숙주의 불의를 꾸짖었다. 그의 나이 38세에 죽었다. 사육신에 추서되었다.

그는 글씨를 잘 쓰고 문장이 뛰어났으며 세종에게 앞날이 크게 촉망받은 학자였다.

세조는 명나라 사신이 돌아간 다음날 친국(親鞠 : 임금이 몸소 심문하는 것)을 열었다.

세조 "무엇 때문에 나를 배반했느냐?"

삼문 "옛 임금을 복위시키려 했을 뿐입니다. 천하에 누가 그 임금을 사랑하지 않겠습니까? 제 마음은 이 나라 사람들이 모두 알고 있습니다. 어찌 배반이라 할 수 있습니까? 나으리(왕자를 부르는 존칭, 세조를 임금이 아닌 왕자로 대한 것이다)께서는 평소에 흔히 주공(周公)을 인용하셨는데, 주공도 이런 짓을 했습니까? 제가 이 일을 꾸민 것은 하늘에 두 태양이 없고, 땅에 두 임금이 없기 때문입니다."

세조 "어째서 내가 왕위를 받을 당시에 이를 막지 않고 나에게 붙었다가 이제야 배반한단 말이냐?"

삼문 "대세는 어찌할 수 없습니다. 적극적으로 막지 못하니 물러나서 죽는 길이 있음을 알고 있었습니다. 그러나 쓸데없이 죽는 것은 소용없으니, 참고 오늘에 이른 것은 후일을 도모하기 위함이었습니다."

세조 "너는 나의 녹을 먹지 않았느냐? 녹을 먹고 배반하는 자는 반역자다. 명색은 상왕(단종)을 다시 모신다면서 사실은 자기 잇속을 차리는 것이 아니고 무엇이냐?"

삼문 "상왕이 계신데 나으리가 어찌 저를 신(臣)으로 할 수 있겠습니까? 또 저는 나으리 녹을 먹지도 않았습니다. 만약 믿지 못하겠거든 저의 집을 몰수해서 계산해 보십시오."

이에 세조가 크게 노하여 무사들로 하여금 불에 시뻘겋게 단 쇠로 성삼문의 다리를 찔러 꿰뚫고 팔을 잘라 버렸다. 그는 안색을 변치 않고 조용히 말했다.

"나으리의 형벌은 참혹합니다 그려." 이때 신숙주가 세조 옆에 있는 것을 보고 성삼문은 크게 꾸짖었다. "나와 네가 집현전에 있을 때 세종대왕께서 왕손(단종)을 품에 안고 산보하면서 유신들에게 말씀하시기를 "내가 세상을 떠난 후에 그대들은 이 아이를 보호해 달라"고 하셨다. 그 말씀은 지금도 귀에 쟁쟁하거늘 너 혼자

아
시
아
편
人

만이 잊어버렸단 말인가? 네가 이렇게까지 못된 줄은 몰랐다." 신숙주는 질려서 자리를 피하였다.

● **성종대왕**(成宗大王 : 1457~1494), 조선조 제9대 임금, 재위 1469~1494

성종이 미행으로 서울 남산 근처를 지날 때 산 아래 조그만 집에서 백발노인이 술을 앞에 놓고 우는데, 한 상인(喪人)과 한 여승이 그 앞에서 춤을 추고 있었다. 그 광경이 하도 이상해서 물으니 노인이 "상인은 내 자식이고 여승은 내 며느리입니다. 오늘은 저의 회갑이온데 가세가 빈한하여 며느리가 자기 머리카락을 잘라 팔아서 약간의 술과 안주를 마련하였으므로 제가 그 정경을 보니 비회를 금치 못하여 자연히 눈물이 흐릅니다. 제들은 저를 위로하기 위하여 저렇게 노래하고 춤추고 하는 것입니다"라고 했다. 왕이 환궁해서 과거를 베풀고 '상가승무노인곡 (喪歌僧舞老人哭)'이란 문제를 내서 시험을 치게 했고, 그 아들과 며느리에게는 효행 상을 내렸다.

● **성탕**(成湯 : ?~?), 湯왕의 다른 이름, 중국 상고시대 殷나라 1대 왕

성탕은 은나라 때의 성군으로 알려져 있다. 하루는 들에 나와 보니 사냥꾼들이 그물을 사방으로 쳐놓고 기원하기를 "하늘에서 내려오는 놈, 땅에서 솟아오르는 놈, 동에서 서로 가는 놈, 서에서 동으로 가는 놈, 남에서 북으로 가는 놈, 북에서 남으로 가는 놈 할 것 없이 나는 놈이나 가는 놈이나 모두 내 그물에 걸리게 해 주소서" 하는 것이었다. 이것을 본 탕왕은 탄식을 했다.

"네 맘대로 하면 이 땅 위에 짐승이나 새 한 마리가 남겠느냐? 내가 대신 축원을 해 주겠다" 하며 탕왕은 땅에 엎드려 축원하기를, "위에 내려올 놈은 내려오고, 땅에서 나를 놈은 날라 가고, 동에서 서로 갈 놈은 서로 가고, 서에서 동으로 갈 놈은 동으로 가고, 남에서 북으로 갈 놈은 북으로 가고, 북에서 남으로 갈 놈은 남으로 가서 자유롭게 잘 살되, 살기가 싫고 죽기를 원하는 놈이 있거든 이 그물 안으로 들어오라"고 했다.

곁에서 이 축원을 듣던 사냥꾼들은 탄식하기를 "성인의 덕은 금수에게도 미치거늘 하물며 백성에게야 얼마나 하겠는가. 우리 참으로 좋은 세상에 태어났다"고 기뻐했다.

● 세조대왕(世祖 : 1417~1468), 조선조 7대왕

조카를 물리치고 왕위에 오른 세조는 1468년 재위 13년 만에 죽었다. 그 13년 간 권력을 위해 빼앗은 목숨이 너무 많았다. 죽을 때까지 피부병을 앓아 방방곡곡을 돌아다니기도 했고 불교 서적을 편찬해 업보를 씻으려고도 했다. 남양주 땅에 내려오는 전설은 이렇다.

세조는 풍수에 능하였다. 하루는 자기 묻힐 땅을 찾아 돌아다니다, 아주 흉한 땅에 아비를 묻는 사람들을 보았다. 근처에 있는 길지를 일러주고 떠나려 하니, 행색이 이장할 형편이 되지 않았다. 그래서 주머니에서 300냥을 꺼내 이들에게 주곤 묏자리를 잡아줬다는 지관을 물어 찾아갔다. 첩첩산중에 옷도 없이 사는 자였다. 흉지(凶地)를 점지한 연유를 물으니 이리 대답하였다.

"대대로 발복할 길지가 그 옆에 있었으나 사는 꼴이 너무 궁색한지라 당장 300냥을 벌 자리를 잡아주었소." 감탄한 세조가 또 물었다. "그런 용한 지관이 왜 이리 옹색하게 살고 있는가." 기다렸다는 듯 지관이 의복을 차려입고서 마당으로 나아가 절을 하며 이리 말했다. "국왕이 찾아올 땅이라 이렇게 기다렸나이다." 그리하여 세조가 그 지관에게 명하여 자기 묻힐 자리를 찾게 하니 그곳이 남양주 운악산 기슭에 있는 광릉이다.

세조는 능을 검소하게 쓰라 유언을 하고 죽었다. 능 자체는 별다른 장식 없이 검약하지만, 속칭 '무늬만 검약하다.' 묏자리가 정해진 뒤 사방 15리, 자그마치 3,600헥타르(1,089만평)에 달하는 땅에 농사가 금지되고 민간 마을이 철거됐다. 일제강점기에도 건드리지 못한 신성한 그 땅이 바로 대한민국 국립수목원이다.

(조선일보 박종인 기자 글에서)

● 세종대왕(1397~1450), 조선조 4대 임금, 재위 1418~1450

☞ 세종 때의 집현전 학자들은 임금에게 학문이나 도덕을 강의하는 자도 있었고, 왕세자의 서연관으로서 강의를 맡은 사람도 있었다. 세종은 집현전 학자들을 몹시 아꼈고 뒷바라지를 잘해 주었다.

하루는 왕이 자정이 넘은 시간인데 집현전에 불이 켜져 있는 것을 보고 내관에게 누가 무엇을 하고 있는지 알아보라고 했더니 새벽녘이 되어서야 내관이 돌아와 신숙주가 사기(史記 : 중국 한대의 사마천이 편찬한 역사책)를 읽고 있다는 보고를 했다.

임금도 신숙주가 잠자리에 들 때까지 깨어 있었다고 한다. 그리고 이튿날 잠자리에서 깨어보니 신숙주는 임금의 옷이 자기 몸에 덮여있는 것을 보고 놀라 임금의 친전을 향해 절을 했다. "상감마마, 성은이 망극하옵니다." 그는 훈민정음 창제에도 큰 공을 세웠다.

☞ 만일 새로운 글자를 만들었을 때 유림들이나 학자들이 크게 반발할 것이고, 명나라(중국) 쪽에서도 반발이 있을 것으로 세종은 생각하고 있었다. 그래서 집현전 학자들에게 명령을 내려서 우리 글자를 고안하게 했다. 세종이 집현전 학자에게 한 말을 보면, "이제 만들려는 우리글은 배우기 쉽고 쓰기 편리한 것이어야 하고, 이치에 맞아서 어떤 말이라도 적을 수 있어야 하고, 한자와는 다른 독특한 글자여야 하오"라고 당부했다.

● 소동파(蘇東坡 : 1036~1101), 중국 송(宋)대의 시인

동파는 호, 본명은 소식(蘇軾)이다. 송시대에 들어와서 소동파가 유명해짐에 동파의 글씨도 따라서 왕희지처럼 값이 나가게 되었다. 어느 날 동파가 궁중에서 집무를 하고 있는데 하인이 와서 편지를 한 장 들이밀면서 "친필로 꼭 답장을 써주십시오" 하는지라 동파는 왕희지의 고사(故事)가 생각나서 한다는 소리가 "오늘은 고기간이 쉬는 날이라고 너의 주인에게 말씀드려라" 하였다. 하인은 무슨 소리인지 몰라서 "네? 고기간이 쉬어요?" 했다고 한다.

● 소현세자(昭顯世子 : 1612~1645), 조선조 인조의 맏아들

　인열왕후(仁烈王后) 한 씨 소생이다. 1625년에 세자로 책봉되고, 1627년 인조 5년에 정묘호란(丁卯胡亂 : 만주에 본거를 둔 후금─뒤의 청나라가 됨─의 침입으로 일어난 우리나라와 후금 사이의 싸움), 1636년 인조 14년의 병자호란을 당하여 소현세자는 봉림대군(효종)과 함께 청나라 심양으로 볼모가 되어 가서 몽고말도 배우고, 서역 원정에 출전도 했다. 부왕 인조의 노력으로 귀국할 때 천주교 예수회 선교사 아담 샬(Johannes Adam Schall)과 친밀하여 천문 · 과학에 관한 서양의 문물과 성교정도(聖敎正道)에 관한 많은 번역서적과 지구본 · 천주상 등을 가지고 귀국하였으나 귀국 후 2개월 만에 병사하여 서적들도 불살라지고 모처럼의 천주교 전래의 기회도 놓치게 되었다.

● 손권(孫權 : 182~252), 중국 삼국시대 吳나라 초대 황제

　살아남는 능력이 탁월한 지도자이다. 부하의 능력을 끄집어내는데 하나의 해답을 던져준 사람이 손권이다. 그는 "각자의 장점을 귀히 여기고, 그의 단점을 잊어라"이다.

　『삼국지(三國志)』에는 조조, 유비, 손권 3인에 의한 격렬한 쟁파전이 전개되는 기록이 주된 내용이다. 그 중에서도 손권은 조조, 유비에 비하면 좀 박력이 떨어지는 느낌이 드는 인물이다. 그러나 그는 삼국 격동의 시대 조조, 유비에 대항해서 용하게 살아남는데 성공했다. 그런 의미로는 그도 또한 놀라운 리더였다고 할 수 있다.

　그가 살아남는데 성공한 것은, 능력도 능력이지만 특히 부하를 잘 활용하는 방법이 뛰어났기 때문이다.

　첫째는, 손권은 부하를 길러내는데 특기가 있었다. 단점에는 눈감아주고 장점을 키워주는 인재육성 방식을 취했다.

　둘째, 자기가 길러낸 부하를 신뢰하고 일을 맡겼다. 그 결과 손권은 우수한 인재를 길러서 그의 능력을 끄집어냈기 때문에 살아남던 것이다.

『채근담(菜根譚)』에도 "사람의 책임을 추궁할 때에는 과실을 지적하면서 동시에 과실이 없었던 부문을 평가해 주어서 상대방이 불만을 품지 않게 한다"라고 적고 있다.

● 손기정(孫基禎 : 1912~2002), 한국의 체육인, 올림픽 마라톤 금메달 수상자

1936년 나치 독일은 게르만 민족의 위대성을 입증하기 위하여 역사상 최대 규모의 베를린에서 올림픽을 열었다. 일본 선수단으로 올림픽에 참가한 손기정 선수가 그해 8월 10일 세계 신기록으로 마라톤에서 우승하자, 국내언론들이 이것을 대서특필하면서 8월 13일 「조선 중앙일보」(여운형 발행)가 손기정의 사진에서 일장기를 지우고 신문에 실었으나 총독부의 검열에 발각되지는 않았다. 그러나 8월 24일 「동아일보」가 일장기를 말소한 손기정의 사진(가슴에 다는)을 게재한 것이 결국 검열에 걸렸다. 「조선중앙일보」는 폐간되고, 「동아일보」는 297일간 정간 당했다. 그리고 이 사진에 관련된 사람, 기자 등 13명이 사직당한 뒤 복간되었다. 1937년 6월 다시 발행된 「동아일보」는 "당국의 발행정지 해제라는 관대한 처분을 받았으니 앞으로는 대일본제국의 언론기관으로 조선통치에 적극 협조하겠다"는 내용의 사고(社告)를 발표했다.

1936년에 히틀러로부터 부상으로 받은 고대 희랍의 전차 청동제 투구는 50년 만에 한국에 돌아와서 손기정 기념관에 안치되어 있다.

● 손병희(孫秉熙 : 1861~1922), 한국의 독립운동가, 3·1운동 시의 33인 중 한 사람, 천도교 3대 교주, 호는 의암(義菴)

☞ 의암 손병희가 하루는 술을 마시고 친구들과 한방에 자게 되었다. 밤중에 배탈이 난 손병희는 미처 밖으로 나올 사이도 없이 방에서 똥을 싸고 말았다.

똥은 자는 사람들의 얼굴하며 입을 범벅으로 만들고, 곤하게 단잠을 자다가 이런 날벼락이 아니라 아닌 밤중에 똥 벼락을 맞은 것이다.

"어떤 개 같은 놈이 똥을 쌌어?"

하고 후닥닥 뛰어 일어난 사람이 연신 똥을 내뱉으면서 호통을 쳤다. 그러자 손병희가 답하는 소리

"똥을 싸는 놈이 개가 아니라 먹는 놈이 개다."

성도 낼 수 없게 일이 되었다. 방안에는 폭소가 터졌고 똥 먹은 그 사람은 얼굴만 붉으락푸르락 똥 훔치기에 겨를이 없었다.

☞ 동학란(東學亂) 때 관군과 싸워서 패한 손병희가 피신해서 어느 부락에 당도했다. 문득 보니까 저만치 주막 앞에서 관군(官軍)들이 투전을 하면서 행인들을 수색하지 않는가! 되돌아가자니 이미 늦었고 그대로 간다면 잡힐 판이다. 진퇴가 양난인데, 당황하는 일행을 눈치껏 하라고 달랜 채 손병희는 썩 앞으로 나서며 말을 하였다.

"참새가 방앗간을 그저 지날 수 있나? 실례지만 우리도 한몫 끼입시다."

노름판이 어우러졌다. 한동안 기십 냥을 잃어주다가 손병희는 문득 판돈을 쓸어 쥐면서 호통을 쳤다.

"이놈들을 모조리 묶어라!"

일행들이 하인 흉내를 내면서 순간에 병정들을 묶어 버렸다. 미처 묶이지 못한 서너 놈은 숫제 암행어사인 줄 알고 꽁지가 빠지게 달아나 버렸다. 손병희가 호통을 쳤다. 병희는 병정들을 풀어주었다. 일행은 손병희의 호담(豪膽)과 기지 때문에 무사히 위기를 돌파하였다.

● **손순**(遜順 : ?~?), 신라 중기(41대 헌덕왕) 때의 효자

모량리 사람으로 학산의 아들. 아버지가 죽은 후 어머니 운조를 모시고 아내, 아이와 더불어 어렵게 살던 중 아이가 번번이 할머니의 음식을 빼앗아 먹음으로 순이 아내와 의논하기를 "아이는 다시 낳을 수 있으되 어머니는 다시 얻을 수 없으니 아이를 땅에 묻자"고 하고 땅을 파니 거기서 석종(石鍾)이 나와 아이와 함께 가지고 돌아와 종을 들보에 달아놓고 치게 하였다. 헌덕왕이 그 종소리와 사연을

듣고 순의 효성을 가상히 여겨 집 한 채를 주고 해마다 쌀 50섬을 내렸다고 한다.

  (삼국유사)

● 솔거(率居 : ?~?), 신라 초기 진흥왕 때의 화가

어려서부터 그림에 열중했으나 벽촌이라 스승이 없어 천신(天神)께 가르침을 빌어, 꿈속에 단군이 나타나 신필(神筆)을 주었다는 전설이 있다. 경주 황룡사 벽에 그린 노송도(老松圖)에는 새들이 날아들었다 하며, 이 외에도 '관음보살상', 단속사의 '유마거사상', 삼성사의 '단군화상'이 있었다 하나 모두 전해지지 않았다.

● 송병준(宋秉畯 : 1858~1925), 조선조 고종 때의 친일파

함경남도 장진 출신인데 서울에 올라와 민영환의 식객으로 있었다. 무과에 급제하여 사헌부감찰 자리를 차지하였다. 임오군란 때 겨우 목숨을 건지고 1884년 갑신정변 후 밀령을 받고 일본으로 건너가 김옥균을 암살하려 했으나 도리어 그와 동지가 되었다. 귀국하자 김옥균과 한패가 되었다는 혐의로 구속되었으나 민영환의 주선을 받고 풀려나 다시 관직에 복귀했다.

그러나 정부(대원군 집권 때)로부터 요주의 인물로 지목돼 다시 일본으로 건너가 노다 헤이지로(野田平次郞)라는 일본 명으로 살다가 귀국해 일본군의 통역을 하고 일본의 주구로 활동하다가 이완용 친일내각에서 장관을 맡기로 하고, 한일합방을 주장하였다. 합방의 공로로 일본으로부터 백작 작위도 받았다.

● 송상현(宋象賢 : 1551~1592), 조선조 선조 때의 의사(義士)

10세 때 경사(經史)에 능통하였다. 1576년 25세 때 문과에 급제하였다. 그 무렵 일본과 명나라는 사이가 극히 악화되어 전쟁 직전이었으므로 동래는 군사적 요지로서 사람들은 죽음의 땅이라고 했다. 송상현은 간악한 무리들의 미움을 받고 있던 터이므로 1591년 선조 24년, 겉으로는 영전 같았으나 실은 좌천되어 동래부사로 내려갔다. 그 이듬해 임진왜란이 일어나 일본은 대군을 이끌고 쳐들어와 부산이 함락되었다.

왜군이 동래부에 육박하자 병마사 이각(李珏)이 도망치니 수비군은 흩어지고 적은 물밀듯이 몰려들었다. 송상현은 죽음을 각오하고 관복을 갑옷위에 입고, 호루에 올라 단좌하고 있었으므로 이것을 본 적장 다이라(不調盒)가 가까이 와서 그의 덕에 감동, 팔을 이끌며 피하라고 권고하였으나 응하지 않고 태연히 북쪽을 향해 멀리 임금께 절하고 결국 적병에게 피살되었다. 적장들은 그의 충절에 탄복하여 상현을 살해한 자기 부하를 잡아 죽이고, 하인 신여로와 첩 김섬이 그에 따라 순절하자 상현과 김섬을 동문밖에 장사지냈다.

● 송시열(宋時烈 : 1607~1689), 조선 중기(숙종)의 문신, 호는 우암(尤庵)

조선조 17대 임금 효종이 돌아갈 때의 대왕대비 복상 문제와 장지 문제로 말썽이 많았다. 그러다가 18대 임금 현종이 돌아가고 숙종 대에 이르러 덕원, 거제 등 여러 곳에 귀양살이를 하다가 풀려났다. 이어 영중추부사로 등용되었다. 그 후 금강산 지방에 여행하고 사표를 낸 후로는 다시 벼슬에 나서지 않았다.

1689년 왕세자 책봉문제로 임금께 글을 올렸는데, 그 글 중 비위에 거슬리는 대목이 있어 숙종은 크게 노하여 그의 모든 관직을 박탈하고 제주로 귀양을 보냈다. 귀양 갔다가 다시 불러들여 신문하자고 주장하는 자들이 우세해서 서울로 올라오는 길에 정읍에 이르러 사약이 내려졌다. 당년 82세.

우암 송시열은 그 우람하게 큰 몸집과 함께 기운도 천하장사였지만 문장이 뛰어나고 국량 또한 한없이 넓은 사람이었다.

그가 얼마나 놀라운 체력을 가졌던가는 후일 귀양지에서 약 사발을 받았을 때에 한 사발로는 죽지 않아 세 사발이나 먹었으며, 그래도 죽지를 않으므로 항문을 틀어막아서 약이 새지 못하도록 하였다는 것만으로 가히 짐작할 수 있는 일이다.

그는 등용 후에 대번 이조판서로 임명되었는데, 한번은 그가 조상의 무덤에 비를 해 세우기 위하여 큰 비석에 글을 새겨 눕혔던 바, 어느 과객이 있어 눕혀진 쪽의 글을 읽어보자고 하였으므로, 그는 십여 명이 들어야만 되는 비석을 한 손으로 이리 굴리고 저리 굴리고 하여 과객으로 하여금 글을 다 읽게 하였다는 것으로서도 그가 얼마나 기운이 세었던가를 알 수 있는 것이다.

● 송익필(宋翼弼 : 1534~1599), 조선조 중기(선조)의 학자

호가 구봉(龜峰)인데 이율곡, 성우계와도 사귀고 성리학에 통달했고, 예학에도 뛰어났으며, 8대 문장가의 1인이라 했으며, 시에도 이름이 나 있었다. 문하에 김장생, 정엽 등이 있었다. 학문과 덕행이 높고 풍채가 좋아서 보는 사람이 저절로 공경심이 우러나왔다. 불행히도 그는 서출이란 이유로 출세를 못했으나 세상 사람들은 그를 제갈공명이라 불렀다.

선조 때의 공신으로 구봉을 흔모한 홍가신(洪可臣)에게 경신(慶臣)이란 동생이 있었는데, 형이 구봉과 교류하는 것이 못마땅해서 그런 서출과 사귀지 말 것과 그를 한번 욕보이겠다고 별렀다. 형이 그렇게 못할 거라고 만류했으나 하루는 구봉이 가신의 집을 방문했다. 마침 가신은 없고 동생 경신이 있었다. 구봉의 거동을 보고 그만 그의 용모·인품에 압도되어 뜰아래로 내려와 그를 맞이했다. 때마침 형 가신이 돌아와 이 광경을 보고 "아니 자네, 그렇게 장담을 하고 벼르더니 절은 왜 했나?"

"제가 절을 한 게 아니라 무릎이 저절로 굽어지는 걸 어떡합니까?" 가신은 웃으면서 "그거 보게, 내가 그렇게 사람을 함부로 사귀겠는가? 이후에는 사람을 보되 문벌이나 지위를 가지고 논하지 말게."

● 송진우(宋鎭禹 : 1887~1945), 한국의 독립운동가, 언론인, 교육자, 호는 고하(古下)

"바로 이곳(서울중앙고등학교 강당)에서 고하 송진우 선생이 인촌 김성수 선생, 최린 선생과 함께 3·1독립운동을 계획했습니다. 고하는 민족주의 세력을 결집해 조선의 독립을 쟁취하려했다"고 김학준 전 동아일보 회장은 강조했다.

고하는 중앙중학 교장과 동아일보 3, 6, 8대 사장을 역임하며, 1919년 3·1운동과 1926년 순종 인산일에 열린 학생독립운동인 6·10만세운동을 주도했다. 타협적 자치를 주장하는 친일 정치세력과는 극단적으로 대립했고, 광복 후에는 좌우 협력을 통해 민주주의 정부 수립을 추진하기도 했다. 좌우에 치우치지 않은 중도적 이념이 극우 청년들의 반발을 사면서 그는 1945년 12월 결국 암살되고 말았다. 고하와 중앙학교의 만남은 독립을 향한 열망으로 연결되는 계기였다.

1945년 12월 3일, 한국민주당 수석 총무로 있었던 고하가 한현우의 총에 맞아 암살되었는데, 그날 원서동 자택에서 취침 중이던 고하는 한현우·김의현 등에 의하여 6발의 총알을 맞고 절명했다. 이 사건은 반탁(反託)운동이 치열하던 때여서 좌익계의 소행으로 추측하고 범인을 체포했으나 이들은 과격한 민족주의자였다. 한현우는 일제 때 도조 히데키(東條英機) 수상을 암살하려다 미수에 그쳐 복역 중이던 자인데 해방 후 출옥해서 "조선 사람은 아직도 2, 3년간 정치훈련을 더 받아야 독립할 자격을 가질 수 있다"고 한 고하의 발언을 신탁통치를 인정하는 것으로 보고 살해한 것이다. 그는 15년 징역형을 언도 받았으나 정부수립 후 특사로 석방되었다.

● **송창근**(宋昌根 : 1898~1950), 한국의 기독교목사, 교수, 호는 만우(晩雨)

☞ 김삼수 목사는 송창근 목사에 대하여, "그믐밤에 더듬어도 목사요, 한낮에 살펴보아도 목사"란 평을 들은 분이었다. 멀쩡하게 잘 목회하던 교회를 신진에게 물려주고는 시골로 내려가 꿀벌을 치며 농촌 목회에 모든 것을 바친 분이었다. 어떤 목사는 "내가 만나본 성직자들 중에서 가장 목사다웠던 분 한 분을 지적하라고 한다면 서슴없이 김삼수 목사라고 말하지" 했다. 그러자 김삼수 목사는 "만우 송창근 목사에게서 받은 감동을 잊지 않을 수 없노라" 했다.

송 목사가 1940년에 김천 황금정교회에 부임하면서 일제 촉탁직을 맡고 있어서 물론 일제에 협력하는 직책이었다. 일본 관헌들의 간섭이 가혹해지자 당시 임시 전도사로 있던 김삼수는 당시 시골교회를 떠나 낙동강 가에 과수원을 하면서 숨어 지냈는데 하루는 송 목사가 온다기에 나가 보았더니 일본군인 차림의 송 목사가 서 있더라는 것이다. 김 목사는 송 목사를 보고 대성통곡을 했다고 한다.

송 목사는 일본의 패망을 예견하고 "…지금 우리가 해야 할 일은 믿음을 가지고 교회를 지키는 일이오"라며 숨기를 거부했다.

"현실교회를 지키는 일도 의미 있는 일 중의 하나요." 김 목사는 또 한 번 통곡했다.

☞ 1950년 5월, 편자가 시골 안동서 상경해 서울대학에 입학은 했으나 서울에 연고가 없어서 서울역전 동자동에 있던 한국신학대학(지금의 한신대 전신) 기숙사에서 기거하고 있던 선배 김기오, 임의재, 전규식 세 사람을 찾아갔다. "내가 방 구할 때까지 잠 좀 재워달라"고 하고는 기숙사에 한 사흘 머문 적이 있다. 그 기숙사에서는 매일 새벽기도회를 하는데, 기숙학생들에게 돌아가면서 기도하라고 지명을 했다.

하루는 새벽기도회에 선배 따라 예배당에 내려갔더니 송창근 목사(당시 학장이었다)가 한 학생에게 기도지명을 했다. 그 학생이, "거룩하시고 사랑이 풍성하시며, 은혜가 충만하신 하나님 아버지, 또한 천지를 창조하셨으며, 인간의 생사회복을 주관하시며 무소부재하신 전능하신 하나님 아버지, 감사합니다.…"

"기도 그만, 하나님 바보 아니야. 그런 아첨 따위의 말은 필요 없어, 간단히 해…"

"하늘에 계신 거룩하신 하나님…"

"음, 훌륭해!"

● 송태조(宋太祖 : ?~?), 중국 宋나라 제1대왕 태조

송태조 조광윤(趙匡胤)이 점검(點檢)이란 자리에 있을 때 북쪽 오랑캐를 치기 위해 출정을 하게 되었는데, 군중에서 조점검을 세워 천자(天子)를 삼아야 한다는 소문이 자자해졌다. 조광윤은 불안을 느끼고 집에 돌아와 집안사람들에게 "바깥소문

이 자자하여 까딱 잘못하면 멸문지화를 당할 것이니 어찌하면 좋겠소?" 하고 가족들에게 물었다. 때마침 태조의 누님이 부엌에서 국수를 만들다가 국수 누르는 몽둥이를 들고 나와 다짜고짜 후려갈기며 "이 못생긴 놈아! 사내대장부가 큰일을 당하면 제가 스스로 알아서 결정을 지을 것이지 집에 들어와 부녀자와 상의하고 놀라게 할 것이 무엇이냐? 빨리 나가라!"라면서 후려갈겼다. 광윤은 아무 말도 못하고 쫓겨나와 그 길로 위교지변(渭橋之變)을 만나 천자가 되었다.

● 수양제(隋煬帝 : 569~618), 隋나라 2대 황제, 재위 605~616

수나라가 중국 남북조 시대의 혼란을 진정시키고, 서진(西晉)이 멸망한 후 분열되었던 중국을 약 300년 만에 재통일한 왕조이지만, 2대 왕 양제 때 폭정으로 인해 40년을 채우지 못하고 멸망하고 만다. 멸망의 원인은 전쟁광인 양제의 실정에 있다. 양제를 진시황제보다도 성격이 더 포악하고, 무자비하여 중국의 황제 중 가장 심한 폭군으로 손꼽는다.

양제는 문제의 차남으로서 재능과 용맹이 뛰어나서 강남의 고지혜의 난을 평정하는 등 공을 세웠는데 형 태자 양용을 폐위시키고, 수의 황태자가 되었다.

양제(양광)는 아버지의 후궁을 범하려하다가 발각되어 아버지가 문책하려 하자 장군들을 데리고 인수궁에 쳐들어가 아버지를 시해하고, 형 양용에게는 조작된 아버지의 유언장을 보내 자결하라고 하자 거절하니 근위장을 보내 죽여 버렸다. 그리고 그토록 사모하던 아버지의 후궁도 강제로 범했다. 그는 전쟁광으로 고구려를 치려다 결국 패하고 당나라에 나라를 내주었다.

● 숙종대왕(肅宗 : 1661~1720), 조선 제19대왕, 재위 1675~1720

숙종대왕이 어느 날 미행 중 수원성 고개 아래쪽 냇가를 지나는데 허름한 시골 총각이 관을 옆에 놓고 슬피 울면서 물이 나오는 냇가에다 묏자리를 파고 있는 것을 보고 이상하다 생각을 해서 더벅머리 총각에게 "여보게 총각, 여기 관은 누구의 것이요" 하고 물었다.

"제 어머님의 시신입니다." "그런데 개울은 왜 파는고?" 하고 짐짓 알면서도 딴청을 하고 물으니 "어머니 묘를 쓰려고 합니다." "이보게 이렇게 물이 솟아나고 있는데 어찌 여기다 어머니 묘를 쓰려고 하는가?" 그 총각은 "저도 영문을 잘 모르겠습니다. 오늘 아침에 어머니께서 갑자기 돌아가셨는데, 갈 처사라는 노인이 찾아와 절더러 불쌍타 하면서 저를 이리로 데리고 와 이 자리에 묘를 꼭 쓰라고 일러 주었습니다. 그분은 유명한 지관인데, 저기 저 언덕 오막살이에서 혼자 살고 있습니다"라고 힘없이 대답했다.

숙종이 궁리 끝에 지니고 다니던 지필묵을 꺼내어 몇 자 적었다. "여기 일은 내가 보고 있을 터이니 이 서찰을 수원부로 가져가게. 수문장들이 성문을 가로 막거든 이 서찰을 보여주게." 총각은 또 한 번 황당했다. 웬 선비가 갑자기 나타나 수원부에 서찰을 전하라 하지.

서찰에 적힌 내용은 다음과 같았다. "어명! 수원부사는 이 사람에게 당장 쌀 삼백 가마를 하사하고, 좋은 터를 정해서 묘를 쓸 수 있도록 급히 조치하라." 수원부가 갑자기 발칵 뒤집혔다. 허름한 시골 총각에게 창고의 쌀이 쏟아져 바리바리 실리지를 않나. "아! 상감마마, 그분이 상감마마였다니!" 총각은 하늘이 노래졌다.

한편 숙종은 총각이 수원부로 떠난 뒤 괘씸한 갈 처사라는 자를 찾아갔다. 산마루에 있는 찌그러져가는 갈 처사의 단칸 초막은 그야말로 볼품이 없었다. "이리 오너라!" "……" "이리 오너라!" "……" 한참 뒤 안에서 말소리가 들려왔다. "게 뉘시오?" 방문을 열며 시큰둥하게 손님을 맞는 주인은 영락없는 꼬질꼬질한 촌노인네 행색이다. 콧구멍만한 초라한 방이라 들어갈 자리도 없었다.

숙종은 그대로 문밖에서 물었다. "나는 한양 사는 선비인데 그대가 갈 처사 맞소?" "그렇소만 무슨 연유로 예까지 나를 찾소?" "오늘 아침 저 아래 상을 당한 총각더러 냇가에 묘를 쓰라했소?" "그렇소." "듣자니 당신이 자리를 좀 본다는데 물이 펑펑 솟아나는 냇가에 묘를 쓰라니 당키나 한 일이요? 골탕을 먹이는 것도 유분수지 어찌 그럴 수가 있단 말이요?" 숙종의 참았던 감정이 어느새 격해져 목소리가 커졌다. 갈 씨 또한 촌 노인이지만 낯선 손님이 찾아와 다짜고짜 목소리를 높이니 마음이 편치 않았다. "선비란 양반이 개 코도 모르면서 참견이야. 당신이 그 땅이 얼마나 좋은 명당 터인 줄 알기나 해?" 버럭 소리를 지르는 통에 숙종은 기가 막혔다(속으로 이놈이 감히 어느 안전이라고, 어디 잠시 두고 보자 하고 감정을 억누르며). "저기가 어떻게 명당이란 말이요?" "모르면 가만이나 있지, 이 양반아 저기는 시체가 들어가기도 전에 쌀 3백가마를 받고 명당으로 들어가는 땅이야. 시체가 들어가기도 전에 발복을 받는 자리인데, 물이 있으면 어떻고 불이 있으면 어때? 개 코도 모르면 잠자코나 있으시오." 숙종의 얼굴은 그만 새파랗게 질려버렸다.

갈 처사 말대로 시체가 들어가기도 전에 총각은 쌀 3백가마를 받았으며 명당으로 옮겨 장사를 지낼 상황이 아닌가! 숙종은 갈 처사의 대갈일성에 얼마나 놀랐던지 자신도 모르게 목소리가 공손해졌다. "영감님이 그렇게 잘 알면 저 아래 고래등 같은 집에서 떵떵거리고 살지 않고 왜 이런 산마루 오두막에서 산단 말이오?" "이 양반이 아무것도 모르면 가만이나 있을 것이지 귀찮게 떠들기만 하네!" "아니, 무슨 말씀인지" 숙종은 이제 주눅이 들어 있었다. "저 아래 것들은 남을 속이고 도둑질이나 해 가지고 고래등 같은 기와집 가져봐야 아무 소용이 없어. 그래서 여기는 바로 임금이 찾아올 자리여. 지금은 비록 초라하지만 나라님이 찾아올 명당이란 말일세!"

숙종은 그만 정신을 잃을 뻔 했다. 이런 신통한 사람을 일찍이 만나본 적이 없었다. "그렇다면 왕이 언제 찾아옵니까?" "거, 꽤나 귀찮게 물어 오시네. 잠시 기다려 보오. 내가 재작년에 이 집을 지을 때에 날 받아놓은 것이 있는데, 가만⋯⋯ 어디에 있더라" 하고 방 귀퉁이에 있는 보자기를 풀어서 종이 한 장을 꺼내어 먼지를 털면서 들여다보더니⋯⋯ 그만 대경실색을 한다. 그 자리에서 벌떡 일어나 밖에 나가 큰 절을 올리는 것이었다. 종이에 적힌 시간이 바로 지금 이 시간이었다. 임금을 알아본 것이다.

"여보게⋯⋯ 갈 처사, 괜찮소이다. 대신 그 누구에게도 결코 말하지 마시오. 그리고 내가 죽은 뒤에 묻힐 자리 하나 잡아주지 않겠소?" "대왕님의 덕이 높으신데 제가 신하로서 자리 잡아 드리는 것은 무한한 영광이옵니다. 어느 분의 하명이신데 거역하겠사옵니까?" 그리하여 갈 처사가 잡아준 숙종의 왕릉이 지금 서울의 서북쪽 서오릉에 자리한 '명릉'이다. 그 후 숙종대왕은 갈 처사에게 3천 냥을 하사하였으나, 노자로 30냥만 받아들고 홀연히 어디론가 떠나갔다는 이야기가 지금껏 전해오고 있다.

● 순종황제(純宗 : 1874~1926), 조선조 제27대 왕이자 마지막 황제

1897년에 대한제국이 성립되자 그가 23세 때 황태자가 되었고, 세자빈 민 씨가 죽자 윤 씨를 황태자비로 맞이했다.

1898년 김홍륙(金鴻陸) 일당이 고종을 죽이기 위해 독이 든 커피를 올렸는데 고종은 마시지 않고 황태자만 마신 뒤 토한 적이 있다. 이때부터 이미 정상인이 아니었다는 이야기가 있다(즉 독 흡입의 후유증으로 정신장애가 있었을 것이라는 추측이다).

순종에게는 윤 씨 사이에서 아들이 없자 동생 이은(나중에 일본에 볼모로 잡혀감)을 황태자로 책봉하고, 1910년 한일합방이 성립될 때 순종은 통곡하다가 잠이 들었고, 황비 윤 씨가 옥새를 치마폭에 감추고 내놓지 않았으나 숙부 윤덕영이 강제로 빼앗아 제멋대로 합병조약에 날인하여 이완용(총리대신)에게 건네주었다고 한다.

순종은 한일합병 이후 왕으로 강등되고, '창덕궁 이왕'이 되었다. 그 후 제사에도 일본의 감시를 받았고, 동생 이은과 덕혜옹주를 일본의 볼모가 되어 빼앗기고 허수아비가 되었다. 결국 위장병, 신장염, 류머티즘을 비롯한 각종 질병으로 고생하다가 1926년에 승하했다. 그의 죽음이 6·10만세 사건의 계기가 되었다.

● 시바타 도요(1911~2013), 일본의 아마추어 시인, 베스트셀러 시인

2010년 99세에 시집 『약해지지 마』를 내서 단번에 베스트셀러 시인이 된 시바타 도요 할머니는 도치키현 출신으로 유복한 쌀집의 외동딸이었지만, 10대 때 가세가 기울어 음식점 등에서 더부살이를 하기도 했다. 33세 때 주방장인 시바타 에이키치와 결혼해 이듬해 아들 겐이치를 낳았다. 남편 에이키치와는 1992년 사별하고 우쓰노미야 시내에서 홀로 생활하고 있었다.

취미는 젊었을 때에는 독서였고 영화 · 노래감상, 중년에 들어서서는 일본 무용이었고, 시집을 낼 당시는 시 쓰기가 취미가 되었고 꿈은 자신의 시를 전 세계 사람들이 감상해 주는 것이다. 99세에 시를 쓸 수 있고 그 시가 다른 사람에게 감동을 줄 수 있다는 것은 충격이고 감동이다.

이 시집의 주제시를 소개하면 ;

있잖아, 불행하다고/ 한숨짓지 마

햇살과 산들바람은/ 한쪽 편만 들지 않아

꿈은/ 평등하게 꿀 수 있는 거야

나도 괴로운 일/ 많았지만/ 살아있어 좋았어

너도 약해지지 마

● 신규식(申圭植 : 1879~1922), 한국의 독립운동가

1895년 고종 32년에 민비가 시해되자 이에 격분한 남중(南中)이 의병을 일으킬 때 따라서 소년대를 조직해서 일본군과 싸우자고 했다. 외국어학교에서 중국어를 배우고 육군 무관학교를 졸업하고, 부위(副尉)가 되었다. 을사보호조약이 체결되자 지방군대를 동원하여 일본군과 싸우려다가 뜻을 이루지 못하고 음독자살을 기도했으나 가족이 구출해서 오른쪽 눈이 실명되었다.

1911년 중국에 건너가 손문의 무창의거에 가담했다가 상해 프랑스 조계로 들어가 국민당 간부들과 대일 투쟁을 했다. 임시정부가 수립되자 법무총장이 되고, 국무총리대리, 외무총장의 자격으로 신생 중화민국 관동 정부에 특파, 대사로 손문과 교섭했다. 대한민국 임시정부를 승인받고, 가능한 모든 원조를 약속받아 외교적 성과를 거두었다. 1922년 임시정부 내 내분이 생기자 상해에서 병석에 눕고 민족의 앞날을 근심한 나머지 25일간 단식 끝에 세상을 떠났다.

● 신립(申砬 : 1546~1592), 조선조 선조 때의 장군

☞ 오래도록 뵙지 못한 부모를 뵈오려고 사임하고자 하였으나 임금이 사임을 불허하고 특히 현직에 있는 대로 돌아가 부모를 찾아보게 하였다. 서울에 도착하

니 임금은 교외까지 마중을 나가서 위로하고 그의 군복에 핏자국이 있는 것을 보고는 자기의 옷을 벗어 입혀주었다. 신립이 다시 임지로 돌아갈 때에도 임금은 교외에까지 나가서 그를 전송하였다. 일찍이 임금은 그의 아들딸들의 이야기를 듣고, 자기가 혼인을 시켜주겠다고 약속하더니 그의 맏딸은 신성군(信誠君) 후(珝)와 결혼시켜 며느리로 맞이했다. 이어서 신립은 평안병사를 거쳐 중앙에 들어와 한성부판윤이 되었다. 서울에 돌아오는 날 사람들이 모여 모두 고개를 숙이고 감히 쳐다보지 못했다고 한다.

☞ 1592년 선조 25년에 임진왜란이 일어나자 도순변사에 임명되어서 싸움터로 떠날 때, 선조가 검을 하사하면서 격려해 주었다. 특히 요청하여 김여물을 데리고 가고, 도중에 병정을 모집하여 충주에 도착하였다. 이때 순변사 이일이 상주에서 패하고 쫓겨 왔다. 신립은 그를 사형에 처하려 하였으나 재주를 애석히 여겨 선봉에 다시 세워 속죄하도록 용서하였다. 김여물은 조령에 진지를 구축하자고 건의했다. 그러나 "적은 이미 고개 밑에 당도하였으니 고개에서 서로 부딪치게 되면 매우 위험하다. 더구나 우리 병정들은 아무 훈련도 받지 못한 장정들이니 사지(死地)에 갖다 놓기 전에는 용기를 내지 않을 것이다." 이것이 신립의 계산이었다. 마침내 달천을 뒤에 두고 배수의 진을 쳤다.

고니시 유키나가(小西行長)가 지휘하는 적은 조령을 넘어 산과 들에 가득 차고, 칼이 햇빛에 번득이며, 포 소리는 땅을 진동시켰다. 신립은 두 번이나 적진을 돌파하려 하였으나 뜻을 이루지 못했고, 적은 우회작전으로 압도적인 세력으로 협공해 왔다. 이에 신립은 탄금대에 돌아가서 김여물더러 임금에게 올리는 글을 짓게 하여 이것을 부하에게 주어 조정에 달려가서 바치게 하고는 김여물과 함께 적진에 돌진해서 10여명을 죽이고 두 사람 다 강물에 몸을 던져 죽었다. 훗날 영의정을 추증했다. (선조실록, 인물고)

● 신돈(辛旽 : ?~1371), 고려말기의 승려

신돈의 승명은 편조(遍照)였다. 1358년에 김원명의 소개로 공민왕을 만났고,

1364년에 사부(師傅 : 임금의 자녀·손자녀를 가르치는 선생)가 된 뒤로는 궁정자문도 했다. 그는 왕의 두터운 총애로 한때는 최영 장군을 쫓아낼 정도로 막강한 권력을 행사했다. 개혁정치를 하려든 공민왕이 자기 세력을 갖지 않는 신돈을 내세웠고, 많은 관료들의 비판을 받았으나 공민왕의 지지를 받아 무사했다.

그는 왕을 대신해서 조하(朝賀 : 조정에 인사)를 받았고, 궁궐 출입 시의 행렬이 왕을 방불케 했고, 전민변정도감(田民辨正都監)이란 관청을 세워 스스로 판사가 되어 개혁에 앞장서니 농민들은 "성인이 나왔다"고 칭송했다. 그러나 신돈에게 아부하는 자들 사이의 뇌물이 횡행했다.

신돈은 6년 정도의 집권동안 개경에 여러 채의 집과 처첩과 자녀를 두었다. 1371년 공민왕이 신돈을 반역 역모 죄로 귀양 보냈다가 처형했다.

조선 초기 유학자들은 공민왕의 뒤를 이은 우왕(禑王)과 창왕(昌王)이 신돈의 아들이라 하여 가짜 왕이라 부정하기도 했다.

(주 : 일본 역사책에는 우왕(禑王)은 신우(辛禑), 창왕(昌王)은 신창(辛昌)이라고 기록하고 있다.)

● 신무대왕(神武大王 : ?~839), 신라 제45대 왕

김우징(金祐徵 : 신무대왕은 38대 원성왕의 증손자이고, 44대 민애왕의 6촌 동생이다)이 왕위에 오르기 전에 협객 궁파(弓巴 : 장보고를 가리킴)에게 말했다.

"나에게는 이 세상을 같이 살아나갈 수 없는 원수가 있다. 네가 만일 나를 위해서 이를 없애준다면 내가 왕위에 오른 뒤에 네 딸을 왕비로 삼겠다."

궁파가 이를 허락하니 마음과 힘을 같이하여 군사를 일으켜 서울(경주)로 쳐들어가서 그 일을 성취하였다. 그 후 왕위를 빼앗고(민애왕을 죽이고) 궁파의 딸을 왕비로 삼으려 하니 여러 신하들이 반대했다. 궁파가 미천한 사람이기 때문이란다.

왕은 그 말을 따르고 궁파(장보고)는 청해진에서 진을 지키고 있었는데 왕이 약속을 어긴 것에 원망하여 반란을 일으키려하자 장군 염장이 왕께 밀고하였다. 장보고는 염장의 계략에 넘어가 그와 술자리를 같이 하던 중 염장이 장보고의 긴 칼을 뽑아 그를 베었다. 그래서 휘하 장군에 의해 살해당한 것이다.

● **신문대왕**(神文大王 : ?~692), 신라 제31대 왕, 재위 681~692

문무왕의 아들이고 김 씨이다. 681년에 즉위하였다. 아버지 문무대왕을 위하여 동햇가에 감은사를 세웠다.

"(절의 기록에 의하면) 문무왕이 왜군을 진압하려고 이 절을 짓기 시작했는데 완성하지 못하고 죽어서 바다의 용이 되었다. 그 아들 신문왕이 왕위에 올라 682년에 공사를 완성했다."

682년 5월 해관(海官)이 왕(신문왕)께 아뢰었다.

"동해 속에 있는 작은 산 하나가 물에 떠서 감은사를 향해 오는데 물결에 따라 이리저리 왔다 갔다 합니다."

왕이 이상히 여겨 일관(日官 : 기후예보관)을 시켜 절을 짓게 했다.

"대왕의 아버님께서 지금 바다의 용이 되어 삼한(三韓)을 진호하고 계십니다. 또 김유신 공도 삼삼천의 한 아들로서 지금 인간 세계에 내려와 대신(大臣)이 되었습니다. 이 두 성인이 덕을 함께 하여 이 성을 지킬 보물을 주려고 합니다. 만일 폐하께서 바닷가로 나가시면 반드시 값으로 칠 수 없는 큰 보물을 얻으실 것입니다."

이것이 바로 수중 문무대왕릉의 의미이다. (삼국유사)

● **신돌석**(申乭錫 : 1878~1908), 구한말의 독립운동가, 의병장

경북 영덕 사람인데, 을사보호조약이 체결된 다음 해인 1906년 울진군 평해에서 의병을 일으켜 많은 일본군을 죽여, 당시 영남지방 의병장 중 가장 이름이 높았다. 이에 일본군은 신돌석의 목에 많은 상금을 걸고 잡으려하니 돌석의 고종사촌 되는 김자성이 일본인에 매수되어 그를 집으로 유인한 후 독한 술을 먹이고 밤에 형제가 달려들어 도끼로 살해하여 무참히 죽였다.

● **신사임당**(申師任堂 : 1504~1551), 조선조 중기(명종)의 여류서화가, 이율곡의 어머니

☞ 사임당은 결혼 후 몇 달 뒤 아버지가 세상을 떠나자 3년 상을 마친 후 한성

으로 올라가 시어머니에게 인사를 올리고 눌러 살았다.

그 뒤 시댁의 고향인 파주로 내려가 살다가 다시 한성으로 올라가 살기도 하고 강원도 평창에서 살기도 했다.

38세에 시집 살림을 주관하기 위하여 아예 한성으로 와서 남편 이원수(율곡의 아버지)가 남편의 당숙(5촌 아저씨)인 우의정 이기의 문하에 가서 노닐었다. 이기는 윤원형(중종계비 문정왕후의 동생)과 결탁해 을사사화를 일으켜 선비들에게 크게 화를 입힌 사람이다.

"어진 선비를 모해하고 권세만을 탐하는 사람이 얼마나 오래 가겠어요. 그 집에 발을 들여놓지 마세요." "당신의 당숙이긴 하지만 어진 선비를 모해하는 사람이니 내 앞으로 가까이 하지 않겠소." 사임당이 남편에게 이렇게 말한 후 이원수는 뒤에 화를 당하지 않았다.

☞ "내가 죽거든 당신은 다시 장가를 들지 마세요. 이미 아들이 넷(율곡의 형제)이나 있으니 공연히 후사를 많이 구하여 '예기(禮記)'의 가르침을 어기지 마세요."

"공자가 아내를 내쫓은 것은 예(禮)에 맞는 거요?" 남편이 물었다.

"공자가 노나라 소공 때에 난리를 만나게 되어 제나라 이계란 곳으로 피난을 가게 되었을 때에 그 부인이 함께 가지 않고 혼자 송나라로 갔기 때문에 공자가 그 뒤로는 같이 기거하지 않았을 뿐이지 그 아내를 내쫓았다는 말은 없었습니다."

"그러면 '주자가례(朱子家禮)'에도 그런 예가 있소?"

"예, 주자가 마흔일곱에 그 부인 유 씨가 죽고, 큰아들 숙도 미처 혼인하지 않아서 음식 만들 사람도 없건마는 주자는 다시 장가를 들지 않았습니다."

이런 대답은 사임당이 고전을 두루 읽었다는 증거이다.

● **신숙주**(申叔舟 : 1417~1475), 조선조 초기(세종조)의 학자, 정치가

1439년 문과에 3등으로 급제해서 집현전의 부수찬이 되었다. 장서각에서 너

무 열심히 책을 읽는 것을 본 세종이 어의를 하사하고 칭찬까지 했다.

일본에 통신사를 따라 서장관이 되어갔다. 이때 몸이 불편해서 주변에서 가지 말라고 말렸는데 어명이니까 스스로 나섰다.

일본에 가서 그의 재주를 듣고 시를 써달라고 사람들이 몰려들어 즉석에서 붓을 들어 줄줄이 써주니 감탄해마지 않았다. 귀국길에 대마도에 들러 무역협정을 체결하니 이것이 곧 계해조약(癸亥條約)이다.

세종이 훈민정음을 창제할 때 가장 공이 컸으며, 요동에 귀양 와 있던 명나라 한림학사 황찬을 열세 번이나 찾아 음운에 관해 물었다. 명나라에 사은사가 갈 때 서장관으로 따라갔다. 단종 복위문제로 성삼문과 멀어지고, 세조가 즉위한 후는 침실에까지 신숙주를 불러들여 의논했다.

1462년 영의정이 되었고, 세조가 돌아간 후 어린 예종을 도와 승정원에 들어가 서정(庶政)을 처결하고, 남이 장군을 숙청하고, 공신호를 받았다. 예종이 1년 만에 죽고 성종이 즉위하자 다시 영의정이 되었고, 『경국대전』과 『세조실록』, 『예종실록』 편찬에 참여했다. (인물고)

● 신영균(申榮均 : 1928~), 한국의 영화배우, 기업인, 치과의사

그는 해군에서 제대하고 치과병원을 개업하자마자 영화배우로서 데뷔하기 위해 병원 문을 닫아야 했다. 치과의학을 업(業)으로 삼는다면 수입도 좋은 직업인데, 예술가의 생활이 불안한줄 알면서도 병원 문을 닫았다.

그는 사업가로서도 성공해서 여러 곳에 극장과 사업장을 경영하며, 을지로의 명보극장을 〈한국영화인협회〉에 기증했고, 제주도에 〈영화박물관〉도 세웠다.

● 신익희(申翼熙 : 1894~1956), 한국의 정치가

신익희는 1955년 야권이 통합된 후 1956년 첫 대통령선거에서 야당 대통령 후보로 출마했다. 그때 구호 '못살겠다 갈아보자'와 '구관이 명관이다'가 정면대결한 선거전이었다. 5월 3일 신익희의 선거유세가 있던 한강 백사장에 30만 인

파가 몰렸다. 해방 후 정치 집회에서는 최대인파였다. 그리고 5월 4일 그 여세를 몰아 대규모 유세전을 치르기 위해 자정 무렵에 호남선 열차를 탔다. 때마침 비가 부슬부슬 내리고 있었다.

서울을 출발한 기차가 전북 익산의 함열역에 진입하는 순간 한 가닥 비명도 못 지르고 신익희는 급서한 것이다.

신익희의 급서소식은 이리역에 운집한 군중과 서울의 민주당 지지자들을 격분시켰다. 운구행렬이 경무대(청와대)로 향하게 하려던 작전은 실패했다. 그 뒷이야기는 암살설이 무성했으나 증거는 없었다.

● 신채호(申采浩 : 1880~1936), 한국의 역사가, 언론인, 독립운동가, 호는 단재(丹齋)

그는 충북에서 태어나 가난한 집안에서 자랐으나 한문을 공부했고 신동소리를 들었다. 19세 때 상경하여 성균관에 입학해서 박사를 지냈다. 독립협회 활동으로 투옥되기도 하고 조소앙과 친일매국노 성토문을 작성하고 시위도 벌였다. 근대학문에 접한 뒤 한문 무용론을 주장하기도 했다. 「황성신문」, 「대한매일」 등에 강직한 논설을 실어 독립정신을 북돋우었다.

한일합방 후 국사연구에 몰두했으며, 비밀결사사건으로 10년 형을 언도받고 영순 감옥에서 복역 중 8년 만에 뇌일혈로 옥사했다.

그가 늘 주장했던 바는 "현실에서 도피하는 자는 은사(隱士)이며, 굴복하는 자는 노예이며, 격투하는 자는 전사(戰士)이니, 우리는 이 삼자 중에 전사의 길을 택해야 한다"는 것이 그의 지론이었다.

신채호는 젊었을 때에도 남에게 굽히기를 싫어하여 꼿꼿이 앉아 세수를 하는 바람에 늘 옷이 다 젖었다고 한다.

● 심우영(沈友英 : ?~1613), 조선조 중기(광해조)의 인물

감사의 서자로 태어나 글을 배우고 문명도 알려졌으나 당시의 국법이 서족을 등용치 않음을 원망하고 장사를 업으로 삼고 있던 중, 같은 서자 출신으로 재상의 자제들인 박응서 등과 1609년 광해군 1년부터 여주강가에 집단생활을 하면서 사적이 되어 행인의 금품을 강탈하였다.

1613년 봄에 은 상인을 타살, 가지고 있던 금품이 손에 들어오자 공론 끝에 이 돈으로 무사 300명을 모집하여 대궐을 점령하고, 당시의 국서 김제남(선조의 장인이고 인목대비의 아버지, 영창대군의 외조부)을 주모자로 모신 다음 먼저 인목대비에게 수렴청정하고 영창대군을 옹립하여 서자의 벼슬길을 열어놓으려고 하다가 그해에 조령에서 살인강도의 혐의로 일당이 체포되었다. 그 중 박응서가 옥중에서 올린 상소로 음모의 모든 사실이 밝혀져 처형되고 김제남도 사사되고, 영창대군은 폐하여 서민이 되어 강화도에 갇혔다가 강화부사 정항에게 살해되었다. (광해군일기)

● **아도**(阿道 : ?~?), 고구려 미추왕 때의 승려

위(魏)나라의 굴마(崛魔)가 고구려에 사신으로 왔을 때 어머니 고도령과 관계해서 아도를 낳았다. 아도는 5세에 출가, 16세에 위나라에 가서 아버지 굴마를 만나보고 현창화상(玄彰和尙) 밑에서 공부한 후 19세에 귀국했다.

263년, 미추왕 2년에 어머니의 말씀을 따라 포교하러 신라에 갔으나 신라 사람들이 불교를 싫어하매, 3년 동안 일선현(지금의 경북 선산)에 사는 모례(毛禮)라는 사람 집에 숨어서 살다가 마침 신라 공주(미추왕의 딸)가 병이 나서 사방에 의사를 구하게 되어, 아도는 궁중에 들어가서 공주의 병을 고쳤다. 임금이 매우 기뻐하여 그를 신임하고 절을 짓고 불교를 펴는 것을 허락하였다. 흥륜사(興輪寺)는 이때 생긴 절이며, 그 후에 영흥사도 짓고, 거기서 거처하였다.

미추왕이 283년에 죽자 신라 사람들이 아도를 미워하고, 해치고저 함으로 처음 신라에 와서 숨어있던 일선현 모례의 집에 돌아가서 무덤을 파고 들어가 문을 닫고 다시는 세상에 나타나지 않았다고 한다.

『삼국사기』에는 묵호자(墨胡子)로 되어 있다.

● 아사나가 신이치로(朝永振一郎 : 1906~1979), 일본의 물리학자, 노벨물리학상 수상자, 그의 아버지
아사나가 사부로(朝永三十郎)는 철학자임

상당한 주당(酒黨)이었던 아사나가는 일본 술은 알코올 도수가 약해서 전적으로 소주를 애음했다.

1965년에 노벨 물리학상이 결정되자 아사나가 박사 집에는 축하주가 많이 들어왔다. 모처럼 만이라 생각되어 부친과 동생, 자기와 셋이서 축배를 들었다. 그러다가 과음을 했다. 그리고 술 마시고난 후 목욕탕엘 들어갔다. 취해서 흔들거리는데다 다시 욕조에 들어가서 미끄러져 굴렀다. 그래서 갈비뼈 6개가 부러졌다.

덕분에 노벨상 수상식에는 출석할 수 없게 되었다. 경사스러운 자리에 나가야 할 사람이 술 때문에 나가지 못했다. 더욱이 본인은 그런 딱딱한 수상식이 싫어서 "이거야 말로(수상식에 안 가게 된 것) 늑골이 부러진 것이 공명(功名)이다"라고 말하면서 좋아했단다. 수상소감을 묻는 말에 "기쁨을 너무 많이 음미했더니 배가 잔뜩 불렀다. 노벨상은 사람을 지치게 만들어"라고 말했다.

● 아키히토 국왕(明仁 : 1933~), 일본의 125대 왕

아키히토 국왕은 전립선암 · 심장 수술 말고도 폐렴과 부정맥으로 고생했다. 치매 증상이 시작됐다는 소문도 들린다. 건강 문제로 오래전 정부에 퇴위 검토를 요청했지만 여태껏 답을 듣지 못했다고 한다. 참다 참다 이번에 결국 국민에게 호소했다.

일본 국왕이 여전히 일본인, 특히 권력자에게 절대적 존재이다. 하지만 실상을 보면 '새장 속 새' 같은 모습을 발견한다. 정부가 움직이지 않으면 퇴위도 못하는 실상이 세상에 드러났다.

부친 히로히토 국왕이 일명 '인간 선언'을 발표한 게 70년 전이다. '짐과 국민의 관계는 천황이 현인신(現人神)이라는 가공(架空)의 관념에 기초하지 않는다.' 신격(神格)과 권력을 포기한 대신 그는 전쟁을 일으킨 책임을 면했다. 국정에 얼씬도 못하는 일본의 '상징 천황'은 이렇게 탄생했다. 아키히토 국왕은 부친이 물려준 굴레 안에서 국왕의 역할을 긍정적인 쪽으로 최대한 넓힌 인물이다. 그 동선(動線)에 몸이 못 따라가자 물러서려 하고 있다.

● 아타투르크, 케말(Ataturk, Kemal : 1881~1938), 터키의 초대 대통령(1923~1938)

그는 1909년 '오토만 술탄 압둘 하미드 2세' 왕을 폐위시키는데 공헌했고, 2차 발칸전쟁에서 큰 공을 세웠고, 새 공화국을 건설하는 지도자가 된 사람이다.

그에게는 여러 가지 이름이 붙어 있다. 원래는 '무수타파케말'이었다. 흔히는 '케말 파샤'라고 부른다. 그는 만년에 가서 '아타투르크'라고 이름을 고쳤는데 아타투르크라는 의미는 '터키의 아버지'라는 것이었다. 이것은 터키의 국회에서 증정한 성명이었다. '파샤'라는 것도 존칭이다. 한때는 '까지'라는 이름으로도 불리웠는데 이것은 '상승(常勝) : 언제나 이긴다'는 뜻이 있다. 그래서 별명으로 불리웠다. 케말이란 말은 그가 어렸을 때 수학에 재간이 있어서 그의 학교담임이 '완성'이란 의미로 지어준 이름이다.

케말은 이슬람의 권력을 줄이고 정부를 세속화하는데 이바지했고, 문자도 고유문자 대신 로마자와 아라비아 숫자를 쓰기 시작했고, 터키를 근대화시키는데 크게 공헌한 지도자다.

● 악양(樂羊 : 220~265), 중국 魏나라 장군

한비자(韓非子)에는 악양에 관한 이런 이야기가 있다.

악양은 위(魏)나라의 장군으로서 중산(中山)을 공략해서 승리를 거둔 일화이다. 그 당시 중산에는 악양의 아들이 살고 있었다. 중산측은 즉시 악양의 아들을 잡아와서 성벽에 매달았다. "만일 네가 우리(中山)를 공격해 오면 네 아들을 죽일 것이야"라고 겁을 주었다.

그러나 악양은 그런 시시한 이야기에 흔들리지 않겠다고 다짐하고 공격을 하니까 중산측은 아들을 뜨거운 물에 넣어 죽이고 그 아들의 살이 든 스프를 악양에게 보냈다. 그런데 악양은 탄식하기는커녕 태연스럽게 장막 안에 앉은 채 그 인육스프를 다 먹어치우고 단숨에 총공세를 취해서 중산을 멸망시켰다.

이 보고를 받은 위(魏)의 문후(文侯)는 중신들을 향해서 "악양은 나를 위해서 자기 아들의 육신까지 먹은 듯하다. 믿을 수 있는 사내가 아닌가?"라고 말했다.

그런데 한 중신이, "자신의 아들의 살까지 먹는 남자라면, 어떤 상태의 살도 먹을 수 있을 남자임에 틀림없습니다."

문후는 전쟁에서 이기고 돌아온 악양을 후히 포상했지만, 이 남자 두 마음을 품고 있지는 않는지 도리어 의혹을 깊게 하였다고 한다. 악양은 최고위층의 신뢰를 얻기 위해서라면 감히 사람이 할 짓이 아닌 일도 서슴지 않고 저질렀기 때문에 그 행동이 너무도 인정과는 동떨어져서 역효과를 내고 만 것이다. 이와 같은 방식을 '교사(巧詐)'라고 하고, 악양의 행동은 그런 형이라 할 수 있다"고 한비자가 말하고 있다.

● **안기영**(安基永 : 1900~1980), 한국의 음악가, 작곡가, 교수

1932년 4월 11일 저녁, 이화여전 후원회장 윤치호가 교수단을 자택으로 초대했다. 교수들의 노고를 치하하고 새 학기의 각오를 다지기 위한 것이었다. 그날 아침 음악과의 안기영 교수는 조강지처 이성규에게 학교행사 때문에 늦겠다는 말을 남기고 행사에 참석하고 난 후 그는 귀가하지 않았다.

며칠 후 만주 하얼빈에서 편지가 왔는데 하얼빈에서 러시아로 갈거니 집과 피아노를 팔고 살림을 줄이고… 기다리지 말라는 내용이었다. 그는 당시 서른세 살의 젊은 성악가이자 교수이며 이화여전 교가를 작곡한 사람이었다.

안기영은 4년이 지난 후 1936년 3월 12일에 경성역에 나타났다. 안기영이 예술에 대한 열정 때문에 고국을 박차고 러시아로 일본으로 떠난 것이 아니었다. 음악과 제자 김현순과의 사랑 때문이었다.

1936년 4월, 이 스캔들로 도하 신문이 시끄러웠으며, 아내인 이성규는 남편의 불륜을 용서하겠다고 했으며, 본인은 속죄의 뜻으로 독창회를 열겠다고 했으나

기독교계의 반대로 뜻을 이루지 못했다.

소설가 방인근은 안기영의 스캔들을 테마로 소설을 썼다. 그는 안기영과 공주 영명학교 동창사이였다.

● **안병욱**(安秉煜 : 1920~2013), 한국의 철학자, 교수

그는 생전에 50여권에 달하는 저술을 하였다. 그가 1980년대에 "나는 여태까지 31권의 책을 썼다. 나의 키만큼 책을 쓰고 죽을 생각이다. 지금까지 쓴 원고가 4만여 매가 넘는다. 부지런히 썼다고 자부한다."

"나는 글을 쓸 때에 나의 정성을 다하고 심혈을 기울인다. 문(文)은 인(人)이다. 글은 그 사람의 인격을 표현한다. 나의 가장 맑은 생각과 깊은 뜻과 진실의 소리를 글 속에 담고 싶다." "피로써 쓰라. 피로써 쓴 글만이 사람을 움직인다." 서양의 어느 철학자는 이렇게 말했다.

"나는 1년에 수백 번의 강연을 한다. 가슴 속에 꿈틀거리는 말씀과 사상을 정열과 열성을 다하여 청중에게 힘차게 외칠 때 나는 다시없는 희열과 행복감을 느낀다. 말 속에는 혼이 있고 힘이 있고 생명이 있다. 뜨거운 가슴 속에서 솟구치는 진실의 소리는 우리에게 커다란 영감을 준다."

● **안익태**(安益泰 : 1906~1965), 한국의 작곡가, 지휘자

2차 세계 대전이 한창이던 1944년 6월 6일, 연합군의 노르망디 상륙작전이 시작되자 당시 안익태가 머물고 있던 파리는 전쟁으로 요동치고 있었다. 많은 프랑스인들은 2차 대전 동안 형식적으로 중립국을 표방했던 스페인으로 피난을 갔다. 안익태 역시 노르망디 상륙 이후 1주일쯤 지난 6월 12일 스페인으로 입국한다. 스페인서 광복을 맞은 안익태는 고국으로 돌아가려니 비자발급이 안 된다는 것이다. 그는 일본 여권을 가지고 있어서 여의치 않아 고생을 했다.

그러던 중 1950년 3월 7일 안익태는 처음으로 한국 정부가 발급한 여권을 받게 된다. 1950년 6월 27일 안익태는 스페인 바르셀로나에서 뉴욕행 아틀란틱호

에 몸을 싣고 가던 도중 배 안에서 6월 25일 한국전쟁이 일어난 신문 기사를 보게 된다. "매일 아침 일어나자마자 신문을 보는데, 온통 한국이야기 뿐이네. 내가 보기에 지금 한국은 아주 아주 안 좋은 상황인 것 같아. 그렇지만 두고 봐야지. 오늘 선장이 말하는데 언제든지 스페인으로 돌아가는 귀국 편에는 문제가 없을 거라고 하는군." 당시 스페인에 있던 부인에게 보낸 편지 내용이다. "아기는 잘 지내나? 항상 나를 찾겠지? 장난감하고 옷을 잔뜩 갖고 최대한 빨리 돌아갈 거라고 말해줘. 그리고 당신이 원하는 스타킹이 어떤 것인지 알려주오. 내일모레면 7월 5일이네. 우리 결혼기념일이라는 것을 잊지 않으리다. 내가 돌아가면 우리함께 멋진 잔치를 가집시다." 편지의 한 토막이다.

● 안자(晏子 : ?~?), 춘추시대 齊나라 현신

제(齊)나라의 통치자 경공(景公)에게는 착한 정승 안자가 있었다. 안자가 초(楚)나라에 사신으로 갔다. 초나라 왕은 해학을 좋아했다. 안자는 키가 몹시 작은 것을 알고 그를 놀려 주려고 궁문 곁에다 조그만 문을 만들어 놓고 그곳으로 안자를 맞아들이게 했다. 안자는 들어가지 않고 문 앞에 서서 "개(狗)나라에 사신으로 가는 사람은 개구멍으로 드나들지만 신(臣)은 개나라가 아닌 초나라에 왔으니 개구멍으로 들어갈 수는 없소이다"고 버티었다. 초왕은 "제국(齊國)에는 그렇게도 사람이 없어서 그대 같은 이가 왔느냐?"고 하니 안자가 대답하기를 "왜 사람이 없겠습니까? 사람이야 많지만 제국(齊國)에서 외국에 사신 보내는 법이, 어진 임금이 있는 나라에는 어진 사람을 보내고, 못생긴 임금이 있는 나라에는 못생긴 사람을 보냅니다. 신은 이처럼 못생겼기에 왕께 사신으로 온 것입니다" 하였다.

● 안장왕(安藏王 : ?~531), 고구려 제22대왕, 재위 519~531

흥안이 백제영토가 된 이 지역의 형편을 살피다가 어느 화창한 봄날 나들이를 나온 한주라는 아리따운 처녀를 만났다. 몇 번 만나서 드디어 사랑을 고백했다. 그리고 한주는 흥안의 사랑을 받아들였다. 고구려에 돌아갈 때 한주를 데리고 가

자니 백제군사의 경계가 삼엄해서 불가능했다. 흥안은 자기가 고구려 왕자임을 실토하고 이 지역에 군대를 보내 땅을 되찾고 당신을 데려가겠다고 약속하고 돌아갔는데, 곧 그는 아버지 문자명왕의 뒤를 이어 안장왕이 되고, 군사를 동원해 백제를 공격했지만 거듭 실패하니 한주는 당지의 태수가 소문을 듣고 청혼을 해왔으나 이미 장래를 약속한 사람이 있다며 거절했으나 시간은 흘러갔다. 태수가 수상히 여겨 적의 첩자와 내통한 것으로 생각하고 옥에 가두었다.

이 소식을 접한 안장왕은 한주를 구해오는 자에게 큰 상을 내리겠노라고 발표했다. 그러자 을밀이란 장수가 대왕폐하의 소원을 풀어드리겠으니 왕의 누이를 아내로 맞게 해달라고 요청해서 승낙을 받았다.

현지 태수가 한주가 자기 청을 계속 거절하자 자기 생일잔치에 한주를 끌어내어 죽이려고 명령을 내렸다. 바로 이때 광대놀이패로 가장하고 생일잔치에 탈춤을 추며 놀고 있던 을밀과 그 부하들이 행동을 개시해서 감추었던 무기를 꺼내 뛰쳐나와 외쳤다.

"고구려 대군이 이미 이곳에 쳐들어왔다. 모두들 항복하라."

백제의 군사들은 갑작스러운 외침에 모두 놀라서 허둥댔다. 이틈을 타서 을밀은 한주를 구하고 즉시 안장왕에게 소식을 알렸다. 고양시에 있는 고봉산에 올라가 승리의 봉화를 올렸다. 을밀은 안학공주와 결혼을 했고, 평양의 을밀대는 바로 을밀을 기념하는 의미가 있다고 기록에 남아 있다.

● 안중근(安重根 : 1879~1910), 한국의 독립운동가, 대한의군 참모중장

☞ 안중근은 조국의 독립을 위해 상하이와 만주벌판 등지를 누비며 대한의군 참모중장으로 활약하고 있었던 어느 추운 겨울, 어머니가 너무도 보고 싶어서 기별도 없이 고향집엘 들렀다. 안중근은 걸으면서도 조국의 독립과 어머니 생각으로 가득 차 있었다. 일본군의 감시로 통행에 어려움이 있었지만, 꿈에 그리던 어머니를 뵙기 위해 드디어 집에 당도했다.

"어머니, 저 왔습니다."

그는 목이 메었고 반갑게 맞아줄 어머니 생각에 가슴이 설레었다.

"내 아들은 조국의 독립을 위해 집을 나가 그 뜻을 이루었다는 소식을 아직 듣지 못했는데 누가 나를 부른단 말이냐?"

어머니의 태도는 냉담했다. 그는 어머니를 뒤로하고 독립을 향해 다시 발걸음을 옮겼다. 어머니는 "뜻을 세웠으면 사사로운 정은 잊어버려라"라고 유언을 남겼다.

☞ "내가 이 세상을 떠나게 되면 내 무덤, 의사(義士 · 안중근)의 무덤과 나란히 있으리"라고 읊었던 중국의 근대혁명가인 양계초(梁啓超 · 1873~1929)가 안중근 의사의 재판정 방청석 첫줄에 앉아 있는 사진이 확인됐다. 당대 동아시아의 지성이었던 양계초가 안 의사에 대한 존경과 동양평화론에 관해 강한 공감대를 지녔음을 보여주는 실증자료다. 안 의사 재판은 뤼순(旅順)의 관동군 사령부 지방법원 법정에서 1910년 2월 7일부터 14일까지 6차례 열렸는데, 그 중 안 의사가 출정(出廷)하기 전 한 장면의 사진으로 보인다.

양계초는 상하이(上海)에서 자신이 창간한 '국풍보(國風報)'라는 잡지의 1910년 2월 28일자 '안중근 선포 사형'이란 제목의 글에서 "안중근은 사형선고를 받고서도 안색이 흔들리지 않고 평시처럼 의기양양했으며, 이울러 항소할 생각이 없으며 국치(國恥)를 한번 씻었으니 기꺼이 죽겠다고 말하였다. 오호라, 참으로 열사(烈士)라고 하겠다"고 현장감 있게 표현했다. 양계초가 '국풍보'의 기자 자격으로 뤼순에 가서 안중근 재판정을 직접 취재한 것이다.

양계초는 안 의사가 자신의 영토에서 침략 세력의 원흉을 저격한 사건에 충격을 받고, '추풍단등곡(秋風斷藤曲)'이라는 장편시를 썼다. '가을바람이 덩굴(藤)을 자르다'라는 제목에서 '덩굴'은 이토(伊藤)를 가리킨다.

(주 : 양계초는 중국의 계몽 사상가이며 정치가로서 입헌민주주의 입장에서 문필활동을 한 사상가이다.)

● **안창호**(安昌浩 : 1878~1938), 한국의 독립운동가, 호는 도산(島山)

☞ 가난한 선비집안에서 태어나 17세에 상경하여 언더우드가 경영하는 구세

학당에 입학했다. 1897년 19세에 독립협회에 가입했다. 평양에서 있었던 만민 공동회 연설에서 뛰어난 웅변으로 청중을 감동시키면서 유명해졌다.

1909년 이토 히로부미 암살사건에 연루되었다는 소문으로 일본헌병대에 2개 월간 구금되었다가 중국으로 망명했다. 데라우치(寺內) 총독 암살음모사건을 뒤집어씌우려 하자 다시 미국으로 가 1912년에 대한인국민회를 조직하고, 1913년 35세에 흥사단(興士團)을 조직했다. 3·1운동 이후는 상하이로 가서 임시정부의 내무총장이 되었으나 파벌싸움으로 1921년 물러났다.

그는 그 후 흥사단 활동과 이상촌 건설 사업을 추진하다가 1932년 윤봉길 의사의 거사가 있자 1932년 상해에서 일본경찰에 체포되어 서울로 압송되었다. 그는 2년 6개월간의 옥고를 치르고 1935년 출옥했으나 1937년 수양동우회 사건으로 다시 수감되고 6개월 만에 병보석 되어 경성제국대학(서울대학)병원에서 치료를 받다가 1938년 3월 10일 간경화로 사망했다. 안창호는 죽기 직전에 히로히토 일본 천황의 이름을 부르면서 "당신은 큰 죄를 지었소" 하고 꾸짖었다고 한다. 그의 생활철학인 무실역행(務實力行)은 후세에 큰 영향을 끼치고 있다.

☞ 중국 남경에서 독립운동을 하던 때, 도산을 간절히 사모한 혁명동지의 어떤 여인이 사랑의 정을 억제치 못하여 그의 침실로 뛰어든 일이 있었다. 그때 그는 아버지다운 위엄 있는 음성으로 그 여자의 이름을 부르고, "무엇을 찾소, 책상위에 초와 성냥이 있으니 불을 켜고 보오"라고 천연스럽게 말했다. 그의 음성과 그 말에 그 여인은 사랑의 정열에서 깨어나서 그의 말대로 초에 불을 켜고 잠깐 섰다가 방을 나왔다.

"나는 조국을 애인으로 삼고 조국을 남편으로 삼고 조국을 남편으로 섬기겠습니다."

그 여인은 도산 앞에서 다시 맹세하고 길을 떠났다.

● 안탄대(安坦大 : ?~?), 조선조 선조의 외증조부

안탄대는 성질이 순박하고 근신하여 평생에 남과 다투는 일이 없었다. 딸 하나가 있어 궁녀로 뽑혀서 중종의 후궁이 되었으니 이가 바로 선조의 조모이다. 이 딸이 창빈(昌嬪)이 된 후부터는 더욱 몸을 조심하고 겸손하였다. 딸 창빈이 왕자를 낳자 문을 닫고 밖에를 나오지 않았다. 세상 사람들이 왕자의 외조부라고 이상한 눈으로 볼까봐 그렇게 했다.

그 후 창빈의 둘째아들 덕흥대원군이 선조를 낳아 대통을 이어 왕위에 오르자 안공의 처지가 더욱 빛나게 되었지만 옛날 마음을 조금도 변하지 않고 몸에 비단 옷을 붙여보지 않았다. 심지어 선조가 외증조에게 초피(貂皮 : 검은 담비가죽)배자를 선물로 보낸 것도 자기는 본시 천한 사람이니 초피를 입는 것도 죽을죄를 짓는 것이오" 하면서 거절했다.

● **안평대군**(安平大君 : 1418~1453), 조선조 세종대왕의 셋째아들, 조선조 초기의 서예가

그는 1430년 13세 때 성균관에 들어가서 학문을 닦았고, 1438년 20세 때 6진 이 설치되자 북변 경계임무를 맡아 야인들을 토벌했다. 1453년(단종 1년) 수양대 군(안평의 둘째형)이 단종(안평의 제일 큰형 문종의 아들)의 왕위를 빼앗는 과정에서 김종 서 등을 죽일 때 함께 몰려 강화도로 귀양 보내졌다가 형 수양대군이 보낸 사약 을 받고 죽었다.

그는 학문을 사랑하였고, 시문과 글씨에 뛰어났다. 당대의 유명한 선비와 서민 들까지도 그를 따르는 사람이 많아 중망이 높았다.

● **안향**(安珦 : 1243~1306), 고려시대(충렬왕)의 명신 · 학자. 호는 회헌(晦軒)

아버지는 흥주(지금의 순흥)의 관리였으나 의술로 출세하여 밀직부사(密直副使)에 까지 오른 사람이다.

1286년 충렬왕 12년에 고려 유학제거(高麗 儒學提擧)가 되었고, 이해 임금을 따라 원나라를 다녀오게 된다. 연경(燕京 : 지금의 북경)에서 처음으로 『주자전서(朱子全書)』 를 발견하고 그 책을 손수 베껴서 가져왔다. 공자와 주자의 화상(畵像)을 그려가지 고 돌아와서 주자학을 연구하기 시작했다. 유학의 진흥을 위해 장학기금을 모아

양현고(養賢庫)에 귀속시켜 그 이익으로 학교를 운영케 하는 한편 박사 등을 중국에 보내 공자와 그 제자들의 초상을 그리게 하고, 제기·경서 등을 구해 오게 하는 등 유학진흥에 큰 공적을 남겼다. 그를 우리나라에 맨 처음 주자학을 받아들인 최초의 주자학도로 보고 있다.

조선조 중종 때 풍기군수였던 주세붕(周世鵬)이 순흥 백운동에 안향의 사묘를 세우고 서원을 만들었는데, 그것이 우리나라 최초의 서원인 소수서원(紹修書院)이다.

그는 학자로, 교육자로, 명관(名官)으로 빛나는 업적을 남기고 64세를 살았는데 중국으로부터 유학, 주자학을 옮겨 퍼트린 공이 크다.

● **안홍국**(安弘國 : 1555~1597), 조선조 선조 때의 장군

정유재란(2차 침입) 때에는 전함 30여척을 거느리고 적진에 돌격할 때 적은 정병을 추려 반격하였다. 형세가 위급하자 병사들은 마구 도망치고 모두들 그에게도 후퇴를 권고했다. 그는 단호히 이를 거절하고, "적을 보고 후퇴하면 언제 결단을 지을 것이냐? 하물며 우리 장군이 가까이 계시니 어찌 우리를 구하지 않으랴! 너희들은 죽고 사는 것을 두려워 말라" 하고 기를 들어 신호로써 구원을 요청하였으나 반응이 없었다. 그는 일이 안 되는 것을 알고, "평소 나라를 위하는 마음 바로 오늘에 있다. 장군이 우리를 구하지 않은들 어찌 죽음으로써 나라에 보답하지 않으랴!" 하고 고군분투하여 적의 포위망을 뚫고 마구 공격하니 적은 크게 무너졌다. 도망가는 적을 추격하다가 유탄에 맞아 돛대 옆에서 앉은 채 전사하였다.

죽은 후에도 생시와 같이 성난 얼굴 그대로여서 몇 리를 추격한 후에야 그가 죽은 줄 알았다. 적은 후퇴하고 배는 무사히 돌아왔다.

● **안회**(顔回 : BC 521~491), 공자의 제자 중 한 사람

공자는 제자 안회(顔回)가 몹시 가난하고 궁하게 지내는 것을 보고, 너무 딱해서 이렇게까지 궁하게 지낼 테면 차라리 벼슬이라도 해 보라고 권했으나 안회는 반

대하기를 "제자(제)는 뜬 구름 같은 공명(功名)에는 뜻이 없나이다. 저의 집 울타리 밖에 밭 50무(畝 : 1무는 1평 정도)가 있으니 여기서 나는 마사(麻糸 : 삼실)를 가지면 몸에 살을 가릴 것이요, 무료(無聊)할 때면 거문고를 타서 기분을 새롭게 하고 선생님께 배운 학문으로써 스스로 즐거워하노니 이만하면 족하지 않습니까? 무엇 때문에 벼슬을 하겠나이까?" 하였다.

● **양국충**(楊國忠 : ?~756), 중국 唐나라 현종 때의 인물

양국충은 양귀비의 오빠이다. 겨울이면 방에다 병풍을 치지 않고 대신 수십 명의 나체 미인을 서로 살과 살이 닿도록 죽 둘러앉히고 그 체온과 분의 향기 속에 앉아서 놀았는데 이것을 육병(肉屛)이라고 했다.

● **양귀비**(楊貴妃 : 719~756), 중국 당나라 현종의 총비

절세의 미인으로 알려진 양귀비에 관해서 『색도금비초(色道禁祕抄)』라는 책에는 '비만이고 암내가 나는 여자'였다고 되어 있다.

이 외에도 굉장히 땀을 많이 흘리는 여자였고, 몸에서 냄새가 많이 났다고 한다. 그 이유는 향(香)을 너무 많이 사용한 탓으로 그것이 몸에 배서 그렇다고도 한다. 한편 비만이었다는 것은, 원래는 상당히 글래머였었는데 30세가 지나자 점점 뚱뚱해졌다고 한다.

● **양기탁**(梁起鐸 : 1871~1938), 한국의 독립운동가

평양 출생으로 1905년 영국인 베델과 함께 「대한매일신보」를 창간하고, 주필로 있으면서 항일사상을 고취하고, 1909년 안창호 등과 신민회를 조직하였다. 1910년 한일합방 후 신민회 간부 김구 · 이동영 · 이승훈 등과 만주에 무관학교를 세우고, 독립운동에 힘쓰다가 일경에 잡혔다. 2년간 복역 후 풀려나왔다가 1915년 105인 사건(1912년 데라우치 총독 암살 음모를 구실로 신민회 회원을 체포한 사건)으

로 다시 3년간 복역하였다.

1916년 만주로 망명했다가 다시 돌아와 「동아일보」 고문 등 문화 사업에도 종사하였고, 1920년 통천교를 발기해서 종교를 통하여 독립운동을 전개했다. 1921년 미 국회의원단이 우리나라를 방문하였을 때 독립진정서 사건으로 투옥되었다가 만주로 가서 여러 단체를 조직 · 독립운동을 했고, 화흥중학교, 화성의숙 등을 세워 혁명 간부를 길러내는 등 활동하였다. 1930년에는 임시정부 주석 · 국무령에 추대되었으나 사퇴하였다.

● **양녕대군**(讓寧大君 : 1394～1462), 조선조 3대왕 태종의 맏아들

1404년 10세 때 세자로 책봉되었으나 실수가 많았다. 그는 아버지 태종이 충녕대군(태종의 셋째아들 : 세종)에게 왕위를 물려주려하는 낌새를 알고 일부러 미친 듯 행동하였다고 한다. 그래서 1418년 24세 때(태종 18) 세자 자리에서 폐위되었다. 그리고 양녕대군이 되어 경기도 광주로 쫓겨 내려갔다. 그 후 각지를 유랑하며 풍류객들과 사귀면서 일생을 마쳤다. 시와 글씨에 능하였다.

● **양성지**(梁誠之 : 1415～1482), 조선조 초기(세종)의 학자

1441년 세종 23년에 문과에 급제함. 이조 · 공조판서 등 요직을 거쳤음. 양성지가 집현전에서 일할 때였다. 그는 걸핏하면 세종에게 상소를 올렸다. 동료들이 그가 상소를 너무 자주 올린다고 핀잔을 주자,

"나는 임금을 모신지 10년이 넘었지만 상소를 올리는 것은 임금으로 하여금 잘못을 바로 잡고, 정사를 바르게 하자는 뜻인데, 어찌 상소를 한다 해서 허물이 되겠는가?" 했다.

양성지가 남긴 저술인 『눌제집』을 통해 그가 주장한 것을 정리해보면 이렇다.

① 국조를 단군으로 받아들여야 한다.

② 중국의 역사 대신 우리나라 역사를 배워야 한다.

③ 우리나라 고유 풍속을 존중해야 한다.

④ 무묘(武墓)를 세워 역대의 명장을 모셔야 한다.

⑤ 봄과 가을에 사격대회를 열어 무풍(武風)을 진작시켜야 한다.

⑥ 각 도 · 군 · 현에 의료기관을 설치하여야 한다.

⑦ 개간사업을 일으켜 수전(水田)을 만들어야 한다.

⑧ 백정이 양민이 되는 길을 열어 주어야 한다.

⑨ 노비에게만 노역을 치중하지 말고 균등하게 해야 한다.

⑩ 과거 시험을 현실에 맞게 개정하여야 한다.

⑪ 사대(事大)로 자주(自主)를 해치지 않는 것이라야 한다.

(송은명 편역에서 인용)

● **양주동**(梁柱東 : 1903~1977), 한국의 국문학자, 교수, 시인

☞ 6·25사변으로 대학이 제 기능을 못해서 지방의 국립대학에서 전시연합대학을 운영했다. 편자는 1951년 대구의 경북대학 전시연합대학에서 1년간 공부하던 중 양주동 교수의 '국문학'을 1년 공부했다. 6·25사변 중이었지만 그분의 강의는 활기에 넘쳤고, 명문장이 나오면 눈을 감고 암송했다. 강의는 학생들을 감동시켰고, 그때 배운 국어 · 국문학개론은 평생 머리에 남아 있을 정도이다. 그가 추천한 우리나라 명문 중에는 이광수의 「금강기행」이 있다고 했다.

☞ 그분은 서울에 귀환해서도 영어 학원을 운영하였다. 그리고 재벌급으로 돈을 벌었다고 한다. 하루는 중소기업을 경영하는 동국대 출신 옛 제자가 선생님이 현금 부자라는 사실을 알고 금전을 좀 빌려주십사고 간청해서, 두 사람이 은행엘 가서 인출 수속을 하고는 대기하고 있는데, 은행 담당직원이 양 선생 이름을 불렀다. 그래서 제자가 소파에서 쉬고 있는 선생님에게 창구에서 호명을 했다는 사실을 알리러 갔더니 선생님은 아무런 반응을 보이지 않았다. 그 자리에서 심장마비로 작고한 것이다. 향년 74세.

● 엄흥도(嚴興道 : 1404~1474), 조선조 단종 때의 호장

세조 조에 단종이 세조에게 피살되자 시체를 거둘 사람이 없었다. 호장(戶長 : 각 고을 아전의 우두머리) 엄흥도만이 달려가 통곡을 하고 염을 한 후 관을 갖추고 여러 사람의 물의가 일어날까봐 급히 매장했다.

이때 가족들이 극구 만류하였으나 엄호장은 착한 일을 하다가 죽는 것은 원통치 않다며 매장을 마치고 아들 호현(好賢)을 데리고 먼 곳으로 피신을 했다가 엄흥도가 죽은 후 아들이 고향에 와서 살았다.

그 후 현종대왕 때 우암 송시열이 그 사실을 알고 왕께 아뢰어 그 자손들을 등용하고자 하여 왕이 허락하여 영조 때에 그 집에 정문(旌門 : 충신 · 효자 · 열녀를 표창하기 위해 세운 붉은 문)을 세우고 엄흥도에게 공조참의(산업자원부의 정3품 직위)의 직위를 추증하여 제사를 내리고 다음과 같은 제문을 보냈다.

"세상에 충신 · 열사가 없는 바가 아니지만 누가 정축년 그 시절에 엄흥도 같은 충신이 있었는가? 슬프다. 그때에 어찌 도(道)를 지키는 도백(도지사)이 없었으며 군을 지키던 수령(군수)이 없어서 일개 호장으로서 능히 대절을 세웠겠는가? 슬프다. 육신(사육신)은 그의 처지나 지위가 그렇지 않을 수 없어 그랬다 하지만 영월 호장은 무엇을 구하고, 무엇을 바라는 것이 있어 족친의 만류에도 불구하고 그 위험한 일을 했을고? 이것은 오직 일단의 적심(赤心 : 정성스러운 마음) 뿐이었다. 이러한 일은 옛사람에게 찾아보아도 드문 일이니 이 의열은 백세에 전할 만한 일이다."

● 여운형(呂運亨 : 1885~1947), 한국의 독립운동가, 정치가

1946년 좌익단체에서 탈퇴하고, 근로인민당을 조직, 중도좌파세력을 규합하던 중 1947년 7월 19일 우익청년 한지근(韓智根)이 쏜 총에 맞아 죽었다. 몽양은 이날 저녁 명륜동에서 「독립신문」 주필 고경흠과 함께 자동차를 타고 당사에 가던 중이었는데 혜화동 로터리 우체국 앞 커브에서 세 발의 권총 탄환을 맞고 절명했다.

범인 한은 3일 만에 검거되고 공모자 신동운도 7월 30일 오후에 검거되었다. 한지근은 19세 나이로 평북 출신으로 건국당 당원으로 있으면서 김일성을 죽이려다 뜻을 이루지 못하고 범행 한 달 전에 월남해서 건국당 당수 김인천의 지령을 받고 여운형을 암살했다고 고백했다. 이 밖에도 박헌영, 송진우 등도 암살하려 했다고 진술했고 송진우의 암살범인 한현우와 관련이 있는 것으로 보여 주목을 받았다. 그는 10월 21일 사형선고를 받고 11월 4일 무기징역으로 감량되었다.

● 연개소문(淵蓋蘇文 : 608~665), 고구려 말엽의 재상, 장군

642년, 보장왕 1년(고구려 28대 마지막 왕), 1천리에 이르는 장성을 쌓아 당나라 침입에 대비하였다. 후원병을 요청하러 온 신라의 김춘추를 감금하고, 신라 변경의 성을 공격하여 빼앗았고, 신라와 당나라의 교통로인 당항성을 점령했다. 644년 당나라 태종의 사신을 잡아 가두는 등 강경책을 썼다. 645년 당태종이 17만 대군을 이끌고 고구려를 쳐들어오자 개모성·요동성 등에서 막아냈고, 안시성 싸움에서 크게 이겼다. 그 후 네 차례나 당나라가 침입해 왔으나 이를 막아냈다.

연개소문이 죽자 맏아들 남생(男生)이 막리지가 되었으나 동생 남건(男建), 남산(男産)과의 세력싸움으로 남생이 당나라로 도망쳐 구원을 청하니, 당나라는 이세적(李世勣)으로 하여금 668년(보장왕 27년)에 고구려를 드디어 멸망케 하였다.

● 연산군(燕山君 : 1476~1506), 조선조 10대왕, 성종의 맏아들, 재위 1495~1505

1504년, 연산 10년 되던 해에 벌어진 참극을 갑자사화라 한다. 성종이 인수대비를 모시고 아들 세자(연산)를 데리고 궁궐을 산책하다가 인수대비가 불쑥 "성깔도 꼭 제어미를 닮아서 장차 만백성을 다스릴 임금 구실을 제대로 할지…" 하고 혼잣말하는 것을 듣고 연산은 제어미가 누군지 알고 싶었는데… 연산군이 임금이 된지 10년에 우연한 기회에 임사홍이 연산군의 어머니 폐비윤씨의 친정어머니가 아직 살아있다는 것을 알고 사람을 시켜 찾아내 자신의 집에 숨겨두었다. 이 사실을 장녹수가 알고 연산의 귀에 대고 소곤거리자 이때부터 피비린내가 나서 수많은 관료, 학자들이 죽었다.

연산이 궁궐에서 일어나는 일을 비밀에 붙이게 하여, 이를 발설하는 사람을 죽였다. 관리들이 임금에게 말을 함부로 한다하여 다음과 같은 글을 나무패에 새겨 다니게 했다.

"입은 화를 부르는 문이고, 혀는 몸을 베는 칼이다. 입을 다물고 혀를 깊이 갈무리하여 마음을 편안하게 하고 곳곳을 견고히 하라."

어느 날 신비(왕비)의 오빠 신수영이 한글로 쓰인 벽보를 연산군에게 갖다 바쳤다. 한글로 쓰인 연산군을 비방하는 글이었다. 불같이 화를 낸 연산군은 "앞으로 한글의 사용을 일절 금하라" 엄명을 내렸다.

● 영류왕(榮留王 : ?~642), 고구려 27대 왕, 재위 618~642

26대 영류왕의 이복동생이다. 618년 수나라 양제가 피살되고 당나라가 서자 619년 왕은 당에 사신을 보내서 친선을 꾀하였다. 622년 당나라 고조가 살수대첩 때의 고구려 포로들을 돌려보낼 터이니 고구려에 있는 당의 포로들도 석방해 달라는 청을 받고 이를 허락하여 서로 포로들을 교환하였다. 624년 왕은 당나라에 사신을 보내 역서(曆書)를 구했고, 당고조는 도사에게 명하여 노자의 도교를 강론케 하여 왕 및 백성들이 청강하였다.

625년 영류왕은 당에 사람을 보내 불교와 도교의 원리를 연구하게 했고, 629년에는 신라 김유신의 낭비성 공격을 받았고, 631년에는 천리장성을 쌓기 시작했다. 640년 세자를 당나라에 보내서 조공케 하고, 자제들을 파견하여 당나라 국학에서 공부하게 했다. 그러나 연개소문이 독재권을 확립하는 과정에서 그의 손에 죽고 말았다.

● 영왕(寧王 : ?~?), 중국 唐나라 6대왕 현종(玄宗)의 아우

영왕은 부귀가 비할 데 없고 호쾌하고 술을 잘 먹고 친구가 많은 호걸이었다.

영왕의 저택 곁에 떡장수가 다 찌그러진 오막살이에 살고 있었는데 그 부인이 절색이었다. 영왕에게는 곁에 미희들이 많았지만 이 떡장수 아내에게 마음이 끌려 남편을 불러 돈을 많이 줄 테니 아내를 팔라고 했다. 남편은 처음에는 반대하다가 위협에 못 이겨 팔고 말았다. 영왕이 이 여자를 데려다가 누구보다도 사랑하여 전방(專房 : 첩이 사랑을 독차지 함)을 하고 1년을 지냈다. 하루는 농 삼아 여자에게, "너 지금도 옛 떡장수 남편이 생각나느냐?" 여자는 고개를 숙인 채 묵묵부답이었다.

영왕은 그 전남편을 불러 전 아내와 대면을 시키니 여자는 옛 남편을 대하자 두 눈에서 눈물이 비오듯 했다. 이때 영왕의 좌우에는 당대의 문장으로 이름을 날리던 선비 수십 명이 모여서 "지금 이 자리에서 본 떡장수 부부를 두고 시를 지으라"고 하자 그 많은 선비들 가운데서 왕유(王維 : 701~761, 당나라 때의 자연시인)가 제일 먼저 두 구(句)를 지었다.

"오늘날의 사랑으로 어찌 옛정을 잊을 수 있으랴. 꽃보고 눈에 가득한 눈물, 초왕(楚王)과 더불어 말을 않도다(莫以今時寵 寧忘舊日親 看花滿眼淚 不共楚王言)."

(주 : 불공초왕언(不共楚王言)은, 옛날 춘추시대에 초나라 문왕(文王)이 식국(息國)이라는 나라를 멸하고 식군(息君)의 아내를 빼앗아 첩을 삼고 자식을 여럿 낳았으나 식부인(息夫人)은 시종 초왕(楚王)과 말을 안 했다는 옛 고사를 인용한 것임.)

영왕은 이 시를 보고 그 여자를 다시 떡장수에게 돌려보내면서 많은 재물까지 내렸다.

● **영조**(英祖 : 1694~1776), 조선조 21대 왕, 재위 1724~1776

숙종의 넷째아들인데, 숙빈 최씨(무수리)의 아들이다. 그의 배다른 맏형이 20대 왕 경종(景宗)이다. 1721년, 경종 1년 27세에 왕세자로 책봉되었다. 1724년 30세에 왕으로 즉위하였다. 1727년 당쟁을 없애기 위한 탕평책을 마련하였고, 가혹한 형벌을 없애거나 뜯어고쳐서 인권을 존중하는 시책을 폈다. 신문고제도를 되살려 백성들이 억울한 일을 직접 고하게 했고, 진을 설치하여 토성을 고쳐 쌓는 등 국방대책에도 힘썼다. 인쇄술을 개량하여 많은 문서 · 서책을 간행해서 전국적으로 반포해서 모든 관원과 백성이 읽을 수 있게 했다.

그러나 아들 사도세자를 뒤주에 감금해서 죽인 일로 후일 크게 후회하고 통탄해 했다. 역대 임금 중 가장 장수하고 재위연수도 가장 길었다. 82세까지 살고, 52년간 왕으로 재위하였다.

● **오달제**(吳達濟 : 1609~1637), 조선조 인조 때의 충신

26세에 문과에 장원급제했다. 홍문관 수찬 등 여러 직책을 거쳐 1636년 인조 14년에 부교리(종5품)가 되었다. 그때 금나라가 위협하여 사신을 교환하게 되자, 이를 적극 반대하여 사임하였으나 병자호란이 일어나자 남한산성에 들어가 청나라와의 화의를 적극 반대하였다. 사태가 위급해지자 윤집과 함께 화의론자들에게 잡혀 청군 진영에 압송되어 적장 용골대의 심문에 굽히지 않으니까 다시 심양으로 이송했다. 갖은 협박 · 공갈 · 설득에도 굴복하지 않고 윤집 · 홍익한과 같이 처형되었으니 그들의 충절을 찬양하여 후세에 3학사로 불렸으며, 영의정에 추증하고, 시호를 내리고, 광주 현절사에 제향하였다.

● **오상순**(吳相淳 : 1894~1963), 한국의 시인, 수필가, 호는 공초(空超)

오상순을 편자가 1950년대 말에서 60년대 초까지 서울 명동의 '돌체' 다방에서 자주 만났으며, 서울대 철학과를 나오고 중앙대에서 미학을 가르치던 서라사군과 자주 뵌 적이 있다. 그때 우리 나이는 30대 초반이었다.

그는 항상 파이프 담배를 물고 계셨고, 후배 시인들로 둘러싸여 있었다.

그는 서울 출신이고, 일본의 도시샤대학 종교철학과를 졸업했고, 1920년 『폐허』의 동인으로 한국 신시 초창기부터 활동했다. 1925년 보성고보 교사를 거쳐 1930년 불교중앙학림(동국대 전신)에서 교편을 잡았던 것이 인연이 되어 개신교에서 불교로 개종했다. 일생을 독신으로 지냈다. 그의 시 「첫날밤」은 아주 잘 알려진 시다. 1963년 6월 3일 고혈압으로 69세로 사망했다.

● 오우삼(吳宇森 : 1946~), 중국의 영화감독

영화 '적벽대전'의 감독 오우삼과 작가 이인화의 대담.

1980년대의 홍콩의 젊은이들에게서 도덕관념을 찾기 힘들었다. 방황하는 그들을 위해 만든 영화가 '영웅본색'이다.

지금 2008년의 중국도 마찬가지다. 급격한 경제발전 속에서 뒤쳐지고 낙오한 젊은이들이 많다. 이 영화의 메시지는 '반전(反戰)'이지만 동시에 '단결'이기도 하다. 스스로를 자책하고 실망하는 지금 중국의 젊은이들에게 희망과 격려를 주고 싶었다." (2008. 7. 2. 조선일보)

● 오재경(吳在璟 : 1919~2012), 한국의 공보부장관, 동아일보 사장, 국제로타리 맨

☞ 오재경이 자주 공개석상에서 연설을 하거나 축사, 격려사를 할 때 인용하는 말이 있다.

"점이 선이 되어 원을 그리는 삶을 힘쓰라. 젊은 우리들 한 사람 한 사람을 뜻함이요, 두 사람이 서로 손을 잡을 때 선이 되는 것이고, 그래서 많은 사람들이 서로서로 손을 잡고 있을 때 둥근 원을 그릴 수 있다. 점이 선이 되어 원을 그리게 하는 것이 사랑이다."

이 말은 오재경이 23세 때 화신백화점 박흥식 사장 비서로 들어갔을 때 비서과장 김갑린 씨로부터 들은 이야기다.

☞ 1956년 7월 23일 국무원 차장이었던 그는 두 계단을 뛰어 장관급인 공보실장이 되었다. 그의 나이 38세 때였다.

그는 취임사에서 "내가 이 자리에 앉으면서 의지할 수 있는 것은 단 한가지밖에 없습니다. 그것은 서른여덟이라는 젊음뿐입니다. 내가 여기서 실패하면 역시 젊은 사람에게는 일을 맡겨서는 안 되겠다고 할 것이고, 내가 무사히 넘어가면 일은 젊은 사람이 해야겠다고 국민들은 평할 것이다"라고 당찬 취임사를 했다.

● **오천석**(吳天錫 : 1901~1987), 한국의 교육학자, 문교부장관, 호는 천원(天園)

그는 1932년 미국 컬럼비아 대학원에서 철학박사 학위를 받고 귀국 후 여러 대학에서 교수직을 거쳐 군정 때 교육부장관, 정부수립 후 교육부장관으로 일했고, 민주주의 교육의 전도사로도 활약하였고 그의 명저 『민주주의와 교육』은 지금도 읽히고 있는 고전이 되었다.

"나는 21세에 고국을 떠나 미국으로 유학을 가서 그로부터 근 10년 동안을 거기에 있었다. 집안이 가난하여 학비를 송금할 여유도 없었으나 남을 의지하지 않고 공부를 해 나간다는 결심 아래 내 힘으로 하기로 하였다.

내가 도미하여 처음 캠퍼스에 나갔을 때, 나는 낡아빠진, 스타일이 지난 지 오래 된, 키가 작고 빛깔이 누런 하나의 외국인에 불과하였다. 그러나 학생들이나 선생들은 결코 나를 깔보거나 천대하지 않았다. 오히려 외방인이라고 동정하여 주었다.

나는 미국 유학 10년 동안에 이 고귀한 생활 철학을 배우고 왔다. 국가를 민주적으로 세우기 위하여는 기구도 민주적이어야 하지만 더욱 중요한 것은 사람을 수단으로가 아니라 목적으로 대해야 할 것이다."

● **와카미야 요시부미**(若宮啓文 : 1948~2016), 일본 언론인, 아사히신문 주필

와카미야 주필은 1970년에 도쿄대학 법학과를 나와 그해 아사히신문에 입사해서 주필에까지 오른 언론인이다.

와카미야 주필은 2016년 4월 28일 중국 베이징에서 사망했다. 2016년 8월 5일자 동아일보 31면 오피니언 란에 허문형 논설위원 글의 제목이 '세상에서 가장 행복했던 저널리스트 : 아사히신문 전 주필 도쿄 추도식에서'라고 붙어 있다.

그는 한국을 알기 위해 두 번이나 한국에 유학했으며 은퇴 후 유창한 한국어로 동서대학 석좌교수를 맡고 있었다. 그는 한국과 일본 관계의 개선과 우호·친선을 위해 노력한 지한파이고, 일본인들의 식민지 미화나 위안부 문제나 독도 문제로 항상 한국입장에 서서 논설을 써서 일본의 극우파로부터 위협을 받고 있

었다.

1995년에는 월드컵 한·일 공동개최 제의를 논설로 썼으며, 독도는 한국 땅이라고 말해서 일본 국토를 시끄럽게 달구었다. 그의 꿈은, "일·중·한이 대립하거나 차이가 나는 것은 당연하지만 나는 거기에만 눈길을 주지 않고, '유대'에도 눈길을 주고 있다. 환경문제를 시작으로 북핵문제 등 공통의 고민도 많다… 3국 사이에 국적을 초월한 신문을 만드는 꿈을 꾸고 있다." 그의 이루지 못한 소망이 되어버렸다.

● 왕건(王建 : 877~943), 고려국의 1대왕, 재위 918~943

943년 4월 왕건이 병석에 눕게 되었다. 아끼던 신하인 박술희를 불러 이렇게 말했다.

"내 뒤를 이어 나라를 다스릴 왕들에게 불교는 발전시키되 승려들이 권력을 잡는 것은 경계하라고 전하시오. 그리고 서열에 관계없이 덕이 있는 왕자로 하여금 왕위를 잇게 하고, 왕이 된 이는 언제나 스스로를 돌아보는 자세로 나라를 돌봐야 한다고 이르시오. 또한 북쪽으로 땅을 넓히고, 고려의 문화와 풍습을 지키는데 힘쓰라고 전해주시오…"

이를 훈요10조라고 한다. 훈요10조는 왕이 지켜야 할 열 가지 도리를 말한다. 왕건이 최후를 맞아 겨우 입을 열고 "인생이란 원래 이렇게 덧없는 것이야."

943년 5월 67세의 나이로 세상을 떠났다. 29명의 아내와 25명의 왕자와 9명의 공주를 남겨놓았고, 첫째부인 유 씨와 함께 개성 근처의 현릉에 묻혀 있다.

● 왕경문(王景文 : ?~?), 중국 宋대의 대신

송나라의 제6대왕 명제(明帝)가 세상을 떠날 때 조정 일을 생각하니 왕경문이란 대신이 황후의 족척으로서 가장 두려운 존재였다.

이 사람을 그대로 두고 눈을 감는 날에는 이 천하가 그의 수중에 들어가지 않을까 하는 시기심이 나서 그에게 사사(賜死)의 칙서를 내렸다.

칙사가 칙서를 가지고 왕경문의 집에 다다르니 때마침 왕경문은 객과 바둑을 두고 있다가 칙서를 받아 함을 열어보고는 그대로 바둑판 밑에다 밀어 넣고 얼굴 빛 하나 변함이 없이 계속 바둑을 두고 판을 마치고 바둑알까지 통에다 가려 담아 바둑판을 치운 다음에야 비로소 객에게 말했다.

"황제(黃帝)께서 죽음을 내리셨습니다" 하며 객에게 칙서를 보이니 객은 깜짝 놀랐으나 왕경문은 아무런 슬픈 빛 하나 보이지 않고 약을 마시고 죽었다.

그는 "생(生)은 기야(寄也)요, 사(死)는 귀야(歸也)라" 즉 삶이란 잠시 이 세상에 붙어 있는 것이오, 죽음은 돌아가는 것"이라는 신념으로 생사를 초탈하였다.

● 왕안석(王安石 : 1021~1086), 중국 宋시대의 재상

왕안석은 인종시 재상으로서 '청묘법(靑苗法)'이라는 것을 만들어 실시했는데 선왕의 법이 아니라고 해서 이단시 당하기도 했다. 그는 무슨 음식이든 손 가까운 데 있는 것을 얼른 집어먹는 나쁜 버릇이 있었다.

어느 날 왕이 그의 나쁜 버릇을 직접 시험해보려고 회식을 하는 자리에서 낚시 미끼를 접시에 담아서 왕안석 앞에 내놓았다. 왕안석은 이야기하던 끝에 무심코 이 미끼를 집어 먹었다. 그래서 인종은 "여보게 이게 음식이 아니라 낚시 미끼요" 했더니 뱉지를 않고 "그것 맛있군요" 해가며 다 먹었다. 그걸 본 인종은 왕안석을 '진소인(眞小人)', 진짜 소인이라고 평해서 그 후 그는 소인으로 규탄 받게 되었다.

● 왕양명(王陽明 : 1472~1528), 중국 明대의 유학자

주자가 죽은 지 300년 후, 주자학에 의문을 제기하면서 나타난 유학자가 바로 명대 중기의 왕양명이었다.

주자는 사물에 따라서 개별적으로 이(理)를 추구해야 한다고 한 '격물궁리(格物窮理)'를 주장했지만 그렇게 하려면 먼저 사서오경(四書五經)을 읽고 지식으로서 이(理)를 배우고 다음에 실천한다는 '지선행후(知先行後)'가 된다.

그러나 왕양명이 좌천되어 갔던 귀주와 같은 변두리에서는 책을 입수하기가 어려웠다. 그래서 왕양명은 그와 같은 체험에서 주자학의 보편성에 한계를 느끼고 자기 나름의 해석을 더하게 되었다. 양지(良知)란 태어나면서 갖추고 있는 것이기 때문에 학문을 공부 안 해도 알 수 있다고 했다. 그래서 주자학을 공부 안 해도 일상생활에서 사욕(私欲)을 멸하고 마음을 깨끗이 하면 누구도 자기 마음에 이(理)를 구할 수 있는 가능성이 있다고 했다. 주자의 '지선행후(知先行後)'에 반발해서 '지행합일(知行合一)'을 주장한 것이다.

● 왕융(王戎 : 234~305), 중국 晉대의 재상

그는 당대의 거부이면서도 매우 인색한 사람으로 알려져 있었다. 집안사람도 헐벗고 굶주릴 지경에 있었다. 밤이 오래도록 등불 밑에 앉아 장부정리와 산판(算板)을 놓았다. 그 집 뒷켠에 오얏나무가 있었는데 이 좋은 오얏이 남의 손에 들어가서 씨를 퍼트리면 자기 집 오얏 값이 떨어진다고 오얏 씨를 일일이 송곳으로 구멍을 뚫어 못쓰게 만들었다.

그의 시집간 딸이 돈을 꾸어가고 갚지 못한 채 친정에 오면 왕융은 돈을 갚지 않았대서 딸과 대면도 안하고 종일 성만 내고 있었다. 그 후 딸은 돈을 변통해가지고 아버지의 빚을 갚고 나니 그제야 기뻐했다.

● 왕인(王仁 : ?~?), 백제 근구수왕 때의 학자, 일본에 파견되어 감

일본은 아라타와케(荒田別) 등을 백제에 보내어 학자를 구하니, 임금의 명령으로 왕인은 임금의 손자 진손왕(辰孫王)과 함께 논어 10권, 천자문 1권을 가지고 일본에 건너갔다. 그의 해박한 경서의 지식으로 하여 일본의 제15대 오오진 천황(應神)의 신임을 받고, 태자(仁德)의 스승이 되었다. 이것은 일본의 문화를 깨우치는 중대한 계기가 되었다. 그 후손은 대대로 학문에 관한 일을 맡으면서 일본 조정에 봉사하며 문화발전에 공헌했다. 『일본서기(日本書紀)』에는 와니(王仁)라고 기록하고 일본 교과서에서도 다루고 있다. 우리는 그를 왕인 박사라 부른다.

● 왕휘지(王徽之 : ?~383), 중국의 晉대의 명필 왕희지(王羲之)의 아들

왕휘지는 성질이 너그럽고 대나무를 몹시 좋아했다. 하루는 어느 낯모르는 집 후원에 좋은 대밭이 있어서 주인의 승낙도 없이 들어가 시를 읊고 노래를 하다가 주인이 이것을 목격하고 귀한 손님 같아 자리를 펴고 접대를 하려니까 휘지가 미안해서 나가려니까 문을 잠그고 함께 대나무를 완상했다.

그는 산 그늘진 땅에 살고 있었는데 하룻밤에는 내리던 눈이 개이고 달이 낮같이 밝으니 달빛을 향해 홀로 술을 마시고 시를 읊다가 문득 친한 친구 대규(戴逵) 생각이 나서 이 같이 좋은 밤에 그 친구와 정담(情談)을 하면 좋을 것 같아 조그만 배를 타고 노를 저어 강 건너에 있는 그의 집엘 찾아갔다. 문 앞에 와서는 들어가지 않고 되돌아오며 말하기를 "흥에 겨워 왔다가 흥이 사라지면 가는 것이지 꼭 주인을 만나 무엇 하느냐?"라고 했다.

● 왕희지(王羲之 : 303~361), 중국 東晉 때의 서성(書聖)

왕희지는 서성이라 불릴 정도로 가장 윤택한 기운과 고상하며 품위가 있고 짜임새 있는 글씨를 아름답게 쓴 사람이다.

왕희지가 젊었을 때 일이다. 어느 날 시장 바닥에서 부채를 팔고 있는 노인을 만났다. 노인이 부채를 한 개도 못 팔고 파리만 날리고 있는 것을 보고 왕희지는 붓을 꺼내 부채에 한시 한 구절을 쓰고는 자신의 이름을 적어 넣었다.

"이게 무슨 짓인가? 부채에다 낙서를 해놓으니 어찌 판단 말인가?"

부채 파는 노인이 화를 냈으나 왕희지는 아랑곳하지 않고 남은 부채에 글씨를 써넣었다. 잠시 후 한 사람이 부채의 글씨를 알아보고 부채를 보고는 소리쳤다.

"왕희지의 글씨다."

그러자 사람들이 몰려들었다. 노인은 부채를 비싼 값으로 모두 팔았다고 한다.

● 요(堯) 임금의 행차(BC 1695년경)

『장자(莊子)』의 원문에는 '수칙욕다(壽則辱多)'라는 구절이 있다. 오래 살면 그럴수록 욕된 일이 많다는 뜻이다. 성천자(聖天子)로 알려진 요 임금이 민간사정 시찰차 화(華)라는 땅엘 들렸다. 그때 국경을 지키는 공무원이 요 임금을 보자 축복의 말을 올렸다.

"성인(聖人)의 장수를 빕니다."

요 임금은 "사양하겠네."

"그러면 부자가 되시기를 기원하게 해주십시오."

요 임금은 다시 "그것도 사양하겠네."

공무원은 다시 "그렇다면 아들을 많이 보시도록 빌게 해 주십시오."

요 임금은 "그것도 사양하겠네."

이런 임금님의 말에 좀 난처해지니 공무원은 "소인은 성인(聖人)을 축복하려고 합니다. 장수, 부, 다남, 이 세 가지는 누구나 바라는 바이온데, 임금님은 왜 필요 없다고 사양하십니까? 임금님을 위해서 소인이 기원을 하려는데요?"

요임금님은 "아들이 많으면 근심이 끊이지 않을 것이고, 돈이 많으면 쓸데없는 걱정거리가 늘어나고, 장수를 하게 되면 그만큼 치욕을 겪게 돼. 이 세 가지 모두 덕을 쌓는 데는 필요가 없기 때문에 사양한 거야"라고 대답했다고 한다.

(장수는?)

● 요시타 시게루(吉田茂 : 1878~1967), 일본의 정치가, 수상

1960년에 미일수호(美日修好) 100년 기념일에 정부대표로서 미국에 갔을 때, 요시타는 이미 82세의 고령이었다. 기념파티에서 외국인 기자로부터 질문이 터져 나왔다.

"82세로서는 건강하십니다."

"아니, 건강한 것은 외견(外見)만입니다. 머리와 근성은 태어날 때부터 별로 좋지 않았고, 입은 맛있는 것 외에는 잘 받아들이지 않고, 귀는 형편이 나쁜 소리는 잘 들리지를 않소."

"특별한 건강법 같은 것이 있습니까?"

"아니 별로, 구태여 말한다면 연중 사람을 잡아먹고 있는 것이라고나 할까?"

그 후 심근경색으로 입원했는데 병상을 지키던 따님이 아버지를 나무라면서

"아빠, 드디어 허리가 빠진 게 아니에요?"

"아니 이제야 허리가 빠진 게 아니고 겨우 허리가 안정되었어."

(병원에 누워있으니 허리가 안정될 수밖에)

● 우륵(于勒 : ?~?), 신라 24대 진흥왕 때의 악사

우리나라 3대 악성이다. 본래 가야국 사람으로 가실왕(嘉悉王) 때 12현금(絃琴)을 만들고, 12월의 율을 상징하는 상가야, 하가야 등 12곡을 지어 가야금이라 하였다. 551년(진흥왕 12년)에 가야금을 가지고 신라에 도망 왔다. 이때 왕이 우륵의 소문을 듣고 우륵과 그 제자들을 불러 연주하게 하니 새로운 조성(調性)의 곡을 지어 연주했다고 한다. 충주의 대문산 아래에 금휴포가 있는데, 그 위 탄금대에서 우륵이 가야금을 탔다고 한다.

● 우왕(禑王 : 1364~1389), 고려 32대왕, 재위 1374~1388

어릴 때 이름은 모니노(牟尼奴)이다. 신돈(辛旽)의 숨겨놓은 여자 반야(般若)의 소생이라고 고려사에 기록되어 있으나 이것은 조선조의 건국을 합리화하기 위해서 조작된 것 같다는 학계의 논의가 있다. 공민왕의 양자, 혹은 공민왕의 소생이라고도 하고, 어릴 때 강녕대군(江寧大君)의 봉군을 받았다.

공민왕이 살해당하고 후사문제가 일어나자 태후 홍(洪) 씨와 시중(侍中) 경복흥은 종친 중에서 선정하려 했으나 고명(顧命 : 임금의 유언)을 받은 이인임(李仁任) 등이 백관을 이끌고 그를 맞아 즉위케 했다.

● 우탁(禹倬 : 1263~1342), 고려 말기의 학자

문과에 급제하고 영해사록으로 있을 때 고을에 요신(妖神)의 사당이 있어 민심

을 현혹함으로 이를 없앴고, 감찰규정으로 있을 때 충선왕이 숙창원비(淑昌院妃)를 밀통해서, 탁이 흰옷을 입고 도끼와 돗자리를 들고 궐내에 들어가 극간(極諫)하고 물러나 고향 예안으로 돌아가니 후에 충숙왕이 그 충의를 깨닫고 다시 불렀으나 사퇴하고 글을 벗 삼아 늙어갔다. 우리나라 이학(理學)의 시초 길을 닦은 학자다.

● 운허(耘虛) 스님(1892~1980), 한국의 승려, 독립운동가

평북 정주 출신인 운허(耘虛) 스님은 젊은 날 만주에서 독립운동을 했다. 승려가 된 뒤에도 1930년대 만주 독립운동단체 조선혁명당 당원으로도 활동했다. 해방이 되고, 봉선사에 있을 때 광동중학교를 세우고 불경 한글화에도 진력했다. 속명은 이학수다.

운허 스님, 이학수의 동갑내기 6촌 형이 춘원 이광수다. 조선이 광복을 맞이할 무렵 이광수는 사릉에서 길 건너 사릉천변에 작은 집을 짓고 살았다. 이광수는 1945년 8월 16일 천변을 산책하다 광복 소식을 들었다. 그 소식을 알려준 사람이 운허였다. 조선이 일본과 하나가 되어야 한다고 주장하고, 해방되던 해까지 여기저기 친일 행각을 벌이던 춘원이었다.

갈 곳 사라져버린 이 천재에게 봉선사 경내에 다경향실(茶經香室)이라는 집을 내준 이도 운허였다. 머리는 비상하되 유약한 동갑내기 형을 위해 독립투사 승려가 공간을 내준 것이다. 그 집에서 수필집 『돌베개』와 『나의 고백』이 나왔다. 1975년 이 독립투사는 친일파로 낙인찍힌 천재 문인을 위해 절 한편에 기념비를 세웠다.

● 원광(圓光 : 542년~640년), 신라 전기(진평왕)의 승려

25세에 진(陳)나라에 유학하고 여러 곳에서 경(經), 율(律), 논(論)을 연구하였으며, 특히 열반경 등에 통달하였다. 589년 진평왕 11년에 수(隋)나라에 가서 섭론종(攝論宗)을 연구하고, 오(吳)나라에 가서 반야경을 강의하였다. 600년(진평왕 22년)에 귀국해서 불교를 널리 펴고, 군신으로부터 존경을 받았다.

608년 진평왕 30년, 고구려가 변방을 자주 침범함으로 왕의 명으로 걸사표(乞師表)를 지어 수나라에 보냈다. 특히 귀산·취항에게 세속오계를 주었는데, 이것이 화랑의 근본사상이 되었다. 즉 사군이충(事君以忠), 사친이효(事親以孝), 교우이신(交友以信), 임전무퇴(臨戰無退), 살생유택(殺生有擇)이다.

● **원부**(元傅 : ?~1287), 고려 말기의 문신

문순공(文純公) 원부(元傅)가 집에서 쉬고 있는데 유생 대여섯 명이 찾아왔다. 모두들 한담을 즐기고 있는데 원부가 물었다.

"내가 국정(國政)을 맡아 열심히 일하고는 있지만 아무래도 재능이 뜻한 바에 미치지 못할 것 같아 우려가 되네. 세상의 여론은 어떤가? 자네들은 나에게 기탄없이 말해주기 바라네."

모두들 감히 입을 열지 못하고 있는데, 학사(學士) 방우선(方于宣)이 불쑥 나섰다.

"사람들이 말하기를 공이 정치하시는 것은 과연 공의 성(姓)과 같다고 하옵니다."

공의 성(姓)이 뜻하는 대로 으뜸가는 정치라고 듣기에만 좋은 소리를 한 것이다. 그러자 원부는 크게 웃으면서

"나는 내 성을 본받아 둥글게 원을 그려 여기에 되돌아왔다마는, 너는 네 성을 본받아 모(方씨는 모방이니까)로만 간다면 장차 어디까지 가겠느냐?" 하고 말했다.

● **원술**(元述 : ?~?), 신라의 화랑, 문무왕 때의 무관, 김유신의 둘째아들

어머니는 태종무열왕의 셋째 딸이다. 따라서 제30대 문무왕(661~680)이 당나라 군사와 합하여 고구려를 멸망시키고, 고구려의 유민을 받아들이고, 또 백제의 옛땅을 점령하여 그 세력을 펴므로, 당 고종이 대노하였다. 그래서 672년 문무왕 12년에 군사를 파견하여 말갈과 함께 석문들판에 병영을 치니까 문무왕은 장군들을 보내 대방들판에서 적과 싸우게 했으나 패하게 되었다. 이 싸움에서 원술이 비장(裨將 : 참모)으로 출전했는데 신라군이 패하니, 원술은 적진에 뛰어들어 싸워

죽고자 했으나 보좌관이 말려서 전사할 기회를 놓치고 말았다. 이에 아버지 김유신이 원술을 처형할 것을 왕에게 건의했으나 왕이 불허했다.

원술은 부끄러움을 못 이겨 아버지를 뵙지 못하고 시골에 숨었다가 이듬해 아버지가 죽은 후 어머니를 만나보려고 했으나 어머니도 "이미 선군(先君)께 아들 노릇을 못했으니 낸들 어찌 그 어미가 되겠느냐?" 하고 끝내 만나주지 않으니, 원술은 땅을 치며 통곡하고 그 길로 태백산에 들어갔다.

675년, 당나라 군사가 매소성(양주)으로 쳐들어올 때 원술은 이때야말로 싸워 죽음으로써 지난날의 치욕을 씻을 기회라 다짐하고 싸움터로 나가 힘껏 싸워 큰 공을 세웠다. 그러나 여전히 어머니께 용납되지 않음으로 세상을 비관하고 벼슬 길도 오르지 않은 채 일생을 마쳤다. (삼국사기)

● **원종**(元宗 : 1219~1274), 고려 24대왕, 재위 1259~1274

☞ 1274년에 삼별초의 근거지가 된 탐라(제주)를 원군(몽고)과 같이 토벌하여 원은 다루가치 총관부를 두게 되었고, 같은 해 원나라의 일본정벌을 돕기 위해 원나라의 명령으로 전함 300척을 만들게 했으나 일본 원정은 보지 못하고 죽었다.

그전에 원의 세조는 1266년에 사신 2명을 일본에 파견했는데 당시 태도가 모호했던 고려왕 원종에 조서(詔書)를 보냈는데, 그 속에는 이 사절들이 목적을 달성하면 경(원종)의 충성은 그것으로 인정해 주겠다는 투였다.

☞ 이때 원종이 일본국왕 가메야마 천황(龜山天皇)에게 보낸 편지 내용을 보자.

고려국첩(일본국왕에게)

고려국왕의 궁정에서 편지를 올리나이다.

가을도 바야흐로 무르익어가는 오늘, 엎드려 생각건대 대왕께는 아무런 지장도 없어 매우 축하해야 할 일이라고 생각하는 바입니다.

그런데 우리나라가 몽고의 조정을 섬겨서 신하의 예(禮)를 다해온 지도 벌써 수년이 지났습니다. 몽고의 황제는 자비심이 깊고 영명하셔서 천하를 두루 일가(一家)로 생각하고, 먼 나라라 할지라도 가까운 나라처럼 친교를 맺고 있음으로, 해와 달이 비치는 한의 모든 나라들이 모두 그 덕화(德化)를 받들고 있습니다.

이번에 몽고 황제께는 귀국(일본)과 우호관계를 맺기를 원함으로 저에게 말씀하시기를 동방의 여러 나라들 중 일본은 고려의 이웃이고, 각종 제도와 그에 따른 정치에는 충분히 상찬할 것이 있습니다. 그래서 한(漢)이나 당(唐)시대부터 자주 중국에 사신을 보내고 있습니다. 그래서 저의 편지를 들려 보내오니 항해가 곤란하다는 구실로 물리치지 마시기 바랍니다.

몽고 황제는 절차에 매우 엄격해서 이번에는 할 수 없이 조산대부상서예부시랑(朝散大夫尚書禮部侍郎)인 번부(潘阜)와 몇 사람을 귀국에 보내서, 몽고 황제의 편지를 드리려 합니다(몽고 황제의 심부름).

더욱이 귀국에서는 중국의 어느 시대에도 우호관계를 유지하지 않았던 때는 없었습니다. 그래서 지금 몽고국 황제가 귀국과의 우호를 바라므로, 공물(貢物)을 바라서가 아니라 그 이상 더 없이 명예를 천하에 과시하기 위하려는 것에 지나지 않습니다.

만일 귀국이 몽고 황제의 희망에 따라 주신다면 반드시 크게 예우하실 것이 틀림없습니다. 그것이 진심인지 아닌지는 중국에 사신을 보내서 그쪽 상황을 관찰케 하는 것이 어떨지 여겨집니다. 이 점에 대해서 귀국에서는 충분한 고려가 있기를 바랍니다.

일본국왕께 (1267년 원종 8년)

지년(至年) 4월 9일

(국왕들 사이의 편지의 한 예)

● **원효**(元曉 : 617~686), 신라 말기의 고승, 성은 설씨(薛氏)

한국(신라 때)에 불교가 들어온 지 1600년이 되었다. 당시는 가람 스님 가르침도 많았으나 단연 가장 우뚝 솟은 스님이 원효이다. 원효는 벼슬자리에 오를 수도 있었으나 29세에 출가하여 모든 것을 끊고 불문에 귀의하였다.

34세에 동학(同學)하던 의상(義湘)과 함께 불법을 닦으러 당나라에 가던 길에 요동(遼東)에 이르러 어느 무덤들 사이에서 한밤을 자게 되었다. 잠결에 목이 말라 물을 한 그릇 마셨던바 다음날 아침에 깨어보니 해골속의 더러운 물이었음을 알고 급히 토하다가 깨닫기를 "마음이 나야 모든 사물과 법이 나는 것이요, 마음이 죽으면 곧 해골이나 다름이 없도다(心生則種種法生 心滅則髑髏不二). 부처님 말씀에 삼계(三界 : 天界, 地界, 人界)가 오직 마음뿐이라 한 것을 어찌 잊었더냐" 하고 바로 신라로 돌아오고 말았다. (삼국유사에서)

● **월하 스님**(月下 : 1915~2003), 한국 불교조계종 승려, 제9대 종정

월하는 1933년 열여덟 살에 출가해서 조계종 중앙 종회의장, 통도사 주지, 조실, 조계종 총무원장, 종정 등을 지낸 불교계 지도자의 한 사람이다.

1994년 5월 13일 조계사에서 열린 종정 추대식에서 월하는 "위로는 머리를 덮을 한조각 기와도 없고, 아래로는 발붙일 한 뼘 땅도 없도다. 비록 나와 같이 태어났더라도 나와 더불어 함께 죽지 않겠노라"라는 범어를 남겼는데 스님은 입버릇처럼 "내가 고단하면 남이 수월하다"고 했고, 스스로 근검절약했고 대중과 공익을 위해 솔선수범했던 것으로 유명하다.

상좌, 손상좌까지 있는데도 통도사 조실로 추대된 뒤에는 시봉을 들어줄 시자를 두지 않고 방 청소와 빨래를 직접 했다. 독상도 마다해서 대중들과 함께 공양했다(식사). (문화일보 김영번 기자 글에서)

● **위경덕**(尉敬德 : BC 221~207), 중국 진시황제 당시의 측근

진시황을 모시고 있는 위경덕이라는 신하가 있었는데, 어느 날 황제가 "네가 모반(謀叛)을 꾸미고 있다는 소문을 들었다"라고 말하자, 경덕은 전신에 나 있는 칼자욱을 보여 주었다. 황제는 "그것이 모두 나를 위해서 싸우다 난 상처인가?" 하고 물으니, 그렇다 하니 놀라서 그에게 사과를 했다. 그리고 공주를 그의 아

내로 주려고 제안했다. 그러나 경덕은 "쓸모없는 아내지만 늙은 아내가 있음으로……"라면서 그 제안을 거절했다.

● 유관(柳寬 : 1346~1433), 고려 말, 조선조 초의 문신

유관은 고려조 사람이지만 세종 조에 와서 정승을 지냈다. 동대문(興仁門) 밖에 두어 칸 오막살이에 울타리도 없는 집에 살았다. 태종이 그의 청백(淸白)을 알고 공감(工監)을 불러 밤중에 가만히 가서 갈대를 엮은 갈자리로 집을 둘러쳐주되 그가 알지 못하게 하라고 했다. 이 집은 지나가는 사람도 방안까지 들여다 볼 수 있게 되어 있었다.

여름 장마철에도 초가지붕이 새서 방안에 앉아 있을 수가 없었다. 다행이 집에 찢어진 우산 하나가 있으니 그걸 받치고는 "우산이 없는 사람은 이 빗속에서 어떻게 지내는고?"라고 부인에게 걱정을 했다. 부인은 "우산이 없는 사람은 다른 준비가 있겠지요" 했다. "그 사람들 참 용하군" 하고 유 정승은 탄식을 했다. 누가 찾아가면 겨울에도 맨발에 짚신을 신고 나왔다. 여름에는 하루 종일 호미를 들고 밭에가 일을 했단다.

● 유관순(柳寬順 : 1904~1920), 한국의 독립운동가

유관순은 이화학당 학생으로 서울에서 3·1운동이 일어나자 참여하다가 학교가 휴교하자 고향 천안으로 내려가 만세시위를 주도했다. 4월 1일 아우내 장터에서 몇 천 명의 군중을 지도하며 시위를 주도하다가 부모는 일본 헌병에게 사살되고, 유관순도 주모자로 체포되었다. 이때 나이 열여섯 살이었다.

유관순은 처음에 3년형을 선고 받았으나 불복하고 경성 복심법원에 항소하고 법원에서 독립만세를 부르고, 일제의 한국침략을 규탄하며, 일제 법률에 의한 재판을 거부했다. 결국 법정모독까지 겹쳐 7년형이 내려졌다. 자궁에 호수를 집어넣고 물고문을 해서 자궁파열을 하는 등 모진 고문을 받으면서도 서대문형무소에서 만세를 부르다 결국 17세 나이로 순국했다. 이화학당의 프라이 교장이 국제여론에 호소하겠다고 협박한 끝에 겨우 열여섯 조각으로 토막 난 시체를 인도받아 일제 관리의 감시 하에 공동묘지에 안장했다. (하일식의 글 참조)

● 유길준(兪吉濬 : 1856~1914), 조선조 말기의 정치가, 개화운동가

1880년 24세 때 일본에 건너가 게이오 의숙을 거쳐 도미해서 대학에서 수학하고 구미 각국을 유람하고 1884년 귀국하였다. 최초의 일본유학생이 되었다.

임오군란과 갑신정변사건 이후 친일세력이 일망타진되는 때라 포도청에 불려갔다가 조병하의 도움으로 풀려나 죽음은 면했으나 6년간 연금생활을 하면서 『서유견문(西遊見聞)』을 편찬하였다.

유길준은 아관파천 이후 일본에 망명하여 쿠데타를 일으키려다가 실패했고, 고종 퇴위 후에는 계몽운동가로 활약했다.

한일합방 뒤 일제가 남작 작위를 주었으나 사퇴하였고 1914년 7월 2일 자택에서 병사했다. 향년 58세였다.

● 유득공(柳得恭 : 1749~1807), 조선조 정조 때의 학자

일찍이 진사에 합격하여 규장각 검서(규장각에 두었던 서자 출신의 학자를 대우하는 직함)가 되었고, 여러 지방의 군수를 지냈다. 외직에 있으면서 검서의 직함을 가지고 이덕무 · 박제가 · 서이수 등과 함께 4검서라고 불리운다. 만년에 풍천부사를 지냈는데, 북학파 거장 박지원의 제자로서 실사구시의 방법으로 중국에서 문물을 수입 · 모방하여 산업진흥에 힘써야 한다고 주장했다. 박제가 · 이덕무 · 이서구와 함께 한학사가(漢學四家)라고 불렀다.

이런 유득공이 의외로 역사에 관심을 보여 발해사를 우리의 역사로 보아야 한다고 주장했다. 그의 말을 들어보자.

"고려가 발해사를 편찬하지 않았으니 고려가 부진했음을 알 수 있다. 옛날 고씨가 북쪽에 거주했으니 곧 고구려이고, 부여 씨가 서남쪽에 거주했으니 곧 백제이고, 박 · 석 · 김 씨가 동남쪽에 거주했으니 곧 신라인데, 이것이 삼국이다. 마땅히 삼국사가 있어야 했으니 고려가 이것을 지은 것은 옳다. 부여 씨가 망하고 고 씨가 망하고 김 씨가 그 남쪽을 차지했고, 대 씨(大氏)가 그 북쪽을 차지했으니 이것이 발해다. 이것이 남북국이니 마땅히 남북국사가 있어야 하는데 고려가 이를 쓰지 않았으니 잘못이다. (발해 고서문)에서

● 유령(劉伶 : ?~?), 중국 晉시대 죽림칠현의 한 사람

죽림칠현이란 진시대의 현인들이며 청담파라고도 불리우는 염세관에 입각한 풍자 철학을 지닌 선비들 모임이다. 그 중 한 사람인 유령은 술의 고주망태가로 유명하다. '주덕송(酒德頌)'이라는 유명한 술 예찬시를 쓴 사람이다.

그는 어디를 가도 반드시 하인을 시켜 술병과 삽을 짊어지고 따라오게 했다. 친구들이 이상히 여겨 삽은 왜 가지고 다니게 하느냐 했더니,

"내가 술을 좋아하는 것은 세상이 다 아는 일이니까 어디를 가나 주인이 술을 줄 것이니 내가 술을 먹기 시작하면 결사적으로 먹는 터이니 언제 술 먹고 죽을 지 모르니 죽게 되면 시체를 집에 싣고 가기가 번거로우니 그렇게 예를 갖추어 장사지낼 것 없이 술 먹고 죽은 그 자리에 그대로 땅만 파고 묻어 달라는 것일세" 했다.

● 유림(柳林 : 1898~1961), 한국의 독립운동가, 호는 단주(旦洲)

☞ 유림은 안동 출신이다. 안동은 독립유공자를 가장 많이 배출한 고장이고, 유교문화가 깊이 뿌리박힌 고장이면서도 애국심이 강한 고장이다.

대규모 일본 요인 암살계획을 세우고 1919년에는 군사력 확보를 위해 만주로 탈출했고 이상룡(李相龍 : 石洲, 안동 출신 독립운동가, 임시정부 국무령을 지냈다), 김동삼(金東三 : 一松, 안동 출신 항일독립투사, 체포되어 복역 중 옥사) 등과 서로군정서특파원(西路軍政署特派員)으로 두 차례 비밀리에 입국했다가 봉천에서 일경에게 체포되어 구금되었다.

1910년 협동학교 재학 중(12세) 한일합방이 되자 손가락을 끊어 '충군애국(忠君愛國)'의 네 글자를 혈서하고 독립운동에 헌신하기로 결의하였다.

1915년 17세 때 대구를 중심으로 각지의 청년들을 규합하여 부흥회를 조직하고 독립운동을 도모하던 중 대구경찰에 구금되었다. 그 후 만주에서, 중국에서, 독립운동하면서 수차례 체포·구금·투옥되어 6년 이상 옥살이를 했다.

☞ 친구 김창숙은 단주 선생 사후에 "군재대한중 군거대한공(君在大韓重 君去大韓空)"이라는 글을 남겼다. "그대 있어 이 나라가 무겁더니, 그대 떠나니 이 나라가 비었구나"이다.

● **유방**(劉邦 : BC 247~195), 중국 秦末의 정치가, 漢高祖

유방은 항우와는 달리 부하를 잘 다루는 능력을 가진 사람이었다. 유방은 능력 면에서는 항우에 미치지 못한다. 처음에는 계속 지고만 있었다. 정예의 항우군단에 힘겹게 대항하고 있었다. 그러나 유방은 개인의 능력대신 부하를 잘 다루어서 그들의 능력을 끄집어내서, 집단의 힘을 결집시켜서 끈질기게 버티어 역전 승리에 성공했다.

유방 자신이 이렇게 말했다.

"나에게는 숙하(肅何), 장량(張良), 한신(韓信)의 세 걸물이 붙어 있었다. 나는 이 세 사람을 잘 활용했다. 이것이 내 승리의 원인이다. 항우에게도 명장군이 붙어 있었다. 허나 그는 범증(范增)한 사람만 다루었다. 이것이 나에게 진 이유이다"라고 했다.

● **유성룡**(柳成龍 : 1542~1607), 조선조 선조 때의 명상, 영의정, 학자, 호는 서애(西厓)

☞ 선조가 명장(名將)을 천거하라고 했을 때, 성룡은 권율(權慄), 이순신(李舜臣) 등을 천거하여 뒷날 나라의 간성이 되게 했고, 1592년 임진왜란 때에는 선조를 모시고 송도(개성)에 가서 영의정이 되었으나 신잡(申磼)의 말에 의해 그날로 사퇴하고, 평양에서 소동을 일으킨 난민들을 진정시키고 조정에서 북행을 말하는 사람이 많았으나 홀로 의주로 갈 것을 주장하여 뒷날에 명나라 구원의 길을 열게 하

였다.

☞ 조선 선조 때 새로 훈련부감을 설치하고 조총 쏘는 법을 가르치도록 조정에서 결정했다. 영의정 유성룡이 선조 앞에서 조총 쏘는 방법을 설명하기 위하여 총 쏘는 흉내를 내는 처신이 좀 경망스럽게 보였던 모양이다. 이것을 본 박동현(朴東賢)은 문과에 급제하여 응교(관직)로서 경석(임금이 선비와 대신들을 모아 놓고 경학을 강구하는 자리)에 임금을 모시고 있던 터라 이 일국의 재상이 존엄한 자리에서 대신의 체모를 손상시키는 거동을 했다 해서 임금께 해임시키라고 건의하였다.

경석을 끝내고 밖으로 나오면서 유성룡은 "오늘 응교 박동현의 말은 천번 만번 지당하오이다. 옛사람의 말에도 나라에 옳은 말 하는 신하가 있으면 결코 그 나라는 망하지 않는다고 했으니 조정에 이러한 신하가 있으니 이 나라가 어찌 중흥을 못할까보냐"고 칭찬했다. 유성룡의 도량을 읽을 수 있다.

● 유성원(柳誠源 : ?~1456), 조선조 단종 때 충신, 충경(忠景) 사육신

1444년(세종 26) 식년문과에 급제, 다음해 저작랑으로 『의방유취(醫方類聚)』의 편찬에 참여하고 1447년 문과중시에 급제했다. 집현전 학사로 세종의 총애를 받았으며, 1450년 문종이 즉위하자 사경·수찬·대교를 역임한 후 1451년 사가독서를 했다. 1453년(단종 1) 김종서(金宗瑞) 등을 살해하고 정권을 잡은 수양대군(세조)의 협박에 못 이겨 정난공신을 녹훈하는 교서를 썼으나 그 후 성삼문·박팽년(朴彭年) 등과 단종의 복위를 꾀하다가 1456년(세조 2) 일이 탄로되어 뜻을 이루지 못하게 되자 자결했다.

● 유순(柳洵 : 1441~1517), 조선조 초기(성종·연산군)의 명신

유순은 연산군의 생모 윤비에게 사약을 내릴 때, 입직승지로서 약그릇을 드는 담당자가 되어 사약을 윤비에게 전하는 역할을 하게 되어 있었다. 그런데 그 날 새벽에 포천 본가에서 기별이 오기를 부인이 어젯밤에 호랑이에게 물려갔다

는 것이다. 이 말을 들은 유순은 그 뜻을 어전에 알리고 휴가를 받아 부랴부랴 본 가로 달려갔다. 부인은 호랑이 등에 업혀가다가 중도에 나뭇가지를 잡고 나무에 올라가 밤을 새우고 집으로 돌아와 있었다. 유순은 부인이 살아 돌아와서 기쁘고 약그릇 봉행을 면하게 되어서 기뻤다. 그런데 유순 부재중 이세좌(李世佐) 부자가 이 일을 맡아 하게 되었다.

이 부자가 이 일을 마치고 귀가를 하니 부인이 그 말을 듣고 "이제 우리 집안은 망했다"고 한탄을 했다. 그 후 성종이 죽고 연산이 위에 오르자 이세좌 일문은 멸 망했으나 유순은 화를 면해서 중종 때에 와서 영상까지 지내게 되었다. 호랑이가 유순 일가를 구했다는 이야기다.

● **유응부**(兪應孚 : ?~1456), 조선조 세조 때의 사육신의 한 사람

1455년 동지중추원사가 되었을 때 성삼문·박팽년 등과 단종복위를 모의하 고 명나라 사신을 초대하는 연회 장소에서 세조를 살해하는 소임까지 맡았으나 김질(金礩)의 배신으로 탄로되어 잡혀 심한 고문을 당했으나 끝까지 불복하다가 죽었다.

부모에 효성이 극진했고, 청렴결백하여 재상으로 있을 때도 가정이 누추함을 면치 못했고, 때로는 양식이 떨어졌다고 하며, 죽은 날 가족들은 울면서 행인에 게 "살아서 고생시키더니 죽어서 대 화를 남겼다"고 했다 한다.

● **유영모**(柳永模 : 1890~1981), 한국의 기독교 개신교 사상가, 철학자, 종교가, 호는 다석(多夕)

함석헌의 씨알 사상도 유영모로부터 물려받았다고 하나, 함석헌이 퀘이커교에 기울자 크게 나무라고 의절했다고 한다. 기독교는 교회의 종교행사에 참여하는 것이 신앙의 본질이 아니고 역사적 예수의 삶과 복음을 이웃에 대한 자비, 정직 한 노동, 양심적 병역거부, 악을 선으로 이기는 비폭력 투쟁 등으로 실천하는 것 이 기독인의 삶이다라고 강조했다. 그의 종교다원주의는 서양보다 70년 앞섰다 고 할 수 있으며, 1998년에는 영국 에든버러 대학에서 그의 사상 강의가 있었다.

그는 평생 소식하고, 검소하며, 일관되게 한복을 입고 다녔다.

● 유응규(庾應圭 : 1131~1175), 고려 명종 때의 현신

남경태수로 있을 때 그의 아내가 병으로 채소 국만을 먹는데 어떤 관리가 꿩한 마리를 몰래 선사하니 "내 남편이 평생 남의 선물을 받지 않았는데 내가 어찌먹는 음식으로 남편의 맑은 덕을 흐리게 하겠느냐?"면서 돌려보냈다.

정중부(鄭仲夫)가 의종(18대)을 폐하고 그 동생 명종(19대)을 세운 후 금나라에 가서 금나라 왕에게 선위의 사실을 고하고 승인을 요청했으나 답이 없자 7일간 단식투쟁을 해서 승낙을 받고 돌아왔다. 정중부가 문신들을 척결하는 것을 설득하고 중지시켜서 문관들의 참화를 면하게 했다.

● 유일한(柳一韓 : 1895~1971), 한국의 기업인, 유한양행 설립자

☞ 1926년 31세에 귀국해서 종로2가에 유한양행을 설립했다. 1933년에 안티푸라민과 혈청 등을 개발해서 판매하기 시작한 것이 오늘날 제약업계의 선두주자가 된 계기이다. 그는 회사를 윤리경영을 했고, 절대로 탈세하지 않았으며, 1936년에는 한국 최초로 종업원 지주제(持主制)를 실시해서 회사를 사유화하는 것을 막았다.

☞ 독실한 침례교 신자인 그는 재산에 대해 자신의 소유가 아닌 예수님이 맡기신 것이라고 믿었다. 1971년 별세하기 전 아들 유일선 변호사 딸의 학자금으로 쓰일 1만 달러를 제외하고는 전 재산을 교육 사업에 기부한다는 유서를 남겼다. 재산을 자녀에게 물려주지 않고 사회에 환원했다.

● 유정(惟政 : 1544~1610), 조선조 중기(선조조)의 고승, 호는 사명당

임진왜란 때 선조대왕이 의승대장(義僧大將)의 구국의지를 기리기 위해 명을 내렸다.

"사명대사의 고향에 전각을 세우고 그곳에 스님의 진영(眞影)을 봉안하여 훗날까지 스님의 충혼을 모시도록 해라."

명이 떨어지자 경남 밀양에 사당을 세우고 스님의 영정을 봉안했다. 선조는 이 전각을 '표충사(表忠祠)'라고 사액했다.

백년 후 5대 법손(法孫)인 남붕서사가 당우를 증수하고 표충비를 세웠다. 1738년 때 일이다. 남붕 스님은 경상도 경산까지 가서 돌을 구하고, 당시 정승 이익현에게 비문을 부탁했다.

표충비가 세워지고 다시 100년 뒤 24대 현종 5년(1839), 사명대사의 8대 법손 월파선사가 표충사를 밀양 영정사로 옮겼다. 그리고 그 절 이름을 아예 표충사(表忠寺)로 바꿨다. 고향에 비석만 남게 되었다.

일제 때 일본인이 사명대사의 혈맥을 끊기 위해서 비석 앞에다 창고를 짓던 날, 비석은 마치 살아있는 듯 몸부림치기 시작했고, 끝내 몸체에 마치 피를 흘리는 듯한 형상으로 '쫙' 금이 갔다. 그리고 나라에 큰 일이 있을 때마다 비석에서 땀이 흐른다는 말을 듣고 일본인들이 크게 두려워하게 되었다. (경상남도지)

● **유진오**(兪鎭午 : 1906~1987), 한국의 소설가, 법학자, 교육자, 정치가, 대학총장

1948년 6월 헌법기초위원회 위원으로 서상일, 윤치영, 김준연, 조봉암 등과 헌법제정에 참여했다. 대한민국 헌법을 기초한 유진오의 초안에는 국민을 '인민'으로 표현했다. 초안 작성자인 그가 국민 대신 인민이란 어휘를 택한 데는 이유가 있었다. 국민은 국가의 구성원이라는 의미가 강하여 국가 우월적 느낌을 준다. 반면에 인민은 국가라도 함부로 침범할 수 없는 '자유와 권리의 주체'로의 인간을 표현한다. 유진오는 국가를 구성하는 자유인으로서의 개인을 표시하는데 국민보다 인민이 더 적절하다고 판단했다고 했다.

● **유충걸**(柳忠傑 : ?~?), 조선조 인조의 고모부, 중기 문신

유충걸의 조카 혁연(赫然)이 수원부사로 있을 때 수원을 지나가게 되었는데 눈

이 내리는 수원서 하룻밤 유숙하게 되었다. 그런데 아무도 방을 내주지 않았다. 마부를 시켜 "네가 가서 수원부사 놈을 잡아 오너라"라고 호통을 치자 부사가 나와 보니 삼촌이었다. "이놈아 백성을 어떻게 다스렸기에 민심이 이렇게도 악하단 말이냐?" 부사는 땅에 엎디어 꾸지람을 받은 후 관아로 들어가기를 청했으나 충걸은 거절했다. "나는 어진 부사가 어진 정치를 한 관아에는 안 들어가겠다"고 하면서 말을 타고 눈 내리는 밤에 그냥 가버렸다. 그 후부터 수원 땅 인심이 좋아졌다고 한다. 그는 반어법(反語法)을 쓴 것이다.

● **유치환**(柳致環 : 1908~1967), 한국의 시인, 교육자, 호는 청마(靑馬)

그는 시인이 되고난 후 시조시인 이영도 씨와 연인사이로 지냈고, 그의 시 중에는 이영도를 생각하면서 쓴 시들이 있다. 이른바 플라토닉 러브를 한 화제의 중심이었던 러브스토리이다. 이영도의 시집 『사랑하였으므로 행복하였네라』는 청마 사망 후 헌시처럼 쓴 시들이다. 그 중 한편 '행복'의 한 구절을 적는다.

행 복

사랑하는 것은
사랑을 받느니보다 행복하나니라
오늘도 나는
에메랄드 빛 하늘이 환히 내다뵈는
우체국 창문 앞에 와서 너에게 편지를 쓴다.
……
……
사랑하는 것은
사랑을 받느니보다 행복하나니라
오늘도 나는 너에게 편지를 쓰나니

그리운 이여 그러면 안녕
설령 이것이 이 세상 마지막 인사가 될지라도
사랑하였으므로 나는 진정 행복하였네라.

통영여자중학교 국어 교사로 있던 유치환은 자신보다 1년 늦게 가사교사로 온
이영도 시조시인을 연모했다. 시조시인 이호우의 여동생이기도 한 이영도는 스
물한 살에 결혼했으나 남편이 결핵을 앓자 요양삼아 언니가 사는 통영으로 거처
를 옮겼다. 그러나 남편은 광복 직전 세상을 떠났고, 수예점을 하는 언니 일을 도
우며 지내다 통영여중 교사를 하게 되었다. 곱게 한복을 입고 쪽진 머리를 한 말
수 없는 여인이었던 이영도는 유치환과 운명적인 만남을 갖게 됐다.
　유부남과 미망인 사이인데 20년간 5,000통의 편지를 주고받았던 두 사람이,
유치환의 교통사고 사망으로 이영도는 『사랑하였으므로 행복하였네라』를 출간
했다.

● **유카와 히데키**(湯川秀樹 : 1907~1981), 일본의 물리학자, 노벨 물리학상 수상자

　일본인으로는 처음으로 노벨상을 받은 유카와 히데키가 중간자론(中間子論)을
발표한 것은 1934년의 일이다. 교토대학 출신인 유카와가 도쿄대 물리학교실에
서 그의 첫 논문을 발표했다. 그러나 말소리가 너무 낮아서 들을 수가 없어서 청
중의 반응이 없었다. 발표가 끝나자 뒤쪽에 앉아있던 한 연구자가 일어서서 "아
무것도 못 들었으니 한 번 더 처음부터 다시 시작해 주십시오"라고 발언해서 회
장에 차가운 웃음을 퍼뜨렸다고 한다. 요컨대 유카와의 대담한 추론(推論)에 누구
도 따라가지를 못했던 것이다.

● **유형원**(柳馨遠 : 1622~1673), 조선조 현종 때의 실학파 학자, 호는 반계(磻溪)

　청렴결백하였고 민유중 등이 벼슬에 천거했으나 사양하고 농촌에서 농민을 지

도하는 한편 기근을 구제하기 위하여 양곡을 예비케 하고, 배와 말을 항상 준비해서 구급에 대비했으며 이웃과 노비까지도 극진히 사랑했다.

그는 나라를 부강케 하고 백성을 편안케 하는 방법으로 첫째 토지개혁, 둘째 농병일치군제, 셋째 부역의 균형, 넷째 국민균등세제, 다섯째 상공업의 장려, 여섯째 과거제 폐지하고 공거제(貢擧制) 도입, 일곱째 관아의 정비 등을 들어 주장했다. 그가 10년 동안 쓴 『반계수록(磻溪隨錄)』 26권은 그의 사상, 이념, 이상 국가 건설의 구상이 실려 있다.

● 윤각(尹慤 : 1665~1724), 조선조 숙종 때의 무관

1699년 숙종 25년에 무과에 급제해서 전라수사를 지냈다. 1712년 숙종 38년에 청나라 사신과 함께 백두산의 경계를 사정하고 산천의 형태를 그려 올렸다. 1721년 경종 1년 신축화옥(辛丑禍獄)에 관련되어 여러 해 동안 구금되고 고문이 혹심했으나 태연했고, 죽음에 이르러 자제들에게 경계하는 유서를 친히 쓰는데 자획이 평소와 다름없었다. 아내 김 씨는 죽은 뒤 3년 동안 옷을 갈아입지 않고 안방을 지키며, 밤에는 밖에 나가 하늘에 기도했다.

영조 즉위 후 억울함이 풀리자 아내는 "내가 죽지 않은 것은 오늘을 기다린 까닭이라"고 말하고 드디어 단식하다 죽었다. 영조가 김 씨의 절개를 표창했다.

● 윤고암(尹古庵 : 1899~1988), 한국 불교 조계종 종정

종정 자리는 지고지엄한 자리인데 세 번씩이나 종정으로 추대되었다. 경기도 파주에서 태어나 가야산 해인사에서 열반했다.

19세에 해인사로 출가해 무소유, 무집착, 무차별, 자비보살의 화현으로 한평생을 살았고, 보살계 법문을 내리고 법사료 봉투를 받으면, 형편이 어려운 사찰임을 헤아려 주지스님 모르게 법사료 봉투를 법단에 올려놓고 나온다.

어렵지 않은 사찰의 경우는 그 돈을 모두 제자들 몫으로 돌린다. 신자나 보살들이 가져오는 예물은 모두 나누어 주고, 자기가 쓰는 법이 없다.

"고암 스님 돈은 받아쓰는 사람이 임자."

"아이구 스님, 이거 아주 귀하고 값진 물건인데요?"

"자네 마음에 들면 자네가 갖게나."

"아이구 스님, 좋은 책이 많이 있네요!"

"자네가 볼만한 책이 있거든 몇 권이라도 가져가게."

고암은 이렇듯 돈에도 물건에도 감투에도 애착을 두지 않는 분이었다. 종정을 세 번이나 지냈지만 문도들이 머물 수 있는 큰절 하나도 없이 빈손으로 훌훌 털고 떠났다.

● **윤극영**(尹克榮 : 1903~1988), 한국의 동요작곡가, 어린이문화운동가

윤극영의 동시대 같이 학교를 다녔거나 어린이 문화운동을 한 사람 중에는 심훈(외사촌형), 조재호, 방정환, 정인섭, 이헌구, 마해송, 진장섭 등의 명사들이 있다.

그는 경성 고등보통학교(지금 경기고교)를 졸업하고 일본 동양음악학교에서 바이올린과 성악을 공부하고 돌아와서 소년소녀합창단 '다알리아회'를 만들어 어린이합창 운동을 하였다. 이때 합창단의 피아노 반주를 하던 오인경이라는 중앙보육학교에 다니던 처녀에 끌려서 이미 결혼한 몸인데 둘이서 만주 간도로 도주해서 결혼을 했다. 이때 윤극영의 나이 23세 때이다. 윤극영이 오인경에게 한 말, "인경아, 나는 아내가 있는 사람이야, 하지만 네가 없으면 나는 견딜 수가 없어. 감히 이렇게 말하는 것을 이해해다오" 하고 본처를 버리고 만주로 애정도피를 하였다.

● **윤담**(尹譚 : 1629~1705), 조선조 숙종 때의 효자

18세에 진사에 합격했으나 대과에 급제하지 못하여 40세에 선공감찰방이 되었으나 어버이의 병으로 사임했다. 벼슬이 5품에 이르렀으나 현읍(縣邑)의 직책을 하나도 맡지 못했다. 효성이 지극하여 어머니가 등창으로 괴로워하니 13일 동안 주야로 종처를 빨아 낫게 하였으며, 후에 다시 병이 위독하니 손가락을 끊어 피

를 대접하였다. 아버지가 만년에 실명하니 잠시도 곁을 떠나지 않고 음식·기거에서 변소 출입까지 손수 맡아서 10년간을 하루같이 보았다. 아버지가 죽은 후 3일간 단식하고 3년간 맛있는 음식을 가까이 하지 않고, 비록 병중이라도 상복을 벗지 않았다. 그가 죽은 후 마을 사람들이 연명으로 그의 행장을 조정에 알려 효자정문이 세워졌다.

● 윤동주(尹東柱 : 1917~45), 한국의 시인

2003년 6월 28일 용정의 집으로 초대받은 자리에서, 여동생의 남편 오형범(吳瀅範)과 윤혜원(尹惠媛) 부부는 신길우 시인에게 다음과 같이 증언해 주었다. 1945년 3월 6일에 윤동주 장례 후 묘비 건립을 준비하던 조부와 부친이 '詩人'이라 붙이기로 하였다. 윤동주의 자선 육필 시집을 이미 보았기 때문이다.

이 육필시집은 윤동주가 1941년 12월 27일 연희전문을 졸업하면서 19편을 골라 자필로 써서 『하늘과 바람과 별과 시』라고 제목을 단 것이었다. 1942년 동경 릿쿄(立敎)대학 영문과에 다닐 때 여름방학에 용정에 가지고 와서 보여주며, 3벌을 만들었는데 1벌을 당시 이양하(李敭河) 교수에게 드리고 출판을 하겠다고 하였더니 시기상조라고 하였다고 하고, 또 1벌은 후배인 정병욱(鄭炳昱)에게 주었다고 하였단다. 이 시집을 근거로 조부 윤하현(尹夏鉉)과 부친 윤영석(尹永錫)이 묘비에 '시인'이라고 붙인 것이다. (신길우의 글에서 발췌)

● 윤두수(尹斗壽 : 1533~1601), 조선조 선조 때의 문신, 정승

윤두수는 정승인데도 누구나 선물을 보내면 받을 것 안 받을 것 가리지 않고 받았다. 이 일로 조정에서 비난과 조소가 많았다. 이원익(李元翼)이 처음 내각에 들어가자 윤 정승의 절조 없는 행위를 가지고 어전에 탄핵했다. 그 후 공무로 윤 정승 댁을 찾아가니 얼굴에 조금도 불쾌한 기색 없이 흔쾌히 맞아주어서 일전에 어전 탄핵에 대한 이야기를 했더니 윤 정승은 "가난한 친척들이 혼상을 당하면 의례히 내게 달려오니, 누가 보내준 것이 있으면 물리치지 못하고 받아놓는 것이 대각(台閣)의 탄핵에까지 이르렀지만 그건 당연한 일이어서 그것으로 불쾌해 하는 것은 부당하다고 생각해요." 이 이야기를 하고 있는 동안에 시골 친척이 자식 혼사를 정해놓고 혼수가 없다고 해서 하녀를 시켜 뭐 찾아보라고 하는 것이었다. 윤두수는 "이걸 싸서 친척에게 주어 돌려보내라"고 일렀다.

이원익은 그의 넓은 도량에 감복했다고 한다.

● 윤봉길(尹奉吉 : 1908~1932), 한국의 독립운동가

초등학교 2년을 중퇴하고 한학을 배웠다. 18세 때 중국 상해로 건너가 모직공장 직공, 세탁소 외교원 등으로 일하다가 1930년 "장부가 집을 나가니 살아서 돌아오지 않겠다"는 편지를 남기고 망명길에 올랐다. 1931년 23세 때 김구의 한국애국단에 입단했다. 1932년 일본 천황의 생일인 천장절(天長節)을 기하여 상해사변에서 승리한 전승 축하회를 상해 홍구공원에서 연다는 것을 알고 4월 29일 11시 40분 폭탄을 몸에 품고 경비가 삼엄한 식장에 뚫고 들어가 식장 정면에 명중시켜 폭발시켰다. 이 사건으로 일본거류민단장 가와바타(河端貞次)는 즉사, 최고사령관인 시리카와(白川義則) 대장은 전신에 파편을 맞고 5월 26일(27일 후) 사망하고, 제3함대 사령관 노무라(野村吉三郎), 제9사단장 우에다(植田謙吉) 공사, 시게미쓰(重光葵) 등이 중상을 입었다.

윤봉길은 "대한독립만세"를 부른 뒤 체포되어 오사카로 이송되어 군법회의에서 사형이 선고되고 24세를 일기로 일제의 손에 의해 사형되었다. (역사대사전 참조)

● 윤석보(尹碩輔 : ?~1505), 조선조 연산시대의 문관

윤석보는 1472년 문과에 급제하고, 누진하여 제학이 되고 청백리에 뽑혔다. 일찍이 풍기군수(豊基郡守)가 되었는데, 처자는 풍덕 시골집에 두고 단독 부임하였다. 시골집에 남아 있는 처자는 춥고 배고픈 고달픈 생활을 하고 있었다. 아내 박씨는 견디다 못해 선대부터 내려오던 몇 가지 물건을 팔아 밭 한 마지기를 장만했었는데, 이 말을 들은 석보는 편지를 보내어 아내를 나무랬다.

"옛 사람이 '몇 치 땅이라도 넓혀가졌다고 임금을 저 버리지 않는다'고 한 것은, 국록 이외에 탐을 내지 말라는 말인데, 이제 내가 관직에 올라 임금의 녹을 받으면서 전에 없던 밭을 장만했다 하면 세상 사람들이 나를 어떻게 생각하겠는가? 빨리 밭을 물려버리시오."

아내는 할 수 없이 밭을 옛 주인에게 돌려주었다.

● **윤석중**(尹石重 : 1911~2003), 한국의 아동문학가

☞ "건강한 신체에 건강한 정신이 깃든다고 한다. 그러나 나는 80평생을 그 반대로 생각하며 살아왔다. '건강한 정신에 건강한 신체가 깃든다'고.

무쇠 팔뚝 무쇠 다리를 자랑하는 사람치고 오래 사는 사람 못 보았다. 주먹을 자랑하는 깡패들의 그 일그러진 얼굴, 흘겨보는 눈을 보면, 기운은 세지만 머리가 비어 있음을 남들이 알게 된다."

☞ "'요즘에 무슨 운동을 하시나요?' 건강한 나에게 이렇게 물어오면 나는 서슴없이 대답한다. '어린이 운동'이라고. 사실 나는 80평생 어린이만을 생각하고 어린이만을 위해 일하면서, 어린이를 위한 동요만 써왔고 지금도 열심히 짓고 있기 때문에, 동심을 간직한 채 야심 없는 삶을 누리고 있다."

● **윤선도**(尹善道 : 1587~1671), 조선조 중기(인조)의 시조작가, 호는 고산(孤山)

어려서부터 총명하고 글을 좋아했고, 널리 경사백가(經史百家)에 통달했고, 의약, 복서(卜筮 : 길흉을 점치는 것), 음양지리에도 정통했고, 시조에 더욱 뛰어났다.

나라를 그르친 사람들의 죄상을 낱낱이 밝혀 조정을 놀라게 했고, 귀양살이로 8년을 보내기도 했으나 인조반정으로 풀려나왔다.

46세, 늦게사 문과에 급제하여 서인들에게 밀려 귀양을 갔다. 남한산성에 왕을 문안하지 않았다는 이유로 귀양을 갔고, 조대비 복제문제로 논쟁하다가 서인들에게 몰려 삼수(三水)에서 9년간 귀양살이를 했다. 일생을 긴 귀양살이 속에 보냈

는데 선생이 마지막 귀양살이가 풀린 것이 81세였고, 그 사이 보길도 섬 속에 묻혀 노래와 거문고로 긴 세월을 보낸 것이 선생에게 있어서는 후학들에게 값진 시기였다.

특히 '어부사시사' 등은 우리말의 독창성을 살린 서정적인 작품이고, '오우가'는 우리나라 시조 중 가장 뛰어난 것으로 꼽힌다.

● **윤심덕**(尹心悳 : 1897~1926), 한국의 성악가, 가수, 배우

그는 나혜석과 함께 1920년대 신여성을 대표하는 인물이다. 한기주(韓琦柱)와 함께 한국 최초의 소프라노 가수였다.

평양에서 독실한 기독교신자 부모 밑에서 자랐다. 경제적으로 어려웠음에도 자녀들에게 신교육을 받도록 했다. 숭의여학교와 경성여자고등보통학교 사범과를 다녔다. 그의 형제들은 모두 음악재능이 있어서 여동생은 피아니스트, 남동생은 바리톤 성악가였다. 조선총독부 관비 유학생으로 선발되어 도쿄로 건너가 청산(靑山)학원대학을 거쳐 도쿄음악학교를 나왔다.

1921년 24세 때 유학생들이 계획한 순회공연에 참여했다가 극작가이며 와세다대학 학생인 김우진을 만났다. 그는 자녀가 있는 유부남이었다.

1924년 유학을 마치고 귀국했고, 한국 최초의 소프라노로서 전성기를 맞았다. 그러나 교사로 임용되지 않자 경제적 어려움을 겪고, 혼담이 깨지는 등 문제가 잘 풀리지 않았다. 그러다가 김우진의 권유로 토월회에 들어가 배우로 일하게 되었다. 한국 최초의 대중가요로 꼽히는 '사(死)의 찬미'를 녹음하여 좋은 반응을 얻었다.

1926년 레코드 취입을 하여 오사카에 있는 닛토(日東)레코드 회사에 갔다가 그해 8월 3일에 윤심덕은 김우진과 함께 시모노세키에서 부산으로 가는 연락선 도쿠주마루(德壽丸)에 승선했으며, 8월 4일 새벽 4시 쓰시마(對馬島)섬을 지나던 중 자살하였다.

1926년 8월 5일 동아일보 기사는,

"…오전 4시경에 쓰시마섬 옆을 지날 즈음 양장을 한 한 여자 한 명과 중년신사 한 명이 서로 껴안고 갑판에서 돌연히 바다에 몸을 던져 자살을 하였는데, 남자는 김우진이고 여자는 윤심덕이었다고 한다.…" 나이 29세 때 일이다.

● 윤심형(尹心衡 : 1698~1754), 조선조 영조 때의 문신, 부제학

영조 때 한성판윤(서울시장)으로 있던 윤급(尹汲)은 풍채 좋고 글 잘하고 뜻이 고상해서 여간 사람과는 교우를 아니 하기로 유명했다.

하루는 퇴청을 하던 중, 길에서 웬 사람 하나가 떨어진 옷에 헤어진 갓을 쓰고 소를 타고 지나가다가 판윤과 눈이 마주치자 소에서 내렸다. 판윤은 초헌(軺軒 : 종2품 이상이 타고 다니던 높은 외바퀴의 승교)에서 내려 서로 손을 잡고 다정하게 이야기를 했다. 판윤이 그 사람에게 어찌하여 한성에 들어왔느냐고 물으니

"들으니 미중(美中 : 正言 李彦世를 말함)이 식량이 떨어져서 사흘이나 궐식을 했다 하기에 마침 내게 들어온 쌀이 있어 그것을 나누어 갖다 주고 돌아가는 길일세" 하고 서로 웃고 이야기 하고 헤어졌다. 많은 사람들이 이 광경을 보고 놀라워했다.

● 윤원형(尹元衡 : 1509~1565), 조선조 명종 때의 권신

중종계비 문정왕후(명종의 생모)의 친동생 윤원형이 명종 조에서 병조판서로 있을 때, 어느 무인 하나를 북도 어느 자리에 임명했더니 그 무인이 부임한지 얼마 안 되어 전통(箭筒 : 화살 넣는 통) 하나를 보내왔다. 원형이 화를 내면서 "내가 활 쏘는 전통이 무슨 필요가 있느냐" 하고 다락 속에 집어던지고 그 사람을 파면시켰다.

그 부인이 돌아와 원형을 찾아보고 일전에 보낸 전통을 보셨느냐고 물었다. 하인을 시켜 그 전통을 열어보니 그 속에 검은 담비털이 들어 있어서 그 무인을 다시 좋은 자리를 주었다.

● 윤이상(尹伊桑 : 1917~1995), 한국의 작곡가

1963년 4월 윤이상이 북한을 처음 방문했다. 그리고 거기서 오랜 친구인 최

상학을 만났다. 그는 민족의 이상을 동물 형상으로 표현한 벽화의 사신도(청룡, 백호, 주작, 현무)를 통해 예술적 영감을 얻기 위해 방북했다고 한다. 그러나 당시 방공을 국시로 삼고 있던 박정희 정권은 윤이상의 친북행적을 포착하고 내사에 들어갔다.

1967년 6월 17일, 윤이상과 부인 이수자는 중앙정보부에 의해 체포되어 서울로 압송되었다. 그는 유럽으로 건너간 다른 유학생들과 함께 간첩으로 몰려 사형을 선고 받고 구치소에 수감되었다. 1969년 자살을 시도한 윤이상은 결국 음악 작업을 해도 좋다는 허락을 받고 오페라 '나비의 꿈'을 썼다. 완성된 작품은 집행 유예로 먼저 풀려난 부인을 통해 독일에 전달되어 1969년 2월 23일 뉘른베르크에서 '나비의 미망인'이라는 제목으로 초연되었는데 31회의 커튼콜을 받는 등 큰 호평을 받았다.

● **윤지경**(尹知敬 : 1584~1634), 조선조 인조 때의 문관

1609년 25세 때 증광문과에 급제했다. 1623년 광해군 15년 인조가 반정할 때에 마침 수묘(부모 묘 지킴)하고 있다가 무사에게 이끌려 인조 앞에 나갔을 때, 밤중에 군병을 일으킨 자가 누구냐고 물었더니 김유(金瑬)의 대답이 "능양군(인조)이 종사를 위해 이를 일으켰다"고 하니 지경은 비로소 계하에 내려가 절하고 죄를 청하였다. 인조가 찬탄하여 응교(應敎 : 정3품)에 보직하니 "첫째는 나라가 망하는 것을 구원하지 못한 것이 죄요, 둘째는 의병이 일어나되 이에 참여치 못한 것이 죄요, 셋째는 동궁(영창대군 : 선조의 아들, 인목대비 소생, 인조의 삼촌)의 죽은 곳을 알지 못하는 것이 죄인인데, 무슨 면목으로 세상에 나와 유신의 대업을 더럽힐 것입니까?" 하고 말하면서 사양하였다.

● **윤치호**(尹致昊 : 1864~1946), 구한말의 정치가

1881년(고종 18)에 최연소자(17세)로 신사유람단에 끼어 일본을 다녀와서 개화 사상에 눈을 떴다. 그 후 미국에 유학하고 1895년 9월에 귀국하여 학부협판(學

部協辦)이 되고, 이듬해 1896년 7월에 서재필 · 이상재 · 이승만 등과 독립협회를 조직했다. 1898년에 회장이 되고, 7월에 「독립신문」 사장을 겸했다. 10월 15일에 종로네거리에서 만민공동회를 개최하고, 회장의 자격으로 시정개혁 6개조를 임금께 상조해서 자주독립과 경제번영을 열망하는 민중의 의사를 대변하며 활약했으나 11월 4일 황국협회 측의 모함을 입어 피신(독립협회사건—대표 17명 검거)하고 독립협회도 해산 당했다.

1899년 정부는 윤치호에게 한성판윤(서울 시장자리)을 주겠다고 회유책을 썼으나 이것을 거절하자 함경도 덕원부윤으로 쫓겨 갔다. 1906년 4월 장지연 · 윤효정 등과 '교육의 확장과 부강을 도모하여 훗날의 독립의 기초를 만들 것'을 목적으로 대한자강회를 조직해서 회장이 되어 활약했다. 1910년 대한기독교청년회를 조직, 한일합방 후 테라우치 총독 암살계획에 가담한 혐의로 1912년, 6년 형을 선고받았다.

일제 말기에 일본 귀족원 의원이 되었다. 해방 후 친일파로 몰림을 슬퍼하여 개성 자택에서 자결하였다.

현재 우리가 부르고 있는 '애국가' 가사는 윤치호가 지은 것이다.

(이홍직 편 국사대사전 참조)

● 윤필상(尹弼商 : 1427~1504), 조선조 성종 때의 정승

조선 세조 때 윤필상이 형조승지(刑曹承旨)로 입직했을 때의 일이다.

그날 밤은 마치 살을 에는 듯한 그런 날씨였다. 윤필상은 날씨가 몹시 추우니 필시 상감께서 죄수를 돌보라는 분부를 내리실 듯한 예감이 들었다. 그래서 그는 이에 대비해서 경외(京外)의 모든 죄수들의 죄의 경중을 살펴서 작은 책자에 따로 적어 두었다.

한참 후에 내관(內官)이 상감께서 부르셔서 윤필상은 황급히 의관을 갖추고 죄수의 일을 기록한 작은 책자를 소매 속에 넣고 들어갔다.

내관은 그를 인도하여 침전 밖 마루에 엎드렸다. 그러자 상감께서 "날씨가 유난히도 차가워서 방안에서도 견디기 어렵구나. 이 혹심한 추위에 혹시 얼어 죽는 죄수가 생기지 않을까 염려가 되니, 옥에 갇힌 죄수들만이라도 돌보아야 하겠다. 그러니, 지금 곧 옥에 갇힌 죄수들의 죄의 경중과 그 수효를 기록하여 들여라." 하고 분부했다.

이에 윤필상은 즉시 아뢰었다.

"신은 지금 형조 일을 맡아보고 있사오며, 형옥에 관한 일이라면 다 신의 직분 이오라 항상 유념하고 있사옵니다. 죄인 수효와 죄질을 낱낱이 적어 가지고 왔사 옵니다."

그리고는 즉시 소매 속에 넣어 두었던 작은 책자를 꺼내 보면서 일일이 아뢰었 다. 세조는 깜짝 놀랐다. 그리하여 윤필상이 채 말을 마치기도 전에 창을 열고 침 전 안으로 그를 불러들였다. 어쨌든 어명을 거역할 수 없어 고개를 숙이고 기듯 이 침전 안으로 들어갔다. 세조는 그에게 술잔을 주고 손수 술을 따라 주면서 안 에다 대고 "이 사람은 나의 보배로운 신하요" 하고 말을 건넸다. 짐작컨대 아주 가까운 곳에 왕비가 있는 모양이다.

윤필상은 더 이상 그 자리에 머물러 있을 낯이 없어 세조의 청을 뿌리치고 밖 으로 나와 버렸다.

● 윤현(尹鉉 : 1514~1578), 조선조 명종 때의 문관, 호조판서

중종 때 호조판서로 있으면서 떨어진 방석과 갓을 두른 청포를 하도 버리지 못 하게 하고 모두 창고 속에 쌓도록 했다. 모두가 저 더러운 것을 무엇에 쓸려고 아 끼나 하고 비웃었다. 각부(各府) 것을 긁어모으니 얼마 후에는 창고에 가득 찼다. 윤현은 비로소 창고를 열고 끌어내어 방석은 조지국(造紙局)에 내주어 종이를 만들 게 하니(주 : 조지국 조지창은 현재 종로구 세검정 초등학교 앞에 있었다) 지질이 좋아서 극상 의 종이가 나오고, 청포는 빨아서 농부들의 허리띠를 만들어 나누어주니 모두가 기뻐했다. (물자 재활용의 지혜는 장관에서부터)

● 윤회(尹淮 : 1380~1436), 조선조 세종 때의 명신

젊을 때 불우했었다. 서울에 있다가 고향에 돌아가는데 중도에 어느 마을 큼지막한 집을 찾아가서 하룻밤 자기를 청했으나 주인은 안 된다고 하여 그는 뜰아래 앉아서 쉬고 있는데 주인집 어린애가 큰 진주를 가지고 놀다가 떨어뜨렸는데 그 곁에 있던 거위가 그걸 삼켰다. 아이는 그런 줄도 모르고 부모가 고하니 부모는 윤회를 의심해서 그의 행장을 다 뒤졌으나 아무것도 나오지 않았다. 주인은 머슴을 불러 윤회를 결박하고 내일 아침에 관아에 가서 도적으로 고발할 작정이었다. 윤회는 아무 말도 없이 묶이면서 주인에게 거위의 발을 묶어 곁에 놓아달라고 청했다.

이튿날 거위가 똥을 누고 나니 주인에게 거위 똥을 헤쳐보라고 했다. 그랬더니 그 속에서 진주가 나와서 윤회는 혐의가 풀렸고 주인이 백배 사죄했다. 주인이 그 이야기를 어제 저녁에 왜 하지 않았느냐 하니, "만일 그랬다면 당장 거위 배를 짰을 게 아니겠는가" 하고 대답해서 죄 없는 거위를 죽이는 것이 싫어서 잠시의 모욕을 참았다고 한다.

● 을지문덕(乙支文德 : ?~?), 고구려 26대 영양왕 때 대신, 명장

612년 수나라 양제가 9군 30만 5,000명의 대군을 거느리고 고구려를 치려고 압록강에 이르렀다. 이때 왕은 적정을 살피려고 을지문덕(장군)에게 거짓 항복케 하고 을지문덕은 허실을 탐지하고 돌아왔다. 적장들은 을지문덕을 보내고는 그 음모를 알고 그의 뒤를 추격했다. 문덕은 여러 번의 싸움에서 거짓 패하여 평양성에서 불과 30리까지 유인했다. 적을 이렇게 끌어들이는데 성공한 문덕은 적장에게 "그대의 신묘한 재주는 천문에 구하고, 묘산은 지리에 통하였으며, 전승의 공은 이미 높았으니 만족감을 알았으면 그치기를 원하다"라고 희롱하는 시를 써 보냈다. 다시 적장에게 거짓 항복을 청하여 "철군하면 왕을 모시고 수양제께 조견하겠다" 하니 꾐에 빠진 것을 깨달은 적군은 창황하게 후퇴하다가 고구려군의 요격을 받던 중 살수(청천강)를 건널 때 섬멸당하여 은하(요동반도를 남북으로 흐르는 강)를 건넌 자가 2천100명에 불과하였다고 한다. 이 싸움을 살수대첩이라고 한다.

● 을파소(乙巴素 : ?~203), 고구려 고국천왕 때의 재상

고구려 2대왕 유리왕 때의 대신 을소(乙素)의 손자. 191년(고국천왕 13) 왕이 각 부처로 하여금 유능한 인사를 천거케 하니, 4부에서 함께 안유(晏留)를 천거했다. 그러나 안유는 다시 왕에게 을파소를 천거했다.

고국천왕의 명을 받은 신하는 서압록곡 좌물촌의 을파소를 찾아갔다. 을파소를 찾아간 신하는 고국천왕이 시킨 대로 겸손한 말과 정중한 예로써 이렇게 말했다.

"지금 대왕께서는 현명한 신하를 찾아 나라를 잘 다스려 보고자 합니다. 이에 안유란 인물을 추천받았으나 안유는 자신보다 을파소님이 더욱 현명하다고 사양했습니다. 대왕께서는 을파소님에게 반드시 나라의 일을 보게 하셔야 된다면서 저를 보냈습니다. 지금 고구려를 잘 살게 해보고저 노력하시는 대왕의 깊은 뜻을 헤아리셔서 부디 저와 함께 왕궁으로 가 주시기 바라겠습니다."

그는 국상(宰相)에 임명되니 옛날 대신들과 왕의 친척들이 매우 시기하여 반대했으나 왕의 강력한 만류로 진정되었다. 을파소는 지성으로 나라를 받들어 정교(政敎)를 명백히 하고 상벌을 신중히 하여 천하가 태평세대를 이룩하였다. 농부에서 일약 재상이 되어 13년 동안 나라를 다스리다가 죽으니 전 국민이 슬퍼했다.

(삼국사기)

● 의상(義湘 : 625~702), 신라 중기(진덕왕)의 고승, 화엄종의 시조

20세에 출가해서 650년(진덕왕 4년)에 원효와 함께 당나라에 가던 도중 난을 당해 이루지 못하고, 그 후 661년(문무왕 1)에 당나라 사신의 배편을 빌어 타고 건너가 지상사(至相寺)에서 지엄(智儼 : 중국 화엄종의 시조)의 문하에서 공부해서 법장(法藏)과 함께 화엄의 깊은 이치를 깨달았다.

법장은 지엄의 뒤를 이어 중국 화엄종의 제3대조가 되고, 의상은 670년(문무왕 10)에 귀국하여 관음굴(낙산사)에서 100일 기도하고 676년에 왕의 뜻을 받들어 태백산에 부석사(浮石寺)를 창건하고, 화엄을 강술하여, 해동화엄종의 시조가 되었다. 78세까지 살았다.

의상 문하에는 10명의 명승이 길러졌다. 십대덕(十大德)이라 한다. 거기에는 오진(悟眞), 능인(能仁) 등이 들어있다. 전교의 10대 사찰(寺刹)이 있는데 부석사를 비롯해서 화엄사, 해인사, 갑사, 범어사, 미리사, 보광사, 보원사, 옥천사, 청담사 등이 있다.

● 의천(義天 : 1055~1101), 고려조(문종 · 숙종조)의 고승

불교 천태종 중흥의 시조이다. 시호는 대각국사(大覺國師)이다. 고려 11대 왕 문종의 넷째아들. 1065년 왕사(王師) 난원에 의하여 중이 되어 영통사에 있었다. 13세에 중이 되어 송나라의 초청을 받고 불교 공부하러 가려 했으나 부왕이 만류하여 몰래 남루한 차림으로 부왕 모르게 송나라로 떠나서 나중에야 부왕이 알게 되어 수행원을 딸려 보냈다.

송나라에서 불교 고명한 스승을 많이 만나 가르침을 받고 또 스스로 더 깊이 연구하고 있을 때, 둘째형인 13대 왕 선종(宣宗)이 귀국하기를 청해서 자변대사에게 천태종 경론을 듣고 천태산 지자대사의 부도에 예배하고 발원문을 지어 천태종을 본국에 중흥할 것을 맹세했다. 고승 50여명을 만나 법요(法要)를 문답하였다.

1085년 선종 3년에 왕과 왕후의 영접을 받고 환국해서 석전(釋典)과 경서 1,000권을 바쳤으며, 흥왕사에 있으면서 요나라 · 송나라 · 일본에서 경서를 구입 · 고서를 수집해서 속장경(續藏經) 4,740여권을 간행했다.

나라의 여기저기 큰 절의 주지 일을 맡으면서 천태교를 강화하였다. 사회 · 경제면에서 많은 공헌을 했고, 1098년 왕자 징엄(澄嚴)이 중이 되자 그 스승이 되었고 국사로서 총지사(總持寺)에서 죽었다. 오관산 영통사 동쪽에 김부식(金富軾 : 삼국사기 저자)의 명문으로 된 비가 세워져 있다. (고려사 참조)

● 이가원(李家源 : 1917~2000), 한국의 교수, 국문학자, 한문학자

본명은 이참연(李懴淵)이다. 가원은 호이다. 퇴계 이황의 14대손으로 어려서부터 내려오는 가학으로 한학을 공부했다. 1941~1943년까지 명륜전문학원 연구과와 명륜전문학교 경학연구과를 마쳤다. 젊어서부터 끊임없이 실학자 박지원의 문학세계를 천착하였으며, 『금오신화』, 『구운몽』, 『춘향전』, 『열하일기』 등 수많은 작품의 역주를 해서 한국고전문학의 기반을 다진 학자이다. 위당 정인보, 육당 최남선, 벽초 홍명희 등과 교유하며 청년문장가로 이름이 높았다.

또 조선시대 선현과 서예대가들의 필법을 두루 익혀 서예에도 독창적인 경지를 개척했고, 선현들의 묵적, 골도, 서화 등에 대한 식견과 수집에 대한 관심이 높아 어려운 살림 속에서도 보물급 문화유물을 많이 소장하였다. 그러나 평소에도 개인 소유가 아니라는 점을 강조하였고, 1986년 그동안 애써 모은 박지원의 『열하일기』 원본, 정선의 산수화 등 3만 여점의 골동품과 서화를 1986년 단국대학교 부설 퇴계학연구소에 기증했다. 더욱이 1995년 고령의 나이에도 『조선 문학사』를 집필하여 대한민국 문학사를 집대성했다. 명실 공히 현대 한국의 대표적 선비이다.

● 이건희(李建熙 : 1942~), 한국의 기업인, 삼성그룹 회장

"마누라와 자식만 빼고 다 바꿔라."

1993년 6월 7일 독일 프랑크푸르트에서 삼성 임직원들을 소집시켰다. 그는 여기에 오기 전에 일본의 오쿠라호텔에서 사장단과 중역들과 회의를 했다. 그 자리에는 후쿠다 타미오라는 삼성전자 디자인 고문도 있었다. 회의를 마친 이건희는 타미오 고문과 몇몇 일본인 고문을 따로 불러 삼성전자를 보고 느낀 것을 기탄없이 말해 달라고 했다. 그의 제안에 고문들은 자신들이 보고 느낀 것을 직언했다. 이때 후쿠다 타미오는 자신이 미리 작성한 보고서를 이건희 회장에게 건네주며 말했다.

이건희 회장은 그 보고서를 프랑크푸르트행 비행기 속에서 읽었다. 그 내용은, 아무리 문제점을 제시해도 도통 받아들여지지 않는다는 것이었다. 그래서 이건희가 마음먹고 다음날 간부들 회의에서 이 말을 내뱉었다.

● 이경석(李景奭 : 1595~1671), 조선조 효종 때의 대신

종실 후손인데 인조 1년에 문과에 급제했다. 1636~37년에 청 태종이 쳐들어와 병자호란을 일으켰을 때 부제학이었다.

그가 평생에 지키려한 덕목은 불편부당, 검덕(儉德 : 검소한 덕), 무무출(無廡出)의 세 가지다. 무무출은 후실을 두지 않는다는 뜻이다.

인조가 1637년 남한산성에서 내려와 삼전도(三田渡)에서 소현세자를 비롯하여 백관을 거느리고 돗자리를 깔고 청나라 태종에게 세 번 절하고 아홉 번 머리를 조아리는 수모를 겪고 항복한 후 삼전도에 청에서 '대청황제 공덕비'를 세우기를 요구했다. 이때 비문작성자로 이경석이 뽑힌 것이다. 국왕의 부탁을 받고 거절할 수가 없었던 이경석은 자기에게 글을 가르쳐준 형에게 "글공부한 것이 천추의 한이 됩니다"라고 썼다. "수치스러운 마음 등에 업고 백 길이나 되는 어계강에 몸을 던지고 싶다"고 그의 고통을 말하고 있다.

● 이경함(李慶涵 : 1553~1627), 조선조 인조 때의 문관

조선조 선조 때 공조참판이던 이경함은 주량이 크기로 유명했다. 명나라 사신 주난우(朱蘭嵎) 역시 그것으로 유명하여 그와 대작할 사람이 없었다. 조정에서는 대작할 사람을 물색한 끝에 이경함을 선발하여 대작을 시켰다. 한동안 술잔이 오가더니 주난우가 먼저 녹아 떨어졌다. 그런데 이경함은 여전히 마시고 있는지라 선조가 더 마실 수 있느냐고 물으니 경함은 주시는 술을 어찌 사양할 수 있느냐는 것이었다.

선조가 바가지 같은 큰 잔으로 석 잔을 내리니 경함은 얼굴빛 변함없이 받아 마시고 어전을 물러나는데, 발 한번 헛디디지 않고 평소대로 걸어 나왔다.

경함은 "사람의 주량이란 아무리 많이 마셔도 경연(經筵 : 임금과 경전 공부하는 것)에 들어가면 강의를 할 수 있고, 밖에 나오면 공사(公事)를 보통 때와 같이 볼 수 있어야 가히 술을 마신다고 할 수 있는 것이지, 술 마신 후 주정을 하고 객기를 부리는 사람은 아무리 많이 마셔도 주량이라고는 볼 수가 없는 것이다"고 했다.

● 이괄(李适 : 1587~1624), 조선조 인조 때의 무신, 반란자

아버지는 참판출신이고 무관으로 문장과 필법에 능했다. 1623년(광해군 15)에 북병사에 보직되어 부임하기 전에 인조반정(인조 1년에 서인 일파가 광해군 및 집권당인 대부파를 몰아내고 능양군 종(인조)을 왕으로 옹립한 무력정변)이 일어났을 때 여기에 참여하였다. 여기서 성공한 후 2등 공신이 되어 한성부윤(서울시장)이 되었다가 곧이어 평안병사 겸 부원수로 압록강변의 국경수비를 위하여 출진하였다. 이때 김유(金瑬 : 병조 · 이조판서로 있을 때)와 사이가 좋지 못하여 변방으로 쫓겨났다고 불만을 품고 1624년(인조 2)에 난을 일으킨 것이다. 그러나 실패해서 부하의 손에 죽었다. 당시 집권당이었던 서인 사이의 반목으로 일어난 내란인데 이것을 '이괄의 난'이라 한다.

● 이광(李廣 : ?~?), 중국 고대 漢무제 때의 명장군

이광이 한무제(漢武帝 7대 왕) 때 오랑캐를 치다가 실패하여 한때 벼슬을 그만두고 남전지방(藍田地方)에 와서 은거생활을 하면서 친구들과 남산에 올라 사냥하는 것을 낙으로 삼고 있었다. 하루는 하인 하나를 데리고 들에 나왔다가 술을 권하는 사람이 있어 몇 잔의 술을 마시고 이야기하다 밤늦게 돌아오는데 정자 앞에 이르니 때마침 정자에서 패능위(覇陵尉 : 위는 수령과 같은 지위)가 술을 마시고 취흥이 도도한 판에 이광을 보고 "웬 놈이 밤중에 다니느냐?"고 호령을 했다. 이광의 하인이 옛날 장군 이광이라고 말하니 패능위는 더욱 성을 내며 "이놈! 무엇이 어째? 현역장군도 밤에 못 다니는데 옛날 장군이 무슨 소용이 있단 말이냐?" 패능위는 이광에게 모욕을 주고 기어코 그날 밤을 정자 밑에서 재워 보냈다.

그 후 얼마 안 있어 무제는 다시 이광을 불러 우북평군수(右北平郡守)를 삼아 군사를 거느리고 가서 오랑캐를 막으라고 했다. 이광은 부임하는 도중 패능에 이르러 마중 나온 위(尉)의 목을 베었다. 어리석은 패능위는 자기는 영원히 권세를 부릴 줄 알았는데, 곧 그 호기(豪氣)가 그를 몰락하게 만든 것이다.

● 이광수(李光洙 : 1892~1950), 한국의 소설가, 호는 춘원(春園)

춘원은 13세에 우리글을 언문일치체(言文一致體)로 개발하고 보급시켰으며, 근대 소설을 개척한 사람이다. 그는 1917년 25세 때 「무정(無情)」이라는 소설을 발표하여 최남선과 함께 신문학 개척자가 되었다. 그는 최남선, 정인보와 함께 조선의 3대 천재로 인식되었다.

춘원은 도산 안창호의 민족주의 운동, 미국대통령 민족자결주의 제창에 감동되고 감화되어 일본 와세다대학 철학과 재학 중 1919년 2월 백관수, 최팔용, 송계백 등과 재일 조선청년독립당을 조직하고 2·8독립선언서를 작성하고 독립운동을 모의할 때 연락차 상해로 건너가 임시정부에 가담했다.

1921년 29세 때 애인 허영숙(여의사)을 따라 임정을 등지고 귀국하자 상해에서는 이광수의 배신을 비난하는 여론이 들끓었다고 한다.

그는 「민족개조론」과 「민족적 경륜」 등의 글에서 조선인의 불행한 원인을 게으르고 무식하고 허위에 차 있기 때문이라는 식의 조선인의 열등성을 주장했고, 독립운동을 부정하여 큰 반발을 불러일으켰다.

● 이광요(李光耀 : 1923~2015), 싱가포르 총리, 정치인, 아들 리센룽

싱가포르 건국의 아버지 리콴유는 케임브리지대 법대를 졸업한 뒤 1950년에 귀국해 노동 변호사로 일하기 시작했다. 그 뒤 1954년 뜻을 같이하는 이들과 함께 인민행동당(PAP)을 창당해 싱가포르가 영국으로부터 독립하기 전인 1955년 입법의회 의원으로 선출됐다. 1959년 싱가포르 자치정부의 총리가 된 뒤 1965년 싱가포르가 말레이시아 연방으로부터 탈퇴하는 과정을 주도하기도 했다. 그는 31년간 장기 집권을 했다.

그는 총리직에서 물러난 1990년 이후에도 87세이던 2011년까지 내각에 남아 국정에 참여했다. 리콴유는 아시아를 대표하는 위대한 정치인이자 20세기 아시아 부흥을 이끈 위인으로 평가된다.

"내 삶을 인도하는 것은 철학이나 이론이 아니다. 내가 할 일은 실제적인 해결

책을 찾는 일이고, 내가 찾은 성공적인 해결책들에서 원칙을 추출하는 것은 다른 사람들의 몫이다. 나는 이론에 따른 무슨 일을 하는 법이 없다. 내 방식은 어떻게 문제를 해결할지 궁리하고 여러 대안을 검토한 끝에 해결책을 찾으면 그 연후에야 그 해결책의 원리적 배경을 규명하고자 하는 것이다." "상충하는 입장들이 난마처럼 얽힌 중요한 난제를 만나거나 제안된 해결책이 통하지 않으면 어떤 대안들이 있는지를 검토한다. 그렇게 하면 일단 성공가능성이 높은 해결책을 택했다가 여의치 않아도 다른 대안이 있다. 막다른 궁지에 몰리는 일은 없다."

(문화일보 최현미 기자 글에서)

● 이규보(李奎報 : 1168~1241), 고려 고종 때의 문장가

9세 때부터 작문에 능했고 경사, 백가, 노불의 문헌 등을 모두 섭렵하여 한번만 읽으면 기억했다고 한다. 시, 거문고, 술을 좋아하며, 기개가 있고 성격이 강직해서 조정에서는 인중용(人中龍)이란 평이 있었다. 23세에 진사가 되고, 경주에서 반란이 일어나자 자진 종군했고, 최충헌의 명으로 여러 문서를 쓰고, 40여 운(韻)의 시를 썼다. 1230년에는 팔관회 행사에서 잘못을 저질러 한때 유배되었다가 재기용되어 여러 관직을 두루 맡았다. 1237년 69세에 관직에서 물러났으나 글 한수에 벼슬 하나를 얻을 정도로 관운이 틔었던 사람이다.

● 이긍익(李肯翊 : 1736~1806), 조선조 영 · 정조 때의 저술가

이긍익은 그 유명한 역사책 『연려실기술(燃藜室記述)』이란 책을 펴낸 사람이다. 아버지 이광사(李匡師)는 조선조 후기의 서예가로서 이름이 있던 사람이다. 그는 진초전예(眞草篆隷)서에 독특한 체를 세워 서예 중흥에 크게 이바지한 사람이다. 아버지 광사에게서 학문을 배워 문필이 당대에 으뜸이었고, 실학을 제창해서 고증학파로서 활약하였다. 특히 그는 조선 근세사 연구의 선구자이다. 소론(少論)의 논의를 가장 강경하게 주장하여 당쟁으로 인해 온 집안이 화를 입었고, 연좌되어 벼슬을 하지 못했으며, 귀양살이를 여러 번 겪게 되어 『연려실기술』 외의 많은 저작이 유실되었다고 한다.

『연려실기술』은 연대순으로 엮는 편년체 사서가 대부분인 우리나라에서 특이하게 기사본말체(紀事本末體) 역사서이다. 해당 사안에 대한 상반된 견해의 사료를 수록함으로써 '사료로 말하게 하는 저술방법'을 택한 것이다.

● 이기(李芑 : 1476~1552), 조선조 명종 때의 대신

1501년 연산군 7년 문과에 급제하고, 군수이던 장인의 부정으로 벼슬길이 막혔다가 재주가 아까워 대사헌 이언적(李彦迪)이 도와 벼슬길이 열렸다. 요직을 거쳐 우의정이 되었을 때 윤원형과 결탁하여 을사사화를 일으켜 선비들을 모조리 화를 입혔으며, 훈공이 채록되고, 기사(耆社)에 들어갔다가 영의정이 된 후 급사하였다. 세상은 윤원형, 이기를 가리켜 이흉(二凶)이라고 하였으며, 선조 초에 훈작을 박탈하고 그들의 묘비를 쓰러뜨렸다.

● 이기(李沂 : 1848~1909), 구한말의 애국지사

어려서부터 한학을 공부해서 성리학보다 실학을 더 연구하였다. 그래서 유형원 · 정약용 등의 학풍을 물려받았다. 민 씨 일당의 부패정치를 증오하던 터에 동학란이 일어나자 고부의 동학당수 전봉준을 찾아가 서울로 진격해서 민 씨 일당을 타도하자고 합의했으나 남원의 동학지도자 김개남의 반대로 뜻을 이루지 못하자 고향 구례에 내려갔는데 동학군의 민폐를 목격하고 횡포를 막았다.

1905년 노일전쟁 후 미국의 포츠마우스에서 강화조약이 체결될 때 한국의 입장을 호소하려 도미했으나 일본의 방해로 여권을 얻지 못하고 도쿄로 가 일본천황과 정계요인들에게 한국침략을 규탄하는 서면 항의를 제출했다.

1907년 나인영 등 동지 10여명과 모의하여 을사 5적신을 암살하기로 하였으나 권중현에게 부상을 입혔을 뿐 실패하고 진도에 귀양을 갔다.

● 이기붕(李起鵬 : 1896~1960), 한국의 정치가, 자유당 창당, 국회의장

☞ 연희전문학교를 다니다 도미하여 데이버대학 문과를 나왔다. 뉴욕에서 허정(許政 : 1960년 이승만 대통령이 하야했을 때 대통령 권한대행을 한 총리)과 「三一新聞」을 발간했고, 1934년에 귀국해서 한때 국일관에서 지배인 노릇도 했다고 한다. 해방 후 이승만의 비서노릇을 했는데, 그 후 서울시장, 국방부장관에 올랐다. 이승만 · 이범석과 자유당을 창단하고, 1953년 자유당에서 족청계(이범석계)를 몰아내고 실권을 장악했다. 1954년에 민의원에 당선, 의장이 되었다. 1956년 5월 자유당 공천으로 부통령에 입후보하여 민주당의 장면에게 패배해서 낙선했다.

1960년 3월 15일 부정 · 폭력선거로 이승만 밑의 부통령이 되었다. 3·15부정선거로 4·19혁명이 일어나자 부통령을 사임하고 1960년 4월 28일 새벽 큰아들 강석이가 쏜 네 발의 총알에 일가와 함께 자결했다. 그 당시 강석이는 이승만의 양자가 되어 있었고 육사를 나와 소위로 있었다.

☞ 이기붕이 드물게 주례를 섰다. 박마리아의 제자인 신부가 막무가내로 억지를 써서 마침내 승낙을 받은 것이다. 식이 끝나자 예식장 주례실은 아부족에 의해서 점거되었다. 그때 누군가가 이렇게 말했다.

"의장님, 오늘 수고하셨습니다. 오늘같이 뛰어나게 잘생긴 신랑 신부 주례를 하시게 되니 하시는 분도 기분이 좋으시겠죠?"

"좋긴 뭐가 좋우?" 하고 이기붕은 대답했다.

"난 여편네(당시 부인 박마리아는 이화여대 부총장이었다)가 하도 추하게 생겨서 잘난 부부를 보면 울화통이 터진다오. 그래 제 여편네는 천하의 추물인데 남의 여편네가 잘 났으면 기분이 좋아질 바보가 어디 있겠소?"

장내에 폭소가 터졌다. 이기붕은 이런 유머러스한 일면도 있었다.

● 이능화(李能和 : 1869~1943), 조선말, 일제초기의 신문학자

어려서 한학을 배우고, 1897년 이후 여러 외국어학교에서 공부해서, 일본어,

중국어, 불어, 영어 등을 익혀 능통하게 구사했다. 1906년 사립 일어야학사에 입학, 다음해 졸업하고, 관립 한성법어학교 교장이 되었다가 의정부의 특명으로 도일, 각 관청을 시찰하고 돌아와 국문연구소 위원이 되었다. 1908년 관립 한성외국어학교 학감이 되었으며, 1910년 한일합방으로 학교가 폐쇄되자 학문 연구에 전심, 사료 수집과 종교 · 민속 등을 연구했다. 1912년 사립 능인보통학교 교장이 되고, 1914년 불교진흥회 간사에 피선, 다음해 교장직을 사임한 후 불교진흥회 월보를 편집했으며, 1917년 동 진흥회의 이사가 되었다. 1921년 총독부『조선사(朝鮮史)』편수위원회의 편수관 · 편수위원이 되고, 많은 저서와 논문을 남겼다. 유고는 6·25사변 때 거의 분실되었으나 일부가 남아 국학연구에 도움을 주고 있다. 영어 · 프랑스어 · 중국어 · 일본어 등 4개 국어에 능통했다.

● **이대용**(李大鎔 : 1925~), 한국의 장군, 외교관, 육사7기생, 2018년 현재 93세

☞ 1950년 6월 25일.
"6·25하면 가장 먼저 생각나는 것은 우리 중대가 맨 먼저 압록강에 도달한 것이지요(1950년 10월 26일). 그때 남북통일이 되는가 감개무량했어요. 인민군들은 압록강 뗏목다리를 건너 중국으로 도망쳤어요. 더 이상 추격하지 않고 압록강 가에 주둔했어요."
—압록강 물을 수통에 떠 담는 사진 속 주인공이었습니까?
"그때 사진이 어디 있어요? 나중에 그림을 그렸거나 다른 데서 찍은 겁니다."
—사진이 없었다고요?
"그때 중대와 대대에는 사진사가 없었어요. 나는 물을 뜰 생각도 안 했어요. 뒤늦게 대대장(김용배)이 도착해 "남북통일 축원을 위해 대통령께 보내 드려야 하지 않겠나?"라고 말했어요. 내 연락병 오달희가 자기 수통으로 물을 떠 온 걸로 기억해요. 그는 나중에 전사했습니다.

☞ 베트남 근무를 마치고 1년도 안 돼 또다시 대사관 공사로 나갔다.

"돈 싸들고 인사를 안 다니니 사단장 시켜줄리 없었지요. 한직(閑職)에 보냈어요. 군복을 벗어야겠다고 마음먹고 있을 무렵, 직속 사령관이 불러 골프를 치러 갔다가 박 대통령을 만났어요. '이 장군, 요즘 어디 있나?'고 물어요. 내가 소속을 말하자 의아스럽다는 표정을 짓고 가다가, 되돌아와서 '왜 보직을 받지 못했지?' 물었습니다. 며칠 뒤 국방장관이 나를 불러 '소장으로 승진 예편시키고 주월대사관 부(副)대사로 발령 내라는 게 각하의 지시'라고 했어요.(그는 경제공사로 발령 났고 결국 진급을 못하고 준장으로 예편되었다.)"

● 이덕무(李德懋 : 1741~1793), 조선조 후기(영조) 실학자

'책만 읽는 바보'로 알려진 이덕무는 평생 동안 읽은 책은 무려 2만권이 넘는다고 한다. 그에게 책은 연인이자 목숨이었고, 스승이자 벗이었으며, 형제이자 인생의 동반자였다.

이덕무는 책만 많이 읽은 것이 아니라 시문에도 능해서 청나라에서 간행된 『한객건연집』에 유득공, 박제가, 이서구와 더불어 수록된 그의 시가 99수에 달하는데, 청나라 문인들 사이에서도 그의 명성은 자자했다. 이덕무는 자신의 시에 대해서 "나는 글이 진귀하지 못해 한번 남에게 보이면 사흘 동안 부끄러워진다. 상자 속에 깊숙이 넣어 두었는데 스스로 나올 날이 있을 것이다"라고 말했다.

● 이덕형(李德馨 : 1561~1613), 조선조 명종 때의 문신, 호는 한음

1592년 임진왜란이 일어나고 파죽지세로 평양의 대동강까지 쳐 올라오자 왕은 의주로 피신하고 전세가 몰려 다급해지자 선조는 명나라에 구원병을 요청하기로 하고 사신으로 누구를 보낼까를 의논 중 이덕형을 선정했다. 이덕형이 사신으로 선발된 사실을 알고 이항복(오성)과 만나서 서로 격려하는 자리를 마련했다. 이 자리에서 한음이 "오성, 내 목숨을 걸고 명나라 황제와 담판을 지을 생각인데, 만일 실패해서 돌아오지 못한다면 자네가 명나라에 와서 내 시체를 거둬주게."

명나라 신종 황제를 만나 구원병을 보내줄 것을 요청했으나 황제는 국내사정도 어려운데 안 된다고 거절하자, 한음대감은 "그럼 어쩔 수 없군요. 왜의 요구를 들어줄 수밖에 없습니다."

"왜의 요구라니?"

"왜는 조선에게 피해를 입힐 생각이 없으니 명나라로 가는 길만 내 달라고 했습니다. 그러니 이제 저희도 더 이상 대적하지 않고 길을 내주겠다는 말입니다."

"그게 사실이오?"

"네, 지금껏 조선은 명나라와의 의리를 생각해서 그 길을 막고 있었던 것입니다. 또한 저는 왜에게 길을 내어주는 굴욕을 당할 바에는 차라리 여기서 목숨을 끊어 충절을 지키겠습니다."

"조선에 저런 충신이 있었다니!"

그래서 신종 황제는 장군 조승훈(祖承訓)이 5만의 군사를 이끌고 이듬해 의주에 이르렀고, 덕형은 그 공로로 병조판서에 올랐다.

● **이맹전**(李孟專 : 1392~1480), 조선조 단종 때의 생육신의 한 사람

세종 조에 급제하여 정언(正言)이 되고, 단종 때 외직을 원해서 거창 현감이 된 사람인데 청백하기로 유명했다. 세조가 단종을 몰아내자 벼슬을 그만두고 선산 땅에 숨어 살면서 정신이 혼미하다고 핑계하고 두문불출하기를 30년을 지냈다. 나라에서 몇 번이나 불러도 응하지 않고 집안은 맨땅에 수저도 없이 살아도 고통스럽게 느끼지 않았다고 한다.

수양에 방해된다 해서 면회사절, 매월 초하루 일출시 절을 하니 왜 그렇게 하느냐고 물으면 신병치료를 위한 것이라 했다.

그의 참뜻을 아는 사람이 없었는데 김종직(金宗直)이 찾아와 이야기를 하는데 평상시와 다름없이 자유로이 쾌활하게 이야기 했다. 종직이 말하기를 "이제는 선생의 병이 나았느냐?"고 하니 맹전은 "병이 나은 것이 아니라 군자(君子 : 김종직을 보고)를 대하니 자연히 가슴속이 시원하다"고 했다. 종직은 그 뜻을 알고 더욱 공경하고, 그가 진정 병든 것이 아님을 알았다.

● 이명(李溟 : 1570~1648), 조선조 인조 때의 문신

이명은 인조 때 호조판서였다. 청나라 장군이 진품 왜검(일본도)을 구해달라고 졸랐다. 임진왜란 이후니 왜군들이 도망가면서 놓고 간 것들이 있을 때였다. 이명은 참판 임의백(任義伯)을 시켜 시내에 나가 일본도를 구해오라고 독촉했다. 임의백이 간신히 구해오니 이판서는 그걸 집에 감추어 두고 또 한 자루 더 구해오라고 독촉했다. 구하기는 했어도 먼저 것만 못한 것이었다. 이명은 이 나중 구한 칼을 청장에게 주니 칼의 내용을 잘 모르는 청장은 받아가지고 돌아갔다. 나중에 청나라 황제가 왜검을 구해 바치라는 명을 내렸다. 그래서 청장이 재차 요청하기에 먼저 번 집에 숨겨두었던 왜검을 주었다. 그러면서 "청장이 틀림없이 황제에게 자랑할 것이고 청 황제는 틀림없이 구해오라고 할 것이니, 내가 탐나서가 아니라 후일을 위해 숨겨두었던 것이다"라고 말하니 임의백이 그의 선견지명을 경탄했다.

● 이목(李穆 : 1471~1498), 조선조 연산군 때의 문관

이목이 성균관 대학생으로 있을 때 성종이 몸을 잘 돌보지 못하여 병을 얻자 대비가 무녀를 불러 성균관 안에 있는 벽송정에서 기도를 올리게 했다. 이것을 본 이목이 "요망한 무녀가 어찌 감히 여기에 들어왔단 말인가?" 하고 때려서 내쫓았다. 무녀가 대비께 하소연하니 크게 성을 내서 성종의 쾌유를 기다려 처벌하라고 청했다. 성종은 거짓으로 성을 내고 대학생들의 명단을 올리라 하니 모두가 겁이 나서 도망가고 이목만 남았다. 도리어 그는 글을 올려 아무리 궁중의 권력이라도 성균관 안에 무녀를 들여보낸다는 것은 역대에 없던 처사라 했다.

성종께서 그의 강직 불굴의 정신을 크게 기뻐하면서 주찬을 내리었다.

● 이무(李武 : ?~?), 조선조 효종 때의 사람

이무가 일찍이 무과에 올라 태안방어사(泰安防禦使)로 있을 때의 일이다. 많은 추종자들을 데리고 호기 있게 서울에 올라오다가 어느 주막에 들려 점심을 먹는데, 우암 송시열(尤庵 宋時烈)이 비루먹은 당나귀에 하인 하나를 데리고 서울로 올라오다가 마침 그 주막에 들려 이 방어사와 한 방에 들게 되었는데, 방어사가 먼저 왔기 때문에 아랫목을 점거하고 우암은 윗목을 차지하게 되었다. 그리고 보니 우암의 하인이 불평을 하면서 방어사의 하인에게 항의를 하였다. 방어사의 하인들은 송구해서 눈짓을 하여 방어사 이무를 불러내어 귀에다 대고 윗목에 앉은 분이 우암 송 정승이라고 알려 주었다. 방어사 이무는 시침을 떼고 방으로 들어가 우암께 인사를 청했다. 우암은 솔직하게 나는 아무개라고 대답을 하니 방어사 이무는 홀연 변색을 하고 일어서며 소리를 높여 꾸짖었다.

"에이! 당돌한 영감 같으니, 우암 송 선생으로 말하면 도덕 문장이 당대에 제일이요, 지위가 높으신 분으로 삼척동자도 그분의 성함을 모르는 사람이 없는데 아무리 촌구석에 사는 무지한 영감이라 하지만 감히 송 선생의 이름을 따서 이름을 짓다니 그런 무엄한 일이 어디 있을꼬? 당장에 이름을 고치시오. 에이 이런 무식한 맥동지(麥同知 : 어리무던하게 생긴 사람을 조롱하여 이르는 말) 하고는 한방에 앉아 있기도 창피하다" 하고 방어사는 총총히 나와 말을 타고 가버렸다.

우암이 서울에 올라와 생각하니 그의 임기응변이 그럴듯해서 장래 크게 될 인물이라 생각해서 그를 평안병사에 임명하고 크게 쓰려고 했으나 불행히도 그는 단명해서 기회를 얻지 못했다.

● **이발**(李潑 : 1544~1589), 조선조 선조 때 정치가

1573년 선조 6년 29세에 문과에 급제하였고, 알성장원에 발탁되고 전랑(銓郞)에 보직되어 세상에 이름을 떨쳤다. 사론(士論)을 세워 조광조의 지치주의(至治主義)를 이념으로 삼고, 경연에 출입하면서 왕조정치를 제창하였다. 기강확립과 사정(邪正) 가리기에 노력하였다.

인사권을 장악해서 많은 사람들의 원성을 샀으며, 이이(이율곡), 성혼과 교분이 차츰 멀어지자 서인들의 미움을 샀다.

1589년 동인 정여립의 난을 계기로 서인들이 집권, 동인들에 박해가 가해졌으니 당시 부제학으로 있던 이발도 화를 면치 못하는 것을 알고 교외에서 죄를 기다리고 있던 중 두 차례에 걸쳐 모진 고문을 받은 끝에 죽었다. 그 후 어머니, 아들, 제자, 종들까지 모두 장살(杖殺 : 매 맞아 죽음)되어 옥졸들까지 눈물을 흘리지 않는 자가 없었다고 한다.

● 이방간(李芳幹 : 1364~1421), 조선조 태조의 4남, 회안대군

태조 이성계의 신의왕후 한씨 소생으로서, 정종(2대왕)에게 아들이 없자 차례에 따라 자기가 후계자가 될 줄 알았으나 개국에 공이 컸던 정안대군 방원(芳遠)이 유망함을 보고 이것을 시기해서, 자기 직위에 불만을 가지고 있던 지중추원사 박포(朴苞)와 모의하여 방원을 꾀어내어 없애려고 1400년 정종 2년에 거병을 했다. 정종이 이문화(李文和)를 보내 달랬으나 듣지 않고 서로 싸우기에 이르렀다. 평소에 활을 잘 쏘던 아들 의령군 맹종(孟宗)마저 병석에 눕게 되어 선규관 서동(西洞)으로 도주하다가 사로잡혀 목숨을 구걸했으나 토산현에 귀양을 갔고, 이 일에 참여한 자들은 해직당하거나 사형 당했으며, 맹종은 그 후 세종 때 사사하였다.

● 이방번(李芳蕃 : 1381~1398), 조선조 태조 이성계의 7남, 무안대군

신덕왕후의 소생, 태조 즉위 초 세자 책정 문제가 있은 후 태조는 내심으로 방번을 책정하려 했으나 여러 신하들의 추천으로 방석(8남)이 책정되었다. 1398년 태조 7년에 방원의 난으로 쫓겨나 서문을 나간 후 중도에서 조준 등에게 피살되었다. 나중에 세종대왕이 즉위한 후 세종의 다섯째 아들 광평대군을 방번의 아들로 입적했다.

● 이방석(李芳碩 : 1382~1398), 조선조 태조 이성계의 8남, 의안대군

신덕왕후 강씨 소생이다. 방번의 동생이다. 태조가 방석을 총애한다는 것을 알고 정도전 등에게 추거되어 1398년 태조 7년에 세자로 책봉되었다. 이에 불만을

품은 방원이 때마침 정도전이 세자 승위를 안정하게 하려고 한 씨 소생 왕자들(정
종을 포함 여섯 명)을 지방에 보낸 것을 계기로 정도전 등이 한 씨 소생 왕자들을 제
거하려고 한다 해서 정도전·남온 등을 살해했다. 방석이 이에 대전하려고 했으
나 이루지 못했고 다음해 폐위되고 1398년 방번과 함께 피살되었다.

● 이방의(李芳毅 : ?~1404), 조선조 태조 이성계의 셋째 아들, 익안대군

고려 공양왕 때 판밀직사사가 되었으며, 태조가 개국한 뒤에 개국공신 1등에
책록되었다. 1398년 박석의 난과 1400년 방간의 난에 정종(형)과 태종(동생)을 도
와 큰 공을 세웠다. 병으로 누웠을 때 태종(동생)이 집에 찾아오니 부축 받으면서
도 춤을 추고 술을 권하여 왕 역시 일어나서 춤을 추었다고 한다. 방원의 난에 희
생당하지 않은 왕자이다.

● 이방자(李方子 : 1901~1989), 조선조 마지막 황태자 의민태자(懿愍太子) 은(垠)의 비

전주 이씨 대종 종약원에서 올린 사시(私諡)는 현덕정목 온정자행 황태자비(顯德
貞穆 溫靖恣行 皇太子妃)이다. 가톨릭 세례명은 마리아, 결혼 전 이름은 나시모토노미
야 마사코(梨本宮 方子)이다.

이방자는 일본 메이지 천황의 조카이자 황족인 나시모토노미야 모리마사왕(梨
本宮 守正王)의 장녀로서, 할아버지 구니노미야 이사히코 왕은 닌코 천황의 조카이
자 메이지 천황의 사촌이었다. 그녀는 일본 히로히토 천황의 배필후보로 경쟁관
계에 있었다. 그러다가 1916년에 15세에 일본에 유학하고 있던 영친왕과 약혼
했다. 1920년 결혼하고 21년에 장남 진(晉)을 낳았으나 첫돌도 채 되기 전 사망하
고 1931년에 둘째 구(玖)를 얻었다.

말년에는 직장암으로 수술 받은 후 일본에 있는 아들 구(玖)와 함께 지내다가
1989년 4월 30일 창덕궁 낙선재에서 운명했다. 88세.

● 이백(李白 : 701~762), 중국 당(唐)나라의 대표적 시인

중국의 가장 위대한 시인의 한 사람인 그의 죽음은 아주 이색적이나 시적이기까지 하다. 중국의 대중적인 전통에 의하면, 그는 어느 날 배를 타고 호수로 나가서 술을 즐기고 있었다. 마침 하늘의 달이 호수에 비쳐져서 아름답게 보였다. 그는 그 달을 껴안으려고 물에 뛰어들어서 죽었다.

이백의 「달님에게 묻는 말」

푸른 하늘에 달님이 있은지 그 얼마런가
나는 지금 잔을 멈추고 물어보는데
사람은 달님을 더위 잡을 수 없건만
달님은 오히려 사람을 따라 걷노라.

● 이범석(李範奭 : 1900~1972), 한국의 독립운동가, 정치가, 국무총리

그는 '이범석 장군'으로 불리는 사람이다. 1900년 국운이 기울어져 갈 때 광평대군(세종대왕의 다섯째아들)의 17대손으로 태어났다.

16세 때 경성고등 보통학교(지금의 경기고등학교)를 중퇴하고 홀로 상하이로 망명해서 중국군관학교를 나와서 독립운동에 참여했다가 1945년 광복이 되자 귀국했다.

임시정부는 그를 광복군 참모장으로 복귀시켜, 국내 정진군(挺進軍) 사령관으로 임명했다. 장군은 미군과 합작하여 본토 수복작전 계획을 세워 대원들의 훈련에 전념하였으나 예정된 모든 훈련과정을 마치고 출동명령만 기다리고 있을 때 해방을 맞아, 그는 1945년 비무장의 한 시민의 자격으로 환국하지 않으면 안 되게 되었다. 고국을 떠난 지 28년 만에 46세로 귀국했다.

1948년 정부가 수립되자 이승만 대통령은 그를 초대 국무총리 겸 국방장관으로 임명했다.

● 이범석(李範錫 : 1922~1983), 한국의 외무부장관

　1972년 그가 적십자사 부총재로 있을 때 남북적십자회담 수석대표로 평양에 가서 회담을 하고 돌아왔다. 그 당시는 물론 남북이 긴장상태에 있었고, 치열한 경쟁의식으로 대치할 때이다.

　1차 회의가 끝나고 저녁 만찬시간에 남북대표단끼리 술좌석이 벌어졌을 때, 서로 주량에 자신이 있음을 보여줘야겠고, 다음날 회담에서 주도권을 잡으려면 기가 죽어서도 안 되니 술 마시기 경쟁에서도 밀리면 안 되었다.

　이 자리에서 이범석 수석대표는 이북대표를 압도했다고 한다. 주거니 받거니 계속하는 중 화장실을 가기 위해 자리에서 먼저 일어나면 기 싸움에서 밀리게 된다. 몇 시간동안의 만찬과 술자리에서 끝까지 이범석 대표는 일어나지 않고 앉은 채로 술을 받아 마셨는데 이북대표는 화장실에 가느라고 자리를 몇 번 떴다고 한다. 나중에 보니까 이범석 대표의 바짓가랑이가 많이 젖어있음을 측근이 발견했다. 그는 앉은 채 소변을 흘려보낸 것이다. 기 싸움에 밀리지 않기 위해서였다. 그러던 그가 외무부장관 재직 중이던 1983년 아웅산 테러 사건 때 세상을 떠났다.

● 이범진(李範晉 : 1852~1910), 구한말 고종 때의 친로파 정치가

　1879년 문과에 급제하고 왕비 민 씨의 사랑을 받아 궁중을 출입했다. 1895년 고종 32년에 을미사변(친로파를 없애려고 일본공사 미우라가 일으킨 변란)이 일어나 민심이 소란한 틈을 타서 정권을 탈환하려고 왕비사건의 다음 날에 경복궁을 습격했으나 실패하고, 이듬해 인천에 정박 중인 러시아 군함으로부터 군인들을 끌어들여 시위한 후 고종황제와 황태자를 모시고 러시아공사관에 파천시켰다. 그해 7월, 군인과 경찰을 경복궁에 보내서 총리대신 김홍집, 농상공무대신 정병화 등을 잡아 죽이고 친일파를 역적으로 몰아 많은 희생자를 내게 하고, 박정양을 수반으로 친로파 내각을 조직했다.

● 이병린(李丙璘 : 1911~1986), 한국의 법조인, 변호사협회장

1911년 한의사의 아들로 태어났고 그의 외가가 의병장 유인석과 이어진 집안이지만 우봉 이씨(牛峰李氏) 이완용의 집안이란 것 때문에 작은 굴레를 쓰고 있었던 것이다.

1964년(박정희 정부 때) 6월 3일 밤, 서울 시내에는 비상계엄이 선포되었다. 이른바 6·3사태 때문이었다. 6월 3일 드디어 '박정희정권 타도'라는 구호로 대학생 2만 여명이 청와대를 향해 데모를 할 때였다. 이때 경찰과 충돌하여 유혈사태까지 빚자 비상계엄이 선포되고 대한변협(회장 이병린)이 비상계엄요건이 "전쟁이나 사변에 있어서 적에게 포위된 때"라고 계엄법 제4조에 명기되어 있는 점을 들어 '계엄령 선포는 위법조치'라는 선언문을 내고 정권에 정면 도전했다.

그리고 이병린은 이 건의안으로 인하여 역사상 처음으로 변호사 협회장이 영장 없이 구속되었다. 당시 계엄사령관의 집회금지 조치를 무시하고 6월 20일 밤에 모여 건의서를 작성했다는 이유, 계엄당국의 사전 검열을 받지 않았다는 이유, 그리고 100부를 등사해서 대통령, 국무총리, 계엄사령관 등에 우송하고, 각 언론사에 배포했다는 죄목이었다.

7월 28일 계엄령이 해제되자 공소기각으로 석방결정이 되었음에도 "재판받고 나가겠다"고 버티었다.

● 이병주(李炳注 : 1921~1992), 한국의 소설가, 언론인

☞ 경남 하동 출신인데, 일본 메이지대학 문예과와 와세다대학 불문과에서 수학했다. 와세다대학 재학 중 태평양전쟁에 학병으로 징집되어 중국 전선에 투입되었다.

1953년 해인대학 교수 재직 중 '내일 없는 그날'이란 소설을 「부산일보」에 연재함으로써 작가의 길에 들어섰다. 1955년부터 부산의 국제신보사 주필 겸 편집국장으로 일하고 있었는데 1961년 5·16군사정변이 발생하면서 필화사건에 휘말려 징역 10년형의 선고를 받고 2년 7개월 동안 복역했다.

아시아편 ○

☞ 그는 1965년 이후 본격적으로 소설을 발표했고 한국문단에서 대표적인 다작 작가로 꼽힌다. 심지어 "이병주 소설은 공장에서 찍어낸다"는 말이 돌 정도였다. 1년에도 수편의 장편을 발표했기 때문이다.

그의 작품 『그를 버린 여인』은 박정희 대통령의 친일경력, 계획 없는 경제정책, 유신독재 비판 등이 담겨 있어서 금기시된 소설이었다.

● 이병철(李秉喆 : 1910~1987), 한국의 기업인, 삼성그룹창업자

이병철은 1938년 3월 대구에서 '삼성상회'의 간판을 내걸었다. 당시 삼성상회는 청과물 · 건어물을 수출하고, 국수를 만들어 팔았다. 삼성상회의 성공은 1948년 삼성물산공사의 탄생으로 이어졌다.

이병철은 평소 '기술을 지배하는 자가 세계를 지배한다'는 신념을 갖고 있었다. 1969년에는 세계 굴지의 종합전자회사를 육성하겠다는 목표로 삼성전자를 설립해서 외국 선진기술을 조기에 습득해 국산화했다.

이병철은 전자산업 외에도 중화학공업으로 영토를 확장했고 1987년 2남 이건희에게 회장 자리를 물려주었다.

● 이봉창(李奉昌 : 1900~1932), 한국의 독립운동가

1918년 민선철도 기차 운전 견습생이 되었으나 24년에 퇴직했다. 일본에 가서 일본인의 양자가 되었고, 이름도 기노시타 쇼조(木下昌藏)로 바꾼 뒤 도쿄와 오사카에서 막노동으로 생계를 유지했다. 1931년 31세에 독립운동에 투신할 것을 결심하고 상해로 갔다. 일본 말이 능숙하고 차림새도 일본인 같아 첩자로 의심받기도 했으나 김구(金九)의 신임을 얻어 한인애국단에 입단했다. 같은 해 폭탄 2개를 가지고 상해에서 일본으로 잠입하여 거사를 준비했다.

1932년 1월 8일 일본 천황이 육군 행사에 참석하기 위해 시내를 통과한다는 정보를 입수하고, 도쿄 사쿠라다몬(櫻田門) 밖에서 기다리다 천황이 탄 마차에 폭탄을 던졌다. 그러나 거리가 멀어 천황 암살은 실패하고 자살용으로 준비해간 폭

탄의 불발로 현장에서 체포되었다. 그는 재판장에서 "나는 너희 임금을 상대하는 사람인데 어찌 너희들이 내게 무례하게 구느냐?"는 호통을 치고 재판을 거부했다. 그는 비공개재판에서 사형선고를 받고 처형되었다.

● 이사룡(李士龍 : 1612~1640), 조선조 인조 때의 의사

1640년(인조 18) 청나라가 명나라를 칠 때 명이 조선에서 군인을 징발했다. 이때 이사룡도 포사(砲士)로서 출전하게 되어 부모에게 하직하고 아내 이 씨에게 이제 가면 다시 돌아오지 못할 것 같으니 내 부모를 잘 모시라고 부탁하고 떠났다. 금주싸움에서 사룡은 탄환을 빼고 공포를 쏘다가 청나라 군인에게 발각되어 추궁 당하자 "명나라 신종에게 은혜를 입은 바가 커서 만세에 이르도록 잊지 못하였는데 어찌 그들에게 총을 쏠 수 있겠느냐?"고 대답하며 피살되었다. 그러나 청군이 그의 절의에 감복하여 사체를 돌려보내어 장사를 지나게 했고, 명나라 장수 조대수(祖大壽)가 이 사실을 알고 깃발에 '조선의사 이사룡(朝鮮義士 李士龍)'이라 크게 써서 명나라 군사에 알렸다.

● 이삼평(李參平 : ?~1655), 조선조 선조 때의 사기공

임진왜란 때 한국에 참전했던 나베시마(鍋島)라는 왜병에게 붙잡혀서 일본 큐슈의 아리타(有田) 마을에 갔는데 그곳에서 사기를 만들 수 있는 흙을 발견해가지고 사기를 굽기 시작해서 아리타야키(有田燒 : 사기그릇의 일종)의 원조가 되었다. 일본에는 그때까지 진짜 사기가 없었으므로 이를 보고 일본 각지에서 굽는 방법을 배우려고 모여왔다. 그래서 일본에는 좋은 사기 굽는 방법이 널리 전파되어 오늘의 우리보다 좋은 사기를 만들게 되었다.

● 이상(李箱 : 1910~1937), 한국의 시인, 작가, 소설가, 수필가, 건축가, 본명 김해경(金海卿)

☞ 1931년 21세에 처녀시 「이상한 가역반응」 등을 발표해서 시인으로 출발했고, 1932년에는 단편소설 「지도의 암실」을 발표했다. 이때부터 필명으로 이상(李

箱)을 쓰기도 했다.

1933년 총독부를 그만두고 백천온천으로 요양을 떠났다가 기생 금홍(영심)을 만나게 되어 서울에서 다방 '제비'를 공동운영했다. 이때부터 그는 폐병에서 오는 절망을 이기기 위해 본격적으로 문학을 시작했다.

☞ 조선총독부 건축과에 근무시 건축현장의 일본인들이 그를 이 씨(李氏)라는 이름의 "李상(리상)"이라고 부르던 것이 그의 필명이 되었다고 한다.

'리상'→李箱으로 표기했다는 이야기다. 이 이야기는 시인 김기림이 전하는 이야기에서 유래했다. 그러나 경성고등공업학교의 졸업앨범에 이상이라는 자필 서명이 있어서 이미 학교에 다닐 때부터 썼다는 설도 있다. 또 한 가지 소스는, 화가 구본웅에게서 선물로 받은 화구상자(畵具箱子)에서 연유했다는 말도 있다. 이 화구상자가 오얏나무로 되어 있어서 오얏 리(李)에 상자 상(箱)자가 붙어서 이상(李箱)이 되었다고도 한다.

● 이상범(李象範 : 1897~1972), 한국의 동양화가, 호는 청전(青田)

이상범의 대표적 작품으로는 창덕궁 대조전 벽화가 있다.

어떤 산중에서 호랑이란 놈이 먹을 것을 구하러 마을로 나갈 궁리를 하고 있는데 마침 어느 농부가 산 아래에 와서 담배 밭을 매고 있었다.

"옳지 저 놈을 잡아먹으리라."

잔뜩 벼르고 있는데 일하던 청년은 땀이 나고 덥던지 웃통을 홀떡 벗어 던진다. 보니 살도 엔간히 쪘고, 그런 중에 찢을 수고마저 덜라고 옷까지 벗어 놓았것다. 어찌나 좋든지 한번 실컷 웃고 싶은데 이놈(먹잇감인 청년)이 듣고 도망치면 헛일이다.

그래 어슬렁어슬렁 산등성이를 넘어가 실컷 웃고 도로 넘어와 보니까 농사꾼은 벌써 집에 돌아갔는지 없어진 뒤더라는 것이다.

수주(樹州) 변영로(卞榮魯)가 주석에서 청전(青田) 이상범(李象範) 화백에게서 이 이야기를 듣고 어찌나 재미있든지 집에 돌아가 가족들에게 이 얘기를 들려줬더니 아무도 웃는 이가 없더라고 하여서 더 유명한 이야기다.

● **이상재**(李商在 : 1850~1927), 정치가, 호는 월남(月南)

그는 충남 한산(지금 서천)에서 태어났다. 열여덟 살 때 과거에 응시했으나 부정부패가 만연한 모습을 보고 과거를 포기했다. 서울에 남아서 세도가의 문객으로 10년 동안 세상을 배우고 박정양(朴定陽 : 조선말기 정치가, 온건중립파)과 사귀었다.

1881년 정부가 일본에 신사유람단을 파견할 때 박정양이 단장을 맡고 월남은 수행원으로 일본을 둘러보고 왔는데 함께 갔던 홍영식, 김옥균 등과 깊이 사귀어 개화사상을 갖게 되었다.

1896년 국어학교 교장을 맡았는데, 이 해 7월에는 서재필, 윤치호 등과 함께 독립협회를 조직해 부회장을 맡았는데, 서울 종로에서 열린 만민공동회 사건으로 일반 민중들의 정치 참여를 선동했다는 죄로 첫 번째로 옥고를 치렀다.

1902년 6월에는 정부의 무능함을 규탄하는 상소를 올렸다가 국체개혁의 음모를 꾸미고 있다는 죄목으로 아들 승인과 함께 체포되어 고문을 모질게 당했다. 1903년 옥중에서 기독교를 접했고, 이듬해 러일전쟁이 일어나자 국사범들과 함께 풀려났으며, 을사늑약이 강제 체결된 뒤 고종의 부탁으로 의정부 참찬을 맡았다. 1907년 6월 네덜란드 헤이그에서 열린 만국평화회의 밀사 파견을 준비하면서 한규설과 이상설의 집을 오가던 중 일제의 통감부에 구속되었다가 2개월 후에야 풀려났다.

● **이상화**(李相和 : 1900~1943), 한국 근세 시인

대구 출신으로 중동학교를 나와 도쿄 외국어학교 불어과를 졸업했다. 귀국 후 교편을 잡았고 1917년 고향에서 현진건 · 백기만 · 이상벽(이상화의 동생, 서울대 사회학과 교수) 등과 습작을 모아 『거화(炬火)』라는 표제로 프린트판 시집을 냈다. 1922년 1월에는 홍사용 · 박종화 · 나도향 등과 함께 문예지 《백조(白潮)》를 발간, 그

창간호에 「나의 침실로」를 발표했다. 1926년에 《개벽(開闢)》지 6호에 그 유명한 「빼앗긴 들에도 봄은 오는가」를 발표하여 신경향파 시인으로 알려졌다. 1930년 이후에는 작품을 쓰지 않았고, 로맨티스트로서 신경향파로 쏠린 시인이었다. 그는 민족의식을 배경으로 한 서정시를 주로 썼다.

1935년부터 2년간 중국을 방문 1943년 3월 21일 대구에서 죽었다. 1948년 동향 친구인 시인 김소운의 발기로 대구 달성공원에 시비가 세워져 있다. 문단인의 힘으로 작고 문인의 시비가 세워진 것은 이상화가 처음이다.

● 이색(李穡 : 1328~1396), 고려 말의 문신, 성리학자

14세에 성균시에 합격, 원나라에서 일을 보던 아버지로 인해 원나라 국자감의 생원이 되었고, 3년간 유학중 아버지의 상으로 귀국했다. 정동성(征東省) 향시에 장원으로 합격하고 원나라에서 문과에 급제했다.

1367년 대사성이 되었고 정몽주·김구용 등과 명륜당에서 학문을 강론하고, 정주(程朱)의 성리학이 처음으로 일어났다.

이조 개국 후 태조는 그의 인재를 아껴 한산백으로 봉하고 예를 다하여 출사를 종용했으나 끝내 고사했다. "망국(고려)의 사대부는 오로지 해골을 고산(故山)에 파묻을 뿐이오" 하면서 관직을 사양했는데 이듬해 여강에 가던 중 갑자기 죽었다. 당년 68세.

후일 서애 유성룡이 후한조의 양팽(楊膨)에 비겨 절개를 특필했고, 문하에 권근, 김종직, 변계량을 배출했다.

● 이성계(李成桂 : 1335~1408), 조선조 1대왕, 태조

☞ 1379년(우왕 5년) 왜구(일본해적) 대장 아지발도가 배 5백 척에 군사를 싣고 운봉 인월역에 쳐들어왔을 때, 우왕은 이성계를 경기도, 전라, 경상 3도 도총사(都摠使)로 임명해서 왜구를 물리치라고 명해서 전투를 벌였는데 왼쪽 무릎에 적군의 화살이 박히자 화살을 즉시 뽑은 다음 부하들에게 "죽음이 두렵다면 모두 물러서

라! 나는 적과 더불어 죽을 것이다"라고 명령하고, 적장 아지발도를 쏘아 그를 사살하고 이 전투에서 크게 승리하고 개선하자 판삼사(종일품) 최영은 친히 이성계를 맞이하면서 손을 잡고 눈물을 흘렸다.

"이 나라에 믿을 사람은 장군밖에 없소이다"라고 칭찬하면서.

☞ 정몽주(鄭夢周)는 고려 우왕 당시, 이성계의 위화도 회군 사건 무렵 성균관 대사성으로 있었다. 그가 새로운 무인 세력의 리더로서 북벌·왜구 격퇴의 공을 세워 명성과 세력이 커지자 조준·정도전 등이 그를 왕으로 추대하려고 해서, 우선 조준을 제거하고 고려왕조를 끝까지 떠받들려고 해서 암암리에 신·구세력 간의 큰 갈등이 일고 있었다. 그 와중에, 1392년 공양왕 4년, 이방원(태종이 됨)의 문객 조영규 등의 습격을 받아 선죽교에서 피살되었다.

그날, 이성계의 아들 방원이 아버지가 말에서 떨어져 상처를 입었는데, 정몽주가 대궐로 입경하는 날 아버지(이성계)를 죽일 것이라는 정보를 입수, 아버지에게 피하시라고 이야기 했다. 방원은 정몽주를 죽여야 우리 집이 살 것이라고 주장하고 반대하는 아버지를 뒤로 하고 암살, 광흥창의 사자 정탁이 쿠데타를 부추겼고 방원이 곧 조영규, 조영무, 이부 등과 함께 거사하기로 결심했다.

이들이 거사를 위해 막 일어서려는 순간 대문밖에 정몽주가 서 있었다. 이성계와 헤어진 정몽주가 초상집으로 갔다가 귀가하는 그를 보고 조영규가 그에게 일격을 가했으나 정몽주가 말에서 떨어져 도망가는 것을 뒤쫓아 선죽교 위에서 그를 살해했다.

방원이 곧 아버지에게 그 사실을 보고하니 아버지는 "뭣이라고? 너 때문에 충신으로 알려진 우리 집안은 똥물을 튀겼구나. 앞으로 백성들을 어찌 볼까 두렵다, 이놈" 하였다.

● 이수광(李晬光 : 1563~1628), 조선조 중기(선조)의 명신

1585년 22세 때 문과에 급제했고, 1592년 임진왜란 때 경상남도 방어사 조경지의 종사관으로 있을 때 용인전투에서 일군에 패했다. 주청사로 연경에 왕래하면서 당시 명나라에 와 있던 이탈리아 신부 마테오 리치 신부의 저서 『천주실의 (天主實義)』 2권과 『교우론(敎友論)』 1권과 기타 귀한 서적을 들여왔고, 우리나라에 최초로 서학(西學)을 도입했다. 『지봉유설(芝峰類說)』이란 책을 지어 서양천주교 지식을 소개했다.

● 이순신(李舜臣 : 1545~1598), 조선 중기(선조)의 명장, 충무공

☞ "지금 신(臣)에게는 아직도 전선(戰船) 12척이 남아 있나이다. 죽을힘을 다해 막아 싸운다면 능히 대적할 수 있사옵니다."

1597년 정유년 7월 14일 칠천량 전투 패전 직후 이순신은 선조에게 비장한 내용의 장계를 올렸다. 원균이 이끈 조선 수군이 왜군에게 궤멸되자 선조는 수군을 아예 포기하려고 했다. 그러나 전라도 해역에서 육군과 합류해 한양으로 진격하려던 왜군의 전략을 간파한 이순신은 바다에서 결사항전을 내걸었다.

두 달여 뒤 정유년 9월 16일 운명의 날이 밝았다. 나중에 한 척을 더해 고작 13척을 확보한 조선 수군은 명량(鳴梁)에서 왜선 300여 척과 맞닥뜨렸다. 이순신은 세계에서 다섯 번째로 빠른 울돌목 조류를 이용해 적선을 유인한 뒤 함포공격과 당파전술(선체를 충돌시켜 적선을 파괴하는 것)을 적절히 구사해 수적 열세를 만회했다. 단 한 척의 아군 배도 잃지 않고 적선 30여 척을 수장시켰다. 그해 도요토미 히데요시가 일으킨 정유재란에서 거둔 우리의 가장 결정적인 승리였다. 육로에서 남원과 전주를 잇달아 함락하고 충청도 직산까지 진격한 왜군은 명량해전 패전 직후 예봉이 꺾여 남해안으로 물러나게 됐다.

☞ 이순신이 1583년 건원보(함경북도 경원) 앞에서 여진족이 반란을 일으켰을 때 제2인자 우울기내를 유인해서 체포하였는데, 그 건원보의 권관(종9품의 수장)으로 좌천되어 내려갔다. 그런데 복수심 많은 여진족을 족친 지역의 수장이 되어 부임했으니 위협이 늘 따랐다. 그러나 이순신은 용맹한 무장이라 개의치 않았다.

그해 충청도 아산 본가에서 부친이 별세하자 권관직을 석 달 만에 내려놓고 본

가로 달려가서 삼년상을 치르는 동안 조정에서 그에게 벼슬을 내리려고 몇 번이
나 탈상 날짜를 물어보았다. 3년 후 탈상하자 선조는 이순신에게 무려 10단계가
넘는 초수(超授 : 정상적인 절차와 단계를 크게 뛰어넘는 벼슬 임명) 즉 초특급으로 종4품의
조산보(함경북도 선봉)만호로 임명했다. 이런 파격 포상은 그가 여진족 반란군을 쳐
부수고 제2인자 우울기내를 생포한 공을 몇 년 뒤에 기린 것이다. 선조는 이렇게
까지 이순신을 아꼈다. 선조는 이순신을 질투하면서도 특혜를 베풀었다.

● 이숭인(李崇仁 : 1347~1392), 고려 말의 학자

정도전과 함께 목은 이색의 제자로서 이름을 날렸으나 뜻하는 바는 달랐다. 정
도전은 자기와 뜻을 같이 하지 않는다고 그를 해치려 하고 있었다. 정도전이 이
성계를 도와 고려를 멸망시키고 권신(權臣)이 되자 이숭인은 정몽주당이었던 탓으
로 영남에 귀양살이를 가게 되니 정도전은 자기 부하 황거정(黃居正)으로 하여금
그곳의 수령으로 임명하여 무참하게 이숭인을 죽였다.

황거정은 그를 잡아들여 수백 개의 곤장을 치고 말 뒤에다 달고 말을 달려 전
신이 길바닥에 흩어져 죽게 하였다. 정도전은 그런 심술을 왕가(王家)에 부리려다
가 태조 7년 끝내 방원(태종)의 손에 죽었다. 정도전이 자기를 살려주면 충성을 다
하겠다고 애원했으나 방원은 "고려를 배반한 놈이 이 씨(李氏)에게 충성할 리가 있
느냐" 하고 그를 죽여 버렸다.

● 이승만(李承晩 : 1875~1965), 한국의 독립운동가, 정치가, 철학박사, 한국 제1~3대 대통령

☞ 언론인 손세일이 『이승만과 김구』 연구서에서, 이 두 사람의 공통점을 네 가
지 들었다. ① 애국심, ② 반일(反日), ③ 반공산주의(反共産主義), ④ 기독교 사상이다.
특히 공산주의의 문제점을 가장 먼저 깨달은 정치지도자로 두 사람을 높이 평가
했다.

"이승만과 김구는 공산주의와 가장 치열하게 대결한 독립 운동가였습니다. 이
승만은 '공산주의당부당' 같은 논설을 통해 민족주의를 부정하고 국제주의를 주

장하는 공산주의를 날카롭게 비판했습니다. 김구는 '레닌의 방귀는 달다고 하는 청년들이여, 정신 좀 차릴지어다'라고 꾸짖으면서 공산주의에 빠져드는 청년들을 '사대주의자'라고 힐책했어요." "두 사람은 한국 민족주의의 두 봉우리이며, 우리는 그 위에 서야 한국의 미래를 볼 수 있다"고 말했다.

☞ 스위스 제네바를 가로지르고 있는 레만 호수 남단에서 북단으로 이어진 몽블랑 다리를 건너다보면 처음으로 마주 보이는 건물이 예전에 뤼시호텔이 있던 자리이다.

이곳은 1933년 이승만 전 대통령이 임시정부의 대표 자격으로 수개월 머무르면서 유엔의 전신인 국제연맹을 상대로 일본의 한반도 지배의 부당성과 대한민국의 독립 필요성을 설파했던 역사적 장소이다. 아울러 당시 우리 나이로 환갑에 가깝던 이 전 대통령이 30대 초반의 오스트리아 여성인 프란체스카 도너 여사를 처음으로 만난 곳이기도 하다.

당시 이승만 전 대통령은 무국적자였다. 일제가 1912년 '조선 민사령'을 공포해 호적제도를 도입하자 많은 독립운동가가 등록을 거부하고 무국적자를 자처했다. 추후 활동상 편의 등을 이유로 김구 선생이 중국 국적을, 안창호·서재필 선생 등이 미국 국적을 취득했지만, 이 전 대통령은 "조국이 없는데 무슨 국적이냐"면서 계속 무국적자로 남아 있었다. 이 전 대통령은 미국 시민권을 따라는 미국 정부의 권유를 뿌리치는 대신 미국에서 비정규 여권을 발급받았는데, 국경을 넘을 때마다 많은 어려움을 겪었다고 한다.

● 이승훈(李昇薰 : 1864~1930), 한국의 독립운동가, 오산학교 설립자, 호는 남강(南岡)

☞ 오산학교(五山學校)는 1907년에 남강 이승훈(南岡 李昇薰)이 평북 정주에 설립한 학교이다. 남강이 생존했던 19세기 후반부터 20세기 초엽에 이르는 시기의 조선 사회는 근대사 격동기의 한 가운데에 놓여 있었다. 서빙고에 있는 오산고등학교는 2018년으로 창립 91주년을 맞았다.

오산학교 첫 입학생이며, 오산학교 교사로 활동했던 김도태(金道泰)는 오산학교 창설 당시 남강이 자주 한 말을 다음과 같이 회고하였다. "국민이 모다 자각이 있기 전에는 의병도 소용이 없고 자살도 쓸데없는 일이다. 국민에게 한 자라도 더 가르치고 인도하는 것이 오직 나라를 구원하는 첫 길이다." "어느 나라 사람들이든지 잘 아는 사람이 많으면 그 나라는 누구든지 침범치 못한다. …… 한 사람을 가르쳐도 나의 동포를 구원하는 것이요, 두 사람을 가르쳐도 나의 민족을 건지는 것이다"라고 밝혀 위기에 처한 국가를 구하는 길은 교육을 통한 길임을 몸소 실천한 남강의 신념을 전하고 있다.

남강이 젊은이들에게 즐겨 쓴 말은 "일꾼이 되라" "의를 향하여 나음나음 나아가라" "그것은 의가 아니다" "남의 종이 되지 말라" "먼저 사람이 되라" 등이었다. 모두 정성과 사랑과 공경의 이념을 중시하고, 교육의 지표로 삼았음을 보여주고 있다.

☞ 1922년 이상재, 윤치호, 김병로, 김성수 등과 함께 주동이 되고 발기인 1,170명을 확보하여 민립대학(民立大學) 기성회를 출범시키고 모금활동을 했다. 그러나 일제 당국의 탄압으로 실패하고 말았다.

그러나 이와 같은 민족주의적 흐름들은 일본의 경계를 샀고, 1911년 105인 사건으로 평안도 지역의 기독교 계열, 신민회 인사들이 한꺼번에 체포되었다. 용산을 출발하던 경의선 열차에 탑승할 때 변장을 하고 여행하였으나, 동료 김구, 양기탁, 윤치호, 옥관빈, 이동휘 등 동료 신민회 회원들이 일본 경찰에 줄줄이 체포되어 강제로 하차당하는 것을 신문기사를 통해 보던 그는 신문으로 얼굴을 가린 뒤 창밖을 쳐다보며 눈물을 흘렸다.

그런데 창밖을 보며 눈물을 흘리는 것을 이상하게 생각한 총독부의 일본 경찰은 변복하고 신문을 읽던 장년 남성이 이승훈임을 알아보고 바로 체포했다. 105인 사건이 적발될 당시 그는 이미 이전의 안악사건으로 제주도에 유배되어 있던 상황이었으나, 서울에서 검거되자 법원으로 압송되어 이 사건의 주모자로 징역 10년형을 선고 받았다. (이이화 『한국사 이야기』)

● 이시방(李時昉 : 1594~1660), 조선조 인조 때의 공신

이귀(李貴)의 아들로 그의 형 이시백(李時白)과 3부자가 광해군의 학정에 못 견뎌 인조를 도와 반정을 하고, 광해를 내몰아버린 후 이시방은 제주목사가 되었다. 광해가 제주도에서 귀양살이를 하고 있었는데, 폭군이었던지라 관부와 도민 중 그를 동정하는 사람이 없었다. 그러니 거처나 음식이 형편없었다.

이것을 본 이시방이 주방을 단속하여 성찬을 해 대접했다. 주위 사람들의 대우가 달라진 것을 본 광해가 너무 이상해서 물어보니 신임 목사의 지시라고 했다. 광해는 그 사람이 자기 재위 시 신세진 사람인줄 알았는데 수행중인 늙은 궁인(宮人) 하나가 그렇지 않은 사람이라 했다. 어떻게 아느냐 하니, 그 궁인이 "마마께서는 그동안 신료들로는 소인들과 궁인들의 말만 들으셔서 은혜를 입은 것도 소인들뿐입니다." 신임목사 이시방은 거리낌이 없기 때문에 광해군은 자기에게 융숭한 대접을 한다는 사실을 알게 되자, 광해군은 머리를 숙이고 눈물을 흘리며 궁인 대하기를 부끄러워했다.

● 이시백(李時白 : 1592~1660), 조선조 효종 때의 영의정, 이귀의 아들

시백의 집에 명화(名花) 한 그루가 있었다. 하루는 어떤 사람이 와서 "이 꽃의 소문이 대궐 안에까지 들어가서 임금께서 구경하시고자 하니 장차 파다가 궐내에 옮겨 심을 것이다"라고 했다. 이 말을 들은 시백은 손수 꽃나무를 꺾어버리고 뿌리를 파헤치고 눈물을 흘리며 말하기를 "방금 국사가 다난하여 안위를 예측할 수 없는 이때에 주상(主上)께서는 무슨 마음으로 화초 · 금수에 낙(樂)을 가지신단 말인가?" 하고 한탄해마지 않았다. 공(公)은 청렴 · 결백하고, 검소 · 절약하기로 유명했다.

어느 날 부인이 남편의 지위가 일국의 재상임을 감안해서 비단방석을 만들어 깔기를 권했으나 공은 전날까지 깔던 부들방석을 뜰에 내놓고 깔라하고 그 위에 부인과 마주 앉아, "이것이 내가 깔던 방석 아니오? 세상이 바뀌어 내가 높은 지위를 얻었지만 마음에 늘 두려움을 안고 있어요. 거기다 사치까지 하면 뒷날 어

찌 된단 말이오? 이 부들방석도 불안한데 비단방석이 당키나 한 일이오?"라고 부
인을 나무랐다.

그는 인조반정 때의 공으로 연양부원군(延陽府院君)으로 봉했다. 김장생, 이항복
등에게서 배웠다.

● 이시영(李始榮 : 1868~1953), 한국 근대 정치가, 독립운동가

서울 출신으로 23세에 문과에 급제하였다. 평안감찰사, 법부 민사국장 등을 역
임했는데, 1910년 한일합방으로 나라를 빼앗기자 6형제의 가족 50여명을 이끌
고 남만주에 들어가 사재로 신흥무관학교를 창설하고, 민족해방을 위한 청년장
교 육성에 전력을 기울였다.

1913년 북경에 가서 원세개(遠世凱) 총통을 만나 한국 교민의 보호를 요청하여
합의를 보았다.

3·1운동 때에는 북경에서 이동녕 · 조완구 등과 함께 본국과의 연결을 지속했
다. 뒤에 상해에 가서 임시정부를 조직하고 법무총장, 재무총장, 의정원장 등을
역임했다.

1945년 광복과 더불어 귀국하여 '대한독립촉성국민회' 위원장이 되었고,
1948년 정부수립 후 초대 부통령이 되었다.

1951년 퇴임하고 1953년 4월 17일 피난지 부산에서 노환으로 작고했다. 독
립운동가 이회영 선생이 형님이시다.

● 이시카와 다쿠보쿠(石川啄木 : 1886~1912), 일본의 시인, 작가

그는 천재였다고 한다. 하룻밤사이에 시집 『한줌의 모래』라는 120수의 시를
지었다고 한다. 17세에 투고하기 시작하고 19세에 시집 『동경(憧憬)』을 출판해서
주목을 받았다. 소설에 도전했으나 인정을 못 받고 자신감을 잃었다.

그는 많은 빚을 지고 있었음에도 낭비벽이 있었으며 돈도 없으면서 인력거를
타고 다녔으나 차비도 안냈다. 담배는 최고급으로 피우고 뻥을 치면서 돈을 꾸

었다.

고향에서 치르게 되어있는 자기 결혼식에도 기차 삯이 없다고 안 갔고, 친구가 차비를 마련해 주었는데도 도중에서 내려버렸다. 거기서 또 돈을 빌려 그 돈으로 숙박하고 다른 사람들에게 한턱을 썼다. 결혼식은 신랑부재로 치러졌다.

● 이안눌(李安訥 : 1571~1637), 조선조 선조 때의 청백리

이안눌은 선조 때 문과에 급제하였고 청백리로 피선되었다. 공(公)은 일찍이 말하기를 "고을살이 다니는 사람이 어찌 전혀 얻어먹는 것이 없으리오마는, 나의 아내가 질박, 검소해서 의복이며 음식이며 거처 등을 남의 눈에 뜨일만한 짓을 아니 하기 때문에 보는 사람은 나를 청백한 사람이라고 하지만 나는 듣기에 대단히 부끄럽소이다"라고 하면서 사양했다.

(조선조에서 청백리가 되려면 사간원, 사헌부 등 감찰기관 장의 추천이 있어야 된다. 매우 엄격한 심사를 거치기 때문에, 청백리로 선정되면 그것은 가문의 영광이었다.)

● 이언적(李彦迪 : 1491~1553), 조선조 중종 때의 현신, 숭정대부 우찬성, 호는 회재(晦齋)

회재는 경주에서 출생했다. 14세 때 성학(聖學)의 공부를 위해 자옥산에 들어가 10년간 스승 없이 독학하였다. 그는 그때 "모든 배움의 방법은 궁리(窮理)와 거경(居敬)을 기본으로 한다"고 했다. 그리고 수양과 공부에는 내외병진, 학수병진, 지행겸전, 지덕겸수 등의 태도를 일관되게 유지했으며 그는 지치(知恥)를 좌우명으로 했다.

그의 지치명(知恥銘)을 보면,

"남이 알지도 못하는 작은 허물에도 부끄러워할 줄 아는 깨어있는 양심, 온갖 고난과 형벌을 당하더라도 허물이 없으면 부끄럼 없이 하늘을 우러러 볼 수 있는 기상, 한 사람의 선비요, 그 시대의 지성인으로서 그가 살아가는 삶은 '부끄러워할 줄 알라'는 격언 앞에 당당하게 머리를 들 수 있다고 하는 것"이었음을 강조하고 있다.

그는 강계 유배지의 책상머리에 자신을 경계하여 하루 세 가지를 성찰하는 말이 적혀 있었다.

"하늘을 섬김에 아직 다하지 못함이 있는가, 임금과 부모를 위함에 아직 정성스럽지 못함이 있는가, 마음을 지킴에 아직 바르게 하지 않음이 있는가"가 붙어 있었다. (금장태, 세계일보 글에서)

● 이영섭(李英燮 : 1919~2000), 한국의 대법원장, 교수

이영섭은 최규하 전 대통령과 경기고등 동기생이며, 주재황 대법원 판사와는 경성제국대학, 고시동창이다.

그가 이화여대 교수 생활을 오래 했는데, 5·16 뒤인 1961년 9월부터 대법원 판사, 1979년에 대법원장이 되었다.

이분이 얼마나 고지식하고 일상생활이 규칙적인지 주위로부터 '한국의 칸트'라는 별명을 얻었다. 교수직에 있을 때나 공직생활을 할 때 간혹 회식자리에 가서 접대하는 여성들에게도 깍듯이 경어를 썼고, 술잔을 받을 때에도 양손으로 받고, 요정의 마담들한테는 어색해서 쩔쩔맸다는 후문이 있다.

● 이완용(李完用 : 1858~1926), 대한제국의 외교관, 정치가, 매국노이자 친일파

1905년 학부대신으로 있을 때 고종을 협박해서 을사조약을 체결케 했고,

1907년 내각총리대신으로 있을 때 헤이그 밀사사건이 일어나자 고종을 퇴위시켰다.

1910년 어전회의에서 한일합병 안을 가결시키면서 스스로 전권위원이 되어 합병조약을 체결했다.

이완용은 1919년 3·1독립운동 때 독립투쟁을 비난하며, 「매일신보」와 「경성일보」에 3차에 걸쳐 경고문을 발표했다. 그는 이른바 매국노의 괴수였다. 그런데 이완용은 당대의 명필이었고 문장도 뛰어났다.

● 이용구(李容九 : 1868~1912), 조선조 구한말의 친일파

어려서 아버지를 여의고 어머니를 도와 농사로 겨우 살아가다가 23세 때 동학당의 제2교주 최시형에게서 배워 손병희 등과 함께 최시형의 직계 제자가 되었다.

1894년 고종 31년에 동학란이 일어난 후 최시형 등이 붙잡혀 처형될 무렵 이용구도 잡혀 옥에 갇혔으나 사형을 면했다. 출옥 후 여전히 동학을 선전하다가 나중에 동학을 진보회(進步會)라 고치고 회원 흡수에 힘썼으나 1904년 송병준의 권고로 일진회에 합병했다.

노일전쟁 때에는 일본군에게 군사 · 정치 양면에서 많이 협력했으며, 1905년 손병희가 동학의 정통을 이어 천도교를 시작하자 이용구는 이와 분리하여 따로 시천교(侍天敎)를 창설하여 교주가 되는 한편, 일진회의 13도 지휘 총위원장으로 있었다. 곧 일진회 회장이 되고, 백성들에게 한일합방을 제창하면서 고종황제 · 소네(曾彌)통감 · 총리대신 이완용에게 각각 한일합방 건의서를 올리고 친일행동을 자행했다. 죽은 뒤, 일본천황으로부터 훈1등 훈장을 받았다. (조선 병합사)

● 이용태(李龍兌 : 1933~), 학자, 기업경영인, 정신문화운동가

(이 내용은 이용태의 고향 친구이자 중학교 동창인 일본 법정대학 교수 출신의 윤학준(尹學準)이 쓴 글에서 인용한 것이다.)

☞ "1953년 서울대학교 물리학과에 입학원서를 냈다. 물리학을 선택한 것은 정치에는 그만 넌더리가 나서 정치와 가장 거리가 먼 것을 택하다 보니 그렇게 되었다고 했다.

합격 발표를 보러 갔더니 그의 수험번호가 나와 있었다. 그런데 게시판 맨 끝에 '수험번호 ○○번 학생은 급히 학무과로 출두하시오'라는 벽보가 붙어 있었다. 월반을 해도 엄청난 월반을 했으므로 틀림없이 무슨 사단이 난 모양이라고 생각한 그는 학무과에 들르지 않고 하숙집으로 돌아와 이불을 뒤집어쓰고 누워버렸다(부정입학으로 떨어진 줄 짐작한 것이다).

그런데 다음날 아침, 학교에서 하숙집으로 전보가 날아왔다. 즉시 출두하라는 것이었다. 잔뜩 위축된 마음으로 학무과에 갔더니 입학식 때 신입생을 대표해서 선서문을 읽으라고 했다. 곧 이것은 전교 수석 합격이라는 뜻이다.

그의 학력은 소학교 6년, 중학교 1년, 고등학교 1년, 대학 4년 총12년 밖에 안 된다. 정상적으로는 6+3+3+4=16년이어야 한다. 따지고 보면 소학교도 조부가 왜놈학교에 다니지 말라고 해서 4년 다닌 셈이고, 대학도 아르바이트 하느라고 2년 정도 다닌 셈이라고 한다."

이용태는 천재 중 천재, 수재 중 수재, 영재 중 영재이다. 그는 하이테크 전문가에다 서예가에다 한학자에다 유림단체 장으로 있다. 그는 재녕 이씨 영해파 19대 종손으로 퇴계 16대 종녀와 혼인한 가문 출신이다.

☞ 이용태는 우리나라의 정보통신 발전에 기여한 선구자이며 우리나라 최초로 PC를 생산 보급한 기업인이다. 1981년 삼보컴퓨터 출시 번호 제1호기를 편자(김재은)가 소유하고 있다. 그는 한때 세계 최상급 PC를 만들어 보급하기도 한 사람이다. 그리고 그는 명문가 출신답게 현재 '인성교육'의 새로운 패러다임을 만들어 전국적으로 군대, 학교, 기업, 가정, 지역사회에까지 보급하고 있는 인본주의자이자 정신문화를 살리려는 애국자이다. 그리고 그는 높은 경지로 수양된 인품의 소유자이다.

● 이우직(李友直 : 1529~1590), 조선조 선조 때의 대사헌

이우직은 언제나 근사록(近思錄)을 손에서 놓지 않았다. 그는 술을 좋아하여 좋은 일에도 술, 나쁜 일에도 술, 술 속에서 일생을 보냈다. 성품이 정직해서 사정(私情)이란 도무지 없었다. 그가 대사헌이 되니 율곡 이이(李珥)도 참으로 적임이라고 극구 칭찬했다. 그는 친구들과 이야기 하다가도 시국에 대한 일을 묻거나 말을 하면 대뜸 하는 말이 "그게 무슨 상관이 있느냐, 하관(何關)?" 하고 절대로 대답을 안했다. 그때의 별명으로 하관(何關) 선생이 되었다.

● 이우환(李禹煥 : 1936~), 한국의 미술가(화가, 조각가)

☞ 1936년 경남 함안에서 태어난 이우환은 1956년 서울대 미대에 입학했다가 일본으로 건너가 도쿄 일본대학에서 철학을 공부했다. 졸업 후 일본에서 활동하던 이우환은 1969년 '존재와 무를 넘어서—세키네 노부오론(論)'을 발표하면서 일본의 모노하(物派) 운동의 중심에 섰다.

일본의 모노하 운동은 1968년 일본 작가 세키네 노부오가 고베의 한 공원에서 땅을 파낸 뒤 그 흙으로 원기둥을 표현한 작품이 시작이었지만, 이우환이 이론적 배경을 제시하면서 세계적인 미술사조로 자리 잡았다.

인공적이지 않은 사물을 이용해 창조보다는 관계성을 보여준다는 의미에서 '모노하'란 이름이 붙었으며, 당시 모더니티에 대한 비판적 흐름과 맞물리면서 주목받았다. 그는 2010년대 후반에 작품이 '자작'이냐 '위작'이냐로 한때 곤경에 처한 적이 있다. (조선일보 손정미 기자 글 참조)

☞ 2016년에 들어와서 이우환은 위작(僞作)사건으로 곤욕을 치르고 있다. 그는 천경자의 경우와는 달리, 문제가 된 작품이 분명히 자기가 제작한 작품이라고 단정했는데, 감정 전문가들이 대부분 위작이라고 감정해서 갈등이 생겼다. 그런데 문제가 되는 점의 하나는, 그가 1년에 300점 가까운 작품을 제작해서 혼선이 있을 수 있으나 모노크롬(단색화)계열 그림은 모두가 자기의 작품이라고 증언해서 미술계에 혼선을 가져오기도 했다.

"1978, 79년에 한창 많이 그릴 때는 한 달에 30~40점씩 그렸다. 전시를 했어도 도록에 실리지 않은 작품이 허다하다. 화랑에 팔았는데 돈 못 받고 어디론가 없어진 경우도 적잖다. 서명이나 일련번호는 내가 직접 안 넣고 화랑에 맡긴 일이 잦았다."

그는 2005년부터 10년간 국내 14개 경매사 총 낙찰액 1위(약 712억 원)를 차지한 최고 인기 작가다.

● 이원수(李元壽 : 1911∼1981), 한국의 아동문학가

이원수는 수많은 동요를 써서 발표했으며 그 중 상당부분이 동요로서 음악이 되었다. 그 대표작품이 '고향의 봄'인데, 이 노래는 이념분단으로 나뉘어져 있는 북한에서도 부르고, 남북이 같이 만나는 자리에서도 불리는 명곡이 되었다.

● 이원익(李元翼 : 1547∼1634), 조선조 광해군 · 인조 때의 대신

☞ 이원익은 키가 무척 작아 다음과 같은 민간 설화가 전해진다. 명종 때 영의 정이었던 이준경은 이원익을 관리로 추천하며 "워낙 몸이 허약해 적어도 산삼 20근은 먹어야 하지만, 가난하여 그러질 못한다"고 말했다. 인재를 찾던 명종은 산삼 20근을 이원익에게 내주었고, 이원익은 왕이 내린 산삼을 먹고 건강을 찾아 벼슬길에 나서게 되었다.

그러던 어느 날 신하들이 모두 모인 자리에서 명종이 이준경에게 "그때 천거했던 이원익이 어디 있느냐?"고 묻자 이준경은 "워낙 작아서 발돋움하셔야만 겨우 보실 수 있습니다"라고 대답했다. 발돋움해 조그마한 체구의 이원익을 본 명종은 "아까운 산삼 20근만 날려버렸다"고 우스갯소리를 했다고 한다.

하지만 임진왜란이 일어난 후 이원익이 여러 분야에서 활약을 펼치자 선조는 "선왕(先王)께서 잃어버린 산삼을 이제야 찾았구나!"라고 감탄했다고 한다. 이원익은 세 명의 임금(선조 · 광해군 · 인조)을 섬기는 동안 영의정만 다섯 번을 지냈다. 영의정을 하는 동안에도 청렴함을 잃지 않아 비바람조차 제대로 막지 못하는 오막살이 초가집에 살았다고 한다.

☞ 광해군 때 이원익은 영의정으로서 백성의 세금 부담을 덜어주는 '대동법'을 건의해 경기도에서 대동법이 실시될 수 있도록 기반을 마련했다. 신념과 원칙을 지켰던 이원익은 광해군과 인조가 잘못된 판단을 내리면 목숨을 걸고 이를 반대하다 관직에서 쫓겨나 유배당하기도 했다. 하지만 당파를 떠나 나라와 백성을 위해 힘썼기 때문에 관리와 백성 모두 이원익을 존경했다고 한다. (지호진의 글에서 발췌)

아시아 편 ○

● 이육사(李陸史 : 1905~1944), 한국의 시인, 본명은 이활(李活)

육사는 호이다. 경북 안동 출신으로 퇴계 집안이다. 중국 북경대학을 졸업하고 잡지업자, 신문기자, 사회운동가 등의 다양한 경력을 거쳐 소설도 쓰고 30세가 지나 시도 썼다. 1937년 서울에서 신석초, 윤곤강, 김광균 등과 같이 시 동인지를 발간했고, 이때 그 유명한 '청포도'를 발표했다.

그의 시는 상징주의의 수법을 썼으며, 당시 시의 주류는 피압박민족으로서의 정치적 울분이었다. 1941년 폐가 나빠 명동 성모병원에 입원했다가 42년에 퇴원해서 북경엘 갔다가 여름에 귀국, 민족운동과 관련된 혐의로 일본영사관 형사에게 체포되어 투옥, 1944 북경 감옥에서 옥사했다. 안동에 그의 문학관이 있다.

도진순 교수는 『다시 읽는 李陸史』(2017)에서 "陸史의 詩는 식민지 변화시키려는 혁명문학이다"라고 요약했다.

● 이이(李珥 : 1536~1584), 조선조 중기(명종 · 선조)의 대학자, 호는 율곡(栗谷), 신사임당의 아들

선조가 하루는 인재를 등용함에 있어서 율곡의 친구인 성혼의 됨됨이에 대해서 물었다. 이때 율곡은 학문의 노력은 자신보다 뛰어나지만 나라 일을 보는 그릇이 못된다고 말했다. 율곡은 성혼과 매우 가까운 친구였음에도 자신의 생각을 기탄없이 말했다.

어느 날은 선조가 율곡에게 물었다.

"경은 짐을 어떻게 생각하는지 말해 보라."

그는 한 치의 망설임도 없이 대답했다.

"전하께서는 선한 의지를 가지고 계시니 학문연구에 더욱 힘쓰시면 현주가 될 수 있습니다."

선조가 인재등용에 자문을 구하여 물었다.

"인재를 등용함에 있어 어떤 자를 등용하는 것이 좋은지 말해보라."

"전하에 충성하는 이보다 자신의 일에 충성하는 자를 등용하십시오. 전하께 충성을 다짐하는 자는 전하를 배신할 가능성이 많지만, 자신의 일에 충성하는 자는

결코 전하를 배신하지 않을 것입니다."

그는 왕 앞에서도 자신의 신념대로 행동했다. 그는 자신이 옳다고 생각하는 일에는 조금도 주장을 굽히지 않았다. 말하기를 무릇 일에 있어서 간사함을 꾀하지 말며, 남을 대하는데 있어서 경건한 태도를 가져야 한다고 했다.

● 이익(李瀷 : 1681~1763), 조선조 영조시의 남인 학자, 호는 성호(星湖)

성호가 살던 시기의 복지정책은 같은 시기 서양이나 중국에 비해 앞서 있었다는 게 학자들의 설명이다. 조선의 복지를 지탱하는 두 축은 국가가 흉년에 곡식을 빌려주는 진휼(賑恤)책과 병든 사람을 치료해 주는 혜휼(惠恤)책이었다. 국가가 백성에게 환곡(還穀)을 꾸어주고 시간이 흘러 갚지 못하면 탕감해주자 국가에만 의지하려다 낭패를 보는 농민들이 생겨났다.

성호는 백성의 최저 생계를 보장하면서도 자조정신을 키울 수 있는 정책을 제시했는데 그것이 바로 유명한 '한전론(限田論)'이다. 농민들이 스스로 농사를 짓고 살 수 있도록 토지 소유의 하한선을 정해 놓고 그 이상만 매매할 수 있도록 하는 정책인데 실제 도입되진 못했다.

● 이인직(李仁稙 : 1862~1916), 구한말 작가

이인직은 1900년 38세에 관비 유학생으로 동경정치학교에서 공부했다. 일본에서 공부할 때 통속 소설에 접하고 신소설에 대한 소양과 지식을 얻었다. 귀국후 만세보(萬歲報)의 주필이라 처음으로 신문에 「혈(血)의 누(淚 : 피눈물이란 뜻)」라는 소설을 발표했다. 만세보가 경영난에 빠지자 이완용의 도움으로 「대한신문」을 창간했다. 한때는 원각사를 중심으로 신극(新劇)운동을 전개하고 「설중매」 같은 신소설을 각색해서 상영하기도 했다.

1908년 '은세계'라는 연극을 상영하면서 그 작품 속에서 "여러분 동포가 생각이 그릇 들어서 요순 같은 황제 폐하의 칙령을 거스르고 흉기를 가지고 산야로 출몰하여 인민의 재산을 강탈하다가 수비대(일본군인) 4~5명만 만나면 몇 만의 병이 더 당치 못하고 패하여 달아나거나 그렇지 않으면 사망 무수하니 동포의 하는 일은 국민의 생명만 없애고 국가 행정상 해만 끼치는 일입니다"라면서 항일의병 활동을 유해무익한 강도행위로 묘사하여 친일성향을 노골적으로 드러냈다.

● 이자(李耔 : 1480~1533), 조선조 중종 때의 명현

이자는 중종 때 좌참찬에 있었다. 일찍이 한충(韓忠) · 남곤(南袞)과 더불어 북경에 사신으로 가는데 도중에 남곤이 병에 걸려 죽게 되었다. 한충은 "저놈이 죽지 않으면 뒷날 조정에 어진 선비라고는 씨가 없을 터이니 죽게 내버려두라"고 조금도 구해줄 생각을 갖지 않았다. 그러나 이자는 지성껏 그를 구호하면서 말하기를 "그가 죽는 것은 조금도 아깝지 않지만 만리타국에 함께 오다가 병들어 죽게 된 것을 그대로 볼 수가 있느냐?"고 열심히 간호한 결과 다행히 죽지 않고 살아났다.

남곤이 세력을 잡은 후 소위 을묘사화(乙卯士禍)를 일으켜 선비들을 일망타진 하는데 이자만은 자신을 살려준 은공으로 죽이지 않고 파직만 시켜 내 쫓았다. 만일 그때 한충과 같이 했더라면 남곤의 손에 죽음을 면치 못했을 것이다.

● 이자건(李自健 : 1455~1524), 조선조 중종 때의 중신

연산 때 황해 감사를 지낸 이자건이 연산의 음란 · 부덕함을 간하다가 선산으로 귀양을 갔다. 선산군수가 귀양살이 온 죄인이라 그를 홀대하고 괴롭혔다.

하루는 금부도사가 선산에 온다는 말을 듣고 군수는 이자건을 죽이러 오는 줄 알고 불러내어 무수한 모욕을 주었다. 그러나 금부도사는 선산군을 경유하는 길이어서 군수는 무안해졌다. 그 후 이자건은 풀려나와 황해감사로 갔는데 공교롭게도 전에 선산군수로 있던 자가 안악군수로 와 있었다. 그래서 안악군수는 전에 자기가 이자건에 했던 짓이 있어 안악군수 자리에서 사임하려고 찾아가려 했더니 이자건은 몸소 안악군까지 가서 만류했다. 군수는 감읍하여 소인의 마음과 군자의 마음은 스스로 다른 바가 있다 하여 자신의 군자답지 못한 것을 크게 부끄러워하고 사과했다.

● 이자겸(李資謙 : ?~1126), 고려 인종 때의 척신(戚臣)

이자겸은 둘째 딸을 16대 예종비로 보내고, 익성공신이 되고, 최고로 높은 벼슬자리를 차지했다. 왕이 죽자 외손자인 태자 인종을 옹립하고 권세를 잡아 셋째 딸, 넷째 딸을 인종에게 바쳤다(그러니까 이모들을 왕비로 받은 것이다). 1126년 지군국사의 벼슬을 탐내다가 왕의 노염을 사서 왕의 뜻을 받고 최탁·오탁 등이 그를 몰아내려하자 그들과 싸워 모두 살해하였다. 이 난으로 궁궐이 불타버려 왕은 연경궁으로 옮겨 갔는데 이난을 '이자겸의 난'이라고 한다.

이렇게 위세가 커지자 자기 일파를 내외 요직에다 쓰고 대권을 잡아 국왕 이상의 권세와 부귀를 누리던 중 "십팔자(十八子=李)가 임금이 되리라"는 도참설을 믿어 왕위를 찬탈까지 하려들자 이 기미를 알아챈 왕이 김찬·안보린 등과 거사하여 이자겸(왕의 장인이오, 외조부) 일당을 제거하려다가 이자겸파인 척준경의 반격으로 실패하고, 자겸은 왕을 자기 집으로 옮겨 모시고 왕비를 시켜 독살까지 하려다 왕비가 거절하여 실패하는 등 전횡하였다. 그 후 자겸의 인척인 척준경은 이자겸과 반목이 생겨 전날의 과오를 뉘우쳐 왕의 밀지를 받들고 김향·이공수와 더불어 거사, 이자겸과 그의 처자를 잡아 영광에 귀양 보냈다. 이자겸은 귀양지에서 죽었다. 잔당도 멀리 귀양 보냈으며, 이자겸 소생의 왕비도 폐위시켰다. (고려사)

● 이재명(李在明 : 1890~1910), 구한말 독립운동가

14세에 기독교인이 되고, 18세에 선교사를 따라 미국에 유학을 가 공부하고 돌아온 후 독립운동을 모의하여 한때 러시아령 블라디보스토크에 가 있다가 한일합방이 이루어지리라는 소문이 있어 귀국했다. 1909년 12월 22일, 명동성당에서 벨기에 황제 레오폴드 2세의 추도미사가 거행되었는데, 여기에 친일파 두목 이완용이 참석한다는 말을 듣고 군밤장사로 가장하고 대기하고 있다가 이완용의 배를 찌르고 체포되어 1910년 사형집행 되었다.

● 이정(李靖 : ?~?), 중국 唐나라 개국 1등 공신

이정은 부귀가 모두 빛났다. 그러나 그는 물건이 차면 기우는 것과 같이 부귀가 과하면 패하는 것을 알고 나이도 과히 늙지 않았지만 글을 올려 조정에서 물러나기를 청했다. 당태종(唐太宗)은 잠문본(岑文本)을 이정에게 보내어 교시를 내리기를, "대개 부귀하고도 족할 줄 아는 사람이 지극히 드문데 경이 그러한 미덕을 가졌으니 짐(朕)이 가상히 여겨 경의 뜻을 성취시켜 일대(一代)의 법을 삼고저 하노라" 하고 검교(檢校)로 특진시켜 집에서 휴양하게 했다. 그러나 기타 공신들은 물러가지 않고 있다가 당태종이 세상을 떠나고 고종(高宗)이 즉위한 후 무후(武后, 즉 則天武后를 말함)의 손에 걸려 죽고 말았다.

● 이정구(李廷龜 : 1564~1635), 조선조 인조 때의 대신

명문 집안의 부인 권 씨는 덕행이 높고 검소하였으며, 아들들이 모두 판서 자리에 있었지만 일생을 화려한 옷을 입은 일이 없었다.

어느 날 정명공주(선조의 첫째 딸) 집에서 신부를 맞아들이는데 나라에서 공주의 집을 빛나게 하기 위해 모든 재상(장관) 부인도 참여하라는 명이 내렸다. 모든 재상집 부녀자들은 경쟁적으로 화려하게 치장하고 나섰다. 그러나 한 늙은 부인만 허술한 가마에 베저고리에 무명치마를 입고 나타나서 왜 저런 누추한 늙은이가 이런 어려운 자리에 왔나 하고 의아해했다.

그러자 그 늙은이가 뜰에 올라오는 것을 본 공주는 버선발로 내려가서 맞이했다. 모두가 의아해했다. 잔칫상이 들어온 후 그 늙은 부인은 자리에서 일어나 작별을 고하니 공주가 만류했다.

"저의 집 대감은 약원도제조(藥院都提調 : 관직명)로서 새벽에 입각을 하고, 큰아들은 이조판서로서 정원(政院)에 나아가 있고, 둘째 아들은 승지로서 입직을 해서 내일 아침에나 돌아올 것인즉 늙은 몸이 돌아가서 저녁밥을 차려 보내야겠으니 불가불 일찍 돌아가야 하겠습니다."

이분이 월사 이정구 대감의 부인인줄 알고 모두 부끄럽게 생각했다.

● 이정보(李鼎輔 : 1693~1766), 조선조 영조 때의 문신, 이조판서

이정보가 청운의 꿈을 안고 과거를 여러 번 보았으나 낙방했다. 불우하게 지내다가 영남지방엘 가는데 죽산군 김량역에 도착하니 웬 늙은 중과 젊은 중 두 사람이 안동부사의 하졸들에게 구타를 당하는 것을 보고 하졸을 타일러서 구타를 면하게 하고 그날 밤 중과 한 여인숙에서 잤다. 그런데 안동부사 일행도 같은 여인숙에 들었다. 밤에 자는데 젊은 중이 "안동부사라는 자가 부임도 못하고 오늘밤에 폭사하겠구나. 그런 불량한 짓을 하고 좋은 죽음을 할리가 있는가?" 그날 밤 과연 그는 폭사했다.

정보가 이것 보통 중이 아니고 신승(神僧)이구나 해서 노승에게 자기 운명을 물으니 젊은 중이 "공의 소원은 급제가 아니시오? 이제 과기(科期)가 목전에 당했는데, 이 기회를 버리고 영남엔 왜 가시오?" "과거가 며칠 전에 있었는데 또 무슨 과거가 있단 말이오." "천기(天機)를 함부로 누설할 수 없으니 빨리 서울로 올라가시면 수일 내에 급제를 하여 위(位)가 태각(台閣 : 내각을 말함)에 오를 것이오."

날이 밝자 두 중과 작별하고 급히 서울로 올라오니 임시 과령(科令)이 내렸다. 정보는 그 과거에 급제하여 이조판서에까지 이르렀던 것이다.

● 이제현(李齊賢 : 1287~1367), 고려 말의 시인, 성리학자

15세에 성균시(成均試)에 장원 급제했고, 병과(丙科)에도 급제한 수제임. 1308년 21세에 뽑혀서 예문춘추관에 들어갔다. 충선왕(26대)에게 불려가서 원나라 연경(燕京 : 지금의 베이징)에 가서 원나라 명사들과 교우하여 학문이 더욱 심오해졌으며, 그때 진감여(陳鑑如)가 이제현의 초상화를 그리고 원나라의 석학 탕병룡(湯炳龍)이 찬(贊)을 썼는데, 그 필적과 그림이 우리나라 국보로 지정되어 현재 덕수궁 미술관에 보관되어 있다.

충선왕이 모함을 받아 원나라 조정에 의해 토번(吐蕃)에 귀양을 가자 그곳에 따라갔으며 그 일이 잘못된 일임을 밝혀 풀려나게 했다.

1339년(충숙왕 복위 8)에 정승 조적 등이 모반을 꾀하다가 잡혀 사형되고 그 잔당

이 연경에 남아 있어서 충혜왕(28대)을 따라 연경에 가서 수습했고, 29대 충목왕이 즉위하자 중책을 맡아보다가 공민왕이 원나라에 있으면서 31대 왕이 되매 우정승에 임명되었다. 1357년(공민왕 6)에는 벼슬을 떠났고 왕명으로 집에서 실록을 수찬했다. 사후 공민왕 사당에 함께 모셔졌다.

● 이준(李儁 : 1859~1907), 구한말의 순국열사

어려서부터 성격이 강인하고 자기주장이 강하였으며, 과격한 언사를 씀으로 사람들과 사귀기를 꺼려했다. 일본의 와세다대학 법학과를 나왔으며 한성재판소의 검사가 되었다.

1896년 서재필 등과 독립협회를 조직하고 「독립신문」을 발행하고, 평의장이 되어 독립사상을 고취하는 운동을 일으키고 부패한 관리의 숙청을 위해 애썼다.

1907년 고종의 비밀문서를 가지고 일본의 침략행위를 세계 여론에 호소하기 위해서 만국평화회의가 열리는 네덜란드 헤이그로 갔다. 도중에 러시아 수도에 들려 러시아주재 한국공사의 아들 이위종을 대동하고 헤이그에 닿아, 회의 개최일인 6월 5일 고종의 친서와 신임장을 의장에게 전달했으나 일본 측의 방해로 회의에 참석할 자격을 얻지 못하고 퇴장 당하자 분한 나머지 1907년 분사하였다.

● 이준경(李浚慶 : 1499~1572), 조선조 선조 때의 문신

명종 시대의 문정왕후와 윤원형의 폭정 속에서도 사림을 지켜내며 마침내 선조를 즉위시켜 난세(亂世)를 종식시키고 치세(治世)를 위한 기초를 놓은 또 한 명의 명 영의정 이준경은 위엄에서 두드러졌다. 이준경은 어릴 때 남명 조식과 친구 사이였다. 훗날 이준경이 정승이 되었을 때 초야에 있던 조식이 임금의 부름을 받고 한양에 온 일이 있었다.

이때 이준경은 개인적인 사신(私信)만 보내고 조식을 찾아가지 않았다. 결국 귀향을 앞두고 조식이 이준경을 찾아왔다. "공은 어찌 정승 자리를 가지고 스스로

높이려 하는가?" 잘난 척 하지 말라는 뜻이었을 게다. 이에 이준경은 단호하게 대답했다. "조정의 체모를 내가 감히 폄하할 수 없어서이다." 공과 사를 명확히 구분할 줄 알았던 이준경이었기에 가능했던 대답이다.

● 이중섭(李仲燮 : 1916~1956), 한국의 화가

"오늘 엄마, 태성이, 태현이가 소달구지를 타고… 아빠는 앞쪽에서 소를 끌면서 따스한 남쪽나라로 가는 그림을 그렸어요."

일본으로 떠나보낸 가족과의 해후를 꿈꾸며 아버지 이중섭은 달구지에 탄 가족을 편지에 그려 아들에게 보냈다. 6·25전쟁 중의 이야기다. 이중섭이 그린 그림 1954년작 '길 떠나는 가족' 그림은 편지속의 그림과 똑같은 그림이다.

이중섭의 그림에는 '가족'과 '소'가 함께 들어가 있다. 추위, 굶주림, 눈물, 슬픔이 없는 유토피아를 향한 희망의 노래다.

"중섭처럼 그림과 인간, 예술과 진실이 일치한 예술가를 나는 모른다." 시인 구상의 말이다.

종이가 없어서, 캔버스와 물감을 살 돈이 없어서, 담뱃갑 속의 은박지에 그린 이중섭의 은지화는 가난한 예술론의 상징과도 같다. 얇은 은지를 긁어 그린 은지화는 마치 암석에 새긴 경주 남산의 고대 불교조각을 연상시킨다. 이 은지화는 현대미술의 정상급 미술관인 미국의 뉴욕 현대미술관(MOMA)에도 소장되어 있다.

주한 미국대사관 문정관이었던 아더 맥타가트가 1955년 구입해 MOMA에 기증한 은지화가 여러 점 있다. "손바닥 만한 은지에 거대 서사가 그려져 있다. 유화 '서귀포의 환상'에 버금가는 좋은 작품이다. (서성록 평론가의 말)

● 이지함(李之菡 : 1517~1578), 조선 중기(인종)의 학자, 호는 토정(土亭)

이지함은 조선조 중종 12년에 목은(牧隱) 이색의 6대 손으로 태어났다. 그는 양반의 집에서 태어났으나 토굴 같은 집에서 한평생을 살았다고 한다.

선생은 어려서부터 그릇이 컸다. 그가 조부를 장사지내기 위해 지관(地官)에게 그 산소 자리를 의뢰했는데, 한 곳에 머문 지관이 "이곳이 참 좋긴 하지만 이곳을 장지로 택한다면 당신의 자손들에게는 좋지 않겠고, 다른 친척들에게는 복이 있을 것 같군요" 하고 안타깝다는 표정을 지으니

"그래! 그렇다면 이곳으로 정하겠다. 자 어서 서둘러라. 내 자손들이 화를 당할지라도 친척들이 잘된다면 그에 더 바랄 것이 있겠느냐?"

지관의 말은 들어맞아 그의 후손들은 영달치 못했으나 이산해(李山海)를 비롯한 그의 친척들은 꽤 많이 조정에 등용되었다.

● 이징옥(李澄玉 : ?~1453), 조선조 세종 때의 무관

이징옥은 무용이 뛰어난 인물이었다. 6진(六鎭) 설치에 공이 커서 김종서의 뒤를 이어 함길도 도절제사가 되었다. 1453년 단종 1년에 수양대군과 정인지 등이 안평대군(세종의 셋째아들이고 수양대군의 동생)과 영의정 황보인·김종서 등을 살해하고 수양대군이 영의정을 겸하여 병마의 대권을 쥐게 되었다. 그래서 박호문을 보내서 이징옥이 있던 자리에 앉혔다. 이징옥은 갑자기 함길도 도절제사 자리에서 파면되자 아무런 과실 없이 파직당한 이징옥을 박호문으로부터 비로소 중앙의 정변(政變)을 듣고 크게 분개하여 박호문을 죽인 후 병마를 이끌고 북으로 종성에 가서 대금황제(大金皇帝)라 칭하고 여진족에게 후원을 얻어 반란을 일으켰다.

얼마가지 않아 종성 사람 정종(鄭種) 등의 술책에 빠져 그의 아들 3명과 함께 사로잡혀 죽고 말았다.

이징옥의 난은 사대사상에 젖어있던 당시 조선인으로서는 황제를 칭한다든지, 지방 세력이 중앙에 대항한다든지 하는 것은 역사상 주목할 만한 사건이다.

● 이차돈(異次頓 : 506~527), 신라 법흥왕 때의 불교순교자

성은 박, 습보갈문왕(習寶葛文王)의 증손자. 서기 527년 신라 제23대 법흥왕이 불

교를 국교로 삼으려 했으나 토착 신앙에 젖은 조신(朝臣)들의 반대로 뜻을 이루지 못하자 이차돈이 순교를 자청했으며, 예언대로 기적이 일어나 불교를 공인하게 되었다는 것이다.

『삼국유사』 중 '흥법(興法)'이라는 이름이 달린 챕터가 있다. 불교를 일으킨 일화를 묶어놓은 것으로 '원종 흥법(原宗 興法) 염촉 멸신(厭髑 滅身)'이라는 제목을 단 것이 있다. 원종이라는 사람이 불법을 일으키고, 염촉이라는 사람은 스스로 몸을 희생했다는 의미다. 원종은 신라사에서 불교를 처음으로 공인한 법흥왕이요, 염촉은 바로 이를 위해 순교한 이차돈(異次頓)을 말한다. 불교를 반대하는 사람들에게 맞서고자 법흥왕과 이차돈이 벌인 게임, 다시 말해 이차돈이 스스로 목숨을 청해 잘려나간 그의 목에서 흰 피가 솟는 이적(異蹟)이 일어남으로써 신라에서 불교가 공인되게 되었다는 그 이야기가 골자를 이룬다. 이차돈 순교 이후 법흥왕이 전개한 불교 포교 사업을 소개한 글이 있다. 이차돈의 나이 21세 때 일이다.

(삼국유사)

● **이케다 슌진**(池田隼人 : 1899~1965), 일본의 정치가, 수상

일본 전후 수상을 오래 한 요시다 시게루(吉田茂)는 수상을 다섯 번 할 만큼 유능한 정치가이고 전후 일본을 재건한 사람이다. 그의 휘하는 요시타학교라고 부르는 인재풀이 있었는데, 이케타 슌진(池田隼人), 사토 에이사쿠(佐藤榮作), 타나가 카쿠에이(田中角榮)가 있다. 모두 수상을 지낸 사람들이다. 이 중 이케타는 요시타의 심복이고 국회의원이 된지 1년 만에 재무부장관으로 발탁되었다.

1950년 봄 재무부장관이 되자 요시타가 이케타를 미국에 특사로 파견했는데, 돌아와서 보고차 수상을 찾았는데 교토에 갔다고 해서 교토의 요정까지 찾아갔다.

요시타에게 도미보고를 마치고 귀가해 보니 교토의 요시타로부터 소포가 하나와 있어서 열어보니, 일본식으로 여러 개의 골판지 상자를 연 결과 마지막에 조그만 상자에 이케다의 지갑이 나왔다.

"일국의 재무장관이 스스로 지갑관리를 못해서야 되겠나? 요시타 씀"이라는 쪽지가 함께 들어 있었다.

이케타가 교토의 요정에 지갑을 떨어뜨리고 간 것이다.

한참 후에 이번에는 요시타가 이케타의 집에 왔었다. 이때 그의 트레이드마크인 흰색 장갑을 이케타 집에 놓고 갔다. 마찬가지로 골판지 상자에 겹겹이 싸서 요시타 수상에게 보내면서 "외교관 출신의 총리가 외교관의 심벌인 흰 장갑을 잊어버리고 돌아가시다니 곤란합니다. 이케타 올림"라고 써서 보냈다.

그 후 요시타가 수상을 사임하고 키시가 수상이 되었다. 키시 다음에 이케타나 사토 수상이 될 것이라 했는데 이 흰 장갑 건을 상기한 요시타가 이케타를 다음 수상으로 지명했다.

"저런 유머를 아는 마누라가 있는 한 이케타는 일국의 재상으로 잘 할 수 있을 게다"라고 했단다.

● 이탁(李鐸 : 1509~1576), 조선조 선조 때의 영의정

이탁은 영상임에도 겨우 조석(朝夕)을 연명할 정도의 경제생활을 했다. 집안에 남아 있는 곡식이 없고, 지방으로부터 보내오는 선물은 모두 친척이나 친구에게 나누어 주었다. 조금도 저축을 하지 않았다. 그는 일찍이 "송나라 사광온공(司光溫公)은 내 평생 행한 일을 남에게 대해서 말 못할 일은 없었다고 했지만, 그는 지위가 높은지라 사람들이 본받을 수 없지만, 나는 내 가사에 대해 남에게 숨길 일은 없다"고 했다.

선조가 그를 우상(우의정)에 임명하시니 그는 문을 닫고 앉아서 한탄하기를 '나 같은 인간이 정승이 되면 국사가 어찌된단 말인가'고 걱정하는 빛이 얼굴에까지 나타났다. 자기는 적재가 못된다고 사양했으나 나라에서 듣지 않음으로 할 수 없이 직에 나아가기는 했으나 그는 백성이 무슨 죄냐고 했다. 백성의 안부는 정승의 시정에 달려있기 때문이다. 그는 끝내 영상(영의정)자리까지 올랐다.

● 이태규(李泰圭 : 1902~1992), 한국의 과학자, 호 학천(學泉)

☞ 이태규는 한국과학기술계의 상징적 인물이다. 그는 1930년대 후반 미국의 프린스턴대학에서 아인슈타인, 테일러, 아이링 등 세계적인 학자들과 어울렸을 만큼 일찍이 이름을 날렸다.

이른바 리—아이링 이론으로 불리는 학설로 그는 세계 화학계의 주목을 받아왔다. '리'는 그의 성에서 따온 것이다. 이른바 리—아이링 이론으로 불리는 학설로 그는 세계 화학계의 주목을 받아왔다.

이 이론으로 1965년 한국인 최초로 노벨상 추천위원이 되었고, 그 자신 역시 한국인으로서는 처음으로 노벨상 후보로 거론되곤 했다. 이태규는 현대의 명문 집안 출신으로서 그의 조카가 이회창 한나라당 총재를 지내고 당 대표로 대통령에 출마했던 사람이다. (김덕형의 '한국의 명가'에서)

☞ 그의 유타대학 제자 이용태 박사(삼보컴퓨터 창업자)의 증언 :

내가 서울대 물리학과를 졸업하고 이화여대 강사로 있던 시절 이태규 박사님이 조교가 필요하다고 하셔서 조순탁 교수님의 추천을 받아 유타대로 유학하게 되었다. 1966년 미국으로 향하는데 박사님은 유타에 오기 전에 버클리에 들러서 컴퓨터를 먼저 배워오라고 지시하셨다. 박사님은 나를 반겨주시며, 생활에 불편이 없도록 자상하게 보살펴 주셨다. 박사님은 시계처럼 정확하게 매일 똑같은 일상을 보내셨다. 학생들에게 강의할 때는 부처님께 불공을 드리듯이 아주 겸손하게 미리 준비를 다 하셨다. 한번은 시험 10분 전까지 강의실에 오라고 했는데, 내가 그만 조금 늦고 말았다. 선생님께서는 학생들이 자리에 앉기 전에 시험지를 미리 배포해 놓고 기다리셨다. 내가 한시(漢詩)를 한다니까 아호를 지어달라고 하셔서, 즉석에서 '학천(學泉)'이라고 지어드렸다. 그분 덕분에 배운 컴퓨터 실력으로 내가 삼보컴퓨터사를 운영할 수 있게 된 셈이다. 세계적 과학자 밑에서 공부하게 된 인연을 나는 소중하게 간직하며 살고 있다. (주간조선에서 발췌)

● 이태준(李泰俊 : 1904~?), 한국의 소설가, 호 상허(尙虛), 별명 한국의 모파상

강원도 철원 출신이며, 일본의 상지대학에서 공부했다. 1925년 21세에 단편 「오몽녀」로 데뷔했고, 잡지《개벽》등 여러 언론사 기자로 일하였다. 그의 작품은 지식인의 고뇌를 그린 작품이 많다. 이상의 천재성을 눈여겨보고 그에게 시를 쓸 것을 권유했다. 당시 조선일보 사장이던 여운형에게 부탁해 이상의 시를 신문에 내도록 도와주었다. 일제강점기에 낙향해서 철원에 거주하면서 작품 활동을 거의 하지 않아 친일행적 논란에서 자유로운 몇 되지 않은 작가들 중 하나이다.

광복 후에는 조선프롤레타리아 예술가 동맹의 경향파문학과 거리를 둔 이전과는 달리 좌파 계열에서 활동했고, 1946년 한국전쟁 전 월북해서 조선민주주의 인민공화국에서의 행적이나 세상을 떠난 시기는 분명치 않다.

그가 서울에 거주하던 성북구의 자택은 서울시민속자료 제11호로 지정되어 있고 1999년 외증손녀 조상명이 1933년에 태준이 지은 당호인 '수연산방'을 내걸고 찻집을 열었다.

그의 저작물 중 『문장강화(文章講話)』는 지금도 글 쓰는 이의 참고가 되고 있다. 서울대학교 영문학과의 김명렬 명예교수는 그의 생질이다.

● 이태중(李台重 : 1694~1756), 조선조 영조 때의 중신

영조 때 호조판서를 지낸 이태중이 평안도 안찰사(按察使)로 내려가니 그때 최진해는 선천부사, 이인강은 중화부사로 있었다. 최진해는 영조의 외척, 이인강은 정조의 외척이었다. 태중이 중화에 도착하니 이인강 부사가 와서 배알을 했다. 태중이 그에게

"그대는 누구인고?"

"저는 동궁(東宮 : 世子)의 외4촌입니다."

안찰사는 일부러 놀랜 듯이 눈을 크게 뜨며 다시 물었다.

"누구라고?"

"동궁(東宮)의 외4촌입니다."

"응 그래? 물러가게."

태중은 즉시 중화부사 이인강은 미숙한 사람이니 부득이 파면시키기로 건의하고 평양에 도착하니 선천부사 최진해가 배알을 했다. 이태중은 또 물었다.

"그대는 누구인고?"

"하관은 선천부사입니다."

안찰사는 소리를 높여 물었다.

"네가 선천부사인 줄 몰라서 묻는가? 그대가 어떠한 사람이냐 말이지."

"네 하관은 지극히 비천한 문벌로서 나라의 두꺼운 은혜를 입어 이 자리에 있기는 하오나 이 자리가 하관에게 과한 자리로 생각합니다. 사또께서는 선천부사 최진해만 알아 두시고 다른 것은 묻지 말아주소서. 하관의 족척이란 시정배가 아니면 아전 등이오니 누구누구 말씀을 해도 사또께서는 모르실 것입니다."

안찰사는 빙긋이 웃고 마음속에 기특하게 생각하여 환대를 해 돌려보낸 후 특히 그를 애총해 주었다.

● **이토 히로부미**(伊藤博文 : 1841~1909), 일본의 정치가, 명치유신으로 헌법 개정 후 초대총리

이토 히로부미는 을사보호조약을 강제해서 초대 한국통감으로 온 조국 강탈의 원흉이다.

어느 명사의 저택에서 이토 히로부미(伊藤博文)를 비롯하여 당시의 명사들이 모여 파티를 열었다. 여흥으로 코미디언이 불려와 한차례 흥을 돋웠다. 그것이 끝나자 이토가 이 코미디언에게 잔을 내밀었으나 당시에 이토로 말하면 일본 제일의 세도가요, 감히 코미디언 따위가 잔을 받을 수 없어 사양했다.

이때 외교관 오무라가 옆에 있다가 "사양 말고 받으십시오. 이 자리선 당신이 제일 위대한 사람이 아니겠소" 했더니 코미디언은 당치도 않다고 머리를 숙였다.

오무라는 다시 "그러면 물어보겠는데 당신의 뒤를 이을 사람이 있습니까?"

"없습니다."

"그 점이 바로 당신이 위대한 점입니다. 여기에 계시는 분들에게는 뒤를 이을

사람이 얼마든지 있는 것입니다."

● 이한응(李漢應 : 1874~1905), 구한말의 외교관, 순국열사

　1904년 초 이한응은 1월 13일 영국 외무성을 방문하여 한반도 정세에 관한 자신의 견해를 담은 긴 메모(memorandum)와 각서(note)를 전달했다. 그리고 1주일 후 이 내용을 설명하는데 필요하다면서 메모 두 개를 다시 보냈다. 그 내용은 간단히 말해 일본과 러시아간에 전쟁이 일어날 경우 영국은 다른 열강들과 '양해(understanding)'를 통해 어느 쪽이 전쟁에 승리하든 대한제국의 독립과 주권 및 영토보존을 위한 '새로운 보장(fresh guarantee)'을 해달라고 요망한 것이다.

　이후 그는 1년 이상 본국과의 연락이 거의 단절된 상태에서 1902년 영일동맹에 의거한 조선의 독립보장요구, 경의선 철도 건설 제안 등을 통해 영국정부를 집요하게 설득하지만 영일동맹으로 동아시아 문제를 이미 일본에 일임한 영국으로부터 외면당했다.

　동아시아 정세는 2월 8일 러일전쟁 발발과 일본의 잇단 승리로 다음해 11월 17일 을사늑약까지 일본에 유리하게 전개됐다. 일본은 이에 힘입어 '내정개혁'이란 명목으로 조선의 모든 분야를 장악하는데, 이중 해외주재 공관을 축소하고 외교관들을 철수시킨 조치는 이한응의 장래에 암울한 그림자를 드리우는 것이었다.

　1905년 3월 중순 이한응은 영국으로부터 아무것도 얻을 수 없음을 깨달았다. 만리타향에서 1인 공관, 말 그대로 '고립무원'이었다. 당연히 정신적 공황상태를 겪었을 것이다.

　그리고 1905년 4월 말 병으로 눕는데 5월 10일 랜스다운(Lansdowne) 외상으로부터 빠른 회복을 바란다는 서신을 받았다. 이에 용기를 얻은 듯 외상과의 면담을 신청하며, 외무성이 이를 호의적으로 검토하는데, 국은은 회답을 기다리지 않고 5월 12일 음독, 순국한다(1905. 5. 12).

　순국에 즈음하여 이한응은 다음과 같은 유서를 남겼다.

'오호라, 나라의 주권이 없어지고 사람이 평등을 잃으니 무릇 모든 교섭에 치욕이 망극할 따름이다. 진실로 핏기를 가진 사람이라면 어찌 견디어 참으리오?'

(구대열 교수의 글에서 발췌)

● **이항복**(李恒福 : 1556~1618), 조선조 선조 때의 대신, 대 해학가, 별명 오성

이항복이 열네 살 때의 어느 늦가을, 감이 먹고 싶어 하인더러 감나무에 올라가서 홍시 몇 개 따오라고 했다. 하인이 올라가 감을 따는데, 옆의 집 담장으로 넘어간 가지에 달린 감을 먼저 따라는 도련님 말대로 따지 못하고 집안으로 뻗은 가지에 달린 감만 따가지고 내려왔다.

"왜 옆집으로 뻗은 가지의 감은 안 땄나?"

"그것 따다가는 옆집 하인 놈들에게 죽도록 매 맞게 됩니다. 도련님은 그 댁이 어떤 양반 댁인지 모르십니까?"

"이 놈아, 권참의(權參議 : 6조에 소속되었던 정3품 벼슬, 실은 이 집이 권율(權慄) 장군) 댁이 아니냐? 감나무는 우리 것이니 우리 감을 우리가 따는데 누가 시비를 한다는 게냐?"

이렇게 하인을 시키려 했더니 하인이 몰매를 맞을지 모른다고 하니 직접 권참의 댁을 방문했다.

"권참의께서 댁에 계신가?"

권참의 댁 하인이 용건을 묻기에 "내가 직접 찾아뵐 터이니" 하면서 성큼성큼 사랑방으로 올라가서 마침 병서(兵書)를 읽고 있던 중인 권참의 방문을 보더니 "권참의 대감 계시옵니까?"

"거 누구요?" 하니 이항복은 돌연 팔을 힘차게 뻗어 문창호지를 뚫고 주먹을 방안으로 들이밀었다. 권참의는 크게 노하며

"이놈이 무엄하게 이따위 장난을 하느냐?"

"소인은 옆집에 사는 이항복이옵니다."

"그럼 넌 이참찬(參贊 : 의정부 소속의 정2품)의 아들이 아니냐?"

이항복은 그런 장난을 하고 권대감께 방안으로 들이민 팔이 이항복의 팔임을 인정하고, 그것으로 감나무도 뿌리가 있는 자기네 집의 감나무가지가 비록 옆집으로 넘어가도 그 감은 자기네 감임을 인정받고 돌아왔다.

권대감은 그제야 이 소년의 계교에 넘어간 것을 깨달았다. 이 일이 있은 후 권율은 이항복을 사위로 맞게 되었다.

● 이해랑(李海浪 : 1916~1989), 한국의 연극인

경성부 출신이며, 그의 증조부 이종응(李宗膺)이 조선조 철종 임금의 사촌동생인 관계로 그는 철종의 먼 친척이다. 그의 조부는 왕실의 의전실장을 지냈으며, 그의 아버지는 세브란스 의학전문학교 부속병원 외과 의사였다. 명문집안 출신이다. 니혼대학 예술학과 재학 중 도쿄 학생예술좌에 가입하여 학생연극에 데뷔했다.

1946년 김동원과 극예술협회를 만들었고, 우익연극인들을 이끄는 인물로 부상했고, 1950년 국립극장을 개관하자 극예술협회를 모태로 창단한 국립극장 전속극단 신협(新協)의 창립과 대표를 맡아 이때부터 연출을 겸업하면서 능력을 인정받았다.

지금 한국의 원로급 연극인 중 이해랑 선생 밑에서 수업한 연극인이 굉장히 많다.

● 이행(李荇 : 1478~1534), 조선조 중종 때의 정승

이행이 한양 남산 밑 청학동에 별장을 짓고, 호를 청학도인이라 짓고 집 주위에 나무를 많이 심었다. 공청에서 돌아오면 허술한 평상복을 입고 산책을 하니 누가 보아도 한 촌로로밖에 안 보았다.

어느 날 상부녹사(相府錄事)가 이 정승(우의정, 좌의정 지냄)에 급히 아뢸 일이 있어 말을 타고 이 정승 댁을 찾아갔다. 상부는 삼정승의 집무기관이고 녹사란, 상부 안에서는 일개 서사(書士)에 불과하지만 밖에 나오면 상부의 세력을 믿고 안하무

인이 되기 쉽다.

　녹사가 청학동 동구에 들어서니 웬 늙은이 하나가 어린아이 하나를 데리고 동구 밖에서 왔다 갔다 하고 있었다. 녹사는 대뜸

　"여보게 늙은이! 이 정승이 댁에 계신가?"

　이 정승이 천천히 얼굴을 돌리며

　"무슨 기별이라도 있나? 내가 이 정승이다."

　녹사는 황급해서 말에서 굴러 떨어졌다. 자기 상관도 못 알아보다니.

● **이현보**(李賢輔 : 1467~1555), **조선조 중종 때의 문신, 형조참판, 호는 농암(聾巖)**

　☞ 농암집안의 장수비결에 대해서 사료를 훑어보아도 비전이 있은 것은 아니고, 유전인자가 있었는지는 지금 확인할 도리가 없지만, 최순권 민속박물관 학예연구관은 "효를 바탕으로 한 가족의 우애와 이런 행복을 주위에도 베푸는 어진 가풍"을 으뜸 이유로 잡았다.

　농암은 세상을 떠난 뒤 나라에서 '효절(孝節)'이라는 시호를 받았을 정도로 효성이 지극했고, 집안화목을 중시했다.

　70세가 넘은 노구를 이끌고 부모를 위해 때때옷을 입은 채 춤을 춘 일화는 유명하다. 이때 부친을 포함해 고향 안동 인근의 아홉 노인을 모셨던 잔치가 바로 '구로회(九老會)'다. 중국의 전설적 효자 노래자(老萊子)의 사례를 본보기로 삼았다고 한다.

　☞ 안동의 농암 종택은 종가체험프로그램을 운영하는데 80세 이상 부모를 모시고 오면 가족 모두의 아침식사비를 받지 않는다. '적선애일(積善愛日 : 선행을 쌓고 하루도 아끼며 효도하라)' 농암 집안의 가훈이고 장수법이다.

● **이현주**(李賢周 : 1944~　), **한국의 기독교 목사, 시인**

　'저 날아가는 새가 허공에 안겨 허공을 드러내듯이, 아, 그대 참사랑이여, 내 이

초라한 삶과 죽음이 그대 품에 안겨 그대를 드러내는 것이기를!'

'동양학 하는 목사님'으로 유명한 이현주 목사가 우리 나이로 칠순을 맞아 불가의 스님에게 어울릴 법한 제목의 책을 냈다. 신간 『공』(샨티)이다. 부제는 '저는 어디에도 없으면서 모든 것을 있게 하는…'이다.

이 목사는 몇 년 전부터 방안에 쭈그리고 앉아 입으로 '공공공공…' 하고 읊조리며 다양한 모양의 '공'자를 썼다. 그러곤 마치 표구하듯이 둘레를 다른 종이로 풀칠해 붙였다. 재작년 사별한 아내는 생전에 그 모습을 보고 "나가서 산책이라도 하지 왜 그러고 있느냐"며 한마디씩 했단다. 완성된 작품은 주변 사람들에게 "공을 공짜로 드립니다"라며 나눠줬다.

이 목사는 평생 수십 권의 철학서, 동화, 번역서를 내며 왕성한 저작 활동을 벌여왔다. 특히 『대학중용읽기』, 『기독교인이 읽는 금강경』, 『무위당 장일순의 노자 이야기』, 『장자산책』처럼 유불선 사상을 넘나드는 책이 많다.

● 이호민(李好閔 : 1553~1634), 조선조 선조 때의 공신

선조 때 예조판서였던 이호민은 머리에 백발 새치만 보이면 족집게로 뽑는 버릇이 있었다. 한음 이덕형(漢陰 李德馨)이 이 광경을 보고 호민에게 묻기를,

"공(公)의 지위가 최고에 달했거늘 다시 무엇을 바라고 센 머리를 그리 뽑으시오?"

"허허, 그런 게 아닙니다. 예날 한(漢)나라 법이 지극히 관대했지만 '살인자에게는 죽음을'로 사람을 죽인 놈만은 용서 없이 죽이지 않았습니까? 백발인가 하는 이놈이 너무나 사람을 많이 죽이기 때문에 부득이 이놈을 죽여야지요" 하니, 한음도 공감했단다.

(백발이 많아지면 죽음이 가까워진다는 뜻임)

● 이황(퇴계)(李滉 : 1501~1570), 조선조 중종 · 명종 · 선조 때의 대학자, 정치가, 아명 서홍

☞ 퇴계는 6세에 서당엘 다녔는데 워낙 글공부만 하고 진도가 빨라 훈장의 칭

찬을 한 몸에 받자 같은 반 학동들이 그의 천자문책을 훔쳐 빼돌렸다. 그는 책을 잃어버린 날 집에서 천자문(千字文)을 붓으로 완전히 재생해서 다음날 서당에 가져가서 친구들을 놀라게 하였다. 그제야 친구들이 실토를 해서 책을 도로 찾았다는 일화가 있다.

☞ 퇴계는 청렴하게 사느라고 하루는 두루마기가 낡아서 아침에 등청을 할 때 아내(권부인)에게 꿰매놓으라고 일렀다. 아내가 내어주는 두루마기를 받아서 입으려는데 해진 부분에 검은 천이 붙어 있어서 아내에게 물으니 "당신이 흰 천으로 기우라고 안하셨잖아요?" 해서 그는 그냥 검은 천으로 고쳐놓은 두루마기를 입고 등청을 했다. 퇴계의 부인은 낮은 지적 장애가 있었으나 그것을 그는 조금도 탓하지 않고 사랑했다.

☞ 퇴계는 아내가 병사하자 한양을 하직하고 고향에 내려왔다. 그러나 조정에서 아까운 인재가 쉬고 있으면 안 된다고 그를 안동부사로 임명했는데, 건강악화로 못하겠다고 해서 쉬고 있으니, 홍문관 응교로 재수(임금이 직접 벼슬을 내리는 것)했다. 그러나 이내 임금께 사직 의사를 밝히니 새로 등극한 명종이 퇴계를 지극히 아껴 단양군수로 임명했다. 거기서 자신의 몸을 돌볼 여유도 없이 백성 구제에 힘썼다. 복도소라는 저수지도 만들고 '단양팔경'이란 이름도 지었다.

이때 단양기생 두향(杜香)과의 연문이 남아 있다. 두향은 명기 열전에도 나오는 사람으로 시문(詩文)은 물론 가무, 서화에도 출중하였다. 두향은 특히 매화를 좋아했다. 그녀는 만인의 애인이니 지조가 굳었다. 이런 두향이 고매한 인격과 심오한 학문을 닦은 퇴계를 대하자 사또의 수청기생이 될 것을 자청하고 나섰다. 이때 퇴계는 홀아비였다. 두향은 퇴계의 거룩한 정신 세계에 크게 감화되어 드디어 그를 사모하게 되었다.

그러나 퇴계가 열 달 만에 단양을 떠나자(떠난 이유는 친형인 이해가 충청감사로 재수되어 본인과 상하 관계가 되기 때문이다) 그녀는 상사병으로 눕게 되고, 소생의 가망이 없음을 깨닫고 "내가 죽거든 내 무덤은 강가에 있는 거북바위 위에 묻어다오. 거북바위는 내가 퇴계 선생을 자주 모시고 가서 시를 말하고, 인생을 논하던 곳이다"라는 유언을 남기고 죽었다.

퇴계가 떠나고 1570년 퇴계가 69세 나이로 세상을 떠날 때까지 21년 동안 한 번도 만나지 않았다. 퇴계가 단양을 떠날 때 그의 짐 속엔 두향이가 준 수석 2개와 매화화분 하나가 있었다.

퇴계 선생의 부음을 듣고 두향은 4일간을 걸어서 토계동까지 찾아갔다. 한 사람이 죽어서야 두 사람은 만날 수 있었다. 다시 단양으로 돌아온 두향은 결국 남한강에 몸을 던져 생을 마감했다. 그때 두향이가 퇴계에게 주었던 매화는 그 대를 잇고 이어 지금도 도산서원 입구에 그대로 피고 있다. 그래서 퇴계의 마지막 임종의 말 "저 매화에 물 좀 주어라"였다. (김언종 고대 교수의 글에)

● 이회영(李會榮 : 1867~1932), 한국의 독립운동가, 호는 우당(友堂)

이시영(李始榮) 한국정부 초대 부통령의 형님. 우당은 구한말 대표적 독립운동단체인 신민회에서 핵심역할을 했으며, 1910년 일제에 국권을 빼앗기자 거액의 일가 재산을 처분하여 다섯 형제와 함께 만주로 망명했다. 독립군 지도자 양성을 위해 신흥무관학교를 설립했고, 고종의 국외 망명을 추진했다. 독립운동 방략으로 무정부주의운동에 뛰어 들었던 그는 1932년 일본경찰에 체포되어 고문 끝에 장독(杖毒 : 매 맞은 후유증)으로 옥사했다. 그의 손자에 이종찬(李鍾贊, 1936~) 전 국회의원이 있다.

● 이효석(李孝石 : 1907~1942), 한국의 소설가

1930년에 경성제국대학 문학부 영문학과를 졸업했다. 그 전에 1925년 18세에 「매일신보」 신춘문예에 시 '봄'으로 가작 입선했고, 28년 21세 때 단편소설 '도시(都市)와 유령(幽靈)'을 「조선지광(朝鮮之光)」에 발표하면서 작가로 인정받았다. 즉 문단에 등단한 것이다.

그는 『메밀꽃 필 무렵』을 비롯한 단편소설을 통해 고향과 인간 본연의 그리움,

서구 사회에 대한 동경을 시처럼 아름답게 표현했다.

그는 초기 도시빈민층의 비참한 생활을 고발하는 내용의 작품을 써서 유진오와 함께 KAPF로부터 동반자 작가라는 평을 받았다. 대학을 나와 취직이 여의치 않자 경무국(경찰국) 검열계에 취직했으나 친지들의 비난으로 한 달 만에 사퇴했다.

1940년 33세에 부인이 작고하고 뒤이어 자녀가 죽자 이 절망을 이기지 못해 만주 등지를 떠돌아다니다가 건강이 악화되어 작품 활동은 중단했는데 뇌막염에 걸려 요절했다. 죽기 전에 그는 평양의 대전공전의 교수로 있었다.

「이효석 문학재단」이 있어서 고향인 강원도 평창군에서 매년 이효석 문학축제를 열고 있다. 향년 35세로 작고했다. 평창에는 그의 문학관이 있다.

● 이후백(李後白 : 1520~1578), 조선조 선조 때의 명신

명종 때 이조판서가 되었다. 이조판서란 관리의 임명권을 한손에 쥐고 관리의 추천 · 퇴출 권리가 있었다. 내무부나 행정자치부 장관과 같은 자리다.

이후백은 판서가 된 후 자신이 아는 범위 안에서 쓸 만한 인재 목록을 만들어 기회 있는 대로 어전에 추천하여 임관시켰다.

어느 날 친척 한 사람이 구직의 뜻을 가지고 찾아와 간곡히 요청했다. 그래서 그 리스트를 보니 그 속에 자기 이름이 있었다. 그 친척은 몹시 기뻐했다. 그러나 후백은,

"내가 지금까지 자네를 잘못 본 것은 내 실수이네. 장차 기회 있을 때 등용하려고 기록해 두었는데 이렇게 청탁을 하니 벼슬하는 사람은 담담한 마음으로 구차스럽지 않아야 정심으로 봉공하는 것인데, 과거에 급제하여 정당하게 임용되어야 하거든. 청탁을 하는 것은 옳은 관리가 될 소질이 없으니 자네는 단념하게."

이렇게 아무리 친척이라도 인품과 자질을 물어서 임명하되 적재가 아닌데 잘못 임명되었을 때에는 후백은 며칠 식음을 전폐하고 자책했다고 한다.

● 이희승(李熙昇 : 1896~1989), 한국의 국문학자, 교수

이희승은 경성제국대학을 나와 서울대 교수를 지냈고, 대학 정년 후 동아일보 사장, 단국대 동양학연구소장으로 있었다. 1942~1945년 사이에 조선어학회사 건으로 복역했다. 일화가 많은 분이다.

☞ 1976년 정초에 그의 제자인 소설가 최일남 씨가 동아방송 요원들과 세배를 가서 선생님께 "후학들을 위해 새해에 한 말씀 들려주십시오" 하고 마이크를 건넸는데, 선생이 "내 나이 팔순에 무슨 말을 해? 내가 지금은 정신이 맑아서 바른 말을 할지는 모르지만 내일 내가 정신이 빗나가서(치매 등) 헛소리를 하게 되면 오늘 내가 한 말이 모두 무가치해짐으로 덕담(德談)은 안 하겠네" 하고 우기셔서 끝내 귀한 말씀을 녹음하지 못하고 돌아온 일이 있다.

☞ 1971년에 75세에 단국대 총장 장충식이 단국대학 동양학연구소장으로 모시겠다고 하니 80까지만 하고 그만두겠다고 해서 그런 조건으로 추대하게 되었다. 그리고 5년 후 1976년 임기 끝나는 날 아침에 출근하실 때 학교승용차를 타고 와서 오후에 퇴근할 때에는 그 차를 반납하고 택시 타고 귀가를 하였다.

● 인조대왕(仁祖 : 1595~1649), 조선조 제16대 임금, 재위 1623~1649

인조가 세자빈을 택할 때 한 처녀 후보자가 있어 용모가 풍성하고 덕이 있어 보였으나 앉고 서고 하는데 예의가 없고, 웃는 것에 절제가 없으며, 음식을 손가락으로 먹음에 궁인들이 "미친 증세"라고 하니, 인조도 간질병 환자인 줄 알고 택하지 않고 포기했으며, 세자에게는 강빈(姜嬪)으로 결정했다.

후에 그 처녀가 다른 곳에 시집가서 부덕이 있게 잘 사는지라, 인조가 이 말을 듣고 탄식하기를 '내가 그 꾀에 넘어갔구나' 했다.

● 일연(一然 : 1206~1289), 고려 후기의 고승

『삼국유사』의 저자이다. 9세에 해양 무량사에서 중이 되어 선학을 배우고, 여러 곳을 다니면서 불전을 연구해서 22세에 선(禪)의 상상과(上庠科)에 뽑히고, 여러 사찰을 다니면서 선관(禪觀)을 탐구했다. 41세에 선사가 되고 54세 대선사가 되었으며, 56세 원종(24대)의 부름을 받고 서울(개성)에 올라와 선월사 주지가 되어 목우화상의 법을 이었다. 72세에 충렬왕의 부름을 받고 운문사 주지가 되고 78세에 국사가 되고, 연로한 어머니를 모시기 위해 인각사로 옮겨갔으며, 1289년 병이 나자 왕에게 글을 남기고 평소와 다름없이 제자들과 문답을 나눈 후 손으로 금강인(金剛印)을 맺고 죽었다. 경북 군위군 인각사에 탑과 비석이 남아 있고, 행적비가 운문사 동쪽 기슭에 서 있다. 삼국유사 9권과 그 밖에 100여 권이나 되는 많은 저술을 남겼다.

● 임경업(林慶業 : 1594~1646), 조선조 인조 때의 장군

1618년 광해군 10년에 무과에 급제하여 1624년 서른 살에 이괄(李适)의 난(군사 1만 명으로 반정부 투쟁함)이 일어나자 관군에 응모하여 출전하였다. 안현싸움에 공을 세워 1등 공신이 되었다.

병자호란 때는 의주부윤이 되어 청나라 군사를 국경에서 막으려고 원병을 조정에 청했으나 김자점의 방해로 뜻을 이루지 못하고 드디어 남한산성이 포위되기에 이르렀다. 1624년 인조 20년에 청나라 군사가 금주를 포위하자 경업은 명나라와 내통하여 청나라군대에 대항하고자 하였으나 일이 탄로되자 명나라로 도피하였다.

청이 명의 남경(南京)을 함락하니 청나라군대에 잡히게 되었다. 청나라에서는 부귀를 약속하면서 달래었으나 굴하지 않음으로 그 충성심(조선에 대한)을 가상히 여겨 죽이지 않고 옥에 가두었다. 때마침 대신 심기원의 모반사건으로 연루되었다고 의심받아 본국에 송환되었으나 김자점의 모함으로 역모 연루와 조국을 배반하고 남의 나라로 도망쳤다는 죄목으로 고문 받다가 매를 맞고 죽었다. 그는 명나라를 받드는 사상이 강한 장군이었다.

● 임꺽정(林巨正 : ?~1562), 조선조 명종 때의 협도(俠盜)

임꺽정은 경기도 양주의 백정 출신이고, 힘이 세고, 성격이 급해서 부모가 너무 걱정돼서 걱정걱정 부르다가 '꺽정'이가 되었다고 한다. 그는 약으면서도 담대한 도적이었다. 전략도 뛰어났다고 한다.

명종 때 당쟁으로 조정의 기강이 문란하고 사회질서가 어지러울 때, 1559년(명종 14년)부터 3년간 황해도, 경기도 일대와 심지어 강원도, 평양까지 활동무대를 넓혔고 서울에도 여러 번 잠입해서 일을 벌였다.

임꺽정이 서울로 쳐들어온다는 소문이 돌자 정부는 경비를 강화하고 시장도 열지 못하게 했을 정도다. 또 백성들이 임꺽정 무리에 가담하는 것을 막기 위해서 세금을 줄여주거나 군정(軍丁) 색출을 중단하기도 했다.

명종 때, 백성들이 관원의 수탈을 견디다 못한 많은 농민들이 고향을 떠나 유랑민이 되자 남은 백성들은 떠난 사람들의 세금까지 대신 물어야 했다. 거기에 흉년도 계속되었다.

임꺽정의 무리는 작은 산적패로 시작하여 세력이 커지자 관아와 부잣집을 털어 재물을 백성들에게 나누어주며 민심을 얻었다. 많은 아전과 백성들이 임꺽정의 무리에 협조하여 토벌을 두려워하지 않고 거리낌 없이 활동할 수 있었다. 관리를 가장하고 나타나 수령들로부터 접대를 받는가 하면, 관청을 습격하여 탐관오리들을 잡아 죽이기도 했다. 구금되어 있던 일당을 구하기도 했다. 당시 지방 수령들은 보복이 무서워 감히 체포에 나서지도 못했다.

황해도 재령에서 1562년 토포사(討捕使) 왕치근에게 3년 만에 잡혀서 처형되었다.

● 임권택(林權澤 : 1934~), 한국의 영화감독

☞ 임 감독은 국제적으로 인정하는 영화감독이다.

1934년 전남 장성 출신이고 7남매 중 맏이로 태어났다. 거의 무학에다 빨갱이 집안 출신이었다. 밤낮 경찰에 시달렸다. 그래서 그는 가출을 하고 사변 중 임시수도 부산에서 막노동으로 생계를 유지했다. 벌면 먹고 못 벌면 굶었다. 잠은 거리에서 해결했다. 노숙자들 사이에서 술꾼 겸 이야기꾼으로 통했다. 그가 광주 숭일중학교에 다닐 때 미친 듯이 온갖 책을 빌려본 덕택에 이야기꾼으로 각광을 받았다.

☞ 1990년 '장군의 아들' 흥행성공으로 '서편제'를 찍을 수 있었다. 제작자에게 "절대 흥행은 안 되겠지만 우리 것 한번 해보고 싶다"고 했더니 흔쾌히 허락했다. 난생처음 마음을 비우고 편안하게 만들었다. (동아일보 김화성 기자 글에서)

● 임박(林樸 : ?~?), 고려 공민왕 때의 문신

안동부 길안현 사람으로, 1360년 공민왕 9년에 무과에 급제하고, 개성 참군사가 되었는데, 1361년 홍건적이 개성을 함락하자 박은 병법에 정통한 까닭에 원수 김득배의 참모로 전략을 세웠으며, 남천(南遷)할 때에 사적·의궤 등을 땅에 파묻었다가 적이 평정된 후 파내어 그 일부나마 보전하였다.

후에 서장관으로 원나라에 갔을 때 원제(元帝)는 덕흥군(26대 충선왕의 셋째 아들)을 고려왕으로 세우고, 임박 등으로 이를 받들어 고려로 들어가게 하려 했으나 임박은 의를 지켜 그 유혹을 따르지 않았다. 후에 귀국하자 왕의 특은으로 대사성 등을 역임하게 되었다.

신돈에게 아부하여 지인·대인 등을 지내며 권세를 누렸으나 공민왕이 시해되고 이인임(李仁任) 등이 우왕을 옹립하니, 원나라에서는 공민왕이 후사가 없음을 알고, 심왕(瀋王)의 후손을 내세워 고려로 들여보낼 기세를 보이자 이인임 등은 우왕이 바로 공민왕의 맏아들이라고 꾸민 글을 보내고자 백관의 서명을 받았는데, 임박은 정도전 등과 함께 이에 서명하지 않아서 벼슬을 빼앗기고 길안에 귀양 갔다가 무안으로 장류(杖流)되어 가는 도중에 형리에게 밟혀 죽었다.

● 임사홍(任士洪 : ?~1506), 조선조 연산군 때의 세도가, 간신

임사홍은 연산조의 간신으로 알려져 있다. 그 아들 희재(熙載)는 김종직(金宗直 :

조선조 초기의 학자)의 문하로서 언제나 그 부친의 소행에 비판적이었다. 부친의 눈 밖에 나서 먼 곳으로 귀양살이 하다가 연산군의 손에 죽었다.

희재는 명필이었다. 어느 날 연산군이 임사홍의 집에 갔다가 병풍을 보고 누가 쓴 것이냐고 물었다. 그 내용은

"요순만 본받으면 만사가 태평할 것을 진시황은 무슨 일로 백성만 괴롭게 했는고. 제 집안에서 재앙이 생길 줄은 모르고 공연히 오랑캐를 막는다고 만리장성을 쌓았도다"였다.

이걸 누가 썼느냐고 물으니 사홍이 바른대로 불초자 희재의 글씨라고 하니 "그 자식을 죽여 버릴 테이니 경의 뜻은 어떠냐?"고 물으니 "그 자식 성행이 불순해서 과연 전하의 말씀과 같습니다"고 고해 결국 아들을 그날로 잡아 죽였는데, 사홍은 그날 잔치를 베풀고 풍악까지 울렸다고 하니 일신의 영화를 위해서는 자식도 죽이는 간신이 있었다.

● **임형수**(林亨秀 : 1504~1547), 조선조 초기(중종 · 인종)의 문관

임형수는 중종 때 사람이다. 기개가 크고 해학을 좋아했다. 간신 남곤(南袞)에게 모함을 당하여 나라에서 사약을 내렸다. 형수는 얼굴빛 하나 변하지 않고 약을 받아 마시려 할 때 하인 하나가 울며 안주를 올렸다. 형수는 이것을 물리치면서

"술도 벌주를 마실 때에는 안주가 없는 법인데 이게 무슨 술이란 말이냐?"

아무런 기색도 보이지 않고 안뜰로 들어가 처자와 작별을 하고 나올 때 그의 열 살 난 아들을 불러 훈계하기를 "너는 절대로 글을 배우지 말라" 하고 그가 돌아선 후 다시 불러 말하기를 "배우지 않으면 무식한 인간이 될 것이니 배우기는 하되 과거에 올라 벼슬을 하지 말라"고 했다.

형수는 밖으로 나와 형관에게 말하기를 "조정에서 형을 집행하지 않고 스스로 죽으라고 약을 내렸으나 약을 마시고 죽는 것보다 목을 졸라 죽는 것이 어떠하냐?"고 했다. 형관은 죽기는 매일반이니 그리 하라고 했다.

형수는 방으로 들어가 벽에 구멍을 뚫고 노끈을 그 구멍으로 내밀어 내 목을

걸었으니 힘껏 잡아당기라고 했다. 금부나졸들은 노끈을 힘껏 잡아당기고 나서
이만했으면 죽었으리라고 생각하고 문을 열고 들어가 보니 목침에다 노끈을 매
어 놓고 형수는 그 곁에 누워 깔깔 웃고 있었다.

"내가 평생에 해학을 좋아했는데 오늘 마지막 해학을 한 것이다. 어서 목을 졸
라라."

최후의 해학과 더불어 죽었다.

● **자로**(子路 : BC 542~480), 공자의 제자의 한 사람

자로가 어느 날 공자에게 여쭈어 보았다.

"선생님 좋은 말을 들으면 곧 실행해야 합니까?"

"부형이 아직 살아계시는데 어떻게 들은 것을 그대로 행할 수 있겠느냐?"

그러자 이번에는 자유(子有)가 여쭈어 보았다.

"좋은 말을 들으면 곧 행해야 합니까?"

그랬더니 공자의 대답은 참으로 엉뚱했다. 똑같은 질문에

"듣거든 곧 행해야 하느니라"고 천연덕스럽게 대답했다.

모두가 어리둥절한 표정인데 옆에 있던 자화(子華)가 궁금한 듯 여쭈었다.

"선생님, 자로와 자유의 질문이 똑같은데 어찌하여 대답이 반대이십니까?" 하
고 물었다.

"그래 너희들은 어떠냐?"

"자유는 물러서기 때문에 나아가게 한 것이고, 자로는 너무 나아가기 때문에
물러서게 한 것이니라" 했다.

● **자장**(慈藏 : 590~658), 신라 진덕여왕 때의 승려

신라 진골 출신. 어머니가 별이 떨어져 품에 들어가는 꿈을 꾸고 잉태하여 음
4월 초파일 날, 석가탄신일에 그를 낳았다. 일찍이 양친을 잃고 속세가 싫어서 처
자를 버리고 원녕사(元寧寺)를 세워 혼자 있으면서 독실하게 불법을 수련하였다.

왕이 대보(臺輔 : 신라 초기의 최고의 관직)에 자리가 빈 데가 있어서 자장을 불렀으나 불응함에 왕이 그를 죽이려고 하여도 끝내 가지 않고 수도에 힘썼다.

636년 선덕왕 5년에 제자 10여 명을 데리고 당나라에 가서 불경을 연구하고 8년 후에 장경(藏經) 1부와 불법에 필요한 것을 가지고 돌아왔음으로 우리나라 불교에 부흥을 일으켰다.

분황사 주지로 있으면서 궁중과 여러 사찰에서 강론하였다. 승려의 규범과 승통을 주관하였고, 통도사를 창건하고, 10여 개의 사탑을 건조하였으며, 만년에 강릉에 수다사(水多寺)를 창건하고, 태백산 석남원(石南院)을 세우고, 거기서 죽었다.

● **장개석**(蔣介石, 장제스 : 1887~1975), 중국(타이완)의 총통, 정치지도자

☞ 1911년 손문(孫文)을 도와서 민주혁명에 성공하고 국민당에 합류해서 1925년 손문이 죽자 국민당의 지도자가 되었다.

1937년 일본이 침략해오자 국공합작해서 대일전에 공동전선을 폈다. 그는 원수로서 항일전에서 총지휘를 했는데, 2차 대전이 일어나자 공산당과 갈등을 빚으면서 국공이 주도권 싸움으로 내전에 들어갔다. 1949년 모택동이 이끄는 공산군에 쫓겨 대만으로 가서 1975년 사망까지 총통으로 있었다. 그가 죽자 그의 아들 장경국(蔣經國)이 총통이 되었다.

장개석의 부인 송미령(宋美齡)과 손문의 부인 송경령(宋慶齡)은 형제간이며, 그들의 제일 큰 언니는 모택동의 제1참모가 되어서 여자 집안끼리 적대관계로 전쟁을 했다.

☞ 1901년 말, 북양대신(北洋大臣)과 직례총독(直隷總督)을 겸하던 이홍장(李鴻章)이 세상을 떠났다. 원세개(袁世凱)가 뒤를 이었다. 원세개가 5월, 군사학당 설립을 건의해서 육군속성학당(바오딩 육군 군관학교 전신)이 문을 열었다. 혁명을 하겠다며 가출한 장개석도 속성학당의 문을 두드렸다.

학당에는 외국인 교관이 많았다. 에피소드 한편을 소개한다. 하루는 세균학을 전공한 일본인 교관이 진흙을 한줌 쥐고 사고를 쳤다. "이 안에 세균 4억 마리가

우글거린다. 중국 인구와 똑같다." 학생 한 명이 교단으로 돌진했다. 교관 얼굴에 주먹을 한방 날리고 진흙을 낚아챘다. 진흙을 8등분해 교관의 면상에 문질러댔다. "너희 나라 인구가 5,000만 명이라고 들었다. 이 안에 5,000만 마리의 세균이 있다." 당황한 교관은 정신을 추스르자 입을 열었다. "이름이 뭐냐? 혁명당원이냐?" 학생은 주저하지 않았다. "저장(浙江)출신 장개석이다. 내가 혁명당인지 아닌지는 알 것 없다."

교관에게 항의한 학생은 무조건 퇴학이었다. 일본인 교관은 교장에게 학칙대로 할 것을 요구했다. 교장 조리태가 장개석을 불렀다. 한차례 훈화를 마친 후 목소리를 낮췄다. "교관의 비유가 심했지만, 너도 잘한 건 없다. 교칙대로라면 너는 퇴교대상이다. 내가 방법을 일러주마. 일본 갈 준비를 해라. 일본어반 학생이 아니면 일본 유학시험 응시가 불가능하다. 그건 내가 어떻게 해보마." 장개석은 조리태의 융통성 덕에 일본 유학을 떠났다.

● 장기려(張起呂 : 1909~1995), 한국의 의사

☞ 평북 용천 출신, 1932년 경성의학전문학교를 나와 외과 조수, 강사로 일하다가 40년 평양연합기독병원 외과과장, 1945년 평양의대 교수, 김일성 주석의 주치의 겸 1947년 김일성종합대학 의과대학 교수, 부속병원 외과과장으로 일하다가 1948년 주기철 목사가 시무하던 평양산정현 교회에서 장로로 장립 받은 후 "예수를 본받고 섬기자"는 삶의 목표를 설정하게 되었다.

1950년 6·25전쟁이 터지자 부산으로 피난 와서 1951년 부산 영도의 한 천막 진료소에서 무료진료를 시작했다. 특히 피난민과 전상자들을 무료로 치료하기 시작했다. 이것이 부산복음병원의 전신이 되었고, 다시 이것이 부산 고신대병원으로 발전한 것이다.

☞ 그는 1969년부터 8,000여 명의 간질환자들을 무료로 진료했고, 진료비가 없어 고민하는 환자들을 밤에 몰래 병원 뒷문을 열어주면서 집으로 돌려보냈다

고 한다. 그의 좌우명은 "사랑은 지고선이다. 사랑은 도덕의 도덕이요, 생명의 생명이다. 사랑의 철학은 생명철학의 일대 혁명이다. 사랑은 아름다운 것, 사랑은 영원한 것, 사랑은 생명자체이다."

● 장기영(張基榮 : 1916~1977), 한국의 언론인, 정치인, 체육인, 경제부총리

작가 황석영의 회고에 따르면, 1974년 처음으로 대하소설『장길산』을 한국일보 지면에 연재할 당시 자료조사비로 당시 집한 채 값에 해당하는 거금을 덥석 내줬는데, 황석영 본인은 어쩌다보니 소문 듣고 몰려든 배고프던 주변 문인들 술 사주고 밥 사주고 하느라 그만 보름 만에 다 써버렸고, 다시 장기영을 찾아가 사정 이야기를 하니 "이번에는 자료비로 꼭 써라. 안 그러면 다음은 없다"면서 처음보다는 적게 자료비를 내주고 자기 가는 술집 명함에 장기영 자신의 이름과 전화번호를 적어주면서 "앞으로 술이 마시고 싶으면 여기서 내 이름 앞으로 달아놓고 마셔라. 단 자료비로는 술 마시지 마라"라고 했다고 한다.

● 장녹수(張綠水 : ?~1506), 조선조 10대 연산군의 총비

본래 제안대군의 종으로 있다가 용모가 아름답고 가무가 능하여 왕의 사랑을 받아 숙원(淑媛)이 되었다. 후에 장녹수는 왕의 총애를 미끼로 나라를 어지럽게 하고, 재정의 궁핍을 초래하여 연산군 실정의 큰 원인을 만들었다.

● 장면(張勉 : 1899~1966), 한국의 정치가, 총리

인천 출신으로 1925년 26세에 미국 맨해튼 가톨릭대학을 졸업하고, 법학박사학위를 받았고, 다른 대학에서 명예박사학위도 받았다. 31년에 동성상업학교(동성고등학교) 교장을 지냈고, 46년에 정치에 뛰어들어 민주의원 의원, 과도입법위원 48년에 제헌국회의원을 지내고 49년에 초대 주미대사, 59년에 민주당대표 최고의원, 조병옥 러닝메이트로 부통령에 출마, 60년에 국무총리가 되었다. 61년

5·16군사쿠데타로 실각했다.

이승만이 사망하고 미국정부는 차기 지도자에 대한 평가를 하고 있었다. 포스트 이승만의 물망에 오른 사람 중 대표인물이 장면이었다. 미국의 평가를 보자.

"가장 미국적이고, 무색·무취(정치이데올로기 면에서)하고, 지적이며, 유능하고, 합리적이며, 유순하고, 수많은 한국인들의 특징인 강경한 민족주의가 결여되어 있기 때문"이라고 평가했다. "그가 암살당하지 않는 이상 한국에서 대통령직을 물려받을 것은 분명해 보임"라고 기대와 관심을 숨기지 않았다.

● 장보고(張保皐 : ?~846), 신라 말기의 해장(海將), 본명은 궁복(弓福)이다

『삼국사기』에 그에 관한 기록이 나온다. 그뿐 아니라 중국의 정사(正史)인 신당서(新唐書)에도 「장보고전」이 실려 있다.

그는 완도 근해 어느 섬마을의 미천한 집안에서 태어났으나 그가 당나라에 갈 수 있었던 것은 해변에서 자랐기 때문이다.

그는 어릴 적부터 친구 정연(鄭年)과 함께 말 타고 활 쏘고 물속을 드나들기를 평지같이 했고, 젊은 나이에 당나라에 가서 정연과 무령군(武寧軍)의 소장(장군)으로 발탁되었다. 그의 업적은 당시(9세기 초) 당나라 해적이 황해(서해)에 횡행하여 신라 사람들을 잡아다 노예로 매매하는 사실을 왕께 보고하고 1만 명의 병사를 얻어 청해(淸海)에 진을 설치하고, 청해진 대사가 되었다. 그 뒤 해적을 일소하고, 해상권을 잡아 신라와 당나라·일본 사이의 무역을 관장하여 큰 세력을 이룬 점이다. 당나라의 소장이 된 것보다는 청해진(완도)을 발판으로 해서 당나라 지금의 강소성(江蘇省) 연안인 초주(楚州), 사주(泗州)까지 나아갔고, 일본의 큐슈(九州) 연안 일대의 바다를 완전히 제압하였다.

그는 당나라에 가서 등주(登州)의 적산포에 법화원(法化院)이란 절도 세우고, 초주나 사주에는 신라방(新羅坊)이라는 집단거류지를 만들고 월남까지도 교역을 했다.

아시아편 ㅈ

● **장수왕**(長壽王 : 394~491), 고구려의 제20대 왕, 재위 413~491

광개토왕의 아들. 14세에 태자가 되었다. 왕은 즉위하자 부왕의 뜻을 받들어 중국의 진·송·위 등과 사신을 교환하여 국교를 맺고, 도읍을 만주의 통구(通溝)에서 평양으로 옮겼다. 그리고 남하정책을 착수했다.

435년(왕 23)에 위나라가 연나라를 쳐서 멸망시키고, 고구려에 피해온 연왕 풍홍(馮弘)을 위나라의 요청으로 죽였다.

남진책으로 처음에는 백제·신라의 북변을 침범하더니 중 도림의 계략을 듣고 왕이 그로 하여금 백제의 국세를 궁핍하게 만들고, 475년(왕 63)에 왕이 스스로 군사를 거느리고 백제의 서울인 한성(서울)을 함락하고 백제의 개로왕을 잡아 죽이니, 선대의 원한을 풀게 되었다.

480년(왕 68)에 말갈과 함께 신라의 북변을 쳐 7개 성을 빼앗았고, 영토를 넓혀서 아산만에서 죽령에 이르고, 서북쪽은 요하(만주)에서 만주의 대부분을 포함한 큰 나라를 건설하여 고구려의 전성기를 이루었다. 97세까지 산 고구려의 가장 장수한 왕이다. (삼국사기)

● **장순손**(張順孫 : 1453~1534), 조선조 중종 때의 영의정

연산군이 성주(星州)기생 하나를 지극히 사랑했다. 하루는 종묘 제사에 올릴 음식 중 돼지머리를 보고 기생이 웃자 연산이 그 사연을 안즉 성주에 장순손이란 사람이 꼭 돼지처럼 생긴 사람이 있어서 그를 모두 저두(猪頭), 돼지 대가리라고 불러서 웃었다 하니, "네가 그놈을 그토록 잘 아니 너 애부(愛夫)로구나" 하고 연산이 화를 내고 당장 그놈을 잡아 목을 베어오라고 명을 내렸다.

장순손은 금부도사에게 끌려 한양으로 올라가는 길에 앞에 고양이가 길을 가로질러 가니 순손이 "예전에 고양이가 건너가는 길로 가서 과거에 급제한 일이 있었다"면서 그리로 가면 운도 있고 질러가기도 한다고 해서 그 길로 상경길에 올랐다. 한편 연산은 다시 선전관을 보내서 빨리 장순손의 목을 베어 오라고 독촉했다. 이 두 팀이 서로 길이 어긋나 만나지 못하고 며칠이 걸리는 사이 연산이

실각하고 중종이 왕위에 올랐다. 그래서 장순손은 무고한 죽음을 면하고 후일 영
의정까지 이르렀다.

● **장승업**(張承業 : 1843~1897), 조선조 말기의 화가, 호가 오원(吾園)

☞ 그는 술을 즐기고 미인이 옆에서 술을 따라야 좋은 그림이 나왔다고 할 정
도로 술을 가까이 했다. 평생에 독신생활을 하였으며 마음에 맞지 않으면 왕의
명령일지라도 그림을 그리지 않았다고 한다.

단원 김홍도의 호에 원(園)자가 들어가 있고 혜원 신윤복의 호에도 원(園)자가 들
어갔다고 자기 호에도 원(園)자를 넣었다고 한다.

☞ 고종이 그에게 본관(本貫)을 주어 양반으로 만들고, 감찰이라는 관직을 주고,
궁정화가로 불러들였다. 그러나 자유분방한 성격 탓으로 궁궐을 두 번이나 뛰쳐
나가서 유흥가에 숨어있는 그를 잡아오기도 하고, 도망치는 것을 막기 위해 발가
벗겨놓고 그림을 그리게 했더니 발가벗은 채 도망가기도 했다. 그는 방랑생활을
하다가 1897년 54세에 어느 마을 밖 논길 위에서 쓰러져 죽었다.

● **장영**(張詠 : ?~?), 중국 宋代의 재상

장영이 하루는 부하에 대해서 이렇게 말했다.

"일에 임했을 때 세 가지 어려움이 있나니라. 하나는 잘 본다(能見). 두 번째는
보고 잘 행동한다(能行). 셋째는 틀림없이, 반드시 결과물을 내야 한다(必果決)."

● **장영실**(蔣英實 : ?~?), 조선조 세종조의 과학자, 기술자

영실이 관청의 종으로 일하고 있을 때였다. 영실은 관청, 고관댁, 이웃집의 온
갖 도구의 수리 · 고안해서 도움을 준 일로 소문이 퍼졌다. 가뭄에 논에 물대는
수로 만들기, 물을 대 가뭄을 극복한 이야기도 있고, 그의 발명능력과 손재간이

좋다는 관상감에서 천문을 관측하는 기구도 만들었다. 이때 세종이 정인지 등 신하에게 중국과 아라비아에서 만든 물시계를 연구하게 했으나 누구도 만들지 못하다가 세종이 "나도 글만 읽었지만 너희들도 글만 읽었구나" 하면서 남양부사 윤사용이 천거한 장영실을 부르게 했다. 그런데 옆에 있던 승지(비서)가 동래현의 관노로 있던 노비를 어전에 알현하지 못하는 법이 있다고 반대를 했다. 이에 세종이 "너희들 양반은 애초부터 양반이냐? 하늘 아래 천한 사람이 어디 따로 있단 말이냐? 당장 상호군(上護軍) 벼슬을 주어 데려오도록 하라."

장영실은 세계 최초의 우량계인 측우기, 수표발명, 혼천의, 해시계, 물시계인 자격루 등을 만들었다. 그래서 장영실은 노비에서 풀려나 평민이 되었을 뿐 아니라 관직까지 얻게 되었다.

● **장인환**(張仁煥 : 1877∼1930), 구한말의 의사(義士)

평양 태생이고, 1895년(고종 32) 민비 시해사건을 계기로 국운이 급격히 쇠퇴해감을 보고 새 문명을 배워 구국의 힘을 기르려고 18세에 미국에 유학을 갔다. 1905년 을사보호조약이 체결되자 국내외 동포들이 울분을 금치 못하고 있을 때, 1908년 3월 한국정부의 외교고문이며, 친일주의자인 미국인 스티븐스가 미국으로 돌아갔다. 전에 일본 외무성 고문을 지냈던 그는 일본의 조정으로 미국에 귀국하자 샌프란시스코에서의 기자회견에서 "을사보호조약은 한국민을 위하여 취해진 정당한 조치이며, 한국민은 독립할 자격이 없는 무지한 민족이다"라는 망언을 하여 최유섭 등 한국교포로부터 무수히 구타당한 일이 있다. 그러나 스티븐스는 주저 없이 계속 친일적 언사를 계속 행함으로 분에 못이긴 장인환은 그를 암살하기로 결심했다.

3월 23일 스티븐스는 샌프란시스코 주재 일본영사와 함께 워싱턴으로 출발, 오클랜드 역에서 차편을 이용하려고 차에서 내리니, 장인환 외에도 또 그를 뒤따르던 한국청년 전명운이 먼저 권총을 빼서 스티븐스를 쏘았으나 불발되어 격투가 벌어졌다. 이때 장인환은 권총을 빼어 연발하여 스티븐스를 절명케 하고, 전명운도 장인환의 총탄에 어깨를 잘못 맞아 부상을 입었다. 이들의 거사는 하등 사전 모의도 없이 우연히 한곳에서 일어났던 것이다. 사건 현장에서 장인환은 전명운과 함께 미국 경찰에 체포되어 25년형을 받았으나 그의 애국심과 단정한 품행이 동정을 받아 10년 만에 특사로 출옥했다.

그 뒤 1927년 봄에 귀국하여 조만식·김동원이 베푼 연회에서 수많은 동포의 위로를 받았다. 그때 나이 51세였으나 미혼이었으므로 평양 숭인학교 출신의 미모의 소녀 윤치복으로부터 구혼을 받고 결혼하여 다시 미국으로 돌아가 샌프란시스코에서 병사하여 교포들이 모여 사회장을 지냈다. (이홍직 편 국사대사전 참조)

● 장자(莊子 : BC 370?~300?), 고대 중국의 사상가

☞ 장자가 가난했을 때 어느 관리에게로 양식을 구하러 갔었다. 장자는 궁한 사정을 이야기 하고, 양식 얼마만 취해달라고 하니 그 관리가 말하기를,

"가만히 계십시오, 지금 세금을 받는 중이니 세금이 들어오기만 하면 300량(兩)을 빌려드릴 터이니 그때까지만 기다려 주십시오."

"지금 내가 오는 도중, 누가 부르기에 돌아다보니 수레바퀴 지나간 자리에 물이 고여 있고, 그 속에 붕어 한 마리가 있기에 왜 부르느냐고 물으니, 붕어가 하는 말이 '나는 동해에서 왔다가 물이 말라서 몸을 움직일 수 없으니 당신이 몇 통의 물을 나에게 주면 살길을 얻을 수가 있으니 나를 위해 물 몇 통을 구해줄 수 있겠소?' 하기에 내가 대답하기를 '좋다, 내가 지금 남쪽 오월지방(吳越地方)으로 놀러가려고 하는데 내가 거기를 가면 서강(西江)물을 끌어다가 너로 하여금 마음껏 헤엄치고 놀도록 할 터이니, 어떠냐?' 했더니 붕어의 말이 '나는 몇 통의 물만 얻으면 살겠는데, 당신의 말대로 하면 어느 때에 물이 올지 모르니 차라리 나를 건어물 전에 가서 찾으시오' 하기에 나는 대답할 말이 없어 그대로 왔습니다."

(물론 이것은 장자가 만든 우화이다. 뒷날의 천금(千金)보다 지금 몇 푼만 못하다는 것을 비유한 이야기다.)

☞ 장자의 제자들이 스승이 돌아가시면 장례식을 멋지게 꾸며보겠다고 제안했다. 그러나 이 임종시의 성자는 매장하는 것을 거절했다.

"이 땅위에는 솔개의 밥이 될 터이고, 땅 밑에 가면 땅강아지와 개미의 밥이 될 터인데, 사람들이 왜 다른 사람을 먹이기 위해서 훔치려 하느냐?"

(결국 화장을 하기로 했다.)

● **장주**(莊周 : ?~?), 노자(老子)의 제자

장주는 노자의 제자로서 이름 높은 현인(賢人)이었다. 그때 중국 천지가 전국시대로 들어가자 각 제후들이 모두 왕을 자칭하고 자기 나라를 강하게 하기 위하여 사방에서 현명한 사람들을 많이 맞아들이기에 바빴다.

제(齊)나라 선왕(宣王)이 천금의 폐물을 보내서 장주를 맞아다가 정승으로 삼고저 사자를 보내니 장주는 사자에게,

"당신이 큰 제사에 쓰는 소를 보셨지요? 큰 제사 며칠 전에 소를 끌어다가 몸에 비단을 입히고 좋은 콩과 꿀을 배불리 먹여 아무 하는 일 없이 편하게 기르니 소의 팔자로는 상팔자지요. 그러나 나라의 큰 잔치가 있는 날 도살장으로 끌려 들어갈 때에는 살아있는 외로운 돼지가 얼마나 부러웁겠습니까? 나는 차라리 외로운 돼지가 되고 말겠소."

장주는 평생 벼슬을 안 하고 도 닦기에 전념했다.

● **장준**(張浚 : ?~?), 중국 南宋 고종(1세) 때의 충신

송나라는 외적의 침입으로 사직을 옮기기까지 하면서 고난을 많이 겪은 나라다. 충신도 많고 간신도 많으나 그 중 장준은 충신 중 충신이었다.

그런데 장준은 글씨를 잘못 써서 악필로도 유명했다. 하루는 혼자 있는데 시상이 떠올라 시 한 편을 짓고 읽어보니 걸작인 듯해서 이것을 잊어버릴까봐 자기 손으로 써놓고 조카를 불러서 정서(淨書)를 하라고 명했다. 초고를 받은 조카가 아무리 봐도, 뜻은 대강 알겠는데 무슨 글자인지 알 수가 없어서 삼촌께 가져와서

"이게 무슨 글자입니까?" 물으니 장본인도 잘 읽지 못했다. 얼마동안 애를 쓰던 장준은 조카를 보고,

"이 자식아, 내가 잊어버리기 전에 진작 물어볼 것이지 여태 있다가 인제 물어보면 나는 그것만 생각하고 있어?" 하고 야단을 쳤다.

(적반하장, 건망증이 심한 분이시군)

● 장지연(張志淵 : 1864~1921), 구한말의 언론인

장지연은 1905년 을사보호조약이 체결되자 「황성신문」에 시일야방성대곡(是日也放聲大哭 : 오늘을 목놓아 운다는 뜻)의 논설을 통해 일제의 침략을 폭로했다. 그리고 "개·돼지만도 못한 우리 정부(고종 정부)의 대신이라는 자들이… 나라를 파는 도적이 되어… 2천만 백성을 다른 사람의 노예로 만들었다"고 을사5적(학부대신 이완용, 내부대신 이지용, 외부대신 박제순, 군부대신 이근택, 농상공부대신 권중현의 다섯 사람을 가리킨다)을 비판하면서 백성들의 궐기를 호소했다. 이때 이 논설이 일제의 검열로 삭제될 것을 염려했으나 검열을 무시하고 신문을 발행했다. 장지연은 이 사건으로 두 달여 동안 투옥되었다가 석방되었다.

● 장택상(張澤相 : 1893~1969), 한국의 독립운동가, 정치인, 작가, 군정시 수도경찰청장, 외무부장관 등 역임

☞ 장택상이 수도청장을 할 적이다. 기밀회의가 있어서 그날만은 기자들의 출입을 막으라고 장택상이 지시하였다.

기자들은 청장실 문밖에서 제지를 당했다. 그러나 K 기자만은 끝까지 들어가겠다고 고집, 마침내 제지하는 경관과 싸움이 붙고 말았다. 멱살을 잡고 욕을 하면서, 문밖은 사뭇 소란하였다. 때 아닌 소동에 놀라 장택상은 도어를 열고 몸을 내밀었다. 곡절을 눈치 채더니 장택상은 경비경관을 후려치면서 소리를 질렀다.

"이놈! 취재의 자유를 몰라? 왜 기자분의 출입을 막아? 내가 언제 출입을 막고 취재를 방해하랬어?"

기자의 손목을 끌고 청장실로 들어가더니 커피를 권하면서 말했다. 모두가 내 불찰이니 양해하고 취재할 것이 있으면 취재하라고.

기자가 돌아가자 장택상은 좀 전에 뺨을 맞은 경관을 불렀다.

"아까는 미안허이! 그대는 임무를 훌륭히 다했는데, 그때 그런 방법 말고는 수습책이 있어야지? 나를 위해 그대가 잠시 희생이 된 걸세. 또 나는 자네의 그런 수고를 알고 있어. 자, 기분도 언짢을 테니 이걸로 약주나 하라구……"

그 순경을 좋은 부서에 발령하고 기자들에게는 좌천을 시켰다고 둘러대었다.

☞ 경북 칠곡의 판서의 손자요, 경기도 관찰사의 아들로 태어나서 7세에 한학을 공부하고 12세에 결혼하고, 15세 되던 해 본처 사망으로 서애 유성룡 집안의 규수와 재혼했다. 15세에 일본에 유학해서 16세에 와세다 대학에 입학했으나 재학 중 1910년 을사보호조약이 강제로 맺어지자 중국 상하이로 망명했다. 다시 러시아로 갔다가 이상설을 만나 그의 주선으로 독일을 거쳐 영국으로 가다가 독일서 도산 안창호를 만났다. 그와 토론을 통해서 감동을 받은 장택상은 후일 안창호를 "우리 대한민국의 진짜 대통령감이 그만 광복을 못보고 돌아가셨다"고 한탄하기도 했다. 독일에서 영국으로 건너가 1919년 에든버러 대학에서 경제학을 공부했다. 그때 영국학생들이 "못사는 식민지 학생이 어떻게 영국에까지 와서 공부하느냐?" 하고 무시하니까 장택상이 덕수궁 석조전 사진을 보여주면서 "이게 우리 집"이라고 우겼다는 일화가 있다.

● **장필무**(張弼武 : 1510~1574), 조선조 중기(중종)의 무인

중종 38년에 무과에 합격, 북병사, 경상좌병사에 이르렀다. 그가 일찍이 양산 군수가 되었는데, 양산군은 병영(육군)과 수영(해군) 한가운데 끼어 병사(육군부대장)나 수사(해군부대장)로부터 요구하는 것이 많았다. 군수인 장필무는 아무리 요구하고 협박해도 법에 없는 것은 단연 거절하고 듣지 않았다. 그래서 양 진영에서는 기회만 있으면 복수할 생각을 하고 있었다. 어느 때 병사와 수사가 함께 양산군

관아에 모여서 군수 장필무를 불러 세우고 "네가 무엇을 믿고 그렇게도 뻣뻣하게 구느냐?"고 물으니 장필무는 서슴없이, "하관이 믿는 것은 초가삼간입니다. 초가 삼간이면 이 몸 하나 앉고 누울 수 있으니 그만하면 족하지 않습니까?"

이 말을 들은 병사와 수사는 기가 질려서 말을 못했다.

● **전봉준**(全琫準 : 1854~1895), 조선조 고종 때의 동학 지도자, 별명 녹두장군

아버지 전창혁(全彰赫)은 가난한 농부였고, 전라북도 고부군의 관리였으나 군수의 학정에 격분하여 농민들을 데리고 군청을 습격하다가 체포되어 관아에서 곤장을 맞고 죽었다. 봉준은 이때부터 정부에 대한 원한을 품고 또한 봉건압재 밑에서 허덕이는 농민들을 구출하려고 결심하고 난을 일으킨다.

전봉준이 동학에 입교하고 고부지방의 접주가 되었다. 접주가 되어 포교를 할 무렵 아버지가 조병갑에 끌려가서 매 맞아 죽는 일이 일어났다. 조병갑은 조대비의 4촌 되는 어느 정승의 서자로, 그의 어머니는 기생이었다. 조대비의 연줄로 군수가 된 조병갑은 백성들의 재물을 빼앗고 권세를 누리는 데에만 몰두하고 있었다. 고부군 농민들에 대한 수탈이 극심하자 1893년 11월과 12월 두 차례에 걸쳐 고부 농민들이 관아에 몰려가서 만석보의 물세 감면과 황무지 개간에 따른 세금 감면을 호소했다.

1893년 11월 전봉준은 사발통문을 돌리고, 94년 갑오년 1월 10일 거사를 해서 감옥을 부수고, 농민들을 석방하고, 창고를 부수고, 곡식을 농민들에게 돌려주고, 무기고를 부수어 농민들이 무장을 해서 군영을 설치하고 농민군을 편성했다.

1894년에 일어난 고부 농민봉기에 농민들이 적극 호응하여 고부 관아에 자리를 잡고 농민들의 민원을 풀어주고, 아전을 위시한 군리(郡吏)를 잡아들여 벌을 주었다. 이것이 동학농민전쟁의 기틀을 만들었다. 이렇게 남도 쪽으로 세를 펼쳐나가던 동학군은 탐관오리를 내 쫓고 그 위세로 전주를 점령했으나 관군과 일본군이 합세하여 대응해오자 패하고 전봉준은 체포되어, 1895년 사형 당한다.

● **전학삼**(錢學森, 첸쉐썬 : 1912~2009), 중국의 물리학자

성악을 전공한 장잉(蔣英 · 장영)은 성황리에 끝난 독창회 덕에 독일과 스위스에서는 유명인이 되어 있었다. 장잉은 아버지 장바이리(蔣百里 · 장백리)가 첸쉐썬을 사윗감으로 점찍은 사실을 몰랐다. 장잉은 "아버지는 쉐썬에 대해 나름대로 생각해둔 바가 있었다. 내가 독일에 있을 때 미국에 간다며 내 사진을 들고 갔다. 쉐썬에게 주려 한다는 말은 하지 않았다. 신문을 통해 귀국한 것을 알았지만 별 관심은 없었다. 쉐썬은 36살이 되도록 여자 친구가 없었다. 나는 그 말을 믿지 않았다. 하루는 쉐썬의 부친이 우리 엄마에게 장잉에게 남자친구가 있냐고 물었다. 엄마는 아주 많다고 했다. 틀린 말이 아니었다. 실제로 나를 따라다니는 남자들이 많았다. 그렇고 그런 사람들이라 성에는 차지 않았다. 쉐썬도 마찬가지였다. 오죽 주변머리 없으면 그 나이 되도록 혼자인가 싶었다."

"쉐썬은 올 때마다 우리 엄마를 만나러 왔다고 했다. 하루는 쉐썬이 돌아가자 엄마가 나를 불렀다. 쉐썬이 뻔질나게 오는 이유를 설명하며 나를 나무랐다. 나는 꽃도 들고 올 줄 모르는 남자는 싫다고 했다. 엄마는 무슨 말인지 금방 알아챘다. 네 아버지 같은 남자는 없다며 훌쩍거렸다. 아버지는 엄마와 결혼할 때 매화나무 200그루를 선물한 적이 있었다. 아버지가 쉐썬처럼 멋대가리 없는 남자를 왜 귀여워했는지 이해가 안 갔다."

언니들도 "저런 남자와 가까이하면 큰일 난다. 죽을 때까지 고생만 하니 명심해라." 첸쉐썬은 끈질겼다. 매일 찾아와 앉아만 있다 가곤 했다. 하루는 무겁게 입을 열었다. "나와 함께 미국에 가자. 이번 귀국 목적은 단 하나, 너를 데리러 왔다."

장잉은 거절했다. "싫다. 편지나 주고받자." 첸쉐썬은 물러서지 않았다. 장잉은 결국 첸쉐썬과 결혼을 결심했다.

● **전형필**(全鎣弼 : 1906~1962), 한국의 문화재 수집가, 연구가, 교육가, 호는 간송(澗松)

☞ 전형필은 일찍이 사라졌던 '훈민정음 해례본(訓民正音 解例本)'(국보 제70호, 유네스코 세계기록유산)을 찾아낸 기록이 있다. 이 책은 훈민정음의 내용을 풀이한 책이다.

이 책을 책값으로 1만 원을 주고 거기에 사례금 1천 원을 더 주고 인수했는데, 당시 번듯한 기와집 한 채 값이 1천 원 정도였으니까 처음 부른 값의 10배를 주었다고 한다. 이 책은 6·25사변 당시 간송이 몸속에 품고 다녔으며 밤에는 베개 밑에 깔고 잤다고 한다.

☞ 간송미술관 소장품을 보면, '훈민정음 해례본', '청자상감운학문매병', 영국인 수집가 존 개비츠로부터 사들인 고려청자 20점은 국보급이고, 모두 당시 40만 원으로 구입했다. 당시 기와집 한 채 값이 1,000원이었으니 40만 원이면 400채 값이다. 요즘의 아파트 값으로 치면 한 채 3억으로 잡아서 1,200억 원에 해당하는 돈이다. 원래 요구한 값은 50만 원이었는데 간송 선생의 문화재 사랑에 감동한 개비츠 씨가 40만 원으로 넘겼다고 한다. 겸재 정선(鄭歚), 현재 심사정(沈師正), 단원 김홍도(金弘道), 추사 김정희(金正喜), 오원 장승업(張承業) 등과 같은 대가의 작품과 고려청자, 화훼영모, 문인화, 풍속인물화, 도석화 등 엄청난 양의 문화재를 소유하고 있는 3대 미술관(리움, 호림, 간송)의 하나가 되었다. 일본으로 유출되었던 혜원 신윤복의 그림도 되찾아왔다.

● **정광필**(鄭光弼 : 1462~1538), 조선조 중종 때의 대신

김안로가 득세를 하자 정광필을 백방으로 모함해서 중종이 그를 김해로 유배를 보냈다. 그 전에 광필은 벼슬을 사퇴하고 회덕에 내려와 있는데 별안간 금부도사가 나졸을 데리고 들이닥쳤다.

이때 객과 장기를 두며 금부도사가 어디 왔느냐면서 장이야 군이야 호통을 쳐가며 장기를 마치고나자 정배된 것을 아뢰니 머리를 숙이고 국은이 지극하다 하고 그대로 자리에 누워 코를 골며 자고나서 이튿날 아침에 행장을 꾸려가지고 적소(謫所)로 향했다.

귀양살이 중 조정에서는 아무래도 사형에 처해야겠다는 공론이 돈다는 소식이 돌아 부인이 김효명(金孝明)이라는 점쟁이한테 찾아가서 물으니 "아직 10년의 복

아시아편 ㅈ

록(福祿)이 남아 있다"고 했다. 마침 조정에서 그를 죽이기로 했다고 하니 '그 점쟁이가 무슨 영험이 있느냐'며 하녀가 울부짖었다. 그러나 다시 사람이 와서 죽이기로 했다가 대신들이 흩어진 후 멸사의 특명이 내렸다는 것이다. 그 후 김안로가 패망하자 중종이 광필을 영중추부사로 소환했다. 집안 하인이 이 낭보를 듣고 적소(유배지)에 이르러서는 그만 실신하고 말았다. 그걸 보고 자제들은 흉보(사형)인 줄 알고 있었는데, 하인의 주머니를 뒤져본 결과 기쁜 소식이 들어 있었다. 공이 이 소식을 듣자 "응 그래?" 하고는 그대로 코를 골며 잠을 잔 후 이튿날 아침에야 희보를 읽어보고 서울로 향했다.

● 정도전(鄭道傳 : 1342~1398), 고려 말 조선조 초기 학자, 호는 삼봉(三峰)

이색(李穡)의 문하에서 정몽주, 이존오 등과 공부하면서 경사(經史)를 강론하였는데, 문장과 성리학에 능하였다.

고려 공민왕 때 진사시에 합격하여 내외요직을 역임하고 1375년 우왕 1년에 반원(反元)하다가 친원파의 노여움을 사서 귀양을 갔다. 2년 후 석방되어 경학을 강의하고 이성계 막하에 들어갔다.

1388년 성균관 대사성으로 올랐다가 이성계가 위화도회군 후 정권을 잡게 되자 이성계의 우익이 되어 토지개혁을 단행하고 우왕 · 창왕이 신돈의 자손이라해서 폐시(廢弒 : 임금에서 폐하고 죽임)케 하고 공양왕을 세웠다.

1392년(공양왕 4)에는 이성계를 추대하여 조선왕조를 개국하고 개국 1등공신이 되었다. 건국 후 요직을 두루 역임하여 건국사업에 이바지하고 새 나라의 문물 · 제도 · 국책의 대부분을 결정하였다. 즉 한양천도 당시 궁궐과 종묘의 위치, 도성의 기지를 정하고, 각 궁전의 칭호, 도성의 8대문, 성안 48방(坊)의 이름 등을 제정했다.

● 정민수(鄭民秀 : 1828~?), 조선조 철종 때의 문장가

민수는 어려서 아버지를 잃고 가난한 살림에 어머니를 모시고 지극히 효도하였다. 장자(莊子)의 음양론을 정독하고 척독(편지)을 잘 썼고, 해서도 잘 썼다. 시를 잘하는 것으로도 유명했다. 가난이 막심해서 한쪽 발에는 나막신, 한쪽 발에는 짚신을 신고 다녔고, 시장에 나가 죽을 사서 어머니를 봉양했고, 어머니가 세상을 떠나자 3년 동안을 초하루, 보름에 제수를 마련해 참배·호곡을 하였다.

일찍이 의학공부를 했으나 신통치 않아서 시 짓기를 즐겼다. 45세에 장가를 들었으나 살림은 여전히 가난해서 아내와 산속으로 들어갔다. 마침 흉년이 들어 사방에서 도둑이 성행했다.

어느 날 밤 10여 명의 도둑이 몽둥이를 들고 그의 집을 습격했다. 사립문을 발길로 차서 문을 열라하니 주인 정민수는 울타리 사이로 지팡이를 내밀며 말하기를 "너희들만 몽둥이가 있는 줄 아느냐 나도 이런 몽둥이를 가지고 있다" 하니 도적들은 허허 웃었다. 민수도 허허 웃고 문을 열고 들어오라 말하기를 "무엇이든지 가져갈 것이 있거든 마음대로 가져가라" 하고 횃불을 켜들고 앞서서 인도했다. 도적들이 집을 뒤져보니 아무것도 없고 물레와 책 몇 권이 있을 뿐이었다.

도적들이 오늘은 헛수고 했다며 돌아 나가다가 그 중 한 사람이 헌 갓을 쓰고 나갔다. 민수가 뒤쫓아 가며 "떨어진 갓이 아까운 것이 아니라 그것이 없으면 점잖은 사람이 제사를 어떻게 모시며 손님을 대할 때 어떻게 하란 말이오? 그것이 나의 유일한 재산인데 그것만은 두고가라"고 애원을 했다. 도둑도 허허 웃으며 갓을 벗어 던지고 갔다.

● **정몽주**(鄭夢周 : 1337년~1392), 고려 말기의 문신, 학자, 호는 포은(圃隱)

☞ 동방이학(東方理學)의 조종(祖宗)으로 추앙받는 정몽주(鄭夢周)는 1337년(충숙왕 6년) 경북 영천에서 태어났다. 어렸을 때부터 비범한 재능이 보였다 한다. 9세 때 외갓집에서 부리는 여종이 군에 나간 남편에게 편지를 써 달라고 부탁하자 몽란(夢蘭 : 당시의 이름) 소년은 그 자리에서 '구름은 모였다 흩어지고 달은 찼다 이지러지지지만 첩(妾)의 마음은 항상 변치 않습니다'(雲聚散月盈虧 妾心不移)라고 써주었다. 단 10자의 한시로 남편을 그리는 아내의 마음을 표현한 9세 소년의 비범함을 볼 수

있다.

그는 또 대단한 효자였다. 19세에 아버지를 여의자 3일 동안이나 물 한 모금 마시지 않고 통곡했으며 묘소 앞에 움막을 짓고 3년 동안이나 무덤을 지키면서 상식(上食)을 올렸다. 그는 어머니의 상(喪)을 당해서는 3년을 여묘(廬墓)했다. 그의 효성이 전해지자 정부에서는 집에 정표(旌表)하였다. 당시의 사대부(士大夫)가 백일(百日)탈상하였는데 그는 부모상에 모두 3년씩 여묘(廬墓)하였으니 당대와 후대의 유학자들에게 칭송받는 것은 당연한 일이었을 것이다.

☞ 그러나 포은(圃隱)이 역사에 길이 이름을 남기게 된 것은 고려조에 대한 그의 충성과 절의 때문이다. 고려의 전 군(軍)을 동원하여 이루어진 우왕 14년의 요동 정벌에서 군사지휘권을 장악할 수 있었던 이성계 세력은 최영 장군을 제거한 후 새 왕조 개창 작업을 착착 진행시켜 나갔다. 따라서 역성혁명(易姓革命)보다는 고려 조를 유지한 채 사회의 여러 모순을 개혁하고자 하는 고려의 신하들과 대립하게 되었다. 이 고려 충성파의 대표가 포은이었다. 이성계 세력에서는 집요하게 그를 회유하였으나 그는 고려에의 충성을 포기하지 않았다. 여기에서 나온 것이 그 유명한 '하여가(何如歌)'와 '단심가(丹心歌)'이다.

● 정붕(鄭鵬 : 1467~1512), 조선조 중종 때의 문관

정붕은 연산조의 사간이었는데 유자광(柳子光 : 연산군 때의 간신)은 그의 외종형이 었다. 유자광은 좀 간악한 사람이어서 종형에게 간혹 문안을 가도 곧 돌아오곤 했다.

정붕이 연산의 비위를 거슬러 영덕으로 귀양을 갔다가 연산이 쫓겨나고 중종 이 등위한 후 귀양살이에서 풀려나 다시 교리(校理)일을 보라고 부름을 받았으나 아프다는 핑계로 고향에 내려가서 여러 번 불러도 올라오질 않으니 영상 성희안 (成希顔)이 그를 청송부사에 임명했다. 이 두 사람은 어려서부터 친한 사이였다.

청송부사로 있는 동안 영상 성희안이 청송 땅에서 나는 잣(栢)과 꿀(密)을 좀 구

해 보내주었으면 하고 부탁했다. 정붕은 잣은 높은 산 정상에 있고 꿀은 민간 벌통 속에 들은 것을 부사가 어떻게 얻겠느냐면서 거절 편지를 보냈다. 성희안은 부끄러운 생각이 들어 사죄하는 편지를 써서 보냈다. 그 후 정붕은 재직 중 죽었다.

● 정비석(鄭飛石 : 1911~1991), 한국의 소설가

☞ 1954년에 정비석은 6·25사변 후의 중년여성들의 부허한 생활태도와 윤리관을 다루어 사회의 물의를 일으킨 작품으로 판매부수로도 최고를 차지했다. 그런데 그 작품의 남주인공의 모델이 당시 성균관대학의 법학교수 아무개 아무개라는 풍문이 돌아 고소사건으로까지 번지게 되었고, 그것이 영화 '자유부인(自由夫人)'으로 만들어져 더욱 센세이션을 일으켰다.

☞ 1960년 고대학생이 주도한 4·19부정선거에 대한 항의 데모가 전국적으로 번져 1961년에 박정희 소장이 쿠데타로 정권을 잡게 되었다. 그건 학생 민주화 운동의 와중에 한국일보에 정비석 씨가 소설을 연재하고 있었는데 하루는 이런 글을 썼다.

"서울대생은 돈 100원이 생기면 책을 사서 보고, 연희대학(당시는 세브란스와 통합 전이었음) 학생은 그 돈으로 구두를 닦고, 고려대학 학생은 그 돈으로 막걸리를 사 마신다."

그 이튿날 연대 · 고대 학생들이 한국일보와 정비석 씨 집으로 몰려가 항의한 끝에 그 소설의 연재가 중단되었다.

● 정선(鄭歚 : 1676~1759), 조선조 영조 때의 화가, 호는 겸재(謙齋)

몰락한 양반출신으로 10세쯤부터 집안 살림을 돕기 위해 일을 다녔다고 한다. 그는 그림을 잘 그려 권세가이던 안동 김씨인 김창집(金昌集, 영의정을 지냄)의 후원을 받아 관직을 시작했는데 벼슬은 현감을 지냈다.

당시는 중국의 산세나 풍경이 가장 으뜸이라는 중화사상이 화단을 지배할 때인데, 화가들은 중국화풍을 모범으로 삼아 그림을 그리는 것이 대세였다. 그러나 겸재는 독자의 기법으로 국내의 명승고적을 두루 찾아 진경적(眞景的) 사생화를 많이 그려서 조선 고유의 화풍을 세운 공로자이다. 대표적 작품으로는 '금강산 만폭동도'가 있다.

명사들이 겸재의 금강산 그림을 부채에 받기를 원하여 여름이면 궁궐 안팎에 겸재가 그린 금강산 그림 부채가 꽃을 피울 정도였다. 그는 83세 죽을 때까지 그림을 그렸다고 한다. 화가로서 종2품에 제수되었다.

● **정성공**(鄭成功 : 1624년~1662), 중국 명 · 청 교체기에 활동했던 명나라의 군인 겸 정치가

청나라가 정권을 잡고난 후 청의 만행이 각처에서 그치지 않자 '야만족을 몰아내고 명나라를 다시 찾자'는 운동이 일어났다. 중국의 큰 섬인 대만에서는 정성공이 군사를 일으켜 청나라 정권에 대항했다.

정성공의 아버지는 대만해협에서 무역과 해적으로 큰 돈을 번 해상 모험가였다. 그가 일본에서 장사하다가 일본여자를 아내로 맞아들였는데 그 사이에서 태어난 것이 정성공이다.

1650년 아버지의 해상권을 이어받은 정성공은 금문 · 하문 두 섬을 근거지로 무역을 해서 군비에 충당하는 한편 본토 반격의 기회를 노리고 있었다.

1658년 5월 정성공은 바다를 건너 북벌에 나섰다. 그에게는 17만 명이라는 막강한 군사가 따르고 있었다. 정성공은 북경을 공략하기 위해서는 남경 공략이 먼저라고 생각하고 상륙해서 청나라 기지를 차례차례 무너뜨렸다. 남경 공략에서 청군의 위장 전술에 속아 대패하고 대만으로 방향을 틀었다. 이 무렵 대만은 네덜란드의 지배를 받고 있었다.

정성공은 네덜란드 군과 8개월 동안이나 전쟁을 벌여 대만에 정착하는 기틀을 마련했다. 이 전쟁에서 정성공은 군함 350척을 동원했다. 이로써 38년 동안 네덜란드의 지배를 받아오던 대만이 중국으로 돌아왔다. 1661년 4월의 일이다.

● 정약용(丁若鏞 : 1762~1836), 조선조 후기(순조)의 실학자

☞ 조선조 순조 때의 대신을 지낸 이서구(李書九)는 덕흥대원군의 후손으로서 스무 살에 문과에 급제한 영재였다. 젊었을 때 어느 날 경기도 양평에서 한성으로 올라가다가 열두어 살 된 소년이 나귀등에 책을 잔뜩 싣고 가는 것을 보았다. 열흘쯤 뒤에 지난번에 지나가던 길에 같은 소년이 또 책을 나귀에 싣고 가는 것을 보았다. 그 책은 누구의 심부름으로 싣고 가느냐고 이서구가 물었을 때 그 책들은 자기가 읽을 것이라고 했다. 그 속에는 자치통감강목(資治通鑑綱目) 같은 어려운 책들이 수두룩했다. 이서구가 신기하게 여겨 그 책은 누구 것이냐 했더니 외고조부인 윤두서(尹斗緖 : 조선조 삼재라고 불림)가 남겨 놓은 책이었다. 이 소년이 나중에 대 학자가 된 정약용이었다.

☞ 정조 임금은 정약용을 몹시 아끼고 좋아했다. 약용이 28세 때, 하루는 대궐에서 상감이 부른다는 전갈이 왔다. 약용이 입궐하니 정조는 글을 지어 올리라고 분부했다. 약용은 지체 없이 글을 지어 올렸다. 그 글을 읽던 정조는 환하게 웃으면서,

"과연 그대는 뛰어난 문장가요, 어느 한곳도 흠 잡을 데가 없는 글이오." 이런 칭찬과 함께 귀한 책 한 권과 흰 종이 100장을 상으로 내렸다. 그리고 정조는 여러 책을 늘여놓고 책 한 권을 골라보라고 했다. 약용이 모두 집에 있는 책이었다. 정조는 너무도 경탄한 나머지 그에게 술을 한 잔 내렸다.

귀가해서 집에 있는데 대궐에서 승지가 어명을 받고 책 한 권을 들고 찾아온 것이다. 병법(兵法)에 관한 책이었다. 정조의 분부는,

"그대는 학문을 연구하되 여러 모로 쓰일 수 있는 학문을 하여 나라가 위기에 처했을 때 큰 몫을 다하도록 하라"였다.

● 정약전(丁若銓 : 1758~1816), 조선조 정조 때의 학자

정약용의 둘째 형, 서학(천주교)에 뜻을 두고 천주교의 전도에 힘썼다. 남인학자

로서 1694년(숙종 20) 갑술옥사 이후 은퇴하여 천주학 실천에 힘썼으며, 당시 서학의 대가 이벽의 누이동생과 결혼해서 이승훈과 더불어 전국적인 신앙운동을 전개했다.

1801년 신유사옥(辛酉邪獄 : 천주교도들을 박해한 사건) 때에 약용의 셋째형 약종은 매를 맞아 죽고, 이때 약용은 강진으로 유배가고, 둘째형 약전은 흑산도에 유배갔다. 유배지에서 『자산어보』라는 물고기에 대한 책을 저술했다.

● **정약종**(丁若鍾 : 1760~1801), 조선조 정조 때의 학자

정약용의 셋째형. 영조 때의 석학 이익의 문인으로서 서학(천주교)을 연구하고 천주교에 입교하여 권일신 · 권철신 · 이덕조 · 홍유하 등과 더불어 신앙 실천운동에 가담하여 인습타파와 계급타파의 사회운동을 촉진하여 천주교의 전도에 힘썼다. 그래서 이승훈 등과 모의하고 청나라 신부 주문모(周文謨)를 맞아들여 전도에 노력하고, 그의 딸 정혜와 그의 형제인 약전 · 약용 등이 다 천주교를 믿었는데, 딸 정혜는 서소문 밖에서 순교했고, 약종은 이승훈 · 최필공 · 홍교만 · 홍낙민 · 최창현 등과 같이 서대문 밖에서 순교하였다. 이것을 '신유옥사—교옥(敎獄)'이라고 했다.

● **정유성**(鄭維城 : 1596~1664), 조선조 현종 때의 대신

정유성은 정몽주 선생의 9세손으로서 현종 때 정승이었다. 그의 손자 제현(齊賢)이 숙미공주(淑微公主)에게 장가들어 인평위(寅平尉)가 되었다. 자신이 대신이오, 국혼까지 하여 집안이 너무 빛나서 몹시 위태로워 지극히 근신하였다. 하루는 공주(손부)를 향해 "공주께서는 내 손자의 죽음을 재촉하십니까?" 하고 물으니 "무슨 말씀이온지 깨닫지 못하겠나이다" 하니까, 공은 "사람이란 복이 과하면 재앙이 생기는 법이오. 우리는 대대로 깨끗하고 가난하게 살아왔는데, 이제 사치가 과하여 화가 생길까 두려워하니 자숙하시오"라고 했다.

그 후 손자 인평위가 병이 들어 죽게 되자 공이 그의 거실에 들어가 궁중에서

보내온 사치스러운 의복 등을 보고 나와서는 탄식하기를 "내 손자는 당연히 죽어야 할 사람"이라고 했다.

● **정인보**(鄭寅普 : 1892~?), 한국 근대의 한문학자, 사학자

서울 출신이고, 1910년 중국에 유학을 해서 동양학을 전공하면서 동지들과 동제사(同濟社)를 조직해서 조국 광복운동에 종사했다. 1919년에 귀국해서 연희 · 이화 · 세브란스 · 중앙불교전문학교에서 국학과 동양학을 강의하였다. 동아일보 등의 논설위원 등을 하면서 국혼 환기에 힘썼고, 1948년 국학대학장에 취임해서 교육 사업에 힘썼다. 1951년 초대 감찰위원장에 취임했는데 6·25동란 때 납북되었다. 시조 · 한시에도 능했으며 국문학사 · 한문학 · 국사학에 대한 연구가 깊었고 많은 저술을 남겼다.

전 국립중앙박물관장을 지낸 정양모가 그의 자제이다.

● **정인지**(鄭麟趾 : 1396~1478), 조선조 전기(태종)의 문신

정인지는 1414년 태종 11년에 문과에 합격하여 벼슬길에 나섰다. 그는 23세에 법조좌랑에 오른 비교적 빠른 출세를 보였다. 태종이 "문(文)에는 정인지가 있고 무(武)에는 홍사석이 있는데 모두 장상(將相)을 할 수 있는 사람이니 나라에 걱정이 없다"고 정인지를 칭찬했다. 세종의 총애를 받아 집현전 학사로서 한글 창제에도 깊이 관여했다. 세종이 한번은 술에 취해 옛사람들을 이렇게 평했다.

"만일 (정인지가) 공자의 제자로 있었다면 순수한 안자나 독실한 증자 같은 분에게는 미치지 못하겠지만, 자유나 자하 등과 어깨를 나란히 해봄직도 하지 않았을까?"라고 말했단다.

(이 네 제자는 공자의 열 손가락 안에 드는 훌륭한 제자임.)

● **정인홍**(鄭仁弘 : 1535~1623), 조선조 광해군 때의 권신

정인홍은 선조 때 장령으로 있다가 광해가 즉위하자 이조판서, 곧 영의정까지

올라갔다. 광해가 폐모(廢母)를 할 때 협력하여 그 공으로 훈1등에서 서녕부원군에까지 봉했다. 그런데 광해의 폐모론이 일어나자 인홍의 제자 정온(鄭蘊)이 폐모의 불가함을 상소했다. 인홍은 자신의 공명을 위해서는 사제의 의도 돌아볼 것 없이 정온을 죽이라고 광해에게 글을 올려 권하였다. 그러나 여러 사람이 주선을 하여 죽음은 면하고 제주로 귀양살이를 갔다. 그 후 다섯 달 만에 광해가 쫓겨나고 인조대왕이 즉위하자 귀양살이가 풀리어 경상감사가 되고 곧 내직으로 들어왔다.

인조가 광해를 도와 나쁜 짓을 한 대신들을 잡아 형을 가할 때, 정인홍의 목을 베이기로 결정이 되자 정온은 글을 올려 죄인이지만 늙은 몸(88세)에 형을 가하지 말라고 애원했다. 그러나 인조가 처형을 하고나니 정온이 그의 시체를 거두어 정중하게 장사지냈다. 정온은 제자의 도리를 한 것이다.

● **정일권**(丁一權 : 1917~1994), 한국의 군인, 정치가, 국무총리, 육군대장

☞ 1945년 9월 정일권은 서울로 와서 건국준비위원 등을 만나기도 하고, 만주로 가서 장개석의 장남 장징궈를 만나 무기와 예산도 지원받았다. 그러다 소련 KGB본부로 연행되어 무기를 반납하고 모스크바로 가서 군사재교육을 받고 북조선으로 복귀하라는 명령을 받았다. 그러나 동료의 무고로 악질분자로 분류되어 감옥생활 하다가 소련으로 후송되는 기차에서 뛰어내려 탈출하고, 평양으로 가서 조만식 선생 비서실에서 봉천군관학교 후배인 백선엽과 만나고 난 후 개성을 거쳐 45년 12월 서울로 들어왔다.

☞ 1970년 3월 17일 밤 11시경 합정동 절두산 근처 도로에서 발생한 교통사고로 사교계의 마담 정인숙은 의문의 최후를 맞았다. 정인숙이 낳은 아들이 정일권의 아들임이 밝혀져 물의를 빚었다. 아들 성일이는 친자확인 소송을 냈으나 정일권 씨가 하와이에 살면서 끝끝내 나타나지 않아 본인이 하와이로 아버지를 찾아갔으나 만나는 것을 거부했다. 그는 임파선종양 암 치료차 하와이에서 요양 중

1994년 1월 19일 병원에서 73세를 일기로 세상을 떠났다.

● 정주영(鄭周永 : 1915~2001), 한국의 기업인

정주영은 굉장히 많은 일화를 남긴 분이다. 아주 극적인 일화 몇 가지만 추리 겠다.

☞ 정주영은 1915년 11월 25일 강원도 통천군 송전면 아산리(지금은 북한 땅이 되어 있다)에서 가난한 농부의 6남 2녀 중 장남으로 태어났다. 정식교육이라고는 초등학교(당시는 소학교) 졸업이 전부이다.

그는 초등학생 때 동아일보에 연재되던 춘원 이광수의 소설 『흙』에서 "뒷간에 사는 쥐는 똥을 먹고 살고, 곳간에 사는 쥐는 쌀을 먹고 산다"라는 구절에 감동하여 이 구절을 되새기면서 네 번의 가출 끝에 서울로 상경해서 막노동꾼을 거쳐 쌀 상회에 취직했다. 스물다섯 살에 자동차 수리공장을 세웠으나 강제합병으로 문을 닫았다.

1946년 서른한 살에 현대그룹의 모체인 '현대자동차공업사'를, 1950년에는 '현대토건사'와 '현대건설'을 세웠다. 현재 한국사 교과서에도 소개되어 있다. 그는 현대그룹을 계열사 98개, 종업원 21만 2,700여 명(2014)을 거느리는 세계적 기업으로 가꾸었다.

☞ 정 회장이 조선사업을 하려고 일본과 합작을 시도했으나 실패하고 독자적으로 조선소를 건립하기로 했지만, 자본, 기술, 인력 모든 면에서 전무한 상태였다. 1971년 조선소 부지를 울산으로 확정하고 외자확보를 위해 정 회장이 런던으로 날아갔다. 런던에 지점을 설립하고 영국 최고의 은행인 바클레이스 은행과 4,300만 달러에 이르는 차관도입을 시도했지만 현대의 기술력 부족으로 투자를 거부했다.

정 회장은 바클레이스 은행에 영향력을 미칠 수 있는 선박 컨설턴트회사인 '애플도어사'의 찰스 롱바텀 회장을 찾아갔다. 롱바텀 회장은 현대의 차관 상환 능력을 의심하여 처음에는 고개를 저었다. 정 회장은 지갑에서 거북선 그림이 있는 500원짜리 지폐를 꺼냈다. 그리고 거북선을 가리키며 "한국은 16세기에 철갑선을 만들었는데 영국보다 300년이나 빠르다. 산업화가 늦어서 아이디어가 녹슬었을 뿐 한번 시작하면 잠재력이 분출돼 나올 것이다"라며 설득해서 롱바텀 회장은 현대건설 등을 직접 둘러본 후 추천서를 바클레이스 은행에 건넸다. 현대의 차관 신청서가 바클레이스 은행을 통과했다.

☞ 정 회장의 명언들

"시련은 있어도 실패는 없다." "길이 없으면 만들어라." "이봐. 해봤어?" "시간은 평등한 자본금이다." "돈이란, 큰돈도 작은 돈도 드러나지 않게 쓰는 것이 원칙이다. 예를 들어 음식점에서 팁을 줄 때에도 다른 사람 모르게 주는 것이 예의지, 기생 이마에 돈을 붙여주는 따위의 행동은 한 인간이 한 인간을 멸시하는 작태이다."

"인류의 모든 발전은 긍정적 사고를 가진 사람들의 주도 아래 이루어졌다. 세상을 밝게, 밝게, 바르게 보고 이 사회에 보탬이 될 목적으로 살면 할 일은 태산처럼 많다." "설계도대로 배 만들어 조립하고, 엔진 못 만들면 외국 것 쓰면 되지. 사막 더우면 밤에 일하면 문제없어."

☞ 그의 무기는 이른바 덤핑응찰이었는데, 여타 경쟁 입찰자들이 상상조차 못할 금액으로 응찰을 해서 공사를 따내기는 했는데, 세계의 건설업계에서는 "도산하려고 환장을 했다" 할 정도의 무모한 도전을 감행하는 것이었다. "저러다가 현대가 중동에서 망해서 돌아갈 것이다"라는 루머가 돌기도 하였다고 한다. 그러나 결과적으로는 현대건설은 주베르 산업항구 건설로 인해서 한국 건설기술의 우수성을 세계에 널리 알렸을 뿐 아니라 적지 않게 돈도 벌어서 한국 국가경제발전에도 크게 기여한 것이다. 사우디아라비아가 제시한 44개월 공기를 36개월로 계약하고, 실제로는 그 계약기간 안에 32개월에 완성을 해서 발주자 측을 놀라게 하

였다. 공기단축으로 건설 코스트를 대폭 줄임으로서 수지를 맞출 수가 있었던 것이다.

● 정조대왕(正祖 : 1752~1800), 조선조 22대 왕

정조는 영조의 손자이고 사도세자(장헌세자)의 둘째 아들이다. 혜빈 홍씨의 소생이다. 아버지 장헌세자 참화를 당한 후 왕세손에 책봉되어 영조의 뒤를 이어 즉위했으며, 선왕의 뜻을 이어 탕평정치를 하였으나 정치에 뜻이 없어 홍국영(정조의 처남)에게 정치를 맡기고 오직 학문에만 열중하였다. 왕실 연구기관인 규장각을 두어 학자들을 모아 경사(經史)를 토론케 하고, 서적을 간행하게 했다. 왕이 손수 엮은 팔자백선(八子百選) 등을 찍어냈고, 왕의 문집도 출간했다. 활자를 개량했으며, 아버지의 억울한 참화를 못 잊어 수원에 성을 쌓고 소경(小京)으로 승격시키고 내왕하였다.

이 밖에 여러 제도 개혁과 관련된 문서를 발간하고 사치를 없애는 등 치적이 많다. 실학을 발달시켜 문운(文運)의 부흥시대를 열었다. 한때 천주교의 침입을 막기 위해 중국으로부터 서적 유입을 막은 일도 있었다.

● 정천(鄭泉 : ?~?), 중국 삼국시대 吳나라 명신

중국 삼국시대 오(吳)나라 초대 황제 손권(孫權, 182~252) 밑에 정천(鄭泉)이라는 신하가 있었는데 술을 매우 좋아했다. 그가 죽을 때 친구들에게 유언을 하기를,

"내가 죽거든 자네들 부디 내 시체를 질그릇(陶器) 만드는 가마 곁에 묻어 주게. 100년 후에 백골이 삭아서 흙이 되면 누가 아는가? 그 흙을 퍼다가 술병을 만든다면 나의 소원은 성취되겠네" 했다.

● 정철(鄭澈 : 1536~1593), 조선조 선조 때의 명신·문인, 호는 松江

서울 출생이고 김인후(金麟厚), 기대승(奇大升)에게 배웠고, 26세에 문과에 급제했

다. 1567년 명종 때 이이(李珥·이율곡)와 같이 호당(湖當 : 독서당을 고친 말인데, 젊고 재주 있는 문신들로서 임금의 특명을 받고 공부하는 곳)에 들어갔다. 이때 이미 동인·서인 간 싸움이 노골화되어 있었는데 어느 틈엔가 송강은 서인의 대표인물이 되었다.

1580년 선조 13년에 반대당에 밀려 강원도 관찰사로 나아갔다가 조용히 관동 팔경(關東八景)을 벗하며 지냈다. 이때 지은 시가 「관동별곡」이다. 그 밖에 「사미인 곡(思美人曲)」, 「성산별곡(星山別曲)」, 그 밖에 시조 70수와 함께 『송강가사(松江歌辭)』를 남겼다. 송강은 고산 윤선도와 함께 가사·시조문학의 쌍벽을 이룬 사람이다.

● **제갈공명(諸葛孔明), 이름은 제갈량(諸葛亮 : 181~234), 중국 삼국시대 촉나라 정치가**

『삼국지』에 보면, 촉(蜀)나라의 정치가, 전략가 제갈공명은 출사표(出師表)를 올리고 위(魏)나라와의 결전을 위해 싸움터에 나갔다. 그는 위나라의 사마중달(司馬仲達)을 계략을 써서 여러 번 속였고, 이에 중달은 점차 공명을 두려워하게 되었다. 그러나 제갈공명과 같은 기재(奇才)도 의도하던 바를 이루지 못하고 54세에 병사했다.

제갈공명이 죽었다는 소식을 들은 사마중달은 그것 역시 제갈공명의 계략으로 알고 군대를 거두어 갑자기 후퇴했다.

위나라 백성들이 이 사실을 알고 "죽은 제갈공명이 산 중달을 도망치게 하였다"고 하며 중달의 겁 많음을 비웃었다. 이에 대해 중달은 "살아 있는 사람의 책략이라면 쉽게 간파할 수 있지만 죽은 사람의 책략인데 어떻게 간파할 수 있을 것인가?"라고 말했다고 한다.

● **조견(趙狷 : 1351~1425), 고려 종사에 대한 수절의신(守節義臣)**

☞ 조선조 개국공신 조준(趙浚)의 아우, 고려조의 중신이었다. 왕조가 바뀐 후 형은 아우가 고려 유신으로 화가 미칠까봐 염려하여 태종께 청하여 개국공신록에 올리고 평성부원군 개국공신 평간공(平城府院君 開國功臣 平簡公)의 훈위를 내렸으나 아우는 이것을 받지 않았다. 그의 형이 이 씨를 도와 혁명의 뜻을 품고 있는 줄

알고 울며 말했다.

"우리는 이 나라의 세신(世臣)이니 마땅히 국가와 더불어 흥망을 같이 하는 것이 옳지 않습니까?" 했다. 형은 아우의 뜻을 굽히지 못할 줄 알고 영남지방 관찰사로 보내놓고 그동안에 고려를 멸하고 이씨조선을 만들어 버렸다. 조견은 통곡을 하고 두류산으로 들어가 버렸다. 태조가 호조전서에 임명하고 서신을 보내어 불렀으나 그는 "서산의 고사리를 캐먹을지언정 이 씨(李氏)의 신하되기를 원치 않는다" 하고 이름을 견(狷)이라 고치고 자(字)자를 종견(從犬)이라 고쳤다. 이것은 나라가 망해도 죽지 못했으니 개나 같다는 뜻이고 또 개는 주인을 연모한다는 뜻이다. 두류산으로부터 청계산으로 옮겨와서는 매양 높은 봉우리에 올라 송경(松京 : 개성)을 바라보고 통곡하였다.

☞ 태종은 그의 충절을 가상히 여기고 군신의 의를 떠나 평교간(平交間)으로 만나기를 원했다. 그는 부득이 나와서도 읍(揖 : 손을 깍지 끼는 것)을 할 뿐 절도 안하고 마음에 먹은 말을 기탄없이 말했다. 태종은 돌아올 때 석실을 지어주고 마음대로 살라고 했다. 그러나 그곳에 살지도 않고 양주로 옮겨왔다.

그는 임종 시에 자손들에게 말하기를 "내 묘비에는 반드시 고려조의 관명은 쓰되 이조관명은 쓰지 말며, 자손은 이조에서 벼슬을 하지 말라"고 했다. 그러나 사후에 묘비를 이조에서 내린 관명으로 썼더니 하루아침에 뇌성벽력이 일어나더니 비를 산산이 부수어 버렸다. 그의 증손자대에 이르러 비로소 과거를 보았다. 형제도 이렇게 다르다.

● 조광조(趙光祖 : 1482~1519), 조선조 전기(연산군·중종)의 문신

중종반정(中宗反正 : 1506년 연산군 12년, 성희안 등이 연산군을 폐하고 진성대군 즉 11대왕 중종을 왕으로 추대한 사건) 때의 정국공신 명단을 개정할 것을 요구하고, 그 4분의 3 정도를 삭제하여, 훈구세력의 지위를 격감시키는 작업을 추진했다.

중종은 반정으로 공신들의 추대에 의해 왕위에 올랐기 때문에 사림세력이 필요했다. 그래서 조광조 등이 중종과 가까이 하면서 훈구세력이 억압당하게 되었다. 그들은 지치주의(至治主義)를 내세우고 군왕(君王)에게도 끊임없이 도덕적 압력과 비판을 가했다.

사림파는 군왕부터가 '정직한 행정수행의 의무'를 지고 있음을 강조했다. 그러나 신진의 급진적인 청년들이 경연 때마다 철인 군주주의를 내세우니 중종이 이에 지치게 되었다. 그러자 중종은 교활한 신하들과 손잡고 남곤(南袞) 등의 밀고를 받아들여 중종 14년 11월 15일 밤 숙직승지도 모르게 연추문(延秋門)을 열어젖히고 정변을 일으켰다. 조광조 등 8명의 젊은 동지들이 논죄되면서 '임금을 속이고 사의(私意)를 행사한 죄'와 '서로 어울려 권력을 장악한 죄' 등의 명목으로 사형되었다.

많은 대신들이 반대하고 유생들이 항의하였고 사간원, 사헌부의 관료들, 유림들의 사직과 상소에도 불구하고 중종은 조광조에게 사약을 내렸다. 여러 유림들은 유배를 보내거나 사사(賜死)하였다.

1519년 12월 16일 전라도 능주(전남 화순군) 유배지에서 한 조각의 교지를 받고 사약을 들면서 임금을 의심하거나 원망하지 않고 다음 절명시(絶命詩)를 남기고 짧은 일생(37세)을 마쳤다.

　　애군여애부(愛君如愛父) : 임금 사랑하기를 어버이 사랑하듯 하고
　　우국여우가(憂國如憂家) : 나라 근심하기를 집안 근심하듯 했노라
　　백일임하사(白日臨下土) : 밝은 해가 이 땅을 비치고 있으니
　　소소조단충(昭昭照丹衷) : 내 붉은 충정을 밝혀 비추리라.

(김학수 선생 글에서)

● **조동탁**(지훈)(趙東卓 : 1920~1968), 한국의 시인, 고대 교수, 지훈(芝薰)은 아호

시인 조지훈은 주호(酒豪)로 이름이 높았다. 그러나 여성 관계만은 지극히 담백했다. 기회는 있었지만 평생에 연애 한번 못해 보았다는 그를 하루는 악우(惡友)가 유혹해서 대구(大邱) 자갈마당이란 곳으로 데려 갔다. 물론 술김이다.

하룻밤을 머물고 나서 으슥한 담 모퉁이를 끼고 소변을 보는데 하필이면 제자인 대학생들에게 들키고 말았다.

"선생님도 이런 곳에 출입하십니까?" 하고 학생들이 짓궂게 인사를 하자 조지훈은 마음껏 호탕하게 웃었다. 그러더니 태도를 돌변하면서 벼락같은 소리.

"이놈아! 선생님은 그래 ×도 없단 말이냐?"

소탈하고 호방한 사람이 아니면 감히 흉내도 못 낼 1막 극이었다.

● **조만식**(曺晩植 : 1883~1950), 한국의 독립운동가, 정치가, 호는 고당(古堂)

☞ 1947년 7월 2차 미소공동위원회 회의 참석차 평양에 간 미국 측 대표 브라운과의 면담에서 "신탁통치를 받아들여야 하지 않겠느냐?"고 했다는 말은 사실이 아니고, 신탁통치보다 임시정부수립이 우선이며, 더욱이 소련이 참여하는 신탁통치는 받아들이기 어렵다는 점을 분명히 했고, 끝까지 신탁통치에 찬성하지 않았으며, 이승만, 김구, 송진우 등 남한의 민족주의자들과 강한 유대 속에서 통일정부 수립을 위해 노력했다고 한다. (박명수 교수 글에서 발췌)

☞ 1932년 민족 언론의 중추인 「조선일보」가 일제의 탄압과 자금난으로 폐간 상태에 빠지게 되자 사장에 취임하여 사세(社勢)를 복구시켰다. 조만식이 50세 때 이야기다. 일제 말기 '국민총동원령'이 발동되던 시절에는 온갖 유혹과 위협을 물리치고 평남 강서군 반석면 향리로 돌아가 지조를 지켰으며, 8·15해방 이틀 후인 8월 17일에는 북한 민중의 추대에 의해 평남 건국준비위원장, 뒤이어 평남 인민정치위원장이 되었다.

평양에 진주한 소련군정관 로마넨코 소장은 민족진영 말살정책을 수행하기 위해 북한 동포의 절대적 지도자인 조만식을 위협함으로, 11월 3일 대다수 반공민중대표가 평양에 모여 조선민주당을 조직하고 조만식을 당수로 추대했다.

그리고 5년 후 6·25직전 김일성이 남한에 억류되어 있던 조선공산당 대표 이주하와 김삼룡을 38선에서 조만식과 교환하자고 날짜를 잡아놓고 당일 38선에서 전쟁을 일으키고, 조만식은 그해 유엔군이 북진했을 때 공산군이 그를 총살시켰다.

● 조병갑(趙秉甲 : 1844~1911), 조선조 말의 군수, 탐관

1893년 고종 30년에 전라도 고부군(古阜郡) 군수로서 군내의 만석보(萬石洑 : 저수지)를 쌓을 때, 동원시킨 군민에게 임금도 주지 않았고, 터무니없이 수세(水稅)를 징수하여 쌀 총 700섬을 횡령 · 착복하였고, 군민에게 황무지를 개간시키고 강제로 세미(稅米)를 징수하여 사복을 채웠다.

이 밖에 태인군수를 지낸 자기 아버지의 비각을 세우기 위하여 백성들로부터 금전을 착취하고, 넉넉한 집안에는 억지로 죄명을 씌워 불법 착복하는 등, 갖은 탐학을 자행하였다. 이에 격분한 농민들은 군수의 불법에 항의하였으나 듣지 않으므로 드디어 백성들이 전주로 몰려가 전라감사 김문현(金文鉉)에게 애소하였던 바 김 감사는 이를 수락하지 않을뿐더러 도리어 그 대표를 잡아 가두었다. 그래서 1894년 고종 31년 2월에 천여 명의 군중이 만석보 남쪽에 집결해서 제방을 끊고, 읍내로 들어가 군아를 습격해서 무기를 빼앗고, 불법 징수한 세곡(稅穀)을 원주민에게 돌려보내니, 조병갑은 몰래 도망했으나 후에 파면되고 귀양 갔으나 병갑의 이러한 학정에 대한 반발로서 동학란이 일어났다. (송기원의 전봉준에서)

● 조병옥(趙炳玉 : 1894~1960), 한국의 정치가, 내무부장관

조병옥이 운명의 상대 이승만을 만난 것은 1914년 부친의 재산 가운데 절반을 팔아치운 유학길에서였다. 이승만에게는 미국 · 중국 등지에서 독립운동하면서 많은 동지와 협력했지만 그 중에는 이승만에게 등을 돌린 동지도 꽤 있다. 박용만, 전경무, 안창호, 송진우 등이 그들이다. 해방 후에는 '조선민족청년단'을 만든 이범석도 그 부류에 속하고, 조병옥도 있다.

조병옥은 이승만보다 19세나 연하이다. 조병옥은 7년 만에 미국 콜롬비아대학의 학사 · 석사 · 박사과정을 다 마친 사람이다. 유학을 마치고 귀국한 조병옥은

1926년 연희전문 교수로 자리 잡았다. 그 후 국내에서 활동했는데 해방되기 전 10년 동안은 그저 한량으로 지내다가 해방 후 군웅할거시대에 미군정 경무부장 자리를 얻었고, 정부수립 후 6·25때 내무부장관이 되었고, 거창양민학살사건 처리로 국방장관 신성모와 다투다 결국 장관직을 그만두고 민권운동에 몸 바치겠다며 정치운동에 뛰어들었다. 1954년에 민의원 당선, 1955년 내무부장관, 1956년 민주당 대표 최고위원, 1958년 제4대 민의원 당선, 1960년 민주당공천 대통령후보로 입후보하면서 '야당의 거목' '반독재 운동의 투사'가 되어 이승만과 맞서게 되었다.

대통령선거기간 중 신병으로 치료차 미국 월터리드 육군병원에서 치료를 받다가 병사했다.

● 조봉암(曺奉岩 : 1898~1959), 한국의 정치가

일본 중앙대학을 중퇴하고, 소련 모스크바 동방노동자 공산대학 2년 수료했다. 3·1운동에 참가하여 1년간 복역한 후 1924년 조선청년총동맹 중앙간부, 1925년 조선공산당 중앙간부 등을 역임하다가 1930년 상해에서 체포되어 7년형을 받았다. 1945년 1월 서울에서 다시 체포되었으나 해방을 맞아 석방되었고, 1946년 6월 공산당을 탈당했다. 1948년 제헌국회의원이 되고, 1948년 이승만 정권에서 초대 농림부장관을 역임했는데, 그 후 제2대, 3대 대통령선거에 출마했으나 낙선되고, 1956년 진보당을 조직, 위원장이 되었으나 1958년 1월 국가보안법 위반 혐의로 체포되고 당은 해산되었으며, 1959년 2월 대법원에서 사형언도를 받고 7월에 사형이 집행되었다.

그의 죄명은 '간첩죄'였다. 이북에서 내려온 양명산에게서 지령과 자금을 받았으며, 진보당의 평화통일론은 북한의 위장평화론과 같다는 것이다. 대법원은 간첩 · 국가보안법위반 · 무기불법소지는 유죄, 평화통일은 언론의 자유의 한계를 벗어난 것이 아니므로 무죄가 되었다.

● **조식**(曺植 : 1501~1572), 조선조 중기의 학자, 호는 남명(南冥)

어려서부터 성리학을 공부해서 여기에 통달했고, 인품이 뛰어났다. 중종 때 이언적의 천거로 헌릉참봉에 임명되었으나 불응했고, 명종 때 단성현감에 피명되었으나 역시 사퇴했다.

이듬해 퇴계의 서신으로 권하여 벼슬에 나오라 권하였으나 듣지 않다가 상서원 판관을 받아 명종을 사정전(思政殿)에서 뵙고, 치란(治亂)의 도리와 학문의 방법을 표(表)로 올리고 다시 산으로 들어갔다. 이후에도 계속 부름을 받았으나 끝내 나가지 않고 사색과 연구에 전념했다.

그의 학행은 당대의 사표(師表)였으며, 이황(퇴계)과 더불어 영남학파의 두 거두로 추앙되었다.

그가 명종 때 단성현감 제수를 사양한 이유로 든 '단성현감 사직상소'에 왕을 혹평한 대목이 나온다.

"전하의 국사가 이미 잘못되고 나라의 근본이 망하여 천의(天意)가 떠나갔고 민심도 떠났습니다… 소관(小官)은 아래에서 히히덕거리면서 주색이나 즐기고, 대관(大官)은 위에서 어물거리면서 오직 재물만을 불립니다. 백성들의 고통은 아랑곳하지 않으며… 신은 이 때문에 깊이 생각하고 길게 탄식하며 낮에 하늘을 우러러본 것이 한두 번이 아니며, 한탄하고 아픈 마음을 억누르며 밤에 멍하니 천장을 쳐다본지 오래되었습니다…" (명종실록)

그는 '민암부(民巖賦)'에서 명종 때의 정치가 하늘의 뜻과 어긋난다고 보고 이렇게 읊었다.

"…백성이 물과 같다는 말은/ 예로부터 있었으니/ 백성은 임금을 받들기도 하지만/ 백성은 나라를 엎어버리기도 한다/…

필부로서 천자가 되었으니/ 이처럼 큰 권한은 어디에 달려 있는가?/ 다만 우리 백성의 손에 달려 있다/ …백성을 암험하다 말하지 말라/ 백성은 암험하지 않느니라." "나라의 명운을 쥔 것은 백성이다." 그는 무서운 말을 남겼다.

● 조언형(曹彦亨 : 1469~1526), 조선조 중종 때의 군수

연산군 때 문과에 급제하여 벼슬길에 오르긴 했어도 그의 성질이 곧아서 악한 것을 몹시 미워하고 세속에 따라 아부하지도 않고 해서 벼슬길이 순탄치 못했다. 강혼(姜渾)과는 죽마지고우였는데, 언형이 단천군수 때 강혼이 함경감사로 부임하는 길에 단천에서 하룻밤을 언형과 술잔을 나누면서 같이 지냈다. 이 자리에서 언형이 혼에게 말하기를,

"자네가 연산조 때 하는 일을 보니 개, 돼지만도 못한 인간인줄 비로소 알았다. 어렸을 때 총명하고 민첩해서 장래에 쓸 만한 사람이 될 줄 알고 사귀었더니 그렇게까지 못된 인간이 된단 말인가? 오늘날 살아있는 것이 부끄럽지 않은가? 내 진작 서신으로써 절교를 하려고 했으나 옛정으로 해서 얼굴이나 한번 대하려고 지금껏 참아온 것이네. 새도 어진 새는 나무를 골라 깃들인다는데 내가 자네 밑에서 군수질을 해 먹겠나? 나는 가네."

강혼은 아무 말도 못하고 머리를 숙여 울기만 했다. 언형은 이튿날 벼슬(군수)을 버리고 서울로 올라왔다.

● 조조(曹操 : AD 155~220), 중국 魏나라 창시자, 태조 무제(武帝)

3세기 중국은 후한시대인데 황제가 있었으나 실권이 없었다. 그래서 군웅할거였는데 서로 다투어 세 사람의 영웅만 남게 되었다. 위(魏)의 조조(曹操), 오(吳)의 손권(孫權), 촉(蜀)의 유비(劉備)다.

세 사람 중 조조는 큰 악인, 난세의 간웅(姦雄), 옛부터 통념이 정해져 있었다. 온갖 책략을 구사해서 적대자를 넘어뜨리고 드디어 위나라 왕이 되어 폭력의 극치를 보였다. 형식적으로는 한(漢)나라의 황제를 모시고 있었지만 실권은 모두 조조가 쥐고 있었다. 이미 한나라의 천하는 위왕에게 빼앗긴 것이나 다름없었다.

220년 조조가 죽자 그의 아들 조비(曹丕)는 한나라 황제를 폐하고 스스로 위나라 황제로 자칭한다. 즉 이 사람이 문제(文帝)이다. 이렇게 해서 한나라 제국은 명실 공히 멸망한 것이다.

● 조지서(趙之瑞 : 1454~1504), 조선조 연산군 때의 문관

그는 문과에 급제하고 창녕군수를 지내기도 했다. 연산군이 세자로 있을 때 보덕(輔德)이 되어 왕세자에게 권학을 독려하는 자리에 있었다. 연산주에게 글을 가르쳤다. 연산이 학업에 힘을 쓰지 않음으로 지서는 백방으로 권고해도 듣지를 않았다. 참다못한 지서가 강을 하다가 책을 내던지며 그렇게도 공부를 싫어하시면 폐하께 사뢰겠다고 위협을 했다. 그래서 지서 앞에서는 글을 읽지만 속으로는 원수같이 미워했다. 그래서 연산은 그를 '대소인(大小人)'이라 불렀다.

그 후 성종이 세상을 떠나고 연산이 즉위하자 지서는 외직을 자원해서 창녕군수로 갔다가 그것도 그만두고 지리산에 은거해 있었는데 갑자사화에 끌어내서 죽였다. 이것은 연산이 어려서 먹었던 독을 토해낸 셈이다.

● 조택원(趙澤元 : 1907~1976), 한국의 무용가, 안무가

함남 함흥부의 명망가 출신이다. 16세에 토월회 무대에서 춤을 선보여 호평을 받았고, 휘문고보를 졸업한 뒤 조선상업은행에서 스포츠 선수로 뛰었을 만큼 운동능력이 뛰어났다.

1926년에 일본의 근대 무용가인 이시이 바쿠의 신무용 공연을 보고 일본 유학을 결심하게 되고, 도쿄에서 춤을 배운 뒤 1930년에 파리로 유학을 갔다. 일제강점기에 최승희와 양대 산맥으로 불릴 정도로 유명했다.

일제강점기 말기의 전쟁시국에서 대일본 무용협회의 현대무용 이사를 지내며, 친일색채가 포함된 무용인 '부여회상' 등을 안무한 일에서, 친일인명사전에 수록되어 있다.

조택원은 4명의 여성과 교제했다는 기록이 있다. 풍운아 기질이 강했던 조택원은 대한변호사협회 초대회장을 지낸 법조인 최진의 딸과 결혼했다가, 유명한 영화배우 김소영과 재혼했으며, 김소영과 이혼한 후 일본 무용수 오자와 준코와 사랑에 빠졌다. 1960년대 귀국해서 무용인 김문숙과 세 번째로 결혼했다.

● 종이춘(鍾離春 : ?~?), 중국 齊나라 때의 추녀, 중국 역사상 4대 추녀

종이춘은 제(齊)나라(기원전 4세기경에 있었던 중국의 한 나라)에 있었다는 추녀이다. 어느 날 그녀는 선왕(宣王 : 재위 BC 320~300)의 궁전에 가서 "심부름이라도 시켜 주십시오" 하고 자원했다. 사람들은 모두 웃었지만 임금은 모처럼 소원한 것이니까 만나나 보자고 해서 왕이 그녀를 알현하게 했다. 그녀는 왕을 알현하자 "진(秦)나라와 초(楚)나라 두 큰 나라 사이에 끼여서 힘들게 살고 있는데 밤낮으로 환락에 젖어 있으니 이렇게 해도 되겠습니까?"라고 주저 없이 간(諫)했다. 왕은 일리 있다고 생각해서 그녀를 태자의 비(妃)로 삼았다.

● 좌사(左思 : BC 250~305년경), 중국 晉나라의 시인

진(晉)시대의 대 시인으로 좌사(左思)라는 사람이 있었다. 그는 한편의 시를 쓰는데 긴 세월이 필요했다. 그가 쓴 시집 걸작 『삼도부(三都賦)』는 준비기간까지 넣으면 10년이 걸렸다는 것이다. 낙양의 지가(紙價)를 높였다는 고사(故事)를 낳게 한 시인이다. 같은 시대의 시인 육기(陸機)는 이 시들을 읽고 감심해서 "좌사(左思)의 작품들이 기껏해야 술병 주둥이를 막을 종이 반고지(半古紙) 정도로만 알았지만 이것을 읽고 마음속 깊이 감복했다." 그렇게 말하고 그 이후는 시 쓰기를 그만두었다고 한다.

● 주시경(周時經 : 1876~1914), 구한말의 한글학자, 호는 한힌샘

주시경은 어릴 때 서당에 다니면서 "배우는 것은 한문으로 쓰여진 문장의 의미와 교훈인데, 그 교훈을 우리말로 기록한다면 편리하고 쉽게 배울 수 있을 것이다"는 생각을 하고 한글과 문법을 연구하기 시작했다.

1894년 그는 가족의 반대를 무릅쓰고 머리털을 자르고 배재학당(1885년 개교)에 입학하여 인쇄소에서 막일꾼으로 일하는 틈틈이 학교수업을 받았다. 1896년 「독립신문」이 창간되자 회계 겸 교정 담당을 맡았으며, 배재학당 학생들로 구성

아시아편 Z

된 협성회(協成會)에 참가했다.

1900년 배재학당 보통과를 졸업한 뒤에는 다방면의 전문 지식과 영어, 일본어 등을 연구하고 숙명·휘문 등 학교에서 한글강의를 했는데 늘 큰 보따리를 들고 다녀서 '주보따리'라는 별명이 붙었다. 1914년 망명을 준비하다가 갑자기 죽었다. 그는 『국어문법』 등 여러 권의 책을 썼으며 지금 우리가 쓰는 문법의 기초를 만들었다. 향년 38세.

● **주왕**(紂王 : ?~BC 1050년경), 중국 은나라 왕조 최후의 왕

중국 은(殷)나라가 30대까지 이어졌는데 마지막 왕 주왕(紂王 : 受辛)은 『史記』에 보면 구변이 좋고, 행동은 민첩하고, 힘이 세고, 지혜로웠다고 기록되어 있다.

그러나 유소씨(有蘇氏)를 정복했을 때, 항복의 징표로 헌상된 미녀 달기(妲己)가 그의 인생을 혼란스럽게 만들었다. 그녀를 사랑하고 그의 환심을 사는데 열중한 왕은 세금을 무겁게 매기고, '녹대(鹿臺)'라는 누곽을 만들어 보물을 축적하고, 화려한 별궁을 건조했다. 술로 연못을 만들고 나무마다에 고기를 걸어서 고기 숲을 만들고, 거기서 벌거벗은 남녀가 숨바꼭질을 하게 하는 '주지육림'의 연회에 세월을 보냈다.

왕을 비난하는 소리가 들끓으니까 왕은 형벌을 무겁게 하고, 달기를 즐겁게 하기 위해서 숯불 위에 기름을 묻힌 구리기둥을 걸쳐놓고 그 위에 수형자에게 맨발로 건너가게 했고, 극단적으로 괴롭히다가 죽게 하는 '포락(炮烙)의 형(刑)'으로 처형했다. 그는 드디어 폭군이 되었다. 이것은 불에 달구어 지지는 형을 말한다.

BC 1050년경 서쪽에서 세력을 확장하고 있던 주(周)의 무왕(武王)은 은왕(殷王)이 원정에 나간 것을 기화로 공격을 개시해서 은(殷)에 불만을 품어왔던 도시와 연합해서 6일 만에 수도의 서남쪽 목야(牧野)에 이르러 주력군이 빠진 은왕은 대량의 노예를 무장시켜 압도적인 병력으로 대항했지만 '목야의 전투'에서 많은 병사가 적과 내통해서 주군에 참패를 당했다.

28代(28대니 30대니, 양론이 있다) 주왕(紂王)은 분신자살하고 은나라는 멸망했다.

● 주원장(朱元璋 : 1328~1398), 중국 明나라 건국왕, 재위 1368~1398

☞ 주원장은 남경 부근의 가난한 농부의 아들로 태어났다. 집안이 가난해서 배우지도 못했고, 17세 때 괴질과 기근으로 부모형제를 잃어 황각사의 중이 되었다.

그는 탁발승으로 각지를 다니면서 지리와 민심을 알게 되었다. 당시 중국에 기근이 들어 700만 명이 아사했다. 이런 상황이 민중봉기를 촉발시켜 1325년경부터 반란이 끊임없이 일어났다. 반란군의 지도자 가운데 곽사흥이 있었다.

"나라가 어지러우니 중노릇 못해 먹겠구나. 대국을 건설하여 내가 주인이 되리라." 그는 승복을 벗어던지고 곽사흥 밑에 들어갔다. 주원장의 비범함을 알아본 곽사흥이 그에게 병사 10만 명을 주고 거느리게 했다. 곽사흥이 토벌군과 싸워 패하자 그와 헤어져 남으로 가 뛰어난 부하 이선장을 만나 "인재를 잘 등용하면 한고조 유방처럼 천하를 얻을 수 있으니 원대한 꿈을 가지라"는 격려에 힘입어 남경을 점령하고, 백성들에게 선정을 다짐했다. 그는 유능한 장군들의 추대를 받아 오왕(吳王)에 올랐고, 계속 중국 땅을 정벌해나가서 결국 명나라를 세우게 되었다. 중이 황제가 된 것이다.

☞ 주원장이 우리나라 전라남도 해남 출신이라는 설화가 내려오고 있다. 조선을 개국한 태조 이성계의 아버지가 천하명당을 찾아 방방곡곡을 헤매다가 해남에서 발견했다고 한다. 이를 눈치 챈 주원장이 미리 자기 부모를 모신 후 중국으로 갔다는 것이다. 남도 곳곳에 주원장에 관한 설이 구전되고 있다. 또 주원장의 부인이 고려에서 끌려간 공녀(貢女)였다는 설도 있다.

● 주은래(周恩來 : 1898~1976), 중국의 정치가, 인민공화국 초대총리

흐루시초프와 주은래가 격한 논쟁을 벌였다. 그 논쟁 끝에 러시아 수상인 흐루시초프가 주은래한데 화를 내면서, "두 정치가에게는 공통점이 없소이다. 그래서 대화가 불가능하오"라고. 한 사람은 귀족적 대지주의 아들이었고 반면에 흐루시초프 수상은 가난한 농부의 아들이었다. 주은래가 이에 동의했다. 그러나 사실은, 한 가지 공통점을 가지고 있다고 주은래가 말했다.

"오, 그게 뭐지요?" 흐루시초프가 물었다.

주은래가 "우리들은 우리 계급의 반역자요"라고.

(주은래는 대지주의 아들이었으나 공산주의가 되었으니 대지주에 대한 배반이고, 흐루시초프는 농민출신인데, 지금은 독재 권력의 최상층에 있으니 기초계급에 대한 배신이란 뜻인데, 흐루시초프에 대해서 일격을 가한 격의 말이다.)

● **주태경**(朱台卿 : 1873~?), 한국의 교육자, 자선가

진주 출신의 주태경은 남편이 죽은 후 원산에 가서 장사를 시작, 벽돌공장을 경영했다.

한국교회와 기독교 학교에 대한 일제의 탄압과 횡포가 심해지던 때 이화여전은 감리교재단의 결정에 따라 어쩔 수 없이 신사참배까지 수용하며 학교를 지키고자 했지만 결국 전 교장이었던 아펜셀러를 비롯한 대부분의 선교사들이 1940년 본국으로 돌아갔다.

그래서 예산의 반을 감당했던 미국 선교재단의 송금이 끊기자 재단설립준비를 했으나 현금준비가 안되어서 설립에 차질이 생기자, 이 소식을 들은 70세 고령의 주태경 여사가 기대하지도 않게 후원자로 기적처럼 나타나 1943년 이화여전의 곤경을 듣고 저축해온 돈 10만원을 선뜻 내놓았다. 당시 이 돈은 엄청난 액수였다.

학교 문턱에도 가보지 못한 그녀가 일제치하에 한 여자대학을 살리기 위해 내놓은 이 거금으로 학교가 살아가게 되었다. 그해 1943년 8월 7일에 이화학당 재단법인 설립인가를 받게 되었다. 그녀의 흉상이 이화여대 교내에 서 있다.

● **주자**(朱子), 이름은 주희(朱熹 : 1130~1200), 중국 송대의 철학을 집대성한 유학자

주자는 중국 제일의 철학자인 송나라 성리학(性理學)의 이기설(理氣說)을 대성한

사람이다. 그의 권학시를 보자.

오늘 배우지 않아도 내일이 있다고 게을리 하지 말아라.

올해 배우지 않아도 내년이 있다고 게을리 하지 말아라.

세월은 살과 같이 지나가고 나를 기다리지 않나니

아아 늙었구나 이 누구의 잘못인고. (김방이 글에서)

● **중광도인**(重光道人 : 1934~2002), 한국의 환속한 승려, 본명 고창률(高昌律), 제주 출생

☞ 1980년대 후반 어느 날 중광이 본인(이 책 편집인)이 일하고 있는 직장인 이화여대 내의 본인 연구실을 찾아왔다. 노크를 해서 문을 열어보니 중광이 한손에 두루마리를, 한 손에 소주와 오징어를 들고 서 있지 않는가? 본인의 연구실을 들어서자마자,

"김 교수 우리 한 잔 합시다."

"여기 기독교 학교가 되어서 술은 좀 곤란한데…"

"에이 강의 없으면 괜찮지 않소?"

"그럼 딱 한 잔만 할게."

하고 둘이서 문을 안으로 걸어 잠그고 오징어를 안주로 해서 소주 한 병을 다 비웠다. 내 생애에 이런 일은 일찍이 없던 일을 그날 중광이 때문에 저지르고 말았다. 워낙 그가 자유분방한 사람이니까 예우를 해 준 것이다. 그때 그가 내게 그림 한 점을 주고 갔는데, 닭싸움하는 간단한 선화였다.

☞ 하루는 술에 취해서 자고 있는데 손님이 왔다. 손님은 미국 록펠러재단의 사무총장이었다. 미국에서는 난다 긴다 하는 인물이다. 고려대학교의 초청으로 내한해서 10여 차례 강연을 하고 대통령도 면담했다. 이 사람이 어느 날 Korea Times 신문을 보다가 '미친 중 중광'이라는 기사를 읽고 '미친 중이라니, 중이면 중이지 어떻게 미친 중이 있단 말인가?' 하고 그를 만나보고 싶은 충동으로 조계종 총무원을 통해서 동대문에 있는 '감로암'을 찾아온 것이다. 그때 그는 공교롭

아시아편 茶

게 술에 취해 잠들고 있었던 것이다. 강아지를 안고 코를 고는 폼이 너무도 부러워서 깨우지 못하게 했으나 한 시간이 지나도 안 깨서 안내인이 부득이 깨웠다.

"중광 스님, 중광 스님, 여기 귀한 손님이 오셨습니다. 어서 일어나십시오."

"뭐 귀한 손님이라고?"

"예, 미국 록펠러 재단 사무총장이 오셨습니다."

"뭐? 록펠러재단 사무총장이라고, 사무총장이면 사무총장이지 나하고 무슨 상관이냐?"

이 말을 듣고 사무총장은 급히 그의 옆으로 나아가 인사를 했다.

"니 이름이 뭐야?"

"저는 미국 록펠러재단 사무총장입니다."

"그것은 직함이고…"

"로버트 그레이입니다."

"그것은 네 아비가 지어준 이름이고, 그 이름 이전의 이름이 무엇이란 말이야?"

"제 이름도 모르는 자식이 록펠러재단 사무총장이더냐?"

"저녁 공양이나 제가 내겠습니다."

"약속 있어, 가고 싶으면 나를 따라가자."

"그냥 가면 됩니까?"

"옷을 입어야지."

"무슨 옷을 입습니까?"

"거지 옷이야…"

호기심이 발동한 사무총장은 청계천에 가서 허름한 조막 한 벌과 조화벙거지를 사서 입고 신고 나니 천연한 거지다.

장소는 청계천 지하실. 옛 룸살롱과 화랑이 폐쇄되고 오줌 똥 냄새가 진동한다. 그런데 거기에는 그림 그리는 화가 한 분과 시인 한 분, 그리고 음악하는 사람 한 분 해서 모두 세 분이 그림을 그리고 글을 쓰고 음악을 하고 있었다.

중광이 들어가니 모두 5체 투지로 큰 절을 했다.

"음 잘 있었어, 가자." 하더니 깡통을 들고 한 바퀴 돌았다. 이집 저집 음식점에서 먹고 남은 찌꺼기들을 모으고, 음료수라곤 소주, 막걸리, 콜라, 사이다가 한데 뒤범벅이 된 것을 얻어가지고 와서 달게 먹었다.

로버트 그레이가 깡통 속의 꿀꿀이죽을 뒤적이며 망설이자, "밥도 먹을 줄 모르는 바보" 하고 군화발로 가슴을 차버린다. 공양이 끝나자 법회가 벌어졌다. 격식 없는 술잔이 왔다 갔다 하더니 마음 내키는 대로 바가지로 떠서 마시고 노래를 부르고 춤을 췄다. 거기에 나온 노래가

바다 건너 물길 따라 천리만리 건너온 놈

이름도 성도 모르는 놈이

사람흉내 내려다가 짐승 꼴이 다 되었네.

그들은 밤새도록 그렇게 했다. 새벽 3시가 되어 자리에서 일어나 중광은 '감로암'으로 갔고, 냉수목욕하고 법당에 들어갔다. 오전 8시가 지났는데 자리에서 안 일어나고 정좌하고 묵상하고 있었다.

이렇게 5일간을 따라다니다가 결국 배탈이 났고, 중광과 헤어져서 미국으로 가서 『한국의 피카소, 중광스님』이란 책을 냈다. 그리고 그는 그로 인해 세계적 작가가 되었다. (속편 영험실화)

● 진시황제(秦始皇帝 : BC 259~210), 중국을 처음으로 통일한 군주

진시황이 분서 갱유생(焚詩書 坑儒生)을 한 것은 유명한 사실(史實)이다. 진시황의 이 정책은 국민이 글을 읽어 똑똑해지면 이론이 생기고, 이론이 있으면 정부의 시책을 비판하는 데서 독재가 안 되니 백성을 어리석게 만들기 위한 행동이었다. 일종의 사상통일정책이다. 이것을 분서갱유라고 한다. BC 213년 승상 이사(李斯)의 건의에 따라 진의 기록, 박사관 소장의 서적, 의약 · 점술 · 농서 등을 제외한 모든 서적을 불태우고 다음해에는 유생(儒生), 방사(方士) 등 460여 명을 생매장한 사건이다. 이는 중국을 통일하고 중앙집권을 꾀하던 진시황이 법가(法家)사상으로 사상을 통제하려고 한데서 나온 행동이었다. 이 사건이 후세에 진시황 폭군설의 근거가 되었다.

● **진중자**(陳仲子 : ?~?), 중국 고대 춘추전국시대 사람

이 사람은 주위에서 어질다는 말을 듣고 초왕(楚王)이 사자(使者)를 보내서 황금 100근을 예물로 바치고 맞아다가 초(楚)나라의 정승을 삼고저 하니 중자(仲子)는 "나의 처가 있으니 상의해 보겠다" 하고 안으로 들어가 부인에게 말하기를 "楚나라 임금으로부터 정승이 되어 달라고 청하니 오늘 정승이 되면 내일부터는 고대광실(高臺廣室)에 문안에는 차마(車馬)가 저자를 이룰 것이오. 큰 밥상에 산해진미(山海珍味)를 먹을 것이니 부인의 의향은 어떠시오?"라고 물으니 부인이 "고대광실에 차마(車馬)가 문 앞에 가득해도 내 몸 편히 할 곳은 방 한 칸뿐이오. 산해진미가 가득해도 내가 먹을 것은 입에 맞는 한 접시 고기에 지나지 못하는 것이니 한 칸 방과 한 접시 고기에 팔려서 초국(楚國)의 걱정을 도맡는다는 것은 당신의 생명을 보전하기가 위태할 것 같다"고 하여 부부가 손을 잡고 도망가서 남의 집 정원사가 되어 숨어버렸다.

● **진덕여왕**(眞德女王 : ?~654), 신라 제28대 왕, 재위 647~654

진평왕이 외삼촌이다. 648년(왕 2)에 김춘추를 당나라에 보내어 백제 토벌의 원군을 청하게 하고, 장복(章服)을 당나라 제도에 따라 개편하기를 청하자 허락받고 실시했다. 652년에 김인문을 당에 입조(入朝 : 내각에 들어가게 함)시켜 머무르게 하여 당과 친교를 맺으며 안으로는 김유신 같은 명장으로 하여금 국력을 튼튼하게 하여 삼국통일의 전초(前哨)공작을 충실히 하였다.

● **진성여왕**(眞聖女王 : ?~897), 신라 51대 왕, 재위 887~897

48대 경문왕에 2남 1녀가 있었는데, 큰 아들이 49대 헌강왕, 둘째가 정강왕, 막내딸이 진성여왕이다. 정강왕에 후사가 없어서 그의 유언으로 왕이 되었다. 소행이 좋지 못하여 각간(신라의 계급 중 최상위계급) 위홍과 내통하며, 궁중에 미모의 소년들을 두고 음행을 일삼고, 뇌물을 받는 등 기상이 해이해지고, 지방에서는 조

세가 걷히지 않았고, 병제(兵制)가 퇴폐하여 도적이 날뛰었다. 이 틈을 타서 북원(北原)의 도적 양길(梁吉)의 부하 궁예가 침범하고, 견훤이 모반하여 후백제를 세워 다시 삼국이 맞서게 되었다. 헌강왕의 서자 요(嶢)를 태자로 봉했으나 왕위를 감당치 못하고 양위하고 말았다. 각간 위홍과 대구화상(大矩和尙)에게 삼대목(향가집)을 편찬케 하였으나 전하지 않는다. (삼국사기)

● 진흥왕(眞興王 : 534~576), 신라 제24대 왕

진흥왕(법흥왕의 동생의 아들)이 즉위할 때 나이 15세였으므로 태후가 섭정했다. 태후(고모)는 법흥왕의 딸로서 법흥왕은 외조부이다. 진흥왕이 임종할 때에 머리를 깎고 법의(法衣 · 승려 옷)를 입고 돌아갔다.

554년 9월에 백제 군사가 진성(珍城)을 침범하여 남녀 3만 9천 명과 말 8천 필을 빼앗아 갔다. 이보다 먼저 백제가 신라와 군사를 합쳐서 고구려를 치려고 했었다. 이때 진흥왕이 말하기를 "나라가 흥하고 망하는 것은 하늘에 매여 있다. 만일 하늘이 고구려를 미워하지 않는다면 내가 어떻게 감히 고구려가 망하기를 바랄 수 있겠느냐?"라고 했다. 그리고 이 말을 고구려에 전하게 하니 고구려는 이 말에 감동하여 신라와 평화롭게 지냈다. 이 때문에 백제가 신라를 원망하여 침범한 것이다. (삼국유사)

● 차식(車軾 : 1517~1575), 조선조 명종 · 선조 때의 학자

군수 때 정종대왕(조선조 2대왕)의 능침에 제관으로 파견되었는데 시간이 많이 지난지라 제수라고는 한식 때 제사한 차례뿐이고 박하고 불결하여, 몸소 목욕재계하고 정성을 다해 제수를 준비하고 제사를 올렸더니 꿈에 정종이 나타나 "지금까지의 제관이란 게 모두가 형식만 갖출 뿐 불결해서 먹을 수가 없더니 네가 정성을 다하여 제물을 정성껏 깨끗하게 만들어서 잘 먹고 간다. 들으니 너의 모친이 병이 있다니 내가 양약을 줄 터이니 그리 알라"라면서 사라졌다.

이때 차식의 모친이 송도에 있었는데 대하증으로 고생하고 있었다. 차식이 송도에 귀성할 때 머리 위에서 독수리 두 마리가 물고기 가지고 쟁탈전을 벌이다가 땅에 떨어뜨려, 그걸 주워보니 가물치였다. 이 가물치를 어머니께 달여 드리니 병환이 나았다.

● 창왕(昌王 : 1380~1389), 고려 33대왕, 재위 1389

그는 재위기간이 1년이다. 우왕의 아들. 어머니는 시중(侍中) 이임의 딸. 1388년 우왕 14년에 이성계가 위화도에서 회군한 뒤에 왕 씨의 소생이 아니라는 이유로 우왕을 폐하고, 왕 씨 중에서 왕으로 추대하기를 주장하였으나 이색·조민수 등의 강력한 주장으로 왕이 되었다. 그러나 이성계가 궁극의 실권을 장악하게 되자 왕을 폐하고 강화에 쫓아낸 뒤 신종(20대 왕)의 7대손인 정창군(定昌君) 요(瑤)를 영립하고는 이해 12월에 예문관 대제학 유순(柳珣)을 강화에 보내어 창왕을 죽이니 그때 나이 불과 10세였다.

● 채륜(蔡倫 : 50~121?), 중국 후한시대의 환관, 종이발명가

현재 세계에서 사용하고 있는 종이의 근원을 따져보면 후한의 채륜이라는 농민 출신의 환관(宦官)으로 이어진다.

중국에서 최초로, 문자는 뼈와 청동기에 새겨져 있었지만(甲骨文字, 金石文), 그 후 목간(木簡)이나 죽간(竹簡), 그리고 천(직물)도 기록을 위해 사용되었다. 그러나 어느 것도 단점이 있었다. 그래서 채륜은 기록을 베껴서 남겨놓기 위한 재료를 만들 궁리를 거듭한 끝에 나무의 껍질, 마(삼베나 아사 등)의 껍질, 고기잡이 그물을 재료로 하는 '종이'를 만드는데 성공하였다. BC 105년에 이것을 화제(和帝 : 105~89)에게 바쳤다는데, 이것은 채후지(蔡侯紙)라고 대접을 받았다.

종이의 제조법은 그 후 고구려에 전해져서 우수한 한지(韓紙)로 발전하게 되었다. 그리고 서예계에서는 종이는 한지, 먹은 일본, 붓은 중국 것이 최고라고 한다. 한지의 최고수명은 1,000년이다.

● 채병덕(蔡秉德 : 1914~1950), 한국의 육군참모총장

1950년 4월 36세에 제4대 육군총참모장 겸 육해공군총사령관으로 임명되었는데 취임 초기부터 여러 차례에 걸쳐 북한의 남침 정보를 접했다. 그 중에서 6·25전쟁이 발발하기 일보 직전의 상황을 채병덕에게 보고했던 사람은 다름 아닌 박정희였다. 당시 그는 남로당 군사책임자로 밝혀져 체포되어 무기징역을 선고받았다가 프락치 고발과 만주군 인맥의 보증을 통해 형집행정지처분은 받았으되 군에서는 파면당해 일반정보국 문관으로 근무하고 있었다.

그는 1950년 6·25 발발 후 한국군이 낙동강 쪽으로 밀렸을 때인 하동군 전투에서 육군으로 위장한 인민군에 의해 총격을 받고 전사했으며, 죽기 전에 전속부관에게 "장관님께 내가 죄송해 하더라고 전해주게" 하고 숨졌다.

● 채제공(蔡濟恭 : 1720~1799), 조선조 정조시의 대신

정조 때 영의정을 지낸 채제공은 재주가 비상하고 기백도 크고 담대했다. 어려서는 가난한 집안에서 자랐다. 절에 들어가 공부를 하는데 부잣집 아이들이 왕따를 시키는 가운데서 공부했다.

섣달 그믐날, 설 쇠러 집으로 가면서 그동안의 생활에 대한 제각기 소회를 글로 적기로 했다. 채제공은 "추풍고백 응생자(秋風古栢 鷹生子), 설월공산 호양정(雪月空山, 虎養精)"이라 했다. "가을바람 늙은 잣나무 위에 매가 새끼를 까고, 눈 쌓이고 달 밝은 빈산에 범이 정기를 기른다"라는 뜻이다. 친구들이 모두 이 글을 보고 글 같지 않다고 비웃었다. 한 재상(宰相)이 시를 보고 자기 아들을 불러 네가 이 뜻을 아느냐고 물었다. 물론 알 리가 없었다. 거기서 재상은 글 뜻을 설명해 주었다. "매라는 새는 봄에 새끼를 까는 것인데, 가을바람에 새끼를 깠으니 그게 매다운 매가 될 리가 있느냐? 그것은 너희들을 비유한 것이니 지극히 용렬하고 못생겼다는 뜻이다. 또 눈 쌓인 달밤에 범이 정기를 양성하고 있다는 것은 자신에 비유한 것이니, 이 아이는 장래에 크게 될 사람이니 함부로 하지 말라고 하였다.

● **천경자**(千鏡子 : 1924~2015), 한국의 화가

☞ 2010년대에 들어서서 천경자는 자작 작품에 대한 진위여부로 곤욕을 치렀다. 그리고 그 와중에 2003년 뇌출혈로 미국에 머물며 치료하다가 2015년에 문제가 깨끗이 마무리 되는 것을 보지 못하고 91세로 사망했다.

천 선생은 그 누구보다 자기 그림을 아껴 친한 화랑은 물론이고 친구한테도 그림을 거의 주지 않았다. 그것 때문에 '미인도' 사건이 생겼다고 보는 견해가 많다.

1991년 '미인도' 위작 사건이 터졌을 때 천 선생이 일이 이상하게 됐다며 친지에게 하소연하였다. 사건 얼마 전에 한 화랑 주인이 (매매할) 그림 좀 달라면서 고급 크리스털 잔 세트를 가지고 왔다. 아무리 친한 사람한테도 그림을 잘 안 주는 천 선생이 이때도 못 주겠다며 크리스털 잔도 돌려보냈다. 화랑주인이 그 자리에서 울었다고 한다. 바로 그이가 나중에 미인도 사건 때 감정평가단에 포함됐다. 당시 천 화백은 "내가 낳은 자식을 모르겠느냐"며 위작이라 했지만 감정평가단은 "진짜"라고 했다. 그때 정신적 충격이 너무 컸다고 한다.

☞ 1998년 서울 시립미술관에 천 화백이 그림을 기증할 때 주선한 것도 그 화랑 사장이었다. 한번은 그가 연회장에서 우연히 고건 당시 서울시장 옆에 앉았는데, 옛 대법원 건물을 고쳐 미술관을 지을 건데 예산 부족으로 채울 게 없다는 얘기를 들었단다. 그 길로 절친했던 천 화백과 서울시에 다리를 놓았고 기증이 이뤄졌다.

"목숨처럼 아끼던 그림을 대중을 위해 내놓기로 결심한 거죠. 압구정동 한양아파트 작업실에서 기증할 그림을 고르는데 선생이 그림 하나하나 끌어안고 얼마나 우시던지…."

그림 달라는 부탁을 거절하면 바로 절교 선언하는 친구도 여럿 있었다고 한다. 그런 날이면 천 화백은 어김없이 술 한 잔을 기울였다. (김미리 기자)

● 천상병(千祥炳 : 1930~1990), 한국의 시인

1990년 천상병이 세상을 떠나자 많은 친지들이 부인에게 조의금을 전했다. 그는 일생동안 돈을 벌어본 일이 없는 사람이다. 천 시인의 한 팬이 그에게 청혼을 해서 결혼한 부인 목순옥 씨가 서울 종로구 인사동에 '귀천(歸天)'이라는 찻집을 차려서 생계를 유지했다. 그러나 부인의 작고로 문을 닫았다.

천 시인은 생활비는 물론 돈을 벌지 못했을 뿐 아니라 그가 좋아하던 술을 사마실 돈이 없으니 친구들을 만나거나 친구들을 찾아가서 무조건 "2천원만" 하고 손을 내밀고 돈을 얻어 술값으로 썼다. 그는 늘 취해 있었다. 편자가 인사동에 연구실을 운영할 때 자주 길거리에서 만나 보았고, 귀천에서도 마주쳤다. 그때마다 그는 취해 있었다.

부인 목순옥 씨가 부의금을 집의 연탄부엌 아궁이에 숨겨 묻어 놓았었는데, 그걸 모르고 그 위에 연탄불을 올려놓아서 당시(1990년 당시) 600만 원이라는 거액의 지폐를 태워먹었다. 나중에서 그 사실을 확인하고 고스란히 새까맣게 잿더미가 된 지폐를 은행에 가져가서 다행히 반 이상을 소생시켜 찾았다는 일화가 있다.

● 철종(哲宗 : 1831~1863), 조선조 25대왕, 재위(1849~1863)

전계대원군(全溪大院君)의 셋째아들로 태어났다. 1849년(헌종 15)에 덕완군(德完君)에 피봉, 헌종이 후사 없이 죽으니 순원왕후(순조 비)의 명으로 강화도에 숨어 살다가 승통을 이어받아 1850년 19세로 즉위했다. 강화도에 숨어 산 것은 익종비 풍양 조씨 일가와 순조비 안동 김씨 일가 사이의 세력 다툼 때문이었다. 그래서 별명이 '강화도령'이었다.

왕은 나이가 어리고 시골에서 농사짓다가 올라왔으므로 대왕대비인 순원왕후가 수렴청정을 하였으며, 1851년에 왕대비의 근친인 김문근(金汶根)의 딸을 왕비(철인왕후)로 삼았다. 정계는 김씨 일족의 독무대가 되고, 백반을 전횡하니 정치가 어지러웠다. 1862년(철종 13)에는 진주 민란이 일어나 삼남 일대를 휩쓸었다. 함흥 · 제주에서도 일어나고, 동학란도 일어나 재위 14년 만에 병으로 죽었다. 철종은 정치를 모르는 농군의 아들로 즉위하여 세도의 농간으로 국정을 잡아보지 못하고 후사도 없이 요절했다.

● 최남선(崔南善 : 1890~1957), 한국의 한국학 학자

1906년 「황성신문」에 을사조약을 반대하는 글을 투고하여 헌병대에 체포된 적이 있다. 20대에 잠시 일본 와세다(早稻田)대학에 유학했으나 학교 측의 조선모욕에 항의하고 배울 것이 없다하여 자퇴하고 귀국했다.

1908년 18세 때 잡지 「소년」을 창간하여, 창간호에 '해에게서 소년에게'라는 최초의 신체시를 실었다. 1919년 '3·1독립선언서'를 작성하여 2년 6월의 징역형을 선고 받았으나 3년 복역하고 가출옥했다. 그 '독립선언서'는 명문장에 속하며, 그가 29세 때 작성한 글이다. 첫머리에 "오등(吾等)은 자(玆)에 아 조선(我 朝鮮)의 독립국(獨立國)임과 조선인(朝鮮人)의 자주민(自主民)임을 만방(萬邦)에 선언(宣言)하노라"로 시작하는 글이며, 3·1절 행사에 지금도 낭독한다.

● 최린(崔麟 : 1878~1958), 한국 근대의 종교인, 언론인, 친일 반민족행위자

최린은 양반 집안에서 태어나 어릴 때에는 한학을 공부하고, 일본 육사에 가서 공부하고 돌아와 쿠데타를 계획하다 발각되어 일본으로 망명했다. 황실 유학생으로 일본에 유학했는데 도쿄 제1부립중학교 교장이 "앞으로 조선인에게 고등교육은 필요 없다"라고 한 말에 분개하여 동맹휴학을 벌이다 퇴학당했다.

1906년 28세에 황실 유학생으로 일본에 가 메이지대학에서 법학을 공부했다. 여기서도 조선인을 모독하는 인형극을 보고 분개해서 100여 명의 유학생들과 함께 공연장을 습격해서 검거되었다. 1910년 천도교에 입교했고 보성중학교 교장을 지냈고, 3·1운동에 민족대표 33인으로 참여해서 체포되어 수감되었다가 1921년 가출옥했다. 이때부터 총독 사이토 마코토(齋藤實)의 정치고문 아베 미쓰이에(阿部充家)의 회유로 민족독립운동에서 멀어지기 시작했다.

그는 노골적인 친일활동을 해서 천도교를 친일세력으로 만들려고 했고, 청일

전쟁(1894)이 일어나자 전쟁에 협조했으며 총독부기관지 「매일신보」 사장이 되었다. 그는 해방 후 반민족행위 특별조사위원회에 체포되었다가 병보석으로 나왔고 6·25때 납북되어 1958년에 80세로 사망했다.

● 최무선(崔茂宣 : 1325~1395), 고려 말기의 화약발명가

일찍부터 병법을 좋아해서 왜구를 무찌르는 데는 화약이 절대 필요하다고 생각해서 그 제조법 연구에 골몰했다. 그래서 강남에서 오는 중국 상인을 만날 때마다 화약 만드는 방법을 묻던 중 원나라 사람으로서 염초(焰硝)의 기술을 아는 이원(李元)을 만나 집에 두고 우대하면서 그 제조법을 배웠다. 그런 뒤에 여러 번 정부에 건의하여 1377년(우왕 3)에 처음으로 화통도감(火熥都監)을 설치하여 그 주임이 되어 화약을 만드는 동시에 각종 화기도 제조하였다. 그리고 동시에 이런 화기를 실을 수 있는 전함의 제조·감독에도 힘썼다.

1380년(우왕 6)에 왜구가 대거 침입하자 원수 나세(羅世)와 같이 전함을 이끌고 금강 입구의 진포(鎭浦)에서 왜구의 선박 500여 척을 화통·화포로서 격파시켜 큰 공을 세웠다.

● 최북(崔北 : 1717~1786), 조선조 영조 때의 화가

조선조 영조 때 최북이란 사람의 가계를 아는 사람이 없었다. 그의 이름 북자(北字)를 파자하여 비(比)로 행세했다. 그의 그림은 당대의 명화였다. 술을 좋아하고 명산대찰을 찾아 놀기를 좋아했다.

금상산 구룡연(九龍淵)에 가서 "천하의 명인 최북이 천하의 명승 속에서 죽는다" 하고 구룡연 속에 뛰어들려는 것을 뒤에서 붙드는 사람이 있어 죽지 못했다. 술을 5, 6되씩 마시니 집안의 형세가 점점 기울어 갔다.

그는 북으로 평양, 남으로 동래까지 종횡무진으로 다니면서 그림을 주고 비단도 받고 현금도 받았으나 그림 값은 자기 마음대로 매겼다. 산수화를 그려 달랬는데 산만 그리고 물을 안 그리니까 "종이 이외는 모두 물(먹물)이 아니냐?" 하고,

잘되었다고 생각되는 그림에 그림 값을 적게 내면 찢어버리기도 하고, 신통치 않는 그림에 돈을 많이 내면 "그림을 볼 줄도 모르는 사람이" 하고 돈을 돌려주기도 했다. 그는 성격이 괴팍스러워 미친 사람 취급을 당하기도 했고, 시를 잘할 뿐 아니라 바둑도 즐겼다.

● 최세진(崔世珍 : 1473~1542), 조선조 중종 때의 학자

1503(연산군 9)년에 별시에 급제하고, 중국어에 능통하여 외교문서를 전담했다. 여러 관직을 거쳐 한어(漢語)와 이문(吏文)에 정통하여 『효경(孝經)』, 『여훈(女訓)』 등등을 한글로 번역하였고, 『훈몽자회(訓蒙字會)』를 지어 국어학 발전에 공헌한 바 크다. 그러나 비천한 가정에서 태어나 생전에 환영을 받지 못하고 70평생을 살았다.

● 최승희(崔承喜 : 1911~1969), 북한의 무용가

최승희는 1925년 숙명여학교를 조기 졸업하고 일본의 이시이 바쿠(石井漠)의 수련생으로 들어가 무용을 배웠다.

18세 때 일이다. 1929년 귀국하여 '최승희 무용연구소'를 세우고 공연을 하는 한편, 조선 춤의 대가 한성준(韓成俊)에게 수련을 받았다. 1931년 20세에 무용평론가 안막(安漠)과 결혼했으나 안막이 카프활동(주 : 조선 프롤레타리아 예술동맹 KAPF)으로 구속되자 이시이를 찾아가 함께 활동하게 되었다.

1936년에는 인기상승으로 영화에도 출연했고, 그녀를 주인공으로 한 영화 '반도의 무희'는 도쿄에서 4년간 상영되었다. 그 후 미국 · 유럽 · 남미 등에서 순회공연을 했는데 한국인으로서는 최초의 해외공연이고 '한국인'임을 늘 내세웠다.

1947년 월북해서 평양에서 최승희 무용연구소를 설립하고 활동했으나 1959년 안막이 숙청되면서 그녀도 북한 무용계 지도자 위치에서 밀려나기 시작했다. 사망 연도는 확실치 않다.

그의 손아래 동서가 무용가 김백봉이다.

● 최영(崔瑩 : 1316~1388), 고려 말기의 명장

그는 무인(武人)으로서 왜구를 토벌하여 공을 세웠으며, 공민왕 1년에 조일신이 난을 일으키자 동지들과 그 일당을 죽여 호군(護軍 : 고려시대의 장군)으로서 출세하게 되었다. 공민왕 3년에 중국 산동성에서 반란을 일으킨 장사성(張士誠)을 치기 위해서 원(元)나라에서 원병을 요청하자 그는 사령관으로서 정병 2,000명을 인솔, 선봉이 되어 싸워 적을 전멸시키는 무공을 세워 중국 대륙에 이름을 떨쳤다.

그 후 2차에 걸친 홍건적(원나라 말기에 중국에서 일어난 도적떼)의 침입을 격퇴시켜 도형벽상공신(圖形壁上功臣)에다 전리판서가 되었다.

공민왕 7년에는 장연에 침입한 왜구의 배 400여 척을 격파했고, 우왕 2년에는 역사상 유명한 홍산싸움에서 왜구를 크게 무찔러 철원부원군으로 봉해지기도 했다. 우왕 4년에는 왜구가 개경까지 위협하는 일이 생겨 이성계·양백영과 함께 왜구를 물리치는 공을 세웠다.

안으로 국왕에 대한 모반이 있어 모두 분쇄시켰고, 제주의 목호(牧胡)들의 반란도 진압해서 제주의 주권도 회복했다. 그 뒤 명나라와의 대외관계가 원활하지 못하던 중 철령 이북 땅을 명이 차지하겠다고 해서 최영이 요동정벌을 주장·계획을 세워 우왕과 함께 평양까지 진출했으나 이성계의 위화도 회군으로 뜻을 이루지 못하고 이성계 일파에 잡혀 개경으로 압송되어 유배갔다가 사형을 당했다.

그는 청렴결백하고, 재물을 탐내는 일이 없어 많은 일화를 남겼다. 딸이 우왕의 영비(寧妃)가 되었다.

● 최익현(崔益鉉 : 1833~1906), 구한말의 정치가

성리학의 지주 이항로(李恒老)의 제자로 22세에 과거에 급제하여 관리가 되었다. 1873년에 올린 서원철폐를 비롯한 대원군 정책을 비판한 상소는 대원군이 정계에서 물러나는 계기가 되었다.

그는 단발령이 내려지자 유길준이 본보기 삼아 그를 잡아들여 머리털을 자르려 하자 "내 머리를 자를 수는 있을지언정 머리털은 자를 수 없다"고 완강히 거부했다. 1904년 한일의정서 체결을 반대하다가 헌병대에 체포되기도 했다.

을사조약 후 많은 애국지사들이 목숨을 끊자 "죽는 것도 물론 좋지만 사람이 모두 죽으면 누가 우리나라를 위해 싸우겠는가?"라고 탄식하며, 의병을 일으켜 싸우기도 하고 관군과 싸우다 스스로 체포되어 대마도에 유배되었다가 단식 끝에 죽었다. 영구가 부산에 도착했을 때 애도하는 인파가 몇 만 명에 이르렀다.

● **최제우(崔濟愚 : 1824~1864), 조선조 말기 동학의 창시자, 호는 수운(水雲)**

본래 몰락한 양반 출신인데, 일찍이 부모를 여의고 행상 등으로 생계를 유지했다. 1855년 31세 때 양산의 내원암에서 수도생활을 하다가 1860년 36세에 천주(天主) 강림의 도(道)를 깨닫고 동학을 창설했다. 이 무렵 중국에 태평천하의 난, 영 · 불연합군의 북경침입, 서학(천주교)의 전파 등 외래 사상이 침투하자 최제우(제우란 이름도 어리석은 백성을 구제한다는 뜻)는 민족 고유의 신앙으로 새 종교를 창설하게 된다.

동학의 교리는 종래의 무속신앙을 토대로 하되, 유교 · 불교 · 도교를 혼합해 민족적 색채가 강했다. 그 내용은

① 제병장생(濟病長生) : 병을 다스려 오래 산다.

② 인내천(人乃天) : 사람이 곧 하늘이다.

③ 천심즉인심(天心卽人心) : 천심이 곧 인심이다.

등 인간의 주체성을 강조하고 지상천국의 현실적 이상을 표현하고 있다.

1862년 교세가 크게 늘자 그가 백성을 현혹시킨다는 죄목으로 경주(고향)에서 체포되었다가 무죄로 풀려난 뒤에도 동학을 이단 종교라 본 정부의 탄압을 받다가 1864년 대구에서 혹세무민의 죄로 처형당했다.

● **최용소(崔龍蘇 : ?~1422), 조선조 세종 때의 문신**

고려 때 공직에 진출해서 공조전서까지 지냈다. 1394년(이태조 3)에 통호사(通好使)로 일본 큐슈(九州)에 가서 절도사 이마카와(今川了俊)에 국서를 전하고, 사로잡혀

간 570여 명을 데리고 돌아왔다.

강원도 관찰사가 되었다가 방간(芳幹)의 사건으로 파면되고 장형 60대를 맞았다. 태종 때 형조판서가 되어 하정사(賀正使)로 명나라에 다녀와 공조판서가 되었다가 판찬성부사가 되고 죽었다.

일찍이 명나라에 건너가 옥하관(玉河館)의 건축을 감독하고, 명나라 황제의 신임을 받았던바 후에 그의 사망소식을 듣고 황제가 매우 애탄하면서 화공을 시켜 그의 초상을 그려 한 장은 자기 편전에 두고 한 장은 후손에게 보내어 기념하게 하였다. 사람됨이 청백하고 절개가 굳었으며 언행이 정중하였다. (세종실록)

● 최응(崔凝 : 898~932), 고려 태조 때의 명신

어려서 오경에 통하고 문장이 능통했으며 궁예(후고구려 건국 왕) 밑에서 신임을 받았다.

어느 날 궁예가 고려 왕건을 불러들이고, 말하기를 "경이 어젯밤에 사람을 모아놓고 반역을 꾀한 것은 웬일인고?" 하니 왕건은 웃으면서 "어찌 그런 일이 있사오리까?" 하였다. 궁예는 "경이 나를 속이지 말라. 나는 능히 사람의 마음을 들여다보기 때문에 안다"고 하여 눈을 감고 명상하는 순간에 최응은 장주(掌奏)로서 궁예의 옆에 있다가 일부러 붓을 떨어뜨리고는 뜰에 내려가 이를 주우면서 왕건에게 "굽히지 않으면 위태롭다"고 귀띔을 해주어 태조로 하여금 무복(誣服 : 죄도 없는데 하는 수 없이 형을 받는 짓)케 하니 화를 모면하였다. 이로부터 태조와 가까워져 태조 왕건이 고려왕으로 즉위하자 태조의 총애가 극진하였다.

● 최지(崔池 : ?~?), 조선조 세조 때의 문신

세조 때 문과에 급제하고 한원(翰苑 : 도서관 같은 곳)에 소속되어 있는데 화창한 봄날 시상이 떠올라 후원을 산책하면서 시를 읊고 있었다. 후원은 임금 전용 뜰인데 그걸 모르고 들어갔는데, 마침 세조가 사복을 입고 후원에 나왔는데 최지가 힐끗 보기만 하고 절을 안 하자 "너는 누구인데 함부로 여기에 들어와 무례하게 구느냐?" 하니 최지가 "나는 문사(文士)인데 궁중에는 다만 성상(聖上 : 임금) 한 분이 계시는 줄 알 뿐인데, 어찌 아무나 보고 절을 한단 말이오?" 하였다. 아무래도 이상해서 길가에 쪼그리고 앉으니 세조께서 "네가 원양(原壤 : 옛날 공자 앞에 쪼그리고 앉았던 제자)이 아니거든 어찌 쪼그리고 앉느냐?" 하고 책할 때 시녀와 내시들이 뒤를 이어 나오는지라 최지는 비로소 왕인 줄 알고 땅에 엎드니 세조가 즉시 편전으로 가서 최지를 불러들였다. 그리고 경사(經史)를 강론해보니 비상한 실력을 가지고 있는지라 세조가 손수 술잔을 내리고 즉석에서 사성(司成 : 성균관에서 유학을 가르치던 종3품 벼슬)에 임명했다.

● 최치원(崔致遠 : 857~?), 신라 말기의 학자, 자는 고운(孤雲)

최치원은 한국 역사상 첫 선비다. 당나라의 모든 것에 마음이 끌려 열두 살 소년이 자비 유학의 길을 떠났다. 당에 들어간 지 6년 만에 18세에 과거에 장원급제하였고, 황제로부터 영예에 넘치는 자금어대(紫金魚袋)를 받은 것은 그의 총명함을 말해준다.

강소(江蘇) 표수현(漂水縣)의 원님으로 임명되어 타국의 선비로서 특별 대우를 받았으나 당나라 인사들의 시기 질투가 매서웠다고 한다. 그가 황소(黃巢)의 난을 진압하러 나선 고변(高騈) 밑에서 문서작성 업무를 맡아 '토황소격문'을 지어 문명(文名)을 날렸고, 그가 당나라와 관련해서 쓴 『계원필경집』(桂苑筆耕集 : 최치원의 시문집)을 남기고 28세에 귀국했다.

귀국해보니 기울어가는 조정과 관리의 부패와 횡포와 황음에 실망하여 시무(時務) 열조목을 임금께 올렸으나 소용이 없었다. 그때 이미 신라는 멸망의 길을 걷기 시작할 무렵이었다.

● 최현배(崔鉉培 : 1894~1970), 한국의 한글학자, 교수

☞ 최현배는 호가 외솔이다. 철저한 한글전용 주창자이고 한글 가로쓰기와 자모 풀어쓰기체를 만들었다. 풀어쓰기체는 채택하지 않았으나 오늘날의 컴퓨터와

스마트폰의 자판의 원형이 되었다. 예컨대 대한민국은 민주공화국이다는 'ㄷㅐㅎㅏㄴㅁㅣㄴㄱㅜㄱㅇㅡㄴㅁㅣㄴㅈㅜㄱㅗㅇㅎㅘ ㄱㅜㄱㅇㅣㄷㅏ'로 필기체로 표기하자고 주장해서 해방 후 한동안 유행했었다.

☞ 해방 후에는 문교부(教育部) 편수국장으로 있으면서 한글전용을 강력히 추진해서 '문법'을 '말본', '명사'를 '이름씨', '동사'를 '움직씨', '형용사'를 '어떻씨', '부사'를 '어찌씨', '접속사'를 '이음씨'로 불렀다.

한때 최현배 투의 한글전용을 비꼬는 쪽에서는 '비행기'를 '날틀'이라고 하고, '이화여자전문학교'를 '배꽃 계집아이 오로지 배울집'으로 하고, 주시경 선생 이름도 '두루 때씨'로 해야 하지 않느냐고 하는 식으로 비웃기도 했다.

● 충선왕(忠宣王 : 1275~1325), 고려 제26대 왕 재위 1308~1313

충렬왕의 아들이고, 정비는 원나라 진왕(晉王) 감마라(甘麻剌)의 딸 보탑실리 공주를 맞았다. 원나라 수도에서 혼사를 거행하였다. 그 전에 이미 세 사람의 비를 맞이한 바 있다. 어머니가 갑자기 죽자 귀국해서 어머니가 병을 얻게 된 이유가 투기에 기인한 것으로 알고 관련된 자들을 귀양 보내고, 죽이거나 가두거나 했다. 충렬왕은 이 처사에 충격을 받아 왕위를 물려주려는 뜻을 원나라에 전하고 1298년 일단 아들에게 왕위를 물려주었는데, 젊은 왕이 구폐를 개혁하고 새로운 정치를 실행하고 정국(政局)의 쇄신과 관제개혁을 하려하자 왕비와의 사이가 나빠지고 권문·세가의 비방을 사서 충선왕은 즉위 7개월 만에 다시 아버지에게 왕위를 돌려주었다. 그리고 원나라에 가서 머물고 있었다. 1308년 아버지가 죽자 귀국해서 기강의 확립, 조세의 공평, 인재 등용의 개방, 농잠의 장려, 동성결혼 금지, 귀족 횡포의 엄단 등 혁신정치를 했다. 1313년 아들 충숙왕을 즉위시키고 이듬해 원나라에 들어가 만권당을 세우고, 서적을 수집하여 이제현과 원의 유학자들을 교유하게 하는 등 문화교류에 힘썼다. (고려사)

● 충혜왕(忠惠王 : 1315~1344), 고려 28대왕, 재위 1330~1332, 복위 1339~1344

충혜왕은 아버지 충숙왕조차 아들을 날건달이라고 부를 정도로 행실이 좋지 못한 임금이었다. 충혜왕은 나랏일은 신경도 쓰지 않고 잔치와 여자에게만 관심을 두었다. 그는 잔치를 벌일 공간을 마련하기 위해서 백성들의 집을 허물고, 궁궐을 짓는다며 백성들의 재물을 빼앗을 뿐 아니라, 백성들을 마구 공사에 동원하였다. 이로 인해 조정은 물론이고, 백성들의 원성이 자자했다.

그러자 신하들 가운데 몇이 충혜왕을 독살하려다 실패하는 사건이 발생했다. 또 여인으로서 원나라 황제의 아내가 된 기황후의 오빠 기철 등의 신하들이 원나라에 충혜왕을 쫓아내 달라고 상소를 하기도 했다. 결국 충혜왕은 원나라 관리에게 꽁꽁 묶여 원나라로 잡혀갔다. 원나라의 간섭과 충혜왕의 폭정으로 고려사회는 이제 회복될 수 없는 지경으로 빠져들게 되었다.

충혜왕에게는 아내가 4명이 있었는데, 이 중 1명이 몽고 여인이다. 원나라 황제가 충혜왕을 게양현으로 귀양 보냈는데 그는 게양현에 도착하기 전에 1344년 12월 갑작스럽게 숨을 거두었다. 누군가가 그를 독살했다고 한다.

● 측천무후(則天武后 : 624~705), 중국 당태종의 후궁

당의 건국에 협력한 무씨(武氏) 집안의 차녀 조(照 : 나중에 무후가 됨)는 14세 때 태종의 후궁으로 입궐했다. 그러나 재인(才人)이라는 낮은 지위에 머물고 있어서 태종의 총애를 받지 못했다. 태종이 죽은 후 그녀는 당시의 규정에 따라 비구니(比丘尼)가 되었지만 28~29세 때 태종의 아들 고종의 후궁으로 들어가게 된다. 이유는 분명치 않다.

당시 후궁으로서는 아이를 갖지 않은 황후 왕씨(王氏)와 고종의 총애를 받던 숙숙비(蕭淑妃) 사이에 갈등이 있었다. 황후는 처음에 조를 숙씨의 라이벌로 삼으려 했으나 그녀가 황제의 총애를 한 몸에 받게 되니 황후와 숙씨는 함께 조의 추락을 꾀하게 되었다.

조는 자기가 낳은 딸의 목을 졸라 죽이고, 질투했던 황후의 짓으로 꾸며 그를 실각시키고, 655년에 스스로 황후의 지위까지 올랐다. 기가 약한 황제를 조종한 무후는 황후와 숙숙비의 손발을 잘라서 술독에 넣는 등 잔혹한 형에 처하고, 반대파 관료를 일소했다. 실권을 잡은 그녀는 고종의 옥좌 뒤에 발을 치고 배후에서 정치를 조종했다. 이른바 수렴청정(垂簾聽政)을 한 것이다. 황태자가 된 자기 아들 이홍(李弘)이 뛰어난 자질을 가지고 있어서 두각을 나타냄에 따라서 675년에 그녀는 장애물이 될 것 같은 자기 아들을 독살했다.

● 칭기즈칸(成吉思汗 : 1167~1227), 몽골제국의 창건자, 재위(1206~1227)

1206년 테무친(鐵木眞)이 몽골 황제의 자리에 올라 칭기즈칸으로 불렸다. 그는 몽골의 기병들을 중심으로 군대를 조직하여 다른 나라들을 정복하기로 결심한다. 중앙아시아에서 동유럽까지 세계의 반을 정복한 역사상 가장 위대한 인물로 꼽히는 칭기즈칸이 제일 먼저 정복의 목표로 삼은 곳은 탕구르족이 11세기에 세운 서하(西夏)로 쳐들어가는 일이었다. 그런데 탕구르족이 결사적으로 항전하는 바람에 쉽게 점령할 수가 없었다.

그는 계책으로 수천 마리의 고양이 꼬리에 불을 붙인 헝겊을 매달아 성안으로 들여보내 화재를 일으켰다. 그러자 서하는 칭기즈칸에게 항복했다. 뒤이어 그의 다음 목표는 금나라였다. 금나라를 공격해 중국 북부와 동북부(만주)를 점령한다.

금나라는 1115년에 여진족인 완안부의 추장 아골타가 세운 나라다. 그러나 만리장성까지 동서로 길게 가로막혀 있어서 공략하기가 까다로웠다.

그러나 칭기즈칸은 원한을 갚기 위해 금나라를 반드시 쳐야만 했다. 그 원한이란, 그의 조상 안바기이 칸이 금나라 희종에게 끌려가 커다란 나무말뚝에 손과 발을 못으로 박힌 다음 온몸이 토막으로 잘리는 처참한 죽임을 당한 사건이었다.

칭기즈칸은 정치가 어지러운 금나라를 치려고 기다리고 있었는데, 금이 먼저 쳐들어오기만 기다리다 드디어 금이 1211년 3월에 쳐들어와 싸움이 붙었는데, 기마군단만으로는 전세가 유리하지 않아 작은 성 하나를 함락시키는데도 2년이 걸렸다. 고전하고 있던 중 금에 시달려온 거란군이 합세했다. 금나라는 2만 대군으로 항쟁했으나 연합군에게 동경성을 잃었다. 그리고 연합군은 금의 수도인 중도성을 일제히 공격하니 금나라 황제 선종은 승산이 없게 되자 소년소녀 500명과 말 3,000필을 사신에게 딸려 보내 화해를 요청했다.

칭기즈칸이 화해를 받아들여 몽골군을 거느리고 돌아간 후, 금나라는 황태자에게 중도성을 지키게 하고 자신은 서울을 하남성 근처의 도시로 옮겼다. 이 소식에 접한 칭기즈칸은 1215년 여름에 중도성을 빼앗았다.

● 카와바타 야스나리(川端康成 : 1899~1972), 일본의 소설가, 노벨문학상 수상자

야스나리는 어려서 외롭고 비참한 생활을 했다. 생활은 궁핍했다. 그러나 이런 고독과 빈곤한 생활은 오히려 그의 잠재력을 불러일으켰다. 그는 어려서부터 열심히 공부했고 초등학교 고학년이 되었을 때에는 학교 도서관의 책을 모조리 읽어치웠을 정도다. 도쿄 제1고등학교, 동경대학 영문학과를 다녔고, 졸업 후 문학창작활동을 시작했다.

1968년 아시아에서는 타고르 다음으로 『설국』, 『고도』 등의 작품으로 노벨문학상을 받았다. 수상식에서 그는 '아름다운 일본과 나'라는 연설을 통해 서양문학과는 다른 동양문학의 심미적 체험을 들려주었다.

노벨상은 그에게 영예를 안겨주었지만 번뇌도 가져다주었다. 집을 찾아오는 사람이 너무 많아서 "우리 집은 여관도 아니오. 나는 손님들을 위해 사는 사람이 아니잖소?" 하고 부인에게 불평을 했다고 한다. 1972년 4월 16일 야스나리는 액화프로판 가스를 마시고 자살했다. 그는 "유서를 남기지 않고 자살하는 것보다 더 좋은 건 없어. 말없이 죽는 것이 곧 영원히 사는 일이지"라고 1962년에 말했다고 한다.

● 키우 삼판(1931~), 전 캄보디아 총리

1970년대 최소 170만 명의 캄보디아 양민을 학살한 '킬링필드'의 핵심 전범 2명에게 법정 최고형인 종신형이 확정됐다. 캄보디아 전범재판소(ECCC)는 2016

년 11월 23일 반(反)인륜 범죄를 저지른 혐의로 기소된 누온 체아 전 공산당 부서기장(90)과 키우 삼판 전 총리에 대한 항소심에서 원심과 같은 종신형을 선고했다. 재판부는 "누온 체아와 키우 삼판은 캄보디아 국민의 극단적인 운명을 전혀 고려치 않았고 범죄 규모도 매우 크다"며 "종신형을 선고한 원심을 확정한다"고 밝혔다.

이로써 1979년 크메르루주 정권 붕괴 이후 37년 만에 킬링필드 관련 주요 기소자 9명 중 3명에 대한 단죄가 이뤄졌다. 이들에 앞서 크메르루주 정권 당시 악명 높았던 투올슬렝 수용소(일명 S-21)의 카잉 구에크 에아브 소장은 2012년 최종심에서 1만 명이 넘는 수감자의 고문과 학살을 감독한 혐의로 종신형을 선고받았다.

누온 체아와 키우 삼판은 1975년 친미 정권을 무너뜨리고 집권한 크메르루주 정권에서 각각 권력 서열 2위와 4위로 핵심 역할을 담당하며 강제이주와 반대세력 처형, 학살 등에 가담했다. 2010년 9월 기소돼 2014년 8월 1심에서 모두 종신형을 선고받았으나 항소해 항소심이 열린 것이다.

이 판결은 1975~1979년 자행된 최소 200만 명의 양민 강제이주, 이전 정권의 군인 처형 등 반인륜 범죄에 대한 것이다. 이슬람 참족과 베트남 소수민족 집단학살, 강제결혼 등의 범죄에 대해서는 따로 재판이 진행되고 있다.

1975년 들어서 크메르루주 정권은 노동자, 농민의 유토피아를 건설한다는 명분으로 170만~220만 명의 지식인과 부유층 등을 학살했다. 킬링필드는 당시 숨진 숱한 양민들의 무덤을 지칭하는 말이다. (2016. 11. 24 동아일보 이유종 기자)

● 티무르(첩목아(帖木兒)) 대제(1336~1405)

티무르는 몽골에서 몸을 일으켜 중앙아시아의 티무르제국의 창설자이자 중앙아시아 전체를 정복하고 이름을 유럽에까지 떨쳤다. 귀족 출신으로 칭기즈칸에 혈통이 이어져 있다고 한다. 그는 평생을 두고 전쟁에 시달린 까닭에 얼굴 전체에 상흔이 많아서 그 흉한 꼴은 말할 수가 없을 정도였다.

어느 날 누가 처음으로 거울을 바쳤다. 비로소 자기 얼굴을 보고 그 흉한 꼴에 기가 막혀서, 그러한 영웅이지만 눈물을 줄줄 흘렸다. 그러나 즉시 눈물을 거두고 자기 곁을 본즉 좌우에 더벅머리 총각이 울고 있는 것을 발견했다. 그 녀석이 계속 울고 있기에 "나는 얼굴이 흉해서 눈물을 흘렸거니와 너는 무엇이 서러워 그렇게 우느냐?" 하니 이 녀석 대답이 "폐하께서는 얼굴이 흉해서 우셨지만 폐하의 얼굴은 폐하가 못 보시는 것 아닙니까? 그러나 저는 폐하께서 자기 얼굴을 거울을 통해 보시고도 눈물이 날만한 흉상을 저는 매일 아침부터 밤까지 쳐다보아야만 하는 신세이니 그것이 서러워서 우는 것입니다" 하는 것이었다. 티무르는 그 말을 듣고 또 한 번 기가 막혀 "오냐, 나보다 네 처지가 더 서럽겠다" 하였다고 한다.

● **틱낫한**(釋一行 : 1926~), 베트남 출신 명상지도자

그는 평화 운동가이자 불교계의 상징적 인물이다. 베트남 출신의 세계적 명상 지도자가 한국에 왔었다. 그는 2만 여명의 관중들이 잠실체육관에 스님 법문을 들으러 모였다. 이 자리에서 스님은, "부처님은 '과거는 지났고 미래는 아직 오지 않은 것'이라고 하셨다. 우리에게 가능한 삶은 이 순간뿐이다. 많은 사람은 행복이 미래에 있다고 착각하고 미래를 위해 현재를 희생한다. 마음을 챙겨 깨어있는 걸음을 걷는다면 발 딛는 곳마다 정토(淨土)가 된다"라고.

그는 고통에 압도되지 않고 직시할 방법은, "어머니는 아기가 아무리 울고 떼를 써도 아기와 싸우지 않는다. 보살필 뿐이다. 고통의 에너지도 그렇게 감싸 안아야 한다. 그저 고통에서 벗어나거나 가리려고 물질·소비·향락 같은 외적인 것에 마음을 뺏기면 치유할 기회를 잃게 된다. 그 구체적 방법으로는 마음 챙김(mindfulness) 걷기다. 걷는 동안 어떤 말도, 생각도 끊고, 오직 마음 챙김, 기쁨, 행복에만 집중하라" 했다.

● **푸미폰 아둔야뎃**(1928~2016), 태국 왕 라마 9세

푸미폰 태국 왕은 2016년 10월 13일 서거했다. 1950년대에 영화와 뮤지컬로

제작된 '왕과 나'는 시암(보통 샴이라고 부름)왕국의 왕 몽구트(율 브리너 역)와 영국인 가정교사 애나의 사랑이야기를 담고 있는데, 이것은 꾸며낸 이야기고, 이 몽구트 왕은 13일 서거한 푸미폰 왕의 증조부 몽구트(라마 4세) 국왕이다.

푸미폰 왕은 재위 70년 역사상 가장 긴 재위기간을 가진 군주로 기록된다. 재위 중 18번의 군부 쿠데타가 있었고, 쿠데타가 있을 때마다 사태수습을 위해 군부간, 군부와 민간정부간 조정을 통해 국왕의 권위를 유지하면서 입헌군주제 하의 군주로서 국가를 안정시키고 발전시키는데 크게 이바지하였다고 한다. 국왕의 서거 소식에 "국왕 대신 내가 죽을 수 있다면 그렇게 하겠다"는 태국 국민들도 매우 많았다고 한다.

서거한 푸미폰 국왕의 뒤를 이을 왕세자 와치랄룽꼰은 아버지와 달리 거듭된 이혼과 기이한 행동으로 국민의 지지를 받지 못하고 있다고 한다.

● **품일**(品日 : ?~?), 신라 무열왕조의 장군

화랑 관창(官昌)의 아버지다. 660년 무열왕 7년에 당나라 소정방의 군대와 신라군이 연합하여 백제를 칠 때, 좌장군(左將軍)이 되어 아들 관창과 같이 전쟁에 나갔는데, 16세의 관창은 백제의 명장 계백과 황산들(연산)에서 싸우다가 계백장군에게 생포되었으나 계백장군은 그의 연소함을 아껴 살려 보냈다. 그러나 관창은 다시 계백과 대적하다가 피살됨으로 품일은 아들의 순국을 찬양했으며, 신라군은 이를 보고 분발해서 백제군을 맹렬히 공격해서 백제군은 대패하고 계백은 전사하였다. 그 후 사비성을 침범한 백제군을 치러 가다가 급습을 받아 패하고, 문무왕 때 백제의 우술성을 쳐서 함락하였고, 문무왕 8년에 왕이 직접 군사를 이끌고 고구려를 칠 때 장군으로 종군했고, 백제의 82개 성을 공격해서 빼앗는 큰 공을 세웠다. (삼국유사)

● **하성**(河成 : 782~853), 백제시대 화가

일본의 8세기 초에서 12세기까지의 약 400년 동안을 헤이안 지타이(平安時代)라

고 했다. 이 시기에 백제인 하성(河成 : 카와나리)이라는 사람이 일본에서 화가로서
활약을 하고 있었다. 당시에 유명한 건축가 공장(工匠, 일본 발음으로는 타쿠미)이라는
사람과 서로 교류를 가졌던 사이였다. 타쿠미가 그림의 명인 카와나리에게 "조
그만 집을 지을 것이므로 벽에 그림 좀 그려주소" 하고 부탁을 했다. 카와나리가
그 집을 찾아갔다. 과연 자그마한 집이었다. 사방으로 문이 모두 열려 있었다. 그
런데 집안으로 들어가려고 하면 문이 닫힌다. 동서남북 어떤 쪽으로 들어가려도
안 되는 것이었다. 얄밉고 분해서 그냥 집으로 돌아왔다. 며칠 후 카와나리가 이
번에는 타쿠미를 자기 집에 초대했다. 타쿠미가 카와나리 집에 가보니 방안에는
온통 시체투성이고, 고름이 흘러서 썩고 있었다. 놀라서 돌아가려고 하니 카와나
리가 웃으면서, 밖으로 나오면서 "그건 모두 내가 그린 그림이야" 했단다. 그렇게
복수를 했다.

● 하위지(河緯地 : 1387~1456), 조선조 단종 때의 사육신의 한 사람

이조참판 때 단종복위를 모의하다가 1456년(세조 2)에 성삼문 등과 함께 순절
했다. 성미가 과묵하고 공손했으며, 항상 집현전에서 경연에 왕을 모시면서 학문
에 많은 도움을 주었다. 임금이 나이가 어려서 나라가 위태로운데 왕족(수양대군—
세조)이 작상(爵賞)을 가지고 조신(朝臣)을 농락하면 안 된다고 수양대군에게 말했다.

1453년 10월 수양대군이 김종서 등을 죽이고 영의정이 되자 하위지는 벼슬을
버리고 선산에 물러가 있었는데, 수양대군이 단종에게 청하여 좌사간으로 불렀
으나 나가지 않았다.

1455년(단종 3-세조 1)에 세조가 왕위를 빼앗아 즉위하고 예조참판으로 부르
니 마지못해 취임했으나 녹을 먹는 것을 부끄러워하면서 녹을 받는 대로 별실
에 쌓아두기만 했다. 1456년 세조를 죽이고 단종을 복위하려고 사육신의 변이
일어나자 세조는 하위지의 재주를 아끼고 몰래 그더러 모의한 사실을 고백하면
용서해주겠다고 타일렀으나 그는 일소에 붙였다. 문초를 받을 때 그는 "이미 반
역죄로 정해져서 사형을 받게 된 바에야 새삼 물을 것이 뭐 있느냐?" 하고 대답

하여 세조도 노여움이 좀 풀려 하위지만 낙형(烙刑 : 달구어진 쇠로 살을 지지는 것)을 받지 않았다. 그가 처형되자 선산에 있던 두 아들도 연좌되어 사형을 받게 되었다. 작은 아들 박(珀)은 어린 나이였으나 죽음을 두려워하지 않고 어머니에게 말하기를 "죽는 것은 어렵지 않습니다. 아버지도 이미 살해되었는데, 제가 어찌 혼자 살아남겠습니까? 조명(朝命)이 없더라도 자결해야 마땅합니다" 하면서 비(婢)로 끌려가게 된 누이동생더러 여자의 의리를 지켜 두 주인을 섬기지 말 것을 부탁한 다음 태연히 죽음을 받으니 모두를 그 아버지에 부끄럽지 않은 아들이라 칭찬했다. (세조실록)

● **한경직**(韓景職 : 1903~2000), 한국 기독교지도자, 영락교회 목사, 호는 추양(秋陽)

☞ 1992년 한 목사가 템플턴상을 받을 때의 이야기다.

"본인은 그럴 자격이 없다고 사양하는 한 목사님을 간신히 설득해서 수상식에 가게 되었어요. 출국 날 교인들이 그를 전송하려고 기다리는데 목사님이 나오시지 않는 거예요. 방문을 열고 들어가니 와이셔츠 차림으로 쩔쩔매고 계셨어요. 열린 옷장을 보니 마땅한 윗도리가 눈에 띄지 않았어요. 결국 백화점에 들러 급히 한 벌 사서 공항으로 달려갔지요." 나옥주 보성학원 이사의 말이다.

☞ 추양은 1916년 만 13세에 정주에 있는 오산중학교에 입학했다. 이 학교에서 그가 영향 받은 사람은 이 학교 설립자 남강 이승훈 교장이다. '추양(秋陽)'이란 호도 "가을에 비치는 태양처럼 밝게 살라"고 남강이 지어주었다고 한다. 하루는 남강이 졸업반 학생 4, 5명을 불러놓고(그 중에 추양도 포함) 자기가 독립운동 하다가 일본인에게 매 맞은 이야기를 하면서 "끝으로 다른 사람이 어떻게 하든지 나 이승훈은 조선 사람으로 살다가 조선 사람으로 죽는다" 했고, 또 한 분의 영향을 준 지도자로는 고당 조만식 선생이 있었다. 고당은 항상 "나는 한국 사람으로 살겠다"고 외쳤다고 한다. 이미 한일합방 되어 일본이 황국신민화 정책을 펴기 시작했기 때문이다. 그의 고백을 들어보자.

"나는 지금까지 여러 선생들에게 가르침을 받아왔지만 고당 선생처럼 학생을 사랑하고, 나라를 사랑하며, 실지로 모범을 보여주며, 그 전 생애를 희생한 교육가는 오직 고당 한 분이라고 기억돼요. 그래서 특별히 그분을 존경하게 돼요."(한경직 목사의 고백)

☞ 추양이 1925년 숭실대학을 졸업하고는 선교사의 도움으로 미국에 유학을 가기로 했다. 여권은 겨우 받았으나 여비 마련이 큰일이었다. 하는 수 없이 은사이신 이승훈 선생을 찾아가서 사정을 말하자 서울의 윤치호 선생(애국가 가사 작사자)께 보낼 편지를 써주었다. 윤치호 선생이 그 편지를 받아보더니 아무 말 없이 100원(1925년도의 100원은 엄청나게 큰돈이다)을 내주셨단다. 추양은 "제가 앞으로 이것을 갚으려 합니다"고 했더니 "아니, 나한테 갚을 것 없다. 이 다음에 다른 사람들한테 갚아라" 하셨단다. 자기는 이 말씀대로 자기가 받은 은혜를 다른 사람에게 갚는다는 생각으로 임했다"고 고백했다.

● 한무제(漢武帝 : BC 156~87), 중국 고대 漢나라 7대왕, 재위 BC 141~87

로마제국과 나란히 할 세계 제1의 대국을 일으켜 세운 위대한 권력자 한무제는 '추풍사(秋風辭)'라는 시를 썼다.

무제가 이 시를 지은 날 산서성 하동 땅에 행차해서 지신제(地神祭)를 올렸다. 분하(汾河 : 황하지류)에 배를 띄우고 군신과 주연을 연 무제는 영요영화(榮耀榮華)를 다해 득의의 절정에 서 있었던 내 몸에 만족의 웃음을 띠면서 스스로 한편의 시를 지었다. 그 시는 "추풍 일어 흰 구름 날아드니 초목은 단풍 되어 떨어지고 기러기 남으로 돌아오네"로 시작해서

"환락 끝 간 데 없지만 슬픈 정 많아지고 젊은 시절 언제였던가, 늙는 일 어찌하리오"라고 끝맺고 있다.

무제는 권력의 공허함이나 무상함을 알고 있었기에 영원이란 없는 것이고 불로불사도 소망도 허망한 것임을 알고 있었다.

"늙음이나 죽음도 내 권세로는 어쩔 도리가 없는 것"이라면서 환락의 절정에서 느꼈던 것이다.

● 한명회(韓明澮 : 1415~1487), 조선조 세조 때의 1등 공신

한명회는 젊어서 불우한 환경에서 자라 나이 40이 되어 송도의 경덕궁직(景德宮直)이 되었다. 송도의 높은 관료들은 대개가 한양(서울)에서 내려온 사람들이었다. 어느 해 명절에 이들이 만월대에 모여 잔치를 하면서 동향인끼리 우의를 도모하기 위해 계(契)를 하자고 해서 계를 모았다. 이때 한명회도 계원이 되고자 백방으로 수고했으나 궁직 정도 가지고는 안 된다고 안 넣어주었다.

후일 세조를 도와 단종을 내쫓고 집권하는데 1등공신이 된 데다 국구(임금의 장인)가 되었으니 그의 세력이 하늘을 찔렀다. 그래서 옛날 송도계원들이 한명회를 계원으로 안 넣어준 것을 후회했다고 한다. 나중 일을 못 짚고 지금의 세력을 믿고 사람을 업신여기는 것을 '송도계원'이라고 한다.

● 한비자(韓非子 : BC 280?~233?), 중국 고대의 사상가, 法家주의(엄벌주의, 초국가주의) 완성자

한비자는 말더듬이지만 55편의 저작을 남겼는데 그 중 두 편이 진왕의 눈을 끌었다.

진왕은 "이것은 대단해. 이걸 지은 사람과 만날 수 있으면 나는 죽어도 괜찮아"라고 할 정도였다.

진왕이 바로 진시황제이지만, 한비자를 이렇게 평가하면서 진시황은 그를 만나보고 바로 등용하지는 않고 신하들의 판단을 기다리고 있었다.

진왕의 총신의 대표가 이사(李斯)라는 사람(총리)으로서 그는 한비자와 함께 순자(荀子) 밑에서 공부한 사람이다. 이른바 동문제자인 셈이다. 그래서 한비자의 재능을 누구보다 잘 알고 있었다.

"저 친구가 등용되면 내가 위태로워"라고 생각한 이사는 진시황을 구워삶아서 한비자를 하옥시키고 독약을 내려서 그를 자살로 이끌었다. 믿고 있던 친구 이사에게 배신당한 한비자이지만 그의 학설이 시황제에 의해 실행된바가 많다.

● 한신(韓信 : ?~BC 196), 중국 삼국시대의 한나라의 건국공신

한(漢)나라 왕 유방(劉邦)은 한신에게 명하여 강국인 조(趙)나라를 치게 하였다. 조나라는 20만 대군을 좁은 협곡길이 있는 정경(井陘)이라는 지역에 집결시켰다.

한신은 조나라 군사보다 턱없이 적은 수인 1만의 군대로 정경의 입구에서 강을 등지고 진을 쳤다. 이렇게 하자 조나라 군대는 이것을 보고 병법도 모르는 자라고 크게 비웃었다.

한신의 군대는 조나라 군사가 있는 성(城)앞까지 와서 싸우다가 패배를 가장하여 도망하여 강을 등지고 있는 군대와 합류했다. 조나라 대군이 추격에 나서자, 한신은 성 주위 산간(山間)에 매복시켰던 2,000명의 경기병으로 하여금 성을 점령하게 하였고, 나머지 8,000여 군사는 강을 등지고 죽기 아니면 살기로 싸워 조나라 군을 섬멸했다.

한신은 손자병법에서 '사지(死地)에 몰아넣으면 살고 망지(亡地)에 두면 멸망하지 않는다'는 말이 있다고 하면서 "오합지졸과 같은 군사들을 생지(生地)에 내놓으면 모두 살기 위해 도망을 가나, 이들을 사지에 두면 살기 위해 죽기 아니면 살기로 싸운다. 그렇기 때문에 큰 힘을 발휘한다"고 말했다.

● 한암선사(漢岩禪師 : 1876~1951), 한국 조계종 초대종정

경허선사의 제자로서 22세 때 출가하여 경전을 공부하다가 보조국사의 수심결을 읽던 중 큰 종교체험을 한 뒤 경허선사를 만난 자리에서 재차 깨달음을 얻었다. 35세 때 3차로 큰 깨달음을 이루고 만공선사와 벗이 되었다. 50세부터는 오대산에 들어가 76세로 입적할 때까지 한 번도 산에서 나오지 않았다.

일제 때 불교의 일본화를 막기 위해 조계종이 탄생하자 초대 종정에 추대되었으나, 역시 오대산에서 나오지 않았다. 일본의 승려 사토는 한암선사를 뵈온 후 크게 감동하여 이렇게 찬탄했다.

"한암선사는 일본은 물론 세계적으로 둘도 없는 고승이십니다."

6·25때도 피난가지 않고 끝까지 상원사를 지켰으며, 국군이 퇴각할 때 절이 적에게 이용될 것을 염려하여 소각하려하자 법당에 의연히 앉아, "당신은 장교로서 상관의 명령에 따라 절을 태워야겠지만 나는 승려로서 부처님의 뜻에 따라 이 절을 지켜야 하오. 자 — 태우시오."

이에 국군 장교가 감동하여 그냥 떠나 상원사는 소각을 면하게 되었다. 그 뒤 앉은 모습으로 초연히 입적하여 불교계의 한 송이 연꽃으로 길이 기억되고 있다.

● **한용운**(韓龍雲 : 1879~1944), 한국의 승려, 시인, 독립운동가, 호는 만해(萬海)

구한말 의병활동을 하면서 홍성의 관고를 털어 1,000냥을 탈취했고, 설악산 오세암으로 피신해서 승려가 되었다. 1910년 친일파 승려 이회광(李晦光)이 일본의 조동종(曹洞宗)과 연합한 것을 반대해서 임제종(臨濟宗)을 창립했다.

3·1운동 당시 천도교를 가담시켰으며, 독립선언문 민족대표 33인의 한 사람이 되었다. "국가는 모든 물질문명이 완전히 구비된 뒤에야 독립되는 것이 아니라, 독립할만한 자존(自存)의 기운과 정신적 준비만 있으면 충분하다"고 주장했다.

그는 사회주의 사상을 긍정적으로 받아들였으며, "대다수의 조선 사람의 이익이 된다면 소수는 희생시키는 것이 마땅하다"고 주장했다. 1937년 불교계 항일단체인 만당(卍黨)사건 배후자로 검거되었다. 그는 소설, 시를 통해 독립사상을 고취했다. 조계종에서 〈만해상〉 제도를 만들어 국제적으로 만해사상을 펼치고 있다.

● **한찬남**(韓纘男 : 1560~1623), 조선조 광해군 때의 형조판서

찬남이 광해군의 폐모 모의 때 앞장서서 대비(인목대비)를 서궁에 가두고 온갖 학대를 다하고 대비가 목이 마르다고 몇 번을 애원했으나 물 한 모금을 올리지 않은 사람이었다.

그러다가 인조반정 이틀 전 봉상사(奉常司) 하인 효남이란 사람을, 궁녀들의 사

주를 받아 매를 때린 일이 있었다. 그러다가 인조반정으로 옛 대신·궁녀들을 잡아다가 궁궐밖에 꿇어앉히고 처분을 기다리게 하고 있는데, 그 속에 효남이를 무고하게 때린 한찬남을 발견하고 끌어내어 얼굴을 밟고 차고 해서 피가 흐르게 했는데, 겨우 이틀 전까지만 해도 당당한 판서로서 권세를 부리던 한찬남도 하인에게 봉변을 당하였다. 목이 몹시 마르니 물 한 모금 달라니까 인목대비에게 행했던 악독한 처사를 알고 무슨 면목으로 물을 달래느냐면서 거절당했다.

● 한퇴지(韓退之 : 763~824), 중국 唐宋시대의 문필가

당송 8대가(八大家)의 한 사람으로 문명(文名)을 날렸다. 그는 여러 가지 글에 능숙했으나 특히 묘비명(墓碑銘) 중 명작이 많았다. 뼈대 있는 집안마다 행적이 있는 사람들은 묘비명을 받아가면서 크게 사례를 했다. 그가 바란 바가 아니지만 그는 그것으로 상당한 자산가가 되었다. 그래서 회계 비서격으로 유우(劉又)라는 사람을 두고 정리하게 했다. 그런데 자꾸 재물이 줄더니 드디어 그 유우가 욕심이 생겨서 재물을 한 뭉텅이 들고 야반도주를 했다. 그가 도망가면서 이런 글을 남겼다.

"아무래도 죽은 인간을 추어주고(비문이니까) 생긴 돈 밖에 안 되니 불길한 재물이기로 댁에 두었다가는 무슨 변이 생길지 모르니, 내가 갖다가 살려서 쓰려는 생각입니다"라고.

(포복절도할 지경이다.)

● 한호(韓濩 : 1543~1605), 조선조 중기(선조)의 명필, 호는 석봉(石峰)

선조 때 명필 한호는 국내뿐 아니라 중국과 류구(지금의 오키나와)에까지 그의 이름이 자자했다. 어릴 때 관상가가 한호를 보고 낙양의 지가(종이 값)를 올릴 상(명필)이라고 했다. 한번은 호가 꿈에 중국의 명필 왕희지(王羲之)가 자기 서첩을 전해주는 꿈을 꾸었다. 이후부터 필력이 크게 향상되고 신력(神力)도 생겨 지상에 풍운이 일어날 지경이었다.

사신을 따라 중국에 가니 노 재상 한 사람이 까만 비단으로 장지를 만들어 당상에 걸어놓고 천하명필을 모아 글씨를 받고 상까지 주는 것을 보았다. 호도 구경삼아 참여했다. 화려한 장지 앞에는 류구대접에 금가루를 갈아놓고 그 속에는 큰 붓을 꽂아 놓았다. 수십 명이 모여 서로 신경전을 하고 있는데, 이때 호가 필흥(筆興)이 일어 대담하게 붓을 들어 휘휘 내젓는 바람에 금가루가 튀어 장지 전면에 흩어졌다.

이것을 본 사람들이 대경실색, 주인 재상도 크게 성을 냈다. 그는 태연하게 용사(龍蛇)가 뛰어놀듯 일필휘지로 써놓으니 점점이 떨어졌던 금방울이 전부 자획 속에 묻어 감쪽같이 없어졌다. 이것을 본 사람들은 모두 갈채를 하고 노 재상도 기뻐하여 큰 상을 주었다. 이로 인해 그의 이름이 중국 천지를 진동시켰다.

● 합려(闔閭 : ?~BC 496), 춘추전국 때 吳나라 왕

오왕(吳王) 합려(闔閭)가 월나라를 치다가 부상을 당하여 죽었다. 그 아들 부차(夫差)가 왕이 된 후 부친의 원수를 갚고저 심각하게 생각하다가 자신의 결심이 흔들릴까 두려워 스스로 독려하고, 편달하며, 잠시도 복수심을 잊지 않기 위해 방안에 자리를 펴고 편히 자지를 않고 섶(薪 : 장작) 위에 자리를 깔고 그 위에서 기거하며, 소의 쓸개(牛膽)를 머리맡에 달아놓고 그 쓴 쓸개를 누울 때 한번 맛보고, 일어날 때 또 한 번 맛보아 복수심을 환기했고, 들고나는 사람으로 하여금 외치기를 "부차야! 너는 월국 놈들이 네 아비 죽인 것을 잊어버렸느냐?" 이렇게 하여 독을 품은 지 몇 해만에 월국을 쳐서 크게 이겨 원수를 갚았다. 그리하여 와신상담(臥薪嘗膽)이란 이때부터 생긴 것이다.

● 항우(項羽 : BC 232~202), 중국 楚나라 왕

항우(項羽)는 리더로서 솔선수범 형이다. 진시황제가 죽은 뒤, 진의 압정에 반발해서 반란을 일으키는 자가 속출했다. 항우도 그런 반란지도자의 한 사람에 지나지 않았다. 그러나 그는 맨몸으로 일관해서 출발했지만, 불과 3년 만에 패왕(覇王 : 실력으로 제1인자가 됨)의 지위까지 올라섰다.

항우를 눈부시게 약진케 한 것은 그의 뛰어난 능력이다. 그는 굉장히 전투에 강했다. 용병가(用兵家)로서 천재적인 수완을 지녔다고 알려지고 있다. 그것을 무기로 순식간에 제1인자의 자리에 올라 선 것이다.

그 후 유방의 도전을 받고 수세에 몰리고 사면초가에 빠져 자멸한다. 빨리 올라선 만큼 빨리 내려간 것이다. 그 이유는 자기 능력을 과신하고 부하의 의견을 무시했던 것이다.

● **허난설헌**(許蘭雪軒 : 1563~1589), 조선조 선조 때의 여류시인. 본명은 초희(楚姫), 난설헌은 호

『홍길동전』을 쓴 문인 허균(許筠)의 누님. 안동 김씨인 김성립(金誠立 : 선조 때의 문관, 문과에 급제하여 홍문저작(弘文著作)에 이르렀으나 임진왜란 때 사망함)의 아내로서, 부부 사이의 금슬이 고르지 못하여 허구한 날 떨어져 살게 되었다고 한다. 딸과 아들을 낳았으나 자라지 못한 채 죽었고, 마음에 의지할 데가 없어 뒤 울안에 초당을 짓고 책 속에 묻혀 시름겨운 날과 밤을 보냈다.

난설헌의 문집을 보면 구석구석 연연한 그리움과 풀지 못한 정한(情恨)이 맺혀 있음을 볼 수 있다(송지영의 글 속에서).

난설헌은 우리 국문학상 만만치 않은 지위를 차지하고 있고, 그의 문장은 중국에서 온 사신의 눈에 들어, 갖고 돌아가 중국 땅에서 먼저 출판했다는 것이 이야기 거리가 되었다.

● **허준**(許浚 : 1546~1615), 조선조 선조 때의 한의학자

선조 때의 전의로 1592년 선조 25년, 임진왜란 때 선조를 모시고 의주에 다녀와서 가자(加資 : 정3품 이상의 품계)를 받고 또 선조 37년에 공신 3등에 책록되어 양평군(陽平君)에 피봉 되었다. 광해군이 즉위하자 무고로 성문 밖으로 몰려났다가 이듬해 광해군의 특명으로 해제되었다.

선조의 명으로 의서 편찬에 착수하여 1610년 광해군 2년에 『동의보감』을 완성했다. 이 책은 400년이 지난 지금 '세계인류문화유산'이 되었고 한국 전통의학

의 집대성으로 평가받고 있다.

● 허굉(許硡 : 1471~1529), 조선조 중종 때의 현신

조선조 중종 때 사람인데 진주 별서에서 출생하기 전날 중 하나가 지나가다가 말하기를 "내일 이 집에 귀인 하나가 나겠다"고 하더니 이튿날 공(公)을 분만했다.

그의 백부 허종(許琮, 성종 때 대신)이 퍽 귀하게 여겨 "내 뒤를 이을 사람은 이 아이다"라고 했다. 연산군 때 문과에 급제하여 검열(예문과의 정9품 벼슬)이 되고 연산이 쫓겨나고 중종이 즉위한 후 사인(舍人 : 의정부의 정4품 벼슬)이 되었다. 이때 이우, 윤장, 조계형 등이 연산군이 쫓겨나는 날 승지로서 입직을 하고 있다가 그만 개구멍으로 도망치고도 뻔뻔스럽게 공신록에 올라 훈장을 받게 되었다. 이것을 본 허굉이 "개구멍으로 도망친 사람은 개구멍 참봉이나 시키지 공신이 무슨 공신이냐?"라고 상소를 하여 그의 불충 · 비겁을 공박하여 훈장을 박탈하니까 세상 사람들이 통쾌히 여겼다고 한다.

● 현봉학(玄鳳學 : 1922~2007), 한국의 재미 의사(미국 시민권자)

현봉학은 함경북도 성진 출신으로 목사의 둘째아들로 태어났다. 맏형인 영학은 이화여대 신학과 교수, 셋째 시학은 해군 소장으로 해군참모차장을 지냈고, 넷째는 피터 현이라고 하는 유명한 미국의 저널리스트요 작가가 있다.

현봉학은 1944년 22세에 세브란스의전을 졸업하고, 병리학 강사로 연구 활동 중 6·25전쟁을 맞았다.

영어에 능통했던 현 박사는 해병대 통역관으로 미군 지원업무를 담당했다. 그는 1950년 12월 15일 중공군에 밀려 흥남부두에서 철수하던 연합군 배에 10만 명의 피란민을 태우는데 결정적인 역할을 했다. 24일까지 열흘간 이어진 철수 작전 끝에 피란민들은 단 한 명의 사망자 없이 경남 거제도에 도착할 수 있었다. 오히려 5명의 새 생명이 항해 중에 탄생하기도 했다. 흥남철수 작전이 '크리스마스의 기적'이라고 불리는 이유다.

6·25전란 속에서 빛난 현 박사의 공로는 1953년 휴전 후 곧장 미국 유학길에 오르면서 조명 받지 못했다. 그는 생전 "10만 명의 피란민 탈출을 도왔지만, 결과적으론 100만 명의 이산가족을 만든 장본인"이라며 가족에게도 이 일에 대해 언급하길 꺼렸다.

재미 한인의학자로 살아가던 그는 이후에도 통일 운동과 민족 문제에 적극적으로 뛰어들었다. 미국 내 미 · 중 한인우호협회 회장직과 중국 연변대 명예교수직을 활용해 통일 운동을 펼쳤고, 1991년에는 북한을 직접 방문해 북한 의료계와 협력을 타진하기도 했다. 우리민족서로돕기운동 보건의료협력본부 고문으로 지내는 동안에는 북한 지원 사업에 앞장섰다. 특히 중국 연변대 교수로 활동할 때에는 만주 용정의 윤동주 시인 묘소 위치를 정확하게 찾아내 방치된 묘소를 정비하기도 했다. 현지 단체의 협력을 이끌어내 '윤동주 문학상'을 제정했고, 윤동주 시인의 정신과 글이 높이 평가될 수 있도록 노력했다.

또 '미국 서재필 기념재단'의 초대 이사장과 명예이사직을 30여 년간 맡아 서재필 박사의 독립정신을 기리는데 힘썼다. 국가보훈처는 현 박사의 공헌에 2014년 12월 '6·25 전쟁영웅'으로 선정한 바 있다.

김용학 연세대 총장은 "'한국의 쉰들러'로 불리는 현봉학 박사의 흥남부두 피란민 철수 노력은 생명과 자유의 가치를 지켜낸 것으로 의미가 크다"면서 "의사로서의 꿈을 키웠던 옛 모교 터에 그의 동상을 세움으로써 많은 이들이 민족을 위했던 그의 정신을 되돌아보길 기대한다"고 말했다. (조선일보 문일요 기자의 글에서)

● **현종**(顯宗 : 992~1031), 고려 제8대왕 재위 1009~1031

강조(康兆)의 옹립에 의하여 즉위하자 목종(穆宗, 7대왕, 현종의 4촌인 5대 경종의 아들)의 시역(弑逆 : 아버지의 4촌 동생인 현종을 죽이려고 한다는)을 구실로 거란(契丹)의 성왕(聖王)이 40만 대군을 이끌고 쳐들어왔을 때 강조로 하여금 방어케 하였으나 패하고 강조는 전사했다.

다음해 정월 개경이 함락되어 왕이 친히 거란의 조정에 들어가 조공할 것을 조건부로 화해하였다. 그러나 이 약속을 지키지 않자 배소압이 다시 쳐들어왔다. 이때 상원수 강감찬(姜邯贊)이 귀주(龜州)에서 물리쳤다.

그 후부터 거란에 대해 평화정책을 썼다. 그러다가 1019년 국교를 열어 사신을 보내고 송나라와 국교를 끊으며 요(遼)의 연호를 사용하면서부터 친조·강동육주(親朝·江東六州) 문제도 무사하게 처리되었다.

사치를 없애고, 호화스러운 의식이나 제도를 없앴으며, 중이 횡포부리는 것을 금하고, 부양자가 없는 늙은이나 굶주리는 백성을 구하는데 힘썼다. 불교와 유교 발전을 위해 폐지됐던 연등회나 팔관회를 부활시켰으며, 부처의 힘을 빌어 거란족을 물리치고자 대장경 6천 권을 완성했다.

● 혜공(惠空 : ?~?), 신라 진평왕·선덕왕 때 승려, 기승(奇僧)

하루는 원효와 혜공이 가까운 냇가에서 물고기를 잡아 안주로 삼고 곡차를 마시며 회포를 풀었다고 한다. 지나가던 장꾼들이 스님들이 물고기를 잡아 술을 마시다니 하면서 얼굴을 찌푸리고 지나갔다고 한다.

그러나 두 스님은 웃으면서 냇가 복판으로 들어가 볼일을 보았다. 그런데 그들이 배설한 것은 변이 아니고 그들이 먹은 물고기였다나. 그래서 그것들이 헤엄쳐서 다시 시냇물 속으로 되돌아갔단다.

장사꾼들이 떠난 뒤 두 스님은 되살아난 물고기가 자기가 먹은 고기라고 우기면서 싸웠다고 한다. 혜공은 공중에 떠서 입적했다고 한다.

● 혜빈 양씨(惠嬪 楊氏 : ?~1455), 조선조 세종의 후궁

세종조의 혜빈 양씨는 현감 양경의 딸로서 후궁에 들어와 세종의 총애로 혜빈에 봉해지고 그 몸에서 선(璇), 현(玹), 전(瑈)의 세 군(君)을 낳았다. 현덕왕후가 세손 단종을 낳고 아흐레 만에 세상을 떠나니 세종은 양씨로 하여금 원손 보육의 책임을 맡겼다.

세종과 문종이 세상을 떠나고 어린 단종이 왕위에 오르자 수양대군 일파가 왕위를 넘겨다보니 혜빈이 단종을 보호하려고 애썼으나 수양이 찬위(簒位)를 하고 옥새를 바치라고 하나 혜빈이 거절하였다. "옥새는 국가의 증보라 선왕께서 훈계하시기를 세자 세손이 아니면 전하지 말라 하였으니 이 몸이 죽을지언정 옥새는 내놓을 수가 없습니다." 세조는 즉석에서 혜빈을 죽이고 옥새를 빼앗았다. 그의 소생 세 왕자도 모두 세조에 의해 학살당했다.

● **혜초(慧超 : 704~787), 신라 경덕왕시대 승려, 일명 惠超**

신라 33대 성덕왕 18년, 719년 15세에 신라에서 당나라로 건너가 남 인도 밀교승(密敎僧) 금강지(金剛智)에게서 불도를 배웠다. 그는 중국과 인도 여러 불교성지를 두루 다니다가 실크로드를 따라 727년 23세 때 당나라 장안에 돌아왔다. 여기서 그는 기행문인 『왕오천축국전(往五天竺國傳)』 3권을 지었다.

1908년 프랑스의 탐험가 펠리오(Pelliot, P.)에 의해 중국 돈황의 석굴에서 발견되어 지금 프랑스 국립중앙도서관에 소장되어 있는데, 역사적 가치가 대단한 문건이다. 8세기 중국과 인도, 중앙아시아의 사정이 비교적 소상히 기록되어 있고, 번역되어 나와 있다. 그는 중국서 인도 산스크리트어로 되어 있는 경전을 중국어(漢文)로 번역하는 일에 종사하기도 했다. 이 시기의 신라인의 활동을 이해하는데도 도움이 된다.

● **호요방(胡耀邦 · 후야오팡 : 1915~1989), 중국공산당 총서기**

호남성 출신이고, 14세에 공산주의 운동에 가담하기 시작했다. 1934~35년의 대장정(大長征)에 참가했고, 제2야전군단 정치부 주임, 공산주의 청년단 제1서기 섬서성 당서기일 때 문화혁명이 일어나 실각했다. 1975년 복권되어 당 조직부장, 선전부장 등을 거쳐 80년에 총서기가 되었다. 등소평의 심복으로 실무파 노선을 강력히 추진하고, 81년에 당 주석(국가원수)이 되었다.

1989년 4월 15일 공산당 간부 호요방이 북경의 한 병원에서 심근경색증으로 사망하자, 다음날 북경대학에는 100여장의 대자보가 나붙었다. 등소평은 호요방과 조자양을 자신의 후계자로 정했으나 그가 총서기가 되자 등소평과 노선을 달리해서 사상과 언론자유, 법치주의와 당의 민주화를 내세우고 과감한 정치개혁을 추진했다. 이러한 개혁 노선이 젊은이들을 중심으로 많은 사람들의 공감을 얻어내는 한편 당내 보수파의 반발을 불러일으켰다. 결국 호요방은 당 총서기에서 물러나야 했다.

"호요방에 대한 객관적인 평가를 하라."

이것이 1987년 4월 22일 이후 5월 13일 2,000명의 대학생들이 천안문광장에 모여 단식농성에 들어가고, 군계엄령이 선포되고 탱크가 학생들을 깔아뭉개는 '천안문사태'가 벌어지는 원인이 되었다.

● 홍귀달(洪貴達 : 1438~1504), 조선조 초기(세조 · 연산군)의 문인

세조 때 문과에 급제하여 연산조에 이조판서에 올랐다. 연산군이 너무 무도한 짓을 일삼자 누차 극간(極諫)한 것이 화근이 되어 벼슬을 박탈당하고 경원으로 귀양 갔다. 홍공은 가족과 결별하면서 "나는 본시 함양 땅의 일개 소작인으로서 벼슬이 재상에 이르렀으니 이것은 나의 본분이 아니다. 얻었던 것을 잃었으니 나에게 손익이 없고 이제 다시 옛날로 돌아가는 것이니 조금도 원통히 생각할 것 없다"고 하면서 태연히 길을 떠났다. 한양으로 소환되어 오던 중 장단에서 승명관(承命官)이 어명을 받들고 내려와 첩지를 열어보니 죽으라는 어명이어서 죽는 것도 신하의 도리라 얼굴빛 하나 변하지 않고 죽음에 다가갔다. 연산은 홍공의 손녀를 왕자비로 삼으려 했으나 홍공이 듣지 아니한 데에 분하게 여겨 독을 품고 있다가 그와 그의 아들 5형제를 모두 살해했다.

● 홍명원(洪命元 : 1573~1623), 조선조 헌종 때의 문관

1597년 26세에 문과에 급제, 여러 직책을 거쳐 사서로 있을 때 헌납(獻納)으로 권행(權幸)을 비방하다가 몰려 북도도사로 갔다가 3년 후 돌아와 춘관랑(春官郎)이 되었다.

여러 지방 관서장으로 있다가 부모를 보양하기 위하여 광주목사가 되어 치적이 뚜렷했음으로 표창을 받았다. 그러나 광해군의 금나라와의 수호관계가 명나라에 발각되자 그는 사신으로 명나라에 건너가 이를 무마시키고 돌아왔다. 금나라에서 수차 조선을 위협하는데 대하여 조정의 의견이 분분하였으나 홍명원이 단연 배금(排金)을 주장했다.

인조반정 후 흉도들이 서울 근방에서 난을 일으키니 명원이 관찰사가 되어 이를 진정시켰다. 그가 조정에 선지 27년 동안 마음을 다하여 직책에 충실했으며, 위형(威刑)을 쓰지 않고 공정하게 다스렸으므로 사람들이 다 경복하였다. 광해군에 권문세가들이 인척관계를 맺기를 청하였으나 모두 거절했고, 뭇사람들의 격노를 받아도 추호도 움직이지 않아 세상에서 장덕군자(長德君子)라 일컬었다.

● 홍범도(洪範圖 : 1868~1943), 한국의 독립군 장군

평북 자성 출신이며 1907년(융희 1)에 차도선 등과 함경남도 갑산에서 의병을 일으켜 후치령(厚致嶺)에서 왜장 미야베(宮部)의 중대병력을 섬멸시켰으며, 황수원 등지에서 항일 투쟁하다가 전승하고 1910년에 간도로 망명해서 독립군을 양성했다. 거기서 포수단(砲手團)을 조직해서 활약했고, 1919년 3·1운동 때에는 동지를 규합해서 동남만주와 러시아령을 근거로 군사를 불러 모아 동간도 국민회 소속의 대한독립군 총사령관이 되었다. 1919년 가을 병사 200여 명을 거느리고 두만강과 압록강을 건너와 일본군과 대처해서 여러 차례 그들을 격파했다. 1920년에는 일군 19사단과 1개 연대와 간도의 봉오동에서 유격전으로 대승을 거두었다. 이해 9월에 북로군(중국) 부대가 청산리에서 일군을 대파했으나 만주 전역의 일군이 출동해서 참전함으로써 부하 600명을 데리고 김좌진 장군 부대가 있는 밀산으로 가서 지청천(池靑天)부대와 여러 단체까지 통합해서 대한독립군을 조직하고 부총재가 되었다. 1921년에 고려 혁명군관학교를 설립했으나 그 후 흑하사변(黑河事變)으로 군대를 해산하고 만주와 로시아령에서 방랑하다가 시베리아에서 병사했다.

● 홍일동(洪逸童 : 1412~1464), 조선조 초기(세조) 명신

조선조 세조 때 중추부사(종2품 관직)를 지낸 홍일동은 어릴 때부터 재주가 있고 성격이 호방 · 강직하였다.

일찍이 세조 앞에서 불사(佛事)를 논의하는데 세조는 자신의 죄과를 씻기 위해 부처의 힘을 빌고자 몹시 불사를 숭상했다. 그런데 홍일동은 그 앞에서 불사를 공격하였다. 세조는 홍일동을 지극히 사랑하는지라 거짓으로 성을 내서 추상같이 호령을 내렸다. "저런 무엄한 놈이 있느냐? 당장에 저 놈의 목을 베어 부처님 앞에 사죄를 해야 되겠다"고 했다.

세조는 칼을 가져오라 했으나 홍일동은 요지부동이었다. 신하들은 홍일동의 목에다 칼을 두 차례나 겨누었다. 세조가 "네 죽음을 무서워하느냐?"

"죽게 되면 죽고 살게 되면 사는 것이지 어찌 생사로써 마음을 바꾸겠나이까?"

세조는 매우 곧은 신하라고 기뻐하며 입었던 갓옷(털배자)을 상으로 벗어 주었다.

● 홍종우(洪鍾宇 : 1854~1913), 조선조 말기의 정치인, 자객

홍종우는 드물게 서양의 근대 법률을 공부하기 위해 프랑스로 갔으나 여의치 않자 키메 박물관의 연구조원으로 일하면서 '심청전', '춘향전' 등 한국고전을 프랑스어로 번역했다. 그는 늘 한복을 입고 다녔고, 조선의 근대화와 전통문화 · 문물을 절충하는데 관심을 보였다. 그리고 외세의 조선침략과 개화파의 외세 의존에 강한 거부감을 가지고 있었다.

그는 갑신정변에 실패하고 일본에 망명한 김옥균 · 박영효 등을 암살함으로써 정치보복을 하려던 민비정권의 앞잡이가 되었다.

1892년 고종 29년 일본에서 이일직과 공모해서 동지로 가장하여 김옥균에게 접근해서 함께 상하이에 가서 거기서 그를 암살했다. 이해 2월 22일 상하이에 도착해서 미국 조차지 동화양 항에 투숙하게 되었는데, 당일 홍종우는 권총으로 김옥균을 살해했다.

아관파천 후에는 친일파 관리들을 내쫓는데 앞장섰고 그 뒤 홍종우는 당시 경찰에 체포되었으나 본국 정부로부터 암살한 홍종우의 행동을 칭찬하는 동시에 그를 적극 보호해온 이홍장(청나라 말기의 정치가)이 교섭을 해서, 김옥균을 그해 3월 7일 청국군함 위정호(威靖號)의 호송으로 김옥균의 시체를 가지고 인천에 상륙, 귀국했다.

홍종우는 군주권의 절대화를 지지하는 사람으로 1898년 황국협회에 가입하여 배후에서 독립협회 공격을 지휘했다.

● 황순승(黃順承 : ?~?), 조선조 숙종 때의 인물, 효자

일찍이 숙종조의 학자 권상하(權尙夏)의 문하에서 글을 배웠다. 고집이 너무 세기 때문에 세상에서는 황고집이라고 별명을 붙였다. 누가 새로 난 과일을 주면 절대로 받지 않았다. "종묘에도 올리지 않고 부모도 맛보기 전에 내가 먼저 먹을 수가 있는가?" 이런 정도로 고집스러웠다.

하루는 말을 타고 밤길을 가다가 도적을 만나 말을 뺏기니 순승은 채찍을 주면서 "말이 몹시 여위어서 채찍질을 안 하면 가지 못하니 이 채찍으로 채찍질을 하라"고 했다. 이 말을 들은 도적은 "이분이 필시 황고집이니 함부로 해선 안 되겠다" 하고 집까지 잘 호송했다고 한다.

● 황인검(黃仁儉 : 1711~1765), 조선조 영조 때의 문신, 이조판서

어려서 산사(山寺)에서 글공부를 할 때, 양식이 떨어지면 동냥을 해서라도 양식을 대어줄 정도로 성심껏 받들어 준 중이 있었다. 그리고 두 사람 사이의 정의도 깊었다.

그 후 인검이 식년문과에 을과로 합격하고 경상감사가 되어 도내를 순시하다가 노상에서 그 중을 만났다. 그 두 사람은 무척 반가워했다.

황 감사는 같은 수레에 중을 태우고 감영으로 돌아와서 형제같이 며칠을 지냈다. 그러다가 하루는 중에게, "내가 너에게 큰 은혜를 입었으니, 네가 환속한다면 출세를 시켜줄 테이니 중노릇 그만하고 머리를 길러라"라고 말했다. 중이 하는 말 "허물없는 사이니까 말씀드리지만 호의는 감사하나 본인이 일찍이 결심한 바가 있어서 이 생활을 계속 하렵니다. 제가 속인일 때 어떤 무덤 옆을 지나가다가 소복한 한 아름다운 여인을 강간하여 그녀를 죽게 만들었습니다. 그래 그 속죄를 위해 고행하기로 했습니다."

황 감사는 도내 미결서류를 찾아서 30년 전의 살인사건을 찾아냈다. 그래서 탄식을 하면서 중에게 말하기를 "내가 너와의 정의는 비할 데가 없지만 법은 법이라 법대로 시행하지 못하면 나라가 망하기 때문에 '살인 죄'는 원칙대로 처리하겠다"면서 그를 사형시키고 장례를 후하게 지내 주었다.

● **황진이**(黃眞伊 : 1506~1567), 조선조 전기의 시인, 작가, 서예가, 음악가, 무희

황진이가 화담 서경덕(徐敬德, 1489~1546)과 동시대에 살았다. 황진이가 일찍이 서경덕을 사모한 적이 있다. 그는 뭇사람의 존경을 받는 성리학자였다. 황진이가 그의 문하에 나가 뵈었다. 서경덕도 그녀를 거절하지 않고 함께 이야기를 나누곤 했다. 황진이는 황진사의 서녀여서 기생이 되었지만 재주가 있고 시를 아는 여자라서 서경덕이 그녀를 귀여워했다. 서경덕이

"마음이 어린 후니 하는 일이 다 어리다
 겹겹 산중에 어느 님이 오리오마는
 지는 잎 부는 바람에 행여 그인가 하노라"
황진이를 그리워하는 서경덕의 심정을 토로하고 있다.
"산은 옛산이로되 물은 옛물이 아니로다
 주야에 흐르니 옛물이 있을 소냐
 인걸도 물과 같아야 가고 아니 오노매라"
황진이의 시다.
"30년간이나 도를 닦아 명승으로 이름이 높은 지족선사도 나의 미색에 푹 빠져 30년 수도가 하루아침에 무너졌는데 화담 선생은 온갖 수단과 방법을 동원하여 유혹해도 꼼짝 안하시니 그분은 과연 성인이로소이다"라고 황진이가 고백했다.

● 황현(黃玹 : 1855~1910), 조선조 말기의 학자, 우국열사, 호는 매천(梅泉)

황희 정승의 후손인데, 25세에 보거과(保擧科)에 1등으로 합격했음에도 시골 출신이라고 2등으로 내려놓자 조정의 부패에 환멸을 느껴 관직에 나가지 않았다. 1888년에 생원시에 장원으로 합격했으나 부모가 죽자 낙향했다. 친구들이 "나라가 위급하니 현실정치에 참여해야 한다"고 전했지만 "귀신나라 미친놈 속에 들어가지 않겠다"며 거절했다.

그 후 구례로 내려가 공부에 열중했고 1894년 갑오농민전쟁(동학당) 등 조선사회의 여러 생활을 기록한 『매천야록(梅泉野錄)』 등을 지었다.

1905년 을사조약이 체결되자 며칠간 단식하며 통곡하다가 독립을 위해 중국으로 가려다 실패하고 1910년 합방이 되자 "한 사람도 국가를 위해 순사한 사람이 없다니, 어찌 통탄할 일이 아니냐… 평생에 독서한 뜻을 남기기 위해 길이 잠들고저 한다"는 유서를 남기고 자결했다.

● 황희(黃喜 : 1363~1452), 고려 말, 조선 초기의 문신

황희는 임금 네 분을 섬겨 정승을 지낸 역사적 인물이다. 황희 정승이 딸을 출가시키려 하는데 정경부인이 "대감, 생전에 딸의 혼수 한 가지도 마련하지 못했는데, 이제 돌아가시면 어떻게 살아요?"

"나야 집에서는 있으나마나였는데, 설마 모녀가 굶어 죽기나 하겠소?"

"그 애 혼수는 걱정 마시오. 아마도 저 유명한 영남광대가 우리 애를 생각하여 공주 부럽지 않은 혼수를 만들어 보낼 것이오."

어느 날 쓸쓸하던 황 정승 집 문전에 관가의 하인들이 등에다가 많은 짐짝을 짊어지고 줄을 지어 몰려왔다. 정경부인은 크게 놀랐다. 이조별방에서 임금님의 명령으로 혼수를 보낸 것이었다.

사연인즉 이 영남광대가 경회루에서 연회를 하는데 불려와서 노는데 사설에 "예, 이것은 세상에 없던 춤인데 황 정승만 알고 계십니다. 이 춤은 황 정승댁 속곳(속옷)춤입니다. 그 댁의 가난은 세상이 다 아는데, 마님과 따님의 가난 설움을 누가 알 것인가? 정경마님과 딸이 옷을 입어야 나들이를 할 게 아닌가? 모녀의 단속곳이 한 벌이라 한 번은 마님이 입고 나가고 한 번은 따님이 입고 나가는, 기막힌 속곳 춤입니다." 이 사설을 들은 세종이 황희 따님 결혼을 위해 나라에서 혼수를 보낸 것이다.

그는 86세까지 국정에 참여했고, 평소에 관후인자(寬厚仁慈)하고 청백한 관원 생활을 한 것으로 이름이 나 있었다. 공은 세종 때 오랫동안 영의정에 있으면서 도량이 넓고 학식과 덕망을 겸한 분이어서 고금을 통하여 찾아보기 힘든 명재상이었다.

● 회남자(淮南子 : ?~BC 123), BC 2세기 때의 중국의 백과사전

이 회남자 속에 유명한 이야기 '새옹지마(塞翁之馬)'가 있다.

너무도 유명한 이야기다. 옛날 국경의 요새 가까이에 한 남자가 살고 있었다. 어느 때 그 남자가 기르고 있던 말이 무엇에 놀랐는지 우리를 부수고 국경 밖으로 도망을 갔다. 말은 생활필수품이었다. 근처의 사람들이 위로를 하니 남자는 "아니 그게 언젠가는 행운을 가져올지도 모르지"라고 하면서 조금도 슬퍼하는 기색을 보이지 않았다.

그리고 수개월 후 과연 그 도망간 말은 한 마리의 준마(駿馬)를 데리고 춤추듯 되돌아왔다. 곧 사람들이 모여서 축하의 말을 하니까 그 남자는 "아니, 이것이 또한 언제 다시 불행의 씨앗이 될지 모르니…" 하면서 조금도 즐거워하지 않았다.

드디어 준마가 준마를 생산해서 그 남자의 집은 말로 가득했다. 그런데 말을 좋아하는 그 집 아들이 말에서 떨어져서 큰 상처를 입었다.

이웃사람들이 문병 와서 위로의 말을 하니까 그 남자는 "이것이 또한 언제 어떤 행운을 가져올지 모르잖아요" 하면서 조금도 동요하지 않았다.

그리고 1년 후 지방의 이민족이 대거 국경을 넘어와서 그 남자의 마을도 습격을 당했다. 마을의 젊은이들은 모두 동원되어 싸웠으나 거의 대부분 전사했다. 그런데 앞의 남자의 아들만이 몸이 부자유스러워서 병역을 면해서 부자가 모두 건재하였다.

이것이 새옹지마의 내용인데, 여기서 새(塞)는 국경지대의 요새지대를 말하며, 옹(翁)은 늙은이를 말하나, 옛날에는 40대만 되어도 옹(翁)을 붙였다고 한다. 새옹(塞翁)은 현대적으로 꼭 늙은이가 아니어도 괜찮다.

회남자(淮南子)는 이 이야기를 한 후 "행(幸)이 불행(不幸)으로 바뀌고, 불행(不幸)이 행(幸)으로 바뀌는 것이다. 이 변화의 호(好)는 측량할 수가 없다"고 했다. 이것을 '인간만사(人間萬事) 새옹지마(塞翁之馬)'의 원리로 통하고 있다.

● **효령대군**(孝寧大君 : 1396~1486), 조선조 3대왕 태종의 2남

효령대군은 태종의 둘째 아들이었다. 큰 아들 양녕대군은 셋째 동생인 충녕대군(世宗)이 성덕(聖德)이 있는 것을 알고 세자의 자리를 충녕에게 물려주고자 스스로 광인(狂人)이 되어, 궐내에 있을 때에도 어두운 밤을 타서 가만히 효령대군을 찾아가니 효령은 촛불 밑에서 글을 읽고 있었다. 양녕은 가만히 묻기를,

"자네 나의 병을 아는가? 또 충녕이 성덕(聖德)이 있는 줄 아는가?"

"다 알고 있습니다."

"그러면 자네는 어떻게 할 작정인가?"

"이 길 밖에는 별 도리가 없습니다."

효령은 합장을 해보였다. 양녕은 고개를 끄덕이고 돌아갔다.

이튿날 아침부터 효령은 벽을 향해 돌아앉아 합장을 하고 있었다. 이 광경을 본 궁인들이 태종께 아뢰니 태종이 깜짝 놀라 몸소 효령의 처소에 납시어 웬일이냐고 물으니 효령은 말하기를 어젯밤 꿈에 석가여래가 와서 신(臣)더러 말하기를 "너는 나의 제자라고 지정하고 갔기 때문에 오늘부터 정심(正心)을 하는 것이옵니다"라고 대답했다.

태종은 이것 괴상한 일이라고 탄식을 했다. 이날부터 효령은 부처를 믿고 술과 고기를 끊었다. 그러나 양녕은 여전히 술과 고기를 먹었다. 이것을 본 효령은 정색을 하며 간했다.

"형님은 주육(酒肉)을 조신해 주십시오."

양녕은 허허 웃으며

"나는 살아서는 왕의 형이오, 죽어서는 부처의 형이 될 것이니 이 위에 즐거운 일이 어디 있겠는가? 무엇 때문에 근신을 한단 말인가?"

효령은 산사로 들어가 두 손에 북채를 들고 아침부터 밤까지 북만 치고 있는 것이었다. 나중에는 북가죽이 솜 같이 되어서 부들부들해졌다. 그래서 사람들은 부들부들하고도 질긴 것을 가리켜 '효령대군의 북가죽'이라고 했다.

● 효봉 스님(曉峯元明 : 1888~1966), 한국의 조계종 종정, 선사

☞ 일제시절 평양 복심법원(현 고등법원) 판사로 재직하고 있던 이찬형은 한 죄수에게 사형선고를 내린 뒤 크게 고심했다.

"아, 어찌 인간이 인간을 죽일 수 있단 말인가? 그것이 아무리 법에 의한 것이라 할지라도…"

마침내 법복을 홀연히 벗어던지고 엿장수로 생활하기 3년, 결국 출가하여 승려가 되니, 그가 바로 효봉 스님이다. 스님의 수행정진은 실로 치열하여 엉덩이가 방바닥에 붙어 살점이 떨어진 적도 있고, 서지도 걷지도 않은 채 줄곧 앉아서 석 달을 보냈다.

토굴 속으로 들어가 나오지 않은 채 1년 6개월을 정진한 끝에 큰 깨달음을 얻었다.

☞ 효봉의 점심공양 때 이야기를 보면, 국수를 공양할 때에는 심경(心經) 외우기를 생략하고 죽비로 간단하게 치고 한다. 옆자리에서 공양하던 신덕 스님이 "스님, 국수 공양할 때에도 화두가 들립니까?"

"뭐 국수도 보이지 않는데 화두가 보여?"

(공양할 때에는 공양만 하는 거지, 무슨 망상이냐?)

☞ 입적하기 며칠 전 곁에서 시봉들이 청을 드렸다.

"스님 마지막으로 한 말씀 안 남기시렵니까?"

"나는 그런 군더더기 소리 안 할란다. 지금껏 한 말들도 다 그런 소린데…" 하면서 어린아이처럼 웃었다. 그리고 나서

"내가 말한 모든 법 그거 다 군더더기. 오늘 일을 묻는가? 달이 일천강에 비치리"

이것이 그의 열반송이다.

● **흥선대원군**(興宣大院君 : 1820~1898), 본명 이하응(李昰應), 조선조 말의 왕족, 고종황제의 아버지, 영조의 현손, 호는 석파(石坡)

☞ 민비 시해 사건이 나던 그날 새벽이다. 대궐에 들기 위해서 대원군은 상노(床奴)에게 옷을 입히라고 분부했다.

당황한 상노는 옷을 그만 거꾸로 들고 입히려 들었다. 손이 소매에 들어가지 않자 대원군은 말했다.

"너도 천하의 변천을 아는군 그래. 옷을 거꾸로 입히다니 말이야."

그 여유 있는 소리에 좌중은 누구나가 머리를 끄덕였다.

☞ 그는 순조 · 철종비가 모두 안동 김씨여서 안동 김씨 세도정치 밑에서 목숨을 부지하기 위해서 방탕아로 행세했다. 그는 술값을 못내 기생의 다리 밑에 엎드려 빈 적도 있었다고 한다. 때로는 부랑생활로 빈민굴의 생활실태까지도 잘 알고 있다.

☞ 철종이 후사가 없이 죽자 후사 결정권을 가지고 있던 조대비(익종비)와 밀계로 자기 둘째아들 명복(후에 고종이 됨)을 세자로 삼고 자기는 대원군이 되어 섭정을 하며 정책결정권을 부여받았다.

Europe
North & South America
etc.

비 아시아 편

유럽·북남미주·기타

● **가드너, 얼**(Gardner, Erle : 1889~1970), 미국의 법률가, 탐정소설 'Perry Mason'의 작가

그의 초기 직업생활에서 가드너는 한 달에 200,000개 낱말을 구사하는 속도로 싸구려 잡지를 위해서 이야기를 휘저어 생산해냈다. 그의 보수는 글자 수로 따졌기 때문에 이야기의 길이는 그 질보다 길이가 더 중요했다. 그래서 그는 이야기 내용 속에 사건의 잠재적 이야깃거리를 최대한 늘렸다. 예를 들면, 그의 이야기 속 악역은 총에 맞아 쓰러질 때에도 마지막 총알에 죽게 만들었다. 가드너의 편집인이 한번은 묻기를 "왜 당신의 주인공들은 처음 다섯 방에는 쓰러지지 않고 여섯 방째 가서 쓰러지느냐?"고. "낱말하나에 3센트지. 내가 '빵' 하고 총을 쏘게 할 때마다 3센트씩 받거든. 당신이 만일 내가 내 주인공이 폭발되지도 않는 총알 값에 15센트를 지불해야 함에도 총싸움을 끝내야 한다고 생각하면 그건 당신이 바보이지"라고 대답했다.

● **가르보, 그레타**(Garbo, Greta : 1905~1990), 스웨덴의 영화배우

데이빗 니벤이 비가 쏟아지는 어느 날 그레타 가르보와 대화한 내용을 기억하고 있었다.
가르보에게 다음과 같이 물었다.
"왜 영화를 그만두셨습니까?"
그녀는 자기의 대답을 신중하게 고려하고 있는 듯해서 내 개인적 질문을 무시하기로 했는가 보다 하고 의심했습니다. 드디어 그녀가 자기 혼자 중얼거리듯이 "나는 이미 얼굴이 너무 많이 알려졌어"라고 대답했다.

● **가리, 로맹**(Gary, Romain : 1914~1980), 프랑스 소설가, 필명 에밀 아자르

로맹 가리는 러시아 이민자로 프랑스에 정착해 주류사회 진입을 꿈꿨다. 제2차 세계 대전 때 프랑스 공군으로 참전했다가 공을 세워 외교관이 됐다. 1956년 마흔두 살에 『하늘의 뿌리』로 권위 있는 문학상인 공쿠르 상을 수상해 스타 작가

가 됐다. 하지만 문단의 박한 평가가 이어지자 필명 에밀 아자르로 작품을 발표했다. 필명으로 쓴 『자기 앞의 생』으로 1975년 두 번째 공쿠르 상을 받았다. '에밀 아자르와 로맹 가리는 같은 사람'이라는 유서를 남기고 권총 자살로 생을 마쳐 프랑스 문단에 큰 충격을 안겼다.

"로맹 가리의 소설은 우리가 언제나 사랑하면서 살아야 한다고 얘기해요."(소설가 조경란)

"뭔가에 쫓기거나 현실에 묻혀 소설로 가는 길에 장애를 만났을 때 로맹 가리를 펼쳐듭니다."(소설가 함정임)

● **가보르, 자 자**(Gabor, Zsa Zsa : 1917~), 헝가리 태생의 미국 영화 및 TV 배우

자 자가 가끔 기자들로부터 "그렇게 여러 번 결혼(일곱 번)한데 대해서 질문을 받으면 곤혹스럽지 않느냐"고 질문을 받곤 했다. 그녀는 "왜 곤혹스럽지요? 다른 여성들은 더 많이 하는 사례도 있는데, 그들은 당혹스럽게 생각하는 사람들이 대부분이고, 적어도 나는 내 결혼을 할 뿐입니다"라고 대답했다.

"남편을 몇 분이나 가지고 계셨습니까?" 하고 물으면 가보르는 약간 당혹스러운 표정으로 "내 남편 이외의 다른 남자를 말하는 겁니까?"라고 되물었다.

● **가우디, 안토니오**(Gaudi, Antonio : 1852~1926), 스페인의 건축가

가우디의 건축디자인의 유려성, 정교성, 기괴성들은 새로운 예술의 창조를 선도하였다.

스페인의 바르셀로나 거리에는 그의 기발한 작품이 다수 남아 있지만 그 중에서도 가우디가 정열을 기울였다고 알려진 것은 사그라다 파밀리아라는 교회이다. 즉 성가족교회(聖家族敎會)라는 뜻이다. 완성까지는 아직도 100년이 걸린다는 대작이다.

그런데 가우디는 원래 무신론자였다. 그런데 왜 그가 교회건축에 정열을 쏟게 되었느냐가 의문이다. 젊어서 건축의 재능을 드러내 보였던 가우디에게는 여성

공포증이 있었다. 그는 말주변도 없었고, 남에게 아첨하는 것도 모르는 얼굴표정을 짓고 있으니 여성으로부터 차이기 일쑤여서 실연의 연속이었다고 한다.

그러나 실의에 잠겨있던 그를 구한 것은, 성가족교회 신부의 교회건축 의뢰였다. "사람은 독신으로 있는 것보다 더 좋을 수가 없다"라는 설교를 했는데, 가우디는 이 말에 감동해서 그 후 교회건축에 몸을 던져 일생 독신으로 지냈다고 한다. 이런 것을 '결혼하고 싶어도 할 수 없는 증후군'이라고 한다.

● 가필드, 제임스(Garfield, James Abram : 1831~1881), 미국 20대 대통령

링컨이 1865년 암살되었을 때 가필드는 뉴욕에 머물고 있었다. 거리에는 흥분된 군중들이 몰려 있었고, 그들은 자기들에게 연설하라고 가필드에게 애원하다시피 했다. 그가 군중의 주목을 받게 되자 그는 이렇게 간단히 말했다. "내 친구 시민들이여, 대통령은 죽었습니다. 그러나 정부는 살아있습니다. 그리고 전능하신 신이 통치하십니다"라고.

가필드는 정치가가 되기 전에 희랍·로마의 고전문학 교사였다. 그는 한 손으로 희랍어를, 다른 손으로 라틴어를 좌우 손으로 달리 문장을 쓸 수 있을 만큼 대단한 능력자였다.

가필드는 1880년 대통령에 당선되어 그는 정계의 숙정을 단행했는데, 그것이 원한을 사서 적을 많이 만들었다. 1881년 7월 2일 워싱턴 기차역에서 기토라는 남자에 의해 저격을 받았는데, 두 개의 탄환이 몸 안으로 뚫고 들어가 박혔다. 저격 직후는 상당한 쇼크를 받았으나 다행히 걸을 수 있을 정도였으나 그 후일의 예후가 안 좋았다.

그는 곧 워싱턴에서 유명한 의사에게 가서 대통령의 흉곽 내의 탄환을 적출하려고 네라톤 탐색기를 상처입구에 집어넣었다. 그러나 탄환은 찾지 못했다. 할 수 없어서 손가락을 넣어서 찾았으나 실패했다. 이 소식을 들은 전화기 발명자인 그래함 벨이 탄환이 쇠붙이니까 전기를 통하면 찾을 수 있을 것이라 생각하고 코일과 리시버를 대통령의 가슴에 대고 탄환을 찾으려 했다. 대통령의 몸속을 정성

들여 조사했으나 그것도 실패했다. 이렇게 몇 번의 검사 때문에 대통령의 몸은
쇠약해져갔다. 전기를 흘러 보내고, 손가락을 집어넣고…… 보통 사람 같으면 견
디기 어려웠던 검사였다.

그는 저격되고 2개월 후 사망했다. 무리한 총알 탐색 때문에 그는 사망한 것이
다. 그러면 벨이 가필드를 죽인 것이 되나?

● **가우스, 카를**(Gauss, Carl : 1777~1855), 독일의 수학자

어떤 사람이 가우스에게 그의 부인이 죽어가고 있다고 알리기 위해서 급히 달
려왔는데 저 위대한 수학자인 가우스는 난해한 수학문제를 풀기 위해서 골몰해
있는 것을 발견하였다. 그래서 그 전언자(messenger)는 그 슬픈 소식을 무심코 전
했다. 그랬더니 가우스는 "그녀에게 가서 내가 이 문제를 끝낼 때까지 1분만 더
기다려달라고 전해주시오"라고 무심코 말했다고 한다.

● **간디, 모한다스**(Gandhi, Mohandas : 1869~1948), 인도의 정치가, 정신적 지도자

간디가 하루는 기차를 타고 여행을 하는데, 기차에 올라타면서 그의 구두 한쪽
이 미끄러져 기찻길에 떨어졌고 기차는 출발하기 시작했다. 그래서 그 구두를 다
시 찾을 길이 없어졌다. 그랬더니 간디는 나머지 한 짝을 이미 떨어져 있는 구두
쪽으로 힘껏 던졌다. 동행자가 왜 그렇게 하시느냐고 물으니까, "찻길에 떨어져
있는 구두를 가난한 사람이 발견하게 되면 한 켤레의 신을 얻을 수 있으니 그가
그 신을 사용할 수가 있을 것 아니요."

● **갈루아, 에바리스트**(Galois, Évariste : 1811~1832), 프랑스의 수학자

여자로 인해서 결투장을 받게 된다. 그때 총에 맞아 죽는다. 불과 21세 때의 일
이다. 너무도 비참한 죽음이었다. 그때 세간에서는 다만 젊어서 감정적인 한 남
자의 죽음으로 밖에 보지 않았다고 한다.

치명상을 입고 병원에 실려 온 갈루아의 병상 곁에 앉아서 그의 동생이 슬피 울고 있었다. 갈루아는 그를 위로하려고 애쓰고 있었다. "울지 마라, 내게는 스무 살에 죽을 모든 용기가 필요해"라고 동생에게 말했다. 그리고 그는 21세에 세상을 떠났다.

갈루아는 결투가 시작되기 전까지의 13시간을 군론의 논문작성에 보내고 있었다. 그러나 너무도 짧은 시간이었다. 증명이 불충분한 점을 체크하기 시작했을 때, 도어에 심하게 노크하는 소리가 들렸다. 심부름꾼이 그를 마중 온 것이다.

아침 이른 시간의 결투는 불과 2분 만에 끝이 났다. 상대는 과연 심상치 않은 인물로서 세간에 잘 알려져 있지 않던 갈루아에게는 애초부터 승산이 없었다. 배를 맞은 갈루아는 다음 날 아침 죽었다.

처음의 발단은 요양소에서 이웃에 있는 남자를 통해 소개받은 여성 때문이었다. 수학에도 혁명에도 절망한 갈루아는 남겨진 정열의 모두를 이 여성에게 쏟아붓는다. 그러나 그 여성은 "나는 어떤 남성의 정부(情婦)예요. 아무리 숫총각이라 해도 당신의 기교는 너무 어색하고 딱딱해요." 이 한 마디로 한방 먹은 갈루아에게, 그 위에 또 다른 추격이 기다리고 있었다. 그 여성의 정부(情夫)가 결투장을 가지고 나타난 것이다. 무슨 싸구려 멜로 같은 이야기지만, 그만큼 일련의 사건을 비밀경찰의 음모였다고 하는 설도 있다.

공화주의자 갈루아가 정부로부터 주목을 받고 있었던 것은 사실이다. 남겨진 짧은 13시간이었지만 중요한 부분은 정리가 되었다고 한다. "시간이 없어" 노트의 여백에 이렇게 써서 남겼다.

● **갈릴레오, 갈릴레이**(Galileo, Galilei : 1564~1642), 이탈리아의 천문학자, 물리학자

1632년, 코페르니쿠스(Copernicus)의 지동설사건 이후 침묵하고 있던 갈릴레오가 『두 개의 주된 세계 체계에 관하여』라는 책을 냈다. 가톨릭교회 재판관이 이 늙은 저자를 로마에 오라고 소환했다. 여기서 그는 심문받고 고문도 당했다. 그는 자기의 앞서 주장한 것(지동설)을 취소하고 그의 여생을 집에서 나가지 못하도

록 하는 유폐 선고를 받았다. 그는 재판이 끝나고 코페르니쿠스의 이론을 엄숙하게 부정하고 일어서면서 "그러나 지구는 지금도 돌고 있소이다"라고 중얼거렸다 (Eppur si muove, Still it moves).

● 게이츠, 빌(Gates, Bill William : 1955~), 미국 기업인, 마이크로소프트사 창업

☞ 빌 게이츠가 어릴 때부터 컴퓨터에 빠져 있었지만 그의 마음속에는 굉장한 경쟁의식과 승부사의 기질도 도사리고 있음을 볼 수 있다.

그런 승부사 기질이라고 해도 치밀한 계산에 의해서 확실하게 승리를 쟁취하는 이른바 '마스터 오브 더 게임(master of the game)' 정신의 소유자라고 한다. 우연히 이기는 것이 아니라 머리로 이기는 문제에 더 관심이 있었다고 한다.

빌 게이츠 자신이 이런 말을 한 적이 있다.

"인간의 지능만큼 놀라운 것은 다른 데는 없다"라는 흥미 있는 말을 하였다. 컴퓨터전도사이면서 컴퓨터 자체보다도 자기의 뇌를 조정하는 일을 즐기는 사람처럼 보인다.

게이츠는 "뭔가를 생각하고 있을 때에 몸을 흔들거나 걸어 다니는 버릇이 있는데, 그렇게 하면 다른 일은 잊어버리고 한 가지 일에 집중할 수가 있게 된다"라고 말하고 있다.

☞ 빌 게이츠는 자선사업에 전력을 기울이고 있지만, 오히려 자신은 사치를 멀리하며, 검소하게 생활하고 있다. 그는 웬만한 모임에서는 터틀넥이나 노타이 차림이고, 넥타이를 매어도 약간 패션에서 뒤진 것들이 많다.

어떤 때는 이런 부분에서 보수적인 면을 보이기까지 한다. 빌 게이츠와 친구가 호텔에서 열린 회의에 참석했을 때의 이야기다. 회의 장소에 늦게 도착한 그들은 주차할 장소가 없었다. 그때 친구가 빌 게이츠에게 귀빈주차장에 세우자고 제안했다. 그러자 빌 게이츠는 정색을 하며 "거긴 12달러나 하잖아, 너무 비싸네"라고 말했다고 한다.

● 게일, 제임스(Gale, James : 1863~1934), 구한말 한국에 온 캐나다 선교사, 신학박사, 한국명 기일

(奇一)

캐나다 출신 선교사로 서울 종로 연동교회의 초대 담임목사를 지냈다. 게일 박사가 한국에서 활동할 당시 서구는 조선에 대해 무지했다. 조선인은 가축과 같은 미개한 야만인, 심지어 식인종으로 묘사되기도 했다. 하지만 직접 조선인과 조선 문화를 체험한 개신교 선교사들, 특히 게일의 시선은 달랐다.

1928년 '조선사상통신'에 실은 그의 글 '구미인이 본 조선의 장래'에는 조선에 대한 그의 높은 평가가 드러난다. "조선은 실로 동양의 희랍(그리스)이라고 말하고픈 나라로, 일찍이 고대 유사 이래 온갖 문화를 창조했으며 세계에서 으뜸가는 바가 있었습니다. ……셰익스피어는 지금으로부터 300여 년 전 인물이지만, 조선에는 이미 1000여 년 전 신라 최고운(최치원)의 문학이 당나라인들을 놀라게 하지 않았습니까. 고구려 광개토왕 비문과 같은 것은 단순히 문장 그것만 놓고 보더라도 천고의 걸작이며 게다가 그것은 실로 기원후 414년이라는 고대의 것에 속합니다."

게일은 1901년 경신학교의 전신인 예수교중학교, 1902년 정신여학교의 전신인 연동여학교 설립을 주도했다.

● 고갱, 폴(Gauguin, Paul : 1848~1903), 프랑스의 후기 인상파 화가

고갱과 고흐가 공동생활을 했다는 사실은 널리 알려진 이야기다. 신경증을 앓고 있던 고흐가 고갱과 싸우고 돌연 자기 귀를 면도칼로 잘랐다는 것도 널리 알려져 있다.

자른 그 귀를 들고 고흐는 단골 창녀 집에 찾아간다. "이것이 나의 추억거리야"라면서 내밀었다고 한다. 너무도 쇼킹한 에피소드이지만 이 사건을 가지고 고흐가 광기의 사나이고 고갱은 정상이라는 말은 아니다. 고흐나 고갱이나 좀 상궤(常軌)를 벗어난 사람들이었다.

고갱은 17세 때부터 6년간 선원생활을 했다. 배에서 내리면 파리에서 어학교

사를 하고, 그 다음에는 증권거래소에서 근무한다. 덴마크 여성인 메티와 결혼을 하고 세 자녀를 둔다. 여기까지는 순조롭다. 수입도 안정되어 있고, 가정적으로 평화로웠다.

● 고티에, 장 폴(Gautier, Jean Paul : 1952~), 프랑스 패션디자이너

2016년 한국 서울의 DDP(동대문 디자인 플라자)에서 작품전시를 하였다. 150점이 넘는 오트 쿠튀르 의상과 1976년부터 2016년 사이 디자인한 기성복이 전시되었고, 그가 어릴 적 영감을 얻은 문서, 영화도 공개되었다. 또 마돈나, 카일리 미노그 등 세계적 팝스타와 영화감독, 댄서들과 장 폴 고티에가 만난 협업스케치, 무대의상, 영화, 패션쇼, 비디오 클럽 등도 전시되었다.

그는 기자 인터뷰에서,

"사물을 새로운 시각으로 바라보고, 원래 용도가 아닌 것으로 상상해 볼 때, 아름다움을 뽑아낼 수 있다. 아름다움은 틀에 박힌 어떤 것이 아니다"라고 말했다.

● 괴링, 헤르만(Goering, Herman : 1893~1946), 독일의 군 지휘관, 나치 비밀경찰 게슈타포의 창설자

괴링이 로마 기차역에 내려서 붐비는 플랫폼을 비집고 지나가는데, 한 이탈리아 귀족과 충돌했다. 그래서 그는 사과를 요구했다. 그랬더니 괴링이 "저는 헤르만 괴링이요"라고 소리쳤다. 그 귀족이 "사과로서는 그걸로 불충분하오. 설명으로서는 충분해요"라고 차갑게 대꾸했다.

● 괴테, 볼프강 폰(Goethe, Wolfgang von : 1749~1832), 독일의 시인, 소설가, 극작가, 학자

☞ 괴테가 1805년에도 예년과 같이 시인 쉴러에게 연하장을 썼다. 그런데 '신년'이라고 써야 할 것을 잘못 써서 '마지막 해'라고 썼다. 그는 연하장을 찢고 다시 썼다. 그런데 이번에도 또 '마지막 해'라고 쓸 것 같은 느낌이 들어서 불안해진 괴테는 "올해는 나나 쉴러 중 누군가가 죽는 것이 아닐지 모르겠다"라고 슈타인

부인에게 말했다. 그 해 1805년 5월 9일에 쉴러가 죽었다.

☞ 괴테의 생애 중 유명한 이야기는, 1821년 72세 되던 해 여름부터 3년간 마리안 바트에서 살았는데 거기서 17세나는 소녀를 만난 이야기다. 울리케 폰 레벳초프라는 소녀이다. 이 소녀에게 괴테가 사랑을 고백한 것이다. 그러나 소녀가 그의 사랑을 받아들이지 않아서 그는 연민 속에서 살면서 쓴 시 '마리안바트의 悲歌'를 발표했다. 그는 82세에 세상을 떠났으나 그 소녀는 그 후 95세까지 살았다.

7세 때의 모차르트의 연주광경을 14세의 괴테가 보게 된다. 모차르트와 마찬가지로 학교에는 안 가고, 부친으로부터 교육받은 천재시인은 83년간 생애의 대부분을 '연애의 사냥꾼'으로 살았다. 이 연애가 창작의욕을 북돋았다는 것이다. 글을 쓸 수 있는 한 연애는 계속했고, 연애를 하는 한 글을 썼다. 41세 때 괴테는 나중에 18년간 동반자로 지낼 크리스티나를 만난다. 이미 그는 연애의 쓰고 달고를 맛본 사람인데 그녀에게 홀딱 반해버렸다.

군복무로 집을 비울 때에도 그녀가 마음에 걸려 계속 편지를 써서 보낸다. 돌아와 보니 예상치 못한 문제가 생겨 있었다. 크리스티나가 조화공장 여공이었다는 사실이 세간에 알려진 것이다.

추밀고문 겸 재무장관인 괴테에게 있어서 크리스티나의 존재는 사교계의 스캔들이 되어버렸다. 괴테가 그녀와 함께 여러 사람 앞에 나타나는 일은 없어지고, 자택에 손님이 오면 방에 가둔다. 크리스티나는 오랫동안, 손님이 있을 때에는 부엌에서 식사를 하곤 했다.

● **굿겐하임, 페기**(Guggenheim, Peggy : 1898~1979), 미술품 수집가, 현대미술의 후원자

베니스에 있는 굿겐하임 여사의 뜰에서 전시된 굿겐하임 여사의 작품 중에는 마리노 마리니(Marino Marini : 1901~1980)가 여사를 위해 제작한 말을 탄 사람의 조각상이 있었다. 말 탄 사람 엑스터시(황홀경)를 표현하기 위해서 이 예술가는 곧추선 성기를 빚어냈다. 그 남근은 분리할 수 있어서 수집가로 하여금 성일(聖日, 주일

이나 부활절, 성탄절)에 수녀들이 이 뜰에 들렀을 때 그걸 분리시킴으로써 난처한 것
을 면할 수 있게 했다.

● **귀몽, 에스테**(Guimond, Esther : 19세기 초), 프랑스의 고급매춘부

이탈리아에 여행을 했을 때 에스테 귀몽은 깐깐한 공무원에 의해 세관에서 억
류되었다. 왜냐하면 그녀의 패스포트에는 그녀의 직업이 적혀있지 않았다. "나는
고급 창녀입니다"라고 똑똑히 직원에게 말했다. "제발 그 이야기를 저기 있는 부
자처럼 보이는 영국 사람에게 다시 해보세요."

● **그라프, 오스카**(Graf, Oskar : 1894~ ?), 독일 태생의 미국작가

그라프는 나치정권에 의해 추방당하여 소련을 거쳐 미국에 정착했다. 그는 유
머 작가이기도 하다. 한번은 여자 점쟁이에게 가서 자기 운명을 감정해 달랬더니,
"40세까지는 돈 걱정이 끊일 새 없을 것이오."
"그럼 40이 넘으면 풀린다는 말이오?"
"염려 마십시오. 그때 가서는 가난에 익숙해져 있을 테니까."

● **그레고리오 7세**(Gregorio Ⅶ : 1025~1085), 교황이 되기 전 힐데브란트 추기경, 교황 재위
1072~1085

그는 중세 가톨릭교회의 위대한 개혁자의 한 사람이며, 교회의 부패를 공격했
다. 사제의 독신제와 주교와 수도원장의 임명은 제후나 왕이 임명하지 못하게 하
고 오직 교회(교황)에서 임명하도록 주장했다. 이런 개혁운동이 독일 군주들을 위
협하게 되고 독일의 하인리히 4세와 전쟁까지 벌이게 되었다.
이때 그레고리오 7세는 독일 황제 하인리히 4세와 심각한 충돌을 일으켰는데,
1076년에 하인리히 4세가 사순절 때 종교회의에 다음과 같은 편지를 보냈다.
"참칭자(僭稱者 : 멋대로 지위를 이용함)로서가 아니라, 신의 은혜로운 임명을 받아 황
제가 된 하인리히 4세로부터, 이미 교황으로서가 아닌 단지 못된 수도사에 지나

지 않는 힐데브란트(그레고리오 7세의 수도자일 때 이름)에게 보내노라" 그리고 "그레고리오는 교황이 아니라 한 마리의 굶주린 늑대에 지나지 않음으로"라는 이유로 새 교황의 선거를 독촉하고 있다.

그레고리오 7세는 회의도중 감연히 일어서서 하인리히 4세의 파문을 선고하였다.

"사도 중에 으뜸이신 성 베드로시여, 나는 당신의 은총을 입어 천상에서 뿐 아니라 지상에 있어서의 속박과 해방의 권능을 부여 받았나이다. 그러므로 나는 당신의 교회의 영광과 옹호를 위하여 광신의 교회에 대해 제멋대로 오만을 부리며, 반항한 하인리히에 대해 독일 및 이탈리아의 전 지배권을 부인하나이다. 또한 나는 모든 기독교인들에게 그에 대한 복종의 서약에서 해방시키며, 또한 누구도 그를 국왕으로 섬기지 못할 것임을 명령하노라. 필경 교회의 영광을 모독하려는 자는 그가 지녔던 명예를 잃어버리는 것이 당연하노라."

하인리히는 드디어 굴복하고 이탈리아 카놋사의 토스카나 백작의 거성에 체재중인 교황에게 사면을 요청하러 가서 사흘 만에 사면을 받았다. 그래서 이것이 '카놋사의 굴욕'이라는 유명한 사건으로 남아 있다.

● **그린, 그래햄**(Greene, Graham : 1904~1991), **영국의 소설가, 단편작가**

그린이 '숙모와의 여행'이라는 작품의 원고를 출판사에 보냈다. 그런데 반응이 그리 행복하지 못했다. 출판인은 저자가 타이틀을 바꿔주기를 바랐다. 왜냐하면 그런 제목으로는 사람들을 흥분시킬 수가 없다고 생각했기 때문이다. 그린이 답장에 간단한 문장으로 전보를 쳤다. "출판사를 바꾸는 것이 타이틀을 바꾸기보다 쉽소, 그린"이었다.

● **그린, 헨리**(Green, Henry : 1791~1863), **영국의 의사**

죽음의 병상에서 그린은 매우 냉철하게 대했다. "울혈이군" 하면서 자기 손목의 맥박을 쟀다. "멈췄어"라고 말하더니 숨이 넘어갔다.

● **그릴레이, 호레이스**(Greeley, Horace : 1811~1872), **미국의 언론인, 정치가, 뉴욕 트리뷴**(New York Tribune 1841)**의 창업자 겸 편집인**

그릴레이는 그의 악필 글씨로 인해 유명해졌다. 한번은 메모를 적어서 New York Tribune지(그릴레이 소유)의 한 직원에게 보냈다. 그 내용은 임무를 크게 소홀히 해서 해고한다는 내용이었다.

몇 년 후 그릴레이를 만났는데, 그 언론인이 몇 년 전 자기 이전 상사에게 이 해고장 메모가 얼마나 유용했는지를 이야기하면서 그 사실을 증명해 보이겠다고 했다.

"나는 그 해고장을 내가 직접 받았는데, 누구도 그 글씨를 읽지를 못했어요. 그 래서 내가 '그 편지는 추천서요' 하고 내 마음대로 해석을 했고, 그것으로 나는 일급 자리를 차지할 수 있었답니다. 나는 당신에게 크게 감사드리는 바입니다"라고 말했다.

● **글래드스톤, 윌리엄**(Gladstone, William : 1809~1898), **영국의 정치가, 4회에 걸쳐 자유당 수상 역임**

글래드스톤이 한 골동품 가게를 방문했다. 17세기 초의 유화 한 점을 보고 극 찬을 했다. 그 그림은 러프(raff : 수레바퀴 모양의 옷깃문양)가 달리고, 새 깃털 달린 모 자에 레이스가 달린 소매의 옛 스페인풍 의상을 입은 귀족을 그린 그림이다. 그 는 그걸 몹시 갖고 싶었다. 그러나 가격이 너무 비쌌다.

얼마 후 부유한 런던의 상인 집에서 그가 그렇게 갖고 싶어 했던 그 그림이 그 집에 걸려 있는 것이 아닌가? 그 집 주인은 글래드스톤이 그 그림에 홀딱 빠져드 는 모습을 보고 그에게 접근해서 "그 그림 좋아하세요? 그 그림은 저의 조상 중 한 분의 초상화입니다. 엘리자베스 여왕의 궁정에서 장관을 지낸 분이지요"라고 말하자, 글래드스톤이 3파운드만 싸게 판다고 했으면, 저분은 저의 조상이 될 뻔 했습니다"라고 응답했다.

● **글루크, 크리스토프**(Gluck, Christoph W. : 1714~1787), 독일의 오페라 작곡가

하루는 성 오노레 거리를 걷다가 글루크는 실수로 어떤 가게 주인집 유리창을 깨트렸다. 그 유리 값은 30수(sou)였다. 그는 주인에게 2배에 해당되는 60수를 건네주었다. 가게주인은 이웃가게로 달려가더니 거스름돈을 바꾸려고 했다. 글루크는 주인을 말리면서 "왜 불편하세요? 그러면 공평하게 합시다"고 말하면서 또 다른 유리창을 깼다.

(그래서 거스름 돈 줄 일 없이 60수 받았다.)

● **글리손, 제키**(Gleason, Jackie : 1916~1987), 미국의 코미디언

그가 데뷔한지 얼마 안 되어 해변도시의 한 나이트클럽에서 공연 중 지방의 여관에 머물고 있었다. 그런데 나이트클럽 수입으로는 여관비를 물을 수 없음을 발견한 그는 아무런 의심도 받지 않고 여관에서 도망치는 방법을 계획하였다. 그의 소지품을 모두 포장하고, 수트케이스(옷가방)를 매달아 창밖으로 내려 보내면 기다리고 있던 친구가 밑에서 받아서 도망가는 것으로 했다.

자기는 수영복차림을 하고 무심하게 밖에서 배회하다가 비치로 나갔다. 그리고 거기서 영영 안돌아왔다.

한 3년 후 그때의 여관비 빚에 대해서 죄책감이 살아나 그 여관에 다시 돌아왔다. 안주인이 그를 알아보더니 깜짝 놀라서 뒤로 물러서면서 유령을 보았나 하고 말했다. "오! 주여, 나는 당신이 물에 빠져 죽은 줄 알았어요"라고 외쳤다.

● **기베르티, 로렌조**(Ghiberti, Lorenzo : 1378~1455), 이탈리아의 르네상스시대의 조각가,
대장쟁이

1402년 피렌체의 두오모 성당의 세례식용 문(door) 제작의 위임을 받고 기베르티는 평생 그 작업에 몰두하고 있었다. 기베르티가 제작한 세례식용 문을 본 미켈란젤로가 소리쳤다. "이들 설계는 천국의 문을 꾸미기에도 족한 작품이야"라고.

● 기본, 에드워드(Gibbon, Edward : 1737~1794), 영국의 역사가

기본은 지독한 추남이었다. 그는 무엇을 입에 문 것처럼 퉁퉁 부어오른 뺨에 어울리지 않게 작은, 그리고 낮은 코를 지니고 있었다.

어느 날, 그는 마담 드 데팡을 소개받았다. 이 후작 부인은 거의 눈이 멀어 있었으므로 새로운 사람에게 소개를 받으면 그 사람의 얼굴을 더듬어 보는 습관이 있었다.

데팡 후작 부인은 기본의 뺨을 손으로 더듬었다. 장난삼아 뺨을 불룩 나오게 한 것이라고 오해한 데팡 부인은 크게 노하였다.

"앞 못 보는 나에게 얼굴로 이런 장난을 하시다니, 정말 너무하시는군요."

● 길버트, 윌리엄(Gilbert William : 1836~1911), 영국 작가

잘 알려진 한 작곡가의 죽음 이후 얼마 안 되어서 이 소식에 접하지 못한 어떤 사람이 길버트에게 문제의 그 마에스트로가 잘 있느냐고 물었다. "그는 지금 아무것도 안 해요"라고 길버트가 대답했다. 질문을 한 사람은 "그분은 틀림없이 좋은 작품을 만들고 있을 겁니다(he is composing)"라고 우겼다. 그러자 길버트가 "그 반대에요. 그는 지금 썩고 있는 걸요(he is decomposing : decompose란 썩는다는 말)"라고 대답했다.

(de+composing의 결합의 묘미가 있다.)

● 나세르, 가말(Nasser, GamaI : 1918~1970), 이집트의 군인, 정치가, 대통령, 아랍권 지도자

1952년 쿠데타 전야 감정적으로 고조되어 있을 때, 나세르의 동료 한 사람이 눈물을 글썽이니까 "오늘 밤은 감정에 사로잡힐 여유가 없소." 나세르가 단호히 말했다. "우리는 기대하지 않던 결과에 대해 준비를 해야 되오." 몇 분 후 그 사람이 냉정을 되찾게 되자 나세르를 향해서 "왜 당신이 나에게(아랍어로 말하지 않고) 영어로 말하시오?" 나세르가 웃으면서 "왜냐하면 아랍어는 냉정을 지켜야 할 때에는 적절한 언어가 아니기 때문이오"라고 대답했다.

그는 파루크왕을 축출하고 정권을 장악했고 대통령이 되었다.

● **나이팅게일, 플로렌스**(Nightingale, Florence : 1820~1910), 영국의 현대 간호학 확립자

나이팅게일은 백의의 천사의 상징적 인물이다. 크리미아전쟁 때 헌신적인 간호가 자애에 넘친 여성의 상징처럼 그녀를 보게 되었다.

그러나 그녀에게는 또 다른 얼굴이 있다. 우먼 · 리브(여성해방운동)의 투사였다. 그녀는 이 운동의 선구자이다.

나이팅게일은 여성의 사회적 지위를 남성과 대등한 것으로 하려고 먼저 스스로 자기가 관여하고 있던 육군병원의 개선이나 육군성의 개혁을 의욕적으로 주장하고 나섰다.

"천사는 아름다운 꽃을 흩뿌리는 자가 아니고 곤궁에 처한 사람을 위해 싸우는 자이다"라고 주장했다. "인생은 전투이고 부정과의 전투이다" 등 과격한 발언을 남겼다. 백의의 천사 이미지로는 상상이 가지 않는 모습이다. 그래서 전쟁터에서도 간호사의 임무를 충실히 해낼 수 있었을 것이다. 여성투사답게 그녀는 평생 독신으로 지냈다.

● **나폴레옹, 보나파르트**(ⅠAﾏﾏﾉ세)(Napoleon, Bonaparte : 1769~1821), 프랑스의 황제(1804~1814)

☞ 나폴레옹은 독서애호가여서 마차 속에서도 책을 읽었고, 읽은 책은 내버리는 기벽이 있었다. 전장에서도 책을 읽었고 그가 유배당해 간 '세인트 헬레나' 섬에 가서도 책을 읽었다. 그는 평생 8,000여 권의 책을 읽었다고 한다.

(무식한 영웅은 없는가 보다.)

☞ 나폴레옹은 1796년 이탈리아 원정군 사령관이 되었고, 1798년에는 이집트에 원정도 갔다. 1799년에는 브뤼메르의 쿠데타로 집정정부를 수립하고 스스로 황제가 된 것은 1804년이었다.

황제가 된 후, 하루는 부관을 불러 이탈리아, 이집트 원정에 종군한 병사를 한

사람 뽑게 했다. 이 병사가 어디서 태어났으며, 가족은 몇 사람이며 뭘 하는 사람들인지를 조사하게 했다.

열병식 때 이미 이 병사가 어디에 서 있는지를 확인한 후 나폴레옹은 그의 이름을 친근한 척 불러내서 "아, 여기 있었구나. 넌 이집트에서 용감하게 싸웠잖아, 아버님은 건강하신지? 훈장은 안 받았지, 그럼 훈장을 주겠다"라고 말을 함으로써 병사를 놀라게 할뿐 아니라 황제가 자기 자신을 마치 친구처럼 대해주고 훈장까지 내려주며, 가족의 안부까지도 알고 있다니 '황제는 백성 한 사람 한 사람까지도 보살펴 주시는구나' 하고 감격하게 했다. 그래서 나폴레옹에 대한 충성심도 깊어지고, 병사뿐 아니라 국민의 인기를 얻을 수 있었다.

● **나피어, 찰스**(Napier, Charles : 1782~1853), 영국의 군인, 행정가

1842년 나피어가 신드(Sind : 파키스탄의 한 지방주)를 합병하였고, 지금 파키스탄의 남동부 지방의 인더스강 유역을 영국 통치하에 두게 되었다. 이 행동에 대해서 나피어는 그의 일기에 이렇게 썼다. "우리는 신드를 장악할 권리가 없다. 그러나 우리는 그렇게 했다. 그리고 대단히 유리한, 유용한, 인정 있는 악당적 행위가 될 것이다"라고 썼다. 그는 신드를 정복했다는 뉴스를 급송함으로써 명성을 날렸다. 단 한마디의 라틴어로 "Peccavi(나는 죄를 지었소)"였다.

(국가의 이익을 위해 남의 국토를 점령했지만 정당성은 없는 것이었다.)

● **내쉬, 옥덴**(Nash, Ogden : 1902~1971), 미국의 유머작가

라디오 부장 톰 칼슨의 개가 내쉬의 사인이 된 내쉬가 쓴 책 하나를 씹어 먹었다. 그 책은 절판되어 있었다. 칼슨은 용하게 대신으로 그 책을 구할 수 있게 되었다. 칼슨은 그 책을 내쉬에게 보내면서, 어떤 일이 일어났는지를 설명하고 다시 사인을 해 달라고 부탁했다. 그 책이 돌아왔다. 그 책에 이렇게 적혀 있었다. "톰 칼슨 혹은 그의 강아지에게—누구의 입맛에 맞느냐에 따라서(결정하시오)"라고.

(개가 씹어 먹었으니까 입맛 이야기를 한 것이다.)

● 네로 황제(Nero : AD 37~68), 로마 5대 황제

☞ 네로는 64년의 화제로 잿더미가 된 로마를 재건했고, 화재의 원인을 기독교인들에게 뒤집어 씌워서 박해가 이어졌다. 그의 잔인성, 불안정성, 무서운 세금 부과로 인해 반란이 일어났고 프레토리아인 경비에게 버림받고 자살했다.

당시 궁중에는 독살전문 조제사까지 두었고, 귀족들의 식사에는 반드시 독을 미리 맛보는(시식) 노예까지 있었다. 네로의 어머니 아그리피나는 권력 광이었고, 아들 네로가 태어났을 때 "이 아이는 황제가 되지만 어머니를 죽인다"고 예언되었지만, 그녀는 "황제가 되기만 하면 죽어도 좋다"라고 말했다고 한다. 아들을 황제로 만들기 위해 클라우디우스 황제와 재혼하였고, 네로를 양자로 들였다. 그 후 그녀는 클라우디우스를 독살하고 그의 딸 옥타비아를 네로의 아내로 삼았다.

네로는 궁전의 발코니에서 로마의 화재를 내다보면서 비파를 키면서 호머의 시를 읊고 '트로이의 함락' 노래를 불렀다고 한다.

☞ 클라우디우스 4대 황제가 브리타니쿠스를 자기의 후계자로 지명할 계획을 가지고 있었는데도 불구하고, 아그리피나(네로의 어머니)가 자기 아들에게 왕관을 넘겨줄 결심을 굳혔다. 그녀는 늙은 황제에게 독버섯을 먹여 그의 후계자에 대한 그의 소망을 명확히 갖지 못한 채 황제는 고통 속에 죽었다.

네로가 황제 자리에 올랐다. 그는 클라우디우스의 장례를 화려하게 치렀다. 나중에 그를 신으로 추앙하였다. 그는 버섯은 정말로 좋은 신들의 음식이라고 말했다. 왜냐하면 그것을 먹음으로써 클라우디우스는 신이 되었기 때문이라고 했다.
(죽여 놓고는 신으로 추앙했다.)

● 네스빗, 에블린(Nesbit, Evelyn : 1884~1967), 미국의 모델, 쇼걸

1903년 에블린 네스빗이 백만장자 해리 K. 쏘와 결혼하였다. 다음해 이 커플이 아주 멋있는 식당에서 저녁을 먹고 있는데, 해리(남편)가 아내의 옛 애인 건축가 스탠포드 화이트 씨를 바로 옆 테이블에서 보았다. 그는 권총을 끄집어내서

화이트의 얼굴에 세 발을 쏘았다. 에블린 쏘의 반응은 기억할만하였다. "저런, 해리, 당신은 곤경에 빠졌소."

● 네크라소프, 니콜라이(Nekrasov, Nikolai : 1821~1878), 러시아의 시인

네크라소프와 투르게네프는 초년에는 둘도 없이 막역한 친구사이였다. 그러던 것이 중년에 이르자 사이가 벌어지기 시작한 것이 차츰 세월이 갈수록 아주 불화 관계가 되어 만년에 이르러서는 피차 왕래까지 끊어버렸다.

네크라소프가 병이 나서 위독한 지경에 이르렀다는 소식이 전해지는 것을 투르게네프가 듣고 나니 구정을 잊을 수 없어 마지막 마당에 부닥쳐서 사소한 혐의를 품지 않고 서로가 저세상 사람이 되어 버린다면 그것도 유한이 안 될 수 없다는 생각에서 네크라소프의 집을 찾아가서 화해하자고 제의했다. 간호하던 가족이 환자에게 이 뜻을 전달하니 병상에 누웠던 네크라소프는 침대에서 몸을 반쯤 일으켜 세우면서, "뭐? 그 자식이 화해가 다 뭐야. 인제 내가 죽어간다니까 어떤 몰골을 하고 있나, 그 꼬락서니를 보러 온 것이지 뭐……" 하여 측근을 놀라게 했다.

● 넬슨, 허레이쇼(Nelson, Horatio : 1758~1805), 영국의 제독, 귀족

그가 상실한 눈에 대한 보상을 받기로 시도했을 때, 의사의 진단서가 없으면 돈을 지불할 수가 없다고 알려왔다. 그의 부상은 이미 잘 알려진 바인데도 이와 같은 옹졸한 관료 때문에 속이 상한 넬슨은 그렇게도 필요한 서류를 준비했다. 그는 예방책으로 그가 잃어버린 팔에 대한 부상 증명서도 의사에게 부탁했다. 그는 사무원에게 눈에 대한 진단서를 제출했다. 그 직원은 액수가 적다는 말을 하면서 적절한 금액을 지불했다.

"오, 이건 눈만을 위한 것입니다"라고 넬슨이 말했다.

"며칠 안으로 팔 때문에 다시 올 것입니다. 그리고 아마도 좀 더 있다가는 다리 때문에 또 올지 모릅니다." 그 주간 주말께 그는 다시 그 사무실을 찾았다. 엄숙하게 두 번째 진단서를 제출했다.

● **넷커, 수잔**(Necker, Suzanne : 1739~1794), 스위스의 사회지도자, 루이 16세의 경제장관 자크
넷커의 부인

마르퀴즈 드 샤스텔뤼가 한번은 마담 넷커의 디너파티에 초청을 받아 갔다. 조금 일찍 도착해서 응접실에서 혼자서 기다리고 있는데 의자 밑에 공책이 하나 놓여 있기에 살짝 들춰 봤더니 그 공책에 그날 저녁 파티 테이블에서 나눈 대화의 내용에 대한 메모가 자세히 적혀있는 것을 발견했다. 그는 조심스럽게 그 공책을 도로 의자 밑의 제자리에 갖다 놓고 파티에 참석했다. 식사를 나누는 동안 마담 넷커가 나누는 대화를 들어보니까 그 공책에 쓰여 있는 것을 암송하듯이 되풀이하고 있었다.

(이런 준비가 필요해요.)

● **노벨, 알프레드**(Nobel, Alfred : 1833~1896), 스웨덴의 화학자, 발명가

노벨이 다이너마이트 발명으로 막대한 재산을 모았다. 1900년에 노벨이 죽은 후 그 돈으로 노벨재단을 설립하고, 노벨상 제도를 만들었다.

노벨은 생애동안 결혼은 하지 않았지만, 40세를 넘긴 무렵 비엔나의 가난한 꽃파는 소녀에 마음이 빼앗겨 그는 이 소녀를 파리에 데리고 가서 교양 있는 숙녀로 만들기 위해 사교계에 데뷔시키려 했다.

그러나 소녀는 노벨의 뜻대로 되어가지 못했다. 그런가 하면 여행이 많은 노벨의 눈을 속이고 제3의 남자를 사귀고 노벨에게 공갈 협박을 하게 된다. 공갈의 근거는 노벨이 그녀에게 보낸 216통의 러브레터이다. 이미 사회적 명성을 얻고 있던 노벨에게 있어서는 이 소녀와의 관계는 비밀이었으나 스캔들을 피할 수가 없었다. 그녀의 공갈은 노벨이 죽은 후에도 계속된다. 자녀가 없었던 노벨은 막대한 유산을 거의 노벨재단의 기금으로 남겼지만 그 공갈 때문에 재단설립이 늦추어졌다.

결국 노벨의 러브레터는 유언집행인에 의해 매입하였으나 자칫하면 노벨상은 못 줄 뻔하였다.

● **노스트라다무스**(Nostradamus : 1503~1566), 프랑스의 점성술사, 의사

노스트라다무스는 샤를 Ⅸ세의 시의(侍醫)였고 앙리 Ⅱ세의 죽음을 4년 전에 예언해서 유명해졌다.

노스트라다무스의 예언시 1555년에 출판한 「세기들」에 보면, "1999년 일곱 번째 달에/ 하늘에서 공포의 대왕이 내려오도다."라고 말하고 있다. 노스트라다무스의 예언시 중에서 제일 유명하다. 1999년이 아니라 그 2년 후 2001년 9월에 뉴욕 맨해튼의 세계무역센터가 하늘로부터 공격을 받고 무너졌다. 그런데 점성술사요 예언자로서의 노스트라다무스는 아주 유명하지만 그에게는 또 다른 얼굴이 있었다.

실은 그는 몽펠리에 대학에서 공부한 의사였다. 특히 페스트(흑사병)에 관해서 조예가 깊었다. 그 근절을 위해 심혈을 기울인 시기도 있었다.

후일, 프랑스 국왕의 초대를 받고 궁정근속의 시의가 되었다. 그런데 이때 그는 의사로서는 상당히 불실했던 모양이다.

국왕의 모후에게 미안료(美顔料)라고 해서 수은을 기초로 한 화장품을 사용하게 했는데 당연히 모후를 비롯해서 많은 여성들이 수은중독에 걸리게 된 것이다.

또 노스트라다무스는 아이들의 소변이나 담(가래), 침이 미용에 좋다는 등 공언을 했는데 이것도 오류였다고 한다. 이 무렵 정말로 이 사람이 의사였을까 하는 의문이 들 만한 이야기다.

그의 예언은 세계 1, 2차 대전, 6·25전쟁, 걸프전쟁 등을 맞췄다고 하나 글쎄 그것이 정말일까?

● **녹스, 필랜더**(Knox, Philander : 1853~1921), 미국의 법률가, 정치지도자

1903년 테어도어 루즈벨트 대통령이 파나마운하 영역을 획득하게 되었다(해군과 육군을 동원 점령). 그의 업적을 자랑스러워했지만 모든 미국 시민이 그것을 인정한 것은 아니었다. 필랜더 녹스는 그때 정부의 검찰총장이었고 회사의 고문변호사였다. 그리고 그 일이 그에게는 루즈벨트가 자기 행동을 방어하고 나섰다는 점

이 거슬렸다. 녹스는 "오, 대통령 각하, 그렇게도 위대한 업적이라면 합법성에 오점이 있다는 문제로 괴로움을 겪지 않도록 해야 될 것 같습니다"라고 말한 것으로 알려지고 있다.

(군대를 동원해서 파나마운하를 뺏은 결과가 되었기 때문이다. 물론 명분은 있었지만)

● **뉴먼, 폴**(Newman, Paul : 1925~2008), 미국영화배우, 감독

놀라우리만큼 영역이 넓은 영화, 크고 열광적인 관객이 있음에도 불구하고, 뉴먼은 몇 년 동안 아카데미상을 건너뛰었다. 드디어 1980년대 후반 그에게 그의 업적에 대한 공로로 특별상이 주어졌다. 대개는 나이 많은 배우나 덜 활동적인 인사들에게 주는 상이다. 뉴먼은 아카데미에 감사를 했고 말하기를 "나는 이 상이 선물 상품권 속에 싸여 숲속잔디에 보내지는 것이 아님을 기쁘게 생각합니다."

(숲속잔디 : Forest Lawn은 갖다버린 곳을 말함)

(이 상에 대해 자기 나름으로 위안을 받는다는 뜻)

● **뉴턴, 아이작**(Sir Newton, Isaac : 1642~1727), 영국의 수학자, 물리학자, 천문학자

☞ 1665년에서 1666년 사이 18개월 동안 영국에 페스트가 돌아 뉴턴은 캠브리지를 떠나지 않을 수 없었다. 그 후 린컨샤이어에 있는 울스 쏘프의 어머니 집에서 살았다(그 집은 지금도 남아 있고, 박물관으로 보존되고 있다). 하루는 그가 거기에 있는 과수원에 달이 자기 궤도를 돌게 하는 힘에 관한 문제를 골똘히 생각하면서 앉아 있었다. 그때 사과가 나무에서 떨어지는 것을 보고, 사과를 땅으로 끌어당기는 힘이 달이 지구 밖 궤도를 돌게 하는 힘과 같은 힘일까를 생각하게 되었다. 이와 같은 사고의 흐름이 그를 드디어 만유인력의 법칙을 발견하게 하는 동기가 되었고, 천체들 간의 운동에도 적용하는 원리가 되었다.

☞ 1980년이 되어서 두 사람의 물리학자가 뉴턴의 머리카락에서 많은 수은을 검출했다. 300년이나 된 머리카락이 왜 새삼 문제가 되느냐 하면, 그의 머리카락

이 유품과 함께 보관되어 있었기 때문이다.

뉴턴은 45세가 지나서 확실한 정신장애로 고통 받고 있었다. '아무래도 이 수은과 관계가 있는 것 같았다'라고 생각한 이유는, 물리학의 개조(開祖)인 뉴턴은 동시에 극히 중세적인 연금술사(鍊金術師)이기도 했기 때문이다.

뉴턴은 캠브리지의 루카스 강좌 '자연과학 강좌' 제 2대째의 교수로 있었다. 이 강좌는 역대 일류의 학자만 교수가 되었고(현재는 우주론의 학자 호킹 박사가 담당), 뉴턴은 바로 근대 과학의 최전선에 서 있었던 것이다.

그 루카스 강좌의 교수를 하면서 그는 준비되어 있던 전용연구실에서 연금술에 몰두하였었다. 이 시기는 명저 『프린키피아』가 발표될 무렵이었다.

연금술은 중세의 마술이다. 모든 물체를 금으로 바꾸는 마법술이었다. 이 연금술을 실험하기 위해서는 대량의 수은이 필요했고, 이 수은에 자기도 모르게 중독되어 있었던 것이다.

뉴턴은 이 연금술의 방대한 연구 자료를 상자에 넣어둔 채 발표는 하지 않았다. '비밀의 상자'가 발견된 것은 1936년이 되어서였다.

☞ 뉴턴은 독서를 시작하면 침식을 잊어버릴 정도였다. 하루는 계란을 삶으면서도 독서는 할 수 있다고 생각했다. 그는 독서를 시작하면서 계란을 삶기 시작했다. 자, 다 삶아졌다고 생각되어 책을 놓고 냄비를 들어보니 달걀은 책상위에 놓여 있었다. 이상하게 생각한 뉴턴이 냄비 속을 들여다보니까 거기에는 회중시계가 딸그락 딸그락하며 끓고 있었다. 삶은 계란이 아니라 삶은 시계였다.

● 니체(Friedrich Nietzsche : 1844~1900), 독일 태생의 철학자

니체는 스위스의 바젤대학의 고대 언어학 교수로 있다가 병으로 교직을 그만두고 고독한 세계를 방황하며 저작생활에 몰두하다가 발광(정신병)해서 사망했다.

그는 계몽사상 합리주의에 반대하여 '신은 죽었다'고 선언하고 반기독교 사상을 들고 초인철학을 창시했다. 키에르케고르와 더불어 실존철학에 큰 영향을 끼

쳤다.

니체는 45세 때 매독에 걸려 발광을 하고 그것으로 인해 사망할 때까지 11년 간 음식을 먹고는 곧 배설하고 잠만 자는 폐인 생활을 했다. 매독균이 뇌로 들어가기 약 2년 전에는 대작·걸작을 만들어내서 천재적 재능이 십분 발휘되었다는 점이다. 니체도 뇌매독으로 발광하기 2년 전에 돌연 창작의욕이 끓어올라 1년에 27권의 책을 써냈다고 한다. 현대에 와서 이와 같은 천재가 적은 것은 매독치료제인 살바르산이 발명되면서부터라는 역설도 있다. 미쳐야(狂) 어떤 경지에 미치는(到) 것인가?

● 니콜라스 ㅣ세(Nicholas Ⅰ : 1796~1855), 러시아의 황제(1825~1855)

12월 음모 사건에 연루자의 한 사람인 콘드라티 릴레예프가 교수형 선고를 받았다. 형 집행과정에서 밧줄이 끊어졌다. 릴리예프는 상처를 입고 두들겨 맞고 땅에 떨어졌다. 그리고 일어났다. 그리고 말하기를 "러시아에서는 일을 제대로 할 줄을 몰라. 밧줄 하나를 제대로 못 만들어"라고.

보통은 이런 종류의 사고는 범인을 용서해 주는 것으로 끝났다. 그래서 형장에서 사자를 겨울 궁전에 머물고 있는 황제에게 보내서 황제의 기분이 어떤지를 알아보라고 했다. 니콜라스 1세가 묻기를 "그가 무슨 말을 했는데?" "폐하, 그가 말하기를 '러시아에서는 밧줄 하나도 제대로 만들 줄 모른다'고 했습니다." "응 그러면 그 반대를 증명해 보여라"라고 황제가 말했다.

(즉 밧줄을 튼튼하게 다시 만들어 처형하라는 말)

● 니클라우스, 잭(Nicklaus, Jack : 1940~), 미국의 프로골퍼

니클라우스가 1962년 US 오픈에서 아놀드 파머를 골프 황제의 자리에서 끌어내렸다. 그는 72홀을 친 후 5타를 절약해서 타이를 만들었다. 그 이튿날 플레이오프에서 니클라우스가 이겼다. 이때 파머가 말하기를 "큰 곰이 우리에서 나왔어. 모든 사람은 뛰어가서 숨어야 돼"라고 하자, 니클라우스는 "나는 곰처럼 배가

고파요. 그러나 나는 체중을 줄여서 황금을 찾으러 가야겠소." 체중을 줄인 그는 '황금곰'이 된 것으로 알려졌다.

● 닉슨, 리처드(Nixon, Richard : 1913~1994), 미국의 정치가, 미국 제37대 대통령(1969~1974)

1960년 닉슨과 케네디가 가졌던 대통령 후보 간 한 텔레비전 토론에서 닉슨이 케네디더러 한 열렬한 케네디 지지자였던 전 대통령 트루먼이 사용하던 야비한 말을 사용하지 말아달라고 요구했다. 그리고 아이젠하워가 '대통령직의 위엄'을 회복시켜 놓은 방식을 칭송하였다. 케네디가 웃었다.

토론이 끝난 지 몇 분 후 닉슨이 코멘트를 기다리고 있는 기자들에게 화를 내면서 "저 개새끼 같은 사생아가 노트를 사용할 줄도 몰라."

(That fucking bastard(이 말은 미국인의 욕이다. 그는 야비한 말을 하지 말자고 해 놓고 기자들에게 케네디 욕을 했다.)

● 닐손, 비르지트(Nilsson, Birgit : 1918~), 스웨덴의 소프라노, 와그너 해석의 대가

한번은 닐손이 헤르베르트 폰 카라얀과 계약문제로 타협하고 있었다. 그때 비엔나 오페라의 지휘자였는데, 그녀가 매고 있던 진주목걸이의 줄이 끊어져 진주가 바닥에 다 흩어져 굴렀다. 폰 카라얀과 거기에 있던 몇몇 다른 사람들이 무릎을 꿇고 진주를 찾았다. "우리는 모든 진주를 다 찾아야 돼요." 폰 카라얀이 말했다. "이것들은 비싼 진주이고 미스 닐손이 메트로폴리탄으로부터 받은 비싼 출연료로 산 것이니까"라고 하니까, "아니요!" 미스 닐손이 대답했다. "이것들은 이미 테이션이에요. 비엔나 오페라에서 받은 싼 출연료로 산 걸요."

(정말 멋진 응수다. 비엔나 오페라의 출연료가 싸다는 것을 이런 식으로 빗대다니)

● 다빈치, 레오나르도(Da Vinci, Leonardo : 1452~1519), 이탈리아 르네상스시대의 화가, 조각가, 건축가

☞ 만능천재라 불리운 다빈치에게도 한 가지 약점이 있었다고 한다. 그것은 바

로 여자문제. 일생 독신으로 지낸 다빈치는 그것 때문에 동성애자가 아닌가 하는 의심과 소문이 끊이지 않았다. 예컨대, 그는 17세의 소년에서부터 호모관계를 강요받았다는 호소가 있었고(일단 무죄 판결을 받기는 했지만), 만년에는 젊은 제자들과 함께 생활을 했었다.

특히 프란체스코 멜씨라는 제자를 특별히 사랑해서 다빈치는 중요한 메모나 서류를 모두 유산으로 이 제자에게 남겼다.

더욱이, 한편으로는 그는 성의 리얼한 단면도 등을 남겨 놓았는데 여성에게 흥미는 있었지만 말을 걸어볼 용기가 없었다고 한다.

☞ 레오나르도 다빈치는 왼손잡이였다. 그것은 그가 남긴 기록이나 메모에서도 추측이 된다. 뒤집어진 철자가 오른쪽에서 왼쪽으로 쓰여져 있기 때문이다. 이것을 거울문자(鏡文字 혹은 mirror drawing)라고도 하는데, 이것은 다빈치가 의심이 많은 사람이었기 때문이라고 한다. 자기의 아이디어를 제자들이 훔치는 것을 싫어해서 일부러 읽기 어려운 글자를 썼다고도 한다.

확실히 다빈치의 제자에 대한 태도는 달라졌다. 그는 절대로 유능한 제자를 두지 않았다. 능력보다도 겉모양을 중요시 했다. 여기에 다빈치의 동성애론이 불거져 나온다.

일생 독신으로 살아오면서 소년제자와 관계가 있었다는 등의 증거가 있는데 거울문자에는 또 다른 의미가 있었다고 한다. 그는 역시 다른 사람을 믿지 않았던 것이다. 다빈치의 메모 속에는 "이것은 누구에게도 보이지 말 것, 너 혼자서 명예를 손에 넣을 것"이라는 글이 들어 있다.

● **다윈, 에라스무스**(Darwin, Erasmus : 1731~1802), **영국의 시인, 의사, 찰스 다윈의 조부**

다윈 씨는 한 젊은이로부터 질문공세를 받았다. "선생님은 그 말더듬이 때문에 불편한 적이 없습니까?" 하고 물었다(아마도 다윈 시인은 말더듬이였던 모양이다). "아니오, 그것 때문에 나는 반성하는 시간도 갖게 되고, 부적절한 질문은 안하게 되니까요"라고 대답했다.

● 다윈, 찰스(Darwin, Charles : 1809~1882), 영국의 생물학자

다윈이 생물진화론을 전 세계에 알리게 된 계기는 다윈의 연구열도 있었지만 당시 대영제국의 정책과도 관계가 있다. 다윈은 영국 군함 비글호를 타고 남미와 오스트레일리아 조사에 임했는데, 이때 영국은 세계 지배를 꿈꾸면서 세계해도 (世界海圖) 작성을 시작했고, 세계 각지에 군함을 보내 그 일을 수행하게 했다. 이때에 맞추어 다윈이 남미로 출발하는 군함 비글호에 타려고 신청을 했다.

다윈이 비글호를 타려고 하니까 선장인 피츠 로이가 허락하지 않았다. 이유는 다윈의 코 모양 때문이었다. 골상학을 믿고 있던 이 선장은 다윈의 코를 보니 '항해를 하기 어려운' 골상(骨相)이라고 했다.

다윈의 코와 같은 코를 가진 남자는 항해를 계속할 체력과 기력을 가지고 있지 않다는 것이었다. 그래서 다윈의 은사가 선장을 설득해서 선장은 투덜대면서 승선을 허락하나 항해 중 두 사람은 계속 싸웠다고 한다.

이런 군함의 도움 없이 단독으로는 남미나 오스트레일리아까지 항해해서 조사 연구를 할 수는 없는 시대였다.

● 단눈치오, 가브리엘레(D'Annunzio, Gabriele : 1863~1938), 이탈리아의 시인, 극작가, 파시
스트 정치가

무용가 이사도라 던컨이 단눈치오에 대해서 한 이야기이다. 단눈치오는 그가 묵었던 한 호텔의 어항에서 금붕어 한 마리를 입양하고 이름까지 지어 주었다. 아돌프스라고. 그는 그 금붕어에게 먹이도 주고, 이야기도 걸어주고, 어항에서 헤엄치는 모습도 바라보곤 하였다.

그가 이탈리아로 돌아와서는 호텔에 주기적으로 전보를 쳐서 "내 사랑하는 아돌프스는 잘 있소?"라고 묻곤 했다. 그 금붕어가 드디어 병에 걸리고 죽었다. 호텔 급사장은 시체를 버려버렸다. 이상하게도 그 후 즉시 시인으로부터 전보가 왔다. "아돌프스가 아픈 것 같소"라고. 급사장이 즉시 "아돌프스는 죽었소. 어젯밤에 죽었소"라고 전보를 쳐 보냈다. 단눈치오에게서 또 전보가 왔다. "그를 뜰에 묻어주어 그의 무덤도 만들어 주오"라고. 급사장은 정어리 한 마리를 은박지에 싸서 작은 십자가 밑에 뜰에 묻어주었다. 거기에는 이렇게 쓰여 있었다. "여기에 아돌프스가 누워 있습니다." 단눈치오가 그 무덤을 보려고 돌아왔을 때 거기에 꽃을 얹고 허리를 굽혀 울었다.

그가 물의를 일으켰던 애정사건의 끝 무렵에 이탈리아의 한 시골 언덕의 무너져가는 고성에 피난처를 정하고 거기 기거하게 되었다. 그가 그 마을에 도착했다는 소식에 이웃사람들과 농부 사이에 소동이 있었으나 차츰 시들어지고, 겨울이 오고, 분위기는 쓸쓸해지고 지루한 나날이 이어졌다. 그러다가 어느 날 이웃사람들이 어떤 광경을 목격하고 충격을 받았다. 한 여성이 흘러내려오는 흰옷을 입고 흰말을 타고 한밤중에 성 안으로 들어갔다는 소식이었다. 그녀는 그 다음날 밤에도 나타났다. 사람들은 아마도 그 시인의 새 여자일 것이고, 비밀리에 성을 방문한 것이리라고 생각했다. 설명은? 그것은 단눈치오 자신이었다. 그가 살고 싶었던 낭만적 신비성의 분위기를 만들어 내기 위해 위장을 한 것이었음이 나중에 알려지게 되었다.

● 단테, 알리기에리(Dante, Alighieri : 1265~1321), 이탈리아의 시인 『神曲』의 작가

르네상스 당시 회식 중에 먹다 남은 생선가시나 고기뼈다귀는 식탁 밑에 버려도 괜찮은 것으로 되어 있었다.

한번은 단테를 초대해서 식사를 대접한 사람이 있었는데, 주인 초대인은 자기가 먹고 버린 고기 뼈다귀를 맞은편에 앉은 단테의 발 옆으로 슬그머니 밀어놓았다가 식사가 끝난 다음 일어나면서 단테의 발밑을 가리키며 "야! 참 무던하구나! 웬 시인이 저렇게 무지하게 고기를 많이 먹었단 말인가?…… 과연 대식가로군……" 했더니 단테가 "나는 뼈다귀를 남기거나 했지만 자네는 뼈다귀까지 모조리 먹어치웠으니 몇 끼나 굶었는가?"고 응수했다.

● 달리, 살바도르(Dali, Salvador : 1904～1989), 스페인의 초현실주의 화가

달리가 뉴욕에 갔을 때 하루는 한 책 가게에 들렀다. 그리고 자기가 쓴 『살바도르 달리의 비밀스러운 생활(Secret life of Salvador Dali)』이라는 책을 찾았다. 그 가게의 젊은 점원이 곧장 그 유별난 고객을 알아보고 그 책을 찾아서 들고 나왔다. 그리고 그 책을 포장하기 시작했다.

"당신 그 책 읽었어요?" 그 예술가가 물었다.

"아니오, 아직은 못 읽었어요"라고 대답하면서 싼 책을 달리에게 건네주었다.

"그것 가져"라고 통 크게 말하면서 그 책을 카운터의 반대편으로 밀어 보냈다.

"이건 당신을 위한 내 선물이요. 원한다면 당신을 위해 내 사인을 해드리지" 하고 말하였다. 점원은 급히 포장을 뜯고 펜을 그 예술가에게 건네주었다.

달리가 가게를 떠나자 그 점원은 보배로운 달리의 사인을 바라보면서 그 예술가가 중요한 절차를 생략했다는 것을 깨달았다. 즉 달리는 책값을 안 내고 간 것이었다.

● 더퓨, 촌시 미첼(Depew, Chauncey : 1834～1928), 미국의 법률가, 정치가, 재치인

촌시 더퓨와 마크 트웨인이 한 만찬장에 같이 초대되어 연설을 하게 되어 있었다. 트웨인이 먼저 20분간 연설을 하고 박수갈채를 받았다. 다음 더퓨의 이름이 불리고 그는 일어나서 이렇게 말했다. "만찬 시작하기 전에 마크 트웨인과 내가 연설을 바꾸어 하기로 합의를 했습니다. 그는 방금 제가 할 연설을 했습니다. 여러분들이 그 연설을 열렬히 받아 주셔서 감사합니다. 불행스럽게도 제가 그의 연설문을 잃어버렸습니다. 저는 그가 말하려고 했던 그 연설의 어느 한 마디도 기억하는 바가 없습니다." 그리고는 자리에 앉아버렸다.

● 던컨, 이사도라(Duncan, Isadora : 1878～1927), 미국의 무용가

1927년 9월 프랑스 니스의 집에서 이사도라 던컨은 새로 구입한 좌석이 낮은 '부가티' 경주용 차에 올라탔다. 그녀가 아끼는 긴 빨간 스카프를 목에 둘렀다. 그

스카프의 끝이 흔들리면서 그의 친구들 쪽으로 날렸다. "안녕, 내 친구들이여, 이 행복이여"라고 외치면서 차가 출발하기 시작했다. 출발과 동시에 차가 포효하기 시작했다. 긴 빨간 스카프가 자동차 뒷바퀴의 살에 뒤엉키게 되었다. 그리고 뒤틀렸다. 그리고 이사도라의 목을 낚아챘다. 그녀는 즉사했다.

● 데밀, 세실(De Mille, Cecil : 1881~1959), 미국의 영화감독, 제작자

어느 날 오후 데밀이 '왕중왕'이라는 영화를 찍고 있었다. 예수 생애의 서사시이다. 한 남자배우가 여배우 한 사람을 점찍어서(마리아 막달레나의 몸종 노예를 연기하던 사람인데), 세트 안으로 몰래 들어가는 것을 목격했다. 두 사람은 확실히 몸단장이 흐트러져 있었다. 데밀이 메가폰을 잡고 세트 높은 곳에 올라가서 연기자가 모두 모인 곳을 향해서 이렇게 외쳤다. "나의 예수 그리스도를 혼자 있게 내버려두라. 만일 당신들이 누군가를 비틀어 괴롭히려면 폰티우스 필라투스(성경에는 본디오 빌라도라고 되어 있다)를 괴롭히시오"라고.

● 데이비스, 마일스(Davis, Miles : 1926~1991), 미국의 트럼펫 연주자, 재즈뮤지션

데이비스는 가끔 그의 친구 색소폰 연주자 존 콜트레인과 함께 연주하자고 초청했다. 콜트레인은 가끔 여기에 응했다. 그런데 콜트레인이 연주를 시작하면 멈출 줄을 모른다는 사실은 세상이 다 알고 있었다. 누군가가 왜 그의 솔로를 그렇게 오래 들어야 하느냐고 물었다. 그랬더니 콜트레인이 "나는 연주에 한번 참여하면 어떻게 멈춰야 하는지를 모른다"고 했다. 여기에 데이비스가 "색소폰에서 입을 떼면 되잖아" 하고 말했다.

● 데이토, 짐(Dator, Jim : 1936~), 미국 하와이 대학 교수, 미래학자

☞ 데이토 교수는 하와이대 미래전략연구센터 소장으로 있을 때 한국에 몇 번 왔고, 경북 안동에서 있은 '한국정신문화재단'이 주최하는 '21세기 인문가치 포럼'에 연사로 오기도 했다. 그는 일본에 10년간 와서 연구했고, 동양철학과 주

역·오행·유교 등에 조예가 있다. 그는 현대 미국의 미래학의 대부이다. 그는 1967년 앨빈 토플러와 함께 '미래협회'를 만들어 학문분야로서 '미래학'을 개척한 선구자다.

☞ "인간은 함께 모여 산다. 자기주장만 펼치면(개인주의) 곤란하다. 권리를 지키되 상대를 존중하고 책임지는 인식이 중요하다. 그런 점에서 삼강오륜을 바라보는 것이다"라고 했다.

"우리는 보통 영어로 '미래가 앞에 있다(The future lies ahead)'라고 말하지만 미래가 뒤에 있다고 믿는 문화권도 있어요. 그들은 과거를 마주하기 때문에 과거를 '볼 수' 있고 거기서 배울 수 있어요"라고 했다.

● 데카르트, 르네(Descartes, René : 1596~1650), 프랑스 철학자, 수학자

그가 한 유명한 말, "나는 생각한다. 고로 나는 존재한다(Je Pense, donc Je suis(불어), Cogito ergo sum(라틴어))."

그는 '무엇이 진실한 것일까?' '진실하다는 것은 무엇일까?'를 끊임없이 추구했다. 그는 17세기 전반에 유럽 각지를 방랑하면서 '어떤 집단에서 믿어지고 있는 것이 다른 집단에서는 다른 의미로 믿어지고 있더라'는 것에 눈을 뜨게 되어 자기가 믿고 있는 상식이나 지식이 특정문화집단의 상식·지식으로만 머문다면 그건 선입관을 배제하지 않으면 학문할 의미가 없다고 생각했다. 고대나 중세의 학문은 독단이 넘치고 믿을 수 없는 것이 너무 많다는 것도 알아차렸다.

그래서 그는 진리의 체계란 절대 확실한 것이 아니면 안 된다고 생각하게 된다. 그래서 절대 확실한 진리에 이르려면 '모든 것을 의심하는데'서 시작해야 한다고 보았다.

그래서 그는 끊임없이 의심하고 또 의심하니 그래서 확실한 것은 '내가 의심하고 있다'는 사실만은 의심할 수가 없었다. 그래서 그가 얻은 결론은 "나는 생각한다, 고로 나는 존재한다"는 원리에 이르게 된 것이다.

● 도나텔로(Donatello : 1386~1466), 이탈리아 르네상스시대 조각가

베니스의 영주(Signori)가 도나텔로에게 용병대장 가타멜라타의 승마동상을 만들어 줄 것을 명했다. 그리고 이 예술가에게 그것을 빨리 만들어 완성시키라고 요구하면서 괴롭혔다. 그들의 끈질긴 재촉에 화가 난 도나텔로는 거의 완성단계에 있는 그 조상의 머리를 망치로 두들겨 부셔버렸다. 영주는 비슷한 자세로 망치를 휘둘러 보이면서 그를 위협했다. 이에 도나텔로는 반격하면서 "저도 찬성입니다. 당신이 만일 내 머리를 다시 만들어 줄 수만 있다면 저도 가타멜라타의 머리를 복원하겠습니다"라고 말했다.

● 도일, 아서 코난(Doyle, Arthur : 1859~1930), 영국의 소설가 '셜록 홈즈'로 유명

☞ '셜록 홈즈'를 주인공으로 한 탐정소설의 작가인데, 그가 그 시리즈를 쓸수록 인기가 올라가 원고의 주문이 쇄도해서 나중에는 주문 오는 대로 응할 수가 없어서 도일은 소설의 주인공인 셜록 홈즈를 아주 죽여 버리면 다시는 주문을 안하겠지 해서 명탐정 홈즈가 스위스의 어느 폭포수 속에 빠져 죽어버린 것으로 써서 홈즈 소설을 마감해 버렸다.

그러나 웬걸 작가가 아무리 주인공을 죽였어도 수많은 독자들이 들어 먹지를 않았다. 투서가 계속 오고 각 신문 잡지와 출판사에서 계속 써달라고 쫓아다니며 성화를 바치니 마음을 단단히 먹었던 도일도 어찌할 도리가 없어서 폭포에 빠져 죽은 셜록 홈즈가 다시 살아나는 것으로 펜을 돌려서 쓰기로 했다.

(우리나라에도 이런 작품, 작가가 나와 주었으면)

☞ 후일, 도일이 열렬한 신앙인이 되었다. 그리고 종교에 대한 대중 강연을 많이 하면서 다녔다. 하루는 어떤 집회에서 그가 열성적으로 제스처를 써 가면서 연설하다가 그만 실수해서 물 컵을 바로 앞줄에 앉은 몇몇 기자 머리 위로 떨어뜨려서 물을 뒤집어쓰게 했다.

"아이구 미안해요. 나는 당신들에게 세례를 줄 셈이었는데, 당신들을 개종시키지는 못하겠군요"라고 말했다.

● 돌, 로버트(Dole, Robert : 1923~), 미국 정치가, 상원지도자, 공화당 대통령후보 지명자

1985년 레이건 대통령이 돌 부인을 교통부장관으로 임명하였다. 잡지마다 돌의 결혼생활을 다루었다. 각료의 한 사람으로서, 힘 있는 상원 정치가로서 그들을 다루었다.

그들이 아파트에서 침실을 꾸미는 사진이 나간 후 돌 의원에게 사람들이 불평을 늘어놓는 편지를 보내왔다.

부인의 솜씨를 칭찬하면서 덧붙이기를 "돌 의원, 집안일을 돌보는 것은 이제 그만 중지하십시오. 당신은 이 나라 전체 남성(남편)들에게 문제를 불러일으키고 있어요." 그랬더니 돌 의원은 "당신은 진실의 반밖에 모르고 있어요. 아내가 집안일을 하는 까닭은, 기자들이 사진을 찍기 때문이요"라고 답장을 써서 보냈다.

● 두세이, 엘레오노라(Duse, Eleonora : 1859~1924), 이탈리아 여배우

그녀가 캘리포니아를 여행하면서 개인 언론대변인으로 매력적인 저널리스트 샘 데이비스를 지명했다. 그는 '카슨 어필'이란 잡지의 편집인이고, 샌프란시스코 '익제미너' 신문의 전문기고가였다. 두세이는 그에게 점점 흥미를 더 느끼기 시작했을 때 뉴욕으로 돌아갈 시간이 되었다. "모두 승선하십시오" 하고 신호가 왔다. 그러자, 두세이는 샘의 한쪽 볼에 키스를 하고, 다음에 다른 쪽 볼에 키스를 하고, 마지막에 입술에 키스를 하면서, 오른 쪽 뺨의 것은 카슨 어필을 위해서, 왼쪽 것은 익제미너를 위해서, 그리고 입술은 바로 당신 샘을 위해서입니다"라고 했다. 데이비스는 그녀에게 감사를 표하면서, "저는 캔서스 서부의 380개 신문사에 서비스하는 AP통신사를 대표하기도 하는데요?"라고 덧붙였다.

● 뒤마, 알렉상드르(Dumas Alexandre(아버지) : 1802~1870), 프랑스의 소설가, 『삼총사』를 쓴 작가

☞ 아들 뒤마 피스는 '춘희-동백아가씨'를 써서 유명해진 작가이다. 그는 호색

가였던 것 같다. 아들 피스는 실은 사생아이다. 그는 "나는 500명의 아이를 만들었지만(그는 소설과 극을 500편 이상 썼다는 말) 결혼은 절대 안 한다"라고 호언하고 다녔다. 이 뒤마에게는 친구들에게 자기가 요리한 옴레츠를 대접하는 취미가 있었다. 친구인 고티에나 들라크롸는 자주 식재를 다듬는 수고를 하곤 했다고 한다. 이 옴레츠는 특히 크기가 보통이 아니었던 모양이다. 그 속에는 온갖 잡동사니를 넣어서 만들곤 했다는데, 심지어 한번은 편집자로부터 퇴짜를 맞은 원고지를 잘게 썰어서 그 속에 집어넣어서 만든 옴레츠를 친구들한테 먹였다고 하니 어처구니가 없는 노릇이다. 이런 사실을 보고 친구들이 가만히 있을 리가 없다. 친구들에게 들키고도 그는 유쾌하게 웃어넘겼다고 한다. 이런 스태미나가 있었기에 그가 그 방대한 장편소설을 쓸 수 있었지 않은가 생각된다.

☞ 뒤마가 지금 한창 뜨고 있는 한 젊은 정치가와 언쟁을 벌이게 되었다. 싸움이 점점 격해지자 결투가 불가피할 지경이 되었다. 이 두 사람은 모두 굉장한 총잡이였다. 그들은 제비를 뽑았다. 지는 사람이 자기가 스스로 자결하는 것으로 결정했다.

뒤마가 제비뽑기에서 졌다. 피스톤을 들고 침묵 속 위엄을 지키면서 다른 방으로 물러났다. 들어가서 문을 닫았다. 남아있던 사람들은 뒤마의 인생이 끝나는 마지막 총소리를 듣게 될 우울한 의혹 속에서 기다렸다.

드디어 총소리가 울렸다. 그들이 얼른 문으로 달려가서 문을 열었다. 그랬더니 거기에 뒤마가 연기가 나는 권총을 들고 서 있었다.

"신사 여러분, 내 생애 최고로 후회스러운 일이 벌어졌소. 내가 실수를 했소(총을 잘못 쏘아서 자살하지를 못했다는 뜻임)."

● **뒤마, 알렉상드르**(Dumas, Alexandre(아들) : 1824〜95), 프랑스 소설가, 극작가, 아버지와 구별하기 위해 Dumas fils로 적음

뒤마 피스가 연극을 보러 극장에 가려고 막 집을 나섰다가 비가 억수같이 쏟아져서 집에 다시 돌아왔다. 그의 부인 이다는 이미 잠자리에 들어갔다. 그래서 뒤

마는 침실에서 벽난로 옆에서 책을 읽기로 했다. 그런데 갑자기 옷장 문이 열리면서 뒤마의 친구 로제 드 보봐르(Roger De Beauvoir)가 내의만 입고 추위에 떨면서 나타났다. 그는 "자네는 불 옆에서 불을 쬐면서 몸을 데우고 앉았는데 내가 왜 폐렴으로 죽어야 되는지 모르겠다" 소리치면서 나왔다. 열띤 논쟁이 계속되었다. 그 끝에 뒤마는 보봐르를 밖으로 내쫓았다. 그런데 억수같이 쏟아지는 빗방울을 보고 그는 잠시 생각했다. 보봐르는 오랜 친구였다. "자세한 설명은 내일 하고 그동안 나는 침대에서 자고 자네는 소파에서 자게"라고 말했다.

처음에는 모든 것이 평화로웠다. 그러나 벽난로의 불이 사그라지자 보봐르의 이가 부딪치는 소리 딱딱 나기 시작했다. 뒤마가 깼다.

그는 보봐르에게 아량을 베풀어 친구 보봐르에게 "침대로 올라오게"라고 말하니 그는 곧 튀어 올라와서 이다 옆에 파고들었다. 이들 세 사람은 아침까지 뒤마가 죄지은 쌍(친구와 아내)을 깨울 때까지 기분 좋게 잤다.

"오랜 친구로서, 로제 우리는 싸워서는 안 되네. 비록 아내와 관련된 문제에 대해서도"라고 뒤마가 말하고, "우리는 옛 로마인처럼 타협하세……" 그래서 두 사람은 조용히 잠자고 있는 이다를 사이에 두고 악수를 했다.

● **드가, 에드가**(Degas, Edgar : 1834~1917), 프랑스 화가, 조각가

미국 스탠퍼드대 의대 마이클 마머 교수는 인상주의의 대가 에드가 드가의 의료기록을 토대로 그가 심각한 망막 질환을 앓았다는 것을 밝혀냈다. 드가의 초기 작품은 세밀한 묘사가 장점이었지만, 나이가 들고 망막 질환이 심해질수록 사물이나 인물의 윤곽만 간신히 보일 정도로 작품의 모호함이 강해졌다는 것이다. 안과 질환이 눈으로 본 풍경을 담아내는 화가의 그림에 영향을 미치는 것은 어쩔 수 없는 숙명인 셈이다. (박건형 기자의 기사에서)

● **드골, 샬**(De Gaulle, Charles : 1890~1970), 정치인, 프랑스의 제4공화국 대통령

☞ 드골에게 1928년생인 안느라는 딸이 있었는데 선천적인 발달지체장애를

가지고 있어서 평생 돌보고 주의해야 했다. 혼자서 식사도 할 수 없고 옷을 입고 벗고도 못하고 말도 적절히 하지 못했다. 드골 부인은 이 아이를 돌보는데 헌신적으로 노력했고, 드골도 그만큼 노력했다. 이 콧대 높은 군인이 어린 여아를 즐겁게 해주려고 노력한 그 고통은 오직 어른들만 거두어온 드골이 어린아이를 솜씨 좋게 다루는 것을 보고 주변사람들은 모두 크게 놀랐다. 딸과 간단한 게임을 몇 시간씩 한다든지, 밤에는 딸이 잠들 때까지 딸의 손을 잡아준다든지 하는 솜씨와 인내심을 보였다. 1948년 안느는 폐 위축으로 고생하다가 죽었다.

딸을 콜롱베이 레 뒤 제글리즈(Colombey-les-deux-Eglises)에 있는 가족 납골당에 안치했다. 드골은 아내 쪽을 향해 하는 말 "이제 드디어 우리 아이가 다른 모든 아이와 같이 되었소이다."

☞ 프랑스 제5공화국 대통령 드골, 그는 세계 2차 대전이 터지자 프랑스 제5기 갑사단장을 맡았다. 독일군이 프랑스를 침입한 후에는 제4기갑사단장으로 독일군에 강력히 맞섰으나 실패의 국면을 만회하지 못했다. 1940년 6월 17일 페탱 원수는 프랑스군에게 저항을 멈추고 항복할 것을 선포했다. 그러나 이튿날 프랑스 국민들은 방송에서 흘러나오는 다른 목소리를 들었다.

"저는 드골 장군입니다. 저는 현재 런던에 있습니다.…… 무슨 일이 있더라도 프랑스는 저항의 불꽃을 꺼뜨려서는 안 됩니다. 아니 절대로 꺼질 수 없습니다."

드골은 곧 굴욕과 고통에 빠져있는 프랑스 민족의 희망이 되었다. 드골은 런던에서 '자유프랑스위원회'를 조직하고 적극적으로 무장부대 창설을 계획했다. 1943년 드골은 루즈벨트와 처칠의 안배하에 프랑스 해방위원회를 조직했으며 다음해에 프랑스 임시정부의 수반이 되었다.

1944년 8월 24일 드골은 연합군을 따라 파리로 귀국한 후 군권과 정권을 장악하게 되었다. 1946년 초에 사임했다가 1958년 제4공화국 대통령이 되어 국가 지위 회복에 힘썼다. 10년 동안 프랑스를 이끌고 국민들이 연임을 원했으나 스스로 연임을 반대하고 고향으로 돌아가서 1970년 11월 19일 급성 심장병으로 80세에 사망했다. 자기 무덤 비석에는 '대통령'이라는 직함을 쓰지 말라고 유언했다. 그의 비석에는 샤를 드골, 언제 태어나고 언제 죽었다는 기록만 남겼다.

● **드라이덴, 존**(Dryden, John : 1610~1700), **영국의 비평가, 계관시인**

　드라이덴은 유행을 탈줄 아는 위트를 지닌 사람들과 연회를 갖는 것을 좋아했다. 예컨대 버킹엄 궁의 백작들이나 도셋(Dorset) 백작 같은 사람들과 자주 어울렸다. 누군가가 시작(詩作) 경시를 해보자고 제안했다. 각자 즉흥적으로 시를 써서 제출하기로 했다. 드라이덴이 심사를 해서 1등을 뽑기로 했다. 도셋 백작이 제일 먼저 시를 제출했다. 드라이덴은 모든 사람이 다 낼 때까지 기다렸다가 다 모인 후에 한 장씩 읽기 시작했다. 재치 있는 글, 아름다운 시어를 읽으면서 드라이덴은 즐거워했다. 그러나 드라이덴이 도셋 백작의 시를 읽으며 가장 환하게 웃으면서 "1등상은 도셋 경에게 주어야겠소이다." 그러면서 그의 시를 읽기 시작했다. "존 드라이덴 씨, 나는 약속합니다. 주문이라고 해도 좋고 요구불이라고 해도 좋습니다만, 500파운드를 지불하겠습니다. 도셋이"라고 적혀 있었다.

● **드류, 존**(Drew, John : 1853~1927), **미국 배우**

　드류는 영화 '로즈메리'에 출연하기 위해 자기 턱수염을 밀어버려 그의 외모가 크게 변해버렸다. 그리고 얼마 안 있어 맥스 비어봄을 만났다. 그런데 드류는 그가 누군지 쉽게 기억이 나지 않았다. 그런데 비어봄은 그를 얼른 알아보고 말하기를 "드류 씨, 당신은 턱수염을 깎더니 나를 알아보지 못하는군요"라고.
　(다른 사람의 변신이 아니라 자기 스스로의 변신이 도리어 지각력을 잃게 하는 현상이다.)

● **디드로, 드니스**(Diderot, Denis : 1713~1784), **프랑스의 문학자, 철학자, 백과사전 편찬자**

　그의 작품 '라모의 조카'가 유명했는데, 프랑스에서는 독일어로 된 번역판을 다시 프랑스말로 번역하여 출판하고 원고는 찾지 못했다. 1821년에 그의 딸이 원고의 복사본을 가지고 있는 것이 알려져서 겨우 그의 전집에 수록했다. 그 후에도 친필로 된 원고를 찾으려고 러시아의 '에카테리나 2세' 황실도서관까지 뒤졌는데 발견하지 못하다가 1891년 어느 작가가 세느 강변의 어느 헌 책방에서 자필 진본을 발견하였다.

(업은 애기 3년 찾는다는 말과 같다.)

● **디마지오, 조지프**(Dimaggio, Joseph : 1914~1999), 미국 야구선수, 역사상 최고의 영웅 중 한 사람

조 디마지오가 영화배우 마릴린 먼로와 결혼한 것은 세상이 다 아는 사실이다. 먼로는 야구에 대해서 아는 바가 아무것도 없었다. 그러나 그녀는 키 크고, 고상해보이고, 겸손한 야구선수에 끌렸다. 디마지오의 축복을 받고 먼로는 신혼여행 도중 해외에 나가있는 미국 군부대를 방문하는 것이 어떠냐고 해서 신혼여행 계획을 변경시켰다. 승리감에 차서 집으로 돌아오면서 먼로는 "조! 조 그건 흥분스러운 일이었어. 군인들(the boys)이 완전히 전율을 느낀 듯 했어. 당신 그런 환호성을 들어보지 못했을 거요" 했다. 이에 디마지오는 조용히 "물론 들어봤지." 말했다. (자기는 야구 경기장에서 늘 듣는 환성이니까)

● **디즈니 월트**(Disney, Walt : 1901~1966), 미국 영화제작자, 만화가

"명사가 된다는 것이 어떤 느낌이 듭니까?" 하고 디즈니가 질문 받은 일이 있다. "그것 좋지요." 그가 대답했다. "풋볼게임 때 좋은 자리 얻는데 도움이 되죠. 그러나 좋은 영화를 만든다거나 폴로 경기에서 멋진 샷을 터트린다거나 할 때에는 도움이 안돼요. 더욱이 딸아이에게 내 명령에 따르게 한다거나 할 때에는 전혀 도움이 안돼요. 내 애완견에서 벼룩을 털어준다거나 유명인이라는 것이 개벼룩 몇 마리를 털어주는 일보다 더 유익한 한 가지 장점만 있어도 좋겠어요. 그러니까 결국 명사가 된다는 것은 별로 큰 이익이 없는 일이요"라고 대답했다.

● **디오게네스**(Diogenes : ?~BC 32경) 고대희랍 철학자, 견유(犬儒)학파의 대표 학자(냉소주의적 철학)

☞ 하루는 한 부인이 작은 아들을 데리고 와서 "이 아이가 거칠고 행실도 나쁘고 해서 데리고 왔는데 이런 행실을 고치려면 어떻게 하면 좋겠습니까?" 하고 디

오게네스에게 물었다. 그랬더니 디오게네스는 그 아이의 엄마의 뺨을 때렸다. 이것이 그의 대답이었다.

☞ 디오게네스는 큰 물통을 잠자리로 삼고 있다는 사실은 유명하다. 마케도니아의 왕 알렉산더대왕이 한번은 아테네를 순시하다가 디오게네스의 물통 집 앞을 지나가게 되었다. 대왕이 "선생은 무엇이 필요하오? 이야기 하면 내가 주선해 주겠소" 하니까 이 철학자는 "대왕시시여 저는 아무것도 필요한 것이 없소이다. 대왕께서 가리고 계시는 햇볕을 받게 조금 비켜주시기만 하면 됩니다"라고 했단다.

그는 코린토에서 거주하고 있었다. 거기에 있는 신전이나 공공건물 추녀 밑에서 밤을 지새우는 일이 많았다. 그래서 이렇게 말하곤 했다. 코린토 사람들 정말 고맙소이다. 저를 위해서 이렇게 훌륭한 침상(아름다운 건축물을 지칭함)을 준비해 주고 있으니 말입니다"라고.

● 디즈레일리, 벤자민(Disraeli, Benjamin : 1804~1881), 영국 보수당의 정치지도자 그리고 수상
(1868, 1874~1880)

☞ 그는 두 번이나 수상을 지내고 연설가로 유명한 정치가였다. 그가 하원의원이었고 35세의 노총각이었을 때, 모두 그의 결혼상대자에 대해서 커다란 호기심을 가지고 있던 차 드디어 결혼을 했다. 상대방 문인은 베자민보다 15세 연상의 재혼여성이었고 미인도 아니고, 돈 많은 과부도 아니고, 특별한 가문의 출신도 아니고 특별한 재주도 없는 여성이었다. 그래서 모두들 실망을 했다.

그러나 당사자들은 달랐다. 남이 갖지 않은 특별한 하나를 가지고 있었다. 남편에 대한 존경심이었다. 벤자민은 집에 돌아가면 그날 의회에서 있었던 일을 들려주었고, 아내는 거기에 반응을 보였다. 그들이 곧 헤어질 것이라고들 입방아를 찧었는데 그들은 30년 넘게 행복한 결혼생활을 보냈다.

☞ 수상 디즈레일리는 빅토리아 여왕과 사이가 매우 좋았다. 어느 날, 그의 친구가 그 비결을 물었더니 그는 이렇게 말했다.

"간단한 행위의 법칙을 지키고 있을 따름이야. 그 법칙이란, 나는 모든 문제를 부정하지 않는다, 나는 결코 반박하지 않는다, 나는 때때로 잊는다, 이라네."

빅토리아 여왕은 디즈레일리를 매우 존중하였다. 어떤 사람이, 다른 여왕 고문은 자주 교체되는데 경은 어째서 그처럼 변함없는 총애를 받고 있는가 하고 물었다. 그러자 디즈레일리는 이렇게 대답했다.

"그것은 간단합니다. 다른 사람들은 여왕 폐하를 중성(中性)으로 대합니다. 그러나 나는 여성으로 대하는 것입니다."

● **디킨스, 찰스**(Dickens, Charles : 1812~1870), 영국의 소설가

1854년의 어느 날, 디킨즈의 집 앞에 마차 한 대가 와서 멎었다. 그리고 그 마차에서 40세가량의 온화한 외국인이 내렸다.

"오! 안데르센 씨, 먼 곳에서 오시느라고 수고가 많으셨소."

손님보다 일곱 살 아래인 주인과 온 가족들은 그를 환영하였다. 그 손님은 바로 유명한 덴마크의 동화 작가 안데르센이었다.

안데르센은 집 안에 들어서자 장화를 벗더니 그 속에서 마술사인양 시계와 지갑을 꺼냈다. 디킨즈가 의아한 얼굴을 하자 동화 작가가 말했다.

"런던에서는 요새 '날쌘 도쟈'가 출몰한다는 이야기를 듣고 생명 다음으로 가는 물건들은 모두 이 속에 넣고 있지요."

그 말에 그만 모두가 배꼽을 쥐고 웃었다.

'날쌘 도쟈'라는 것은 디킨즈의 『올리버 트위스트』에 나오는 소매치기의 이름이었다. 이것으로 안데르센도 디킨즈의 작품의 애독자임을 알게 되었고, 그것은 무엇보다 주인을 기쁘게 하기도 했다.

● **딜런, 밥**(Dylan, Bob · 본명 로버트 짐머맨(Robert Zimmerman) : 1941~), 유태계 미국의 포크록
가수, 2016년 노벨문학상 수상

☞ 딜런이 2016년 노벨문학상을 받고 온 세상을 떠들썩하게 했다. 첫째는 작

가가 아닌 가수에게 문학상을 주었다는 점이고, 둘째는 대중음악의 노랫말도 문학작품이라고 규정한 노벨상 심사위원회의 발표에 대해서다. 또 시끄럽게 한 것은 그가 노벨문학상 수상자로 뽑혔다는 사실에 대해 시큰둥하게 반응했다는 점이 노벨상 심사위원회를 당황케 했다는 점이다.

"가사도 잘 쓰는 가수가 아니다. 노래도 부르는 시인이다."

문학계는 경악했지만 곧 대중은 사라 다니우스 스웨덴 한림원 사무총장의 "2500년 전 쓰인 호메로스와 사포의 시를 우리가 지금 읽고 즐긴다면, 밥 딜런 또한 읽을 수 있고 또 읽지 않으면 안 된다"는 설명에 납득했다.

☞ 그는 어려서부터 시를 공부했고, 웨일즈의 위대한 시인 딜런 토머스(Dylan Thomas, 1914~1953)의 이름에서 자신의 예명을 가져왔다.

딜런은 기성문화에 도전하는 젊은 세대의 상징이고 대중음악에 시를 주입한 음유시인으로 평가받는다. 그의 친구 시인 앨런 긴즈버그도 "딜런이야말로 1950년대 비트 시인들이 염원했던 시와 노래의 결합을 완성했다"고 칭찬했다. 그는 1997년 미국 버지니아대 영문학과 교수인 고든볼에게 밥 딜런을 노벨문학상 후보로 추천할 것을 권한 적이 있다.

● 라 구아르디아, 피오렐로(La Guardia, Fiorello : 1882~1947), 미국의 정치가, 뉴욕시장(1933~1945)

(언론이 존 건 써가 라 구아르디아와 인터뷰를 하면서 그의 사무실에 엄청난 양의 파일(서류)을 간직하고 있는 문제에 대해서 물었다.)

"내가 당신에게 조그만 이야기를 들려주겠소. 파일은 현대문명의 저주 같은 거요. 나는 한때 젊은 비서를 둔 적이 있소. 갓 대학을 나온 사람이었소. 그녀에게 내가 '만일 네가 이 서류들을 똑바로 제대로 보관만 한다면, 내가 너와 결혼을 할 거요.' 그녀는 서류를 그렇게 잘 챙겨주었소. 그래서 내가 그녀와 결혼했지"였다.

(비서가 사장 부인이 된 것이다.)

● 라블레, 프랑스와(Rabelais, François : 1494~1553), 프랑스의 수도사, 의사, 작가

　하루는 파리로 가는 길에 라블레는 여관비를 못 내서 작은 시골 여관에 고스란
히 발목이 잡히게 되었다. 그래서 여행을 계속 할 수가 없게 되었다. 그래서 그는
세 개의 꾸러미를 만들었다. 거기다 각각 이름을 붙였다. 첫 번째 것에는 '왕에게
바칠 독약' 두 번째는 '왕의 장형(長兄)에게 바칠 독약' 세 번째는 '황태자에게 바치
는 독약'이라고 썼다. 그리고 그것들을 여관집 주인이 알아볼 수 있는 장소에 슬
쩍 놓아두었다. 이 애국시민이 경찰에 신고해서 경찰이 와서 즉각 라블레를 체포
해갔다. 그리고 그를 파리로 이송했다. 파리 경찰에서 그 상자를 검사했다. 그 속
은 비어 있었다. 이때 라블레가 자초지종을 설명했다. 그리고 그는 풀려났다. 그
리고 그는 비용 안 들이고 여행을 계속했다.

● 라셀, 마드므와셀(Mademoiselle Rachel : 1820~1858), 프랑스의 여배우

　라셀은 사람들을 설득해서 자기에게 선물을 주도록 하는 그 탐욕과 교활함으
로 유명했다. 뒤샤텔 백작 저택에서 저녁 식사를 하는 자리에서 테이블 중앙의
커다란 장식물 은제품을 가리키면서 칭송하였다.
　백작은 완전히 그녀의 주문(呪文)에 걸려 그것을 그녀에게 선물하면 행복하겠다
고 말했다. 라셀은 즐겁게 수락했다. 그러나 백작의 마음이 변할까봐 불안했다.
그래서 그녀는 자기가 저녁 먹으러 올 때 승합마차를 타고 왔다는 것을 이야기했
다. 백작은 그녀를 돌려보낼 때 자기 마차로 보내드리겠다고 제안했다. "정말로
요? 그렇게 해주시면 아주 편리하겠습니다. 그걸 타고 가게 되면 백작께서 주신
선물을 도적맞을 염려가 없겠습니다. 그러면 제가 더 확실히 가지고 갈 수가 있
겠네요"라고 라셀이 말했다. 백작은 가볍게 절을 하면서 "네, 기꺼이, 그러나 저
의 마차는 되돌려주시겠지요?"라고 말했다.

● 라이제나우어, 알프레드(Reisenauer, Alfred : 1863~1907), 독일의 피아니스트, 리스트의 제자

　라이제나우어… 독일의 어린 군주의 궁전에서 콘서트를 가졌었다. 그 다음날

호프마르샬(궁내 대신)이 대공의 심부름으로 그가 묵고 있는 호텔에 찾아왔다. 그리고 라이제나우어에게 제안을 했다. 1,000마르크의 공연료를 현금으로 받겠느냐 아니면 곰 훈장이나 송골매 훈장을 받겠느냐고 물었다. "그 훈장을 가게에서 산다면 얼마를 주면 살 수 있습니까?" 하고 그 음악가가 물었다. "오, 내 생각에는 20마르크요"라고 궁정 심부름꾼이 대답했다. "그러면 그 매달과 나머지 980마르크를 현금으로 받겠습니다"라고 라이제나우어가 말했다.

● **라파예트, 마리 후작**(Lafayette, Marie : 1757~1834), 프랑스의 장군, 정치가

1783년 프랑스의 가을 추수는 매우 빈약하였다. 그러나 샤바니아크에 있는 라파예트의 부동산을 관리하는 집사는 라파예트의 곡간을 밀로 가득 채워 놓게 되었다. "나쁜 추수가 밀의 가격을 올려놓았습니다"라고 집사가 말했다. "지금 팔 좋은 기회입니다." 라파예트는 주변 농가에 사는 배곯은 가난한 농부에 대해서 생각했다. "안 돼, 지금은 팔 것이 아니라 나누어 주어야 할 때이다"라고 그는 말했다.

● **라흐마니노프, 세르게이**(Rachmaninoff, Sergei : 1873~1943), 러시아의 작곡가, 피아니스트, 지휘자

아르투르 루빈스타인(1889~1982)이 라흐마니노프를 기리기 위해서 만찬 모임을 가졌다. 그 과정에서 작곡가는 자기가 생각하기에 그리그의 피아노 콘체르토가 지금까지 쓰여진 것 중 최고라고 생각한다고 말했다. 루빈스타인이 자기가 바로 얼마 전에 그걸 녹음했다고 말했다. 라흐마니노프가 주장하기를 그 녹음한 것을 여기저기서 가끔 들었다고 했다. 커피타임이 돼서 차를 마시면서 루빈스타인이 그 레코드의 시작품을 들려주었다. 라흐마니노프가 눈을 감고 청취에 몰입했다. 말 한마디도 안 하고 집중해 있었다. 콘체르토가 끝나자 그는 눈을 뜨고 "피아노가 가락이 안 맞았어"라고 코멘트 했다.

● 랑클로, 니농 드(Lenclos, Ninon de : 1620~1705), 프랑스의 고급매춘부

☞ 한 귀족이 파리를 떠나지 않을 수가 없어서 자기 예금 20,000크라운 중 반을 목사에게, 반을 니농에게 돌봐달라면서 맡기고 떠났다.

그 귀족이 다시 파리로 돌아오게 되었다. 그런데 돌아와 보니 목사는 10,000크라운을 자기가 자비로운 사람이라는 명성을 얻기 위해서 가난한 사람에게 다 주어버렸다는 것을 알게 되었다. 그러나 니농은 그녀 몫의 10,000크라운을 한 푼도 손 안 대고 간직하고 있다가 고스란히 그대로 그 귀족에게 돌려주었다고 한다.

☞ 니농은 자기 뜻에 따라 단돈 10에크스(écus)만을 자기 장례비용으로 쓰라고 남겨 놓았다. 장례는 될 수 있는 대로 간소하게 하려고 했다. 그러나 그녀는 자기 변호사 아루에(Arouet)에게 1,000프랑을 예수회에서 공부하고 있는 똑똑한 젊은이인 자기 아들에게 남긴다면, 그가 책을 살 수도 있을 것이라면서 부탁했다. 그 변호사의 아들이 자라서 볼테르(Voltaire, 프랑스의 시인, 연극인, 소설가, 역사가, 본명은 Francois-Marie Arouet이다)가 되었다.

(볼테르가 니농의 아들이란 말이다.)

● 래글랜, 피츠로이 남작(Raglan, FitzRoy : 1788~1855), 영국의 야전사령관

워털루 전투가 끝날 무렵, 래글랜은 웰링턴(워털루 전투에서 나폴레옹을 패배시킨 장군, 정치가) 옆에 서 있었다. 그때 총알 한 발이 날아와 그의 오른쪽 팔을 때렸다. 팔은 절단해야 했다. 래글랜은 한마디 불평도 없이 수술을 받았다. 그러나 그의 팔이 떨어져 나가자 그가 소리치면서 울었다. "그 팔 가져가지만, 그 팔에서 반지를 뺄 때까지 가져가면 안 돼"라고. 그 팔을 다시 가져왔고, 거기서 래글랜은 아내가 준 반지를 회수했다.

● 래틀, 사이먼(Rattle, Simon : 1955~), 베를린 필하모닉 오케스트라 상임지휘자

한국에 2~3년에 한 번씩 와서 연주하곤 하는 래틀은 한국 청중을 좋아한다. 한국 청중은 그의 연주를 사랑한다.

2011년 3년 만에 다시 한국을 찾은 베를린 필하모닉 오케스트라가 서울 서초동 예술의전당 콘서트홀에서 리허설을 공개했다. 오후 8시 연주회가 열리기 2시간 전이었다. 이틀 동안 내한공연에서 베를린 필은 부산 소년의 집 알로이시오 심포니 오케스트라를 비롯해 지적 장애를 가진 초중고생으로 구성된 온누리 사랑의 체임버 오케스트라 등 모두 6개 단체의 400여 명을 초청했다.

'오케스트라의 제왕' 베를린 필은 나눔을 실천하는 악단이다. 베를린에서도 다만 30분이라도 리허설을 어린이에게 공개한다. 래틀은 이날 오전 기자간담회에서 "악기를 준비하는 모습을 보여주는 것만으로도 아이들에게 감흥을 줄 수 있기 때문"이라고 설명했다.

"음악은 모든 사람을 위한 것입니다. 모든 이들에게 음악을 들을 수 있는 기회를 주고자 합니다. 음악을 접한 뒤 그들의 삶이 바뀌기 때문입니다." 그의 연주철학이다.

(주 : 알로이시오 심포니 오케스트라는 부산의 소년의집 청소년들로 구성된 오케스트라이지만, 미국에 가서 공개 연주할 정도로 우수한 악단이다.)

● 램, 찰스(Lamb, Charles : 1775~1834), 영국의 수필가, 시인, 문학비평가

찰스 램이 겨우 아장쟁이 시절이 끝날 무렵, 그의 누이 매리가 동생을 데리고 묘지에 산책을 갔다. 이 조숙한 아기는 묘비석에 적혀있는 칭찬하는 묘비명을 읽었다. 죽은 사람을 덕성이 높고, 자비로우며, 사랑받을 분 등등으로 기념하는 말로 쓰여 있었다.

묘지를 떠나면서 동생 찰스가 "누나, 그럼 나쁜 사람들은 다 어디 묻혀 있어?"라고 물었다.

● 런던, 잭(London, Jack : 1876~1916), 미국의 소설가, 단편작가

잭 런던에게 있어서 최대의 꿈은 아들을 갖는 일이었다. 아버지를 모르는 그는 아들을 가짐으로서 자기가 얻지 못했던 부친의 사랑을 듬뿍 쏟아 붓고 싶었다고 한다. 꿈이 이루어지는 듯이 보였다. 아내가 임신을 했기 때문이다.

아내가 임신한 사실을 알았을 때, 그는 대저택의 건설에 종사하게 된다. 그것은 미국에서도 예(例)를 볼 수 없을 정도의 크고 독창적인 건물이었다.

태어날 아이가 아들이라고 확신하고 있던 잭 런던은 자기의 자손에 있어서도 영원한 성(城)이 되게 그 대저택을 '낭성(狼星)'이라고 이름 짓는다.

그런데 태어난 아이가 딸이었다. 더욱이 3일 후 죽고 만다. 잭은 낙담했지만, '낭성'은 완성한다. 거기에 또한 비극이 끼어든다.

끝마무리가 끝나고 드디어 내일은 입주할 날이라고 잡아두었는데, 이 '낭성'에 돌연 화재가 나서 몽땅 타고 없어진다. 잭 런던이 자살을 하게 된 것은 3년 후였다. 만년의 잭은 여전히 아들을 원했다. "어떤 수단이라도 상관없다. 꼭 아들을 낳아 줄 여성을 찾아내서 이 농장에 데리고 와라"라고까지 말하면서 끝내 그 소원은 이루지 못했다. 그리고 그런 것이 그를 결국 알코올에 빠지게 만들었다.

● 럿슬, 버틀랜드 백작(Russell, Bertrand : 1872~1970), 영국의 철학자, 1950년 노벨 문학상 수상

럿슬이 중국에서 큰 병을 얻은 후 언론 인터뷰 요청을 거절했다. 1920년 화가 난 일본의 한 기자가 럿슬이 죽었다고 보도했다.

럿슬이 그들에게 항의하였음에도 그들은 그 이야기를 취소하기를 거부했다. 귀국하는 길에 일본에 들렸다. 일본에서 여전히 인터뷰를 요청했다. 보복의 수단으로 그의 비서에게 각기 기자들에게 나누어 주라고 인쇄된 쪽지를 건네주었다. 그 쪽지에는 "럿슬 씨는 죽었기 때문에 인터뷰를 할 수가 없습니다"라고 적혀 있었다.

● 레거, 막스(Reger, Max : 1873~1916), 독일의 작곡가, 오르가니스트

☞ 막스 레거는 자기 사진을 남에게 주기를 몹시 싫어했다. 그런데도 한번은 그와 친근했던 한 가족이 사인이 든 그의 사진을 간곡히 원하기 때문에 이를 거절할 수가 없었다.

그때 그는 두 장의 사진을 가지고 있었는데, 그 중 하나는 노출이 잘못되어 환하고 또 하나는 어두웠다. 이 마음 좋은 사람들은 두 장을 다 가져갔는데 레거는 그 밑에 다음과 같이 썼다.

"막스 레거, 목욕 전—목욕 후"

☞ 슈베르트의 '송어(Trout)' 5중주의 피아노 파트를 연주하고 나오는데, 막스 레거는 한 숭배자로부터 '송어'가 든 선물 바구니를 받았다. 레거는 그 팬에게 편지와 함께 다음 콘서트의 초청장을 넣어서 보냈다. "다음 콘서트에는 하이든의 'Oxi(황소)'를 연주하도록 했습니다"라는 내용이었다.

(그때에는 황소를 선물로 주시면 좋겠다는 의미이다.)

● 레닌, 블라디미르 일리치(Lenin, Vladimir Ilich : 1870~1924), 러시아 혁명의 기수, 볼셰비키당
(공산당) 창설자

레닌이 죽자 혁명정부는 그의 뇌를 철저하게 연구하기 위해 3,400개의 프레파라트(현미경용 절편표본)를 만들어 내외학자를 모아 '레닌 뇌연구소'까지 설립했다.

이것은 가끔 뇌졸중의 발작을 일으킨 레닌의 사인과도 관계가 있으나 그의 우수한 두뇌, 정신력, 혁명적 사고의 중추를 찾을 수 있을까 해서 시작했으나 성공하지 못했다. 그런 중추기능을 가진 세포가 존재할 리가 없다.

레닌의 유체는 철저히 보존 처리되어 지금 붉은 광장에서 잠들고 있으나 그의 뇌수는 비어 있는 상태이다.

● 레싱, 고트홀트(Lessing, Gotthold : 1729~1781), 독일의 연극인, 역사가, 신학자

레싱의 얼빠진 행동에 대한 이야기에는 여러 가지가 있다. 어느 날 저녁, 날이 어두워진 뒤에 집에 돌아가 레싱 교수는 열쇠를 놓고 와서 자기 집 현관문을 두들겼다. 하녀가 창문으로 내다보았으나 어두워서 자기 집 주인임을 확인하지 못해서 "교수님은 집에 안 계시는데요."

"오. 됐어요." 돌아서면서 "문제없어요, 다음에 다시 방문하지요" 했다.

● 레이건, 낸시(Reagan, Nancy : 1921~2016), 미국 제40대 대통령 로널드 레이건의 부인

낸시가 존 힝클리의 암살시도로 인해 레이건이 부상당해서 병원에서 회복 중이었을 때 크게 걱정을 하고 있었다. 별 생각이 없는 한 친구가 그녀에게 체중을 감량하는 좋은 다이어트 방법이 있느냐고 물었다. 아마도 낸시가 무슨 새로운 다이어트를 시행하고 있는 것으로 알고. 이어 낸시가 "남편을 정계에 보내 봐, 자연스럽게 돼"라고 대답했다.

● 레이건, 로널드(Reagan, Ronald : 1911~2004), 미국 영화배우, 정치가, 40대 대통령(1980~89)

☞ 1981년 3월, 레이건 대통령과 그 일행이 워싱턴의 한 호텔을 나서는데 암살자의 총알이 레이건의 왼쪽 가슴에 치명상을 입혔다. 그래서 신속히 병원에 후송되어 가서 긴급 수술을 해야 했다. 그가 휠체어에 앉은 채 수술실로 실려 가는데 주변에 서 있던 의사 그룹을 둘러보더니 하는 말 "제발 당신들이 모두 공화당원이란 걸 내게 확신시켜주세요"라고 말했다.

☞ 저격당한 후 그의 생명을 구한 조지 워싱턴 대학병원의 의사들에게 감사의 인사를 하면서 병원을 떠난 후 "만일 이런 큰 주목을 받는 일이 내가 할리우드에 있을 때 일어났다면 거기에 더 있었을 터인데"라고 말했다.

(그는 인기 있는 배우는 아니었다고 한다.)

☞ 1983년 레이건의 인기가 하락세에 있었다. 주로 실업률의 증가 때문이었다. 그의 보좌관 중 한 사람이 나쁜 여론조사 결과를 들고 그에게 와서 대통령에 취임 후 처음으로 미국시민의 대다수가 그의 직무수행에 대해서 불신하고 있다고 선언했다. 레이건이 잠시 생각하더니 말하기를 "우리가 무엇을 할 수 있는지 나는 알아, 우리는 바로 나가서 다시 한 번 총을 맞는 거야"라고.

(총을 맞아야 뉴스감이라고 동정표가 몰리지 않는가? 그의 유머에 경탄.)

● 레이놀즈, 버트(Reynolds, Burt : 1936~), 미국의 영화배우

레이놀즈의 젊은 시절의 연기 경력의 해독(害毒)은 실수를 하는 것이다. 그가 가끔 당하듯이 마론 브란도로 오해 당하는 일이었다. 하루는 공항에서 한 쌍의 부부가 그에게 접근해서는 마론 브란도인 줄 알고 인사를 했다. 자기는 마론 브란도가 아니라고 부정했다. 그랬더니 그 부부는 수군수군 의논하더니 '워터 프론트'의 스타로 나오는 틀림없는 마론 브란도라고 주장했다. "제기랄, 부인 보세요. 저는 브란도가 아니란 말이에요." 그 부인은 미소 지으면서 하는 말 "아, 이제 확실히 알았다. 당신은 브란도지요?"라고.

● 레이니, 제임스(Raney, James : 1927~), 미국의 외교관

학자요, 정치가요, 목사요, 제16대 주한 미국대사(1993~1997)였던 '제임스 레이니'는 임기를 마치고 귀국해서 에모리대학의 교수가 되었다.

건강을 위해서 매일 걸어서 출근을 하던 어느 날, 쓸쓸히 혼자 앉아있는 한 노인을 만났다.

레이니 교수는 노인에게 다가가서 다정하게 인사를 나누고 말벗이 되어 주었다. 그 후 그는 시간이 날 때마다 노인을 찾아가서 잔디를 깎아주거나 커피를 함께 마시면서 2년 동안 교제를 나누었다.

그러던 어느 날 출근길에서 노인을 만나지 못하자 그는 노인의 집을 방문하였고, 노인이 그 전날 돌아가셨다는 것을 알게 되었다.

곧바로 장례식장을 찾아 조문을 하면서 노인이 바로 '코카콜라 회장'을 지낸 분이란 사실을 알게 되어 깜짝 놀랐다. 그때 한 사람이 다가와서

"회장님께서 당신에게 남긴 유서가 있습니다" 하며 봉투를 건넸다. 유서의 내용을 보고 그는 너무 놀랐다.

"당신은 2년 동안 내 집 앞을 지나면서 나의 '말벗'이 되어 준 친구였소. 우리 집 뜰의 잔디도 함께 깎아주고 커피도 나누어 마셨던 나의 친구 '레이니'에게 고마웠어요. 나는 당신에게 25억 달러와 '코카콜라' 주식 5%를 유산으로 남깁니다."

너무 뜻밖의 유산을 받은 레이니 교수는 3가지 점에서 놀랐다고 했다.

첫째, 전 세계적인 부자가 그렇게 검소하게 살았다는 것

둘째, 자신이 '코카콜라' 회장이었음에도 자신의 신분을 밝히지 않았다는 것

셋째, 아무런 연고도 없는 사람에게 그렇게 큰돈을 주었다는 사실이다.

레이니 교수는 받은 유산을 에모리대학 발전기금으로 내놓았다. 레이니 교수가 노인에게 베푼 따뜻한 마음으로 엄청난 부가 굴러들어왔지만 그는 그 부에 도취되어 정신을 잃지 않았다. 오히려 그분은 학생과 학교발전을 위한 기금으로 내놓았을 때 그에게 '에모리대학 총장'이라는 명예가 주어졌던 것이다.

● 렌, 크리스토퍼 경(Wren, Christopher : 1632~1723), 영국의 건축가, 수학자, 천문학자

렌이 윈저타운 홀의 내부를 설계할 때, 그것의 천정은 기둥들로 받쳐지게 했다. 건축 감독관이 렌이 기둥을 충분히 높게 해서 천정에 받쳐져 있지 않음을 발견하였다. 렌은 달리 느끼고 있었다. 그는 실제로 천정을 받치지 않는 기둥 네 개를 더 세워놓았던 것이다. 그들은 보기에는 마치 천정에 닿은 듯이 보였다. 감독관은 바보스러워졌다. 그리고 그 네 개의 기둥은 지금까지 서 있다.

(P.S. 만일 천정이 시간이 갈수록 밑으로 처질 때를 대비해 세웠다는 설도 있다.)

● 렘브란트(Rembrandt : 1606~1669), 네덜란드의 가장 위대한 화가

렘브란트가 제자가 공부하는 상황을 살펴보려고 제자의 아틀리에에 들어가 보

니, 더워서 웃통을 벗은 제자가 그림은 그리다 말고 나체로 선 모델을 보고 "여기는 천당이지? 우리들이 다 나체이니 내가 아담이라면 그대는 이브인 셈이 아닌가?" 하고 선생이 온 줄도 모르고 농담을 하고 있었다. 괘씸하게 생각한 렘브란트가 "옳지, 그 말이 맞다. 어서들 나가 버려라" 하고 두 사람을 아틀리에서 내쫓아버렸다. 그래서 이 가짜 아담과 이브는 진짜 낙원(화실)에서 쫓겨나고 말았다고 한다.

● 로댕, 오귀스트(Rodin, Auguste : 1840~1917), 프랑스의 조각가, '생각하는 사람'으로 유명함

르네상스 이후 최대의 조각가라고 할 수 있는 로댕은 그의 명작에 '걸어가는 사람', '생각하는 사람', '카레의 시민', '코가 찌부러진 남자' 등등 많은데, 건망증이 심해서 한 가지 일에 몰두하면 다른 일은 깡그리 잊어버리게 된다.

한번은 시내를 산책하다가 보니 어느 미술품상회에서 '땅'이라는 제목이 붙은 조각으로 머리가 없는 인물의 소상(塑像)을 '로댕의 작품'이라고 내놓고 파는지라 자세히 보니 아닌 게 아니라 자기의 사인이 분명히 들어 있었다. 그러나 아무리 생각해도 자기는 그런 작품을 만든 기억이 나지 않는 것이다. 그래서 이것은 분명히 3류 조각가의 위작이라고 단정하고 그 미술품을 상대로 소송을 제기했다. 이 소송을 접수한 법원에서는 작가의 제소니까 신중히 방증(傍證)을 다각도로 수집해 보니까 그 작품은 분명히 로댕 자신이 1898년에 제작한 것이 틀림없었다. 그래서 로댕은 재판에 패소한 것은 물론, 재판장에게서 이다음에는 충분히 생각해 가지고 소송을 할 것이며, 공연히 함부로 하여 어느 개인이나 법원을 까닭 없이 괴롭히지 말라는 주의를 톡톡히 듣고 나왔다.

● 로데스, 세실(Rhodes, Cecil : 1853~1902), 남아프리카의 정치가, 금융업대가

로데스는 좀 깔끔하게 차리고 행동하는 까다로운 사람이었다. 물론 다른 사람의 감정을 해치지 않으면서.

한 젊은이가 컴벨레이에서 그와 식사를 같이 하기로 초대를 받았다. 그는 기차

로 도착했으며 여행으로 인한 더럽혀진 옷을 입은 채로 바로 로데스 집으로 가야했다. 여기서 젊은이는 다른 손님들도 모여 있고 모두 정장을 하고 있는 것을 보고 깜짝 놀랐다. 매우 불편해진 그는 그 집 주인(로데스)이 나타날 때까지 함께 기다려야 했다. 좀 시간이 지난 후 로데스가 드디어 나타났다. 아주 구겨진 오래전 입던 청색 저고리를 입고 나왔다. 이 젊은이는 나중에야 알게 되었는데, 그가 도착했을 때 로데스가 이브닝 의상으로 차리고 나와서 손님을 맞이하려고 했는데, 이 젊은 여행자의 딜레마를 듣고 로데스는 다시 방으로 가서 옛날 옷으로 갈아입고 나온 것이다.

(이것이 배려하는 정신임)

● **로렌스, 데이비드**(Lawrence, David Herbert : 1885~1930), 영국의 소설가, 시인, DH 로렌스라
고 부름

로렌스의 첫 소설 '하양 공작새(The White Peacock)'는 1911년에 출판되었다. 로렌스는 그것을 어머니의 임종 때 침대에 누워계시는 어머니에게 바칠 수 있었다. 아버지는 반 페이지 정도 읽더니 "그 책을 내고 얼마나 대가를 받았느냐"고 물었다. "50파운드요"라고 대답했다. 그 늙은 광부 아버지는 "50파운드? 그리고 너의 일생에서 하루 동안 수고로는 얻을 수 없는 돈이군!"라고 아버지가 말했다.

● **로빈슨, 슈거**(Robinson, Sugar : 1921~1989), 미국의 웰터급 권투 세계챔피언(1946~1951),
미들급 세계챔피언(1951~1960)

권투 전문가들이 가장 뛰어난 선수로 꼽는 슈거 레이 로빈슨은 무려 15년 동안 두 체급에서 세계 챔피언이었다.

아마추어 시절에도 로빈슨은 89회에 걸친 게임에서 무패를 기록할 정도로 기량이 뛰어났다. 그는 1939년에는 페더급으로, 1940년에는 라이트급으로 골든 글로브 타이틀을 거머쥐며 최고의 선수로 거듭났다.

로빈슨은 선수로서도 뛰어났지만 훌륭한 인품을 지닌 사람이었다. 그는 스스

로를 내세우거나 우쭐하지 않고, 자신을 낮출 줄 알았다. 그의 겸손에 대한 이야기다.

"감사합니다. 그러나 나보다 더 좋은 선수들은 얼마든지 있다고 생각합니다."

"당신이 최고의 선수가 된 이유가 무엇이라고 생각합니까?"

"아무도 자기를 믿어주지 않을 때에도 자기 자신을 믿는 것, 그것이 챔피언이되는 길이라고 생각합니다."

● 로우웰, 로버트(Lowell, Robert : 1917~1977), 미국의 시인, 극작가

군 입대 거부 벌로 5개월간 감옥생활을 하게 된 로우웰이 형 집행을 위해 코네티컷 주로 이송되기를 기다리고 있는 동안, 뉴욕의 웨스트 스트리트 감옥에서 며칠을 보내게 되었다. 로우웰이 여기에 며칠 있는 동안, 루이스 렙키라는 '살인 주식회사'의 일원으로서 살인범의 옆방에 갇히게 되었다. "나는 살인을 하기 위해 들어왔는데, 당신은 왜 들어왔소?"라고 그 시인에게 물었다. "오, 나는 살인을 거부하기 위해서 들어왔소"라고 대답했다.

(군대에 안 가겠다는 것은 살인을 안 하겠다는 말과 통하니까)

● 로이드 조지, 데이비드 백작(Lloyd George, David : 1863~1945), 영국의 정치가, 수상

☞ 로이드 조지가 지방의 정치 강연회에 초대를 받았을 때의 일이다. 입빠른 사회자가 불쑥 이렇게 말했다.

"저는 로이드 조지 씨를 모든 의미에서 큰 분으로 알고 있습니다만, 몸만은 작은 분이군요"라고 말하자, 로이드 조지는 조금도 당황하지 않고, "북부 웨일즈에서는 인간을 다룰 때에 턱 위만을 계산하는데, 이곳에서는 턱 아래만을 계산하시는 모양이죠."

☞ 어느 날 밤, 정치가 로이드 조지는 여권론자의 집회에 참석하여 여권 반대의 연설을 하였다. 그것을 듣고 있던 한 여인이 자리를 박차고 일어났다.

"만약 당신이 우리 주인이었다면 서슴지 않고 독약을 먹였을 것입니다."

로이드 조지는 빠른 어조로 대답했다.

"부인, 만약 제가 당신의 남편이었더라면 기꺼이 그 독약을 마셨을 것입니다."

● 로저스 리처드(Rodgers, Richard : 1902~1979), 미국의 작곡가

리처드 로저스의 동업자(콜라보) 해리 하트와 오스카 해미스타인 2세는 1급 가사(노랫말) 작가이다. 가끔 친구들이 이 두 사람이 어떻게 다른가를 묻곤 했단다.

하트는 키가 아주 작은 사람이었다. 5피트 3인치(157㎝ 정도)였다. 로저스는 그보다 몇 인치 더 컸다. 그리고 해미스타인은 6피트(180㎝)가 넘었다. 로저스가 말하기를, "내가 해리와 일을 같이 할 때 내가 그이와 걸어가면 우리를 알아보고 하는 말, '저 작은 친구는 괜찮은데 저 큰 개새끼는 조심해'라고 말하고, 내가 오스카하고 있었을 때 사람들이 우리를 알아보고는 '저 큰 친구는 괜찮은데 작은 친구(자기)는 조심해야 돼'라고 말하는 것을 듣는다고 했다. 이것이 이 두 사람과 함께 일했을 때의 차이요"라고 로저스가 말했다.

● 로저스, 윌(Rogers, Will : 1879~1935), 미국의 코미디언

윌리엄 랜돌프 허스트의 샌 시메온에서 갖는 동화 같은 주말 하우스 파티에 관해서는 많은 전설 같은 이야기가 있다. 그 중 한 가지는, 윌 로저스와 관계된 이야기다. 주말 내내 허스트는 손님들을 즐겁게 하느라고 바빠서 정신이 없을 정도였다. 며칠 후 허스트가 로저스로부터 커다란 청구서를 받았다. 전문적 흥행사(엔터테이너)로서 서비스 해준데 대해서, 허스트가 로저스에게 전화를 해서 항의했다. 즉 "나는 자네를 엔터테이너로 고용한 적이 없어. 자네는 내가 초대한 손님일 뿐이야." 로저스가 반박했다. 즉 "어떤 사람이 나를 손님으로 초청하려면 그들은 Mrs. 로저스(부인)도 함께 초청하거든. 그들이 나를 부를 때에 나 혼자만 부르면 나는 전문적 엔터테이너로 오게 되거든"이라고 대답했다.

(부부동반으로 안 부른데 대한 항의이고, 자기 혼자 오게 되면 여기저기 돌아다니면서 다른 사람

들과 어울리도록 노력해야 되고, 특히 다른 외톨이를 즐겁게 해주어야 되니 엔터테이너가 아닌가? 하는 익살)

● **로제티, 단테**(Rosetti, Dante : 1828~1882), 영국의 화가, 시인

로제티의 아름다운 아내 엘리자베스 시달이 1862년에 결혼하고 2년 만에 라우다눔 과용으로 자살하게 되었다. 로제티의 슬픔은 이루 말할 수가 없었다. 대부분의 그가 쓴 시는 그녀로 인한 혹은 그녀에 대한 시였다. 그녀를 묻을 때 이들 시가 담긴 그 작은 책을 그녀의 긴 황금빛 머리카락으로 싸고, 그녀의 무덤 속에 같이 묻었다. 세월이 흘러 로제티는 그가 잃어버린 시에 대해 후회하기 시작하면서, 자기가 생산한 그 시들을 무덤에 함께 묻은 자기 생각이 별로 의미가 없었다는 생각이 들었다.

허가를 얻기 위한 실무절차를 거친 후에 무덤이 다시 열리고 시집은 회수되었다. 그 내용을 몇 가지 첨부해서 1870년에 재출간했는데 제목을 '시들(Poems)'이라 붙였다. 그리고 그 시집은 대박이 되었다.

● **로죙, 아르망 루이**(Lauzun, Armand Louis : 1747~1793), 공작, 프랑스의 귀족이고 군인

사형집행인이 로죙 공작을 데리러 그의 감방에 왔다. 로죙 공작은 굴을 먹고 포도주를 마시고 있었다. 그는 집행인을 보더니 "나 이것 다 끝날 때까지 기다려주면 좋겠어, 당신" 하고 사형언도를 받은 로죙 공작이 말했다.

"그리고 포도주 한 잔 하지, 그런 일(사형집행)을 하려면 용기가 필요해"라고 말하고 그리고 얼마 후 사형장으로 나갔다.

● **로진스키, 아르투르**(Rodzinski, Artur : 1892~1958), 미국의 오케스트라 지휘자

휴가 중 로진스키는 파비안 세비츠키가 지휘하는 야외 콘서트를 라디오로 방송한다는 것을 알게 되었다. 그 프로그램에는 로진스키 자신의 전공인 쇼스타코

비치의 제5교향곡의 하나도 포함되어 있었다. 콘서트가 시작된 직후 튜닝소리를 들으면서 로진스키는 세비츠키에 대해 점점 더해가는 존경심을 품고 그의 연주를 들었다. "응, 그분은 정말 그 곡을 잘 처리하셔!"라고 혼자서 중얼거렸다. "저 균형감을 들어보라고. 그분은 내 녹음도 들어보신 것 같애"라고. 그리고 '그는, 자기는 그동안 그분을 공정하게 다루지 못했어. 그분은 언제나 자기는 재능이 별로 없다'고 생각하시고 있으나 그는 진실로 위대한 지휘자입니다. 연주의 끝에 가서 기대했던 갈채와 환호 대신 한동안 침묵이 흘렀다. 그리고 아나운서가 무대에 나와서 말하기를 "이 콘서트는 비 때문에 취소되었고(야외공연이었으니까), 그 대신 아르투르 로진스키가 지휘하는 쇼스타코비치의 제5교향곡을 녹음으로 보내드렸습니다"라고.

(로진스키는 자기가 지휘한 음악에 도취되어 있었다.)

● 로츠차일드, 내이던 메이어(Rothschild, Nathan Mayer : 1777~1836)

로츠차일드家는 유럽 금융업의 대가이다. 약 200년 동안 정치에도 큰 영향을 끼친 유럽 유태인 은행가를 이룬 집안의 3남이다.

1815년 6월 20일, 런던의 증권거래소에 한 사나이가 들어왔다. 그 남자는 목은 짧고 굵고, 뼈가 나와 있지만 얼굴은 다소 창백했고, 어깨가 축 늘어져 있어 피로에 지친 모습을 하고 있었다. 거래소 사람들은 "로츠차일드다. 로츠차일드다" 하고 속삭였다.

당시 런던의 금융업자 중에서 이 로츠차일드가의 3남 내이던을 모르는 사람이 없었다. 또 그는 영국 정부를 재정적으로 도와서 나폴레옹을 넘어뜨리기 위해 그 막대한 재력을 기부하고 있다는 사실을 사람들이 잘 알고 있었다.

8월 18일에는 영국의 웰링턴 장군 휘하의 동맹군과 나폴레옹군이 워털루(지금의 벨기에의 브뤼셀 시 남쪽)에서 아침부터 결전(決戰)을 벌이고 있었는데 일몰이 가까워 왔는데도 승패가 나지 않고 있었다.

거래소에 있었던 사람들은 내이던이 한 마디도 안 하고 있었던 데다 그가 놀란 듯한 모습을 보고 영국군이 진 것으로 생각했다. 공채(公債)나 주식시장은 크게 폭락했고, 공황상태가 되어 버렸다.

그러나 실은 워털루에서 이긴 것은 영국군이었다. 승패는 18일 밤에 결정이 난 것이다. 영국 안에서 이 뉴스를 제일 먼저 입수한 사람은 내이던 로츠차일드였다. 영국 정부에 공보가 들어가기보다 하루 앞선 뉴스를 입수한 것이다. 영국 정부가 워털루전투의 결말을 알게 된 것은 공식 사자가 도착하기 전에 내이던에게 먼저였던 것이다. 당시는 전신, 전화 같은 것이 아직 없었으므로 사람이 말을 타고 와서 보고하게 되어 있었다. 그리고 워털루전투가 있던 날은 비바람이 셌고, 영불해협을 건너갈 배도 없었다.

내이던은 정보를 입수하자 거래소에 나가서 어두운 표정을 짓고는, 뒤로는 부하를 시켜서 몰래 주식이나 공채를 될 수 있는 대로 많이 사 모으게 했다. 그러는 사이 영국군의 승리가 알려지자 거래소는 활발하게 거래가 이루어졌다. 이렇게 해서 내이던은 하루에 거래소에서 거액의 이익을 냈다.

● **로츠차일드, 레오넬 남작**(Rothschild, Leonel Baron : 1840~1915), 세계적으로 저명한 금융인, 내이던 로츠차일드의 아들이자, 최초의 유대인 영국의회 의원이다.

어느 날 아침 예쁜 자동차에서 내린 로츠차일드 경은 운전자에게 쾌적한 운전에 팁을 주었다. "각하의 아드님은 이것보다 팁을 더 많이 주시던데요"라고 그 돈을 보면서 운전기사가 거만하게 말하니까, "아마도 그렇게 했을 것이오. 그러나 보시오, 당신도 알다시피 그는 부자 아버지를 가지고 있어요. 그러나 나는 안 그래요"라고 로츠차일드 경이 대꾸했다.

● **로턴, 찰스**(Laughton, Charles : 1899~1962), 미국의 성격배우, 감독

어느 날 저녁 로턴과 다른 영화배우 여러 명을 만찬에 초대한 피아니스트 아르투르 루빈슈타인이 저녁식사에 들어가기 전에 손님들의 흥을 돋우기 위해서 자기 아이들이 아마추어 무대공연을 한 가정 영화를 보여 주었다. 마지막 릴(필름을 감아

둔 릴)이 끝날 때쯤 되니까 손님들은 한결 마음이 편해진 것 같았고, 곧 만찬이 시작되었다. "내게 언제나 후회스러운 것은, 아이가 없다는 점이요"라고 로턴이 루빈슈타인에게 식당으로 걸어 들어가면서 말했다. "그리고 지금처럼 더 후회스러운 때가 없었던 것 같습니다. 왜냐하면, 루빈슈타인 선생, 내게 아이가 있었다면 우리 아이로 하여금 당신을 위해 피아노를 치게 했을 것 같아서요"라고 말했다.

(음악가가 영화를 만들어 영화감독에게 보여 주었으니, 영화감독은 음악을 해서 음악가 앞에서 연주케 하고 싶다는 소망을 말함.)

● 로트렉, 앙리 드(Lautrec, Henri de : 1864~1901), 프랑스의 화가, 후기인상파

☞ 로트렉은 자신의 지체장애 때문에 콤플렉스를 가지고 있었던 화가였다. 그래서 프랑스에서도 유수한 명문가 출신이었지만 몽마르트르의 빈민촌에서 생활했다.

그에게 있어서는 거리의 창녀들이나 싸구려 카바레의 여자들과 생활하는 편이 훨씬 기분이 좋았다. 그러나 그는 알코올에 빠져서 3개월간 병원에 입원하고 나왔는데도 알코올중독은 낫지 않았다. 신체 구석구석까지 알코올로 젖어 있었던 것이다.

이걸 본 친구가 걱정이 돼서 로트렉을 보살펴주었다. 어떻게 해서도 알코올을 끊도록 하고 싶었다. 그러나 교묘한 수단으로 술을 계속 마셨다.

로트렉은 언제나 가지고 다니던 지팡이를 이용했다. 발이 부자유한 그는 지팡이를 놓을 수가 없었다. 좀 굵은 지팡이를 사서 그 속을 비우고 거기에 반 리터 정도의 술병을 그 속에 집어넣고 손잡이에는 작은 컵을 꽂아두었다. 이렇게 해서 그는 감시자의 눈을 피해 매일 아침 한잔 쭉 들이켰다. 이 지팡이는 지금도 미술관에 보관되어 있다.

☞ 로트렉 가문은 제1회 십자군 전쟁에 참여할 정도로 역사가 깊은 집안이다. 그 집안은 대대로 근친결혼을 해 왔고, 부모도 사촌간이다. 외할머니와 할머니가

친자매였다. 그래서 유전적 결함이 증폭되어 나타났다.

그의 발육부전은 그런 근친결혼에 의한 영양장애의 후유증이기도 하고 로트렉의 사촌 누이들도 모두 소인형이었다. 그런 이유로 로트렉은 성격이 복잡해졌다.

● **록펠러, 존**(Rockefeller, John : 1839~1937), 미국의 석유재벌, 자선사업가

존 록펠러의 어머니는 아들에 대해서 엄격한 교육을 했다. 어느 날 존은 어머니로부터 심한 매질을 당했다. 그런데 자기는 나쁜 짓을 안 했다는 것을 주장했다. 어머니도 드디어 그 존이 나쁜 짓을 안 했다는 사실을 확인했다. 그러나 어머니는 "알았다. 그렇지만 이미 매를 댄 것은 돌이킬 수가 없으니 이것은 다음 매 맞을 것의 선불(先拂)이다"라고 말했다고 한다.

(주 : 얼마나 엄격했으면 미리 매질할 것을 담보해 두는 어머니인 것을 보면 가히 그분의 교육정신을 알아볼만 하다.)

● **롤리, 월터 경**(Raleigh, Walter : 1552~1618), 영국의 군인, 탐험가, 작가

☞ 우선 행동가이긴 해도 예의바른 롤리 경은 르네상스시대 신사의 이상을 잘 예증해 주는 사람이었다. 그는 1581년에 처음으로 여왕이 흙탕물 위를 걷고 있을 때 엘리자베스 여왕(1558~1603 재임)의 주목을 끌게 되었다.

여왕이 큰 물 웅덩이 앞에서 머뭇거리고 있을 때, 롤리가 앞으로 뛰어나와 자기의 벨벳 코트를 벗어서 여왕이 밟고 지나가시라고 땅바닥에 깔아드렸다.

☞ 롤리가 담배(엽연초)를 신세계(미국)로부터 가지고 돌아왔다. 그리고 영국에 담배 피우기를 소개했다. 이 행위에 대해서는 여러 가지 찬반 논평도 있고, 토론도 있었다. 롤리가 한번은 파이프 담배를 피우고 있는데 그의 종복이 보니까 자기 주인이 연기에 싸여 안 보이게 되자, 그가 불에 타는 줄 알고 주인의 머리에 물동이에 있던 물을 들이부어서 껐다고 한다.

● 롯시니, 지아키노(Rossini, Gioacchino : 1792~1868), 이탈리아의 오페라 작곡가, '세빌르의 이발사'를 작곡한 사람

☞ 어느 부유한 부인이 롯시니를 그녀의 식사에 초대하여 대접하였다. 그러나 원래 대식가인 그는 그녀가 베푼 식사로는 양이 차지 않았다. 식사가 끝나고 작별인사를 나누게 되었을 때, 그 부인은 상냥하고 친절하게 얘기했다.

"선생님, 조만간 다시 한 번 식사를 같이 해주신다면 저는 정말로 기쁘겠습니다."

그러자 그는 얼른 대답했다.

"그렇다면 지금 곧 그렇게 하지요."

☞ 롯시니는 항상 자기 학생의 작곡상의 실수에 X자 표시를 해왔다. 그런데 학생들의 작곡 원고를 한 평범한 학생에게 X자 표시를 적게 해서 돌려주었다. 그 학생은 기뻐했다. "저는 이번에 별로 실수를 안 한 것 같아요"라고 행복한 표정으로 말했다. "만일 내가 그 음악에다가 실수마다 X자를 표시했다면 너의 악보는 마치 공동묘지처럼 보였을 것이야"라고 롯시니가 말했다.

● 루드, 베이브(Ruth, Babe : 1895~1948), 미국의 야구선수

☞ 베이브 루드는 엄청나게 인기가 있었다. 여러 면에서 전설적이었다. 대식가에다가 대음가였다. 아주 주목할 만한 기회는 기차를 타고 뉴욕으로 가는 프리시즌 훈련기간에 왔다. 베이브가 한 기차 정거장에서 뛰어내렸다. 그리고 대체로 12개의 핫도그와 레몬소다수 여덟 병을 몇 분 사이에 먹어치웠다.

얼마 후 그는 복통으로 온 세상을 시끄럽게 소동을 일으켰다(그가 소비한 막대한 맥주와 술의 양에 대해서는 덜 알려졌다는 소문이다). 며칠간, 험악한 표제(헤드라인)가 그의 생사를 염려한 팬들의 대륙횡단 소동을 불러일으켰다. 여기서 회복되자 루드는 "소다수가 언제나 당신을 압도할 거요"라고 말했다고 한다.

(베이브 루드는 보스턴의 Red Sox에서 투수, 타자로 명성을 날렸는데, 1920년 뉴욕 Yankees

에 팔렸고, 1927년 한 시즌에 60개의 홈런을 날렸다.)

☞ 베이브 루드는 어린아이들을 좋아했다. 한 번은 베이브의 어떤 팬 가족의 어린이가 심한 질병으로 병원에 입원했다는 소식을 듣고, 그 아이를 위해 사인한 공을 준비해서 그 자신이 직접 병원을 찾아가서 그 공을 그 아이에게 건네주었다. 그리고는 약속하기를 그날 오후 너를 위해 홈런을 칠 것이라고도 약속했다. 그날 약속대로 홈런을 때렸다.

그 어린이는 회복되었고, 베이브 루드는 "홈런이야말로 세계에서 가장 좋은 약(best medicine in the world, a home run)"이라고 말했다.

● 루벤스, 페터(Rubens, Peter : 1577∼1640), 플랑드르(지금의 벨기에)의 화가, 바로크 화가의 가장 위대한 작가

16세기 플랑드르의 대작가인 루벤스가 큰 작품 하나의 작업을 끝내고 기분전환을 위해 산책에 나간 사이에 제자들이 선생의 대작이 어떻게 되었나 하고 궁금해서 화실로 몰려 들어가는 통에 서로 밀치고 넘어지고 하면서 물감이 채 마르기 전이라 옷자락에 스치고 머리카락에 비벼져서 선생님의 작품이 엉망이 되어버렸다.

여럿이 한 실수라 누가 특별히 책임질 수도 없어서 제자 중 한 사람이 대담하게 나서서 이리저리 수정을 해서 망가뜨린 점을 감추려 했다.

산책에서 돌아온 루벤스는 작품을 자세히 들여다보더니, 제자들에게 벼락을 내릴 줄 알았는데, 벙글벙글 웃으면서 자기가 혼자 그린 그림보다 그림이 더 좋아졌다고 칭찬을 하는 것이었다. 그 망가진 작품을 수정한 제자는 후일 네덜란드에서 거장 화가로 이름을 날린 반다이크(Vandyke, 1599~1641)였다.

● 루빈슈타인, 아르투르(Rubinstein, Arthur : 1889∼1982), 폴란드 태생의 미국의 피아니스트

☞ 루빈슈타인이 파리에 살고 있을 때 같은 줄에 은행가인 유명한 또 다른 루빈슈타인이 살고 있었다. 그래서 우편물이 바뀌는 일이 흔히 일어났다.

어느 날 은행가인 루빈슈타인이 아르투르를 찾아와 편지 다발을 내밀면서,

"루빈슈타인 씨, 실은 좀 난처한 일이 있는데요, 좀 부탁을 드려도 괜찮을 지요?"라고 말했다.

"나도 마침 댁을 찾아가려든 참이었습니다."

"아, 그렇다면 마침 잘 되었군요. 실은 말씀입니다. 저의 집에 잠깐 들르시거든 이 프라하의 루이스(여), 부카레스트의 일제(여), 바즈샤바의 마가레트(여), 로마의 소피아(여)가 모두 선생님 친구라는 것을 우리 집사람한테 말해주실 수 없겠습니까?"

"네, 좋습니다." 하고 아르투르는 겉봉을 뜯어 읽기 시작했다. 틀림없이 자기 앞으로 온 편지들이었다. 그러자 아르투르가 "잠깐 실례합니다" 하고 자기 서재로부터 편지 다발을 가지고 나와 은행가인 루빈슈타인 앞에 내놓았다.

"루빈슈타인 씨, 지금 곧바로라도 댁을 방문하여 루빈슈타인 부인께 이 루이스라든지, 일제, 마가레트, 소피아의 편지들을 분명 내게 온 편지라는 것을 말씀드려도 좋겠는데, 그 대신에 여기를 나서기 전에 나의 아내에게 이 편지들이 선생 것이라는 것을 밝혀주실 수 있겠는지요? 로마은행에 50만 파운드의 예금이 있고, 프라하의 은행에 150만 달러의 예금이 있으며, 바르샤바 은행에 40만 달러의 예금이 있다는 것인데, 이것이 전부 선생 것이라는 것을 말씀해주셨으면 합니다."

☞ 루빈슈타인은 어떤 콘서트홀의 로비에 서 있었다. 그의 리사이틀을 보려고 몰려들어오는 청중을 바라보면서 매표소에 있던 직원이 손님이 '매진' 사인을 못 본줄 알고, 루빈스타인을 불렀다. "선생, 미안합니다. 선생님이 앉으실 좌석이 다 팔렸습니다"라고 말했다.

"그러면 내가 피아노에 앉으면 안 될까?"라고 부드럽게 직원에게 말했다.

● **루소, 앙리**(Rousseau, Henri : 1844~1910), **프랑스의 화가**

한번은 고갱이 농담으로 "대통령이 자네를 엘리제궁으로 초청하겠다고 그랬

어" 하고 말했다. 그는 이 말은 참말인줄 알고 진지하게 듣고는 고갱이 말한 일시에 엘리제궁을 찾았다. 친구들은 그가 이 일을 어떻게 대응하는지를 지켜보고 있었는데, 금세 돌아와서, "어떻게 되었어?" 하고 친구들이 물으니까, "글쎄 현관에서 대통령을 만나기는 했어도 대통령이 '루소 군 유감스럽게도 오늘의 손님은 모두 턱시도 차림으로 오게 되어 있어서 자네는 평상복이어서 방으로 들여보낼 수가 없네' 하고 말했어"라면서 자기가 속은 사실을 뒤늦게 알고 말을 꾸며댄 것이다. 이쯤 되면 고갱이 게임에서 진 셈이 되었다.

● **루소, 장 자크**(Rousseau, Jean Jack : 1712~1778), **프랑스의 철학자, 교육학자, 음악가, 음악평론가**

☞ 『순수이성비판』을 쓴 독일의 철학자 칸트를 감동시키고, 일과인 산책도 까먹은 남자 루소는 교육소설 『에밀(Emile)』 속에 이렇게 쓰고 있다.

"부친의 의무를 다하지 못하는 남자는 부친이 될 자격이 없다"라고.

그런데 루소 자신은 다섯의 아이를 두었음에도 모두 아이들을 버리다시피 했다. 갓 태어난 아기를 양육원 입구에 버려두기도 했다.

루소는 32세 때, 9세 연하의 세탁부인 테레즈와 동거를 시작한다. 다음해 제일 큰 아이가 나왔다. 루소는 매우 가난했다. 테레즈의 반대를 무릅쓰고 이 아이를 버린다.

1년이 채 안되어 둘째아이가 태어났다. 이 아이도 버렸다. 결국 '부친이 될 자격이 없는'데도 다섯 아이를 낳아서 버렸다.

☞ 루소는 마담 드 베르셀르라는 부자 후원자(여성)가 있어서 넉넉하게 살았다. 그녀가 죽음에 임했을 때, 루소가 그녀의 침상 곁에 있었다. 그녀는 더 말을 할 수가 없었다. 죽음이 임박했다. 갑자기 그녀는 크게 숨을 돌리더니 "좋아(Good)"라고 말했다. "방귀를 뀔 수 있는 여성은 죽은 게 아니다"라고 말하자 숨을 거두었다.

당시의 파리에서는 기아가 흔하였다고 한다. 연간 3,000명 이상의 아이들이 양육원에 맡겨졌다. 그래도 나중에 『에밀』을 쓰게 될 이 교육자는 바야흐로 50세가 지나자 후회의 연속에 괴로워한다. 그런데 테레즈와는 동거상태만 유지하고 끝내 결혼을 안 한 채 자녀를 다섯이나 낳고 살았다. 그가 53세가 되어서 비로소 결혼신고를 한 것이다.

● **루스벨트, 테오도어**(Roosevelt, Theodore : 1858~1919), 미국의 정치가, 제26대 대통령(1901 ~1909)

목장 경영주로 있는 동안 루스벨트와 그의 카우보이 한 사람이 목장을 순찰하고 있었다. 낙인이 찍히지 않은 나이 어린 수소에게 올가미를 건다든지 하면서. 그때 그 자리에서 즉각 낙인을 찍기 위한 쇠를 달구기 시작하며 낙인을 준비하였다. 그들이 서 있던 목장은 그레고어 랭이 자기 땅이라고 주장하는 곳이었다. 그는 루스벨트 이웃의 한 사람이었다. 목축업자들 사이에 통용되는 규칙이 있는데, 그의 목장에서 발견되는 어린 수송아지는 당연히 랭 씨 소유라는 것이다. 카우보이가 낙인을 찍고 있을 때 루스벨트가 "잠깐, 그건 랭 씨의 낙인이어야 하는데, 그 엉겅퀴 문양 말이야."

"맞습니다. 주인님(Boss)!" 하면서 계속 낙인을 찍고 있었다.

"지금 자네가 우리 낙인을 찍고 있잖아?"

"그렇습니다. 저는 언제나 주인님(Boss)의 낙인을 찍습니다"라고 카우보이가 말했다.

"그 낙인 쇠붙이 버려. 목장으로 돌아가. 그리고 자네는 해고야. 자네는 더 이상 필요하지 않아"라고 루스벨트가 말했다.

그러니까 그 카우보이가 항의를 했다. 그러나 루스벨트는 의지가 굳은 사람이었다. "사람이 나를 위해 훔치는 사람은 앞으로 나에게서도 훔칠 수 있어." 이렇게 선언했다. 그래서 그 카우보이는 가버렸고, 이 이야기는 널리 퍼지게 되었다.

● **루스벨트, 프랭클린**(Roosevelt, Franklin : 1882~1945), 미국의 정치가, 제32대 대통령

루스벨트 가문은 네덜란드에서 미국에 이민 온 집안이다. 그는 하버드대학을

나오고 콜롬비아대학의 로스쿨 출신이다. 뉴욕에서 변호사로 일하다가 대통령 꿈을 안고 정치에 뛰어들었으나 40세가 되던 해 소아마비에 걸려 하반신 마비가 되었다. 그러나 그는 1929년에 뉴욕주지사, 1933년에 32대 대통령이 되고 3선 연임 근무 중 사망했다.

1945년 4월 12일 아침 식사까지 즐겁게 먹은 다음 오후 1시 20분 루스벨트는 비서와 3인의 여성들과 이야기 하고 농담을 하면서 점심을 기다리고 있었다. 그는 갑자기 두통을 호소하다 의식을 잃고 쓰러진 끝에 오후 3시 35분에 사망했다.

이 소식이 공습을 받고 있던 베를린에까지 전해졌다. 나치스의 괴벨스 선전상은 동부전선 제9군 장교들에게 강연한 후 부관 루돌프 제뮐러를 만나기 위해 막 돌아온 상태였다.

제뮐러는 괴벨스에게 이 낭보를 알렸다. 제뮐러는 괴벨스가 창백해진 것을 눈치 챘다. 그는 샴페인을 가져오라고 하고는 히틀러에게 전화하여 긴장하고 흥분된 목소리로 이 소식을 전했다.

"총통 각하, 축하합니다. 루스벨트는 죽었습니다. 운명은 총통의 숙적에 일격을 가했습니다. 신은 아직 우리들을 저버리지 않고 있습니다. 기적이 일어난 것입니다. 이것은 '7년 전쟁 중 엘리자베스 여왕의 죽음과 같습니다.' 4월의 후반이 우리 운명의 전환기라고 신수에 써 있습니다. 오늘은 4월 13일 금요일입니다. 그리고 전환기의 날입니다."

그리고 18일 후 4월 30일 히틀러는 그의 애인 에바 브라운과 벙커에서 결혼식을 올린 후 자결했다. '4월 13일 금요일'은 누구 편이었을까?

● 루이 11세 왕(Louis ⅩⅠ : 1423~1483), 프랑스의 왕(1461~1483)

점성술을 열렬히 믿는 루이 11세는 한 점성술사가 궁정의 한 여성이 8일 이내로 죽을 것이라는 사실을 정확하게 예언해서 깊은 인상을 받았다. 너무도 정확한 예언에 그 남자를 없애버리기로 결정하고 왕은 그를 그의 아파트로 불러들였다. 왕은 먼저 신호를 주거든 그 남자를 창문 밖으로 내던져 버리라고 그의 하인에게 이야기 했다. "그대는 점성술을 다 안다고 주장했고 다른 사람의 운명도 안다고 주장했다." 루이 11세가 그 점성술사에게 말했다. "그래서 한 번 더 묻겠는데, 그래 너의 운명은 어떻게 될 것 같으며, 얼마나 더 오래 살아야 한다고 생각하는지 나에게 말해 주오." "폐하 저는 3일 전에 죽을 뻔 했습니다." 이 점성술사가 말했다. 이에 그 사람을 창밖으로 내 던지기로 했던 결정을 취소했다.

(왕이 자기를 죽이기로 결정한 날을 말한 것이다.)

● 루이 14세 왕(Louis XIV : 1638~1715), 프랑스의 왕(1643~1715), 이른바 '태양왕'으로 알려진다.

☞ 루이 14세가 하루는 궁정신하에게 절대군주가 가지고 있는 백성에 대한 절대 권력에 관해서 상세히 설명했다. 콩트 드 귀시 백작이 그런 권력은 한계가 있다고 반대 의견을 내놓았다. 이에 루이가 대답하기를 "만일 내가 당신에게 자기 스스로 바다에 몸을 던져라(자살하라는 말)고 명령한다면 당신이야말로 나에게 복종할 첫 번째 인물이오." 이에 대해서 콩트 백작은 대답대신 뒤로 돌아서서 문 쪽으로 걸어갔다. 이에 놀란 왕이 어디를 가느냐고 물었다. "수영하는 것 배우러 갑니다"라고 대답했다.

☞ 루이가 왼쪽 다리의 괴저(壞疽)로 인해 큰 고통으로 눕게 되자 자기 침대 곁에 서 있는 두 사람의 시종이 울고 있는 것을 보았다. "너희들 왜 우느냐? 너희들은 내가 영원히 살 수 있을 거라고 생각했나?"라고 말했다.

루이 14세는 무척이나 시를 짓기를 좋아하였다. 어느 날은 짧은 연가를 하나 지었는데, 자신이 생각하여도 마음에 들지 않았다. 마침 구루몽 원수가 오자 그는 이렇게 물었다.

"구루몽, 이 연가를 읽어보게. 도무지 마땅치 않은 시라고 생각되지만, 한번 읽어봐 주게."

구루몽 원수는 그 시를 다 읽고 나서 왕에게 말했다.

"폐하, 폐하의 말씀이 과연 옳습니다. 제가 이때까지 읽어본 시 중에서 가장 졸작입니다."

왕은 빙글빙글 웃으며 말했다.

"그런 졸작을 지은 사람은 세상에서 가장 어리석은 자란 말이지?"

"그렇습니다. 그렇다고 말씀드릴 수밖에 없습니다."

"고맙네. 솔직한 평을 해 주어서 고맙단 말일세. 실상은 내가 이 시를 지었네."

"아, 그렇습니까? 그러면 한 번 더 보여 주십시오. 아까는 너무 급히 읽어서…"

"아니, 그럴 것 없네. 언제나 첫인상이 중요한 법이니까."

다음날 왕은 그 시를 다시 보와로 원수에게 보여 주었다. 그 시를 읽고 난 보와
로가 말했다.

"폐하, 이것이 폐하께서 지으신 것입니까?"

"그렇다네."

그러자 보와로는 공손히 말했다.

"폐하께서는 과연 불가능이란 없으십니다. 폐하께서는 졸렬한 시를 지으시려
고 마음먹으시고는 그대로 지어 놓으셨으니 말씀입니다."

● 루이 16세 왕(Louis, XVI : 1754~1793), 프랑스의 왕(1774~1793)

☞ 그의 결혼식 날 대식가인 루이 16세는 놀랄만한 음식을 먹었다. 그의 조부
루이 15세는 결혼식 날 밤의 즐거움을 생각하면서 손자에게 과식하는 것을 경고
했다. 이에 대해서 16세 된 손자(루이 16세)는 "왜 안돼요? 이날 밤은 딴 날 보다 더
잘 자려고요"라고 대답했다.

☞ 1789년 7월 14일, 파리의 군중이 물결치며 소동을 벌이고 바스티유 감옥을
점령했다. 이것은 오래된 왕립 교도소였다. 그날 루이 16세는 사냥엘 나가고 없
었다. 베르사이유에 돌아와서 그의 일기에 이렇게 기록했다. "7월 14일, 아무 일
없음"이라고. 그때 로슈프코-리앙쿠르 공작이 파리에서 급하게 달려와서 성공적
인 반격에 관해 왕께 보고했다. "왜, 이것이 반란이란 말인가!"라고 루이가 말하

니까 "아닙니다. 폐하. 그것은 반란이 아니고 혁명입니다"라고 대답했다.

● 루이스, 싱클레어(Lewis, Sinclair : 1885~1951), 미국의 소설가, 1930년 노벨문학상 수상(최초의 미국의 노벨문학상 수상자)

로마에서 알코올중독으로 루이스가 죽은 후 그의 시신은 화장을 했고 뼈 가루는 납골 항아리에 담아서 최후 처분 때까지 안전상의 이유로 미국 대사관에 보내졌다. 방문객(조문객)들은 영사관 여직원 한 사람이 무릎을 꿇고 앉아서 뒤집어진 납골항아리를 옆에 두고 빗자루와 쓰레받기를 들고 분주히 움직이고 있는 광경을 보고 놀랐다. "뭘 하고 계시는 겁니까?" 하고 손님이 물으니까 "싱클레어 루이스를 쓸고 있습니다"라고 그녀가 대답했다.

● 루터, 마르틴(Luther, Martin : 1483~1546), 독일의 프로테스턴트 신학자, 종교개혁가

☞ 마르틴 루터는 원래 수도사(신부)가 될 작정이 아니었다. 1502년에 에르푸르트 대학에서 박사학위를 받은 루터는, 1505년 1월에 수사(修士)가 되었다. 이때 17명 중 2등으로 졸업해서 부친을 기쁘게 했다.

그런데 이해 6월, 에르푸르트에서 고향의 만스펠트에 돌아왔을 때, 격심한 번개 · 천둥 · 벼락을 맞았다. 루터는 공포에 사로 잡혀, "제발 성 안나 마리아(마리아의 모친)여, 도와주소서. 도와주신다면 저는 수도사가 되어 일생을 봉헌하겠습니다"라고 소리쳤다.

이 기원의 덕택인가 루터는 무사히 집으로 돌아갔다. 그러나 그는 나중에 그 서약을 깡그리 후회했다. 보통 때 같으면 서약 따위를 모른 척 할 수도 있었는데, 루터는 정직한 사람이었다.

그래서 친구들을 불러 고별사를 하고 수도원으로 들어갔다. 덕택으로 가톨릭계는 엉뚱한 적을 영입한 꼴이 되었다. 그러나 신에 대한 서약으로 시작한 루터의 수도사 생활은 그야말로 신이 바라던 바이었는지도 모른다.

☞ 루터는 처음으로 종교적 체험 후 오가스트파 수사(修士)가 되고, 1507년 24세에 신부가 되었다. 1510년(3년 후)에 로마의 교황청의 세속적 규모에 충격을 받는다. 비텐베르크 대학 성서학 교수로 있는 동안 개인적 구원의 문제와 씨름하다가 구원은 공로 없이 얻는 신의 은혜로부터 온다는 결론을 얻었다.

본래 로마교회는 일정한 선행을 행한 신도들에게 교황의 권능으로 신 앞에서 모든 죄를 용서하는 면죄 제도가 있었다.

1517년 교황 레오 10세는 로마의 티베르 강 오른쪽으로 세계 최대의 산 피에트로 성당을 건립하려고 자금조달을 위해서 면죄부를 발행했고, 그 판매인을 전국 각지에 파견했다. 이에 루터는 교회의 이와 같은 타락을 개탄하던 차에 면죄부 판매인 테첼이 색소니아 공국(독일이 봉건제도를 가지고 있을 때라 지방에 작은 공국이 여럿 있었다)에 와서 행동하는 것을 보자 교황의 온갖 편협한 정책에 반대하는 95개조의 선언문을 비텐베르크 성당에 붙이고 로마교회와 단호히 대립했다. 그 중에,

21조 : 면죄부를 변호하는 자는 교황의 사면으로 모든 죄로부터 벗어난다고
　　　주장하나 그것은 잘못이다.

27조 : 돈 상자에 화폐가 떨어질 때 달그랑 소리가 나면 당장 영혼이 지옥에서
　　　연옥으로 옮겨간다고 하는 따위는 어리석은 소리이다.

그는 드디어 로마교회에서 파문당하고 신교주의 즉 루터교를 만들었고, 그것이 오늘날의 장로교, 감리교 등의 신교의 모체가 되었다.

● **루트, 엘리후**(Root, Elihu : 1845~1937), 미국의 법률가, 정치가, 1912년 노벨평화상 수상

루트가 연약한 80대의 노인이었을 때, 솔 M. 리노위츠라는 사람의 방문을 받았다. 그는 루트 씨에게 늘 책을 읽어주었다. 하루는 루트가 이 젊은이에게 일생동안 무엇이 하고 싶은가를 물었다. 리노위츠가 대답하기를 "잘 모르겠습니다. 아마도 라비(rabbi)가 되거나 아니면 아마도 법률가가 되겠지요." 루트의 대답은 즉각적이었다. "법률가를 해라. 법률가는 라비보다 2배 이상 종교가 필요하거든" 이라고.

● 르나르, 쥘(Renard, Jule : 1864~1910), 프랑스의 소설가, 극작가

한번은 어떤 문학청년이 그를 찾아와서 "선생님, 저는 사람들이 두 번 세 번씩 되읽고 싶어 하도록 매력 있는 작품을 쓰기가 소원입니다. 어떻게 해야 그런 작품을 쓸 수 있겠습니까?" 했다.

르나르는 아직도 더 공부해야 할 것 같은데 마치 스스로 기성작가 중에서도 제법 두각을 나타낸 것 같이 자부하는 모습이 못마땅했다. 그래서 그는 "응, 그건 참 좋은 생각일세…… 그러나 그것을 생각하기 보다는 먼저 단 한번이라도 남이 끝까지 읽을 의욕이 생길만한 작품을 쓰겠다는 생각이 더욱 긴요할 것일세……" 해서 돌려보냈다.

"신의 존재 여부는 알 수 없지만 존재하지 않는 편이 그의 평판에 좋을 것 같다."

엽총으로 자살한 부친을 유년시절 직접 수습해야 했고, 수다스러웠던 바로 위 형은 서른일곱에 협심증과 호흡곤란으로 세상을 떠났으며, 우물에 빠져 숨겨 있는 모친을 발견하고 끌어내야 했던 비극의 아들이었다.

● 르누아르, 피에르(Renoir, Pierre : 1841~1919), 프랑스 인상파 화가

☞ 르누아르가 처음으로 살롱에 출품한 작품이 '에스메랄다'이다. 이 작품은 위고의 '노트르담 드 파리'를 제재로 한 것으로, 낭만파적 주제에 의한 어두운 느낌을 주는 그림이었다. 뒷날의 르누아르의 작품과는 정반대의 것이었던 모양인데, 현재는 남아 있지 않다. 르누아르 자신이 부셔버렸기 때문이다.

살롱전이 끝나자 작품이 팔리지 않고 집으로 반송되어오자 르누아르는 "이런 큰 그림은 그저 거추장스러울 뿐이지 아무 소용이 없어"라고 생각해서 그림을 망가뜨렸다는 것이다. 바로 그날 저녁 어떤 낯선 사람이 르누아르 집엘 찾아와서 '에스메랄다'를 찾았다. 그러나 이미 때는 늦었다. 그는 최초의 출품작이 팔릴 기회를 놓친 것이다.

☞ 그 이듬해 르누아르가 그린 '나부'에 원매자가 나타났다. 그것은 평범한 나

부의 습작이었는데 마네의 '올림피아'나 '풀밭에서의 점심' 등이 별로 점잖지 못한 그림이라는 격렬한 공격을 받은 시대여서 르누아르의 나부도 그대로는 공개가 안 된 것이었다. 그래서 그는 모델에게 활을 쥐게 하고, 발 밑에는 노루를 그리고, 신체일부를 동물의 가죽으로 덮었다. 그대로 '나부'가 아니고 '사냥을 하는 님프'가 되어버린 셈이다. 당시는 가령 나부라할지라도 신화의 등장인물이라고 하면 무사통과될 법했다는 것이다. 그랬더니 한 원매자가 나타나 그 그림을 사고 싶다는 것이었다. 다만 그 애호가는 그림속의 '노루'만 사고 싶다는 것이다. 그래서 르누아르는 "소매는 하지 않습니다"라고 말하고 거절했다고 한다.

(즉 그림속의 노루 그림에만 값을 매겨서 사겠다니 퍽 재미있는 이야기다.)

● **르위스, 클라이브**(Lewis, Clive : 1898~1963), 영국의 작가, 중세·르네상스 역사가, 신학서적 저자

옥스퍼드대학 펠로쉽을 뽑는 절차의 중요한 한 부분은—그리고 수줍은 후보자로서는 굉장히 두려워하는 부분인데—학장들이 모여 둘러앉아 저녁식사를 하는 높은 자리에 놓인 테이블에 앉는 일이다. 이들 학장들은 이들 희망에 찬 후보자들의 역량을 시험하는 사람들이다.

르위스가 옥스퍼드대학의 맥달렌 칼리지의 영어 교수자리의 후보자였을 때, 그 학교 총장인 늙고 무서운 허버트 워렌 경 옆자리에 앉게 되었다. 식사의 처음 두 코스 동안은 워렌 총장은 한마디도 말을 안했다. 그러다가 육류가 나오는 코스에서 워렌이 "르위스 씨, 시를 좋아합니까?"라고 물었다. 르위스가 "네 총장님, 좋아합니다." 그 저명한 이웃은 그 후에도 별 반응을 보이지 않았다. 그래서 르위스가 "저는 산문도 좋아합니다"라고 덧붙였다. 이것이 그들 사이의 대화의 전부였다. 르위스는 펠로쉽을 획득하게 되었다.

● **리, 로버트**(Lee, Robert : 1807~1870), 미국의 남부연합군 장군, 사령관

1865년 어느 일요일 아침, 한 흑인이 버지니아주 리치몬드에 있는 상류사회가 다니는 성공회 교회에 들어섰다. 아침 성찬식이 행해지고 있었다. 그는 복도를

지나 재단 앞에 무릎을 꿇었다. 분노의 소리가 교회 안 여기저기서 들리기 시작했다. "저런, 감히 어디에!"라는 소리도 들렸다.

성공회 교인들은 공동으로 쓰는 컵을 사용한다. 그런데 한 특출하게 생긴 낯선 사람이 재단 앞으로 나왔다. 흑인 옆에 무릎을 꿇었다. 그는 로버트 E. 리 장군이었다. 그는 회중을 보고 이렇게 말했다. "모든 사람은 그리스도 안에서는 형제입니다. 우리는 모두 한분, 하나님 아버지를 믿지 않습니까?" 회중들은 겸손하게 그분의 말에 순종하였다.

● **리밴트, 오스카**(Levant, Oscar : 1906~1972), **미국의 피아니스트, 작가, 해학작가**

☞ 리밴트는 한 대학 콘서트에서 특별한 악절을 연주하고 있는데 무대 뒤에서 전화벨이 울리기 시작했다. 피아니스트는 연주를 계속 해갔다. 그런데 계속 울리고 있고 그걸 들은 청중은 불안정해졌다. 리밴트는 멈춤 없이 연주를 계속하면서 청중들을 쳐다보고 이렇게 말했다. "저 소리가 나에게 온 전화이면 좀 그 사람한테 '내가 지금 몹시 바쁘다'고 말해주십시오"라고 말했다.

☞ 카우프만 씨 댁에 손님으로 초대받아 가서 리밴트가 너무 오래 머물러 있게되었다. 그의 연장된 머문 시간이 끝날 무렵이 되자, 카우프만 씨 부인이 힌트를 주었다. "하인들은 언제나 뭘 조금 기대하거든요. 선생님은 돈을 가지고 오시지않는 것 같아서 제가 그들에게 각각 3달러씩 주고, 그건 리밴트 선생이 주시는거라고 말했습니다"라고. 리밴트가 이 말을 듣고 화를 벌컥 냈다. "적어도 5달러는 주셔야지, 그 사람들이 나를 얼마나 인색한 사람으로 알게 아닙니까?"라고 소리 질렀다.

● **리버만, 막스**(Liebermann, Max : 1847~1935), **독일의 화가, 동판화가**

독일에서 1930년대 초 점점 더 반 유태적인 생각이 커지고 있음에도 불구하고, 대통령 파울 폰 힌덴브르크는 리버만에게 사신을 보내서 힌덴브르크 자신의 초상화를 그려 달라고 부탁했다. 그런데 아주 짧은 시간 안에 완성해야 한다는 조건이 붙어 있었다.

리버만은 즉시 힌덴부르크의 사신에게 문 쪽을 가리켰다. 리버만은 그쪽으로 돌진해서 문을 열었다. 그리고 집밖에 많이 내려진 눈을 가리키며 말했다. "만일 내가 저 눈에다가 오줌을 눈다면 꼭 힌덴부르크 대통령과 똑같이 만들 수 있겠소?"라고 말했다.

(빨리 그려달라는 조건에 항의해서, 그렇게 빨리 그려야 된다면 눈 위에 오줌을 누어서라도 그릴 수 있다는 말로, 청을 거절한 것이다.)

● **리스트, 프란츠**(Liszt, Franz : 1811~1886), 헝가리 작곡가, 당대 피아노의 거장

☞ 리스트의 명성은 대단해서 유럽 각국의 궁중에서 서로 다투어 그를 초청해 갔다.

소련의 짜르 니콜라이 1세에게 초청되어 연주를 할 때 이야기.

한창 연주 중인데 황제가 옆의 신하와 소곤거렸다. 참다못한 리스트는 연주를 중단해 버렸다. 깜짝 놀란 황제가 웬일이냐고 물으니 그의 정중한 대답은, "황제께서 대화를 하시면 다들 조용해야 하는 것 아닙니까?"

그 다음부터 리스트의 연주 중에는 황제도 조용했다는 이야기가 있다.

☞ 관객의 열광과 아첨에 인이 박힌 프란츠 리스트는 연주회에서 기절하는 여자를 고용했다고 하는데, 그 까무러치는 순간은 언제나 연주가 절정에 이르기 바로 전에 맞추어 일어나게 되어 있었다.

여자가 기절을 하면 연주를 끝내는 둥 마는 둥 벌떡 일어나 용감하게 실신한 여자를 번쩍 안고 퇴장을 한다. 그러면 관객은 그의 황홀한 연주, 남성다운 기사정신, 그리고 관객 자신들의 무감각에 대한 가책 등등이 범벅이 되어 수라장을 이룬다.

그런데 한번은 고용된 여자가 약속된 시간이 되어도 기절을 하질 않는다. 기다

리다 못한 리스트, 연주가 끝나기도 전에 자기 자신이 기절해 버렸다.

● 리처드 Ⅰ세 왕(Richard Ⅰ : 1157~1199), 영국 왕(1189~1199)

리처드 1세는 사자의 심장(Coer de Lion)으로 알려진 강인한 왕이었다. 리처드가 오스트리아 군인에 의해 체포되었는데, 영국 사람들은 그가 어디에 있는지 잘 알지 못하고 있을 때였다. 한 음유시인(吟遊詩人) 블론델이란 사람이 유럽을 두루 다니면서 그의 주인을 찾았는데 허사였다. 그러나 오스트리아를 지나가면서 집으로 돌아가는데 린츠 부근의 한 고대 요새 안에 엄중하게 지켜지고 있는 죄수가 있다는데 그가 누군지 정체를 모른다는 사실을 알게 되었다. 블론델이 불가사의한 그 죄수가 틀림없이 자기의 주인임을 직감하고 그 성에 찾아갔다.

그러나 죄수의 흔적도 알아낼 수가 없었다. 그는 드디어 작은 성벽 높은 곳에 빗장이 걸린 유리창을 찾아냈다. 그는 이 방이 틀림없이 죄수의 감방이라고 생각했다. 이 창 아래에서 그는 트르바도르(11세기의 서정시인)의 노래 첫 대구(對句)를 불렀다. 그 대구의 첫 부분은 자기가 작곡한 것이고 두 번째 대구는 리처드 왕이 작곡한 것이다. 창으로부터 두 번째 대구를 부르는 소리가 들려왔다. 그리고 블론델이 그가 리처드 왕임을 확신하고 드디어 그의 주인을 찾은 것이다.

● 리톤, 에드워드 백작(Lytton, Edward : 1803~1873), 영국의 소설가, 정치가

윌키 콜린스의 탐정소설 '흰 옷 입은 부인'이 나타난 것은 1860년이다. 이 소설은 상당한 소동을 불러일으켰다. 특히 주목을 받은 것은 포스코라는 백작인데, 그의 특징은 악한이란 데 있다. 그런데 하루는 한 여성 독자가 그 소설에 대해서 별로 감동을 받지 못해서 소설가에게 편지를 써 보냈다. "선생님은 진짜 악한이 어떤 것인지를 잘 모르시군요. 선생의 주인공 포스코 백작은 아주 가난한 사람일 뿐입니다"라고 말하면서 콜린스에게 그가 원하는 악한을 다음번에 공급해 주겠냐고 제안했다.

"이건 저의 상상에서 만들어낸 이야기가 아니고 그 사람은 현재 살아있고, 항상 나의 주시 아래 놓여있는 사람입니다. 사실로 그는 내 남편이거든요." 이 편지를 쓴 사람은 리톤의 아내였다.

● 리히텐버그, 게오르그(Lichtenberg, Georg : 1742~1799), 독일의 물리학자, 풍자작가

하루는 별로 재치도 없어 보이는 어떤 사람이 리히텐버그에게 그의 유난히 큰 귀에 대해서 약간 경멸하는 조의 말을 건넸다. 리히텐버그가 대답하기를 "그래요, 자 잘 생각해 봐요. 내 귀와 당신의 두뇌를 합하면 완벽하게도 놀라운 당나귀가 만들어질 것 아니겠소? 어때요?"라고.

(내 귀는 그렇다 치고 당신의 그 나쁜 두뇌는 어떻고, 아주 멋진 응수다.)

● 린데만, 프레데릭 자작(Lindemann, Frederick : 1886~1957), 독일 태생 영국의 물리학자

1931년 처칠이 뉴욕5번가에서 택시에 들이받혀서 부상을 당해 병원에 실려 갔다. 거기서 그는 린데만에게 전보를 쳤다. 고정된 체중 200파운드, 자동차 무게 2,400파운드에 시속 30~35마일로 달리던 차에 타고 가다가 충돌했을 때 얼마나 큰 충격을 받는 지를 계산해 달라는 내용이었다. 또한 자기가 자동차에 치였을 때 자동차 브레이크가 작동하지 않았다는 점도 고려에 넣으라는 말까지 덧붙였다. 그리고 자기가 땅에 떨어지기까지 방충기(충격을 줄여주는 범퍼 같은 것)에 실려 있었고, 또 덧붙여서 이 정보는 매우 '인상적'이라는 사실까지 적어 보낸 것이다.

린데만은 곧 다음과 같은 답장을 처칠에게 보냈다. "충돌은 30피트(9m) 높이에서 땅에 떨어졌을 때와 같은 효과가 있습니다. 이것은 7,000파운드의 에너지에 해당됩니다. 10파운드짜리 벽돌을 600피트 높이에서 떨어뜨렸을 때나 사슴사냥용 총알이 똑바로 쏘아졌을 때의 압력과 같습니다. 두개골을 싸고 있는 쿠션의 비율적 두께와 그 탄력성을 거꾸로 평가해 보십시오. 충돌했을 때 수상의 몸이 평방인치마다 8,000마력으로 달리는 속도의 압력을 받는다고 생각해 보세요. 충돌시 적절한 쿠션과 기술을 가지고 계신 것을 축하합니다."

● 린드버그, 찰스(Lindbergh, Charles : 1902~1974), 미국의 비행사

린드버그가 1927년 멕시코로 비행해 갔다. 도중에 비바람과 안개 날씨를 만났다. 곧 알게 되었지만 텍사스를 지나가다가 길을 잃었다는 것이 분명해졌다. 지상에 철도선로가 보였다. 뭔가 표지가 있을 것으로 생각하고 계속 철로를 따라 갔다. 가다보니 철도역 사인이 보였다. 'Caballeros(카발레로스)'라는 표지판이 나타났다. 지도를 찾아보니 'Caballeros'라는 지명이 안보였다. 조금 더 가니 똑같이 역이 나오고 'Caballeros'라는 표지판이 보였다. 그제서야 천천히 알게 되었는데, 그게 '남자 화장실'이라는 표지판이었다.

● 링컨, 에이브라함(Lincoln, Abraham : 1809~1865), 미국의 정치가, 16대 대통령(1861~1865)

☞ 링컨이 어떤 자리에 앉힐 한 후보자를 배제하였다. 그리고 그 이유로는, "나는 그 사람의 얼굴이 싫어" 했다.

그의 각료의 한 사람이 "각하, 그건 충분하고 만족스러운 설명이 못된다고 생각합니다"라고 지적하자 링컨은 "사람이 40세가 넘으면 모두 자기 얼굴에 책임을 져야 합니다"라면서 동의하지 않았다.

☞ 링컨이 암살되기 꼭 1주일 전 링컨이 꿈을 꾸었는데 몇몇 사람들과 토론을 하고 있었다. 그는 조용한 백악관 복도를 걸어가는데 누가 훌쩍훌쩍 우는 소리가 들리는 것 같았다. 그가 이스트 룸에 들어섰을 때 검은 천으로 덮인 영구대(靈柩臺)가 있는 것을 보았다. 당번을 서고 있는 경비에게 물어보았다. 누가 죽었느냐고. "대통령이오"라고 그가 대답했다.

☞ 대통령의 서명을 기다리는 노예해방선언서를 앞에 놓고 링컨은 손을 쥐었다 폈다 하면서 서명을 못하고 있다.

왜냐하면 사인을 하는 필체가 조금이라도 흔들리면 후세 사람들이 자기가 주저하면서 서명을 했을 거라고 할까봐 한참 손 운동을 하다가 서명을 했다는 일화를 남기고 있다.

☞ 링컨 대통령이 인디언 문제를 총괄할 사람을 임명하기 위해서 각료들에게
어떤 자격요건을 가진 사람이 알맞겠느냐고 물었다. 제출한 자격요건은,

〈사심이 없고, 도덕적이고, 종교심이 강하고, 검소하며, 희생적인 사람〉

"여보시요, 이런 자격을 가진 분은 1900년 전에 이미 십자가에 달려 죽었습
니다!"

☞ 링컨이 게티스버그에서 한 역사적인 연설속의 명언 "국민의, 국민에 의한,
국민을 위한 정부"는 민주주의의 본질을 표현한 말 중에서도 최고의 명언에 속한
다. 노예해방에 진력한 링컨으로서는 이 대사는 아주 기가 막히게 들어맞는 명언
이다. 그런데 실은 이 말의 작자는 따로 있다.

1850년대를 통해 역시 노예해방운동을 하던 데오도어 파커(Theodore Parker :
1810~1860, 유명한 사회개혁운동가)의 설교집의 1절에 "민주주의는 모든 사람에게 미
치는, 모든 사람에 의한, 모든 사람을 위한 직접 정치이다"라는 구절이 있는데,
링컨이 이 구절 밑에 언더라인을 쳐 두었다가 모든 사람 대신 국민(혹은 인민)을 대
입시켜 짧게 만들고 그의 언변에 힘입어 멋진 구호가 되었다.

● **마르케스, 가브리엘**(Marques, Gabriel : 1928~2014), **콜롬비아 소설가, 콜롬비아 출신의 작가**
1982년 노벨문학상 수상

☞ 콜롬비아의 작은 해안 마을 출신인 그는 8세까지 조부모 슬하에서 자랐다.
뛰어난 학업능력으로 보고타국립대 법학과에 들어갔으나 중퇴했다. 첫 소설 '낙
엽'이 출판사에서 퇴짜 맞은 뒤 신문기자로 일했다. 1955년 공산당에 입당했고
정부에 비판적인 기사를 연이어 쏟아냈다. 그의 안전을 걱정한 신문사는 그를 유
럽 특파원으로 발령 냈고 그는 끝내 고향 땅을 밟지 못했다. 1961년 파리에서 멕
시코로 이주한 그는 본격적인 작가의 길을 걸었다.

1928년 고향에서 미국 기업의 사주로 콜롬비아 정부가 바나나농장에서 일하던 자국민 수백 명을 사살하면서 일어난 '바나나폭동'의 충격이 모티브였다. 그는 "여유로웠던 인디오의 삶은 사라지고 뜨거운 먼지만 흩날리는 황량한 거리뿐이었다"고 회상했다. 이를 바탕으로 한 가족의 7대에 걸친 고난을 녹인 '백 년 동안의 고독'은 현실과 환상적 세계를 아우르며 고단한 남미 민초의 삶을 조명했다. 이른바 '마술적 사실주의'라는 그만의 문학세계를 만들어낸 것이다.

☞ 마르케스는 피델 카스트로 전 쿠바 국가평의회 의장과 60년 친구다. 함께 미 제국주의를 신랄하게 비판한 사회주의자였던 그에게 미국은 비자 발급을 거부했다. 하지만, "나의 문학적인 영웅"이라고 칭송했던 빌 클린턴 전 대통령이 1994년 그를 미국으로 초대해 저녁식사를 한 이듬해 미국 비자가 발급됐다. 버락 오바마 대통령도 그가 타계한 직후 "어릴 적부터 좋아했던 사람이다. 그의 작품은 앞으로도 세대를 넘어 계속 읽힐 것"이라고 추모했다.

(동아일보 박현진 기자의 글 참조)

● 마르코 폴로(Marco Polo : 1254~1324), 원나라 쿠빌라이를 섬긴 이탈리아 상인, 여행가

1275년 쿠빌라이 황제 때 이탈리아 상인 3명이 원(몽골정권)나라에 왔다. 그들 중 17세의 마르코 폴로라는 소년이 있었다. 다른 두 사람은 아버지 니코로 폴로, 삼촌 마테오 폴로였다.

마르코는 무역을 하는 아버지와 삼촌을 따라 원나라에 왔다. 쿠빌라이 황제는 그들을 극진히 대접한 후 서양의 여러 가지 일들을 물어보았다. 황제는 그들을 궁전에 계속 머무르게 하면서 친구처럼 대접했다.

마르코는 그 후 혼자 남아서 17년 동안 동남아시아와 인도와의 무역을 도맡았다. 1295년 마르코는 고향 베네치아로 돌아왔으나 아무도 그를 알아보지 못했다.

마르코는 베네치아로 돌아온 후 제노바와의 싸움에 참전했다가 포로가 되었다. 이때 함께 포로가 된 루스티 첼로에게 원나라 이야기를 들려준 것이 책으로 발간되었다. 그것이 바로 마르코 폴로의 『동방견문기』이다. 이 책에 우리나라를 '코리아'로 소개하고 있다.

● **마리아 테레사**(Maria Theresa : 1717~1780), 오스트리아의 여황제

마리아 테레사는 그녀 인생의 마지막 며칠간을 눕기만 하면 호흡을 할 수가 없어서 의자에 기대어 앉은 채 보냈다. 그녀의 아들 요제프는 항상 그녀의 곁에 대기하고 있었다. 한번 고통스러운 경련이 있은 후 의자에서 몸부림치다 소파에 아주 어색하게 넘어졌다. "폐하께서는 그런 식으로 불편해 하시면 안 됩니다"라고 어머니를 받쳐주면서 요제프가 말했다.

"아니야, 그러나 죽기에는 아주 편하거든"라고 마리아 테레사가 말했다. 그리고 수분 후 그녀는 더 이상 몸부림치지 않고 사망했다.

● **마리아 페도로브나**(Maria Fedorovna : 1847~1928), 러시아의 여황제, 차르 알렉산더 3세
(1845~1894)의 아내

마리아 황후는 러시아 전국을 두루 통해서 그녀의 박애정신이 알려졌다. 그녀가 한번은 알렉산더가 사인한 보증서의 콤마 하나를 옮김으로써 시베리아로 수송중인 죄수를 구원해 주었다. 황제가 쓴 보증서에는 "Pardon Impossible, to be sent to Siberia(시베리아로 보내지는 것 이외는 불가능합니다)"에서 마리아가 개입해서 고쳐 쓴 것은, "Pardon, impossible to be sent to Siberia"이다. "Pardon Impossible(용서하시오. 불가능합니다.)"에서 Pardon, Impossible(용서하시오, …은 불가능합니다)"로 바뀐 것이다. 콤마의 위치를 바꿈으로써 시베리아로 유배 가던 죄수는 결과적으로 풀려났다.

● **마스카니, 피에트로**(Mascagni, Pietro : 1863~1945), 이탈리아 오페라 작곡가

1890년 5월 17일 밤, 로마의 코스탄치 극장에서 초연된 1막 오페라 '카발레리

아 루스티카나'의 획기적 성공은 무명의 작곡가 피에트로 마스카니를 하룻밤사이에 명사로 만든 역사적 사실이다. 그러나 그의 업적은 그 후 오페레타를 포함해서 14곡을 작곡했으나 오페라 '이리스' 단 하나를 제외하면 잊혀지고 말았다.

악보출판상 손초노가 1막 오페라 현상 작곡 콩쿠르를 발표한 것은 1888년의 일이었다. 마스카니는 여기에 응모하기 위하여 조반니 베르가의 소설 『카발레리아 루스티카나(촌스러운 기병대)』를 제재로 한 오페라를 곧장 작곡하기에 착수했다. 1890년 2월 27세 때, 이 오페라는 로마에서 심사를 받고 1등상을 받게 되었다. 그리고 5월에 로마에서 공연된 것이다. 이 오페라 중에 나오는 합창곡이 아주 유명하다. 당시 그는 가난한 음악교사로 일하고 있었다.

● 마키아벨리(Machiavelli, Niccolo : 1469~1527), 정치사상가, 외교가, 역사학자

『군주론』을 쓰고 정치자에 크게 영향을 준 마키아벨리가 피렌체의 메디치가가 피렌체에서 추방된 후 고위공직에 입문했다가(1494) 1512년 메디치가가 복귀하자 그는 공직에서 강제로 물러나야 했다.

그가 공직에 있는 동안 외교관계 대표나 특사로 일한 경험을 바탕으로 정치적 음모의 복잡성을 연구해서 그것으로 군주론을 썼다.

마키아벨리는 피렌체 법률가의 아들로서 1494년 25세에 정계에 입문했는데, 그때가 마침 메디치가 피렌체에서 추방되었을 때였다. 그때 피렌체는 도미닉 수도사 개혁파인 사보나롤라의 세력 하에 들어갔는데, 사보나롤라는 그 시대의 악과 부패에 맞서 싸웠다. 사보나롤라는 그의 열성적인 노력에도 불구하고 보르기아 교황인 알렉산더 6세와 갈등을 일으키게 되었다. 보르기아 교황은 스페인의 발렌시아의 보르하스(Borjas)가문 출신이었다. 그는 1498년 결국 화형에 처해지고 말았다.

● 마테를링크, 모리스(Maeterlinck, Maurice : 1862~1949), 벨기에의 시인, 연극인

마테를링크와 잘 알려진 프랑스 여배우 지오르제트 르블랑과의 로맨스는 20

년 후 신비로운 결말을 맺었다.

그때 60세였던 이 작가는 19세 밖에 안 된 젊은 여성과 결혼했다. 그는 이 문제에 대해서는 언론에 언급하는 것을 거부하였다. 그러나 한 모험적인 미국인 여성 기자가 그의 지중해 별장에서 그와 인터뷰하는 기회를 획득하였다. 그녀는 그에게 다음과 같은 메시지를 담은 쪽지를 보냈다. "저는 아주 큰 난관에 봉착한 미국의 작가입니다. 선생님이 저의 글쓰기를 위해서 선생님과 인터뷰를 할 수 있다면 저의 집으로 돌아갈 여비를 대신 선생님께 지불할 수 있습니다. 그러면 모든 일이 순조로울 것입니다. 만일 그것이 안 된다면 저의 유일한 선택은 자살을 단행하는 것입니다"라고.

마테를링크도 차마 이 호소를 거절할 수 없었다. 그 여성은 인터뷰를 위해서 제때에 도착했고, 그녀의 수첩을 열었고, "왜 선생님은 지오르제트 르블랑을 떠나셨습니까?"라고 질문의 포문을 열었다. 마테를링크는 그 기자를 한참 노려보더니, "가시오, 자살이나 해요, 마담"이라고 낚아챘다.

● 마틴, 조지(Martin, George : 1926~2016), 영국의 음악프로듀서

영국의 더벅머리 청년 4명을 세계적인 밴드 '비틀즈'로 키운 명 프로듀스 조지 마틴이 2016년 3월 9일 세상을 떠났다. 그의 별세 소식은 비틀즈의 멤버였던 링고 스타가 트위터를 통해 밝혀서 알려졌다. 링고 스타는 '당신이 보여줬던 사랑과 다정함에 감사한다'고 썼다.

영국 EMI 산하의 팔로폰 레코드에서 일하던 마틴은 1962년 비틀즈의 데모 테이프를 듣고 단박에 그들을 발탁했다. 이후 마틴은 1970년 비틀즈가 해체될 때까지 이들의 모든 앨범 프로듀서로서 음악 제작을 진두지휘했다.

초창기 비틀즈의 드럼연주자를 링고 스타로 교체하게 권유한 사람도 그였다. 또 '예스터데이' 등 몇몇 비틀즈 명곡의 편곡자이기도 했다. 1996년 영국 왕실로부터 기사 작위를 받았고, 1999년 로큰롤 명예의 전당에 헌액됐다.

● 마틸드 공주(Mathilde, Princess : 1820~1904), 프랑스 귀족

결혼 후 5년 만에 남편으로부터 이별을 통고 받은 마틸드 공주는 니베케르크 백작과 오랫동안 염문을 뿌리고 있었다.

생 그라티엥에서 있은 즐거운 사교모임이 있던 저녁, 파티가 끝날 무렵 그의 여름 별장에서 공주가 자리에서 일어나 자기의 '명예기사(Chevalier d'honneur)'인 부즈넬 장군에게 "자 이제 자러 갑시다." 그때 듀페레 제독도 여기에 있었다.

"제가 장군의 위치에 있었으면 좋았을 텐데"라고 중얼거렸다. 이에 공주는 제독의 손목을 장난스럽게 부채로 툭툭 치면서 제독에게 "존경하는 제독, 당신은 뭘 잘못 알고 있는 것 같아요"라고 공주가 말했다.

"이 집에서는 밤 서비스를 제공하지 않습니다."

(프랑스 상류사회의 한 단면을 보여주는 대화이다.)

● 말러, 구스타프(Mahler, Gustav : 1860~1911), 오스트리아의 작곡가, 지휘자

☞ 말러는 오랫동안 비엔나의 오페라하우스에서 상임 지휘자로 있었다. 그러나 그의 성격이 공연히 너무 엄격해서 악단사람들이 조금만 실수해도 꼭꼭 벌금을 받아서 아무도 실수가 없도록 전원이 조심하였고, 말러 자신도 결근을 하거나 지각을 하는 일이 전혀 없었다.

그런데 언젠가 한번은 이런 엄격한 주인공 말러가 어디엘 갔는지 행방이 묘연했다. 그래서 악단사람들은 큰 소동을 일으켜 찾는 중에 말러가 조용히 나타나자 모두들 눈이 휘둥그레서 "아, 어디 가 계셨습니까?" 하고 물으니 그는 조금도 당황하는 기색 없이 "응, 나 잠깐 결혼 좀 하느라고…" 하는 것이었다. 묻던 사람이 도저히 기가 막혀 "결혼도 잠깐 하는 단기 결혼이 있고 오래하는 장기 결혼이 있습니까?" 하고 물었다는 이야기다.

☞ 1910년 8월 말러가 50세 되었을 때 정신분석학자 프로이트를 찾아갔다. 프로이트는 당시 54세 때였다. 말러는 이때 18세 연하의 아내 알마와의 결혼생활

에 위기를 맞아 아내가 자기 곁에 있다는 것을 밤새 확인하지 않고는 못 견디는 강박 증상을 가지고 있었다. 의사와의 상담약속도 자주 어기고 전보도 약속날짜와 시간을 변경하지 않으면 안 되는 '의혹증상'을 이미 나타내보였다.

그런데 4시간에 걸친 단 1회의 분석과 진단으로 말러는 완전히 자기에 대한 심리학적 통찰을 획득했고, 신경증에서 회복했다. 프로이트에 의하면 말러의 치료성과는 거의 기적에 가까운 것이라고 놀라워했다.

● 말로리, 조지(Mallory, George : 1886~1924), 영국의 등산가

말로리는 몇몇 에베레스트의 고봉들을 정복한 베테랑 산악인이다. 그가 1923년 미국에 초청강연을 갔는데, 가는 곳마다 청중이 질문하기를 "당신은 에베레스트에 왜 올라가려고 하느냐"라고 묻는다는 것이다. 그는 언제나 같은 답을 한다고 했다. "왜냐하면, 산이 거기 있으니까"라고.

● 맑스, 그로우쵸(Marx, Groucho : 1895~1977), 미국의 코미디언, 형 치코(Chico)도 코미디언

☞ 그로우쵸가 캘리포니아에 있는 집 뜰에서 일하고 있었다. 좀 헐어빠지고 오래된 옷을 입고 있었다. 돈 많고 나이 들어 보이는 한 부인이 캐딜락을 타고 가다가 그로우쵸가 정원 일을 하고 있는 것을 보고 멈춰 서서, 그에게 자기 집 정원 정리를 부탁해보려고, "정원사님, 그 집일을 하면 집 안주인에게서 품삯을 얼마를 받습니까?" 하고 물었다.

그로우쵸는 그 부인을 쳐다보면서 "오, 저는 품삯을 달러로 받지 않습니다. 이 집 안주인이 저를 같이 자자고 했습니다"라고 대답했다.

☞ 아주 스마트한 로스앤젤레스의 한 호텔의 식당엘 들어가려고 했던 그로우쵸가 급사장의 제지로 식당으로 들어가지 못했다. "미안합니다, 선생님 그런데 넥타이를 안 매셨어요."

"그건 맞아, 미안해 할 것 없어. 나도 바지가 없을 때 어떻게 해야 할지는 알거든."

"미안합니다, 선생님. 넥타이 안 매시고는 식당에 들어가실 수 없습니다." 그 급사장은 계속 되풀이 했다.

그로우쵸가 식당 안의 손님 중 대머리인 사람이 있음을 발견했다. 그리고는 소리 질렀다. "보라고, 저 사람을. 당신은 내가 넥타이가 없으니 못 들어간다고 하는데, 저 사람은 머리카락도 없이 여기에 들어오게 했잖소?"라고 했다.

● **맑스, 카알**(Marx, Karl : 1818~1883), 독일 라인란트 출신의 공산주의 혁명가, 역사학자, 경제학자, 철학자, 사회학자, 마르크스주의의 창시자

비 아 시 아 편 □

☞ 도대체 맑스는 무얼 하느라고 그 많은 돈을 썼을까? 맑스는 단지 낭비를 한 것은 틀림없다. 금전에 대한 감각이 없었다고 밖에 말할 수가 없다. 후일 큰돈을 상속받게 되었는데도 상속을 받자마자 사는 집을 큰 것으로 바꾸고 이사를 했다. 고가의 가구를 들여놓고 호화스럽게 살았다. 그리고 얼마 안 되어 전당포신세를 지게 되었다고 한다.

이와 비슷한 일은 몇 번 되풀이되었다. 아내의 유산상속이나 백부의 유산상속 덕택에 돈이 좀 들어오니까 다시 큰 저택으로 옮기고 생활수준을 향상시켜갔다. 그는 후일의 생활경영은 전혀 생각하지 않고 계속 낭비벽에 빠지고 그리고는 다시 가난에 빠진다. 이 일을 여러 번 되풀이하면서 산 것이 경제학자 그것도 사회주의경제 이론을 만든 마르크스의 행태였다니 얼마나 아이러니인가?

☞ 런던에 있을 때, 맑스는 동거하고 있던 가정부와 관계를 해서 아이가 태어났다. 아내인 예니는 심한 질투쟁이어서 들통이 나면 난리가 날 것이 뻔한 일이었다. 물론 맑스는 아내로부터 의심을 받고, 부부는 심각한 위기에 처하게 되고, 또다시 엥겔스가 이 문제를 해결해 주었다고 한다. 엥겔스는 이 가정부로부터 태어난 아이가 자기 아이라고 밝힘으로써 맑스를 구해주었다. 엥겔스 덕택으로 그는 위기를 모면할 수 있었다.

● **망사르, 프랑스와**(Mansart, Francois : 1598~1666), 프랑스의 건축가

루이 14세가 망사르와 햇볕을 쬐면서 산책을 하고 있었다. 이 건축가는 모자를 쓰지 않고 맨머리 바람으로 있었다. 왜냐하면 궁중의 에티켓 때문이었다.

루이는 그에게 모자를 쓰라고 했다. 그리고 이와 같은 왕의 생색내기 행동을 보고 놀란 궁정 신하에게 말하기를 "나는 15분 만에 20명의 공작을 만들어 낼 수 있지만, 한 사람의 망사르를 만드는 데는 수세기가 필요하오"라고.

● **매리 왕비**(Mary : 1867~1953), 영국의 조지 5세의 부인

그의 아들 조지 6세 왕의 사망 소식을 들었을 때 왕비 매리의 입술에서 나온 말의 전부는 아주 작은 "오!"라는 소리였다. 그러나 왕비는 몹시 흥분되어 있어서 집안의 가족원들이 그의 딸 로얄 공주에게 어머니께 가능한 한 빨리 와 보라고 알렸다. 로얄 공주는 이미 50대 중간에 있는데, 매리 왕비에게 급히 달려와서 근심에 가득한 왕비마마를 보았다. 그런데 놀랍게도 매리는 자기 딸 로얄 공주의 접견을 거절했다.

"왕비 앞으로 나아올 때에는 머리를 단정하게 하고 와야지"라고 그의 어머니 매리가 딸에게 말했다. 공주는 다시 자기 방으로 되돌아갔다.

● **매킨리, 윌리엄**(McKinley, William : 1843~1901), 미국의 정치가, 미국의 25대 대통령(1897~ 1901)

1901년 9월 6일, 버펄로에서 있은 공식 회견장에서 사람들과 인사를 나누고 있는 동안, 매킨리는 레온졸고스라는 무정부주의자로부터 직사(直射)로 저격당했다. 매킨리는 의자에 주저앉았다. 첫째로 머리에 떠올라온 생각은, 옆에 있던 사람들에 의해 붙잡힌 저격수의 안전에 대해서이고, 두 번째로 생각나는 것은 그의 아내 아이다(Ida)에 대한 생각이었다고 한다. 그녀는 발작으로 인해 고통 받고 있는 반(半)환자였다. "내 아내에게 이야기 할 때에는 주의해야 돼요"라고 숨이 헐떡거리면서 말했다.

그는 곧 병원으로 이송되었고, 며칠 동안 병원에서 치료를 받았다. 그의 아내가 병상 곁에서 그의 임종을 지켜보았다. "저도 같이 갈래요. 저도 같이 갈래요." 그녀가 흐느꼈다. "우리는 모두 다 가는 거요." 매킨리는 의식이 흐려지더니 다시 말을 잇지 못했다.

● 맥밀란, 해롤드 백작(Macmillan, Harold : 1894~1986), 영국의 수상 역임, 맥밀란출판사 CEO

모리스 맥밀란은 조상대대로 출판사를 경영해온 집안 출신으로 이든 칼리지와 옥스퍼드대학을 나와 1차 대전에 참전해 총상을 입고 예편했다. 1924년 보수당 하원의원 선거에 출마해서 당선되고 주택장관, 국방장관, 외무장관, 재무장관 등을 역임 후 1957년 63세에 수상이던 이든이 실책으로 물러나자 수상이 되었다. 그는 따뜻한 성품으로 영국 국민은 물론 각국의 지도자들과도 원만한 관계를 유지하며 경제발전을 이룬 수상으로 평가받고 있다.

그가 수상에서 물러나자 전차를 타려고 정거장에서 신문을 보면서 전차를 기다리다 놓칠 뻔했는데 한 소년이 소리쳐서 간신히 전차를 탄 일이 있다. 전차를 타자 그 소년보고,

"이름은?"

"조지예요, 아저씨는요?"

"내 이름은 맥밀란이란다."

"수상 아저씨와 이름이 똑 같네요."

"그래 나도 며칠 전까지는 수상이었단다."

"수상이셨던 분이 왜 전차를 타려고 줄을 서서 기다리세요?"

"어제의 수상도 자리에서 물러나면 한 사람의 영국시민일 뿐이다"고 겸허하게 말했다.

● 맥아더, 더글라스(MacArthur, Douglas : 1880~1964), 미국의 장군

(알렉산더 울코트가 세계 1차 대전 때의 맥아더에 관한 이야기를 들려준 것)

"해가 뜨자, 그의 동료 장교들도 그를 보았을 터이고(아마도 독일군도 그를 보았겠지만) 고통스럽게 노출되어 있는 난간에 직립 자세로 모험을 감행하듯이 그는 서 있었다. 한손은 그의 야전 망원경을 눈에 대고 있고, 다른 손은 바로 앞에 있는 보병들이 숲을 가로질러 공격하는 광경을 보면서 흥분 속에 꽉 주먹을 쥐고 있었다. 스미드라고 하는 그의 부관이―이 이야기를 위해서―의자 팔걸이 옆에 서 있었다. 기관총탄이 빗발처럼 날아오고 주변을 벌집 쑤시듯이 쏘아댔다. 한 대위가 참호에서 뛰쳐나오더니 장군의 팔을 건드리면서 "제가 제안을 하나 해드린다면 장군님, 장군님의 위치가 위태롭습니다. 기관총탄이 여기까지 도달하군요"라고 말했다.

"으, 으, 그게 뭐라고? 오 예스, 그래 맞아, 맞아 고맙네. 스미드." 그의 부관을 보더니 "당장 참호에 들어가서 엎드려"라고 장군이 외쳤다.

(자기는 안 들어가고 부하들에게만 참호에 들어가라고 하다니 모험적이고 겁 없는 군인정신을 보여주는 예)

● 머추어, 빅터(Mature, Victor : 1915~1999), 미국의 영화배우

역사적 영화의 촬영 중 휴식시간에 머추어가 그와 동료배우의 한 사람과 살짝 가볍게 한 잔 하려고 빠져나갔다. 시간이 짧아서 그들이 찍고 있던 로마의 검투사의 의상을 바꿔 입지 못하고 헬멧이며, 칼이며, 완전무장상태로 지역 바에 가기 위해 거리를 활보했다. 바 직원이 말도 못하고 선 자리에서 돌기둥처럼 얼어붙었다. 머추어가 "무슨 일이야?"라고 물었다. "당신은 군인에게는 술을 안 파는가?"라고.

● 먼로, 마릴린(Monroe, Marilyn : 1925~1962), 미국 영화 여배우

마릴린 먼로는 미국이 낳은 희대의 섹스심벌이다. 미국의 대중지 「Play Boy」지에 자주 사진이 등장하는 여자배우이다.

케네디 대통령을 비롯해서 그의 남성편력은 여러 가지 전설을 낳고 있지만 정말로 먼로에게 남성을 끌어당기는 매력이 있었을까?

먼저 과연 먼로가 얼마나 기막힌 명기(名器 : 여성 성기)를 가지고 있었을까에 대해서 많은 호사가들의 관심사였다. 먼로가 허리를 좌우로 흔들면서 걷는 몸동작이라던가, 바보스럽게 웃는 모습이라든가는 다 아는 매력 포인트이지만, 허리를 좌우로 흔들면서 시선을 끌려고 했다는 것은 사실이 아니고, 그것은 먼로의 굵은 대퇴부 때문에 자연스럽게 취해진 동작이라고 한다.

작가 노먼 메일러가 조사한 바에 의하면 그녀와 섹스를 한 남자들의 평가는 "놀라운 성기구조 때문에 정열이 불태워졌다"는 의견과 "그녀는 불감증이었다"는 두 가지 의견으로 갈려졌다고 한다. 먼로의 침실 상황에 관한 이야기는 여전히 미궁에 빠졌다고 한다.

● **메넬리크 2세**(Menelik II : 1844~1913), 에티오피아의 황제(1889~1913)

황제는 한 가지 기벽을 가지고 있었다. 기분이 안 좋으면 기분전환을 위한 성경책을 한 페이지씩 뜯어 먹으면 나아진다는 확신을 가지고 있었다.

그런데 이런 이상한 습관이 그에게 전혀 해를 안주었다는 것이다. 물론 그의 이 종이 섭취가 과도하지 않는 한 그랬다는 것이다. 그러나 1913년 12월 그는 심장발작에서 회복 중이었는데, 갑자기 매우 아프다는 것이었다. 그의 지시로 구약성경의 열왕기를 전부 찢어서 그에게 먹였다. 한 페이지 한 페이지씩 열왕기를 다 먹어 소화시키기 전에 그는 죽었다.

● **메디치, 로렌조 데**(Medici, Lorenzo de : 1449~1492), 이탈리아 피렌체의 지배자

로렌조가 하루는 희랍의 신 사티로스(반수 · 반인의 숲의 신)상의 얼굴을 조각하고 있는 젊은 견습생을 바라보게 되었다.

그는 그와 같이 늙은이가 이빨을 고루 다 갖추고 있다는 것을 보고 놀랐다고 말했다. 다음 어느 날 그 청년이 작업하는 광경을 다시 보게 되었다. 그때는 사티로스의 이빨 하나가 빠져 있고 잇몸은 조심스럽게 늙어있고 주름까지 잡혀 있었

다. 이에 감동받아 로렌조는 그 젊은이를 초대해서 팔라초 메디치가에서 가족들과 같이 살게 했다. 그 젊은이가 바로 미켈란젤로였다.

● **메이어, 골다**(Meir, Golda : 1898~1978), 이스라엘 수상 역임

아랍과의 전쟁에서 대승을 한 이스라엘 수상 골다 메이어가 월남 전쟁에 골머리를 앓고 있는 닉슨 대통령을 예방했다.

"메이어 수상, 이스라엘은 젊고 유능한 장군이 많아서 참 든든하시겠습니다. 우리에게도 그런 제너럴(general)이 있으면 얼마나 좋겠습니까! 이스라엘 제너럴 하나를 주시면 제가 미국 제너럴 둘을 드리겠습니다. 어떻습니까?"

"정말이세요? 좋습니다! 마음에 드시는 장군을 지명하세요!"

"고맙습니다. 제너럴 다이안은 어떻습니까?"

"좋아요!"

"그럼 그 대신 어떤 미국 제너럴을?"

"제너럴 모터(General motor : GM)하고 제너럴 일렉트릭(General Electric : GE)을 주세요!"

● **메이요, 찰스**(Mayo, Charles : 1865~1939), 미국의 의사, Mayo Clinic이라는 세계적 의료기관 설
립자 William Mayo의 아들

하루는 메이요 박사의 우편물 속에 한 심령주의자로부터 온 편지가 들어 있었다. "선생의 위대한 선친은 돌아가신 후에도 저의 의사였습니다. 이에 대해서 선생은 어떻게 생각하십니까?"라고 쓰여 있었다. 메이요는 붓을 들어 답장을 썼다. "좋습니다. 제발 저의 아버님이 그동안 서비스한 대가를 평가하셔서 그 돈을 저에게 보내 주십시오"라고.

(심령주의자는 영적으로 치유를 받았다는 이야기니까, 그것도 치료효과에 대한 대가를 지불하라는 이야기는 재미있다.)

● 멘델, 그레고르 요한(Mendel, Gregor Johann : 1822~1884), 오스트리아의 식물학자, 가톨릭 수도자

멘델이 유명한 '유전의 법칙'을 발견한 것이 34세 때의 일이다. 이때 멘델은 별다른 학자도 아니고 연구자도 아니었다. 수도원의 좁은 뜰에서 완두콩을 만지작하고 있던 아마추어에 불과했다. 따라서 '유전의 법칙'도 학회에서는 완전히 무시되었다. 사후에도 누구도 주목하지 않았다. 이 위대한 발견이 빛을 보게 된 것은 20세기에 들어와서다.

생전의 멘델은 자기 발표가 인정받지 못한 일로 매우 의기소침해 있었다. 그렇지 않아도 그의 인생은 불운의 연속이었다.

가난한 집안 출신인 멘델은 생활 수단으로 수도원엘 들어갔다. 거기에서 생물학에 흥미를 갖게 되고 교원이 되기 위해 국가시험을 치지만 두 번이나 실패했다.

아이러니컬하게도 생물학 점수가 나빴다. 멘델은 그래서 더욱 분발하게 되었다. 수도원 뜰에서 완두콩을 사용해서 잡종연구를 시작한다. 그 결과가 학회의 외면을 받는다. 멘델은 그래서 연구를 포기한다.

조용한 수도원 생활에 집중하고, 드디어 원장에까지 승진하지만, 쓸쓸한 만년을 보냈다. 멘델에게는 이른바 천재의 오만함이나 자신 과잉한 성격은 결여되어 있었다. 그러나 누구에게도 이해되지 못했다는 점이 천재의 자격에는 어울리는 데 충분하다.

● 멘시코프, 알렉산더 왕자(Menshikov, Alexander : 1787~1869), 러시아의 장군, 크리미아 전쟁시 사령관

세바스토폴(소련령 크리미아반도 수도) 가까운 곳에 출격할 때, 한 영국의 젊은 육군 장교가 러시아군에게 붙잡혔다. 그 러시아 군인들은 그를 계속 수색했으며, 그의 소지품 속에서 여러 통의 편지를 발견했다. 그는 그의 연인과 떨어지는 것에 대해서 특히 마음이 내키지 않았다. 그러나 러시아인들은 그 편지를 가져가려고 끈질기게 주장했고, 그 편지를 멘시코프 황태자에게 다른 것과 함께 보내졌다. 황

태자가 그 편지를 읽어보니, 영국군인의 연인이 군인에게 멘시코프를 사로잡을
행운을 얻기를 희망한다는 주제넘은 글이 있었던 것이다. 그리고 만일 그렇게만
한다면 그 황태자의 단추를 하나 꼭 보내 줄 것도 적혀 있었다. 사람들이 모두 놀
란 것은 그 편지가 다시 그 영국 군인에게로 돌아왔다는 점이다. 그 속에는 멘시
코프의 쪽지와 단추 하나가 들어 있었다.

그 쪽지에는 영국에 있는 애인이 원하는 바는 일어나지 않았지만, 그럼에도 멘
시코프 황태자의 단추 하나가 들어 있었던 것이다. 그리고 그 단추가 영국에 있
는 애인에게 보내지게 되었다.

● **모건, 존 시니어**(Morgan, John Sr. : 1837~1913), 미국 은행가, 금융업자, 예술후원자

☞ 그 유명한 J. P. 모건의 이야기다. 모건이 한번은 그가 잘 아는 한 보석상에
게 진주로 된 스카프 핀을 사는데 흥미가 있다고 이야기 했다. 몇 주 후 보석상이
그것이 굉장한 진주임을 알게 되었다. 그는 그것을 아주 적절한 세팅으로 틀에
박아서 모건에게 보냈다.

5,000달러라고 쓴 청구서와 함께 그 다음날 그 상자가 되돌아왔다. 거기에 모
건의 메모가 따라왔다. "나는 그 핀을 좋아하지만 그 값은 좋아하지 않소이다. 만
일 당신이 그것을 동봉한 4,000달러 수표를 받아준다면 그 진주 상자는 봉인을
뜯지 말고 저에게 보내주십시오"라고 적혀 있었다. 화가 치민 보석상은 그 수표
를 거절하고 중간에 심부름 온 사람을 기분 나쁘게 돌려보냈다. 그리고는 되돌아
온 핀을 확인하기 위해서 그 보석 상자를 열었더니 거기에 진주 핀이 있어야 할
자리에 5,000달러 수표가 들어 있었고 핀은 보이지 않았다.

(교묘한 상술에 경탄하지 않을 수가 없군. 보석상이 4,000달러짜리 수표를 받았더라면 1,000달
러 손해 볼 뻔 했지 않는가.)

☞ 모건이 메트로폴리탄 박물관의 새 관장을 물색하고 있었다. 당시 런던의 사
우스 켄싱턴에 있는 빅토리아 앤 앨버트 박물관의 관장을 맡고 있던 카스퍼 퍼돈

클라크가 가장 이상적인 후보자로 떠올랐다. 그는 새 관장자리 임명을 받아들여서 영국의 동료들을 깜짝 놀라게 했다. 당시 빅토리아 앤 앨버트 박물관은 비서가 휴가 중이었다. 그가 돌아오자 그가 부재중 중국의 도자기와 타피스트리의 경매문제가 어떻게 되었는지를 물었다. 그것들은 그 박물관이 소유하기를 원했던 바였다.

"유감스럽게도 J. P. 모건이 그걸 다 사버렸소." 사무원이 보고했다. 비서는 "야단났네. 퍼돈 관장께 보고해야겠어"라고 비서가 말하자, 그 사무원은 좀 난처한 기색으로 "죄송합니다. J. P. 모건이 우리 관장님까지 사갔습니다"라고 대답했다.

(모건이 경매물건만 사간 것이 아니라 관장까지 몽땅 가져갔다는 재미있는 일화이다.)

● 모딜리아니, 아메데오(Modigliani, Amedeo : 1884~1920), 이탈리아의 화가, 조각가

☞ 그는 누드화로 널리 알려졌고, 그 작품들은 가늘고 긴 형태와 고상한 장인정신으로 특징지워지고 있다.

1차 세계 대전 직후 그는 파리에 나와 '로통드'라는 카페에서 살다시피 했는데, 술을 너무 좋아하고 과음해서 술집주인조차 통제가 어려웠다.

'로통드'는 모딜리아니로서는 단순히 마시는 장소만이 아니고 용돈을 버는 장소이기도 했다. 카페에 온 손님이나 기억에 남아있는 인물 데생을 10분 정도 그리고는 "한 장에 5프랑요" 하고 손님들에게 즉석에서 팔았다. 그림이 안 팔리면 그 그림을 맡기고 술을 마셨다. 1차 대전 후의 모딜리아니는 전형적인 파리의 방랑 예술가였다.

☞ 모딜리아니는 유대계 이탈리아인이었는데 아버지는 북이탈리아의 리보르노라는 지방의 작은 은행의 소유주였다. 어릴 때 티푸스와 폐렴을 앓았고, 그 후에도 폐결핵으로 고생했다.

1914년 30세에 세계 1차 대전이 시작된 해 그는 영국 태생의 여류시인 베아트리스 헤스탕스와 알게 되고 2년간 동거생활을 한다. 그녀는 연상녀였다. 1917

년에 젊은 예술가에 대한 이해가 있었던 화상 베르트 베일의 화랑에서 최초의 개인전을 열었는데, 이때 그가 그린 나부 5점이 대담하다는 이유로 경찰로부터 철회하라는 명령을 받아서 큰 스캔들이 된 일이 있다. 이로 인해 모딜리아니의 이름은 파리에 널리 퍼졌다.

1917년 33세 때 여성화가 지망생 잔 에뷔테른을 만나 딸을 하나 낳고 뱃속에 아기가 또 들어 있을 때, 그의 육체는 이미 생명의 위협을 느끼고 있었다. 1920년 남프랑스의 리비에라의 해변에서 심야에 만취상태로 쓰러져 자선병원으로 이송되었으나 1월 24일 사망했다. 동거녀 잔은 아파트 5층의 창문에서 보도로 투신해서 그를 따라갔다.

● **모르파, 장-프레데릭 백작**(Maurepas, Jean-Frederic : 1701~1781), **프랑스의 정치가**

루이 16세가 왕위(1772~1994, 18세에 등극)에 올랐을 때, 경험이 많은 고문을 찾고 있었다.

그에게 두 사람의 이름이 천거되었다. 마쇼 백작을 총리로, 모르파 백작을 루이 15세의 장례를 집전할 의정 책임자로 천거되었다. 두 사람이 왕 앞에 불려 나왔다. 모르파가 먼저 도착했다. 그는 경험 많은 궁정 인사들처럼 젊은 왕에게 은근히 환심을 사기 위해 재빨리 움직였다.

왕의 심의회의에 참석한 모르파는 왕의 곁을 따라 다녔다. 루이가 그를 배제하지 않았으므로 그는 왕을 따라 심의회장에 가서 테이블에 앉았다. 자기가 왕을 다루는 방식에 왕이 당혹한 기색을 안 보였기 때문에 모르파는 대담하게 "폐하, 저를 총리로 임명하실 작정이십니까?"라고 물었다.

"아니오, 나는 그럴 생각이 없어요."

"아, 이해합니다, 폐하. 폐하께서는 한 가지를 제외하고는 나라를 어떻게 통치할 것인지를 폐하께 가르쳐 달라고 저에게 부탁하시는 거지요?"(루이 16세가 18세밖에 안 되었으니까)

(이 일이 있은 후, 모르파는 사실상 총리가 되었고, 마쇼는 빈손으로 집으로 돌아갔다. 그리고 결과적으로 루이 정권은 재앙을 맞게 되었다.)

● **모리스, 윌리엄**(Morris, William : 1834~1896), 영국의 시인, 디자이너, 예술가

모리스가 파리에 마지막으로 갔을 때, 그는 대부분의 시간을 에펠탑 식당에서 보냈다. 거기서 식사도 하고 차도 마시고 글을 쓰기도 하면서. 한 친구가 그가 에 펠탑을 보고 감동을 받아서 거기서 많은 시간을 보내는 줄 알았다. 그랬더니 모 리스는 씨근거리면서 "감동받았다고?! 나는 여기가 뭐 잡다한 것 꼴보기 싫은 걸 피할 수 있는 파리에서 에펠탑이 보이지 않는 유일한 곳이니까, 여기 있는 거라 고'라고 말했다.

● **모파상, 기 드**(Maupassant, Guy de : 1850~1893), 프랑스의 작가

모파상이 소년시절에는 품행단정한 사람이 아니었다. 그는 신학교에 다니고 있었지만 곧 퇴학당한 이야기는 유명하다. 그가 다니던 학교는 전일기숙사 학교 였다. 젊었을 때의 모파상은 상당히 식욕이 왕성해서 기숙사에서 나오는 식사로 는 언제나 부족해서 친구들을 데리고 학교 창고에서 식료품을 훔쳐 먹기도 했다. 그것도 조용히 먹으면 될 것을 옥상에 올라가서 대 연회를 열었다는 것은 과연 대물다웠다. 그러나 이 사실이 학교 측에 발각되어 그는 퇴학을 당하고 말았다. 모파상은 학생시절부터 「비계덩어리」에는 다른 사람보다는 더 큰 정열을 기울여 창작을 한 흔적이 엿보인다.

● **모아, 토마스**(More, Thomas : 1478~1535), 영국의 정치가, 「유토피아」의 저자

(모어는 헨리 8세 왕을 영국교회의 수장으로서의 절대 권위를 인정하지 않는다 는 죄로 사형을 당했다.)

사형대에 올라선 모어는 아주 약해 보여서 곧 넘어질 것 같았다. 그 위에서 그 는 루테난에게 명랑하게 말했다. "루테난 씨, 내가 도망가지 않고 안전하게 있고 내가 여기서 내려갈 때 내 힘으로 감당할 수 있게 해달라고 기도해 주시오"라고.

그리고 거기 모인 모든 사람이 자기를 위해 기도해 주기를 원했고, 증거를 보 존하기 위해서 자기는 성 가톨릭교회의 신앙을 위해서, 또한 신과 왕의 충직한

종으로써 죽음의 고통을 맛보아야 한다는 사실을 증명해줄 증인이 필요하다고
했다. 그렇게 요청한 후 무릎을 꿇고 기도가 끝난 후 집행관 쪽으로 향해서 명랑
한 표정으로 "자 집행관 내 영혼을 뽑아가시오, 그리고 당신이 하는 일에 대해서
두려움을 갖지 마시오. 내 목은 매우 짧소. 그러니까 당신의 정직성을 지키기 위
해 뒤틀리게(내 목을) 치지 마시오"라고 말했다. 그리고는 그의 목을 벽돌 위에 올
려놓았다. 집행관이 그의 수염을 제거할 때까지 기다리고 있다가 "모어는 자기는
여태 어떤 반역죄도 범하지 않았도다"고 말하면서 명랑하게 운명적인 도끼의 타
격을 받았다. 그 도끼는 그의 몸에서 그의 목을 즉시 잘랐다.

● **모옴, 서머셋**(Maugham, Somerset : 1874~1965), 영국의 소설가, 극작가

☞ 그는 스페인판 소설 저작권료를 국외로 가져갈 수가 없기 때문에 스페인 국
내에서 쓰기로 작정하고 그 돈을 스페인에서 호화판 휴가를 즐기는데 사용하기
로 결정했다. 가장 좋은 호텔 중 하나를 골라서 매일 저녁 사치스러운 식사를 하
였다.

그동안 거기서 저축해 둔 돈을 거의 다 썼다고 만족스럽게 생각할 때까지 그렇
게 했다. 그는 지배인에게 다음날 떠나니 계산서를 보내라고 이야기 했다. 지배
인은 자기의 훌륭한 고객을 보고 미소를 지었다. "선생님을 이 호텔에 모실 수 있
었다는 것은 저희들의 영광입니다. 선생님이 저희 호텔을 널리 알리는데 큰 도움
을 주셨습니다. 그래서 계산서는 없습니다"라고 지배인이 말했다.

☞ 그는 한때 영국의 정보국에서 스파이로 일한 경력 때문에 독자들이 떠났는
데 그는 그 후 단편들로 다시 문단으로 돌아왔다.

유럽의 각국어를 구사할 수 있다는 점, 작가라는 직업, 취재라는 명목 등으로
어디든 갈 수가 있어서 스파이로 채용된 이유라는데, 1917년에는 혁명 전야의
러시아에 잠입하기도 했다.

어떻게 해서라도 볼셰비키혁명을 저지하려고 했지만, 결국 10월 혁명이 일어

난 것은 역사가 말하는 대로다. 1918년에는 몸을 크게 망가뜨려 스파이로서의 역할에 종지부를 찍었다.

그 몸을 망친 이유가, '임무의 편의상 집밖에서 지내는 날이 많았기 때문'이란다. 그래서 그는 역시 문약(文弱)한 사람이었던 것 같다. 그는 91세까지 살았다.

● 모제스, 안나 메리(Moses, Anna Mary : 1860~1961), 미국의 화가

미국의 국민화가로 불리는 안나 메리 로버트슨(그랜마 모제스)은 72세에 그림을 그리기 시작해서 세상을 떠날 때까지 무려 1,600여 점의 작품을 남겼다.

그랜마 모제스가 국민들에게 칭송받은 것은 미술정규교육도 받지 않은 그녀가 인생의 황혼기에 독학으로 그림 공부를 시작해 열정적인 삶을 살았기 때문이다. 그랜마 모제스는 자신의 성공에 대해 묻는 사람들에게 "삶은 우리 자신이 만드는 것이다. 늘 그래왔고, 앞으로도 그럴 것이다"라고 말했다.

● 모차르트, 볼프강(Mozart, Wolfgang, A. : 1756~1791), 오스트리아의 작곡가

☞ '돈 조반니(Don Giovanni)'의 초연을 위한 리허설을 하는 동안 모차르트는 한 가수 때문에 불행하였다. 이 젊은 아가씨는 소리는 순수한데 힘이 모자랐다. 한 장면에서 소리를 내질러야 하게 되어 있다. 그러나 그 가수는 설득력이 없었다. 모차르트가 무대 위에 올라갔다. 장면을 밝히고 있는 촛대의 어스름 속을 기어서 그녀가 있는 곳으로 들키지 않게 다가갔다. 결정적 순간에 막 소리를 지르려는데 모차르트가 그녀의 팔을 세차게 꼬집었다. 그랬더니 소름끼치게 하는 아우성을 질러댔다. 그는 "훌륭했어!" 모차르트는 외쳤다. "앞으로도 소리 지를 때에는 오늘 저녁처럼 하도록 명심해요"라고 말했다.

☞ 모차르트는 각지로 연주하러 다니며 명성도 높았는데 가난한 편이었다. 그 이유는 당시의 예술가란 특히 작곡가는 사회적 지위도 낮고 저작권이란 인식이 없었을 때니까 오페라를 만들어도 작곡료밖에 못 받았고, 아무리 관객이 많이 들

어오고 여러 번 공연해도 수입은 작곡료밖에 없었다. 악보가 출판되어도 해적판이 먼저 돌아다니기도 했다.

그것은 온전히 본인 탓이었다. 수입만 있으면 와인이나 식사, 의상에 돈을 썼고 낭비벽도 있었다. 독자 콘서트나 레슨비 수입도 있었으나 경제관념이 적어서 돈을 모으지 못했다.

만년에 그는 빚으로 세월을 보냈다. 작품을 쓰기만 하면 여기 저기 출판사에 보내 매절(賣切)시키고, 그런 것이 결국 그의 목을 죄어갔다. 35세에 죽은 이 천재의 유체는 비엔나의 빈민 묘지에 묻힐 처지가 되었다.

● 모네, 클로드(Monet, Claude : 1840~1926), 프랑스 화가

1857년 이른 봄, 프랑스 노르망디 지방의 항구도시의 작은 문방구점을 운영하던 알셰는 두 사람의 사나이가 상대를 추켜세우면서 이야기 하는 장면을 보고 있었다. 한 사람은 갈색의 수염이 있는 연장자이고 한 사람은 꿈꾸는 듯한 젊은 이였다. 이 광경을 본 가게주인이 "부당 선생, 클로드 모네 군을 소개해 드리겠습니다."

이렇게 해서 알셰의 문방구에 걸려있던 부당의 작품을 본 모네는 그림을 그리고 싶은 의욕에 불탔다. 당시 부당은 32세, 모네는 16세 소년이었다. 그는 소년 시절부터 그림을 잘 그리는 아이로 소문이 파다하게 나 있었고, 그는 학교에서는 배울 것이 없다면서도 성적은 우수했다.

1859년 19세 때 파리로 나가 아카데미 슈이스에서 공부하고 거기서 피사로와 친해지고, 르누아르, 바질, 시슬레 등과 친구가 되었다.

1865년 25세 때 살롱에 두 점의 작품을 냈는데 모두 입선되었고, 그 작품이 알파벳 순서로 마네(Manet, Edouard)의 그림 옆에 걸리게 되자 마네가 모네라는 이름을 보자 깜짝 놀라 자기 이름을 빗대어 자기를 이용해 먹으려는 놈이 아닌가 하고 격분했다고 한다. 그때 마네는 33세여서 모네보다 여덟 살 위였다.

● 몽고메리, 제임스(Montgomery, James : 1771~1854), 스코틀랜드의 시인, 언론인

1792년부터 몽고메리는 셰필드에서 살고 있었다. 거기서 작가로서 그리고 박애주의자로 뚜렷한 위치를 확보했다. 그런데 1812년 그의 집이 밤에 도둑이 들어와서 털어갔다. 셰필드의 여성들 몇 사람이 선물로 준 보물급 잉크스탠드가 그 도둑맞은 물건 중에 들어 있었다. 이 일로 셰필드가 떠들썩해졌다. 그리고 얼마 안 되어 그 잉크스탠드는 다음과 같은 메시지를 첨부해서 원래의 주인에게로 되돌아왔다. "존경하는 선생님, 우리가 선생님 집을 털 때에는 당신이 그렇게 아름다운 시를 쓰신다는 것을 몰랐습니다. 제 기억에는 내가 어렸을 적에 우리 어머니가 선생님의 시 구절을 일러주었습니다. 저는 저희들이 훔친 잉크스탠드로 시를 쓰셨다는 것을 알고 존경하는 선생님께 이것을 돌려드립니다. 이것은 저의 전시품 중 저의 몫의 하나였습니다. 선생님과 신이 저를 용서해 주시기 바랍니다"라고.

● 무소르크스키, 모데스트(Mussorgsky, Modest : 1839~1881), 대표적 러시아 작곡가

1856년 가을, 페테르부르크 교외의 뷔보르그의 위술병원(衛戍病院)의 사관실에서 젊은 당직 장교와 젊은 군의관이 처음으로 인사를 나누었다. 장교는 당시 17세의 무소르크스키, 군의관은 보로딘(1833~1881 러시아의 작곡가, 화학자), 보로딘은 23세. 두 사람 모두 이때에는 음악에 일생을 걸리라고 꿈에도 생각하지 않을 때였는데, 19세기의 음악사상 위대한 역할을 한 유명한 '5인조의 운동'이 이때 시작된 것이다. 그 5인조란 발라키레프, 보로딘, 세자르 큐이, 무소르크스키, 림스키코르사코프이다.

보로딘의 편지에 의하면 당시 무소르크스키는 "매우 우아하고, 멋있고, 딱 몸에 맞는 군복에다 머리카락은 곱슬머리에 향료 냄새가 났고, 손톱도 깨끗이 정돈되어 있었고, 사람을 대하는 태도는 부드럽고 귀족적이며, 예의바른 점이 두드러져 보였다. 모든 부인이 그에게 붙임성 있게 다가갔다. 옛 러시아 귀족으로 대지주의 막내로 태어난 그에게 있을 법한 일이다. 거기에 그는 피아니스트로서 뛰어난 재능을 겸비하고 있어서 사교파티의 꽃이었다."

비 아시아 편 口

당시 제정러시아 시대는 출세를 하려면 거의 군복을 입어봐야 한다는 불문율이 있었다.

42세의 짧은 생애에 그의 업적은 프랑스 인상파 화가에게 영향을 주었고, 국제적 영향을 끼친 음악가였다.

● **뭇솔리니, 베니토**(Mussolini, Benito : 1883~1945), 이탈리아의 정치가, 파시즘 창시자, 독재자

뭇솔리니는 통령(統領)이 되기 전에 「포포로 디탈리아」라는 신문을 발행하는 언론인이었다. 그는 1차 대전 참전론자였고 파시스트당 지도자가 되었다.

미국의 대통령 윌슨이 1차 대전 당시 이탈리아를 방문했다. 그래서 대통령 환영회가 밀라노의 스칼라 오페라극장에서 개최되었다. 뭇솔리니도 언론인 대표로 환영회에 참석하게 되었다.

그런데 이때만 해도 그에게는 야회복이 없었다. 빌려주는데도 없고 해서 양복점 주인의 야회복을 빌려서 입고 참석했다. 그런데 그 야회복을 돌려줄 때 호주머니에 당일 만찬의 메뉴를 넣은 채 돌려주었다가 세상에 이 사실이 널리 알려지게 되었다. 뭇솔리니의 이미지는 군복인데 장차의 통령이 야회복이 없어서 빌려입게 되었다는 이야기다.

● **뮈세, 알프레 드**(Musset, Alfred de : 1810~1857), 프랑스 시인, 소설가, 극작가

알프레 드 뮈세의 연애사건은 상당한 스캔들이 되었다. 테아트르 프랑세(극장 프랑스)의 여배우가 그 유명한 시인에게 다정하게 말을 걸었다. 그러나 그녀가 무식하게도 그의 이름을 잊어버렸다.

"뮈세 씨, 당신이 나와 잤다는 이야기를 자랑하고 다닌다고 그러던데" 하니까 뮈세가 "죄송합니다. 그러나 저는 언제나 정확하게 그 반대로 자랑합니다"라고 대답했다.

(이 말은 여배우가 자기와 같이 자자고 해서 잤지 내가 자자고 해서 잔 것이 아니란 이야기인데, 그 말이 그 말 아닌가?)

● 미켈란젤로(Michelangelo, Buonarroti : 1475~1564), 이탈리아의 화가, 조각가, 건축가, 시인

☞ 미켈란젤로의 대표적인 작품 하나가 '최후의 심판'인데, 이 그림에는 예수 그리스도를 비롯해서 많은 성인들이 그려져 있지만 그들이 모두 나체로 그려져 있다. 보카치오의 글을 읽어보면, 르네상스기의 이탈리아는 성에 대해서 비교적 너그러웠다고 한다. 그러나 교회의 벽화까지를 전체 나체로 그리는 것은 명분상으로도 재미가 없는 일이다.

그런데 그뿐 아니라 평소에도 언동상 건방지고 고집스러운 미켈란젤로는 그것 때문에 많은 적을 만들었다. 이때다 싶어 그들 적들이 일제히 미켈란젤로에 대한 비난의 포문을 열었다. 당시 교황청의 행정장관이었던 피아지오도 그 중의 한 사람이었다. 그래서 그 벽화를 보고는 말할 것도 없이, "교회당보다는 목욕탕이나 술집에 어울리는 그림이군" 하고 말씀을 했다는 것이다. 반골정신이 왕성했던 미켈란젤로가 이 말을 듣고 곧장 지옥에 떨어진 미노스 교황의 얼굴을 피아지오의 얼굴과 똑같이 고쳐 그렸다고 한다.

☞ 이런 식으로 미켈란젤로는 자기 작품에 대해서 비난하면 어떻게 된다는 것을 본때를 보여주었다. 나중에 교황 파우루스 4세가 그 그림에 대한 수정을 명했을 때에도 "교황님은 그림의 수정보다도 이 세상을 개조하는 일에 관심을 가져주었으면 좋겠고, 실은 그 일이 더 어려울지는 모르지만"이라고 튕기면서 답했다는 것이다. 결국 제자가 그 그림에 허리에 천으로 둘리는 정도로 고치게 해서 파괴되지 않고 지금까지 보존되어 내려오고 있다고 한다. 피아지오의 지옥행 그림은 지금까지 유지되고 있다.

☞ '마지막 심판' 벽화의 장막을 작가가 걷을 준비가 되기 전에 교회의 의전 책임자가 미켈란젤로에게 그 벽화를 잠시 보여 달라고 괴롭혔다. 미켈란젤로는 그 관리를 지옥에 떨어지는 사람의 악귀로부터 고통 받는 한 멤버 속에 넣음으로써 보복을 꾀했다.

의전 책임자가 교황 바울 3세에게 불평을 하니 교황이 대답하기를 "신이 나에게 하늘과 땅의 권한을 주셨으나 나의 영장(令狀)은 지옥에까지는 미치지 못하네. 그러니 자네는 거기에 그렇게 달려 있어야 돼"라고.

● 밀레, 장 프랑스와(Millet, Jean François : 1814~1875), 프랑스의 화가

'이삭 줍는 농부'의 그림으로 유명한 화가 밀레가 만년에 런던에서 자기 작품 회고전을 열고 있을 때 이야기.

한쪽 구석에 시무룩하게 머리를 숙이고 있는 그를 발견한 친구가 다가가 인사를 하는데 얼굴을 쳐드는 밀레의 눈에 눈물이 글썽였다.

"내 젊었을 때 작품을 보며 그때 내가 기대했던 내가 겨우 요지경에 있는 걸 보니 하도 원통해서 이렇게 눈물이 납니다!"

● 밀턴, 존(Milton, John : 1608~1674), 영국의 시인

1667년 4월, 밀턴은 런던의 서점주인(출판사를 겸한) 새뮤엘 시몬스와 한 계약서에 서명을 했다. 그것으로 실낙원(失樂園 : Paradise Lost)을 5파운드+3회의 증간마다 5파운드 추가 인세를 받기로 한 것이다. 한 판에 1,500부를 기준으로 삼았다. 밀턴은 1669년 4월에 두 번째로 5파운드를 받았다. 모두 10파운드가 영국의 가장 위대한 서사시 작가에게 지불되었다.

그가 죽자, 밀턴의 미망인(그의 세 번째 부인)인 엘리자베스는 시몬스 사장에게 8파운드로 모든 판권을 넘겨주었다. 시몬스는 영구히 그 책의 독점권을 가진 출판인이 되었다.

● 밋첨, 로버트(Mitchum, Robert : 1917~1997), 미국의 영화배우

밋첨은 30년간 행복한 결혼생활을 이어갔다. 사람들이 그의 영화사업 동료들 중 많은 사람들이 실패했는데도 당신들의 결혼생활을 오래 지속하게 한 요인이

무엇이라고 생각하느냐는 질문을 받고, "상호 인내"라고 대답했다. "우리는 서로 상대(배우자)가 내일, 오늘보다 더 행복해질 것이라고 계속 믿어 왔습니다"라고도.

● 바그너, 리하르트(Wagner, Richard : 1813~1883), 독일의 피아노 연주자 겸 작곡가이자 지휘자, 음악 이론가, 그리고 수필가

☞ 어느 날 저녁 바그너는 소렌토에서 산책을 나갔다. 바그너를 잘 알고 있는 거리의 손풍금 악사들은 그를 발견하자 이 거장을 만나게 된 것이 반가워서 곧 '로엔그린'의 결혼행진곡을 연주하기 시작했다. 그러나 그 템포가 빨라서 화가 난 바그너는 그 악사들이 있는 곳까지 뛰어갔다. 그리고 손풍금을 빼앗아들고 자기가 직접 연주하면서 조율을 손보아 주고, 악사들에게는 듬뿍 팁을 주면서 언제나 정확한 템포로 연주하라고 단단히 주의를 주었다.

이튿날 아침 그 각자의 손풍금에는 다음과 같은 표지가 붙어 있었다.

'리할트 바그너에게 사사함'

☞ 바그너는 술을 좋아해서 라이프치히의 술 도매상인 라우렌 상회로 포도주를 많이 주문해서 썼다. 그러나 바그너가 주문장을 내면 술은 와도 청구서가 따라오지 않는 것이었다. 그래서 그는 술값이 너무 밀리면 갚기가 어려울 것 같아서 술값 받아가라는 독촉장을 자주 보냈으나 반응이 없었다.

나중에 어찌된 일인지 알아보았더니 라우렌 상회의 사장이 대음악가의 필적(筆跡)을 좋아해서 바그너의 편지를 수집하느라고 그랬다는 것이었다. 술값보다 바그너의 필적이 든 편지가 더 값어치가 있었던 모양.

● 바넘, 테일러(Barnum, Taylor : 1810~1891), 미국의 흥행가, 1871년에 '지상최대의 쇼'를 만든 장본인

1891년 4월, 이 위대한 쇼맨은 자기의 죽음이 임박함을 알게 되었다. 그의 마지막 소망은 자기 자신의 사망기사(약력이 붙은)를 읽는 일이란 것을 듣고, 뉴욕의 「이브닝 선」 신문사가 이 일을 맡기로 했다. 4행에 이르는 그의 사망기사는 그가 운명하기 하루 전 신문에 발표했고, 바넘은 이 기사를 읽고 크게 기뻐했다고 한다.

● **바라, 차드**(Varah, Chad : 1911~), 영국의 신부

차드 바라가 절망에 빠진 사람들을 구제하기 위한 전화서비스(생명의 전화 같은 것)를 시작했을 때, 그는 단순하고 긴급하다고 생각될 때 쉽게 기억해 낼 수 있는 숫자로 전화번호를 삼기로 했다. 성 스테판 월브르크 교회의 지하 납골소에 마련한 전화상담 센터를 설치했다. 이 센터는 런던의 맨션하우스지구 전화번호를 사용해야 했다. 그래서 그 전화번호는 앞머리에는 맨션(Mansion)의 앞 글자 셋으로 MAN이 와야 되고, 그 뒤로는 9000을 붙여서 MAN9000으로 결정했다.

바라 신부가 취해야 할 다음 단계는 그 번호를 사용할 수 있는지 어떤지를 전화국에서 시험을 해 봐야 하는 단계이다. 납골소 앞에 서서 그는 처음으로 구석에 오래된 먼지투성이의 전화수화기가 있음을 발견했다. 그가 놀란 것은, 그 전화가 아직도 작동이 된다는 점이다. 그는 우체국의 전화담당부서에 전화를 걸어서 번호관계 신청을 했다. 우체국 직원이 바라 신부가 어느 전화번호를 가진 전화로 전화를 하시느냐고 물었다. 손수건으로 먼지를 털어 다이얼의 한복판을 보니 거기에 MAN9000이라고 찍혀 있지 않는가? 그는 놀란 목소리로 번호를 불렀다.

● **바르베리, 뮈리엘**(Barbery, Muriel : 1969~), 프랑스 작가

"나는 철학을 전공했지만(그는 고등학교 철학교사 출신이다) 나중에 실망했다. 우리는 논술(프랑스 대입시험인 바칼로레아는 모두 논술이 주관식이다)의 논리적 규칙을 배우지만 그것은 형식적이고, 공허한 의미만 남는다. 철학은 무엇보다 삶에 대해 말해야 하는데 말이다. 철학전공자인 나를 감동시키고 일깨우고, 세계와 타자(他者) 그리고 나 자신을 더 잘 이해하게 한 것은 문학텍스트였다. 문학 읽기를 통해서 나는 보다 직관적이고 완벽한 의미에 접근하도록 하는 가벼운 시학(詩學)의 용기를

내 속에서 느낀다"고 했다.

(주 : 그는 '고슴도치의 우아함' 작가이다.)

● 바르톡, 벨라(Bartók, Béla : 1881~1945), 헝가리 작곡가, 피아니스트, 1940년 미국으로 이주, 거기서 그는 굶어죽었다.

헝가리 작곡가인 바르톡은 20세기 음악가 중의 대표적 인물의 한 사람이다. 그는 피아노 거장이었고 동시에 헝가리 부다페스트 음악학원에서 피아노를 가르치기도 한 교육자였다. 1940년에 미국으로 이민을 갔고 거기서 작곡 생활을 하였다. 그의 음악은 동유럽의 민속음악에 그 기초를 두고 있고, 그 방면의 권위자였다. 그런 그는 눈을 감을 때까지 세상과 타협하지 못한 작곡가였다. 음악과 인간을 사랑했던 그는 불의를 보면 참지 못하는 성격이었다. 조국 헝가리가 히틀러에 의해서 짓밟히고, 유태인을 학살하는 것을 보자 자기 작품을 독일에서 연주하는 것을 거부했다. 그는 세계 2차 대전이 터지자 나치가 보낸 사상검증서 제출을 거부하고 미국으로 망명하였다. 미국 콜롬비아대학에서 명예박사학위를 주고 교수로 채용했다. 그러나 2년 후 계약기간이 끝나자 생계가 막막해졌다. 딱한 사정을 안 친구들이 도와주려고 해도 이것을 거절하고 아들이 보내준 돈까지 모아두었다가 돌려줄 정도로 자기에게 엄격한 사람이었다. 갈수록 상황이 어려워져서 1943년 하버드대학에서 강연도중 쓰러졌는데 진단 결과 백혈병으로 진단되어, 투병 중에도 '오케스트라를 위한 협주곡'과 '무반주 바이올린 소나타'를 작곡해서 발표함으로써 미국 음악계에 큰 성공을 거두게 된다.

1945년 20세 연하의 아내에게 바칠 '피아노협주곡 제3번'을 작곡하던 중 숨을 거둔다. 그는 유별나게도 민요에 집착해서 에디슨이 만든 축음기를 둘러매고 전국을 누비면서 민요를 채집했는데, 소박하고 순수한 민요선율에 반해 무려 14,000곡이나 되는 방대한 민요곡을 모았다고 한다. 기성 음악계에서는 천박하다고 손가락질을 했지만 그는 어떤 음악이든 소중하게 여겼다고 한다. 그는 비록 어렵게 살아도 세상과 타협하는 것을 거절한 외골수 고집쟁이였다고 한다.

● 바울(Paul : ?~65 AD), 기독교성자

바울은 예수시대의 제자가 아니다. 그는 처음에는 예수를 믿는 사람들을 박해하는 이단자들의 지도자였다. 신약성서 '사도행전'에 보면, 그는 유대인이면서 로마시민권을 가지고 있던 특권층 인사였다. 그가 기독교인들을 박해하는 모임으로 시리아의 다마스크스로 가던 도중 하늘로부터 신의 음성을 듣고 한동안 눈이 머는 경험을 통해 하나님에게 굴복하고 기독교 신자가 된 사람이다.

그는 그 후 소아시아, 희랍, 키프로스 등을 전도여행을 했고, 예루살렘으로 돌아와 유태인의 공격을 받고 2년간 감옥살이를 했다. 로마 황제에게 탄원해서 풀려나 로마로 가서 재판을 받고 2년간 감금되어 있다가 AD 64년 네로 로마황제의 기독교 신자 박해로 베드로와 함께 처형되었다. 신약성서 27권 중 13권이 바울이 쓴 편지다. 그가 기독교신앙의 신학적 기초를 닦은 사람이다.

● 바움, 프랭크(Baum, Frank : 1856~1919), 미국의 작가, 언론인, '오즈의 마법사'의 저자

바움의 첫 작품(동화책)은 이렇게 탄생되었다.

한 그룹의 어린이들이, 자기의 네 아들도 포함해서, 시카고에 있는 자기 집에 어느 날 밤 모여서 놀면서 아이들이 바움에게 이야기해 달라고 졸랐다. 그러자 곧 캔사스주의 농촌 소녀 도로티에 관한 이야기와 그 아이의 기나긴 모험이야기로 곧바로 들어갔다. 그 중 한 아이가 도로티가 찾아간 땅이 어느 나라인가를 물었다. 바움은 주변을 둘러봤다. 거기에 파일 캐비닛이 있었는데, 그 캐비닛에 O에서 Z까지 딱지가 붙어 있었다. 그래서 O와 Z를 붙여서 OZ로 했다. "응 그 나라는 OZ라는 나라야"라고 크게 외쳤다.

● 바이런, 조지 고든(Byron, George Gordon : 1788~1824), 영국의 낭만주의 시인

☞ 바이런이 안짱다리였다는 것은 문학을 하는 영국인은 다 알고 있다고 한다. 양쪽 다리의 아킬레스건이 수축되어 있었으므로 그의 절룩거리는 다리는 뇌로

부터 기인한 것이다. 바이런은 뇌장애에서 유래하는 다리의 근육 경축 즉 리틀병(Little's disease)에 걸려 있었다고 한다. 이러한 그의 핸디캡은 그에게 예민한 감수성과 반항심을 가져다주었다고 한다. 그는 엄지발가락 부분이 부어오른 채 질질 끌고 다녀 그의 어머니는 '절름발이 꼬마'라고 불렀다.

그는 어울리지 않게 수영과 크리켓을 좋아했는데 비만증에 걸려 있었고, 정신착란으로 인한 공포증에 시달렸으며, 뇌염증세로 사망했다.

☞ 미남 청년 귀족인 그는 태어나면서부터 정열적인 인간형으로 일찍부터 자유분방한 생활을 하였다. 케임브리지대학 재학 중에 시집을 내기도 했으나 혹평을 받았고, 2년간 스페인 · 이탈리아 · 그리스 등지를 방랑하면서 견문을 넓혔다. 그 여행의 결과로 '차일드 헤럴드의 순례'라는 장시가 나왔다. 수천 년 역사의 폐허를 방황하며 옛날을 회고한 시다. 이 시가 세상에 알려지자 그의 자유분방한 시상은 곧 독서계에 선풍적인 반향을 일으켰다.

"하루아침에 눈뜨자 유명해진 것을 알았다." 이 말은 그 무렵 바이런이 느낀 바를 친구에게 했던 말이 전해진 것이다.

그 후 런던의 살롱과 여성들 사이의 인기가 드높아졌고 사교계의 꽃이 되었다. 그러다가 1824년 그리스가 터키의 압정과 싸울 때 자비로 의용군을 이끌고 그리스를 도와 전투에 참여했다가 열병으로 36세에 죽었다.

● **바텔**(Vatel : 1622~1671), 프랑스의 조리장(셰프)

루이 14세가 샹티유에서 바텔이 준비하는 식사로 만찬을 갖기로 하고 주빈으로 초청받았다. 셰프는 가까운 항구에서 잡아온 생선을 많이 주문했다. 그것이 배달되어 왔을 때 검열하려고 일찍 일어났다. 그가 생선을 검사하던 중 두렵게도 왕실 파티에 단지 두 바구니만 가지고 왔다. 턱도 없이 부족한 양이다. "그게 전부요?" 그가 물었다. "네!" 생선장수가 대답했다. 더 이상 그의 어선단에서는 들어올 것이 없다는 뜻이다. 바텔은 오해를 했다. 즉 더 이상의 생선이 올라오지 못한다는 것으로 알아들었던 것이다. "나는 이와 같은 창피를 참을 수가 없소." 그가 외쳤다. 그의 방에 들어가서는 그는 그의 칼을 문에다 매고 그걸 향해서 돌진했다. 그는 향년 49세로 세상을 떠났다.

(대왕을 초대한 만찬에 생선재료가 부족하다고 자결해?!)

● 바흐, 요한 세바스티안(Bach, Johann, S. : 1685~1750), 독일의 작곡가

☞ 바흐(Bach)라는 말은 독일어의 '실개천'이란 말인데, 베토벤이 그를 가리켜 "Bach는 실개천이 아니고 대양과 같다"고 했다.

바흐의 고향은 독일 중앙부의 튜링켕이라는 삼림지대의 소도시 아이제나흐라는 곳이다. 이 지방은 예부터 의지가 강하고 완고한, 그러나 근면 성실한 사람을 많이 배출한 곳이다. 여기가 프로테스탄트의 발상지이다. 특히 아이제나흐는 마르틴 루터가 공부하던 곳. 그 남쪽의 발도르프성은 루터가 성서를 독일어로 번역한 곳이다. 동시에 아이제나흐는 음악적인 도시이기도 했다. 바르도르프성은 바그너의 '탄호이저'에도 나오는 이름이다.

☞ 바흐는 9세에 어머니를, 10세에 아버지를 여의고 형이 동생을 교육시켰다. 그는 교회의 오르가니스트였다. 바흐는 김나지움에 들어가서 종교생활을 하고, 형으로부터 오르간과 챔발로를 배웠다. 진보가 빨랐다. 그래서 형이 가지고 있던 많은 악보를 몰래 상자에서 끄집어내서 밤새 달빛에 비추어보면서 베끼고 통째로 외워버렸다. 형은 동생이 악보를 만지는 것을 보고 심히 야단쳤다. 무리하게 음악공부에 몰두하다가 건강을 해치게 되었다.

☞ 19세기에 활약한 지휘자 한스 폰 뷰로는 바흐, 베토벤, 브람스를 통틀어 '三大B'라고 불렀다.

16세 때 함부르크의 교회에 라인켄이란 명수의 오르간 연주를 들으러 갔다. 라인켄의 연주는 소문 이상으로 감동적이었다. 바흐는 여기에 완전히 빠져서 두 번, 세 번 듣고 싶어서 체류기간을 오래 끌게 되어 여비가 바닥이 났다. 무일푼이 되어 허기진 배를 움켜쥐고 걸어서 아이제나하까지 가야할 판이었다.

어떤 숙소 앞을 지나가는데 맛있는 냄새가 났다. 그래서 거기로 다가가는데 돌연 숙소의 유리창 문이 열리더니 창에서 청어대가리가 창밑에 있는 쓰레기통으로 떨어지는 것이었다. 그래서 그 청어대가리를 들어 올려서 살피다가 청어 입에 금화가 물려있는 것을 발견했다. 그래서 그 금화로 밥을 사먹고 집에 갔다는 이야기가 있다. 신이 도와주신건가?

● 반 고흐, 빈센트(Van Gogh, Vincent : 1853~1890), 네덜란드의 후기인상파 화가

☞ 고흐는 사기 치는 일이 아닌 일을 하고 싶었다. 그는 교사나 목사가 되고 싶었다.

먼저 월급은 없지만 식사를 해결해 주는 조건으로 사립학교의 교사가 된다. 되고 보니 교사직도 깨끗해서는 먹고 살기 힘들다는 것을 알았다. 학생 집을 돌면서 수업료 납부를 독촉해야 했다. 그러나 그는 가난한 집엘 가보고는 독촉할 수가 없었다. 그래서 수금을 잘 못해서 다시 해고당했다.

남은 길은 목사가 되는 길 밖에 없었다. 그는 탄광에 가서 일을 하면서 자비로 전도사 일을 시작했다. 교사와 마찬가지로 성실하고 헌신적으로 일하고, 드디어 정식으로 전도사로 임명을 받았다.

탄광에서 사고가 났을 때, 고흐는 자기 바지를 벗어서 찢어서 포대를 만들어 광부들을 구출하는데 힘썼다. 중증환자는 자기 하숙집에 데려와서 보살펴 주었다. 그래서 전도위원회로부터 이런 일을 하는 것은 지나치고, 목사로서의 체면을 손상시켰다고 판단을 받은 것이다. 다시 목사로서의 자격을 박탈당한다.

☞ 고흐는 작품의 질 뿐 아니라 그림의 양산으로도 유명하다. 한때는 15개월 동안 그림을 200점, 선화와 수채화를 100점 그렸고, 최저로도 여섯 장의 편지를 200통이나 쓴 기록이 남아 있다.

그런 왕성한 에너지는 과연 천재의 업적이려니 하겠지만 최근의 연구에 의하면, 그것은 하이퍼그라피아(hyper-graphia)라는 병, 일종의 정신질환 탓이었다고 하고, 끊임없이 그림이나 문자를 써대는 것이 특징이다.

이 이외에도 그에게는 유머 감각이 결여되어 있었다. 자타의 생활을 파괴한다거나 호모도 아니면서 동성에 대해서 편집증적인 애정을 품는다든가, 고갱과 동거를 한 일이 있었던 고흐에게는 어울리는 질병이라고 한다.

● 반 도렌, 마크(Van Doren, Mark : 1894~1992), 미국의 시인, 문학비평가

일단의 젊은이가 반 도렌에게 물었다. "자기들의 인생살이에서 무엇을 꼭 해야 할까요?"라고. 반 도렌 교수의 대답은 명쾌했다. "당신들이 뭘 원하든, 주된 문제를 놓치지 않는 한" 그 주된 문제가 무엇이냐고 다시 물으니까 그는 간단히 "당신들 자신의 삶"이라고 대답했다.

● 발자크, 오노레 드(Balzac, Honoré de : 1799~1850), 프랑스의 소설가

24시간 전투적으로 집필에 몰두한 발자크(Balzac) 이야기.

발자크는 날카로운 사회 분석적 관찰력과 사회전반에 걸친 시각으로 유명한 작가였다. 그는 무지무지하게 부지런한 작가이고 동시에 많은 빚을 지고 있었던 사람이고, 많은 염문에 빠지기도 했던 것으로 유명한 작가였다.

발자크의 집필습관을 보면 보통사람들의 상상을 초월한다. 밤 12시에 집사가 깨운다. 책상을 향해서 앉는다. 커피를 마시면 그때부터 작업에 들어간다. "자! 시작이다" 하고 소리치면 그때부터 글을 쓰기 시작한다. 아침 8시, 손가락이 마비상태에 빠지고 눈도 부어서 가물가물해지면, 발자크는 가볍게 아침식사를 하고 목욕을 한다. 약 1시간 정도 목욕을 하면서 피로를 회복한다.

9시가 되면 교정이 시작된다. 인쇄소에서 매일 아침 몇 가지 종류의 교정지가 마차로 운반이 된다. 그것을 종이 여백이 까맣게 될 정도로 수정을 한다. 발자크의 퇴고는 철저했다고 한다. 수정하는 중간에 샌드위치를 집어 들고 6시까지 이 수정작업을 계속했다고 한다.

저녁식사를 마친 후, 8시가 되면 죽은 듯이 잠잔다. 4시간 후에는 집사가 틀림없이 그를 깨우고, 그는 곧 다시 작업에 들어간다고 한다. 이런 생활을 20년간 계속했다고 하니 그의 창작생활에는 엄청난 에너지가 동원되었을 것이라고 생각된다. 그는 만성적인 수마(졸음)와 싸우기 위해서 커피를 계속 마셔댔다고 한다. 커피가 없으면 일을 할 수가 없었다고 한다. 더욱이 이런 자극에 익숙해져서 커피의 농도가 계속 진해져서 점점 더 졸음과 치열하게 싸워야 했다. 그가 20년간 마신 커피만 해도 5만 잔에 이른다고 하니 이런 이유로 심장에 문제가 생겨나서 2,000명이 넘는 등장인물이 나오는 '인간희극'의 완성을 보지 못하고 51세로 세상을 뜨게 되었다고 한다.

● 배리, 제임스(Barrie, James : 1860~1937), 영국의 극작가, 소설가

☞ 배리가 한번은 자기 작품을 상연시키느라고 무대연습을 하는데 등장하는 두 사람의 여배우가 어떤 장면에 이르러 무대중앙에 서기를 서로 다투어 피차에 고집을 세우다가 마침내 언성이 높아지고 공기가 험악해 가는 것이었다.

이에 작가인 배리는 무슨 이유에서인지 아무 소리 없이 두 여자가 싸우는 것을 구경만 하고 있는 것이었다.

무대 연습하는 구경을 하려고 작가를 따라왔던 친구가 이것을 보다 못해 "여보게 저렇게 싸우는데도 왜 자네는 잠자코 있나? 작가의 단안이면 시끄러운 일이 없을 것 아니겠나?" 하니 배리가 "허, 이사람, 전지전능하신 하나님도 해와 달의 운행은 지휘를 하지만 스타(별)만은 간섭을 않으시기 때문에 철을 따라서 동에 있던 별이 서로 가 있고, 북에 있던 별이 동으로 옮기는데 하나님만 못한 내가 어떻게 스타를 지휘할 수 있단 말인가? 그저 저희들 멋대로 하게 두고 보는 것이지……" 하였다.

☞ 극작가 제임스 배리 경이 어떤 가정을 방문한 일이 있었다. 그 집의 어린 사

내아이는 손님 접대용으로 나온 과자를 무척 많이 먹어댔다. 그의 어머니는 성난 얼굴을 지으며 꾸짖었다.

"이 이상 크림을 먹으면 내일 병에 걸려요, 해리!"

그러나 그 아이는 접시에서 다시 한 개를 꺼내들면서 말했다.

"나 오늘부터 병에 걸리고 싶어, 엄마."

옆에 앉았던 배리 경은 그 사내의 어리광에 감탄하여 그 장면을 자기 소설에 인용할 권리를 주면 1실링을 주겠다고 말했다.

그리하여 이 이야기는 배리의 유명한 '피터 팬'에 삽입되었던 것이다.

● 버그, 모어(Berg, Moe : 1902~72), 미국의 야구선수

야구선수로서는 이색적인 경력을 가진 버그는 다방면의 고등교육을 받았다. 박사학위로는 프린스톤과 소르본느 대학의 학위도 가지고 있었다. 그는 언어학자이기도 하고, 2차 대전 때는 첩보원으로도 일했다. 그런데 한번은 그와 White Sox(시카고)팀에 속해 있던 한 친구 선수가, 버그가 만루에 타자로 나와 두 번이나 스트라이크아웃 당한 것을 보고 가까이에 접근해서 하는 말, "모어(Moe), 자네가 얼마나 많은 학위를 땄는지는 나는 관심이 없어. 그 학위가 자네에게 나보다 커브볼을 얼마나 잘 때리게는 안 가르쳐 주었을 걸"이라고 말했다.

● 버스비, 리처드(Busby, Richard : 1606~1695), 영국의 교육자

올리버 크롬웰의 혁명 때 영국 왕 찰스 Ⅰ세가 단두대의 이슬로 사라지고 그의 둘째아들 찰스 Ⅱ세가 왕위에 올랐다. 그럴 무렵 찰스 Ⅱ세는 웨스트민스터 학교로 교장 리처드 버스비 박사를 방문했다. 그때 그는 모자를 그대로 쓴 채 왔다 갔다 했고, 국왕은 모자를 벗어 팔 옆에 끼고 버스비 박사의 뒤를 따라 다녔다. 국왕이 학교를 떠나게 될 때 교장이 "폐하께서는 지금까지 저의 불경(不敬)을 용서해 주시기 바랍니다. 만약 저의 학생들이 이 왕국에서 저보다 더 위대한 사람이 있다고 상상한다면 저는 결코 학생들을 거느릴 수 없을 것입니다"라고 말해서 학교에서 교장이 위대한 인물이 되어야 하는 것처럼 한 나라에는 국왕이 위대한 사람이 못된다면 나라를 다스릴 수 없다는 뜻도 함축되어 있다. 아버지처럼 단두대에서 처형당하는 왕이 되지 말라는 말이다.

● 버지, 도날드(Budge, Donald : 1915~2000), 미국 테니스 선수

1937년 미국 테니스 선수 버지가 독일의 고트프리트 폰 크람 남작을 윔블던에서 있었던 데이비스컵 최종결승전에서 만났다. 게임을 바로 시작하려고 하는 참인데 매리 왕비가 보고 있는 가운데 크람이 전화에 불려나갔다. 그러자 게임 진행자가 "매리 왕비를 기다리게 할 수 없으니 빨리 시작해요"라고 엄하게 다그쳤다. 그랬더니 크람이 "나는 우리 지도자(히틀러)를 기다리게 할 수가 없어요"라고 대답했다. 그 전화는 히틀러로부터 걸려온 것이었다. 히틀러의 당부는 독일의 영예를 위해서 이 게임에서 크람이 꼭 승리하도록 명령한 것이었다.

● 버튼, 리차드(Burton, Richard : 1925~1984), 영국의 연극배우, 영화배우, 두 번째 결혼은 엘리자베스 테일러와 한 사람

햄릿 연기로 젊은 배우로서 명성을 한창 얻고 있었다. 런던의 한 극장에서 햄릿 공연 첫날 밤, 그는 첫 장면부터 자기가 말해야 할 대사를 누군가가 계속 중얼거리는 소리를 들었다. 그는 다음에 무대 뒤쪽으로 슬쩍 가보고는 놀라서 소리질렀다. "내 대사를 계속 따라 외우고 있는 저 늙은 괴짜 노인을 누구 내쫓지 못하겠소?" "나가시오!(out!)" 버튼은 각광(脚光 : 무대 앞쪽에 낮게 비추는 불)을 보지 못했다. 그러나 무대 담당자가 내려가 보고 돌아왔다. 그리고는 "미안합니다. 버튼 씨, 그분은 윈스턴 처칠 수상이셨어요"라고 말했다.

● 버핏, 워렌(Buffett, Warren : 1930~), 미국의 기업인

버핏은 세계 3위의 재산가이자 버크셔 헤더웬이라는 투자회사의 CEO이다. 그는 부자라서 유명한 것이 아니고 사회 지도층으로서 노블리스 오블리제 실천이 어떤 것인지를 사람들에게 보여주고 있는 대표적 인물이기 때문이다. 그는 재산의 85%인 37억 달러를 빌 게이츠 재단에 기부하겠다고 공언했다. 그의 기부소식을 접한 이들은 그 천문학적 금액에 놀랐다. 1달러에 1,100원이라고 치면, 약 40조 원이다.

그는 성공의 비결로 "자신이 좋아하는 일을 하세요. 그러면 성공은 자연히 이루어집니다."

● 번스타인, 레오나드(Bernstein, Leonard : 1918~1990), 지휘자, 작곡가

1959년에 레오나드 번스타인이 쓴 『음악의 즐거움』이란 책이 있다. 그는 1958년부터 69년까지 뉴욕 필하모닉 오케스트라의 상임지휘자로 있으면서 명성을 떨치기 시작했다. 그가 TV방송에서 청소년들을 위해서 매주 해설 연주를 해서 큰 호응을 끈 일이 있다. 음악을 하는 사람이면 다 아는 사실이고 필자도 상당 부분을 시청했고, 비디오로도 나와 있다. 그는 그 책속에서 이렇게 쓰고 있다.

"역사상 가장 이상적인 정신의 소유자라고 일컬어지는 사람들조차도 음악에 대해서 언급할 때에는 언제나 약간의 신비로운 모호성을 허용하면서 음악이 수학과 미술의 미적이고 완벽한 결합임을 인정했던 것이다. 고대 희랍의 소크라테스나 플라톤 같은 철학자도 음악의 습득이 청년들의 정신에 있어서 최상의 훈육의 하나라고 생각했고, 교육상 필수적인 조건이라고 주장했다. 이것은 음악이 과학인 동시에 '정신적'이란 이유에 기초한다"고.

여기서 재미있는 언급은 음악은 수학과 마술의 절묘한, 완벽한 결합이란 점이다. 음악은 미묘하게도 소리(음파)라는 물리적 속성과 마술이라는 허무맹랑한 모호함, 신비성과 결합된 자극이라는데 사람들의 관심을 끈다.

● 번즈, 조지(Burns, George : 1896~1996), 미국의 배우, 라디오 코미디언

☞ 번즈가 85세가 되었을 때, 이 나이는 아주 편리한 인생단계 같다고 말한 적

이 있다. "나는 언제나 선배들을 존경하도록 배웠거든. 그런데 이제 나는 내가 존경해야 할 사람이 아무도 없는 나이가 되어서 편리해"라고 말했다.

☞ 에드 설리번이 하루는 그의 신문 칼럼에다가 조지 번즈가 가발을 쓰고 있다는 사실을 폭로했다. 번즈가 나중에 자기의 불편한 데를 폭로했다고 설리번에게 욕을 했다. "그런데 조지, 난 자네가 그걸 신경 쓸 줄 몰랐어" 하고 설리번이 말하니까 "내가 신경 쓰지 않을 것 같으면 가발은 왜 썼겠어?"라고 대꾸했다.

● **베네트, 아놀드**(Bennett, Arnold : 1867~1931), **영국의 소설가, 언론인, 극작가**

베네트는 심각한 언어 장애(말더듬이)를 가지고 있었다. 한번은 궁전에 갈 일이 있어서 들어갔는데, 요크 공작(나중에 조지 6세 왕)이 자기가 가는 방향으로 다가오고 있지 않는가? 요크 공작도 언어장애가 있었다.

"위대한 스코트 씨(월터 스코트)!" 그는 그의 속내를 내비쳤다. "만일 요크 공작이 내게 마마마 말을 건넨다면, 나는 아아아아 마도 런던 타워(London Tower)에서 내 마지막 날을 보내게 될지도 몰라요"라고.

(요크 공작이 말을 걸어오면 틀림없이 자기도 더듬으면서 말하게 될 터인데, 왕이 될 사람의 흉내를 냈다고 잡아갈지 모른다는 농담이다.)

● **베네트, 제임스**(Bennett, James : 1841~1918), **미국의 신문사 소유자, 뉴욕 헤럴드**(New York Herald) **파리 판을 발행하기 시작한 기인**

☞ 베넷과 윌리엄 랜돌프 허스트(1863~1951 : 미국의 신문사 소유자)는 아주 좋은 사이가 아니었다. 허스트가 베넷의 고전을 면치 못하고 있는 헤럴드 신문을 살리려고 한다는 뉴스는 베넷으로는 환영할 만한 소식이 아니다. 허스트가 헤럴드를 얼마면 살 수 있을까 하고 탐색하고 있다는 것을 안 베넷이 그에게 전보를 쳤다.

"헤럴드는 주간 판은 하루에 3센트이고 일요판은 5센트요, 베넷!"

(신문사를 파는 게 아니라 신문을 팔겠다는 이야기로 거절함.)

☞ 베넷이 밤이면 밤마다 몬테카를로에 있는 같은 식당으로 퇴근을 했다. 왜냐하면 그 식당이 양고기 갈비 요리를 완벽하게 마련해주기 때문이었다. 하루는 저녁 퇴근길에 식당엘 들어섰더니 자기 단골 좌석에 다른 사람이 앉아서 식사를 하고 있지 않는가? 베넷은 식당주에게 그 식당을 자기에게 팔라고 주문했다. 그리고 그 대가로 4만 달러를 주었다. 그리고는 자기 자리에 앉아있는 손님에게 내가 사장인데, "이 자리는 비워줘야겠소" 하고 식사가 아직 반밖에 진행되지 않은 상태로 손님을 내쫓았다. 베넷이 양고기 갈비 요리를 다 먹고 난 후 그는 막대한 액수의 팁을 주고 떠났다. 그는 그 식당을 다시 그 전 주인에게 돌려주었다.

● 베르나르, 트리스탕(Bernard, Tristan : 1866~1947), 프랑스의 극작가, 소설가

☞ 베르나르는 여성 언론인들을 무척 싫어했다. 언론인 초대 회식에서 한 여기자가 옆에 앉게 되었다. 그 여성 왈 "제가 여성이라는 걸 잊으세요. 당신의 남자 동료로 다루어 주세요"라고 말하자, 베르나르는 식사 내내 그 여성의 존재를 무시하고 식사를 끝내고는 끝날 무렵이 되니 여성의 어깨에 손을 올려놓으면서 "오줌 누러 같이 가요" 했다.

(남자동료로 취급해 달랬으니까)

☞ 그의 첫 결혼생활이 시작된지 아직 안정 단계가 들어서지 못한 때의 일이다.
어느 날 오후 베르나르가 비오는 거리의 쇼윈도 앞에 서서 낙담한 표정으로 가게 안을 들여다보고 있는 광경을 지나가던 한 친구가 발견했다. 틀림없이 그 친구가 거기에 비오는 날 서 있을 특별한 이유가 없을 터인데 하고 확신한 친구가 "우리, 식당에 가서 식사를 하던지, 한 잔 하세" 하고 제의를 했다. 풀이 죽어 있던 베르나르는 이 두 가지 제안을 모두 거절했다. "확실히, 자네가 비오는 날 거기에 계속 서 있으려고 한 것은 아니지?" 그 친구가 외쳤다. "왜 집엘 안 가니?" "나는 갈 생각이 전혀 없어." 베르나르가 대답했다. "왜?" "마누라의 애인이 집에 와 있거든." 친구가 동정어린 말로 위로해 주려고 하는데 "그 친구 되게 지겨운 친구야"라고 베르나르가 계속했다.

● 베르디, 주세페(Verdi, Giuseppe : 1813~1901), 이탈리아의 오페라 작곡가

☞ 1851년 3월 1일 38세 때 그의 명작으로 유명한 리골레토(이것은 빅토르 위고의 희곡 '왕은 즐긴다'를 대본으로 한 것)를 발표했는데, 내용은 프랑스 왕 프랑스와 1세의 난잡한 행동을 다룬 것이다. 그래서 오스트리아의 관헌이 검열한 결과 공연이 기각되고, 재삼 교섭했으나 장소와 인물을 가공의 이탈리아 영주로 바꿔서 통과시켰다. 그러나 베네치아의 페니치에 극장에서 초연하자 큰 인기를 끌었다. 다음날 베네치아 거리의 젊은이들이 "바람에 날리는 갈대와 같이 항상 변하는 여자의 마음"을 흥얼거리면서 지나갔다는 것이다.

☞ 그의 마지막 작품은 79세 때 작곡한 '팔스타프'가 1893년 2월 9일 라스칼라 극장에서 초연되고 전 세계를 놀라게 했다. 그는 인생의 모든 영광의 맛을 다 맛보았으나 왕실에서 주는 작위만은 사양했고, 1897년 11월 그의 두 번째 아내가 사망하자 힘을 잃고 1901년 1월 21일 밀라노의 여관에서 발작을 일으키고 쓰러져 1월 27일 밀라노의 병원에서 사망했다. 향년 88세.

● 베른하트, 사라(Bernhardt, Sarah : 1844~1923), 프랑스 여배우

☞ 1915년 사라 베른하트가 프랑스 작가 빅토리앙 사루두 작의 '라 토스카'의 타이틀 롤을 맡아 공연하던 중 사고로 한쪽 다리를 절단하게 되었다. 수술 후 회복기에 들어갔는데, 샌프란시스코에서 열릴 예정인 범 미국박람회에 그녀의 다리를 전시할 수 없는지, 박람회 매니저가 물어왔다. 그 다리의 전시에 100,000 달러를 내겠다는 제안이었다. 그러자 사라는 그 매니저에게 전보를 이렇게 쳤다. 단 두 낱말, "어느 쪽 다리?"라고.

☞ 불어식으로는 베르나르이다. 그녀는 1845년 프랑스 파리에서 치안판사의

아버지와 유태인 어머니 사이에서 태어나 13세 때 무대에 데뷔해서 17세에 코미디 프랑세즈에 참가하였다.

사라는 호리호리한 키에 불그레한 머리카락에 검은 눈동자를 가진 여성이었으며, 아름다운 음성의 소유자이고 변덕쟁이에다가 감성적이었다. 사라는 클레오파트라와 레이디 맥베스 역할을 잘 소화해냈다.

1885년 남미순회공연을 하여 백만 프랑을 품에 안았다. 그러나 남미 공연 중 낙상해서 다리를 절단하게 되었으며, 그럼에도 공연을 계속하다가 신부전증으로 사망했다. 마크 트웨인이 "이 세상에는 네 종류의 여배우가 있다. 서투른 배우, 이류 배우, 유명한 배우, 그리고 특별한 사라 베르나르이다"라고 칭찬했는데, "그녀는 여왕 이상의 존재, 여신의 일종이다"라고 어느 비평가가 말했다.

1922년 파리에서 '예언가'를 촬영하던 중 세트에서 쓰러졌다. 신기능부전 때문이었다. 1923년 3월 26일 아침 8시, 주치의는 기자들에게 그녀의 죽음을 알렸다. '신기능부전'이다.

● 베를리오즈, 엑토르(Berlioz, Hector : 1803~1869), 프랑스의 음악가, 작가, 비평가

베를리오즈가 작곡한 것은 여러 가지 악기를 잔뜩 갖다 놓고 웅장한 맛을 강조하는 것에 특색이 있다. 그래서 그의 곡 중 미사곡 같은 데서도 북이 14개에다 심벌이 3개씩이나 되고 바라(銅鑼)까지 사용하려들자 사람의 귀청이 멍멍할 지경이라 프랑스에서는 무대에 대포를 진열하고 연주하는 베를리오즈의 만화까지 있었다. 이런 굉장한 기악 연주회를 듣고 나온 한 신사에게 마차꾼이 마차를 끌고 와서 "선생님, 타시지 않겠습니까?" 하고 물으니 그 신사는 귀가 멍멍하여 들리지 않고 마차꾼이 입을 벌리는 것은 보이는지라 혼잣말로 "싱거운 놈, 마차꾼이면 마차나 끌 것이지 기분 나쁘게 남의 앞에 바짝 와서 하품은 왜 해?……" 하였다.

(귀가 안 들릴 정도로 시끄러운 연주를 들은 뒤라 귀머거리가 되었으니 말소리는 안 들리고 하품하는 것으로 보인 모양이지.)

● 베리아, 파브로비치(Beria, Pavlovich : 1899~1953), 공포의 소련 비밀경찰 두목

스탈린이 죽은 것은 소련 최고위 공산당 상임 간부회의 때, 클리멘트 보로시로 프와 논쟁을 벌이다가 분노를 참지 못해 경련을 일으킨 것이 원인이 되어 죽었다 는 소문이 돌았다. 격노로 창백해진 스탈린이 자리에서 벌떡 일어나 무의식 상태 로 바닥에 넘어졌다. 최고회의 다른 멤버들이 분명히 죽은 모습을 노려보고 있는 동안, 베리아가 뛰쳐나와 시체 주변을 돌면서 춤을 추면서 "우리는 드디어 자유 를 얻었다. 드디어 자유를" 하면서 외쳤다. 스탈린의 딸이 방으로 뛰어 들어와서 자기 아버지 옆에 무릎을 꿇고 쓰러졌다. 이 순간 스탈린이 움찔하면서 한쪽 눈 을 떴다. 베리아가 돌연 그의 옆에 엎드렸다. 그의 손을 잡고 손에 키스를 했다.

● 베스파시안(Vespasian : AD 9~79), 로마 황제(70~79)

베스파시안이 로마제국의 지불능력을 키우기 위해 많은 상품에 세금을 매겼 다. 그는 로마의 공중 소변소에까지 과세를 했다. 베스파시안의 아들 티투스가 국가의 위엄을 손상시킨다는 이유로 이 세금 부과를 반대하니까 베스파시안이 이런데서 거둔 세금 동전을 한주먹 쥐어보면서 자기 아들의 코에 갖다 댔다. "아 들아, 봐라. 이것들이 냄새가 나는지 어떤지."

● 베케트, 새뮤엘(Beckett, Samuel : 1906~1989), 아일랜드의 소설가, 극작가, 시인, 1969년 노벨 문학상을 받았음.

1962년 베케트는 그의 오랫동안의 동료였던 스잔느와 결혼을 했다. 결혼 후 얼마 안 되어 두 사람의 관계는, 베케트의 작가로서의 명성과 성공 때문에 스잔 느가 질투함으로써 서먹서먹해졌다. 1969년 어느 날 전화가 한통 걸려왔다. 스 잔느가 그 수화기를 들었다. 그녀는 상대방이 하는 말을 한동안 경청하더니 상대 방에게 뭔가를 간단히 대답한 후 전화를 끊었다. 그리고 그녀는 베케트에게로 와 서 충격 받은 표정으로 "이 무슨 재앙이야(What a catastrophe!)"라고 속삭였다. 그녀가 들은 말은 스웨덴 한림원에서 베케트에게 노벨문학상을 수여하게 되었다는 내용이었다.

● 베토벤, 루드비히(Beethoven, Ludwig : 1770~1827), 독일의 서양 고전 음악 작곡가

☞ 베토벤이 어느 날 한 식당엘 갔다. 보이가 와서 주문을 받아갔다. 그런데 요리가 주문한 것이 아니고 다른 것을 가져왔다. 베토벤이 그것 때문에 보이에게 주의를 줬다. 그랬더니 보이가 무뚝뚝하게 변명을 하는 것이었다. 화를 잘 내는 베토벤이 화를 내면서 그 요리를 보이의 머리위에 들이부었다. 보이도 화가 나서 서로 고성으로 싸우기 시작했다. 결국 베토벤의 패배로 싸움은 끝났다. 왜냐하면, 머리로부터 흘러내려오는 요리의 소스를 핥으면서 씩씩거리는 꼴이 너무 우스워서 베토벤이 드디어 그걸 보고 웃고 말았기 때문이다.

☞ 베토벤은 일생동안 독신으로 지낸 탓에 외모 가꾸기에는 관심이 없었다. 그러나 고도구(古道具) 점주를 놀려주는 취미가 있어서 그럴 때마다 산 물건으로 방을 장식했다. 베토벤은 목욕하기를 좋아해서 여름에는 함지에 물을 넣어 멱을 감기도 해서 이때 악상을 구상했다고 한다.

제9교향곡의 '환희에 붙여서'도 욕조에서 콧노래로 시작했는지도 모른다. 목욕 중 기분이 좋아지면 벗은 채로 방을 돌아다니기도 했다고 한다. 그래서 아래층으로 물이 스며들어 입주자를 화나게 해서 그런 이유 때문에 이사를 자주했다.

비엔나에는 여기저기 베토벤이 살았던 집이 있는데 욕조물이 새서 일으킨 트러블 때문이 아니겠느냐고도 한다. 하도 집을 많이 옮겨 다녀서 방방 돌다가 다시 옛날 살던 집으로 이사한 적도 있다고 한다.

● 벤츨리, 로버트(Benchley, Robert : 1889~1945), 미국의 유머리스트

☞ 벤츨리가 할리우드에서 열렸던 한 파티에 참석하게 되었다. 이 파티에 참석한 손님들이 제각기 자기의 묘지명을 쓰는 게임을 하게 되었다. 한 여배우가 벤

츨리 곁에 앉았는데, 결혼과 연애사가 세상에 널리 알려진 그런 배우였다. 그는 자기에 대해서 뭐라고 써야 될지 도무지 생각이 안 난다고 투덜댔다. 그러자 벤츨리가 "드디어 그녀는 혼자 잠들다"라고 쓰면 어떠냐고 충고해 주었다.

☞ 벤츨리가 아주 술을 흥건하게 마시게 된 파티가 끝나자 알곤퀸(미국 원주민의 한 부족)이 사는 마을을 떠났는데, 벤츨리는 제복을 입은 한 신사와 맞닥뜨렸다. 벤츨리는 그를 도어맨으로 착각했다.

"저, 내게 택시 좀 불러주시겠소, 신사양반" 하고 요청했다. 다른 제복 신사가 꼿꼿이 서서 "자 보십시오. 나는 미합중국 해군의 제독입니다"라면서 민첩하게 한마디 했다. 벤츨리는 "아주 완벽해, 나에게 전함을 보내주시오"라고 벤츨리가 말했다. (취중의 유머)

● 벤턴, 토마스(Benton, Thomas : 1782~1858), 미국의 미주리주 출신의 상원의원(30년간)으로 일함.

워싱턴에 있는 벤턴 의원집이 화재로 다 타버렸다. 그는 의회로부터 화재상황을 확인하도록 소환되어 다른 의원들과 화재 현장에 갔다. 그는 한동안 그 폐허를 물끄러미 보더니 하는 말 "죽음을 쉽게 만들어주었네. 남길 것이 훨씬 줄어들었으니까"라고.

● 벨로우스, 웨슬레이(Bellows, Wesley : 1882~1925), 미국의 화가, 그의 현장 권투경기 시리즈로 인해 유명한 화가

1915년 조지프 펜넬이 벨로우스를 아무런 증인도 확보하지 못한 채 간호사 에디트 캬벨을 독일인이 사형 집행한 것과 관련해서, 그 사건을 본 적도 없는 사람이 그린 그림의 신빙성에 대해 검찰에 고발한 일이 있었다. 이에 대해 벨로우스는 "레오나르도 다빈치도 '최후의 만찬'에 현장에 있지 않았잖아요"라고 반박했다.

● **보들레르, 샬**(Baudelaire, Charles : 1821~1867), 프랑스의 시인, 비평가, 상징주의 선구자

☞ 보들레르는 이것저것 여러 가지 약물에 몸을 맡기고 헌 걸레처럼 되어 죽었다. 알코올은 물론, 대마초, 아편과 같은 마약에 중독되어 있었고, 매독으로 뇌 장애나 실어증, 중풍까지 병발했다.

보들레르의 불행은 젊고 아름다운 어머니와의 갈등에서 시작되었다. 그의 어머니는 26세 때 34세나 연상인 남자와 결혼한다. 그의 초로의 아버지는 보들레르가 6세 때 세상을 떠났다.

남겨진 것은 아름다운 어머니와 6세난 아들뿐이었다. 보들레르는 이 어머니를 독점하고 연모했다. 그런데 그 어머니가 이듬해 재혼한다. 새로운 남편 즉 보들레르의 새아버지는 39세의 군인이었다. 어머니는 지금까지 쏟아왔던 아들에 대한 사랑을 이 새 남편에게 쏟게 된다. 보들레르는 이 아버지를 미워하고, 성장해 감에 따라서 두 사람은 험악한 관계가 된다.

19세 때 아버지가 주최하는 만찬회에서 보들레르의 증오가 폭발하게 된다. 보들레르는 새아버지에게 달려들어서 그의 목을 조른다. 이 사건으로 보들레르는 친족회의에 회부되어 집에서 추방된다. 9개월 후 파리로 돌아온 보들레르에게는 이미 어머니를 그리워하는 소년의 면모는 남아있지 않았다. 서로 파멸할 때까지 사랑하는 운명의 여성, 잔 뒤발과 함께 있었다.

☞ 보들레르의 생애에는 두 사람의 연인이 있었다. 혼혈의 미녀 잔느와 사바티에 부인이다. 그는 잔느에 대해서는 모든 정열을 기울였다. 그녀가 너덜너덜한 신체가 되어 늙을 때까지 사랑했다.

그러나 사바티에 부인과는 불가사의한 교제를 이어갔다. 수많은 러브레터를 보내고, 부인만을 위한 시작(詩作)을 계속했음에도 불구하고, 사바티에 부인이 보들레르 앞에 몸을 던지려고 하면 돌연 그는 냉담해진다.

"전날까지, 당신은 하나의 신성(神性)이었소. 아주 아름다운 것, 신성(神聖)해서 범할 수 없는 존재였소. 지금, 당신은 단순한 여성입니다."

보들레르는 잔느와의 애욕(愛欲)에 빠져있는 한편, 사바티에 부인과는 어디까지나 순애(純愛)를 지키려고 했던 것이다.

● 보마르셰, 피에르(Beaumarchais, Piere : 1732~1799), 프랑스의 극작가, 다방면의 명사

'피가로의 결혼'은 프랑스 혁명을 예언했다는 평을 들을 만큼, 귀족층을 신랄하게 비평하고 조롱한 작품이다.

그런데 웬일인지 이것이 귀족층들로부터 열광적인 환영을 받았다. 이에 대해서 작가인 보마르셰는 어느 날 친구들에게 이렇게 말하였다.

"나의 극도 미친놈의 장난이었지만, 그것이 성공한 것은 더욱 미친놈들의 장난 때문이야. 드러누워 침을 뱉는 놈 모양으로 모두들 좋다고 날뛰니 그놈들이 결코 성한 놈들은 아니지."

● 보티첼리, 산드로(Botticelli, Sandro : 1445~1510), 이탈리아의 화가

보티첼리의 집 옆에 베틀 여덟 개를 설치하고 직물을 짜는 사람이 살고 있었다. 베 짜는 소음 때문에 보티첼리는 미칠 지경이어서 항의를 했다. 그러나 그건 아무 소용이 없었다. 그래서 보티첼리는 큰 돌을 하나 주워 와서 자기 집 지붕위에 올려놓고 교묘하게 균형이 잡혀서 굴러 떨어지지 않게 해 놓았다. 만일 조금이라도 자극이 가면 그 돌이 굴러서 직물 짜는 그 옆집 지붕으로 떨어지게 된다. 다모클레스의 칼과 같은 효과가 있게 했다.

이걸 본 직물공장 사장이 타협하자고 제의해 와서 화해를 했다. 직물기계가 한꺼번에 작동이 되면 돌이 자기네 지붕위로 떨어지게 되어 있어서 타협에 이르게 되었다.

(다모클레스의 칼이란 그리스 신화에 나오는 시라큐스 왕 디오니시우스 왕이 연석에서 다모클레스 머리위에 머리카락 하나로 칼을 매달아 왕의 위엄을 보여 주었다는 이야기에서 따온 말이다.)

● **본회퍼, 디트리히**(Bonhoeffer, Dietrich : 1906~1945), 독일의 목사, 신학자

그는 전형적인 부르주아 집안 출신이면서 끊임없이 소외된 이웃을 위해 헌신한 신앙인이었다. 21세에 베를린대학에서 박사학위를 받았고, 23세에 대학교수 자격을 받은 사람이다.

그는 고위정보국에 근무하던 매형과 히틀러 암살에 가담했다가 체포되어 39세 나이로 처형당했다. 1945년 4월 9일, 독일이 항복하기 딱 한 달 전에 처형당했다. 그가 감옥에서 쓴 '밑으로부터의 시각'에서 "우리가 세계사의 거대한 사건들을 한 번 밑으로부터의 시각, 즉 사회로부터 배제당한 사람들, 의심받는 사람들, 학대받는 사람들, 무력한 사람들, 억압당한 사람들, 멸시 받는 사람들, 즉 수난당하는 사람들의 관점에서 보는 것을 배운다는 것은 비교할 수 없이 고귀한 경험이다."

1933년 1월 히틀러가 정권을 잡고 독재를 시작하자 그는 지식인이자 신앙인으로서 저항을 시작했던 것이다. 그는 라디오 생방송 연설을 통해서 "자신을 신성화하는 지도자는 신을 모독하는 자"라고 지적했다. 당국은 이 연설을 끝내기도 전에 중단시켰다. 본회퍼는 나치정권 시작부터 반동분자로 낙인이 찍혔다. 또 그는 "그리스도인이 되는 것은 종교인이 되는 것이 아니라 참으로 인간이 되는 것이다. 그는 하나님 앞에서 하나님이 안 계신 듯 살고, 하나님 없이 하나님 앞에서 살았던 사람이다."

그는 "미친 사람이 차를 몰고 거리를 질주하고 있다. 나는 성직자니까 그 차에 희생된 사람들의 장례나 치러주고 그 가족을 위로하는 것만으로 만족해야 하는가? 내가 그 자리에 있었다면 그 자동차에 뛰어올라 미친 운전자에게서 핸들을 빼앗아야 하지 않는가?" 이렇게 히틀러 암살의 필요불가피한 이유를 들었다.

(손규태 전 성공회대 교수의 글에서)

● **볼드윈, 스탠리**(Baldwin, Stanley : 1887~1947), 영국의 정치가 세 번 보수당 수상 지냄, 백작

재무부장관으로 있을 때 볼드윈은 1914~1918년 사이에 있었던 영국 정부의

전시부채가 어마어마하게 많은데 깜짝 놀랐다.

1919년 그는 익명으로 「타임즈」라는 신문에 부자들에게 국가의 부담을 덜어주기 위해서 자발적으로 세금을 납부하도록 권고하는 편지를 썼다. 그 자신의 부동산 자산도 추산해 보니까 약 58만 파운드에 이르렀다. 볼드윈은 그 중 20%인 15만 파운드를 정부의 전시채권에 투자하였다. 그리고 그는 그 주식증서를 파기해 버렸다. 그리고 그 15만 파운드는 재무부에 선물로 제공했다. 그러나 부자들은 볼드윈의 본을 보고 뒤따라 하기를 주저하지 않았다고 한다.

● **볼레인, 앤**(Boleyn, Anne : 1507~36), 영국 헨리 8세의 두 번째 왕비이고, 엘리자벳 1세의 어머니

앤은 자기 운명에 대해서 불평을 하지 않았으며 헨리 8세가 칼을 쓸 수 있게 허락해준 은혜를 즐겁게 받아들였다. "왕 전하는 그동안 나에게 잘 해주었어요. 그는 나를 단순한 하녀에서 후작부인으로 만들어주었고, 다음에 왕비(두 번째 왕비)로까지 간택해 주었습니다. 지금 그는 나를 순교자로 올려놓으려고 하군요"라고 말하면서 형장의 이슬로 사라졌다.

● **볼리바르, 시몬**(Bolivar, Simon : 1783~1830), 볼리비아의 정치가, 군인, 해방 투쟁자

그는 베네수엘라의 큰 농장을 소유하고 수천 명의 노예를 거느린 부유한 집안에서 태어났으며 부모가 죽자 많은 유산을 물려받았다. 그는 유럽에서 공부했으며 당시 18세기 유럽의 합리주의 특히 루소의 영향을 받았다.

1807년에 남미로 돌아와서 스페인 식민지들이 독립투쟁을 해야 할 준비가 필요하다는 것을 역설하고, 두 번에 걸친 독립운동의 실패 끝에 1821년에 베네수엘라를 해방시켰다. 그리고 그는 초대 대통령이 되었다. 1824년에는 페루를 해방시키는 투쟁에 들어갔고 페루 북부를 합쳐서 볼리비아공화국으로 독립시켰다. 그러나 페루와 볼리비아가 그를 반대하는 세력으로 등을 돌려서 그는 대통령자리에서 물러났다.

볼리바르는 경험을 바탕으로 노예제도를 없애는 법을 발표했고 흑인들과 자유

를 얻기 위한 투쟁을 했다. 그는 472회나 되는 전투를 치렀으며 남미 사람들을 스페인 식민지에서 해방시켰다. 사람들은 독립에 큰 공헌을 한 볼리바르를 '남아메리카의 워싱턴'이라고 부른다.

● **볼테르**(Voltaire : 1694~1778), 프랑스의 시인, 극작가, 소설가, 철학자

☞ 볼테르와 피롱은 그리 친한 사이가 아니었지만, 두 사람은 어느 날 내기를 하였다. 가장 짧은 편지를 쓴 사람에게 한 턱 내기로 한 것이었다.

볼테르는 시골로 출발하기 전날 피롱에게 "에오 루스(라틴어로 나는 시골로 간다는 뜻)"라고 써 보냈다. 볼테르는 이만하면 내기에 이겼으리라 생각하였다.

그런데 곧 "이(라틴어로 가라는 말)"라는 답장이 왔다.

피롱이 이겼음은 물론이다.

☞ 프랑스 혁명에 영향을 준 볼테르는 백과전서파의 한 사람으로 알려지고 있다. 시, 각본, 소설, 역사, 철학, 과학의 여러 분야에 정통해 있었으나 돈 버는 데도 발군의 재능을 발휘하였다.

볼테르는 복권으로 돈 벌기로 작정하고, 친구 수학자와 짜고 당선의 확률을 계산해보니, 발행한 복권 모두를 사면 투자금을 빼고도 남는다는 계산이었다. 볼테르는 친구와 짜고 유산을 미리 받고 돈을 빌리기로 해서 복권을 모두 샀다.

정부의 재무장관이 처음에는 매상이 좋다고 좋아했으나 중대한 미스가 있음을 알고 곧 상금지불중지를 명했다. 볼테르 일행을 사기죄로 고소하지만, 아무리 전제주의 시대지만 결국 추밀원(樞密院)은 국고에서 지불하라고 명령했다.

볼테르가 손에 넣은 돈은 총액 50만 루브르(한국 돈으로 약 50억 정도라고 한다)를 벌었단다.

● **부시, 바바라**(Bush, Barbara : 1925~2018), 부시 대통령(1989~1993) 부인

대중에게 엄청난 인기가 있었던 바바라 부시는 현실적이고 솔직한 유머센스와

스타일로 잘 알려져 있었다. 그녀는 가끔 장난기가 발동하면 이상한 차림으로 나갈 때가 있다.―반백의 흰 머리털, 늘어난 체중, 유행지난 패션 등, 이런 것들이 그녀를 인기 있게 만들었다. 한번은 기자들에게 "항간에는 내가 옷을 잘 못 입는다는 신화가 있는 것으로 알고 있는데, 나는 옷을 잘 입어요. 다만 본때 있게 보이질 않을 뿐이지"라고 말했다.

● 부시 조지(Bush, George : 1924~), (아버지 부시) 미국정치가, 41대 미국 대통령(1989~1993)

부시는 골프치기를 좋아했다. 그 실력은 그의 전임 대통령인 제럴드 포드보다 더 잘 치는 것은 아니었다. 그가 퇴임해서 사생활로 돌아온 지 한두 해 후 그는 이런 말을 했다. "거참 놀라워. 사람들이 내가 대통령 재임 때보다 모두 나보다 더 잘 친단 말이야." (재임 중에는 사람들이 아첨하느라고 봐 준 거지)

● 부조니, 페루치오(Busoni, Ferruccio : 1866~1924), 이탈리아 피아니스트

부조니는 뛰어난 기억력을 가지고 있었다. 그는 아무리 어렵고 긴 작품이라도 반드시 다 암기하여 연주를 했다.

한 번은 영국으로 연주 여행을 떠나게 되었는데 그의 부인이 그가 연주할 악보들을 챙기고 있는 것을 보고서는 놀라며 물었다.

"피아노 연주는 당신이 할 거요?"

● 불랑제, 나디아(Boulanger, Nadia : 1887~1979), 프랑스의 작곡가, 지휘자, 작곡교수

미국의 작곡가 로이 해리스가, 불랑제가 어떻게 자기 제자를 뽑는지를 적은 적이 있다.

"나디아 불랑제는 나에게 이렇게 말했어요. 자기 제자를 받아들일 때 어떻게 결정하는지를 이렇게 말했습니다."

재능이 없고 돈도 없는 학생 : 이들은 받아주지 않는다.

재능은 있는데 돈이 없는 학생 : 이들은 받아들인다.

재능은 조금 있지만 돈이 많은 학생 : 이들은 받아들인다. 그러나

재능도 많고 돈도 많은 학생 : 이들은 받아주지 않는다.

● **불랑제, 장 마리**(Boulanger, Jean Marie : 1837~1891), 프랑스 장군

불랑제의 애인 마르게리트 본느망이 폐결핵으로 1891년 세상을 떠났을 때, 가슴이 찢어지는 듯한 슬픔을 안고 그녀의 묘비석에다가 이렇게 적었다. "마르게리트, 곧 다시 봅시다"라고. 그는 두 달 반 후 그의 약속을 지키기 위해 그녀의 무덤에 같이 묻히게 되었다. 그는 권총을 끄집어내서 머리에 대고 방아쇠를 당겼다(일설에는 그가 스스로 자기를 칼로 찔렀다는 말도 있다).

비석은 불랑제가 사랑한 마르게리트의 옆에 세워졌고, 묘비에는 그가 바라는 대로 이렇게 적혀 있다.

"조르즈, 내가 당신 없이도 두 달 반을 과연 살 수 있었을까?"라고.

● **브라우닝, 로버트**(Browning, Robert : 1812~1889), 영국의 시인

(엘리자벳 바렛과 결혼하기 전에 몇 달 동안 여러 의혹의 소문이 퍼졌다. 그래서 브라우닝이 하루는 그가 서재에서 글 쓰고 있는 동안 점을 쳐보기로 시도할 즉흥적인 생각에 사로잡히게 되었다.)

"그녀와의 사랑 문제는 어떻게 되어갈 것 갈 습니까?"

그의 손에 쥐어진 책을 무작위로 펼쳐진 페이지를 열고 거기에다 대고 물어 모았다.

그 책은 모든 불길한 점 중에서도 세루티(Cerruti)가 쓴 이탈리아 문법책이었다. 브라우닝은 '접속사'나 적어도 '소유대명사' 정도의 낱말이 나오기를 기대했다. 놀랍게도 번역예문으로 "만일 우리가 이 세상에서처럼 다른 세상에서도 사랑하게 된다면 당신을 영원히 사랑하리라"가 나왔다잖는가?

● **브라우닝, 엘리자베스**(Browning, Elizabeth : 1806~1861), **영국의 여류 서정시인, 로버트 브라우닝의 아내**

엘리자베스가 로버트보다 생전에는 더 유명한 시인이었다. 그녀는 어릴 때 이기적이고 완고하며, 주제넘게 이 일 저 일에 잘 나서고, 조숙하고, 짜증 잘 부리고, 남동생이나 여동생들을 턱으로 부리고, 가구를 뒤엎거나 책을 내던지는 등 도무지 어찌할 도리가 없는 아이였다고 한다.

그녀는 6살 때 '미덕'에 관한 최초의 시를 써서 부친으로부터 10실링의 상을 받기도 했다. 엘리자베스는 다섯 가지 어두운 그림자 속에서 성인이 되었다.

그녀는 엘렉트라 콤플렉스에 시달렸다. 즉 아버지를 이성처럼 사랑하는 심리 메카니즘에 걸려 있었다. 부모가 싸우면 꼭 아버지 편을 들었고, 아버지의 발자국 소리에도 가슴이 두근거렸다.

● **브람스, 요하네스**(Brahms, Johannes : 1833~1897), **독일의 작곡가, 피아니스트, 지휘자**

☞ 브람스는 비천한 신분 출신이었다. 그의 부모의 재정적 복지 상태는 항상 그에게 불안한 요소였다. 그가 음악을 하기 시작하면서 조금씩 나아지는 수입으로, 아직은 넉넉지 않지만 영세한 수입으로 가정의 살림살이에 이바지하게 되었다. 그의 아버지가 돈 문제에 있어서는 분별력이 없다는 것을 안 그는 자기가 집을 떠나기 전에 자기의 장차의 성공 길에 뜻하지 않게 닥칠 경제적 위기에 대비해서 준비를 하고 있었다.

"아버지, 만일 일이 잘 안 될 때에는 가장 좋은 위안은 음악 속에 있습니다"라고 아버지에게 충고를 해 드렸다. "제가 전에 지은 'Saul'이란 노래를 잘 읽어보세요. 아버지가 원하는 것을 거기서 찾을 수 있을 것입니다." 그의 아버지는 아들의 이런 충고가 도리어 자기를 당황스럽게 한다고 생각했다. 그럼에도 어려운 일이 생기면 아들의 곡 Saul의 악보를 끄집어내서 열어 보았다. 거기에는 책갈피마다 쓸 수 있는 은행수표가 끼워져 있었다.

☞ 브람스는 클래식계에서는 선호도가 아주 높은 작곡가이다. 모차르트, 베토벤, 슈베르트, 차이코프스키, 쇼팽 등과 더불어 음악애호가들의 리퀘스트 상위 순위에 올라가는 작곡가이다.

브람스가 일생동안 연모해 온 사람은 클라라 슈만이라는 여성이었다. 이름만 들어도 알 수 있듯이 그녀는 작곡가 슈만의 아내였다. 슈만은 브람스를 뒷받침해 주어서 성공시킨 은인이다. 그런 은인의 아내를 연모했다는 것은 아무래도 문제가 있는 사람이었다.

그러나 브람스는 클라라와 불륜의 관계에 빠지거나 그녀를 채가지고 도망을 갈 정도로는 일을 저지르지 않았다. 그저 연모했을 뿐이다.

슈만이 정신병에 걸려서 고생을 하다가 1856년에 세상을 떠나는데, 클라라와 남겨진 아이들을 위해서 헌신적으로 도와주었다고 한다.

슈만이 죽은 후 만의 하나 둘이 합쳐질 가능성이 없지는 않았겠지만, 결코 그렇게는 안 되었다. 그 두 사람 사이의 관계가 플라토닉한 사랑이었는지 그 이상이었는지는 알려진 바가 없는 듯하다.

클라라는 남편 로베르트의 사후 40년을 더 살다가 1896년에 세상을 떠났다. 그녀가 위독하다는 전갈을 받고 브람스는 병원엘 달려갔는데, 전차를 잘못타서 시간이 늦어져서 임종은 보지 못했다고 한다. 그리고 브람스는 그 이듬해 클라라를 따라가듯이 그도 세상을 떴다.

결국 브람스는 일생을 독신으로 지냈다. 그 이유는 알 수 없다. 그러나 클라라에 대한 사랑 때문이라고 말하는 전기 작가들도 있다.

● 브레즈네프, 레오니드(Brezhnev, Leonid : 1909~1982), 소련공산당 서기장

프라하의 봄.

소련의 브레즈네프에겐 골치 아픈 봄이었다. 하루는 기분전환 겸 쉬기 위해 이발소에 들렀다. 한창 머리를 깎는 중 이발사가 요즘 프라하 사정이 어떠냐고 물었다. 신경이 곤두선 브레즈네프, 정치 이야기는 꺼내지 말고 머리나 깎으라고

호령을 했다.

한참 조용하더니, 다시 또 요즘 프라하 사정이 어떠냐고 묻는다. 화가 난 브레즈네프, 이발사를 흘겨보면서 머리나 깎으라고 호령한다. 한참 머리 깎기에 열중하던 이발사, 주책없이 다시 그 질문을 한다.

"요즘 프라하 사정이 어떻습니까?"

"이봐! 자네 어떻게 되고 싶어서 그래? 왜 이래, 시베리아 갈래?"

"실은 그 질문을 하니깐 서기장님 머리카락이 곤두서서 머리 깎기가 아주 수월해서요!"

● 블레이크, 윌리엄(Blake, William : 1757~1827), 영국의 예술가, 시인, 신비주의자

블레이크와 그의 아내 캐더린이 한번은 뜰에서 벌거벗은 채 앉아 있었다. 둘이서 서로 밀턴의 『실락원(Paradise Lost)』을 읽어주고 있었다. 블레이크는 한 방문자가 그를 찾아왔는데도 전혀 난처한 기색 없이 "들어와요, 여기는 아담과 이브만 있으니까"라면서 소리쳤다.

● 브루크스, 필립(Brooks, Phillips : 1835~1893), 미국의 성공회 주교, '오 작은마을 베들레헴'이라는 찬송가 저자

심각한 질병에서 회복한 후 브루크스 주교는 어떤 방문객도 받지 않았다. 자신의 가장 친한 친구조차도 면회를 사절했다. 그런데 논쟁을 좋아하는 로버트 잉거솔(1833~1899, 미국의 법률가·연설가)이 찾아왔을 때에 주교는 그를 돌려보내지 않았다. 잉거솔은 그 특권(특별면회)을 알아차리고, 왜 자기에게 면회를 허락했는지 그 숨겨진 이유를 알고 싶었다. 주교는 "다음 세상에서 다시 볼 것이 틀림없는 친구이기에(당신은 천당에 갈 사람이란 뜻) 이승에서 당신을 마지막으로 보는 기회가 될지 모르기 때문이오"라고 했다.

● 비발디, 안토니오(Vivaldi, Antonio : 1675~1741), 이탈리아 작곡가

유명한 '사계(四季)'를 비롯하여 많은 협주곡으로 우리에게 잘 알려진 그는 옛부터 상업도시로 번창하고 또 음악의 1대 중심지였던 북이탈리아의 베네치아 출신이다. 아버지는 유명한 바이올리니스트여서 안토니오는 좋은 음악 환경에서 자랐다. 그는 젊어서 수도승이 되어 '빨간 모자의 사제'로 인명 되었으나 사제로서의 안토니오는 직무태만으로 별로 평판이 안 좋았고, 작곡가, 바이올리니스트로서는 일찍이 유럽에 이름이 알려져 있었다.

그의 활동무대는 베네치아 음악원이었는데, 원래는 불우소녀들의 고아원이었다. 1704년 이후 비발디는 이 고아원 부속학교에서 가르치다가 원장이 되었다. 그는 거기서 가르치고, 오케스트라를 지휘하고 작곡도 하면서 보냈다. 그때 그는 3막 오페라를 사보가가 베끼는 시간보다 더 빨리 작곡을 했다고 한다. 이 학교 근무 중 작품1의 트리오 소나타(1705), 작품2의 바이올린 소나타집(1709) 등을 베네치아에서 출판하기 시작했다. 그 후 궁정악장, 피에타음악원장 등을 역임했으나 1738년 이후 이름이 잊혀지고 1741년 빈곤 속에 사망했다.

● 비버브루크, 에이트킨(Beaverbrook, Aitkin : 1879~1964), 캐나다 태생의 영국의 신문 발행인, 정치가, 남작

런던의 한 클럽의 화장실에서 비버브루크가 당시 영국 수상이던 에드워드 히드와 조우하게 되었다. 비버브루크가 그 며칠 전 신문에 수상에 대한 모욕적인 사실을 실은 적이 있었다.

당황한 비버브루크가 "존경하는 수상님, 제가 생각하고 또 생각해 보았는데, 그런 사설을 실은 것은 제 잘못이었습니다. 지금 여기서 사과하고 싶습니다"라고 말했다.

그랬더니 히드 수상이 "좋습니다. 그런데 다음부터는 화장실에서 날 욕하고 신문에다가 사과하는 말을 실었으면 좋겠소"라고 투덜대면서 말했다.

● 비스마르크, 오토 레오폴트(Bismarck, Otto Leopold : 1815~1898), 독일 정치가, 독일제국의 첫 총리(1871~1890)

☞ 그는 타인을 잘 믿지 않을뿐더러 타인이 자기에게 의뢰하는 것을 크게 싫어했다.

젊었을 때 사냥을 좋아해서 어느 날 친구와 사냥을 나갔다가 그 친구가 실수로 수렁에 빠졌다. 그래서 그 친구가 살려달라고 울부짖었다. "여보게 어서 좀 건져주게, 자꾸 들어가니 죽겠어" 하여도 비스마르크는 한참 보고만 있었다. 끝내 비스마르크는 권총을 끄집어내서 총구를 그 친구에게 겨누면서 "자네를 건지려고 내가 손을 내밀었다가는 나까지 빠져죽을 것이니 손을 내밀 수는 없고 그냥 두면 무한히 고생하겠으니 친구로서 그 꼴을 볼 수가 없으니 기왕 죽는 친구의 고생을 덜어주는 것이 나로서는 우정이 아니겠나? 자 당장은 미안하지만 죽는 자네의 고생을 덜기 위해서 내가 이 총으로 미리 죽여주지. 저승에 가더라도 내 우정은 잊지 말게……" 하면서 방아쇠를 당기려는 순간 건져주려니 하던 기대는 무너지고 그 친구는 혼신의 힘을 다해서 몸을 솟구쳐 반 이상 수렁 밖으로 빠져나왔다. 언덕위에 서 있던 비스마르크는 손을 내밀어 친구를 구해주면서 "내 총이 겨냥한 것은 자네의 머리가 아니라 자네의 분발력 그거란 말이야 알겠는가?" 했단다.

☞ 대학생 시절 거리에서 마차를 타고 가던 아리따운 여성을 발견하고 그 마차를 쫓아갔다. 그리고 그 집을 확인하고는 바로 그 집에 들어가서 주인에게 면회를 요청했다. 그리고는 이렇게 말했다. "선생님의 따님과는 좋아지내는 사입니다. 결혼을 하게 해 주십시오." 놀란 그 아버지는 딸을 불렀다. 따님이 나오니까, 비스마르크는 얼른 달려가서 그녀를 껴안고 키스를 하고는 "바로 이런 상태입니다"라고 했다.

● 비제, 조르즈(Bizet, Georges : 1838~1875), 프랑스의 작곡가, 오페라 '카르멘' 작곡

오페라 카르멘이 처음 공연되는 날 작곡가 비제는 심하게 앓아누워 있었다. 주인공 카르멘의 역을 맡은 갈리마리는 배역대로 타롯 카드로 점을 치면서 자기의 죽음을 예견하는 장면을 실연하는데, 점괘에 나온 카드는 정말 죽음이었다고 하며, 초연이 끝나고 두 시간 후 비제가 운명했다고 한다. 더 비극적인 것은 비제는 카르멘을 실패작으로 생각하면서 죽었다는 것.

푸치니의 '투란도트'를 듣고 이 음악에는 죽음의 그림자가 엿보인다고 한 비평가가 있었는데, 비제의 '카르멘'에도 같은 이야기를 하게 된다. 저 숨 막히는 운명의 테마가 가끔 전곡의 군데군데 얼굴을 내밀고 나오기 때문이 아닐까?

1875년 3월 3일 이 '카르멘'이 초연되고 정확하게 3개월째 6월 3일 밤, 마침 '카르멘'의 제3회 공연의 막이 내려올 때 비제는 숨을 거둔다. 그의 사인은 심혈을 기울인 '카르멘'에 대한 평가가 좋지 않았다는데 있었다고 한다. 그러나 3개월간 33회 공연을 할 정도면 평판이 반드시 나쁜 편이 아니었던 것 같다.

● **비트겐슈타인, 루드비히**(Wittgenstein, Ludwig : 1889~1951), 오스트리아 태생의 영국의
철학자, 작가

비트겐슈타인은 유명한 철학자가 되었지만 젊어서는 쇼펜하우어의 『의지와 표상으로서의 세계』 단 한 권밖에 읽지 않았다고 한다. 그 마음을 사로잡은 것은 기계공학이나 수학이었다. 철학에 관심을 갖게 된 것은 오스트리아—헝가리 제국 지원병으로 종군한 후 고독한 나날을 보내면서 싹이 텄다고 한다.

그가 한 유명한 말은 "말할 수 없는 것에 대해서는 사람은 침묵해야 한다"이다.

● **비틀즈**(Beatles : 1962~1971 활동), 영국의 세계적 록음악 4인조 그룹

☞ 비틀즈는 1957년 존 레논(John Lennon, 1940~1980)이 다니던 고등학교의 이름을 따서 만든 쿼리맨(The Quarrymen)밴드가 모체가 되어 탄생했다. 1957년 결성당시 몇 개월 안 지나 폴 매카트니(Paul McCartney, 1942~)가 가입했고, 조지 해리슨(George Harrison, 1943~)도 이듬해 가입했다. 1962년 링고 스타(Ringo Starr, 1940~)가 합류해서 4인조가 되었다.

1964년 이들 영국 리버풀 출신의 청년 네 명이 미국 땅을 밟으면서 록음악은 전환기를 맞게 된다. 비틀즈는 같은 해 4월 빌보드 톱100 차트 중 1~5위까지를 석권했다.

☞ 비틀즈의 재산은 얼마나 될까? 몇 번의 골든디스크 상을 받았고, 비틀즈 앨범으로 1억 달러 수출효과를 올리자 영국왕실이 상을 내렸다. 4명의 멤버 중 조지 해리슨이 가장 팬들의 관심을 못 받았지만 'Something', 'Here Comes the sun' 등 주옥같은 곡이 해리슨 작품이다. 해리슨은 인도음악에서 영감을 많이 받았다.

비틀즈가 얼마나 부자인지는 아무도 모른다. 영국 국세청 외에는. 재산은 계속 늘어나고 있는데, 비틀즈의 노래 한 곡을 사용하는데 25만 달러(한화로 2억5천만 원 정도)나 되고, 더 타임스가 비틀즈 멤버 각자의 재산(죽은 사람의 부인과 자녀 자산 포함해서)은 폴 매카트니 약 5억1,500만 파운드(9,270억 원), 존 레논 2억 파운드(3,600억 원), 조지 해리슨 1억800만 파운드(3,240억 원), 링고 스타 1억6,000만 파운드(2,880억 원)라고 보도한 바 있다.

● 빅토리아 여왕(Queen Victoria : 1819~1901), 영국의 여왕, 재위 1837~1901

☞ 대영제국의 초석을 놓은 19세기 후반은 빅토리아 여왕의 치세였는데, 이 여왕의 삶은 앨버트 공작과의 결혼으로 새롭게 다져지고 큰 영향을 받았는데 1861년 여왕이 42세 때 사망했다.

이 여왕에게 에드워드 7세 외에 숨겨놓은 아들이 있었다는 것이다. 이 설에 의하면, 영국 스코틀랜드의 박물관 관장이 1979년에 10년에 걸쳐 조사한 결과를 발표했는데, 이 아이의 부친은 여왕보다 6세 연하의 수렵 동반자였다고 한다. 이 두 사람은 앨버트 공의 사후에 맺어졌다고 하니 여왕이 바람을 피운 것이다. 그런데 이 경호원이 왕실의 고문에까지 승진했단다. 이에 대해서 영국 왕실은 노코멘트였다고 한다.

☞ 빅토리아 여왕이 그의 남편인 알버트 공과 사소한 일로 말다툼을 하였다. 알버트는 흥분을 이기지 못하고 자기 거실로 자리를 떴다. 평소 열등감에 사로잡혀 있는 남편을 측은하게 생각한 여왕은 사과를 할 생각으로 잠시 후에 남편의 거실 문을 두드렸다.

"누구요?"

"영국의 여왕입니다."

이렇게 대답했으나 문은 열리지 않았다,

"문을 여세요!"

"누구죠?"

역시 똑같은 말로 알버트가 물었다.

"영국의 여왕입니다."

빅토리아 여왕도 남편에 지지 않고 맞섰으나, 역시 문은 열리지 않았다.

"열어주세요…… 나예요."

안타깝다는 듯이 이렇게 말해 보았으나, 남편의 대답은 역시 "누구죠?"를 되풀이하고 있었다.

"당신의 아내예요."

그때야 비로소 문이 소리도 없이 스스로 열리는 것이었다.

● **빌헬름 카이저 Ⅱ세**(Wilhelm Kaiser Ⅱ : 1859~1941), 독일의 황제

그는 빌헬름 1세 황제와 빅토리아 여왕의 손자로서 1888년에 왕위를 계승했다. 그는 독일의 황제요 프루시아의 왕이었다.

그는 매우 충동적이고 군사행동에 열정을 가지고 있어서 1890년에 비스마르크 수상을 해임하고 독일+오스트리아 · 헝가리+이탈리아의 3자 동맹을 체결했다. 그리고는 결국 1차 대전을 유발케 한 국수주의적인 제국주의로 이끄는 도화선이 되었다. 1918년 그는 11월 혁명이 일어나자 실각하고 네덜란드로 망명했다.

● **빌헬미나, 헬레나**(Wilhelmina Helena : 1880~1962), 네덜란드 여왕(1890~1948)

세계 1차 대전 중 빌헬름 2세와 만났을 때, 빌헬미나 여왕은 독일 황제의 과장된 자랑 때문에 위협받지는 않았다. 빌헬름 2세가 "우리 근위병이 7피트나 되는 키를 가지고 있소이다"라고 주장했다. 이에 대응해서 "그렇다면 우리가 둑의 갑문을 열면 물은 10피트 높이까지 흘러가게 돼요"라고 여왕이 대답했다.

(네덜란드 갑문을 다 열면 독일도 물에 잠길 걸!)

● **빙, 루돌프**(Bing, Sir Rudolf : 1902~1997), 오스트리아 태생의 오페라 행정가, 뉴욕 메트로폴리탄

오페라 총감독

빙이 1958년 메트로폴리탄 오페라가 마리아 칼라스와 공연계약을 했던 것을 취소한 일이 있었는데, 이때 칼라스 대신 레오니 라이세니크(Leonie Rysanek)로 하여금 베르디의 오페라 '레이디 맥베스'를 노래하도록 계약했다. 그러나 빙은 청중이 칼라스가 안 보이는 대신 라이세니크가 등장한데 대해서 분노할 것이 두려웠다. 그리고 라이세니크를 증오할지도 모를 일이었다. 그래서 그는 라이세니크가 처음 등장할 때 "브라바 칼라스" 하고 외치는 박수꾼을 한 사람 고용했다. 빙이 추측했듯이 메트로폴리탄 오페라의 청중은 이 대역에 매료되어 공연은 대성공을 거두었다.

● **사라사테, 파블로**(Sarasate, Pablo : 1844~1908), 스페인의 바이올리니스트

사라사테를 만찬에 초대하면서, 그를 초대한 부유한 여사님은 식사 후에 자기 손님들을 위해서 무료 바이올린 연주를 해 주었으면 하고 바라고 있었다. 만찬 진행 중에 이 이야기를 끄집어냈다. 사라사테에게 혹시 바이올린은 가져오셨습니까? "하고 물었다. "마담 아닙니다(mais non, madame). 저의 바이올린은 정찬을 들지 않습니다(mon violin ne dine pas)."라고 대답했다.

(처음부터 연주 초청을 한 것이 아니지 않는가요?)

● **사르트르, 장-폴**(Sartre, Jean-Paul : 1905~1980), 프랑스의 철학자, 작가

1938년 소설 『구토(嘔吐)』를 발표해서 일약 한 시대의 총아가 된 사르트르는 그 참신한 '실존주의(實存主義)'사상과 반체제적인 입장에서 적극적으로 정치에 관여한 언동이 세계의 젊은이들의 마음을 사로잡았다.

사상계에서 이런 젊은 나이(33세)에 빅 스타가 된 것은 사르트르가 처음이다. 1948년 파리에서 재즈공연을 한 재즈계의 제왕이라 할 마일스 데이비스(미국의 트럼펫 연주자, 1940년대의 쿨 재즈의 선구자)는 사르트르를 만난 것을 그렇게 기뻐했고, 1980년 사르트르가 74세의 나이로 생애를 마감했을 때에는 5만 명이라는 조문객이 모여들었다. '20세기 최대의 지식인'의 이름에 어울리는 에피소드이다.

● **사티, 에릭**(Satie, Erik : 1866~1925), 프랑스 작곡가

사티는 드뷔시의 곡 '바다(La Mer)'의 초연에 참석하게 되었다. 이 곡의 첫 파트는 '바다 위에서의 새벽에서 정오까지'라고 타이틀이 붙어 있다. 작곡가(드뷔시)가 사티에게 이 작품에 대한 의견을 물었다. 사티가 대답하기를 "나는 11시 45분경에 조금 좋아하게 됐어"라고 대답했다.

(공연이 끝날 무렵, 음악의 일부만 좋아했다는 말은, 이 연주는 빨리 끝났으면 했다는 말이다.)

때로는 작품의 제목을 괴상하게 짓기도 했고 '이상한 미녀', '바싹 마른 태아', '관료적인 소나티네', '멍청한 개를 위한 진짜 전주곡' 같은 작품들이다. 하지만 이 노래들은 제목과 다르게 아주 순수하고 맑은 느낌을 담고 있다. 사티는 다른 작곡가들이 쉽고 단순한 제목과는 반대로 어렵고 긴 작품을 만들어 청중들을 괴롭힌다고 생각했다. 사티는 반대로 맑고 순수한 음악에 괴팍한 제목을 달아 다른 작곡가들의 행태를 풍자한 것이다.

사티는 "나는 너무 낡은 시대에 너무 젊게 이 세상에 왔다"는 말을 남겼는데, 결코 허언이 아니었다. 사티가 세상을 떠날 때쯤 기본의 형식을 깨트리는 그의 독창적인 사상과 음악을 따르는 사람들이 생기기 시작했고, 지금은 프랑스 음악의 자유로움과 파격의 상징이 되었다. 1888년 사티가 발표한 피아노곡 '세 개의 짐노

페디'는 지금도 많은 사람이 즐겨 들을 정도로 세련되었다는 평을 받고 있다.

(배준용 조선일보 기자)

● **샤넬, 코코**(Chanel, Coco : 1883~1971), 프랑스 패션 디자이너

많은 남자들이 그녀와 거의 필사적으로 사랑에 빠졌지만 샤넬은 결혼은 안 했다. 웨스트민스터 공작(영국)이 결혼하자고 청혼을 넣었는데, 샤넬은 "웨스트민스터에는 여러 명의 공작부인이 있지만 샤넬은 오직 한 명입니다"라고 대답했다.

(왕궁에 들어가서 여러 여성 중의 한 명이 되고 싶지 않다는 말)

● **산타야나, 조지**(Santayana, George : 1863~1952), 스페인 태생 철학자, 하버드대 교수, 시인

산타야나가 꽤 큰 유산을 물려받게 되었을 때, 그는 하버드대학 교수직을 포기할 수도 있었다. 강의실에는 그의 마지막 강의를 듣기 위해서 좌석이 꽉 차게 학생들이 앉아 있었다. 산타야나는 그 자신 면목이 크게 섰다.

그가 강의의 결론을 맺으려고 하는데, 창 밖에 흙이 묻은 솜 눈 속에서 개나리가 막 피려고 하는 광경을 목격한다. 그는 갑자기 이야기를 중단하고 그의 모자와 장갑과 지팡이를 집어 들고 도어 쪽으로 향해갔다. 그러더니 뒤돌아보면서 "여러분, 나는 내 문장을 완성할 수가 없어요. 나는 막 4월(April)과 만날 약속이 있다는 것을 알게 되었어요"라며 부드럽게 말했다.

(철학자, 시인답다…)

● **샬리아핀, 이바노비치**(Chaliapin, Ivanovich : 1873~1938), 러시아의 베이스 성악가

한번은 샬리아핀이 연주관계 여행을 떠났는데 하룻밤을 그 지방의 젊은 여성과 잠자리를 같이 하게 되었다. 헤어질 때 그는 그 여자에게 그날 저녁 자기가 공연하게 되는 오페라 입장권을 두 장 주었다. 그랬더니 그 젊은 여성 왈 "저는 가난하고 배가 고파요, 선생님. 그래서 그 오페라 입장권으로는 빵을 살 수 없잖아

요" 하고 현금을 요구했다. 그랬더니 샬리아핀이 "당신이 원하는 바가 빵이었다면 왜 어젯밤에 빵집 사장과 자지 그랬어요?"라고 응수했단다.

● 상드, 조르즈(Sand, George : 1804~1876), 프랑스의 소설가, 쇼팽과 뮈세의 연인으로 유명

상드는 당시(19세기 초)의 극작가요, 시인으로 유명한 뮈세와 연애를 한 일이 있었는데, 그는 그 사실을 소설화해서 『그 여자와 그 남자』라는 제목으로 세상에 내놓았더니 뮈세의 아우 되는 폴이 상드가 자기변호를 하기 위해서 실지와 다른 변형작품을 낸 것이라고 노발대발하고 자기 형을 변호하는 소설을 써가지고 이번에는 『그 남자와 그 여자』라는 제목으로 세상에 내 놓아서 대거리를 하였다.

18세기 프랑스의 유명여류작가 상드는 당대 유명작가 발작의 작품 제작능력이 탁월하고 초인적인 점에 반해서 그에 대한 찬사를 쓰려고 하고 있었다. 그러나 마치 그 찬사 쓰기가 끝나기 전에 주인공 발작이 그만 죽어 버렸다. 그래서 찬사를 쓰던 펜으로 '추도문'을 쓰게 되었다.

그래서 그 추도문을 발표하기 전에 발작의 미망인 한스카 여사에게 미리 한번 봐 달라고 했더니 '추도문'을 다 읽어본 한스카 부인은 글 속에 '발작은 예술가는 아니었다'라는 문구는 좀 맞지 않으니 그것을 고치던지 삭제해 주었으면 좋겠다는 의견을 냈다. 정서를 다 해놓은 것에 다시 쓰기도 안 좋고, 일단 부인의 말을 들었으니 안 고칠 수도 없어서 한참 생각하던 상드는 글자 한자를 슬쩍 삽입해 넣었다. 그랬더니 문장이 완벽해졌다. 그 문구는 '타고난'이란 말이었다. 그러고 보니 "발작은 타고난 예술가는 아니었지만…"이 되었다.

● 샤를마뉴 대제(Charlemagne the Great : 742~814), 프랑크 왕국의 국왕

샤를마뉴는 어려서부터 종교적 환경에서 자랐다. 기독교에 대해 경건하고 정성스러웠으나 훌륭한 문화적 교육을 받지는 못했다. 그의 아버지 피핀이 751년에 카롤링거왕조를 창립했을 때 그는 겨우 아홉 살이었다. 768년에 그의 아버지는 부종으로 파리에서 죽고 샤를마뉴와 카를로만 두 아들만을 남겼다.

프랑크인들은 민중대회를 열어 이 두 아들을 국왕으로 삼고 국토를 양분하기로 결정했다. 그러나 카를로만은 국왕의 권리를 버리고 수도원으로 들어가 수도사가 되었고 3년 뒤 세상을 떠났다. 결국 771년 29세에 모든 프랑크인들의 동의를 얻어 샤를마뉴가 국왕으로 추대되었다.

814년에 샤를마뉴가 병으로 세상을 떠나자 843년 그의 세 손자가 각기 왕이 되어 제국을 셋으로 나누었다. 동프랑크는 나중에 독일이 되었고, 서프랑크는 프랑스가 되었고, 동과 서 사이의 중간지역은 이탈리아가 되었다.

● **샌드버그, 칼**(Sandburg, Carl : 1878~1963), 미국의 시인, 소설가, 전기 작가

한 젊은 연극인이 그가 새로 준비한 심각한 연극에 관한 의견을 듣기 위해서 칼 샌드버그를 총 연습장에 초대해서 관람하도록 부탁했다. 샌드버그는 그 연극 공연 중 내내 잠자고 있었다. 그 연극인이 이 연극에 대해서 자기가 무엇을 얼마나 선생의 의견을 바라고 있는지를 알고 계실 줄 안다면서 불평을 하니까 샌드버그는 "잠자는 것도 한 의견이야"라고 대답했다.

(이 말은 잠을 잘 만큼 연극이 재미없다는 말이라는 것을 암시하는 것)

● **생키, 아이라**(Sankey, Ira : 1840~1908), 미국의 복음성가 가수

생키는 미국의 복음 전도사 무디(1837~1899)와 함께 미국과 영국을 순회하면서 기독교 복음을 전한 복음성가 가수이다.

생키는 세금 징수원이었는데, 무디 선생이 우연히 그의 바리톤 음성인 생키의 노래를 들을 기회가 생겨 곧 하나님께 세금 징수원인 생키로 하여금 같이 다니며 복음성가를 부르게 될 수 있도록 해 달라고 기도를 한 결과 얼마 후 그가 무디와 동행하기로 결심했고, 일생을 그와 함께 복음전파에 헌신했다.

1874년 5월 21일 스코틀랜드의 에든버러에서 있었던 자유교회 집회에서 '선한목자'라는 제목으로 무디 선생의 메시지가 청중들에게 전해지고 있었다. 이때 무디가 이 제목에 합당한 독창을 해보라고 권하자 그는 오르간에 앉아 기도하고

비아시아편人

즉흥적으로 만든 노래가 '아흔아홉 마리 양'이다.

> 양 아흔아홉 마리는/ 우리에 있으나
> 한 마리는 먼 산에서/ 길 잃고 다니네
> 그 산은 높고 험하며/ 목자는 멀리 있다
> 목자는 멀리 있다

이 노래는 그 후 수많은 회개자를 만들어 냈고 그가 작곡한 찬송가는 지금도 개신교에서 널리 불려지고 있다.

● 셔먼, 윌리엄(Sherman, William : 1820~1891), 미국의 장군

멕시코전쟁(1846~1848, 미국과 멕시코간의 분쟁)이 끝난 후 자카리 테일러 대통령이 셔먼을 새로 획득한 땅 뉴멕시코, 아리조나, 캘리포니아를 조사하도록 파견하였다. 그가 조사를 끝낸 후 워싱턴에 돌아오자 테일러 대통령이 셔먼에게 "자 장군, 우리가 얻은 새 영토가 그 싸움에서 흘린 피와 사용한 재화를 보상할 만합디까?" 라고 물었다. 그가 얼마 전에 살폈던 불모의 땅을 회상하면서 셔먼이 "각하와 장군인 저 사이에서 전쟁을 다시 치르게 될지 모르겠습니다"라고 대답했다.

테일러가 질겁하며 "무엇 때문에?"라고 물었다. "제기랄 그 땅을 되돌려주기 위해서입니다"라고 말했다.

(셔먼은 그 땅을 전혀 쓸모가 없는 땅으로 본 것이다. 왜냐하면 사막과 산이 많이 차지하고 있기 때문이었다.)

● 세고비아, 안드레스(Segovia, Andrés : 1893~1987), 스페인의 기타 거장

베를린에서의 공연 중 세고비아의 기타에서 딱하고 깨지는 소리가 크게 들렸다. 세고비아는 얼른 무대에서 내려왔다. 그는 악기를 흔들어대면서 "내 기타, 내 기타" 하고 계속 소리쳤다. 그 기타를 만든 악기장이 마드리드에서 세고비아의 기타가 연주 중간에 터지는 순간 숨을 거두었다는 사실을 곧 알게 되었다.

● 세르, 장 피에르(Serre, Jean-Pierre : 1926~), 프랑스 수학자, 필즈상 수상자

현대 수학을 대수적, 공리적으로 재구축했다는 평을 듣고 있는 세르 교수는 1954년 일약 27세의 나이에 필즈상을 수상한 이후, 2000년에 최고 권위의 울프상을, 그리고 2003년에는 노르웨이 국왕이 100만 달러의 상금과 함께 수여하는 아벨상을 받았다. 이 3개의 상을 석권한 '그랜드 슬램' 수학자는 세르 교수와 미국 플로리다 대 존 톰슨 교수 등 지금까지 전 세계에 4명뿐이다.

'20세기 최고의 수학자'로 불리는 세르는 콜레주드프랑스 명예교수이다. 그가 한국의 포항의 포스텍에서 포항 포스텍 학생 및 교수를 위해 강의를 하기 위해 내한하였다. 프랑스는 '수학계의 노벨상'이라 불리는 필즈상(Fields Medal) 수상자를 11명이나 배출한 수학 강국이다.

"수학은 언어입니다. 내게 큰 영향을 줬던 고등학교 때 철학 선생님이 수로 세계를 설명할 수 있다고 하셨지요. 그땐 '너무 강한 표현이 아닐까' 하고 생각했었는데, 연구를 거듭할수록 점점 더 그게 사실인 것 같습니다. 수학자는 다른 과학자나 일반인들에게 완벽한 진실을 줄 수 있는 유일한 사람입니다. 다른 과학은 대충의 진실을 묘사할 뿐이지, 진짜 진실을 주지는 않아요. 수학은 진리, 진실('Truth'라는 표현을 썼다)을 추구하는 게임입니다. 게임은 ○ 아니면 ×잖아요? 맞거나 틀리거나, 둘 중 하나죠. 수학이란 게임에는 '오직 진실만을 말하라(What you do should be true)'는 단 하나의 법칙만 있습니다. 완벽하고 영원한 진실 말입니다."

● 셰리단, 리처드(Sheridan, Richard : 1751~1816), 영국-아일랜드의 극작가, 정치가

1809년 2월 24일 밤, 영국 하원이 갑자기 훤하게 화염불빛으로 밝아졌다. 드러리 래인 극장에 화재가 난 것이다. 당시 셰리단이 그 극장의 지배인이었다. 하원은 회의를 휴회하기로 동의했다. 그러나 그 회의에 참석해 있던 셰리단은 조용히 "사사로운 재난의 범위가 얼마든 이 나라의 공적 사업이 방해받지 않기를 희망합니다"라고 말했다.

그는 그리고 하원을 떠났고 드러리 래인으로 걸어갔다. 거기서 극장이 불타는 광경을 놀라울 정도로 침착하게 바라보았다. 그가 가까운 피자 커피점에 앉아 있는 동안 한 친구가 다가와서 그의 불운을 견뎌내고 있는 그 철학적 정온(靜穩)에 대해서 이야기를 하니까, "사람이란 겨우 자기 집 난로 가에서 와인 한 잔 정도 들도록 허락되어 있는지도 모르지"라고 대답했다.

(처변불경(處變不驚)이라, 상황이 변해도 놀라지 않는다?)

● 세실, 윌리엄(Cecil, William : 1863~1936), 엑스터 교구의 주교

세실 주교가 국교준봉식(國敎遵奉式) 참석을 위해 기차를 타고 여행을 해야 했다. 이 정신 나간 주교는 기차표를 개찰구에 잘못 꽂아서 기차표가 들어가더니 나오지를 않는 것이 아닌가? 개찰원이 다가오더니 "주교님 괜찮습니다. 우리는 주교님이 누구인지 아니까 그냥 들어가시지요(홈으로)"라고 말했다. "아 잘 되었군요. 그런데 나는 그 기차표가 없으면 어디를 가야 하는지를 모르거든" 했다.

● 셰익스피어, 윌리엄(Shakespeare, William : 1564~1616), 영국의 시인, 극작가, 극장지배인

셰익스피어가 어느 날 자기의 작품 '리차드 3세'의 공연을 막 뒤에 가서 직접 본 일이 있었다. 우연히 어떤 배우가 아름답고 귀엽게 생긴 여인과 이야기 하고 있는 것을 엿들었다.

셰익스피어가 옆에 온 줄도 모르고 그들은 소곤소곤 이야기하고 있었다.

"알았어요. 열 시에 도어를 세 번 노크하고, 내가 '누구인지요?' 하거든 '리처드 3세'라고 대답하세요"라고 여인이 속삭이는 것이다.

그날 밤, 셰익스피어는 10시 15분 전에 그 방문 앞에 왔다. 그들이 한 약속 신호로 곧 방 안에 들어갈 수 있었다. 물론, 곧 탄로가 났지만 셰익스피어 특유의 설득력으로 그 여자를 함락시킬 수 있었다.

약속된 10시가 되어 진짜 애인이 나타나 나직이 노크를 하였다.

"누구지요?"

"리차드 3세!"

"리차드, 늦으셨군요. 정복왕 윌리암이 이미 요새를 점령하고 말았어요."

이 이야기는 후세 사람들이 장난으로 만든 일화인지도 모른다.

● 세잔느, 폴(Cézanne, Paul : 1839~1906), 프랑스의 화가

☞ 세잔느는 사과 그림을 많이 그렸다. 세잔느는 『선술집』, 『나나』 등을 쓴 에밀 졸라와 같은 중학교를 다닌 동창이다. 집이 가난했던 졸라는 모든 친구로부터 따돌림을 당하기도 했다.

세잔느가 하루는 그 졸라와 친밀하게 대화하고 있는 장면을 반 친구들이 목격하고, 세잔느에게 몰매를 안겼다. 졸라는 세잔느를 동정해서 다음날 바구니 가득 사과를 세잔느에게 선물했다. 세잔느는 사과를 그릴 때마다 졸라를 생각했다고 한다.

세잔느의 청년시절의 어느 날, 부근의 농가에 화재가 일어났다. 그는 그 불꽃의 아름다움을 한참 내다보고 있었다. 조금 후 소방수가 나타났다. 세잔느는 "잠깐만 기다려"라고 외쳤다. 소방수들은 무관하게 화재현장으로 다가가려고 했다. 그랬더니 세잔느는 안주머니에서 피스톨을 끄집어내서 "맨 처음에 불을 끄려고 하는 사람에게 한발, 맛을 보여주겠소"라고 총구를 겨냥했다.

소방수들은 아무도 움직이려 하지 않았고, 농가는 잠시 후 전소되고 말았다. 세잔느는 화재 화염의 아름다움을 12분 연구할 수 있었다.

세잔느는 이상할 정도로 결벽증에 걸려 있었다. 스케치하고 돌아가는 길에 누구와도 마주쳐서 서로 몸이 닿게 되면 양복을 수십 번씩 털어냈다. 특히 여성과 스치게 되면 더 심했다. 그는 대단한 공처가이기도 했다.

☞ 1902년 미르보가 친구인 세잔느에게 훈장을 타게 해 주려고 정부의 미술국장이었던 루종에게 교섭하러 찾아갔다. 루종은 자기가 뭔가 많이 안다는 것을 보

여주기 위해서 조속히 훈장신청에 착수했는데, 대상자가 세잔느라는 것을 알고는 갑자기 굳어졌다.

"모네는 어때? 모네 같으면 줘도 좋지. 뭐? 모네는 필요 없다고 그런다고? 그렇다면 시슬레에게 주지. 시슬레가 죽었다고? 그렇다면 피사로는 어때? 피사로도 죽었다고? 그럼 누구라도 할 수 없지, 세잔느만 아니면…"

결국 세잔느는 훈장을 받지 못했으나, 그로부터 반세기 지나 세잔느의 그림은 한 점에 50억 원으로 거래되었다. 세잔느야말로 선구자의 비극과 영광을 한 몸에 짊어진 예술가라고 할 수 있다.

● **셰퍼, 피터**(Shaffer, Peter : 1926~2016), 영국의 극작가

1926년 영국의 리버풀의 유대계 가정에서 태어난 그는 2차 대전 때는 징집 대신 탄광에서 일했고, 케임브리지 대학에서 역사를 공부했다. 출판사 직원, 도서관 사서 보조, 비평가 등으로 일했다. 셰퍼는 아일랜드 코크의 한 병원에서 세상을 떠났다. 셰퍼는 90세 생일 축하를 위해 가족 · 친지와 함께 여행을 떠났다가 갑자기 쓰러져 현지 병원에 입원했다가 회복되지 못했다.

그의 대표작 '에쿠우스'는 1973년에 초연되었으며 미국 브로드웨이에서 열광적인 반응을 얻었다. 한국에서도 500만 명을 모았다. 적지 않게 인기를 얻었다. 1975년부터 2016년 초까지 2000회 공연을 했다. 편자도 강태기 주연, 김동훈 연출의 극을 관람했다.

그의 '에쿠우스'의 한 대목을 보자. 마지막 장면에 "의사는 정열을 파괴할 수는 있지만, 창조할 수는 없습니다. …… 내게 어둠 속을 볼 수 있는 방법이 필요합니다"가 나온다. 소년 알런의 병을 치료한 정신과 의사 다이사트는 자기가 하는 일이 환자의 정열에 찬물을 끼얹은 것이 아닌지 회의에 빠진다. 물질문명의 발달 속에서 오히려 자아로부터 멀어진 현대인의 얼굴과 겹쳐진다.

(조선일보 유석제 기자의 칼럼에서)

● 셸리, 퍼시(Shelly, Percy : 1792~1822), 영국의 서정시인

한편 셸리는 옥스퍼드 대학에서 정학을 당하고, 소호의 포랜드가 15번지에서 하숙을 하게 되었다. 셸리는 크리스마스가 지난 후 옥스퍼드 종합대학, 단과대학의 제2학기에 출석하기 위해서 옥스퍼드로 돌아와 제레미아 스터클리라는 가명으로 『무신론의 필요성』을 썼다. 18세 때 일이다. 신의 존재를 논박한 기하학적으로 정리한 팸플릿이다. 이 책의 사본을 대학총장, 각 칼리지 학장, 주교들 전원에 '제레미아 스터클리 드림'이라고 써서 보냈다. 그러나 그는 즉각 처벌을 받고 다음날 아침까지 기숙사 방에서 나가라는 명령을 받았다.

셸리는 16세의 커피점 사장의 딸과 1811년 8월 28일 결혼한다. 그리고 1813년 딸이 태어나고 1814년에 별거에 들어갔는데 아내가 아들을 낳았는데, 그 아이가 자기의 아이인지 의심한다. 1816년 12월 10일, 누구의 아이인지 알 수 없는 임신을 한 첫 부인은 하이드 공원 안의 서펜타인 연못에서 익사체로 발견된다.

첫 부인이 죽고 2주일 후 셸리는 19세의 메리라는 여성과 재혼을 한다. 메리는 유명한 『프랑켄슈타인』의 저자이며, 이미 한 살 된 셸리의 사내아이를 두고 있었다.

그는 채식주의자에 울화병 환자이고, 상피병에 걸려 있었다. 그는 가슴이 아프다면서 아편용액을 복용했고 각혈을 했으며 그것 때문에 곧 죽을 거라고 그의 아내가 말했다.

1922년 그는 이탈리아에 정착해서 살고 있었는데, 지중해로 요트항해 중 익사하고 말았다. 일행의 시체와 함께 해안으로 밀려 나왔는데 셸리의 시체는 이미 해양생물의 먹이가 되어 이미 절반이 없어진 상태였다고 한다. 그의 나이 30세 때 일이다.

● 쏘로우, 헨리(Thoreau, Henry : 1817~1862), 미국의 작가, 초월주의 철학자

쏘로우의 책 『콘코드와 매리맥강에서의 일주일』이 팔리지 않았다. 드디어 그의 출판사 사장이 창고 공간이 필요해서 쏘로우에게 편지로 남아 있는 책을 어떻게 처리하는 것이 좋은지를 물었다. 쏘로우가 그 책들을 모두 자기에게 보내라고 답을 했다. 1,000부를 인쇄하고 706부가 남았단다. 그 책들이 집에 도착했고 안전하게 챙겨졌다. 쏘로우는 일지에 이렇게 썼다. "나는 거의 900권의 장서를 가진 도서관을 갖게 되었다. 그 중 700권 이상이 내 자신이 쓴 저서로 채워져 있다"고.

● 소부자 II세(Sobhuza II : 1899~1982), 스와질란드의 왕(1921~1982)

소부자왕이 자기 각료들과 보좌관들을 불러모아놓고 다른 아프리카 나라들에 대한 최근의 업무에 대한 토론을 벌였다. 그러다가 갑자기 별로 분명치도 않는 이유로, 그의 비서들에게 보건부장관인 의사 샤뮤엘 힌드 박사 이외는 다 나가라고 지시했다. 의사를 향해서 소부자는 "나는 간다(I am going)"라고 말했다. 힌드 박사가 조금 놀라서 왜 그러시냐고 이유를 묻자, "각하 어디로 가시는 겁니까?(Where are you going?)"라고 묻자, 대답으로 왕은 미소 띠우면서 손을 들어 "안녕히"라는 신호를 보내면서 그리고 세상을 떠났다. 향년 83세이고, 61년간 왕위에 있었다.

● 소크라테스(Socrates : BC 469~399), 희랍의 철학자, 플라톤의 스승

소크라테스는 어느 때 제자의 결혼 상담을 받고 대답했다. "결혼은 하는 편이 나아. 좋은 아내를 만나면 행복할 터이고, 악처를 만나도 나처럼 철학자가 될 수 있으니까……" 같은 상담을 받은 다른 제자한테는 "결혼은 해도 안 해도 결국 후회하게 돼"라고 말했다고 한다.

● 손다이크, 데임(귀부인이란 뜻) 시빌(Thorndike, Dame Sybil : 1882~1976), 영국의 여배우

시빌 손다이크는 두위스 캐손 경과 결혼하였다. 그 역시 뛰어난 배우였다. 그리고 그들은 가끔 여행을 다녔다. 연극 연습을 해가면서. 캐손 경이 죽자 그녀는 그들의 길고 행복했던 결혼생활에 대해서 질문을 받곤 했다. "당신은 이혼을 생

각한 적이 있습니까?"가 그런 질문 중 하나였다. "이혼? 결코 없었지. 그러나 가
끔 남편을 죽이고 싶을 때는 있었어"라고 대답했다.

● 쇼, 버나드(Show, Bernard : 1855~1950), 아일랜드의 극작가

☞ 쇼오가 잘 아는 소녀가 결혼하는 날, 그는 가죽으로 장정한 희곡 한 권을 선
사했다. 그것을 받은 소녀는 돈 많은 쇼오가 자기의 결혼에 책 한 권만을 보냈다
고 실망을 했다.

그 후, 그녀는 그 선물을 가지고 신혼여행을 떠났다. 그러던 어느 개인 날, 갑
갑해서 그 책을 읽기 시작했다. 그랬더니 마지막 페이지에 상당한 액수의 수표가
끼워져 있는 것을 발견했다. 그리고 다음과 같은 글이 적혀 있었다.

"그대의 처음 결혼을 위하여, 쇼오."

☞ 쇼의 작품 '피그마리온'은 'My Fair Lady'라고 제목을 바꿔서 영화로 찍어서
대 성공을 거두었다. 그래서 쇼에게 29,000파운드의 수입이 생겼다. 그러나 당
시는 제2차 대전 중이어서 영국에서는 고액 소득자에게는 100% 이상의 소득세
가 붙었다. 쇼는 50,000파운드의 세금을 내게 생겼다. 할리우드로부터 "다른 작
품도 영화화 하면…" 하고 제의가 들어왔다. 그는 여기에 대해서 "말도 안 돼, 어
림도 없는 소리! 나를 파멸시킬 작정이요?"라고 대답했다고 한다.

☞ 무용가인 이사도라 던컨이 쇼에게 열렬한 편지를 보냈다. "저의 육체와 당
신의 두뇌를 가진 아이가 태어난다면, 얼마나 놀라운 일이겠습니까?" 그러나 쇼
의 답장은 냉담했다. "불행이도 나의 육체와 당신의 두뇌를 가진 아이가 태어날
지도 모를 일이잖아요?"라고 답장을 보냈다고 한다.

● 쇼팽, 프랑스와(Chopin, Franéois : 1810~1849), 프랑스의 작곡가, 피아니스트

쇼팽이 한번은 별로 친하지도 않은 어떤 집에 억지로 끌려가 저녁 대접을 받았

다. 음식도 변변치 않게 장만하고 쇼팽을 초청한 그 집 여주인은 식사가 끝나자 음악을 한 곡 연주해 달라고 하였다.

쇼팽은 그들의 무례한 태도에 분개하여 은근히 골려줄 생각으로 피아노에 앉아서 전주곡을 치기 시작하였는데, 맨 끝의 한 절만 치고 말았다.

"아이고, 어쩌면 그렇게 짧은 곡일까요?"

하고 여주인이 물었다.

"예, 미안합니다. 그만큼밖에 대접을 받지 못했기 때문입니다."

● **쇼펜하우어, 아르투르**(Schopenhauer, Arthur : 1788~1860), 독일의 철학자, '비관주의
(pessimism) 철학'으로 유명하다.

☞ 쇼펜하우어는 염세철학자로 알려져 있다. 이 세상의 삶이란 모두가 고뇌다라는 것이다. 인생이란 한순간을 위해 긴 한평생을 걸고 괴로움을 참는 과정이란 것이다.

쇼펜하우어 이웃에 늙은 독신 여성이 살고 있었다. 이 사람은 늘 친구들을 불러 모아 지껄여 댄다. 일 년 내내 시끄럽게 하니까 일하는 것이나 연구에 지장이 컸다. 참다 참다 드디어 하루는 그 늙은 독신자 할머니를 집밖으로 끄집어내고, 소지품도 밖으로 내동댕이쳤다. 철학자라기보다는 깡패와 같은 행동을 보였다. 그 할머니가 고소를 해서 재판을 받았는데 소송에 졌다. 할머니를 집 밖으로 끄집어 낼 때 무리하게 다루어서 한 쪽 팔에 마비가 왔다. 그 배상금을 그녀가 죽을 때까지 물어주었다. 그 할머니는 그 후 20년간 더 살다 죽었다. 할머니가 죽었다는 소식을 듣자, "할망구가 드디어 죽었어. 나는 이제 무거운 짐을 벗었다"고 라틴어로 써서 남겼다고 한다.

☞ 그는 곁에서 열심히 자신을 위해 맡은 바 소임을 다하던 하녀를 사소한 잘못이 있다고 계단 아래로 차 던져 병신을 만들기도 하고, 자살(自殺)을 권하는 책을 많이 발간하여 많은 청소년들을 하늘나라로 보내게 하고는, 자기는 그 책을

팔아 얻은 인세 수입을 가지고 편안히 살면서, 자살은커녕 72세의 천수(天壽)를 누렸다.

● **숄로호프, 미하일**(Sholokhov, Michail : 1905~1984), 러시아의 소설가, 1965년 노벨문학상 수상

『고요한 돈강』은 숄로호프의 명작 중의 대표작이다. 그런데 이것이 도작(盜作 : 남의 것을 훔친 작품)이 아니냐는 논란이 있었다. 이 소설의 1부가 발표된 것은 1928년, 그의 나이 23세 때이다. 당시 그의 나이로 보아도 세계 1차 대전이나 내전시대의 돈 · 카자크의 모습에 대해서 극명하게 묘사할 수 있었던 것은 불가하다는 것이다. 그 나이에 비해서는 아무래도 이상하다는 것이었다. 그런데 당시 정부당국이 이 흑색소문(?)을 봉쇄해버려서 그 이후로는 공개적으로 논의되지 않았다.

그런데 1974년 솔제니친이 『수용소 열도』를 간행한 후 그것 때문에 국외로 추방되었을 때 숄로호프의 연구자들은 여류평론가의 「『고요한 돈강』의 급류」라는 논문을 들고 나와 파리에서 출판을 했다.

이 논문으로 인해서 역시 『고용한 돈강』이 도작이란 것이 밝혀진 것이다. 더욱이, 이 논문에서는 진짜 작자는 밝히지는 않았어도 지금이야 진짜 작가는 표도르 크뤼에프라는 것이 정설이다. 당시 장교로서 작가생활을 하던 그의 유고를 숄로호프의 의붓아버지가 입수해서, 이것이 숄로호프의 손에 들어갔다는 것이다.

● **쇤베르크, 아놀트**(Schoenberg, Arnold : 1874~1951), 독일의 작곡가, 미국에 이주

2차 세계 대전 후에 예술계에 국제적 교류가 재개되었을 때 12음 음악이 비상한 모습으로 작곡계에 나타났다. 그 대표주자가 쇤베르크이다.

1933년에 쇤베르크는 미국에 이주한다. 그래서 두 아들을 두었는데 큰애는 이름을 Ronald로 지었다. 쇤베르크의 이름인 Arnold의 Anagram(같은 글자로 배열을 바꾸어 다른 말로 쓰는 경우)이었다. 둘째아이의 이름을 또 Roland로 지으려 하니 점성술사가 반대해서 안 지었다는 이야기가 있다. 그는 12음기법의 근저에 있는 변화와 통일이라는 생각을 아이들의 이름에도 적용하려 했다. 유머가 있는 사람이다.

● 수잔, 제크린(Susann, Jacqueline : 1918~1974), 미국의 여류작가, 인기대중소설가

소설 『러브 머신』과 필립 로트의 『포트노이의 불평』이 서점의 베스트셀러 리스트에서 서로 경쟁하는 사이에 있었다. 로트의 소설은 일부 자위(마스터베이션)를 다루고 있었다. 로트에 대해 논평을 해 달라는 기자의 질문에 제키(애칭)는 이렇게 대답했다. "그는 훌륭한 작가입니다. 그러나 나는 그이와 악수는 하고 싶지 않소이다."

(마스터베이션 하는 작가의 손은 더럽다는 뜻일 게다.)

● 쉴러, 요한(Schiller, Johann : 1759~1805), 독일의 극작가, 시인, 에세이스트, 괴테 다음으로 존경 받는 작가

☞ 쉴러는 괴테의 둘도 없는 친구였고, 14세에 라틴학교에서 신학을 배우다가 군사학교로 옮겨서 엄격한 교육을 받는다. 여기서 그는 후년 자유에 대한 격렬한 동경을 안게 된다. 이 군사학교 재학 중 '군도(群盜)'라는 희곡을 쓰고 23세 때인 1782년에 만하임에서 상영을 한다. 여기서 센세이셔널한 성공을 거둔다. 그의 대표작으로는 '돈 카를로', '빌헬름 텔' 등이 있다. 그의 주제는 인간의 존엄성과 정신적 자유였다. 그는 예나대학에서 역사학 교수직도 맡은 적이 있다.

이런 그가 만하임에서 '군도'가 대성공을 거두자 요새말로 대 스타가 된 것이다. 그 후 폭군으로 명성이 자자했던 영주(그 당시 유럽은 봉건제도였다)인 오이겐 공과 옥신각신할 일이 생겨서 결국 고향인 슈바벵을 떠나서 작가로서 일생을 살아갈 것을 결심하게 된다. 그는 가는 곳마다 대환영을 받았다. 왜냐하면 그의 희곡이 각지에서 열광적으로 환영을 받았기 때문이다.

그가 라이프치히에서 '오를레앙의 소녀'라는 희곡을 초연했을 때 1막이 끝나자마자 객석에서 "쉴러 만세!"라는 함성이 터져 나왔다고 하니 그가 얼마나 인기가 있었는지를 짐작하고도 남는다. 그 당시만 해도 연극이 끝나면 관객은 작가가 인사차 나올 때까지 모자를 벗고 기다렸다고 한다.

☞ 쉴러는 죽을 때까지 우정관계를 유지해왔던 괴테가 하루는 쉴러의 집을 방문했다. 그때 우연스럽게도 쉴러는 집에 없었다. 아마도 곧 돌아오겠지 하고 괴테는 쉴러의 집 서재에서 기다리고 있었다. 그런데 어디서인지 이상한 냄새가 나는 게 아닌가? 그것도 뭐가 썩은 냄새이다. 처음에는 신경을 안 쓰던 괴테도 냄새가 너무도 지독해서 기분이 나빠지기 시작했다. 그래서 그는 냄새가 도대체 어디서 나는지를 알아보려고 서재 안을 뒤지다가 책상서랍에서 나는 것 같았다. 그래서 그 서랍을 열어보았다. 그랬더니 그 속에는 썩은 사과가 가득 들어있지를 않는가? 그러자 쉴러가 돌아오기에, 이 일에 대해서 물어보았다. 그랬더니, "나는 사과가 썩는 냄새를 맡지 않으면 좋은 시의 이미지(詩想)를 떠 올릴 수가 없어"라고 대답하는 것이 아닌가?

그리고 사람을 열광시키는 대 희곡작가, 시인 쉴러도 썩은 사과가 시상의 원천이라니 어이가 없지 않는가?

● **슈니츨러, 아르투르**(Schnitzler, Arthur : 1862~1931), 오스트리아의 작가

극작가 슈니츨러는 험구(險口)로 유명하였다. 그가 유명한 극평론가라고 하니까, 극작가를 지망하는 어떤 문학도가 희곡 한 편을 써 가지고 와서 평을 해 달라고 했다. 슈니츨러는 틈나는 대로 읽어보겠으니 두고 가라고 말했다.

얼마 후, 작가가 찾아갔더니 그는 시무룩한 표정으로 말했다.

"암만 해도 종막이 약해."

청년 작가는 전부가 괜찮은데 맨 마지막이 재미가 없다는 줄로 알았다.

"그럼 맨 나중, 막을 내릴 때를 해피앤드로 할까요?" 하고 물었다.

"아니, 그런 말이 아니라, 이왕 주인공이 자살을 하면서 막을 내릴 바에는, 그 자살하는 방법이 권총이라도 써야 총소리에 여태껏 졸고 있던 관객들이 잠을 깰 것이 아니겠나? 자네가 쓴 대로 칼로 심장을 찔러 자살한다면, 소리가 나지 않으니 관객들은 잠을 깨서 돌아갈 수가 없단 말이야."

● 슈만-하인크, 에르네스티네(Schumann-Heink Ernestine : 1861~1936), 독일의 콘트라 알토 가수

　슈만-하인크는 뻔뻔스러운 탐식가(耽食家)였다. 엔리코 카루소(이탈리아 테너가수)도 또 다른 대식가에 속하는 사람이었다. 카루소가 마침 그녀가 식사를 하려고 하는 식당에 들어섰다. 그녀가 커다란 스테이크를 앞에 놓고 막 식사를 시작하려고 하고 있었다. 그녀를 보자, "스티나, 그걸 혼자서 먹으려는 것은 아니지?" "아니, 아니오, 그것만 아니오. 포테이토와 같이 먹지"라고 슈만-하인크가 대답했다.

　(이것은 멋진 현문-현답이다. 카루소는 그 큰 고기를 다른 '사람'과 같이 안 먹느냐는 식으로 약간 비꼬는 투로 물었지만, 고기만(alone)이 아니라 포테이토도 먹는다는 말로 대답했다.)

● 슈미트, 에릭(Schmidt, Eric : 1955~), 구글 회장

　슈미트 회장은 자주 한국을 방문하는데 한번은 구글코리아 한국본사에서 기자회견을 한 내용을 보자. 그동안 구글은 우리를 놀라게 했고, 우리는 구글을 놀라게 했다. 많은 것이 변했다.

　구글은 스마트폰 운영체제(OS) '안드로이드'를 선보이면서 당시 스마트폰 시장 1위였던 애플을 시장점유율에서 추월했다. 그리고 한국의 삼성전자도 구글의 안드로이드 파트너가 되면서 세계 최대 스마트폰 제조업체로 성장했다.

　에릭 슈미트 회장은 구글코리아 본사에서 기자들과 만나 "100년 전만 해도 서울은 주위에 벽을 둘러 외부와의 교류를 통제했던 도시라고 들었다. 그랬던 나라가 단 100년 만에 모든 벽을 무너뜨리고 개방적으로 변하면서 기적을 이뤘다"고 말했다. 그는 연신 한국에 대한 감탄과 칭찬을 쏟아냈다.

　기자의 질문 : "왜 한국을 극찬하는가?"

　슈미트 회장은 "역사를 살고 있는 사람은 그것이 역사라는 걸 깨닫지 못한다'는 말이 있는데 한국인이 딱 그렇다"라면서 "오늘날은 '인터넷의 시대'인데, 한국인은 미국인 우리가 절대 누릴 수 없는 환경에서 살고 있다"고 말했다.

　그는 지하철역에 홈플러스가 설치한 가상 매장을 예로 들었다. 이는 지하철역

기둥에 제품 사진을 붙여놓은 뒤 사진 속 제품의 바코드를 스마트폰으로 촬영하면 해당 제품을 집으로 배달해주는 서비스다. 슈미트 회장은 "한국이 아니라면 상상할 수도 없을 서비스"라며 "이런 식으로 한국인이 만들어낼 소프트웨어를 세계에 알릴 수 있도록 모든 도움을 주겠다"고 말했다.

● 슈미트, 카를(Schmitt, Carl : 1888~1985), 독일의 법학자, 정치학자

독실한 가톨릭 신자인 지방의 소상공인 집안 출신으로 문법학교를 거쳐 김나지움을 졸업 후 베를린대학, 뮌헨대학, 스트라스브르 대학에서 법학과 정치학을 공부하고 1933년 45세 때 베를린대학 법학교수가 되었고 그해 나치당에 입당했다.

당대 최고 법학자 카를 슈미트도 나치당에 입당했다. 그는 "독일 지폐를 위조한다고 독일 돈이 될 수 없듯이 독일어로 글을 쓴다고 유대인이 독일인이 될 수는 없다"고 했다. 슈미트는 "총통은 국가의 대리인이 아니라 국가의 최고 심판자이며 최고의 입법자"라고 주장했다. "전쟁을 통한 폭력은 제국을 지키기 위한 정당한 수단"이라고도 했다.

슈미트는 유대인 지식인의 책을 불태우는 학생들의 행사를 지지했다. 유대인 철학자인 스피노자, 프로이트, 아인슈타인의 책 등 2만 5,000권이 잿더미로 변했다. "책을 불태울 수 있는 사람은 결국 사람까지 불태울 것"이라고 했던 100년 전 유대계 시인 하이네의 책도 불탔다.

● 슈바이처, 알버트(Schweizer, Albert : 1875~1965), 독일의 의사, 신학자, 음악가, 선교사,
1952년 노벨평화상 수상

☞ 그의 '생명의 존엄성' 신조는 문자 그대로 지켜야 한다. 그것은 그의 채식주의, 그의 모든 동물에 대한 태도로 설명이 된다. 미국의 TV스타 젝 파가 한번은 아프리카 람바레네에 있는 그의 병원을 방문한 적이 있다. 개 한 마리가 나타났다. 병아리를 쫓고 있었다. 슈바이처 박사가 "안 돼, 안 돼, 우리는 노벨평화상을

받았단 말이야"라고 프랑스말로 외쳤다. (우리 병원이 평화상을 받았는데 살육은 안 돼!)

☞ 미국 중서부를 기차로 여행하던 중 슈바이처에게 두 사람의 숙녀가 접근해왔다. "아인슈타인 교수님과 이야기를 나눌 영광을 주시겠습니까?" 그들이 물었다. "그분이 나와 같은 스타일의 머리카락을 가지고 있기 때문에 귀하가 실수(슈바이처를 아인슈타인으로 착각)하고 있다는 것을 이해하지만 그건 안돼요, 불행하게도 안돼요." 슈바이처가 대답했다.

그는 그의 머리카락을 구기기 위해서 주저하고 있었다. "그러나 속내는, 내 머리는 그분의 머리와는 전적으로 달라요. 그러나 그는 나의 오래된 친구지요. 제가 그의 사인을 당신께 드려도 될까요?" 그의 호주머니에서 종이쪽지를 끄집어내더니 "알버트 아인슈타인, 친구인 알버트 슈바이처가 대신으로"라고 썼다.

● **슈발리에, 모리스**(Chevalier, Maurice : 1882~1972), 프랑스의 가수, 배우

무대 뒤에서 코미디언 필 실버스와 잡담을 나누면서 72세의 노인 슈발리에가 깊은 한숨을 내쉬었다. 이쁜 쇼걸들이 집단으로 앞을 지나가는 것을 보고는 "내가 이십 년만 더 나이를 먹었으면" 하고 말했다. 실버가 "아니 '이십 년만 더 젊었으면'이 아닙니까?"라고 되물으니까, "아니야, 내가 이십 년만 더 늙었으면 저 아이들이 내 눈을 어지럽히지 않았을 건데"라고 말했다.

● **슈베르트, 프란츠**(Schubert, Franz : 1797~1828), 비엔나의 작곡가

슈베르트는 가곡만으로도 600곡 이상을 남겼다. 그의 멜로디는 커피숍에서 커피를 기다리는 사이에 메모를 적듯이 술술 우러나왔다고 한다. 한 곡이 끝나면 다음곡이 이어져 곡이 터져 나왔다. 그래서 자기가 작곡한 곡을 깜짝 잊은 수가 많았다.

어느 날 슈베르트는 포그라는 친구 가수의 피아노반주를 하였다. 갑자기 반주하던 손을 멈추고, "야 이곡 좋은데, 도대체 누구 작품이야?" 하고 물었다. 그런

데 그것은 단지 2주 전에 슈베르트 자신이 쓴 작품이었다.

슈베르트의 가곡 '마왕'(魔王)은 슈베르트가 18세 때 작곡한 것인데, 친구의 한 사람이 음악 출판사에 출판해 달라고 보냈다. 출판사는 실제로 본인 것인지 아닌지를 확인하기 위해서 드레스덴의 프란츠 슈베르트에게 문의를 했다. 그의 대답은 "나는 그런 곡을 알 일이 없다"였다.

진상은 이렇다. 그 당시 프란츠 안톤 슈베르트라는 작곡가가 있었는데 우리가 아는 슈베르트보다 11세 연상이었고 그는 궁정 악장이었다. '마왕'을 쓴 슈베르트는 프란츠 페터 슈베르트이다. 당시는 안톤이 페터보다 유명했다. 그래서 그 당시 '마왕'은 페터 슈베르트의 작품이 아닌 것으로 되어 출판이 보류되었다. 그러나 그 곡은 프란츠 슈베르트의 대표곡으로 인정되어 오늘날에도 연주되고 영원한 생명을 이어가고 있으나 안톤 슈베르트는 우리 기억에서 사라져버렸다.

● 슐리만, 하인리히(Schliemann, Heinrich : 1822~1890), 독일 출신의 사업가, 고고학자

슐리만은 어학의 천재였다. 그는 최종 18개 국어를 자유로이 지껄일 수 있게 되었다. 그는 교역상 시대에 3년간 6개 국어 영어, 프랑스어, 스페인어, 네덜란드어, 포르투갈어, 이탈리아어를 습득했다. 3년 후에는 다른 회사에 근무하면서 러시아어를 마스터했고, 그것이 계기가 되어 페테르부르크에 파견근무를 했고, 드디어 그는 독립회사를 설립했다. 20세의 젊은 나이에 상당한 재력가가 되지만 트로이 유적을 발굴하기에는 아직도 자금이 부족했다.

그는 미국으로 건너가서 6주간의 여행 중 뱃속에서 스웨덴어와 폴란드어를 마스터한다. 미국에 가 골드러시(금 탐사)로 들떠 있던 새크라멘토에 은행을 내고, 금괴와 달러를 교환해서 거부가 된다.

42세 때 소년시절의 꿈을 실현하기 위해 일체의 사업을 정리하고 세계일주 여행을 떠난다. 일본까지 가서 에도(江戸)나 요코하마 거리를 걸었다.

46세가 되어 아내에게 이별의 편지를 보내고 희랍으로 이사를 가 30년 연하의 아름다운 희랍여인과 결혼을 하고 그 이듬해부터 트로이 발굴에 나서게 된다.

● 슈미트, 마이크(Schmidt, Mike : 1949~), 미국의 야구선수

필리스(필라델피아의 야구팀 이름) 팀의 3루수는 지금까지 10번의 골든글러브상을 받았고, 홈경기에서 여덟 번의 홈런으로 자기 팀을 이끈 선수가 1980년대 월드 시리즈에서 승리한 기념으로 팀을 위해 열린 연회에 참석했다.

그 팀의 소유주인 룰리 카펜터는 그의 연설 속에서 참석자들에게 "제가 내셔널 리그와 월드시리즈 양쪽에서 가장 값진 선수라는 이름 이외에 마이크 슈미트에 게 뭐라고 말을 할 수 있겠습니까?"

이 말을 듣더니 슈미트가 자기 자리에서 소리 질렀다.

"재협상해요!"라고.

(야! 자본주의 사회의 극치군. 연봉 올려달라는군.)

● 슐라이어마허, 프리드리히(Schleiermacher, Friedrich : 1768~1834), 독일의 철학자

유명한 사상가 슐라이어마허에게 어떤 사람이 그의 청강생들은 어떤 종류의 사람이냐고 질문하자, 그는 이렇게 대답했다.

"나의 청강자는 주로 학생과 젊은 여성과 군인입니다. 학생은 내가 시험위원이므 로 옵니다. 젊은 여성은 남학생 때문에 오고, 그리고 군인은 여성 때문에 옵니다."

● 스미스, 베시(Smith, Bessie : 1894~1937), 미국의 재즈가수, 가장 뛰어난 블루스 가수, 루이 암스트롱, 베니 굿맨 등과 연주

1937년 9월, 베시 스미스는 그의 백인 매니저와 함께 미시시피주의 클라크스 데일에 여행을 가고 있었다. 그러다가 대형 교통사고를 당했다. 현장에 나타난 의사가 뇌진탕을 당해서 고통하고 있는 매니저에게는 가까이에 있는 병원으로 빨리 수송하라고 지시를 했고, 베시에게는 몇 마일 떨어져 있는 '흑인전용병원'으로 가보라고 지시했다. 그런데 베시는 병원에 도착하기 전에 과다출혈로 운명했다. (그가 흑인이어서 인종차별 탓으로 그는 사망한 것이다.)

● 스미스, 아담(Smith, Adam : 1723~1790), 영국의 경제학자

1776년 경제학의 아버지 애덤 스미스는 다음의 유명한 문장을 남겼다.

"우리가 저녁을 먹을 수 있는 것은 푸줏간 주인, 양조장 주인, 혹은 빵집 주인의 자비심 덕분이 아니라 자신의 이익을 추구하려는 그들의 욕구 때문이다."

그는 푸줏간 주인이 일하는 이유가 친절을 베풀기 위해서가 아니라고 봤다. 오로지 돈을 벌기 위해서라는 것인데, 양조장 주인이 술을 빚어내고 빵집 주인이 빵을 굽는 노동도 그의 시선에선 매한가지였다. 자기 이익을 추구하려는 것이지 타인의 행복과는 무관하다고 본 것이다. 그래서 그는 이처럼 이기심에 의해 움직이는 시장의 작동 원리를 '보이지 않는 손'이라고 명명했다.

● 스미스, 프레데릭(Smith, Frederick : 1872~1930), 영국의 변호사, 보수주의 정치인

스미스가 한번은 버스 운전기사의 부주의로 인해 한쪽 팔을 다쳤다고 주장하는 한 젊은이의 주장을 교차검증하고 있었다. "당신이 팔을 얼마나 높이 올릴 수 있는지 보여주실 수 있어요?"라고 스미스가 요구했다. 그 젊은이는 주의 깊게 팔을 어깨높이까지 올렸다. 그 젊은이의 얼굴은 고통으로 일그러졌다.

"감사합니다"라고 스미스가 말하고, "그런데 사고 전에는 어디까지 팔을 올렸는지를 보여주실 수 있습니까?" 하고 말했다. 그 젊은이는 머리까지 팔을 추켜올렸다. 그래서 그 젊은이는 패소했다.

● 스콧, 월터(Scott, Sir Walter : 1771~1832), 스코틀랜드의 시인, 소설가

스콧이 그의 부인과 어느 봄날 아봇트포드 부근을 거닐고 있는 중이었다. 얼마를 걷다가 보니 양떼들이 놀고 있는 것을 보게 되었다. 스콧이 그 평화스러운 정경을 보고 시적 감흥이 일어나 "양이란 것은 참 좋은 동물이야…… 그러니까 시인들이 찬미하는 것도 당연한 일이거든……" 하였다. 이 말을 듣고 있던 부인이 맞장구를 친다는 것이 "아, 그렇구말구요, 새끼 양은 더욱 고기 맛이 좋고 연하니까……" 스콧은 이 말을 듣고 아연실색 했다.

스콧이 1826년 파산선고를 받았을 때, 그의 친구들이 돈을 모아주겠다고 그의 주위에 모여들었다. 스콧은 이 도움을 거절했다. "아니야, 이 오른손이 앞으로도 해낼 거야"라면서 거절한 것이다. 이 약속을 그는 지켰다. 그러나 끊임없이 글을 써서 그의 건강이 망가졌음에도 그는 그의 죽음의 침상에서 큰 고통을 겪어가면서 마지막 작품을 구술시켰다.

스코틀랜드가 낳은 대문호 월터 스콧의 충복인 톰 노인은, 어느 날 진지하게 자기 주인을 향하여 이렇게 말하였다.

"선생님의 소설은 참 위대합니다. 언제나 제 옆에서 떠나질 않았습니다. 피곤하게 일하다 돌아와서 책을 펼치면 곧 잠이 드니까요."

● 스키너, 오티스(Skinner Otis : 1858~1942), 미국의 연극배우, 코넬리아 스키너의 아버지

딸의 결혼식 예행연습을 하는 자리에서 스키너(아버지)가 목사에게 "누가 이 여성을 주셨습니까? 하고 목사님이 물으면 이 질문에 대해서 어떻게 답을 해야 할까요?" 하고 물었다.

"아무 말 하지 마세요 스키너 씨"라고 목사가 대답했다. "따님을 그냥 넘겨주시기만 하면 돼요."

"넌센스, 내 인생에서 대사 한마디 없는 단역은 해 본 일이 없소이다"라고 불평했다.

● 스탈린, 조세프(Stalin, Joseph : 1879~1953), 러시아의 정치지도자, 수상

☞ 스탈린은 새벽 1시에 저녁식사를 하는 괴벽이 있었다. 새벽 4시에 잠에 든다. 그리고 정오에 기상하는 괴벽스러운 일상생활을 해온 것으로 알려지고 있다. '스탈린'이란 이름은 '강철의 사람'이란 뜻을 가지고 있지만, 사실 그는 절대로 비행기를 타지 않는 고소공포증 환자였다. 그는 연설 중 뇌출혈을 일으켜 침상에 누운 채 사흘 만에 베일에 가린 채 사망했다. 일설에는 독살 당했다는 설이 있으나 설에 지나지 않는다.

흐루시초프는 스탈린 사망 후 "한 사람의 죽음은 중대한 문제이며, 동정심을 불러일으키지만, 백만 명의 죽음은 통계학의 재료이다." 한 사람의 죽음은 야단스럽게 떠들면서 무고하게, 억울하게, 아무런 돌봄도 못 받은 채 죽은 백성들의 죽음은 숫자에 불과한 사태를 한탄한 것이다. 스탈린은 어디까지나 겸손한 '집단 살인자'였다.

☞ 스탈린은 1929년부터 1953년까지 24년간 소비에트 연방공화국 수상으로 독재를 했다. 조지아 공화국(그루지아라고도 함)에서 태어났고 어릴 때 부모가 그를 목사로 만들기 위해서 공부를 시키려 한 가난한 제화공(구두 만드는 사람)의 아들이었다. 그래서 어려운 일을 당하여 묘안을 생각할 때에는 구두를 지으면서 생각하면 생각이 잘 되는 괴벽이 있었다. 그래서 그는 만년까지도 '크렘린 궁전' 속에서 가끔 구두를 지었다고 한다.

● 스타인메츠, 찰스(Steinmetz, Charles : 1865~1923), 미국 제너럴 일렉트릭 엔지니어

스타인메츠가 은퇴한 후 GE에서 복잡한 기계시스템이 가동을 멈춰서 급하게 그를 불렀다. 이 시스템 정지의 원인이 GE의 전기전문가들을 당황하게 만들었다. 현직전문가들은 원인을 못 찾은 것이다. 스타인메츠는 한동안 그 복잡한 기계시스템을 샅샅이 살피면서 테스트해갔다. 마지막에 자기 호주머니에서 분필을 하나 끄집어내더니 기계의 어떤 특정부위에 X자를 표시했다. GE 직원들이 그 부분을 분해해보고 모두 놀랐다. 스타인메츠가 X표를 한 그 부분에 정확하게 결함이 있었던 것이다.

며칠 후 GE는 스타인메츠로부터 청구서를 받았다. 청구액은 10,000달러였다. GE의 입장에서는 좀 과도하다고 생각해서 청구액의 세목을 요구했다. 그랬더니 며칠 후 항목별 청구서가 다시 날아왔다.

분필 사용 비용	1달러
고장 부위 찾아낸 비용	9,999달러
합계	10,000달러

비 아 시 아 편 人

● 스타인벡, 존(Steinbeck, John : 1902~1968), 미국의 소설가, 1962년 노벨문학상 수상

스타인벡은 어릴 때 정말로 공개적으로 드러나는 것을 싫어했다. 수년간의 가난과 불충분한 보수로 고생하다가 드디어 『토틸라 플래트(Tortilla Flat, 1935)』로 큰 성공을 거두었으므로 이제는 기자들의 인터뷰 요청을 피할 수가 없게 되었다. 그중에서도 언론인 엘라 윈터가 자기의 프로파일을 소개하면서, 자기는 자기 작품으로 평가받고 싶지 자기 퍼스낼리티(인격)로 평가받고 싶지 않다는 요구를 지키지 않는데 대해서 크게 화를 냈다.

미스 윈터가 "제가 무슨 인격적인 이야기를 했습니까?"라고 물으니까 "당신은 내가 파란 눈을 가졌다고 쓰지 않았소?"라고 대답했다.

(여기서 인격적인 것이란 개인의 신상에 관한 일을 말한다.)

● 스타인, 거트루드(Stein, Gertrude : 1874~1946), 미국에서 추방당한 작가(실험적 산문으로)

피카소가 한번은 스타인이 주선한 모임에서 만일 자기가 자기 에너지를 그림 그리기에서처럼 글쓰기에 쏟는다면 자기는 시인이 되었을 것이라고 말하면서 자작시를 소리 내어 읽었다.

피카소가 시 낭송을 끝낸 후 스타인의 반응을 기다렸다. 잠시 후에 그녀는 "파블로, 집에 가서 그림이나 그리세요"라고 말했다.

● 스탠리, 헨리 경(Stanley, Henry : 1841~1904), 영국 태생의 탐험가, 미국 언론인

(스탠리는 탕가니카 호숫가에 한 백인이 살고 있다는 소문에 고무당해, 그를 만나려고 1871년 11월 10일 우지지(지명)에 도착했다.)

"제가 천천히 그에게 다가갔습니다. 그는 창백했고, 지쳐 있었는데, 회색 수염을 가지고 있었고, 색이 바랜 금빛 띠를 두른 푸르스름한 모자를 쓰고 있었고, 빨간색 소매를 한 조끼를 입고 있었으며, 회색 나사(羅紗)제 바지를 입고 있었습니다. 제가 그에게 달려가려다가 원시인들의 오합지졸이 무서워 그를 껴안아 주리

라 하고 생각했습니다. 다만 그가 영국인이기 때문에 그가 나를 어떻게 대할지를 몰랐습니다. 그래서 겁쟁이에다가 잘못된 프라이드 때문에 신중해야지 하고 생각하면서 천천히 그에게 다가갔습니다. 저는 모자를 벗고 '리빙스톤 박사님이지요?' 하고 물었습니다. '네 그렇소.' 그는 조금 웃으면서 말했습니다. 그는 모자를 조금 들어 올리면서요. 저는 모자를 다시 썼습니다. 그도 모자를 다시 쓰더군요. 우리 둘은 손을 잡았습니다. 큰 소리로 '하나님 감사합니다. 제가 당신을 뵐 수 있게 되다니' 했더니 그는 '제가 여기서 당신을 영접할 수 있다니 감사한 일이지요'라고 그가 대답했습니다."

(스탠리 경이 행방불명되었다는 리빙스톤 박사를 찾으러 중앙아프리카까지 가서 극적으로 만났다. 스탠리는 당시 뉴욕에서 신문기자로 일하고 있었다. 리빙스톤 박사는 1873년에 중앙아프리카에서 사망했다.)

● **스탠톤, 엘리자베스**(Stanton, Elizabeth : 1815~1902), 미국의 개혁가, 여권운동가

로체스터에 있었던 여성권리대회에서 한 결혼한 목사가 스탠톤 부인을 대중 앞에서 연설했다는 이유로 비난했다. "바울 사도는 여성들에게 침묵하라고 명령하였습니다. 왜 당신은 그의 말을 새기지 않는 거요?"라고 말했다. "사도 바울은 성직자의 독신을 명하셨습니다. 왜 목사님은 그 말씀을 새기지 않습니까?"라고 응수했다.

● **스턴, 아이자크**(Stern, Isaac : 1920~2001), 러시아 태생의 미국의 바이올리니스트

코페하겐(덴마크 수도)에서 선거가 있던 날 밤 스턴의 연주회가 있었다. 그날 밤 청중은 전혀 주의가 집중되어 있지 않았다. 인터미션(중간휴식)이 지난 후 스턴이 무대에 다시 돌아왔다. 그런데 그는 연주를 하기 전에 그때 "여러분 지금부터 재채기를 해도 좋고 코를 골아도 괜찮아요"라고 말하면서 선거결과에 대해 발표했다.

홀은 비로소 웃음으로 가득했다. 그 나머지 콘서트는 아주 순조롭고 주의 집중 속에서 끝낼 수 있었다.

● **스텐젤, 케세이**(Stengel, Casey : 1890~1975), 미국 야구선수, 매니저

하루는 야구게임에서 스텐젤은 벤치에 앉아 있는 한 선수에 대한 군중의 요구 때문에 화가 몹시 나 있었다. 그는 드디어 그 문제의 선수를 불렀다. "제가 나갈까요?(필드에 나가도 되느냐는 질문)"라고 그 선수가 진지하게 물었다. "아니야, 난 널 원하지 않아. 스탠드(관중석)로 올라가서 펜들하고 같이 있어. 그들이 너를 원하니까"라고 대답했다.

● **스토우, 해리에트**(Stowe, Harriet : 1811~1896), 미국의 소설가

『엉클 톰스 캐빈』으로 야기된 감정이 북쪽과 남쪽 사이의 의견을 양극화하는 데 크게 기여했다. 그리고 남북전쟁을 불러일으키는데 공헌했다. 1862년 스토우 부인이 백악관으로 링컨 대통령을 방문했을 때 대통령은(스토우 부인의 아들이 같이 동행) "그래, 이 분이 큰 전쟁을 일으킨 책을 쓴 작은 숙녀입니까?" 하면서 반겼다고 한다.

● **스토코브스키, 레오폴드**(Stokowski, Leopold : 1882~1977), 영국의 지휘자

스토코브스키는 연주중 기침하는 사람 때문에 기분이 매우 나빠 있었다. 극동지방에 6개월간 투어하기로 하고 출발하기 바로 전 필라델피아 오케스트라와 일련의 연주를 하던 끝 무렵에 가서, 그는 청중들을 향해서 말하기를 "한동안 안녕히 계십시오. 원컨대 제가 다시 돌아올 때에는 여러분의 감기가 나아있기를 바랍니다"라고.

● **스트라빈스키, 이고르**(Stravinsky, Igor : 1882~1971), 러시아 태생의 작곡가

☞ 1950년대 베스니 페스티벌에서 스트라빈스키에게 오리지널 곡을 하나 써 달라고 위촉해왔다. 그래서 원고가 제출되자 그 길이가—15분 분량—불만스럽다는 것이 발견되었다. 스트라빈스키는 혼란스러워 하지 않고, "응 그렇다면 그

걸 두 번 연주하세요"라고 말했다.

　☞ '더 레이크스 프로그래스(The Rake's Progress)' 공연 후에 받은 나쁜 논평 때문에 대본작가가 스트라빈스키를 위로하였다. 스트라빈스키는 별로 개의치 않는 듯이 보였다. 그 공연으로 받은 수표를 끄집어내 보이면서 말하기를 "내가 읽은 논평은 이것뿐이야"라고. (돈만 많이 받으면 돼, 논평 따위는 상관없어)

● **스티븐슨, 루이스**(Stevenson, Louis : 1850~1894)**, 스코틀랜드 출신의 모험 소설가 「보물섬」,**
「지킬박사와 하이드」 작가

　그는 에든버러 태생이며 대학에서 공학을 공부했으나 병약해서 프랑스와 벨기에로 외유해서 그 결과 훌륭한 여행기를 냈다. 그의 걸작 중 「지킬박사와 하이드」라는 2중 인격을 테마로 한 작품은 영화로 연극으로, 뮤지컬로 공연되고 있다.

　낮 동안은 인망이 높은 지킬 박사가 밤이 되면 자신이 발명한 약을 복용해서 하이드 씨가 되어 나쁜 짓을 끊임없이 하고 돌아다닌다.

　물론 이 작품의 대부분은 스티븐슨의 창작이지만, 다만 그가 작품의 모델로 한 인물이 실제로 존재했다는 것이 정설로 되어 있다.

　그 인물의 이름은 윌리엄 브로디. 1700년경 영국 에든버러에서 시의원을 지낸 인물이었다고 한다. 이 브로디는 바로 지킬과 하이드처럼 낮과 밤에 두 가지 다른 얼굴을 가지고 살았다. 낮에는 착실한 시의원이고, 신사로서 살고, 밤이 되면 도둑으로 변해서 그것이 가업이 되다시피 했다. 그 외에도 훔친 돈으로 도박을 하고, 두 사람의 애인을 거느리고 있었다고 한다. 그러나 현실은 녹록하지 못해서 그는 곧 파멸하고 말았다고 한다.

● **스티븐슨, 애들레이**(Stevenson, Adlai : 1900~1965)**, 미국의 정치가**

　1952년 대통령선거 당시의 노동절에 한 사진기자가 스티븐슨의 유명한 사진

한 장을 찍어 발표했다가 그것으로 퓰리처상을 받은 일이 있었다. 그것은 선거유세 중 보여진 스티븐슨의 한쪽 구두밑바닥에 난 구멍을 찍은 사진이다. 스티븐슨은 그에게 전보를 쳤다. "축하함. 이 사진은 홀인원(hole in one)으로 퓰리처상을 받은 처음 경우일 것이요"라고.

(한쪽 구두(one)에 구멍(hole)이 났으니 hole in one이다. 수사가 재미있지.)

● **스티븐슨, 로버트**(Stevenson, Robert : 1850~1894), 스코틀랜드의 작가

한 젊은 스티븐슨의 여자 친구가 스티븐슨에게 자기가 크리스마스 날 태어난 데 대해 불평을 하였다. 그 여자는 1년에 두 번 받을 선물을 한번 밖에 못 받기 때문에 자기는 사기당하는 기분이라고 했다. 스티븐슨이 죽음이 가까워오자 뜻을 살려 자기 생일을 이 젊은 여자 친구에게 유산으로 물려주기로 했다. 그는 다시 여기에 덧붙여서 다음 말을 남겼다. "그러나 만일 그녀가 내 유산(생일로 물려준 자기 생일)을 사용하지 않을 경우에는 모든 권리를 미합중국 대통령에게 양도하겠음"이라고 붙였다. 그는 44세를 일기로 세상을 떴다.

● **스펜서, 에드먼드**(Spenser, Edmund : 1552경~1599), 영국의 시인

스펜서가 자기가 지은 시 몇 편을 엘리자베스 여왕께 헌정했더니 여왕이 우아하게 받고는 궁정재무장관 버클리 경에게 스펜서에게 100파운드를 주라고 지시했다. 왕실의 지갑주머니를 신중하게 관리하고 있는 버클리 경이 보답치고는 너무 너그러운 거액이라고 항의했다. "그렇다면 이치에 닿을 만큼 주시오"라고 여왕이 말했다. 그러나 버클리 경은 그걸 지불하는 걸 깜빡 잊고 있었다. 그리고 스펜서는 몇 달 동안 인내심을 가지고 기다렸다. 드디어 여왕에게 직접 하소연하기로 했다. 그래서 그는 다음과 같은 시를 써서 여왕에게 보냈다.

"저는 한때 약속을 받았어요/ 저의 시가 이치에 닿기에/ 그때부터 지금의 계절이 될 때까지/ 저는 이치에도 닿지 않고 시도 돌려받지 못했어요"라고. 엘리자베스가 버클리 경에게 격노하고 곧 시에 대한 대가를 지불했다.

● **스펠만, 프란시스**(Spellman, Francis : 1889~1967), 미국의 로마 가톨릭 추기경

뉴욕시의 바쁜 우체국에서, 지방 기업인들과의 대화에서 추기경 스펠만은 자기는 좀 피로감을 느낀다고 흘렸다. "예하, 예하께서 하시는 모든 일에서 피곤을 느껴서 밤에 기도하기를 잊은 적이 있었는지요?"라고 한 기업인이 물었다.

"아니요, 나는 내가 피곤함을 느낄 때에는 눈을 뜨고 있을 수가 없어요. 그래서 간단히 '거룩하신 하나님 당신께서 아시다시피 저는 하루 종일 당신의 포도농원에서 일하였습니다. 괜찮으시다면 내일아침까지는 자질구레한 일은 뛰어넘어도 되겠지요?' 하고 기도합니다"라고 대답했다. (추기경의 유머러스한 인간미가 끌리네요.)

● **스푸너, 윌리엄**(Spooner, William : 1844~1930), 영국의 학자, 옥스퍼드의 뉴 칼레지 학장

☞ 스푸너 학장이 어느 날 저녁 그리니치 거리를 쓸쓸하게 서성이는 것을 목격 당했다. "나는 여기 2시간째 있었소." 그는 그렇게 말했어요.

"그리니치의 더덜맨에서 누군가를 만나기로 한 중요한 약속이 되어 있어요. 그런데 그 사람을 아무데에서도 볼 수가 없네요. 이상한 것은 누구도 그 이야기(약속)를 들은 사람이 없는 것 같소."

밤늦게 그는 다시 옥스퍼드로 돌아갔다.

"이 바보 같은 이" 그의 아내가 소리쳤다. "당신이 가야 할 곳은 그리니치 (Greenwich)가 아니고 그린 맨 덜위치(Green Man Dulwich)요."

(그는 가끔 약간 얼빠진 짓을 하는 실수쟁이인가 봐.)

☞ (무명천 위에 와인을 엎질렀을 때 소금을 그 위에 뿌리면 얼룩을 예방할 수 있다는 말이 있다.)

하루는 스푸너 박사가 한 만찬에 초대되어 갔다. 거기서 실수로 깨끗한 하얀 테이블클로즈 위에 소금을 엎질렀다. 한 순간의 주저도 없이 스푸너 박사는 와인이 따루어진 컵을 들더니 엎질러진 소금위에 포도주를 부었다.

(거꾸로 했네요. 이것도 얼빠진 행동의 한 가지)

● 스피노자, 바뤼흐(Spinoza, Baruch : 1632~1677), 네덜란드의 철학자, 합리주의자

스피노자는 신 이외의 것은 확실히 존재는 하지만 실체가 없고, 그것들은 신의 일부에 지나지 않는 것들이다. 동물이고 식물이고, 혹은 사랑이고 욕망도 모두 신의 관심의 대상일 뿐이라고 생각했다. 모든 사물은 신의 활동으로 태어난 것이기 때문에 각 사람의 행동도 신에 의해서 결정된다고 주장했다. "인간에게는 자유의지 같은 것은 없다. 인간은 이른바 내던져진 돌멩이와 같은 존재다"라고 주장했다.

● 스필버그, 스티븐(Spielberg, Steven : 1946~   ), 미국 영화감독

그의 대표작에 '인디아나 존스', '쥬라기 공원', '칼라 퍼플', 'E.T', '라이언 일병 구하기' 등이 있는데, 그는 한번 영화상 시상식에서 자신의 성공비결에 대해 묻는 기자들에게 이렇게 말했다.

"나는 밤에만 꿈꾸는 것이 아니라 하루 종일 꿈을 꿉니다. 나는 먹고 살기 위해 꿈을 꿉니다"고.

● 슬레자크, 레오(Slezak, Leo : 1893~1946), 체코슬로바키아의 테너가수

슬레자크가 취리히에서 있을 공연을 위해 비엔나에 있는 그의 저택을 떠났다. 이때 그의 하인이 슬레자크 씨가 의상의 중요부분을 남겨 놓은 채 떠난 것을 알게 되었다. 인공보석으로 장식을 박은 거창한 왕관을 놓고 간 것이다. 하인이 그것을 신문지에 싸서 기차 정거장으로 달려갔다. 마침 기차가 출발하려던 참인데, 그는 그 짐 꾸러미를 자기 주인의 열차 칸에 던져 넣었다. 긴 밤샘여행 중 세관원이 기차에 올라탔다. "신고할 것 뭐 없어요?" 슬레자크의 열차 칸을 지나가면서 물었다. "아니, 아무것도 없습니다"라고 슬레자크가 대답했다. 그는 잠이 모자라서 몇 시간이라도 좀 더 잠을 자려고 애쓰고 있는 중이었다.

세관원이 열차 칸을 둘러보다가 신문지에 급히 싼 것 같은 물건을 발견하고 그

는 그걸 가리키면서 "그것 풀어보세요"라고 말했다.

슬레자크는 약간 화가 난 듯한 표정으로 그 어설프게 싼 꾸러미를 풀었다. 거기서 왕관을 발견한 것이다. 세관원은 헐떡거리며 차렷 자세를 취했다. "오, 암행 중이시군요. 용서하십시오, 폐하"라고 외쳤다.

(그 세관원은 왕관을 보고 왕이 암행 시찰하는 줄 알았던 것이다.)

● 쓰바이크, 슈테판(Zweig, Stefan : 1881~1942), 오스트리아의 작가

소설가 쓰바이크는 자신을 일컬어 정열의 심리학자라고 말하였다.

그가 빈을 출발하기 조금 전에, 공개 강연을 하든지, 그렇지 않으면 그의 최근 작의 일부를 낭독해 달라고 친구로부터 부탁을 받았다. 그는 부탁을 거절하며 말하였다.

"나는 두 번째의 경고를 받은 이래, 일체 강연을 하지 않기로 결심하였네. 나의 최후의 낭독 때, 나는 청중이 시간을 보려고 호주머니에서 시계를 살짝 꺼내는 것을 보았네. 이것이 최초의 경고였네. 얼마 안 가서 나는 또 다른 청중이 시계를 볼 뿐만 아니라, 그 시계가 서지 않았나 하고 귀로 가져가는 것을 보았네. 그래서 나는 그때부터 다시는 강연을 하지 않기로 했네."

● 시메논, 조지(Simenon, George : 1903~1989), 벨기에의 소설가 '마이그레트 경위'라는 캐릭터를 만든 소설가

시메논이 작품을 놀라울 정도로 다작(多作)하는 한 가지 이유는 소설을 쓸 수 있는 속도에 있었다. 영화감독 알프레드 히치콕이 미국에서 그에게 한번은 장거리 전화를 걸었다. 그때 그는 158번째 소설을 쓰고 있었다. 시메논 부인이 전화를 받더니 "미안합니다. 조지는 지금 글을 쓰고 있는데 제가 방해하고 싶지 않습니다"라고 대답했다. 이에 대해 히치콕은 "그 책 빨리 끝내게 하세요. 저는 계속 달라붙을 테니까요"라고 대답했다.

● 시저, 가이우스 율리우스(Caesar, Gaius Julius : BC 100~44), 로마의 장군, 정치가

☞ 그가 이집트를 공략하고 난 뒤, 시리아에서 소아시아의 폰토스지방을 닷새 만에 결정적인 승리를 거두고 돌아와 원로원에 보고할 때, "나는 왔노라, 보았노라, 이겼노라(Veni, vidi, vici)"고 한 유명한 말을 남겼다.

☞ BC 44년 3월 초, 복점관(卜占官 : 궁전의 점쟁이) 스푸린나가 시저에게 경고하기를, 그 달의 불운의 날에 큰 위험이 닥칠 것이라고 했다. 그 불운의 날에 시저는 평소와 같이 원로원으로 출발하였다. 도중에 스푸린나를 만나서 웃으면서 말하기를 "3월의 불운의 날이 다가왔네." "그래요 정말로 그날이 왔어요." 스푸린나가 말했다. "그러나 아직 그날이 다 지나가지 않았습니다." 그리고 시저는 그날 죽었다.

● 시트라우스, 요한(Straus, Johann : 1825~1899), 오스트리아 작곡가, 요한 2세

☞ 요한 시트라우스 곡에 '아름다운 푸른 도나우'가 있다. 그런데 이 곡의 초연에는 좋은 평가를 받지 못했다. 첫째는 곡이 지금처럼 기악곡이 아니라 남성합창곡으로 만들어진 점, 둘째, 가사가 그리 좋은 것이 아니었다. 셋째, 도나우강은 비엔나에서 보면 혼탁한 강이었다. 그리 낭만적이 아니다. 그러나 도나우강이 흐르지 않는 베를린, 파리, 미국 등지에서 인기를 끌고 역수입되었다.

☞ 시트라우스는 여성들에게 인기가 있었다. 미국에는 여성 팬이 많았다. 여성들은 그의 머리카락을 갖고 싶어 했다. 그래서 시트라우스의 하인 한 사람은 그의 머리카락을 한줌 가지고 있어서 여성 팬들에게 나누어 주기도 했다. 물론 그것은 시트라우스의 머리카락이 아니었다고 한다.

● 아그리피나(Agrippina : AD 15~59), 로마의 네로 황제 어머니

아그리피나는 그녀의 첫 번째 남편 사이에서 네로를 낳았다. 그녀의 세 번째

결혼은 그녀의 삼촌인 클라우디우스 황제와 했고, 그녀는 나중에 그를 독살했다.

아그리피나는 자기 아들 네로를 황제로 앉히기 위한 야심으로 노심초사했다. 그녀는 여러 점쟁이를 찾아가서 물었다. 그들은 한결같이 "네로는 왕좌에 오를 것입니다. 그리고 그는 자기 어머니를 죽일 것입니다." "그래? 나를 죽이게 하시오"라고 아그리피나는 말했다.

(아들이 황제가 된다면 자기는 생명을 버려도 된다?)

● 아리스토텔레스(Aristoteles : BC 384~322), 고대희랍의 철학자

아리스토텔레스는 대학자였던 만큼 장서도 많았다(당시는 대개 양피지에 먹으로 글을 썼다). 그 서적들은 나중에 제자인 테오프라스투스에게, 그 다음에는 또 그의 제자 네레우스에게 상속되었는데, 그 후 네레우스의 자손들이 대대손손 전해 내려가더니 국왕 앗타로스 때에 이르러서는 왕의 서적 수집 열이 어찌나 심하던지 서적이란 서적은 모조리 몰아감으로 네레우스의 자손은 유서 깊은 서적을 빼앗길까 봐 겁이 나서 모두 땅속에 파묻어 두었다가 몇 해 후에 끄집어 내보니 모두 망가져서 못쓰게 되었더라고 한다.

● 아아론, 행크(Aaron, Hank : 1934~   ), 미국의 야구선수, 베이브 루트의 홈런 기록을 깬 사람, 755개 히트를 침

1957년의 월드시리즈 동안, 뉴욕의 양키팀 캐처 요기 베라(Yogi Berra)가 아아론이 배트를 잘못된 방식으로 들고 있음을 알아차렸다.

"그거 돌려!" 그가 그렇게 말했다. "그래야 상표(trade mark)를 볼 수 있어"라고. 그러나 행크는 눈을 피처의 마운드를 노려보고 있었다. "공은 상표를 읽을 수 있게 날아오는 게 아니오. 때릴 수 있게 여기에 날아오는 거요."

(주 : 나는 공 때리러 나왔지, 상품 읽기 위해서 나오지 않았습니다. 즉 배트에 그려져 있는 상표가 TV 카메라에 잡히도록 배려하라는 말에 대한 응수였다.)

● 아이젠하워, 드와이트(Eisenhower, Dwight : 1890~1969), 미국의 장군, 34대 대통령(1953
~1961)

2차 대전이 끝나고 얼마 안 되어 아이젠하워와 맥아더가 만찬을 함께 했다. 만찬 중 맥아더가 "우리 둘 중 누군가가 미국의 대통령이 될 거요"라고 말했다. 이에 아이젠하워가 이의를 제기했다. 그는 정치와 군은 완전히 분리되어야 한다고 강력하게 주장했다. 그리고 자기는 그런 고위직에 대해서 흥미가 없다고 말했다.

아이젠하워가 결론을 말하자 그에게 얼굴을 돌려 맥아더가 귓속말로 "Ike, 맞습니다. 당신은 그렇게만 하세요. 그러면 확실히 그 자리를 얻을 것이요"라고 말했다.

● 아인슈타인, 알버트(Einstein, Albert : 1879~1855), 미국의 이론물리학자, 유태인, 독일 태생

☞ 한번은 미국의 석유 왕으로 널리 알려진 록펠러 재단에서 아인슈타인 박사에게 1,500달러짜리 수표를 보내왔는데 아인슈타인은 이것을 받아가지고 현금으로 찾지도 않고 수표채 저금도 하지 않고 책상위에 그대로 굴리다가 한번은 무슨 책을 보던 끝에 그 수표를 그대로 책장 틈에 끼워둔 채 무심히 그냥 지냈더니 나중에 보니까 수표만 없어진 게 아니라 그 책까지 누가 집어가 버렸다. 아인슈타인은 "돈이 좋긴 좋은 모양이지? 책까지 돈을 보고 따라가 버렸으니" 하고 말했다. 곁에 있던 조수는 이 말에 입이 딱 벌어졌다.

☞ 한번은 아인슈타인과 그의 조수가 논문을 완성시키고 난 후, 그것을 찜을 페이퍼클립을 찾기 위해서 사무실을 여기저기 뒤졌다. 그들은 드디어 한 개를 찾았는데, 사용하기에는 너무도 꺾여 있었다. 두 사람은 그것을 바로 펴기 위해서 또 연장을 찾기 시작했다. 서랍을 여기저기 뒤지다가 클립이 잔뜩 들어있는 서랍을 찾아냈다. 아인슈타인은 즉시 그 중 한 개를 끄집어내서 꺾인 클립을 바로 잡는데 사용했다. 그랬더니 그의 조수가 이상하게 생각해서 "그 속에 말짱한 클립이 가득 들어있는데 하필이면 왜 그렇게 하십니까?" 하고 물으니, "나는 한번 목

표를 정하면 거기서 벗어나기가 어려워" 하고 대답을 했다.

● **아처, 조지**(Archer, George : 1939~2005), 미국의 골퍼

아처는 그의 캐리어 중 19개의 마스터스 토너먼트에서 우승했다. 그는 치열하게 게임을 했다. 그러나 그가 은퇴에 가까워오자 골프를 그만두고 뭘 하지 하는 생각으로 혼란에 빠졌다. 은퇴하겠다는 시간이 다가오자 뭘 할 것이냐는 질문을 받고 머리를 가로저으면서 하는 말 "야구선수들은 게임을 그만두면 다음에 골프를 하더군. 농구선수들은 농구도 그만두면 다음에 골프를 치더군. 축구선수들이 축구도 그만두면 골프를 하더군. 우리는 골프를 그만두면 무엇을 해야 할지 난감해"라고 실토했다.

● **안데르센, 크리스챤**(Anderson, Christian : 1805~1975), 덴마크의 작가, 특히 동화작가

안데르센은 가난한 집안에서 태어나 고학을 해서 작가가 되었다는 것이 통설이다. 그러나 그 나라의 역사학자 얀 요겐센에 의하면, 안데르센은 당시의 왕자의 사생아에 틀림없다는 설이 있다.

그 이유로서, 안데르센이 다니던 고등학교에는 안데르센의 출생증명서만 기록에 남아 있지 않다는 것이다. 다른 학생들의 2배나 되는 수업료를 지불했다는 기록도 있어서 그와 같은 사실이 증명해 준다고 한다.

더욱이 왕자가 살고 있던 성에는 안데르센과 같은 생일에 "왕자의 사생아가 태어났다"라는 이야기가 전해지고 있다고 한다.

또 그 당시에는 엘리제라는 귀족의 딸이 임신을 했고, 엘리제의 친구 집의 가정부가 안데르센의 어머니와 이름이 같고, 안데르센이 태어난 해에 모습을 감추었다는 사실 등이 그걸 증명한다고 한다.

명작 동화를 많이 남긴 안데르센(덴마크 식으로는 아네르센이라고 부른다)은 공식적으로는 가난한 구둣가게 주인의 아들로 태어났다고 한다. 부친은 가난하지만 라 퐁테느의 '우화'나 '천일 야화' 등을 아들에게 읽어주곤 했는데, 그 덕에 안데르센의

시적 재능이 깨어났다는 것이다.

● **안티스테네스**(Antisthenes : BC 445~365경), 희랍의 철학자

　누가 안티스테네스에게 이런 질문을 했다. "사람에게 있어서 무엇이 가장 행복한 일일까요?" 그의 답은 "행복하게 죽는 일이지요"라고 했단다.

● **알랑송, 샬롯데**(Alençon, Charlotte : 1847~1897), 1868년 프랑스의 알랑송 공작과 결혼한 바바리아 태생의 공작부인

　1897년 5월 4일 공작부인(알랑송 공작의 부인)이 파리에서 자선바자를 주제하고 있을 때, 행사장 홀에 불이 났다. 불꽃이 종이장식품과 얄팍한 벽에 옮겨 붙고, 삽시간에 아수라장이 되어버렸다. 곧 무시무시한 공포가 퍼졌고, 많은 부인들과 어린아이들은 문으로 빠져나가려고 서로 밀고 밀려서 밟고 밟히면서 지옥을 연출했다. 그러는 사이 이웃에 있던 직장인들이 믿을 수 없는 영웅적 행동을 발휘해서 불길 속에 뛰어들어 밟히고 깔린 문인들을 구출해내기도 했다. 어떤 구조대원이 공작부인에게 다가왔을 때 그녀는 자기 부스 뒤에 조용히 앉아서 미동도 하지 않았다. 구조대원이 대피할 것을 종용하니 "내 신분 때문에 나는 제일 먼저 입장했으니, 나는 나갈 때에는 제일 나중에 나가겠소"라고 거절하면서, 의자에 앉은 채 화마를 맞고 거기서 사망했다. 120여 명의 다른 부인들과 어린이와 함께. 향년 50세였다.

● **알렉산더 1세**(1777~1825), 러시아의 황제(차르)

　알렉산더 1세는 러시아의 굉장한 제왕이었다. 그는 어려서부터 신하들이 '신의 아들'이라고 해왔기 때문에 자기가 진짜 초인간적인 신의 아들인 줄만 알고 있었다고 한다. 그러던 것이 한번은 잘못하여 몸을 다쳐서 피가 나는 것을 보고 신하를 돌아다보며 "이봐 내게서도 사람과 같은 피가 나오네!" 했다고 한다.

● 알렉산더 III세 대왕(Alexander III, the Great : BC 356~323)

그는 마케도니아의 필립 2세 아들로서 페르시아제국을 정복한 왕이다.

(소아시아에 있는)프리기아의 고르디움(Gordium)에서 꽃층층이나무(Cornel free) 껍질로 만든 밧줄에 묶인 전차가 있었는데 매듭이 너무도 교묘하게 매어져 있어서 도저히 끝을 찾을 수가 없었다. 그 매듭을 푸는 사람의 손에 제국이 들어가게 된다는 전설이 있었다. 알렉산더가 고르디움을 정복했을 때 이 유명한 수수께끼를 만나게 되었다. 도저히 매듭을 풀 수가 없었기 때문에 그는 칼을 뽑아서 그 묶은 밧줄을 단칼에 잘랐다.

(그 후부터 복잡하게 얽힌 문제를 재빨리 극적으로 해결한다는 것을 "고르디움 매듭을 자른다"는 말로 표현하게 되었다고 한다.)

● 알렉산더, 새뮤엘(Alexander, Samuel : 1859~1938), 영국에서 대부분의 생활을 한 오스트레일리아 태생의 철학자이자 대학교수

이 철학교수가 자기가 좋아하는 자전거를 타고 맨체스터를 돌아다니는 것을 보는 것은 흔한 일이었다. 하루는 리버풀까지 한 부자 선주(船主)가 자택에서 내는 저녁을 같이 먹으러 자전거를 타고 갔다. 그리고 그 집에서 하룻밤을 자기로 했다. 이 집 주인의 하인이 보니까 그 교수님은 아무런 짐도 안 가지고 온 채 빈손으로 도착하더라는 것을 주인에게 보고했다. 그 집 주인은 아마도 그날 저녁 식사 때 입을 정장 옷을 안 가지고 오신 것 같다고 정중하게 말했다. 그래서 하인보고 또한 교수가 묵을 방에 여분의 파자마도 갖다 놓으라고 일렀다.

그런데 조금 있다가 하인이 주인의 옷 방에 황급히 들어오면서 "저, 방금 교수님이 계단을 내려오시는데 만찬정장을 하고 계셨어요." 놀랍다는 표정으로 말했다. 그래서 집 주인은 얼른 방법을 바꾸었다. 그 이튿날 아침 하인이 여분의 사용하지 않은 파자마를 주인에게 돌려드리려고 옷 방에 들어왔다. 그러면서 이렇게 말했다. "교수님은 모든 것을 다 가지고 계셨어요." 끝내 집주인의 호기심을 반증케 했다. 교수가 자전거를 타고 돌아가려 할 때 집주인이 교수에게 물어보았다.

"짐은 없습니까?" 그랬더니 "나는 그걸 모두 입고 왔소이다"라고 대답했다.

● 알리, 무함마드(Ali, Muhammad : 1942~2016), 미국의 헤비급 복싱 세계 챔피언, 이전 이름 캐시
어스 클레이에서 개명함

☞ 알리가 항공기를 타고 있는데 이륙직전에 스튜어디스가 알리에게 시트벨트를 매라고 환기시켜 주었다. "슈퍼맨은 시트벨트까지도 필요가 없소"라고 알리가 대답했다. "슈퍼맨은 비행기조차도 필요 없잖아요?" 스튜어디스가 대꾸했다. 알리는 그의 벨트를 맸다.

(영화의 슈퍼맨은 날아다니니까)

☞ 뉴욕에 있었던 어떤 파티에서 바이올리니스트인 아이작 스턴이 알리를 소개받았다. "당신은 우리 둘은 다 같이 손으로 벌어먹는 사람이라고 하겠지요?" 스턴이 말하니까 "당신은 틀림없이 잘 하실 것이 틀림없어요. 그러나 당신 얼굴에는 상처 흔적은 없군요"라고 알리가 말했다.

● 알프레드 대왕(Alfred, the Great : 849~899), 웨색슨(West Saxon)의 왕

덴마크와 전쟁을 하고 있을 때, 한번은 가난한 앵글로 색슨 가정에 신분을 감추고 숨어야 할 긴박한 처지에 놓이게 되었다. 그 집의 여주인이 잠시 집을 비워야 해서 이 피난민(왕)에게 오븐에 올려놓은 빵이 타지 않도록 살펴보라고 이르고는 나갔다. 알프레드 대왕은 잠시 깊은 생각에 잠겨 있는 동안 케이크가 타고 있는 것을 보지 못했다. 그 집 안주인이 돌아와서는 이 알지 못하는 낯선 남자(왕)를 보고 "당신은 아무짝 쓸모없는 사람이야"라고 야단을 쳤다.

(왕은 주부가 아니니까)

● 암스트롱, 루이(Armstrong, Louis : 1900~1971), 미국의 재즈연주가, 가수, 밴드 리더, 작곡가

어느 날 밤, 이 덩치 크고 말썽꾸러기 건달이 시카고에 있는 내 의상실로 쳐들어 왔다. 그리고 내게 내일 밤 뉴욕에 뭐라 뭐라 하는 나이트클럽을 열라고 지시했다. 나는 시카고에서 이미 계약을 해서 뉴욕에는 못 간다고 했다. 그리고는 내가 냉담하게 그에게 등을 돌렸다. 그랬더니 등 뒤에서 무슨 찰칵하는 소리가 들려서 돌아보았더니 권총을 내 등에다 겨누고는 안전핀을 재깍 풀지 않는가? 아이고, 하나님 맙소사, 죽을 뻔 했다. 나는 그 강철덩어리를 보고 "으응… 알았어, 내일 뉴욕에 갈게…" 했다.

(루이 암스트롱이 친구로부터 협박을 받고 시카고에서 뉴욕으로 공연장을 옮기게 된 경위를 회상했다.)

● 앙리 4세(Henry Ⅳ : 1553~1610), 프랑스 왕 재임(1589~1610)

☞ 앙리 4세는 호흡이 긴 것을 싫어했다(말을 길게 하는 것). 하루는 길을 가다가 성직자를 만나게 되었다. "어디서 오는 길이오? 어디로 가시오? 당신의 목적은?" 하고 왕이 물었다. "부르제에서, 파리로, 성직록(聖職祿)을 위해서입니다."(주 : 성직록이란 신부들에게 매달 지불하는 급여의 한 가지) 왕은 외쳤다. "그럼 그걸 받으시오"라고 말했다.

(왕도 간단히 묻고 간단히 대답했고, 신부도 아주 간단히 대답했다.)

☞ 어느 날 앙리 4세가 머리털은 희고 수염은 검은 농부를 만났다. 그래서 왕은 그에게 "어째서 머리털은 흰데 수염은 검은고?" 하고 물었다. 그 농부 대답하는 말, "어쨌든 머리털 쪽이 수염보다 20년은 연상이니까요"라고 대답했다.

(수염은 한 20세쯤 되어야 돋아나니까)

● 야스퍼스, 칼(Jaspers, Karl : 1883~1969), 독일 실존주의 철학의 대표

야스퍼스는 대학친구 에른스트 마이어의 누님 게르트루트와 1910년에 결혼하게 되는데 유대인인 게르트루트와 이혼을 권고 받았으나 거절해서 대학에 해직되었다.

2차 대전 중 격심한 유대인 사냥 때 아내를 지켜냈다. 언제 게슈타포가 쳐들어올지 모르는 상황에서 수면 중에는 언제나 청산가리를 머리맡에 두고 잤다.

그의 저항도 한계에 이르러 수용소행 일정도 정해져 있을 때 미군이 하이덴부르크를 점령해서 아내와 함께 기적적으로 생명을 건진다. "자국의 정부에 의해 살해될 직전, 적국의 군대에 의해서 생명이 구출되었다"고 술회했다.

● 애버네티, 존(Abernethy, John : 1764~1831), 영국의 의사

한 신사가 우울증 때문에 애버네티 박사를 찾아가서 진단을 받았다. 그를 진찰한 애버네티 박사는 이렇게 선언했다. "당신은 오락을 즐길 필요가 있어요. 가서 코미디언 그리말디(Grimaldi)의 코미디나 구경하시오. 그러면 그가 당신을 웃게 만들 것이며, 그렇게 하는 것이 약을 복용하는 것보다 더 효과적일 것이오"라고 알려주었다. 그 환자는 "제가 그리말디인데요." 했다.

(중이 제 머리 못 깎는다고)

● 앤 공주(Anne, Princes : 1950~), 영국여왕 엘리자베스 2세의 딸

1974년에 한 미치광이가 백화점과 같은 공개된 장소에서 앤 공주를 납치하려고 한 일이 있었다. 그가 그런 시도를 하면서 여섯 발의 총을 쏘았다. 그래서 그녀의 경호원이 다치고 몇몇 시민도 다쳤다. 그의 아버지인 필립 공은 나중에 말하기를 "만일 그 친구가 앤을 유괴하기에 성공했다면 아마 앤이 그 사람을 상당한 시간 동안 감금해야 했을 걸"라고.

(공주를 납치했으니 문제가 해결될 때까지 납치한 사람도 출입을 못하니까)

● 앤 여왕(Queen Anne : 1665~1714), 영국여왕 재위 1702~1714

"누가 왕관을 쓰고 있어도 대영제국의 영광과는 무관함을 남기고 간 최대의 속물 중의 한 사람, 앤 여왕" 월터 배저트가 한 말이다. 그녀는 18명의 아이를 낳다가 숨도 못 돌리고 사망한 여왕이다. 그녀는 15세에 18세인 하노버의 게오르그

루드비히 황제와 결혼이야기가 있었으나 앤의 모친(제임스 2세 왕비)이 평범한 지방 명문 출신이라고 반대하였다. 그러다가 18세 때 덴마크의 게오르그 왕자와 결혼했다.

앤은 16년간 17회의 임신, 출산한 아이가 열여덟, 6회의 유산, 6회의 사산, 정상출산 5회에 이른다. 왜 이런 출산에 관한 불운이 뒤따랐느냐에 대해서는 혈액부적합과 태반기능의 문제, 홍반성 난창이 문제였다고 한다.

● **앨런, 프레드**(Allen, Fred : 1894~1956), **미국의 코미디언작가, 라디오 스타**

라디오와 TV코미디 '투나잇 쇼(Tonight Show)'의 잭 파(Jack Parr)에서 앨런은 유명한 손님이고 우상화되어 있었다.

이 두 사람이 처음 만났을 때, "당신은 나의 신(God)이오"라면서 파가 더듬거렸다. 앨런이 대답하기를 "뉴욕에만 5,000개의 교회가 있어요. 당신은 차라리 무신론자가 되는 편이 좋을 거요"라고.

(신이 너무 많은데 자기에게까지 신이라고 하니 거북스러운지, 차라리 신을 가지지 않는 편이 마음 편하겠다는 말)

● **어빙, 워싱턴**(Irving, Washington : 1783~1859), **미국의 풍자작가, 단편작가**

어빙은 한번 출판된 자기 작품 보기를 꺼려했다. 왜냐하면 그 속에서 허물만 보이기 때문이다. 그가 죽음에 임박해서, "당신이 낸 책 중에서 가장 높이 살만한 책이 어떤 것이냐"는 질문을 받고, 어빙은 이렇게 말했다. "어떤 책이든 내가 충분한 만족감으로 다시 본 책이 별로 없소이다. 왜냐하면 그 책들이 원래 있어야 할 모습을 가지고 있지 않는 듯이 보였기 때문입니다. 나는 가끔 내가 20년을 더 산다면 하나씩 하나씩 내 서가에서 내려서 다시 쓸 것을 바라고 있어요"라고.

● **언더우드, 호레이스**(Underwood, Horace : 1859~1916), **구한말 미국 선교사, 연세대학교 설립자**

영국계 미국인인 언더우드는 우리나라 최초의 장로교 선교사로 1885년부터

1916년까지 국내에 머물며 연희전문학교와 새문안교회를 세우는 등 한국의 교육·종교·사회 발전에 큰 공헌을 했다.

고(故) 호레이스 그랜트 언더우드(한국명 원두우) 선교사의 후손 등 4대에 걸쳐 한국과 인연을 맺어온 언더우드 일가 중 연세대 이사로 재직 중인 원한석(61) 씨만 국내에 남았다.

언더우드 서거 백주년기념관 박물관에는 고종황제가 언더우드에게 하사한 것으로 알려진 '사인참사검(四寅斬邪劍)'과 언더우드가 설립한 건물을 그린 펜화 40여 점, 언더우드 타자기 20점, 언더우드의 초상화 등이 공개되었다. '바르지 않은 것을 물리치는 칼'이라는 의미를 담은 사인참사검은 원득한 박사가 언더우드 서거 100주년을 기념해 연세대에 기증한 것이다. (조선일보 이슬비 기자)

● **에네스코, 조지**(Enesco, Georges : 1881~1955), 루마니아의 바이올리니스트, 지휘자

에네스코가 다섯 살 때의 일이다.

처음으로 바이올린을 배우러 갔을 때 선생이, "한 곡조 켜볼까? 무엇이든지 좋으니까"라고 말했다.

이 말을 들은 에네스코는 "내가 먼저 듣고 할 테야요"라고 대답했다.

한참 실랑이 끝에 선생이 먼저 하게 되었다. 선생을 먼저 심사한 에네스코는 과연 천재인가? 7세에 비엔나음악원 입학, 12세에 졸업, 다시 파리음악원을 다녔다.

● **에드먼, 어윈**(Edman, Irwin : 1896~1954), 미국의 철학자, 교육자

에드먼 교수의 방심 이야기는 유명하다. 에드먼 교수가 출판업자 봅 하아스의 주선으로 그의 집 풀에서 수영을 할 수 있게 주선되었다.

한번은 에드먼이 혼자 풀에서 목욕을 하고 있었다. 그리고 목욕 가운을 입은 채 하아스의 거실을 배회했다. 거기서 그는 투키디데스(Thucydides, 고대희랍의 철학자)의 책을 발견하고 한동안 앉아서 그 책을 읽었다. 나중에 에드먼 교수가 떠난

후 하아스 부인이 거실에 와 보고 놀랐다. 거실이 물 바닥이 되어 있었던 것이다. "또 그놈의 강아지가 저질러 놓았군" 하고 화를 냈다. 프랑스인 하녀가 고쳐 말했다. "아니오 마담, 강아지가 아니고요 교수님이 그랬어요"라고.

(물에 젖은 목욕가운을 입은 채 몇 시간 머물렀으니 물바다가…)

● 에디슨, 토마스(Edison, Thomas : 1847~1931), 미국의 발명가

☞ 어느 날, 친구가 그에게 충고를 했다.

"자네에게는 아내가 필요해."

그러나 발명가는 어깨를 으쓱하여 보일 뿐 아무 말도 하지 않았다. 그렇지만 그는 작업장을 보고 돌아다니면서 친구가 한 말을 잊어버릴 수가 없었다.

그래서 갑자기 여자 조수가 일하고 있는 앞에 서더니 다짜고짜로,

"내 아내가 되어 줄 생각은 없소?"

라고 물었다. 여자는 의아한 표정을 지으며, 그러나 농담으로 생각하고는,

"기꺼이 응하겠습니다."

라고 대답하였다. 에디슨은 그 질문을 진심으로 한 것이었다. 그리고 그녀와의 약속을 지켰다.

그 후 며칠이 지난 다음, 결혼식이 거행되었다. 몇 해 후 그는 이렇게 말하였다.

"그것은 말하자면 준비하지 않은 실험이었어요. 그러나 모든 실험의 규정에 의해서 그것은 또 완전히 성공한 실험이었지요."

☞ 에디슨은 공식적인 만찬이란 것이 아주 지루하기 짝이 없다는 것을 발견했다. 한번은 모임의 분위기가 침체되어 있어서 에디슨은 일찌감치 자기 실험실로 피해서 가 있으려고 마음먹었다. 그런데 불행하게도 에디슨이 문 가까이에서 어정거리고 서 있으니까 그의 만찬 초청자가 다가와서 말을 걸었다. "만나 뵙게 되어서 반갑습니다. 에디슨 선생님, 지금은 무슨 연구를 하고 계십니까?"라고 물었다. 그랬더니 "내가 나갈 출구요"라고 대답했다.

● 에라스무스, 데지데리우스(Erasmus, Desiderius : 1466~1536), 네덜란드의 로마가톨릭
인문의자, 교회 및 사회개혁가

그는 사제의 사생아로 태어나서 강제적으로 수도원에 들어가서 1492년에 사제서품을 받았다. 그는 파리에 유학 가서 소르본대학에 입학해서 공부했으나 스콜라신학에 염증을 느끼기 시작했다.

대학에서 기숙사생활을 하게 되었다. 당시 소르본대학이라면 유명한 대학일 뿐 아니라 '몬테규' 기숙사에는 학문상 조예 깊은 학생이 아니고서는 못 들어가는 때였으니까 다른 사람들은 이것을 대단히 부러워하여 누구나 만나면 "그렇게 이름 있는 학료(學寮 : 기숙사학교)의 기숙생이면 굉장한 학문을 몸에 지녔을 것이라고 인식되어 있었다. 에라스무스는 이런 이야기를 들을 때마다 "천만에요, 높은 학문을 몸에 지니는 게 아니라 몸에 지닌 것은 이(蝨)를 함빡 올린 것 밖에 아는 것도 없습니다"라고 대답하니 치하하던 사람들이 아연해졌다.

그는 그 후 영국에 건너가 인문학자 존 콜렛과 토마스 모어를 만나 영향을 크게 받고 루터의 종교개혁 논쟁에 휘말려 양쪽에서 모두 거부당하고 그로 인해 상처받고 죽었다.

● 에임스, 로저(Ames, Roger : 1947~), 미국 하와이대 동양학교수

2017년 경북 안동 문화예술의전당에서 열린 '21세기 인문가치포럼' 참석 차 내한한 그가 건넨 명함에는 '안락철(安樂哲)'이라는 한자 이름이 병기되어 있었다.

반세기 전인 18세 때 그는 교환학생으로 홍콩에 가서 중국어와 한문을 공부했다. 동양 철학의 매력에 눈뜰 무렵, 중국인 친구가 지어준 이름이 '안락철'이었다. '안'은 에임스와 닮은 중국 성(姓)에서 따왔고, 동서양의 고전을 아우르는 비교철학자로 성장했다.

로저 에임스(68) 미국 하와이대 교수는 "유학(儒學)이 서구의 개인주의 철학이 지닌 한계를 해결하기 위한 지적(知的) · 정신적 대안이 될 수 있다"는 주장으로 동서양 학계의 주목을 받은 철학자다.

"전통적으로 서양 철학은 불변(不變)의 고정된 대상이 존재한다는 전제에서 출발한다. 변화를 거부하는 인식이 깃들어 있는 것이다. 이 때문에 20세기에 이르면 서양에서도 하이데거와 데리다 등이 현상학과 후기구조주의 등 다양한 관점에서 기존의 존재론을 비판하고 반성하기에 이른다. 반대로 동양 철학에서 세상은 언제나 살아 꿈틀거리며 변화하는 것이다. 대상이나 사물도 그 자체로 정의되는 것이 아니라 관계에서 출발한다. 그렇기에 효(孝)나 인(仁) 같은 말은 서양에서 정확하게 번역되지 않는다. 유학은 서양 철학의 한계를 반성하고, 열린 사고의 장(場)을 제공하는 데 도움을 준다."

"'개인이 모든 걸 결정하는 독립적 존재'라는 개인주의의 근본 전제는 환상(fiction)에 가깝다. 기후 온난화와 환경 재앙, 식량난과 인구 증가, 테러리즘까지 현대 사회의 모든 문제는 협력에 기초해야만 해결할 수 있다. 우리는 상호의존적인 존재이다. 그런 의미에서 공존(共存)이나 공도동망(共倒同亡)이라는 화두를 던지는 유학은 서구 개인주의에 대한 훌륭한 대안이 될 수 있다."

● 에코, 움베르토(Eco, Umberto : 1932~2016), 철학자, 소설가

이탈리아 밀라노 자택에서 숨진 에코는 20세에 처음으로 찾은 파리가 너무 멋져서 이 도시에서 살고 싶다는 꿈을 꾸었고, 40년만인 환갑에야 꿈을 이루어 마침내 집을 샀다. 에코의 밀라노 자택에는 3만 권의 장서로 가득 찬 '도서관'이지만 파리 자택은 평범하다. 여든에 아이패드와 인터넷을 자유자재로 활용하는 노학자였지만, 인터넷에 대해서는 "정보가치를 판단할 능력이 부족한 지적 빈자(貧者)들에게는 종이책과 달리 여과장치 없는 인터넷의 폐해가 크다"고 했다. "인터넷정보를 애용하는 것은 어쩔 수 없겠지만 반드시 정보를 여과하고 비교하는 분별력을 갖춰야 한다"고 했다.

● 엑세르세스(BC 465~?), 페르시아 왕(BC 485~465)

기원전 480년에 페르시아대군을 이끌고 희랍을 침공한 왕인데 희랍으로 퇴각하던 엑세르세스 왕은 그를 태우고 소아시아로 돌아가던 페니키아 배에 있었다. 돌아가는 길에 무서운 폭풍우가 몰아쳐서 배가 침몰 위기에 놓이게 되었다. 특히 엑세르세스를 따라나선 페르시아인을 너무 많이 태웠기 때문이었다.

왕은 선장에게 안전의 희망이 있느냐고 물었다. 선장은 "만일 배에 실은 짐을 더 가볍게 하지 않으면 희망이 전혀 없습니다"고 대답했다. 엑세르세스는 갑판에 나와 있는 페르시아인들을 향해 "내 안전은 여러분에게 달려 있소. 지금 당신들 중 몇 사람이 왕을 위해 선의를 베풀어 보이시오"라고 말했다. 이 말을 들은 많은 사람들이 왕에게 복종하여 바다에 몸을 던졌다. 배는 가벼워지고 배는 안전하게 항구에 정박했다.

왕이 상륙 후 그는 곧 그 선장에게 왕의 생명을 구해준데 대해서 황금관을 하사했다. 그러나 또한 그는 선장을 사형에 처하도록 명했다. 왜냐하면 많은 페르시아인의 목숨을 그의 진언 때문에 잃게 만들었기 때문이었다.

● **엘리엇, 찰스**(Eliot, Charles : 1834~1926), 미국의 교육자, 40년간 하버드대학 총장(1869~1909)

하버드의 장기간 총장으로 일하는 동안 찰스 엘리엇은 스포츠에 대해서 가끔 의아하게 생각하는 일이 있었다. 한번은 엘리엇이 성공적인 야구시즌이 끝날 무렵에 이 스포츠를 스포츠부에서 제외할 생각을 하고 있었다. 사람들이 설명을 요구하자 "자, 올해 우리학교 팀의 한 피처가 아주 멋진 커브볼을 던져서 이겼다고 들었다. 내가 알기로는 커브볼은 속이기 위한 절묘한 기도로 던져지는 공이라고 알고 있는데, 그런 방식은 하버드에서 기르려고 원하는 능력이 아님은 분명합니다"라고 설명을 했다고 한다.

하버드대학의 유명한 교수겸 총장(1869~1909)이었던 엘리엇 박사에게 누군가가 이런 질문을 했다. "하버드대학이 미국에서 제일 위대한 '지식의 보고'라는 명성을 어떻게 획득했습니까?"라고 물었다. 엘리엇 박사는 미소를 띠면서 이렇게 말했다. "그것은 다분히 신입생이 많은 지식을 가지고 들어와서는 졸업할 때에는 그 중 조금만 가지고 나가니까 그렇지 않겠어요?"

● 엘리엇, 토머스(Eliot, Thomas : 1888~1965), 미국 태생의 시인, 1948년 노벨문학상 수상

1961년 6월 7일 오후, 고려대학의 영문학과 교수 김종길이 영국 런던의 러셀 스퀘어에 있는 출판사 페이버 앤드 페이버 4층, 그의 사무실에서 T.S. 엘리엇을 만났다. 당시 김종길의 나이 36세 때니 젊었을 때였다. 그는 당시 셰필드대학에 연구하러 가 있었다. 그 당시 엘리엇은 이미 73세 고령에 접어든 나이였다. 김종 길의 첫인상을 소개하면,

"……나를 맞이한다고 자리에서 일어서 있던 그는 예상했던 것보다도 거구였고 그의 얼굴은 노인의 것이라기보다는 윤기가 흐르는 중년 남성의 얼굴이었다. 그의 신체적 첫인상은 한 마디로 바로 '준수하다'는 것이었다. 훤칠하면서도 날카롭고 유능해 보이는 준수함이었다. 지정된 30분을 넘어 40분이 넘도록 이야기를 나누었다."

그의 화법도 시작처럼 하나의 예술이라고 생각하는 사람의 것인 듯 했다. 그의 영어발음은 코스모폴리탄이라는 생각이 들었다고 한다.

그는 하버드대학에서 대학원까지 다니고, 파리의 소르본느대, 독일의 말부르그, 영국의 옥스퍼드대학을 유학한 사람이다. 그의 전공은 철학이었지만 하버드에서는 인도철학에 관심이 있어서 산스크리트어와 발리어까지 공부한 철학박사였다.

● 엘리자베스 1세 여왕(Elizabeth Ⅰ : 1533~1603), 영국과 아일랜드여왕(1558~1603)

왕비를 여섯 번이나 맞이했던 헨리 8세 왕의 딸인 엘리자베스의 어머니는 제2 왕후였다. 어머니는 왕의 총애를 잃고 부당하게 런던탑에 투옥되었다가 처형되었다. 헨리 8세가 죽은 뒤 엘리자베스의 이복언니 메리가 여왕이 되었다.

그러자 신교도를 박해함으로써 "피를 즐기는 메리"라고 악명 높았던 메리 1세는 엘리자베스를 미워해서 그를 런던탑에 유폐시켰다. 그러나 메리가 죽자 엘리자베스가 여왕자리에 올랐다. 전대의 구 교구주의를 폐지하고 영국의 국교를 확립했다.

대외적으로 1587년 칼레시를 프랑스에 양도했고 스코틀랜드 여왕을 사형에 처했으며, 스페인의 구 교파에 대한 단호한 태도를 취했다. 특히 1588년에는 스페인의 무적함대를 격파해서 필립 2세의 야망을 꺾었다. 그로부터 영국을 세계 제일의 해군국으로 이루는 번영의 기초를 닦았다. 문예정책에 크게 힘써 셰익스피어 등 저명한 문인들을 배출시킨 것도 치적이라 하겠다.

● 엘리자베스 2세 여왕의 어머니(Elizabeth, the Queen Mother : 1900~2002)

☞ 1940년 런던 공습 때, 왕(당시 조지 6세 왕)과 왕비는 확고부동한 자세와 임무에 헌신한 표본을 보여주었다. 엘리자베스 왕비는 특히 런던의 이스트엔드 지구의 가난한 사람들의 고통과 용기에 감동받고 있었다. 그 중 많은 사람들이 집을 잃거나 그들이 가진 모든 것을 잃어버린 사람들이었다.

하루는 버킹햄 궁전이 독일공군의 폭격을 직접 받았다. 왕비는 그 손상된 부분을 살피고 난 뒤 자기는 그것으로 인해 전혀 언짢아하지 않는다고 말했다. "지금 우리는 여기서 이스트엔드를 직접 바라볼 수 있게 되었지"라고.

☞ 오스트레일리아에 국빈방문으로 갔을 때, 가든파티에서 왕비는 호기심으로 가득 찬 오스트레일리아 원주민에게 둘러싸였다는 것을 알았다. 둘러싸인 원이 점점 좁혀 들어오자 계속 고개를 끄덕이고 미소 지어 보였다. 낮은 목소리로 "제발 전시물에는 손을 대지 마세요"라고 말했다.

(즉 자기 자신에게 손대지 말라고 하지 않고, 호기심 많은 원주민이 자기를 전시물로 보니까, 자기를 전시물로 비유한 것이다.)

● 엘리자베스 2세(1926~), 영국의 여왕(1952~)

여왕과 필립 공이 미국 대통령 제럴드 포드시절, 미국을 방문해서 백악관에서 만찬을 가졌을 때의 일이다. 그 날 행사를 위해 정장을 한 아들 잭이 그의 드레스 셔츠의 단추를 어디에다 둔지 못 찾아서 아버지 것을 빌리려고 아버지 방에 들어갔다. 엘리베이터를 탔는데 그의 셔츠는 단추가 풀어지고 머리는 헝클어져 있었는데 연회장에는 이미 자기 부모님과 여왕 손님으로 가득 차 있었다. 포드 대통령 부인이 눈에 띄게 당황해 보였지만 아들을 일단 소개했다. 그 젊은이의 단정치 못한 몰골을 본 여왕이 동정어린 말로 "우리 집에도 저런 아들이 하나 있어요"라고 말했다.

(찰스 황태자 이야기다.)

● 엘콧, 루이사(Alcott, Louisa : 1832~1888), 미국 작가

"기필코 작가로 성공해서 「애틀랜틱 먼슬리」에 작품이 실리도록 할 것이다. 그리고 나는 내 말을 실현해 냈다. 그것은 내 의지와 열망이 이룬 결과였다."

소설 『작은 아씨들』로 유명한 작가 루이사 엘콧의 말이다. 그녀가 이 말을 한데는 다음과 같은 사연이 있다.

엘콧은 작가가 되기 위한 열망으로 가득 차 있었다. 그래서 그녀는 손이 아프도록 습작을 했고, 그렇게 쓴 작품들은 하나 둘씩 쌓여갔다. 그러던 어느 날 그녀는 작품을 들고 「애틀랜틱 먼슬리」 출판사를 찾아갔다.

"작품을 가지고 왔는데 검토해 주시겠습니까?"

"네, 검토해서 연락드리지요."

얼마 후 출판사에서 그녀에게 원고를 가져가라고 연락이 왔다. 그녀를 대신해서 아버지가 갔다.

"댁의 따님에게 교사 일을 그만두지 말라고 전해주세요. 작가로서는 성공하기 힘들 것 같군요."

엘콧의 아버지는 속이 상해 집으로 돌아왔다. 그녀는 아버지로부터 말을 듣고 반드시 「애틀랜틱 먼슬리」에 작품이 실리도록 하겠다고 굳게 결심했다. 자신의 능력을 무시한 편집자의 코를 납작하게 해 주고 싶었다. 노력 끝에 그녀는 당대의 최고 시인 롱펠로우로부터 '에머슨급의 시인이 아니면 쓸 수 없는 작품'이라는 격찬을 들은 시를 「애틀랜틱 먼슬리」에 발표하여 드디어 등단했다.

● 엠페도클레스(Empedokles : BC 490?~BC 430?), 고대 그리스의 철학자, 윤회설을 믿음

엠페도클레스는 여러 가지 이상한 행동을 많이 해서 사람들은 그를 신과 같이 존경하였고, 자기 자신도 신으로 자처했다.

한번은 여러 사람에게 "내일은 내가 승천하는 날이니 나의 승천하는 것을 보고 싶은 사람은 에트나화산으로 오라"고 떠들었다.

이튿날 수천 명이 에트나화산으로 모여들었다. 시간이 되어 '살아계신 신'인 엠페도클레스는 위엄과 복장을 갖추고 보무당당하게 나타나니 군중들은 일제히 합장인사를 했다.

그는 정중히 입을 열고 유훈을 남긴 다음 "내가 지금 승천하면 얼마 후에 다시 이 자리로 돌아오리라" 하니 군중들은 다시 꿇어 절을 했다. "승천하실 때에는 하늘에서 오색구름과 함께 천사가 내려와서 모셔 올리나 보다"고 생각하고 기다린 즉 살아계신 신인 엠페도클레스는 제 발로 걸어서 분화구로 가더니 그냥 투신해 버릴 뿐 오색구름이나 천사는 커녕 개미 한 마리 나타나지 않았다.

구경하던 군중은 허망해 하면서도 승천하는 방법이 그렇게 하는가 보다 하고 헤어졌다. 며칠이 지나도 재림한 선생은 보이지 않았다.

● 엡스타인, 제이콥 경(Epstein, Sir Jacob : 1880~1959), 영국의 조각가, 러시아-폴란드의 후예
로서 뉴욕에서 태어남

엡스타인의 스튜디오를 방문한 조지 버나드 쇼는 엡스타인의 스튜디오 한쪽 구석에 거대한 돌 조각이 서 있는 것을 보았다. "저건 뭐하려는 돌입니까?" 하고 물었다. "아직은 모르겠어요." 조각가가 대답했다. "저는 계속 계획을 세우고 있는 중입니다." 쇼는 깜짝 놀랐다. "당신은 당신 하는 일을 계획을 세워서 합니까? 그런데 저는 하루에도 몇 번씩이나 마음이 변하는 데요" 하고 쇼가 외쳤다. 그건 "4온스(1온스는 약 28g)짜리 원고지를 다룰 때에는 그렇게 할 수 있지만, 4톤이나 되는 돌덩어리를 다룰 때에는 그렇게 할 수가 없어요"라고 엡스타인이 대답했다.

● 엥겔스, 프리드리히(Engels, Friedrich : 1820~1895), 독일의 사회주의 지도자, 정치철학자

엥겔스는 번창하는 직물제조업자의 아들이었다. 아버지는 여섯 살 되는 프리드리히를 장차의 후계자로 삼기 위해 공장내부를 샅샅이 구경시켜 주었다. 이 어린 소년은 자기보다 그리 나이도 많지 않은 어린아이들이 공장에서 비참한 조건 하에서 일하는 것을 보고 크게 충격을 받았다. 그의 무서운 아버지 앞에서는 그는 감정을 숨겼다. 그러나 크게 마음의 동요를 안고 집에 돌아와서 어머니에게 "엄마 나도 공장에 가서 일하면 안 돼?"라고 물었다.

"안 돼, 아들아 너는 일 안 해도 된다는 것을 하나님께 감사해. 공장이 우리 것이란 것을 기뻐해라."

"거기 아이들은? 아이들도 기뻐할까요?"

"아니지. 프리드리히야, 그 애들은 너와 달라. 너의 그 작은 머리를 그 일 때문에 괴롭히지 말아라. 이 일은 누구도 바꿀 수가 없단다."

프리드리히는 그날 밤 잠을 자지 못했다. 아침이 되어 어머니가 그를 깨웠다. 어머니를 쳐다보고는 "엄마, 생각해봐요. 나는 사물을 바꾸고 싶어요……"

● 예카테리나 2세(Ekaterina II : 1729~1796), 러시아의 여왕

그녀는 원래 독일 왕실의 후예였다. 열다섯 살에 어머니와 함께 러시아로 와서 열여섯에 표트르 3세와 결혼했다.

1762년 예카테리나는 정변을 일으켜 겨우 반년 동안 재위에 있던 남편 표트르 3세를 가두었다. 그녀는 3년 후 남편을 죽이고 러시아의 황제자리에 올랐다. 그러나 그녀는 탁월한 재능과 업적으로 표트르 1세 대제 이후 두 번째로 귀족들로부터 '대제'라는 칭호를 받게 되었다.

예카테리나 2세는 러시아의 역사상 가장 야심에 찬 황제 가운데 한 사람이었다. 그녀는 재임기간 동안 전쟁을 여섯 차례나 일으켰고 프루시아, 오스트리아와 연합해서 폴란드를 나누어 갖기로 했다.

예카테리나 2세는 매우 잔인한 차르(슬라브계의 황제) 중 한 사람이다. 그녀는 농민과 지식인을 무자비하게 박해했다. 그녀는 6개 도시를 포함하는 러시아 제국을 건설하고자 이란과 중국, 인도를 공격했다. 1796년 11월 6일 67세를 일기로 중풍으로 세상을 떠났다.

● **오나시스, 애리스토틀**(Onassis, Aristotle : 1906~1975), 희랍의 선박 왕, 재클린 케네디와 결혼

자기 소유 요트 '크리스티나'호 안의 자기 사무실 옆에 화려한 개인용 화장실 · 욕실을 붙여놓았다. 이 욕실의 문은 일방시(一方視 : 한쪽에만 볼 수 있는) 거울로 되어 있다. 이것은 의심스럽지 않은 방문자를 개인용 욕실에서는 볼 수 있으나 사무실에서는 상대방을 볼 수 없도록 되어 있다.

어느 날 오후 업무회의가 있었는데, 오나시스가 실례한다면서 욕실로 들어갔다. 편안하게 볼일을 하고 문을 쳐다보고는 놀라 자빠질 뻔 했다. 거기에 자기 얼굴이 비춰지지 않는가? 그 전날 일꾼이 문을 고치면서 일방시 거울을 떼고 보통 거울로 바꿔 끼워 놓았던 것이다.

● **오닐, 유진**(O'Neil, Eugene : 1888~1953), 미국의 연극인, 1936년 노벨문학상 받음

☞ 오닐은 언제나 자기 연극의 어떤 것도(어떤 부분) 자르는 것을 강력히 반대했다. 감독과 극작가인 럿셀 크로우스에게 '아, 저 광야여(Ah, wilderness)'의 대본을 짧게 줄이자고 요구했을 때 그는 매우 불쾌해했다.

다음날 크로우스에게 전화를 걸어 15분가량의 분량을 잘랐다고 말했다. 놀라기도 하고 반가운 마음에 크로우스가 "이제 변화된 모습을 보게 되겠군"라고 하니까, "오, 텍스트에는 아무런 변화도 없습니다." 오닐이 설명했다. "그러나 우리가 이 극을 4막으로 연출하기로 계획한 것으로 아는데 저는 세 번째 중간 휴식시간을 없애기로 했습니다."

(대본의 길이를 줄인 것이 아니라 휴식시간 15분을 없앴다는 이야기다. 얼마나 철저한 작가적 고집이냐)

☞ 오닐은 어떤 종류의 선전도 크게 싫어했다. 그가 어느 날 밤 일생에 한번 처음으로 한 나이트클럽에 갔다. 흥분한 사장이 손님들에게 "미국의 위대한 극작가가 오셨습니다. 이제 답례 인사를 하실 겁니다." 오닐이 하는 수 없이 밝은 스포트라이트를 받으며 일어났다. 그가 떠나려는데 웨이터가 달려오더니 저녁식사 값 60달러 계산서를 내밀었다. 오닐이 연필을 끄집어내더니 밑에다가 갈겨쓰기를 '절 한 번 받고 60달러'라고 쓰고 사라졌다.

● **오닐, 테이텀**(O'Neil, Tatum : 1963~), 미국 영화 여배우, 배우 라이언 오닐의 딸

테이텀 오닐이 열네 살 때 '인터내셔널 벨벳'이란 영화를 찍고 있었다. 이때 장학사가 학교에 와서 테이텀이 학교 공부에 뒤처지지 않았는지를 확인하려 했다. 장학사가 테이텀의 수학성적이 그리 좋지 않은 것을 보고, '영화 찍는다고 괴롭지 않았냐'고 물으니까, 이 아역 배우는 별로 걱정 없다는 듯이 "오, 노, 저는 앞으로 회계사를 고용할건데요"라고 대답했다.

(수학은 돈 계산할 줄 알면 되고 돈 벌어서 회계사를 고용하면 그 문제는 해결된다니.)

● **오든, 와이스텐**(Auden, Wystan, H. : 1907~1973), 영국 태생 시인으로 미국에 귀화함

☞ 오든이 뉴욕시에 있는 사회과학대학원(New School for Social Research)에서 셰익스피어를 강의하기 시작하려고 첫 시간에 강의실에 들어갔더니 강의실이 만원이 되어 있었다. 그는 강의실을 쭉 훑어보고는 하는 말 "학생들 중 내 강의가 잘안 들리는 학생이 있더라도 손은 들지 마세요. 나도 근시거든요" 했다.

(내 말이 안 들릴 정도로 난청인 학생이 있듯이 나도 근시니까 비기는 거다.)

☞ 그가 처음 의치를 한 직후에 보스턴에 있는 어떤 여성분이 초대를 해서 티파티에 참석한 일이 있었다. 자기를 초청한 부인이 찻잔에 생긴 불꽃을 좀 불어서 꺼줄 수 있느냐고 물었다. 그래서 그는 즐겁게 불꽃을 껐다. 그런데 그의 위턱의 의치가 빠져서 옆의 사람 찻잔 속으로 빠져 들어가 버렸다.

● 오스카 2세(Oscar II : 1829~1907), 스웨덴의 왕(1872~1907), 노르웨이 왕(1872~1905)

하루는 시골학교를 방문한 오스카 왕은, 스웨덴의 왕 중 가장 위대한 왕이 누군지 이름을 대보라고 학생들에게 물었다. 학생들이 이구동성으로 구스타프 바사, 구스타브 아돌프스, 찰스 12세라고 대답했다. 그러자 교사가 한 어린 학생 쪽으로 다가가서 허리를 굽혀 그의 귀에다 대고 뭔가를 속삭였다. "그리고 오스카 왕입니다"라고 자발적으로 말했다. "그래? 오스카 왕이 무슨 일을 했길래 그렇게 유명하지?"라고 왕이 물었다. "저…저…저 모르겠는데요." 그 불행한 어린이는 더듬으며 말했다. "맞아, 내 아들아, 나도 잘 모르겠거든"라고 오스카 왕이 말했다.

● 오웬, 로버트(Owen, Robert : 1771~1858), 영국의 제조업자, 유토피아 건설자

19세기 영국에는 석탄 광산에서 일하는 아동노동에 관한 가슴을 찢는 기록이 많다. 박애주의자인 오웬은 검은 석탄을 잘게 쪼개는 일을 하고 있고 그 쪼갠 석탄에서 혈암(頁岩)을 캐내는 일로 지친 12세나는 소년을 만났다.

"넌 신(God)을 아느냐?" 오웬이 물었다. "아니요, 그 사람 다른 광산에서 일하는 모양이지요"라고 그 소년은 대답했다.

(신—God이라는 말조차 모르는 아이들이 혹사당하고 있다는 것을 증명하는 말이다.)

● 오키프, 조지아(O'Keefe, Georgia : 1887~1986), 미국의 여류화가

유명한 여류화가 조지아 오키프의 남편인 사진작가 알프레드 스타이클리츠가 자기 부인의 작품을 관리하고 있는데 작품을 처분할 때면 언제나 몸부림을 칠 정도로 힘들었다.

한번은 작품을 계속 지니고 있을 요량으로 턱없이 비싼 가격을 불렀으나 놀랍게도 화상은 선뜻 그 돈을 지불했다. 그 덕에 오키프는 석 달 동안이나 손이 떨려 그림을 그리지 못했다.

한편 오키프는 돈에는 아주 무관심했다. 그의 첫 작품이 400불에 거래되는 현장에 있었는데 거래가 끝나자 창백해져 쓰러질 듯 주저앉았다. 돈 때문이 아니라 영영 그 그림과 헤어진다는 절망에서였다.

● 오툴, 피터(O'Toole, Peter : 1932~2013), 영국의 영화배우

젊은 배우로서 피터 오툴은 체호프의 연극에서 그루지아 시골의 농부 역할을 하는 일거리를 얻게 되었다. 그가 해야 할 일의 전부는 무대에 나와서 선언하기를 "오스트로프 박사님, 말들은 준비가 다 되었습니다"라고 말하고 퇴장하는 일이었다. 이 장래성이 별로 없는 역할에서 뭔가 마일리지(성과)를 얻어내려고 결심한 오툴은 농부를 젊은 '스탈린'으로 인식하고 연기를 하였다. 자기 자신도 스탈린처럼 보이도록 노력했다. 스탈린처럼 약간 절룩거리는 연습도 했다. 그리고 그는 사회적 선배에 대항해서 격렬한 분노를 나타내도록 대사를 연습했다. 연극 개막 첫날 이 험악한 인물의 등장으로 관객은 적당히 자극을 받았다. 강렬하게 집중해서 오툴은 선언을 했다. "호르세이 박사님, 오스트로프는 준비가 되었습니다"라고.

(호르세이는 호스(horse)를 의미하고, 오스트로프는 실은 오스트로프 박사를 말하는 것인데, 그는 너무 긴장한 나머지 말과 사람이름을 바꿔 부른 것이다.)

● 오티스, 로렌스(Oates, Lawrence : 1880~1912), 영국의 탐험가, 남극탐험대원

남극에 도달하고 돌아가는 길에 스코트파견대는 심한 눈보라를 만났다. 오티스는 발이 동상에 걸렸고, 괴저(壞疽)로 발전했다. 즉 발이 썩기 시작했다. 다른 대원들의 귀환을 늦추지 않기 위해 자기를 내버려두고 가라고 권했다. 그의 동료들은 그 말을 들으려 하지 않았다. 그리고 그들은 다음날을 기약하고 기후와 싸웠다. 그 다음날 아침 눈보라는 여전히 격렬했다. 오티스는 "나는 그냥 밖으로 나갈게. 그리고 언젠가는…" 그는 그 길로 텐트 밖으로 나와서 영원히 눈보라 속으로 사라지고 말았다.

● **오펜하이머, 로버트**(Oppenheimer, Robert : 1904~1967), 미국의 물리학자, 2차 대전시
원자탄 개발 책임자

1945년 6월 16일, 뉴멕시코주 알라모고르도에서의 실험에서 역사상 최초의
원자폭탄이 폭발하는 실험을 오펜하이머가 지켜보고 있을 때, 'Bhagavad Gita'
라는 힌두글자로 된 문장이 머리에 떠올랐다. "만일 1,000개의 태양의 방사선이
하늘에서 터졌다고 하면 그것은 전능한 존재의 광채와 같을 것이다"라고. 그때,
거대한 버섯구름이 하늘을 뒤덮었다. 그때 또 다른 문장이 머릿속에서 떠올랐다.
"나는 사신(死神)이 되었도다. 세계를 파괴하는"라는.

● **와우, 에블린**(Waugh, Evelyn : 1903~1966), 영국의 소설가

1935년 와우는 이탈리아가 에티오피아를 침공한 문제를 기사를 쓰라고 에티
오피아에 파견되었다. 그가 에티오피아에 있는 동안 그의 편집자가 한 영국인 간
호사가 이탈리아 비행기의 공중폭격으로 사망했다는 소문을 듣고 전보를 쳤다.
"200자 이내로 날아간 간호사에 대해서 송고하시오"라고. 와우는 철저한 조사를
했는데 그 이야기를 200자 이내로 글로 실체화 할 수가 없었다. 그는 마지막으로
전보를 쳤다. "간호사는 (폭격으로)날아가 버렸다."

● **와일드, 오스카**(Wilde, Oscar : 1854~1900), 아일랜드의 극작가

☞ "가르칠 능력이 없는 사람들이 가르치는 일에 열중하고 있으니… 이것이야
말로 우리의 교육열의 말로이다."

(주 : 이 말이 약 100년 전에 한 말이고 보면, 교육은 아무나 하는 것이 아니구나 하는 것을 알게
된다).

☞ 오스카 와일드가 미국을 방문했을 때, '워싱턴(조지 워싱턴 미국 초대 대통령)'의 서
있는 조각상을 바라보고 있노라니까 옆에 있던 한 미국시민이 말했다.

"이분은 참으로 위대한 분이지요. 저분의 입에서는 단 한 번도 거짓말이 나오지 않았으니 말입니다."

"그렇다면 이분은 콧구멍으로 말을 했던가 보군요."

(거짓말을 전혀 안 한다는 것을 비꼬는 말)

● **와일드, 조나단**(Wild, Jonathan : 1682~1725), 영국의 범죄인

와일드의 죽음에 대한 기록은 문자 그대로 정확하게 남아 있다. 타이번(Tyburn)에 있는 교수대로 걸어 올라갔다. 이 참회하지 않는 악한은 능숙하게 마지막 사망의식을 집전하러 온 신부의 호주머니를 털었다. 그는 몰려 온 군중을 아래로 내려다보고 그의 정리품인 코르크 따개를 흔들면서 죽어갔다.

● **외제니**(Eugénie : 1826~1920), 프랑스의 왕비(1853~1870), 나폴레옹 3세의 부인

왕비와 그의 시녀들, 마담 드 푸르탈레가 가면을 쓴 어떤 사람이 권총을 들고 셍 클루 정원에 있는 궁정 뜰에 나타났을 때 먼 구석에서 인내심을 갖고 사태의 추이를 지켜보고 있었다. 이 권총 든 남자는 보석을 내 놓으라고 요구했고, 그 자리에 있던 사람들은 모두 건네주었다. 그 다음에는 거기에 있는 사람들에게 옷을 벗으라고 요구했다. 그들이 옷을 하나씩 하나씩 벗고 있는 중 마담 드 푸르탈레가 이 침입자를 알아보았다. "포셰야!" 그녀는 그 남자의 장난기를 보니 궁정에서 일하는 정신(廷臣)같았다. 그래서 그녀는 소리를 질렀다. 그제서야 그들은 그 청년을 야단치고 있을 때, 급히 달리는 발자국 소리가 들려오더니 궁정 경호대원이 여성들의 아우성 소리를 듣고 달려온 것이다.

포셰가 가면과 권총에 대해서 설명하는데 어려움을 겪고 있는 사이에 외제니가 "빨리 숨어, 내 치마 속으로 숨어"라고 외쳤다. 그래서 경호원이 철수할 때까지 그는 그 치마 속에 숨어 있었던 것이다.

● 요한 23세(John XXⅢ : 1881~1963), 로마 교황(1958~1963)

프랑스행 교황사절로서 장차 교황이 될 사람이 한번은 한 연회에 초대를 받았다. 그의 만찬 파트너 여성은 아주 짧은 치마를 입고 있었다. 이것은 고위 성직자가 식사코스가 진행되는 동안은 보아서는 안 되는 광경이었다. 그런데 디저트가 나왔을 때, 그는 장밋빛 사과를 선택하였고 그것을 옆에 있는 여성에게 주었다. 그녀는 그것을 정중히 거절했다. "마담 프리즈, 이걸 드세요"라고 권했다.

"그녀(창세기의 이브)가 가진 것이 아무것도 없다는 것을 알게 된 것은, 이브가 사과를 먹고 난 후였어요"라고 덧붙였다.

(사과를 이브와 연관시켜 말한 것이 재미있다.)

● 요한 바우로 2세 교황(Ioannes Paulus PP. Ⅱ : 1920~2005)

새로 교황이 선출되면 로마시 유태인 교회의 랍비가 교황을 예방하는 전통이 있었다. 예방을 할 때마다 밀봉된 상자를 교황에게 바치는데 그때마다 교황은 언제나 그 상자를 열지 않고 다시 돌려보내는 것도 역시 관례였다.

요한 바우로 2세가 교황에 당선되었을 때도 전통대로 로마시 랍비가 그 상자를 들고 교황을 예방했다. 유별나게 진취적인 신임교황, 그 상자를 열어보았다.

놀랍게도 그 속에는 아주 오래된 양피지 문서로서 예수 생존당시에 사용되던 아랍어로 된 마지막 만찬 때의 계산서가 들어 있었다.

● 욥(Job : 구약성서의 욥기에 나오는 주인공)

구약성서의 욥기를 보면, 욥은 우즈 땅에 살고 있었고 아들 일곱과 딸 셋을 두었으며 양 7,000마리, 낙타 3,000마리, 소 500마리와 나귀 500마리, 많은 종들을 거느린 동방 제일의 부자였다. 그는 부귀영화의 모든 조건을 갖추고 있었으나 하나님이 사탄의 말만 듣는 그를 테스트했다. 하루아침에 모든 자식들이 갑자기 죽고 모든 재산을 잃었다.

그는 "내가 어머니 뱃속에서 태어날 때 아무것도 가져온 것이 없으니 죽을 때도 아무것도 가져가지 못하리라. 주신 자도 하느님이오, 가져간 자도 하나님이니, 오직 하나님이 찬양받기를 원하노라"라고 적고 있다.

또 욥기 5장 7절에 "인생은 고난을 위하여 태어났나니 불티가 위로 날음 같으니라. 인생이 어찌 주 앞에서 의로우랴?" 하면서 신의 뜻에 거역하지 않음을 다짐하고 있다.

● 울프, 버지니아(Woolf, Virginia : 1882~1941), 영국의 여류소설가, 비평가

아버지는 레슬리 스티븐슨이라는 문학자이고, 남편은 평론을 하는 레나드 울프이다. 유복한 문학적 환경에서 자라나 출세작 『제이콥의 방』(1922)에 이어 많은 작품을 냈는데 59세에 최후의 작품 『막간』(Between Acts, 1941)을 남기고 돌연 투신자살했다.

그는 "나는 생각한다. 마음 놓고 책을 읽을 수 있는 장소가 천국이다"고 말하곤 했다.

울프는 영국 남부 해안에 자리한 집 정원에 오두막을 짓고 글을 썼다. 정원이 보이는 '자기만의 방' 외에도 침실, 거실 등을 원고로 어지럽히며 작품에 몰두했다.

● 울프, 토마스(Wolfe, Thomas : 1900~1938), 미국의 소설가

아파트에서 내려와서 거리로 나오려는데 엘리베이터 속에서 한 부인이 독일 셰퍼드의 목줄을 팽팽하게 당기면서 서 있는 것을 목격했다. 그 개가 울프에게 달려들었다. 부인이 소리를 질렀다. "울프, 이 위대한, 밉살스러운 짐승아!" 울프는 자기의 문학적 명성이 그를 뉴욕 전체를 당황스럽게 만들었기 때문에 그 날은 빗속에서 거리를 걸으면서 보냈고, 모든 낯선 사람들이 그렇게 야만적으로 말을 거는 경험을 해서 그만 우울해졌다. 나중에 그는 안 일이지만, 그 개의 이름이 울프였다.

● 워너, 잭(Warner, Jack : 1892~1978), 미국의 영화제작자, 워너브라더스의 공동창업자

워너는 그의 워너브라더스의 사무실에서 오후에 낮잠을 자는 버릇이 있었다. 그리고 그 시간에는 그를 깨우지 않는 것은 스튜디오의 불문율이었다. 그러나 한 번은 베티 데이비스가 워너가 잠들고 있는 사무실에 쳐들어 왔다. 그리고는 고함을 치기 시작했다. 사연은 대본이 자기의 승낙도 받지 않는 것이었기 때문이다. 워너는 눈을 뜨지 않고 전화기를 들더니 자기 비서를 불렀다.

"들어와서 나를 좀 깨워라." 그리고 말하기를 "나는 지금 악몽을 꾸고 있었어." 미스 데이비스는 웃지 않을 수가 없었다. 그리고는 대본에 대한 위기는 몇 분 사이에 해결되었다.

● 워싱턴, 조지(Washington, George : 1732~1799), 미국의 장군, 정치가, 미국의 1대 대통령
(1789~1797)

미국 건국의 아버지, 지금도 미화 1달러 지폐에 그의 초상이 찍혀 있다. 1789년 헌법회의에서 만장일치로 신헌법하의 초대 대통령으로 뽑혔다. 대통령은 재선까지만 하고 3선은 민주주의적 전통유지를 위해서라면서 사임했다. 프랭클린 루즈벨트처럼 3선한 사람도 있었다.

워싱턴은 버지니아 주의 부유한 농장경영자의 아들로 태어났고, 아버지가 죽은 후 농지는 매형이 경영했으나 그도 죽자 워싱턴이 상속했다.

워싱턴과 결혼한 마사 카스티스도 부유한 과부였다. 그는 부르주아였다. 실제로 워싱턴이 남겨 놓은 유산은 버지니아주, 켄터키주, 메릴랜드주에 33,000에이커(약 1만 3,200헥타르), 25,000달러의 주식과 공채, 640주의 양, 320두의 소, 42두의 당나귀, 20두의 말이 있었다.

워싱턴은 노예도 많이 거느리고 있었다. 1773년 시점의 기록에 의하면 노예가 216명에 이르고 있다. 북부에서는 민주주의와 인권을 부르짖으면서 남부에서는 막대한 노예를 부리고 있었다.

● **워홀, 앤디**(Warhol, Andy : 1928~1987), 미국의 팝아트 화가, 영화제작자

워홀이 굉장히 혁신적인, 때로는 에로틱하기도 한 작품을 만들었다. 그리고 세계의 미술시장에서 피카소와 맞먹을 정도로 고가로 작품이 거래되고 있다.

"나는 작품을 찍어내는 예술 공장이다"라고 말하기도 했다.

팝 아트의 슈퍼스타로 통하는 앤디 워홀은 20세기 중반 대량생산체제를 꼬집으면서도 그것을 즐긴 문제의 작가다.

통조림 깡통이나 코카콜라병을 나열한 그림, 톱스타의 사진에 색을 덧칠한 작품 등이 수수께끼로 불리고 스스로 스타가 되고 싶어 자기 사진으로도 작품을 만들었다. "돈을 버는 것도 예술이고 비즈니스야말로 최상의 예술"이라고 말했고, 절친한 여성 에디 세크윅이 죽었을 때도 "내게 남긴 돈은 없었나"라고 물었다. 자기 바람대로 생전에 슈퍼스타가 된 그는 지금도 수많은 추종자를 거느리고 있다.

● **워즈워드, 윌리엄**(Wordsworth, William : 1770~1850), 영국의 낭만주의 시인

워즈워드는 찰스 램의 청문회에서 "나는 마음만 먹으면 셰익스피어처럼 쓸 수 있소이다"라고 자랑했다.

"그래서 부족한 부분이 바로 그 마음이군요." 램이 중얼거렸다.

● **웡, 타이러스**(Wong, Tyrus · 黃齊耀 : 1910~2016), 중국 출신의 미국 애니메이션 작가

디즈니 인기 애니메이션 '밤비(Bambi)'의 원화를 그린 중국계 미국인 작가 타이러스 웡이 2016년 12월 30일(현지시간) 미국 캘리포니아 자택에서 세상을 떠났다. 106세.

1910년 중국 광둥(廣東)성에서 태어난 웡은 어린 시절 아버지와 함께 미국으로 이주했다. 대학에서 그림을 공부한 그는 38년 월트디즈니에 입사했다. '밤비'는 어린 사슴이 늠름하게 성장하는 과정을 그린 애니메이션. 웡은 수묵화 풍으로 새끼사슴의 표정을 풍부하게 그렸다. '밤비'는 42년 공개된 이래 여러 차례 리메이

크됐다. 윙은 디즈니를 떠난 뒤에도 워너 브러더스 등 영화제작사에 몸담고 애니메이션을 만들었으며, 100세를 넘긴 고령에도 자택에서 작품 활동을 계속했다.

(중앙일보 임선영 기자 글에서)

● 웨스팅하우스, 조지(Westinghouse, George : 1846~1914), 미국의 발명가, 기업가

1872년 웨스팅하우스가 사용 중에 있던 어설픈 핸드브레이크 보다 더 빨리, 더 안전하게 작동하는 자동공기브레이크의 특허를 처음으로 얻었다. 그러나 철도회사는 그 발명품에 대해서 크게 의아해했다. 그가 뉴욕 중앙철도의 사장이었던 코네리우스 반더빌트에게 편지를 쓸 때 에어브레이크의 장점에 대해서 지적했다. 이에 대해 반더빌트는 "나는 그런 바보 같은 소리를 들을 시간이 없소이다" 라고 휘갈겨 써서 답장을 보냈다.

펜실바니아 철도의 알렉산더 J. 카새트 사장이 그 다음으로 접근해 왔다. 새 브레이크의 가능성을 보았다. 그리고 웨스팅하우스에게 돈을 주어서 그 발명을 계속 발전시키라고 권했다. 시험결과는 성공적이었다. 이 뉴스는 밴더빌트에게로 들려왔다. 그는 웨스팅하우스에게 편지를 다시 써서 그를 초대하니 만나보자고 했다. 답장에는 "저는 그런 바보 같은 소리를 들을 시간이 없소이다. 조지 웨스팅하우스"라고 쓰여 있었다.

(복수한 것이다.)

● 웨즐리, 존(Wesley, John : 1703~1791), 영국의 종교지도자, 감리교파 창시자

하루는 설교를 하는데, 웨즐리가 보니 자기의 집회에 참석한 사람 중 더러는 금세 잠에 빠졌다. "불이야! 불이야!" 웨즐리가 외쳤다. 잠자고 있던 사람들이 잠에서 깨기 시작하고 벌떡 일어서는 사람도 있었다. 그들은 자기들 주변을 둘러보면서 걱정스러운 음성으로 "어디에 불이 났어?"라고 물었다.

"지옥에서." 웨즐리가 대답했다. "왜냐하면 말씀(성경)을 설교하는 데서 잠을 자다니, 그들이 지옥에 떨어지게 될 터이니"라고 말했다.

● **웰링턴, 아서 공작**(Wellington, Arthur : 1769~1852), 영국의 장군, 정치가, 별명 '철의 공작'

워털루의 영웅이 하루는 자기 사무실에 앉아 있는데, 문이 휙 열리더니 어떤 한 남자가 소리를 지르면서 들이닥쳤다. "나는 당신을 죽여야 해요." 웰링턴은 보고 있던 서류에서 고개도 들지 않고 그저 이렇게 말했다. "그게 오늘이어야 합니까?(꼭 오늘 죽여야 하나?)" 침입자는 혼란스러워 보였다. "응, 그들이 그 말은 하지 않았소.… 그러나 곧 죽이라고만 했소." 그는 대답했다. "좋아요(Good)"라고 웰링턴이 기운찬 음성으로 말했다. "그러면 조금 후에 하면 좋겠소, 내가 지금 몹시 바쁘니까." 그 남자는 철수했고 곧 경찰에 체포되었다. 경찰은 거기에 도피 중에 있는 미친놈이 날뛴다는 정보를 받고 온 것이다.

(상황판단이 뛰어난 전략적 인물)

● **웰즈, 허버트**(Wells, Herbert : 1866~1946), 영국의 소설가, 저널리스트

☞ 보통 H. G. Wells라고 쓴다. 과학 소설가로 이름 있는 웰즈는 머리가 커서 모자를 구하는데 무척 애를 먹었다.

어느 날, 캠브리지 시장의 초대를 받았다. 돌아오는 길에 보니 시장의 모자를 잘못 쓰고 왔는데 아주 잘 맞았다. 그는 몇 번이나 거울을 들여다본 후, 반환하지 않기로 결심하고 다음과 같은 편지를 시장에게 보냈다.

"소생은 귀하의 모자를 실례한 것으로 생각되옵니다. 매우 마음에 들었으므로, 이후 보유하도록 하여 주십시오. 이 모자를 쓸 때마다 귀하의 친절을 추억할 것입니다.……"

☞ 캠브리지를 떠나는 송별파티에서 웰즈는 우연히 자기 것이 아닌 모자를 집어 들었다. 자기가 실수한 것을 알고도 정당한 주인에게 돌려주지 않기로 결심했다. 그 소유자의 라벨은 테 안쪽에 있었다. 그 모자가 웰즈에게 편안하게 맞았다. 더욱이 그는 그 모자가 점점 좋아졌다. 그래서 그는 이전의 주인에 편지를 썼다.

"내가 당신 모자를 훔쳤소. 나는 당신 모자가 좋아요. 저는 계속 그 모자를 쓰

고 다닐 겁니다. 내가 모자 안쪽을 들여다 볼 때마다 당신을 생각하게 되고, 당신의 그 훌륭한 셰리(스페인산 흰 포도주)를 생각하게 되고, 캠브리지 거리를 생각하게 됩니다. 저는 당신의 모자를 벗고 인사를 드립니다"라고.

● **웰치, 잭**(Welch, Jr John Frances : 1935~   ), 미국의 제너럴 일렉트릭 CEO 역임

웰치는 다 쓰러져가는 GE를 되살려내서 경영학계의 신화를 만든 경영인(CEO)이다. 그는 이렇게 말했다.

"가능성을 열어두면 문제를 의심 없이 들여다보게 된다"고.

잭 웰치의 생각은 그가 단행한 인사정책에서도 드러난다. 그가 인사에 있어 중요하게 생각한 일곱 가지 원칙이 있다.

① 어떤 분야에서 뛰어난 인재인지 파악한다.

② 인재와 직무의 조화에 역점을 둔다.

③ 여러 후보 중에 선택함으로써 인사 정책에 소모되는 시간을 줄인다.

④ 인사결정에 충분한 시간을 둔다.

⑤ 자신보다는 나은 사람들과 교류의 관계를 본다.

⑥ 각 개인의 특징을 관찰한다.

⑦ 신뢰할 수 있는 사람인가를 파악한다.

● **웹스터, 노아**(Webster, Noah : 1758~1843), 미국의 사전편찬자, 웹스터 영어사전 편찬자

하루는 웹스터 부인이 자기네 집 거실에 기대치 않게 들어가자 자기 남편이 자기네 집 하녀를 껴안고 있는 것을 목격했다. "노아, 나는 너무 놀랐잖아!" 아내가 소리쳤다. 웹스터가 그녀를 풀어주고 그의 직업적 위신을 되찾았다. "아니, 여보, 놀란 것은(surprised) 당신이 아니고 나요. 당신은 경악한 거지(astonished)."

(사전 편찬자가 놀라는 것도 단어를 골라서 써요.)

● 웹스터, 다니엘(Webster, Daniel : 1782~1852), 미국의 법률가, 정치인

(웹스터는 굉장히 인상적인 외모를 가지고 있다. 특히 그는 법정에서는 우렁찬 음성과 그의 검고 짙은 눈썹과 큰 눈은 큰 이점으로 작용했다. 반 위크 브르크스가 다니엘 웹스터가 법정에서 어떤 인상을 주었는지를 설명한 이야기가 있다.)

"그는 큰 눈을 사람에게 고정시키고 그를 철저히 철저히 살핍니다. 그리고는 재판이 진행됨에 따라 이 사람의 위증이 아직 밝혀지지 않은 상태에서, 웹스터는 다시 주위를 둘러보고 심문을 할 준비가 되어 있는지를 생각한다. 증인은 그의 모자를 보고 도어 쪽으로 발걸음을 천천히 움직인다. 세 번째에 가서 웹스터는 그(의뢰인)를 보고 그 증인은 오래 앉아있지 않겠구나 하는 것을 안다. 그는 기회를 잡자 법정에서 뛰쳐나가 어디론지 간다. 그가 어디로 갔는지는 아무도 모른다."

(재판에서 불리하면 36계를 놓았다는 말)

● 위고, 빅토르(Marie Hugo, Victor : 1802~1885), 프랑스의 소설가

☞ 위고에는 전혀 다른 두 가지 성격이 동거하고 있었다. 어머니로부터 물려받은 엄격하고 금욕적인 성격과 아버지로부터 물려받은 기괴한 호색적인 성격이다.

예컨대 위고는 연애 끝에 사촌누이 아델과 결혼한다. 17세에 약혼하고 반년 후에 결혼했다. 그 사이는 아델의 손끝하나 건드리지 않았다. 어머니쪽 성격을 닮았다. 그런데 결혼식 당일 초야에 처녀 아델을 아홉 번이나 사랑의 표현을 했다고 한다. 아버지의 호색적 성격 탓인가?

그뿐 아니라 궁정의 하녀부터 여배우에 이르기까지 100여명의 여자와 동거하기도 하고, 관계한 여성과의 기록을 그녀들의 사진과 함께 남겨 놓았다고 한다.

☞ 빅토르 위고는 세속적인 여색을 탐닉하기도 했고, 권력투쟁에 휘말리기도 한 사람이다. 그가 '레미제라블'과 같은 소설을 쓸 수 있었던 것도 정적(政敵)이었던 루이 나폴레옹에 의해서 정치에서 추방되어 섬으로 유배당한 경험 때문이었다고 한다. 이 무렵의 위고는 최악의 상태에 있었다.

그 무렵 딸 둘 중 하나가 먼저 죽었고, 나머지 한 딸도 정신병에 걸렸다. 그의 형도 정신병원에 입원을 했다. 이렇듯 육친들이 차례차례로 불행한 상태에 빠지고 자기 자신은 19년간의 망명생활에 들어가게 된다. 그런데 놀랍게도 그는 그런 불행의 와중에서도 걸작 '레미제라블'을 탄생시켰다.

프랑스 국민들은 '레미제라블'을 열광적으로 지지하고 위고의 팬이 되었다. 그가 망명에서 풀려서 귀국했을 때에는 파리역은 몰려든 군중으로 대혼란에 빠졌을 지경이었다고 한다.

● 위클리프, 존(Wycliffe, John : 1330~1384), 영국의 종교개혁자

중세 말기에 이르자 교회의 부패와 타락은 극에 달했다. 영국의 신학자이며 종교 개혁자였던 존 위클리프는 개혁의 선도자였고 특히 교황의 권위에도 도전했다. 그는 성서는 기독교 신앙의 외적 교범이며 교리의 유일한 준거임을 주장했다. 즉 교황이 준거가 아니라는 뜻이다. 그래서 교회도 반성하기 위해 자주 종교회의를 열었는데 15세기 초 스위스의 콘스탄츠에서 열린 회의에는 사제, 왕, 제후들도 참여한 큰 회의였다.

여기서 로마 교황의 정통성이 인정되고 분열되었던 교회가 통일되고 여기에 대한 극단적인 비난공격을 이단으로 몰아서 억압하기 시작했다. 이 이단 신문의 대상이 된 것이 위클리프와 후스(1369~1415)였다. 위클리프의 주장 중 특히 문제가 된 점은,

① 빵과 포도주는 모두 물질이며 제단 위의 비적(祕籍)의 실체가 그것들에 옮겨지는 일이란 없다.

② 교황이 악인이고 악마의 동지라는 것을 알게 된 경우에는 그러한 교황은 신도들 앞에 군림할 권능이 없다.

③ 성직자가 재산을 갖는 것은 성서에 위배되는 처사이다.

위클리프는 영국왕의 비호로 목숨을 건졌으나 후스는 화형을 당했다.

● 위트릴로, 모리스(Utrillo, Maurice : 1883~1955), 프랑스 화가

위트릴로는 처음에는 어머니의 권유를 극히 듣기 싫어했다. 그림 그리기가 싫어서 떼를 쓰다시피 하면서 그림을 안 그리려고 버텼다. 그러나 알코올에서 벗어나는 수단은 이제 남은 것이 없었다. 그는 투덜투덜 대면서 파리 거리에 나섰다. 길거리 화가로 등장한 것이다.

사람을 무서워하던 위트릴로는 움찔 움찔하면서, 사람들의 눈을 피하려고 숨다시피 하면서 그림을 그리기 시작했다. 그리고는 집에 돌아와서 그림을 수정했다. 그는 어느 유파에도 속하기 싫었다.

그러나 위트릴로의 알코올 중독이 나은 것은 아니지만, 가끔은 술에 취해서 소동을 벌이다가 경찰관에게 연행되기도 하곤 했다. 그가 천재적 재능을 나타내 보인 것은 아틀리에에서가 아니라 그가 연행되어간 경찰관 파출소에서였다.

경찰관은 언제나 위트릴로를 때리고는 파출소 안에서 그림을 그리게 했다. 그런데 재미있는 것은 그에게 그림을 그리게 한 그 경찰관이란 사람이 위트릴로가 언젠가는 유명작가가 되리라는 것을 미리 알아차렸던 것이다. 그 파출소 안에는 언제나 그림을 그릴 수 있도록 화구와 물감, 캔버스를 준비해 놓고 있었다. 그런데 위트릴로가 그림을 그리고 나면 석방시켜 주었다. 그의 재능은 파출소 경찰관이 발견한 셈이다.

● 윌레스, 존(Willes, John : 1685~1761), 영국의 법률가, 수석재판관

수석재판관의 가족원 중 규율을 안 지키는 행위에 대한 소문이 널리 퍼져서 비국교파 목사 한 사람이 그와 이야기를 나누고자 했다. 그러면 아마도 그가 회개하지 않겠나 하고 믿었기 때문이다. 아주 우회적으로 그 문제에 접근한 후 윌레스가 그걸 잘 이해하지 못하니까, 목사가 내용의 핵심을 짚었다.

"사람들이 그러는데 당신의 여자 하인 중 한 사람이 아기와 같이 있다고 하더군요."

"그게 나와 무슨 상관이지?" 윌레스가 말했다.

"그런데 그들이 말하기로는 그녀는 각하의 아이라는 말이 있습니다."
"그게 당신과 무슨 상관이 있소?"

● 윌리엄스, 테드(Williams, Ted : 1918~   ), 미국의 야구선수

미국의 위대한 야구선수, 시카고의 레드 삭스의 외야수 윌리엄스는 성격이 고약한 것으로 이름이 났던 사람이었다. 어느 날 저녁 윌리엄스가 G. C. 루터라는 이름으로 사인을 하고 호텔에 숙박했다. 직원이 그의 이름을 보고 그의 얼굴을 보더니, "당신이 사실은 테드 윌리엄스지요?"라고 물었다. 윌리엄스는 그걸 부정했다. 그리고 두 사람은 낚시에 대해서 대화를 나누었다. 마지막에 가서 호텔직원이 "내 생각에는 당신은 진짜 테드라 생각했소. 그러나 이제 보니 당신은 테드가 아닌 것 같소. 당신은 테드 보다는 좋은 성격을 가지고 있소이다."

● 윌리엄 3세(William Ⅲ : 1650~1702), 영국의 왕(1689~1702), 네덜란드 총독(1672~1702)

4두 마차로 윈저에서 멀지 않은 시골을 여행하는 동안 왕을 보기로 결심한 한 부인이 창 가까이에 붙어서 문틈으로 내다보았다. 그것으로 그 부인의 호기심은 충족되었다. 그 부인은 뒤로 물러서더니 하는 말이 "저분이 그 왕이야? 내 남편이 왕보다는 잘생겼어." 윌리엄 왕이 그 말을 엿듣고 마차 밖으로 내다보더니 "착한 부인, 그렇게 큰 소리로 말하지 마시오, 제발. 내가 홀아비라는 걸 생각해주시오."
(못생겼다면 시집 올 사람이 없을 터이니⋯⋯)

● 윌슨, 우드로우(Wilson, Woodrow : 1856~1924), 미국의 정치가, 프린스턴대학 총장(1902~
1910), 28대 미국대통령(1913~1921)

세계 1차 대전 중 미국 대통령을 지내고 민족자결주의를 제창함으로써 약소민족의 칭찬과 존경을 받았고, 우리의 3·1운동에 영향을 끼쳤다.

그는 당시 유행하던 독감 때문에 죽었다. 그가 대통령이 되기 전 미국 프린스턴 대학의 총장으로 있을 때의 일이다. 한번은 동창회가 열렸는데, 동창생들이 한결같이, "어찌 우리 모교에서는 우리 자식들을 많이 입학시키지를 않느냐?"라고 총장에게 퍼부어대는 것이었다. 잠자코 한동안 듣다가 답변을 하기 위해 일어선 윌슨은 "여러분이 이런 말씀을 흔히 하시나 훨씬 많이 입학을 시키고 싶어도 그렇게 안 되는 가장 중요한 원인은 여러분의 자녀가 그 아버지의 풍채와 태도를 능가하지 못하는데 있는 것입니다"라고 하니 모두들 잠자코 있더라고 했다.

● **윌슨, 찰스**(Wilson, Charles : 1890~1961), 미국의 기업인, 국방장관

제너럴 모터스(GM)의 회장이었던 윌슨이 아이젠하워 대통령에 의해 국방장관으로 지명되니 상원 인사청문회에 나와서 한 답변 중 단 몇 마디만 한 것이 화제였다. 그것으로 오랫동안 윌슨으로 기억하게 된다.

"미국에 유익한 것은 제너럴 모터스에도 좋은 것이며, 제너럴 모터스에 좋은 것이면 미국에도 유익한 것입니다"라고.

● **윌슨, 해롤드 경**(Wilson, Harold : 1916~1995), 영국의 정치가, 노동당 출신 수상

해롤드 윌슨의 행정부시절 한 때, 윌리 해밀턴이 영국의 유럽공동시장 참여 문제에 대한 우유부단성에 대해 수상에게 장광설을 늘여놓았다. "첫째, 우리가 일단 들어갔다가(first we are in), 둘째 우리는 나오는 거요(then we are out)"라고 성난 노동당 의원이 소리쳤다.

"그건 꼭 성교 중의 방해 놓는 것과 같소." 의사당은 한때 어리둥절해서 조용해졌다. 그러다가 한 보수당 의원이 "빼!(withdraw!)" 하고 외치니까 웃음이 터져나왔다.

● **윌슨, 해리에트**(Wilson, Harriet : 1786~1846), 영국의 고급매춘부

1820년경, 해리에트가 빈털터리가 된 것을 알고 그녀의 기억속의 인물들을 써서 출판하기로 결심했다. 그 사업이 크게 소문이 나자 해리에트가 자기와 관계한 남자들 이름을 대는데 비밀을 털어놓기로 했다. 몇몇 이전의 남자 '친구들'이 실

질적으로 현금을 주고 그녀의 이야기를 사버릴 수도 있는 사람들이었다. 웰링턴 공작(1769~1852, 영국의 장군, 정치가)도 그와 같은 제안을 받고, "허허, 출판하라지"라고 반응했다.

해리에트는 끝내 출판했다. 출판사는 1년 동안 30쇄를 찍었다.

● **윌키즈, 존**(Wilkes John : 1725~1797), 영국의 정치가, 언론인

윌키즈가 어느 날 저녁은 런던의 코벤트가든에 있는 샌드위치 백작과 저녁식사를 같이 하였다. 거기는 유명한 비프스테이크 클럽이었다. 적당히 취할 정도로 술을 마신 후 샌드위치 백작이 윌키즈에게 말했다. "나는 당신의 최후에 어떤 재앙이 올지가 가끔 궁금해져요. 내 생각에는 당신은 매독이나 교수형으로 죽을 것 같소이다." "각하, 그건 제가 각하의 애첩을 껴안느냐 아니면 각하의 원칙을 받아들이느냐에 따라 달라지겠지요"라고 윌키즈는 즉각 대답했다.

● **이사벨라 Ⅰ세 여왕**(Isabella Ⅰ : 1451~1504), 스페인 왕

이사벨라 1세 여왕은 카스틸레와 아라공의 여왕에 있었고 페르디난드 2세와 결혼함으로써 기독교 스페인을 통일시켰다.

이사벨라가 그의 부군과 함께 오스탄드의 성시(城市)를 포위 공격하는데 이 城市가 좀처럼 함락이 안 되니까 이것을 함락시키기 전에는 내의를 갈아입지 않겠다고 맹서했다. 이 城市는 그리고도 3년이 지난 후에야 간신히 함락되었기 때문에, 순백하던 이사벨 여왕의 내의가 더럽다 못해 회갈색이 되었더라고 했다.

(그래서 프랑스에서는 때가 끼다 못해서 회색이나 갈색으로 꾀죄죄한 빛깔을 '이사벨의 색'이라고 한다.)

● **이븐, 사우드**(Ibn, Saud : 1880~1953), 첫 사우디아라비아 왕(1932~1953)

이븐 사우드 왕이 몇 년 후 호프프시를 방문하였다. 여기 온천욕을 하기 위해서였다. 목욕치료 중 호프프의 한 시민이 왕에게 아주 멋있게 생긴 회색 말 한 마

리를 선물로 드렸다. 이븐 사우드 왕은 이 선물을 기쁘게 생각해서 장부를 가져오게 했다. 거기에 자기가 방문자나 호의를 보인 사람에게 하사한 선물에 관해서 상세히 적혀있는 것이다. 이 말을 기증한 사람의 이름에는 300리얄(아라비아 화폐단위)이라고 적었다. 이 금액은 그 말의 실상 가격보다 큰 금액이었다. 왕이 이 금액을 적으면서 펜촉이 튀어서 잉크 덩어리가 그 장부의 종이 위에 퍼졌다. 그래서 300이 300,000리얄이 되어 버린 것이다. 그런데 아라비아에서는 0을 표시하는 데 0이라고 쓰지 않고 ,표를 쓴다. 옆에 있던 장관이 잉크가 번져서 숫자가 몇 늘어나게 되었다고 알려드리니까 "응, 내 펜이 분명히 300,000이라고 썼어. 그래서 그대로 지불하라. 내손이 그것을 썼고, 누구도 내손이 내 마음보다 너그럽다고 말하지는 않을 테니까"라고 사우드 왕이 말했다.

● 이스트우드, 클린트(Eastwood, Clint : 1930~), 미국영화배우 겸 감독

이스트우드가 워너영화사 뜰을 가로질러 가고 있었다. 아주 적개심에 찬 젊은 부인이 다가와서 말을 걸었다. 그 부인은 이렇게 외쳐댔다.

"당신은 나쁜 개자식이야, 당신 영화에서는 언제나 멕시코 사람들을 나쁜 놈으로 만들고, 그리고 그들을 죽이고 있잖아요."

"부인 화내지 마시오. 나는 다른 사람들도 많이 죽이니까요"라고 대답했다.

● 입센, 헨리크(Ibsen, Henrik : 1828~1906), 노르웨이의 극작가

오스트리아 비엔나의 부르크극장에서 입센의 '들 오리'가 상연되는 첫날에 입센은 노르웨이의 훈장을 가슴에 잔뜩 차고 나타났다. 연극이 끝나자 그를 위해서 축하연이 열리기로 되어 있었는데, 너무도 과장된 차림으로 나타나서 참석한 사람들이 그 모습에 놀라고 있었다. 이때 입센은 "오늘은 마음껏 마시고 싶지만 이와 같은 명예로운 날에 추태를 보일 수가 없으니 이 훈장을 부끄럽게 하지 않기 위해서 거동을 조심하라는 충고를 듣기 위해서 이렇게 차렸습니다"라고 고백했다.

그는 1879년에 발표한 『인형의 집』이란 작품으로 전 세계에 충격을 주었다. 보통사람들은 화장이라면 예쁘지 못한 모습을 예쁘게 하는 것을 화장이라고 말하지만, 입센은 그와 정반대로 예쁜 모습을 일부러 일그러뜨려서 어수선하게 뒤집어 꾸미는 화장술을 쓰는 이상한 버릇이 있었다.

● **자리, 알프레**(Jarry, Alfred : 1873~1907), **프랑스 초현실주의 작가**

하루는 자리가 권총으로 집의 담장을 향해 쏘았다. 뒤쪽에서 분노한 한 여성이 소리 지르면서 나타났다. "우리 아이가 거기서 놀고 있소. 당신이 그 애를 죽였을지도 몰라!"라고 야단을 쳤다.

"부인 내가 당신에게 다른 아이를 줄 수가 있소"라고 자리는 당당하게 말했다.

(나와 사랑하면 아이를 만들어줄 수 있다는 능청)

● **잡스, 스티브**(Jobs, Steve : 1955~2011), **미국 '애플' 컴퓨터 창립자**

스티브 잡스는 별난 사람 중의 별난 사람이다.

첫째, 그는 세계 역사상 제일 먼저 개인용 컴퓨터를 만든 사람이다. 1976년 4월, 잡스는 자기 부모(양부모)집 차고를 빌려 세계 최초로 개인용 컴퓨터인 '애플 Ⅰ'을 그의 평생의 동료인 스티브 워지니악과 함께 만든 것이다. 메모리 용량 8kb밖에 안 되고 모니터도 없는 소형컴퓨터였지만, 시장의 반응이 뜨거워 그는 20대에 이미 백만장자가 되었다. 잡스는 하드웨어로, 게이츠는 소프트웨어로. 그때 그의 나이가 21세 때였다.

둘째, 잡스는 대학원엘 다니는 여학생인 미혼모의 아이로 태어났다. 그리고 노동자의 집으로 입양이 되었다. 즉 정상적인 부모가 갖추어진 가정출신이 아니었던 것이다.

셋째, 1972년 미국 오리건주의 포틀랜드에 있는 인문대학으로 명성을 지니고 있던 리드 칼리지에 입학을 했으나 등록금이 비싸서 입학 6개월 만에 자퇴하고 말았다. 그는 양부모에 대한 경제적 부담도 생각했지만, 그러나 그는 1년 반 동안

대학에서 도강을 했다는 것이다.

넷째, 대학 정규교육을 안 받아도 뛰어난 CEO로서 창업을 하고 적자에 허덕이던 애플사를 적자에서 구해내고 1년 만에 흑자로 돌려놓았다는 기록을 세웠다.

다섯째로는, 애플 경영진이 그를 쫓아냈지만 그는 새로운 사업을 다시 창업해서 성공했다. 즉 애니메이션을 만드는 픽사(Pixar)를 인수해서 '토이 스토리'라는 애니메이션을 만들어 대성공을 거두었다. 그래서 재기한 것이다.

여섯째로는, 절망적인 췌장암선고를 받고도 싸워서 이겨내고 재생한 것이다.

일곱째로는, 2001년 10월 23일, MP3 'iPad'를 발표해서 소비자들을 놀라게 했고 동시에 대박을 친 것이다. 이것은 1,000곡의 음악을 수록해서 감상할 수 있는 기기이다. 다른 회사의 제품과는 다른 디자인과 조작기능을 갖추고 있어서 5년 동안 5,000만 대를 팔았다.

여덟째, 애플사의 심벌마크인 '한입 베어 문 사과'의 브랜드 가치를 돈으로 환산하기가 어려울 정도이다. 1984년 '매킨토시'를 출시했을 때에도 조지 오웰의 '1984'의 이미지를 역 이용해서 대박을 쳤다는 것이다.

잡스의 어록을 보면, "항상 다르게 생각하라. 그리고 미칠 정도로 멋진 제품을 창조하라." "상상만이 세상을 구원할 것이다."

'애플 개발자 회의'에 나온 잡스는 터틀넥 스타일의 드레스셔츠에 청바지 차림이었다. 그는 세계 IT 기기시장 점유율 몇째 안 가는 거대회사를 움직이는 CEO인데 옷차림이 작업복차림이다.

비
아
시
아
편
지

● **잭슨, 앤드루**(Jackson, Andrew : 1767~1845), 미국의 군 사령관, 제7대 대통령(1829~1837)

1791년 잭슨이 라첼 도넬선 로바즈와 결혼했다. 그는 그가 지극히 사랑하는 이 여성이 첫 번째 남편에게 버림받고 이혼 당했다는 생각 때문에 결혼하게 되었다고 한다. 잭슨도 결국 합법적으로 이혼허가를 받았고, 재혼을 했다. 그러나 이 사건은 적지 않은 스캔들이 되었다. 잭슨은 그의 아내의 명성에 대해서 몹시 신경질적으로 보고 있었다. 그리고 한번은 찰스 디킨슨(Charles Dickinson, 영국의 소설가)이 자기 아내 라첼에 대해서 모욕적인 말로 언급한 바가 있는데, 잭슨은 그 건으로 즉각 디킨슨에게 결투신청을 했다. 디킨슨이 멋진 권총 사수였다는 지식은 그의 아내의 이름을 방어하는 데도 빗나가지 않았다.

디킨슨은 목표를 재빨리 잡았다. 그리고 발사했다. 그러나 그의 탄환의 충격은 잭슨이 입고 있던 느슨한 코트 자락 때문에 무디어졌다. 그래서 겨우 갈빗대 하나를 부러트렸을 뿐이었다.

잭슨은 천천히 신중하게 표적을 정하고 디킨슨을 쏘았고 그를 죽게 했다. 그는 나중에 이렇게 말했다. "나는 그를 죽이고 싶었다. 그가 내 머리통에 총알을 박는다 해도 나는 그가 죽을 때까지 서서 기다렸을 것이다"라고.

● 재클린, 부비에 케네디(Jacqueline, Bouvier Kennedy : 1929~1997), 미국 제35대 대통령 케네디의 부인, 아리스토틀 오나시스의 부인

1968년 재클린이 희랍의 선박왕인 아리스토틀 오나시스와 결혼하기로 결정했다고 발표하자 온 세계가 충격에 빠졌다. 특히 미국인들은 국보를 상실한 듯한 상실감에 빠졌다. 언론에 발표하기 전에 그 뉴스를 같이 나눈 한 친구는 "넌 너의 바탕으로부터 떨어져 나가려는 거야?"라고 하니까, "여기서 얼어 죽는 것 보다는 그쪽이 좋을 것 같아." 재클린이 대답했다.

(미국에서 언론에 밤낮 시달려서 꼼짝하기가 어렵고, 무슨 활동을 하려도 방해요소가 많다는 이야기다.)

● 제롤드, 더글라스(Jerrold, Douglas : 1803~1857), 영국의 작가, 해학작가, 극작가

제롤드가 큰 병으로 앓아눕게 되었다. 해변리조트에서 회복 중에 있었다. 일체 책 읽는 것이 금지되었다. 하루는 소포가 도착했는데 그 속에 로버트 브라우닝의 아주 난해한 철학적 시집 『소르델로(Sordello)』가 들어 있었다. 제롤드는 의사의 말을 거역하고 그 시집 읽기에 빠졌다. 몇 줄을 읽더니 공황상태에 빠졌다. 그 시를 전혀 이해할 수가 없었다. 그는 소파에 앉아 "오, 하나님, 저는 바보입니다"라고 중얼거리고 있었다. 병이 그의 머리를 망가뜨린 것인가? 그때 부인이 들어왔다. 제롤드는 그 시집을 부인의 손에 던져주면서 그 내용이 뭔지 알아보라고 했다. 부인은 남편의 불안한 시선 속에 그 시집을 주의 깊게 읽고는 "저는 그 시인이 뭘 말하려고 했는지 전혀 이해 못하겠는데요"라고 드디어 선언했다.

"그건 횡설수설이에요." 제롤드의 얼굴에 미소가 번지면서 "하나님 감사합니다. 저는 바보가 아니군요." 그는 크게 외쳤다.

● **제임스, 제시**(James, Jesse : 1847~1882), 미국의 열차·은행도둑

한번은, 제시 제임스와 그의 갱단이 먹을거리를 찾아서 한적한 시골 농가에서 쉬고 있었다. 그 집 여주인이 그들에게, 자기가 가난해서 겨우 이것 밖에 없군요 하고 사과하면서 가지고 있던 음식을 주었다. 이 부인은 과부이고 빚도 많은 사람이었다. 빚쟁이가 이 부인이 도저히 갚을 수 없는 액수인 1,400달러의 빚을 독촉하기 위해서 온다고 기별한 빚쟁이를 기다리고 있었다.

제시 제임스는 자기가 가담했던 은행털이에는 손에 넣은 약탈물이 있었다. 그는 이 놀라고 있는 부인에게 꼭 영수증을 받아 놓으라고 말하면서 빚을 갚으라고 충분한 돈을 주었다. 그리고 그와 그의 갱단은 농가로 통하는 길을 감시하고 있었다. 얼마 안 있어 빚쟁이가 왔다. 얼굴을 보니까 매우 험상궂게 생겼다. 조금 후 그는 농가에서 나왔다. 매우 기분이 좋아 보였다. 제시 제임스와 그의 일당은 그를 세웠다. 아까 부인에게 준 1,400달러를 도로 찾았다. 그리고는 차를 타고 떠났다.

● **제임스 4세 왕**(James Ⅳ : 스코틀랜드 왕(1488~1513)

15세기에는 왕족의 유일한 낙이 골프였다. 제임스 4세는 선대왕과는 달리 골프가 치고 싶어 견딜 수가 없었다. 처음에는 귀족들이 몰래 치는 골프를 보고 '그것이 뭐가 어렵길래'라면서 스윙을 무시했다. 왕위에 오른 지 3년 된 해 1491년 어느 날 그는 귀족들과 내기 골프를 했다.

어드레스 자세로 친 공이 30야드 앞에 처박혔다. 다시 한 번 스윙을 해보았으나 50야드 안쪽이었다. 듣기로는 150야드는 나간다는 말을 들은 왕은 화가 나서 시종에게 "귀족들에게 내기에서 진 돈을 지불하라"는 명을 내리고 궁으로 돌아갔다.

기록에는 '제임스 4세가 내기 골프를 쳤고 승부에서 진 뒤 3실링을 왕실 국고에서 지불했다'라고 적혀 있단다.

● **제퍼슨, 토마스**(Jefferson, Thomas : 1743~1826), 미국의 정치가, 독립선언문 주요 기초자,
제3대 미국대통령(1801~1809)

제퍼슨이 독립선언문이 왜 그렇게 빨리 비준되고 서명되었는지를 가끔 이야기하곤 하였다. 위원회가 그 서류를 훑어보고 있는데 위원회가 열리고 있는 방이 마구간 옆이라 사람을 무는 파리 떼가 붕붕거리면서 날아다니고 있으니 위원들은 귀찮아 죽을 지경이었다. 그 파리 떼는 바짓가랑이 속으로 파고들어가는 데도 익숙해져 있는 놈들이어서 더욱 그러했다. 그래서 위원들은 참는데 한계를 느껴서 이런 유행병을 옮길지도 모르는 상황에서 일을 빨리 끝내자고 해서 선언문의 사인을 서둘렀다는 이야기다.

● **조던, 마이클**(Jordan, Michael : 1963~), 미국의 농구선수, 샬럿 밥캐츠 구단주

120년 농구역사에서 가장 위대한 선수로 평가 받는 선수, 농구의 황제로 불린다. 그의 현란한 드리블은 예술에 가까우며, 198㎝의 장신을 이용해 내리 꽂는 덩크슛은 보는 이들의 탄성을 자아내기에 충분하다.

"신이 조던의 모습으로 변장하고 나타났다." 보스턴의 농구전설로 불리는 래리 버드가 한 말로, 조던이 자신의 팀을 상대로 혼자서 63점을 득점한 것에 대한 찬사이다. 그는 실력도 탁월했지만 실력 못지않게 승부욕과 정신력 또한 강했다. 벅시 보그스는 조단에 대해서, "내 생각에 조던은 농구역사상 최고의 선수이다. 조던만큼 정신적으로 강인한 사람을 만나본 적이 없다"고 했다. 조던은 자신에

대해서는 이렇게 말했다.

"나는 살아오는 동안 실패를 거듭했다. 하지만 이것이 바로 내가 성공할 수 있었던 이유이다. 한걸음 한걸음 나아가는 것, 어떤 일을 하던지 목표를 달성하는 데 이보다 좋은 방법은 없다."

올스타전 막바지에서 조던은 풀 코트 던지기를 했는데 바스켓을 조금 빗나갔다. 그 공이 정말로 들어갈 거라고 생각했느냐는 질문에 "나는 모든 경우 그렇게 생각합니다"라고 대답했다.

● 조이스, 제임스(Joyce, James : 1882~1941), 아일랜드의 소설가, 『율리시즈』의 저자

그가 매우 가난하게 지냈던 젊은 시절, 조이스는 은행에 자리를 얻으려고 원서를 낸 적이 있다. "담배 피우시오?" 은행 지배인이 물었다.

"아니오." 그 장차의 피고용인이 될 사람이 대답했다.

"술 하세요?"

"아니요."

"여자 친구 있어요?"

"아니오."

지배인은 이 미덕을 보인 지원자에게 감동을 못 받았다. "나가시오." 그는 그렇게 소리쳤다.

"당신은 아마도 은행을 털게 될 거요."

● 존스, 제임스(Jones, James : 1921~1977), 미국의 작가

『지상에서 영원까지』가 출판되고 난 후 얼마 안 있어 존스는 호주머니에 봉투를 가득 넣고 다닌다는 소문이 돌았다. 그 봉투 속에는 각각 67센트씩 돈이 들어 있었다. 이 돈은 자기 책을 산 친구들에게 줄 돈이었다. "이건 내가 책이 팔렸을 때 받는 인세(印稅)야. 나는 친구에게 책을 팔아서 돈 벌 생각이 없어"라고 말하면서 인세를 돌려주었다고 한다.

● 조지 2세 왕(George II : 1683~1760), 영국과 아일랜드의 왕(1727~1760)

1743년 조지 2세는 헨델의 메시아 런던 초연에 초청을 받아서 참석했다. 청중들은 그 음악에 극단적으로 감동을 받았는데 왕도 마찬가지였다. 가사 중 '그리고 주는 영원히, 영원히 다스릴지어다'라는 대목이 '할렐루야 합창곡'에서 불리워졌다. 그러자 왕이 벌떡 일어났다. 그는 영어를 잘 못했기 때문에 이 곡이 자기를 향한 백성의 칭송일 줄 알았을 것이란다. 청중들은 왕이 일어나니까 까닭도 모르고 자리에서 모두 일어났다. 그래서 이것이 아직까지도 왕이 왜 일어났는지도 모르고 이 대목이 오면 모두 땅을 차고(왕이 임석을 안 해도) 자리에서 일어나는 풍습이 이어지고 있다고 한다.

● 존슨, 벤(Johnson, Ben : 1572~1637), 영국의 연극인

벤 존슨이 그의 후원자인 영국의 찰스 1세 왕에게 자기가 죽은 후 그에게 웨스트민스터 수도원 안에 1평방피트(30×30㎝)의 공간을 허락해 주십사고 부탁했을 때, 왕이 바로 그렇게 조처해 주었다. 존슨이 죽자 존슨이 왕과 흥정한대로 웨스트민스터 수도원 안에 묻히기는 해도 공간을 더 넓게 차지하지 않기 위해서 직립자세로 묻혔다.

● 조지 5세 왕(George V : 1865~1936), 대영제국의 왕(1910~1936)

젊은 웨일즈의 왕자가 자기 아버지하고 잘 지내지 못했다. 아버지인 왕은 농담을 못하는 타입에다 퉁명스럽고, 아이들에게는 차갑게 대하는 사람이었다. 더비(Lord Derby) 경이 왕에게 부드럽게 암시를 주었다. "폐하, 에드워드 왕자님께 좀 느슨하게 대해 주시면 어떨까요?"라고. 조지 5세 왕이 대답하기를 "내 아버지(에드워드 7세)는 자기 어머니(할머니—빅토리아 여왕)를 두려워했어요. 나는 내 아버지를 두려워했지요. 그리고 내 아이들이 나를 두려워할 것인지 어떤지를 두고 보는 참이요"라고 대답했다.

● 존슨, 린던(Johnson, Lyndon : 1908~1973), 미국의 정치가, 제36대 미국대통령(1963~1969)

존슨은 스물여섯 살에 텍사스 주 전국청년행정처 처장으로 임명을 받았다. 그런데 그는 부하직원들에게 가끔 날카로운 지적을 하는 듯이 보였다고 한다.

한번은 한 동료의 책상에 서류가 가득 쌓여있는 광경을 본 존슨이 지나가면서 방에 있는 다른 사람들도 들을 수 있게 "당신 마음(정신) 속에도 저렇게 쓰레기 같은 것으로 채워져 있지 않기를 바라오"라고 말했다. 그래서 크게 수고를 해서 존슨이 다시 순회하기 전까지 그 친구는 종이들을 정리하고 책상을 깨끗하게 치워 주었다. 존슨이 한번은 지나가다가 책상 위가 깨끗이 비어 있는 것을 보고 "당신의 마음(정신)이 책상처럼 텅텅 비어 있지 않기를 바라오"라고 말했단다.

● 존슨, 새뮤엘(Johnson, Samuel : 1709~1784), 영국의 언론인, 비평가, 시인, 사전 편찬인

존슨이 옥스퍼드에서 온 자기의 전 가정교사에게 자기가 어떻게 해서 사전을 3년 안에 편찬을 끝낼 수 있었는지를 설명하고 있었다. 듣고 있던 사람이 거기에 대해서 반대의사를 내놓았다.

"그런데 40명으로 구성된 프랑스 아카데미(학술원)에서 사전편찬을 끝내는데 40년이 걸렸소"라고.

"선생님, 그건 이렇습니다. 이건 비율(proportion)의 문제입니다. 자 보세요. 40×40=1,600, 그러니까 3:1,600의 비율입니다. 그러니까 영국인 3사람이 프랑스인 1,600명 분의 일을 한 셈이지요."

● 존, 오거스투스(John, Augustus : 1878~1961), 영국의 화가

오거스투스 존은 과장된 그림을 그리는 것으로 명성을 얻고 있었다. 그가 하기 좋아하는 이야기 중 하나는 터키 황제(술탄) 압둘 하미드 2세와의 만남을 인기거리로 내세웠다. 그가 1909년 폐위되기 전의 일이다. 이 술탄은 무자비한 사람으로 알려져 있었다. 그의 부인 중 몇 사람은 미스터리 속에서 사라졌다. 화가 존

은 세례요한의 목을 베는 장면을 그려주도록 술탄으로부터 요청받았다. 목을 벤 후 벤 목을 어떻게 그림 상으로 처리할 것인가를 가지고 두 사람이 논쟁을 할 때까지는 모든 일이 순조로웠다. 그래서 술탄에게 항의할 시간을 갖기 전에 술탄은 자기 부인 중 한 사람을 데리러 사람을 보내서 불러들였다. 그리고 그 자리에서 그 부인의 목을 베었다. "보았지, 내가 얼마나 옳았는지를!"라고 술탄은 조용히 말했다.

(자기 주장의 정당성을 증명하기 위해 부인의 목까지 벤 사람, 그 후 그는 곧 폐위되었다.)

● 졸라, 에밀(Zola, Emile : 1840~1902), 프랑스의 소설가

폴 브류라와 루이 드 로벨은 기자 생활을 했을 때, 문학가들은 회견하는 일을 담당하였다. 대문호 졸라는 언제나 쾌히 만나주어 여러 가지 말을 하였다. 그리고 그들은 그것으로 문예란의 반을 메워 나갔다.

어느 날, 두 사람은 시간이 없어서 졸라와의 회견을 갖지 못하고 거짓으로 꾸며 내었다. 다음 날, 두 사람이 졸라를 만났을 때, 졸라는 벙글벙글 웃으면서 말하였다.

"자네들은 어쩌면 그렇게 남의 속을 잘 들여다보나? 앞으로 나와의 회견기는 일체 자네들에게 맡기겠네. 그러니 적당히들 알아서 하게. 그러면 나도 괜찮고 자네들도 수고할 것이 없지 않겠나?"

● 지젝, 슬라보예(Zizek, Slavoj : 1949~), 슬로베니아 철학자, 경희대 에미넌트 스칼라

☞ 지젝은 정신분석학, 철학, 명예박사까지 3개의 박사학위를 보유하고 있다. 라캉과 헤겔, 할리우드와 MTV를 가로지르는 분방한 글쓰기로 '문화이론의 엘비스 프레슬리'로도 불린다. 미국 프린스턴, 영국 버베크 등 10여 개 대학에서 강연을 했다. 화려한 화술로 이름났지만 그는 틱(tic)장애를 가지고 있다. 코를 찡찡거리는 신경성 경련이다. 사랑과 연애도 열정적이다. 네 번째 결혼을 했다. 30세 연하의 철학하는 후배이자 동학과 결혼을 했다고 한다.

☞ "나는 정치와 대학 강의 둘 다 혐오한다. 대학에는 멍청한 질문을 하는 학생들이 너무 많다. 내가 정치선전물이나 대중문화 분석도 쓰지만, 이 모든 것은 철학을 하기 위한 여정일 뿐이다."

"철학이 매력적인 것은, 모르는 것에 대해 알게 해주니까. 예기치 않는 신비를 접하게 해주고, 거꾸로 잘 안다고 생각했던 것들을 사실은 모른다는 것도 깨닫게 한다. 일상에서 경이와 놀라움을 주는 것이 철학이다. 예를 들면 화장실에도 이데올로기가 있다."

"프랑스 변기는 용변을 보자마자 스위치를 누를 필요도 없이 신속하게 구멍으로 빠져나간다. 프랑스 혁명처럼 혁명적이다. 독일은 물도 없는 변기에 변이 빠져나가지 않고 그대로 있다. 냄새가 지독하다. 성찰과 반성을 하게 만든다. 반면 미국에선 변기 물위에 둥둥 떠 있다. 스위치를 눌러야 내려간다. 프라그마티즘(실용주의)!"

● 줄리우스 2세 교황(Julius II : 1443~1513), 로마교황(1503~1513)

미켈란젤로에게 교황 줄리우스 2세의 동상을 만들도록 사명이 떨어졌다. 그래서 미켈란젤로가 교황에게 교황의 오른 손은 올리고 왼손에는 책을 들고 있는 모습이 좋겠다고 제안했다. 그랬더니 교황이 그 안을 승인하지 않았다. "왼손에는 칼을 들게 하라"라고 수정 제의했다. 그러면서 "나는 문자를 잘 모르기 때문이야"라고 말했다.

(옛날에는 교황도 정치가였기 때문에 생명의 위협을 받는 예가 드물지 않았다. 그래서 교황이 칼을 잡게 만들라고 한 것이다.)

● 지그문트(Sigmund : 1368~1437), 신성로마 황제(1414~1437)

황제가 한번은 이 세상에서 영구히 행복하게 사는 처방이 무엇입니까 하고 질문을 받고는, "당신이 아플 때 하겠다고 약속한 일을 건강할 때 그 일을 하는 것이오"라고 대답했다.

● 지드, 앙드레(Gide, Andre : 1869~1951), 프랑스 소설가

☞ 가톨릭의 신비주의 시인 폴 클로델이 한번은 자유사상가 지드를 개종시키려고 시도했다. 그런데 성공하지 못했다. 1951년 2월 19일, 지드가 죽었다. 며칠후 소르본느대학의 게시판에 지드의 사인이 든 전보가 게시되었다. 거기에는 "지옥은 존재하지 않는다. 클로델에게 알려주는 것이 좋겠소"라고.

☞ 지드는 성미가 괴상하고 항상 감기에 걸리기 쉽다는 일종의 강박관념을 가지고 있었다. 어느 날 영화관에서 영화구경을 하다가 또 문득 감기가 들까봐 염려해서 부스럭거리면서 바지를 벗고 안에 내의를 한 겹 더 끼어 입으려고 했다. 같이 간 친구가 이상해서 "자네 지금 뭘 해?" 하고 물으니까 "아래 내의를 하나 더 껴입으려고……" 하는지라 같이 간 친구가 화를 내면서 "에이 이 사람, 예가 어디라고 바지를 벗는단 말인가? 자네하고 다니다가는 망신당하기 쉽겠어. 나는 가겠네" 하고 그 친구는 휙 나가버렸다. 하의 하나 더 껴입다가 친구 하나를 잃어버렸다.

● 지오르지오네 다 카스텔프랑코(Giorgione da Castelfranco : 1477~1510), 이탈리아의 화가
(베니스파)

어떤 기회에 일단의 조각가가 화가에 비해서 예술성에서 자기들이 우수하다는 것을 확고히 해오고 있었다.

지오르지오네가 이 기세에 눌리지 않았다. 그림은 관람자로 하여금 작품을 돌아가면서 보지 않아도 동시에 필요한 것을 모두 보여줄 수 있다고 주장하면서 버티었다.

그림 한 장(평면)에서 앞면, 뒷면, 양쪽 측면을 보여줄 수 있다고 제안했다. 조각가들은 의아해했다. 그러나 지오르지오네는 이 약속을 이행했다. 누드그림을 그렸는데, 등을 관람자 쪽으로 보이게 하고, 그녀의 발밑에는 풀(물)이 보였고, 그래서 그녀의 앞면이 반사되게 그렸고, 반짝거리는 코르세트와 브래지어를 합

친 속옷(코스륏)이 그려졌고 그 반대로 허리는 거울에 반사되게 그렸다.

(완벽한 3차원이다.)

● 지옷토, 디 본도네(Giotto, di Bondone : 1266~1337), 이탈리아 르네상스시대의 회화의 선구자

☞ 지옷토가 어느 날 친구들과 피렌체의 세루비 성당에서 벽화로 걸려있는 마리아와 그 남편 요셉의 상을 구경하고 있었는데, 그 중 친구 한 사람이 "어째서 요셉의 얼굴은 어디 가서 보나 우울한 표정으로 그려놓으니 그것도 무슨 이유가 있는가? 화가들 간의 우연한 일치인가?" 하고 물으니 지옷토는 조금도 서슴지 않고 "그야 당연한 일이 아니겠는가? 처녀로 알고 장가를 들었더니 마리아의 배가 점점 불러오니 요셉이야 누구의 장난인지 알 수 없으니까 고민스럽지 않겠나? 그러니 안색은 언제나 우울할 수밖에……" 하였다.

☞ 지옷토가 하루는 길을 가다가 친구를 만나 담소를 하는데 맞은편에서 돼지 대여섯 마리가 무엇에 쫓겨 달려오다가 지옷토와 부딪치게 되었는데 그 중 한 마리가 지옷토의 가랑이 밑으로 지나가다가 그를 넘어뜨렸다. 친구의 부축을 받아 일어난 지옷토가 "내가 잘못했지, 그놈들의 털로(그림용 브러시의 털 원료) 몇 천 리라씩 벌면서 그놈들에게 여태껏 술 한 잔 내본 일이 없으니 돼지란 놈이 괘심하게 여겼을 것 아니겠나? 그래서 나를 받아넘긴 거지 뭐……" 하였다고 한다. 그 말을 들은 친구는 "그럼 자네는 배은망덕한 사람이었군" 했다.

● 차이코프스키, 페터(Tchaikovsky, Peter : 1840~1893), 러시아의 작곡가

차이코프스키의 최대의 실패는 결혼이었다. 원래 동성애자였던 그가 결혼을 했으니까 문제가 있었다. 제자였던 여가수의 강요에 넘어간 그는 신혼 때부터 우울증에 빠지게 되었다. 그래서 가출을 되풀이하기도 하고 한겨울에 물에 빠져 자살 소동을 벌이기도 하였다. 신혼생활은 9주 만에 깨지고 차이코프스키는 전지요양하면서 마음의 상처를 치유해갔다.

그런데 이 짧은 결혼생활 동안 그는 다른 여성과 기묘한 관계를 갖는다. 부유한 미망인인 멕크 부인으로부터 연금을 받기도 한 것이다. 그러나 그들은 편지로 서로의 안부를 묻는 문통(文通)상의 교제였다.

차이코프스키는 그 부인의 연금 덕택에 경제적으로 안정되어 작곡에 전념하게 된다. 동성애자였던 그도 문통 정도의 여성교제를 했다는 아이러니가 있다. 덧붙여서, 차이코프스키와 결혼한 여성은 정신병원에 들어갔고, 거기서 죽었다. 차이코프스키 자신은 최후의 교향곡 '비창'의 초연을 지휘한 후 생수를 마시고 콜레라에 걸려 사망했다.

● 찰스 2세 왕(Charles II : 1630~85), 영국, 스코틀랜드, 아일랜드 왕(1660~1685)

1685년 2월 2일 월요일 런던의 화이트홀 궁전

8시 정각에 국왕폐하 찰스 2세는 잠자리에서 일어나 조용히 침실을 거닐고 있었다. 그는 갑자기 머릿속으로부터 심한 충격을 받자마자 곧 말하지 못하여 경련을 일으켰다.

3일 후 목요일, 왕은 또 한 번 발작을 일으켰다. 하지만 그의 의식은 아주 뚜렷했으며, 그의 애첩 넬리를 돌보아주라고 동생 제임스에게 부탁할 정도였다. 넬리는 영국의 여배우였는데, 런던극장에서 오렌지 판매원으로 있을 때 우연히 찰스 2세를 만나서 그의 애첩이 되어 두 아들을 낳은 여인이다. 그 중 한 사람은 세인트 알바스 공작이 된다. 한국식으로 말하면 넬리는 숙빈이 되고 아들 알바스군 (君)이 된다. 찰스가 남긴 유명한 유언은 "불쌍한 넬리에게 배고픔을 느끼게 하지 말아다오"였다.

국왕처럼 VIP의 사망에는 항상 독살의 혐의를 받게 되는데 해부결과 뇌혈전증으로 판명되었다. 만약 그가 여자에 미치지 않았더라면, 더욱 훌륭한 국왕이었을 것이다. 그는 언제나 여자들을 헤아릴 수 없을 정도로 호화롭게 해 주고자 하였다.

● 찰스, 웨일즈의 왕세자(Charles, Prince of Wales : 1948~), 엘리자베스 II세 여왕의 장남, 영국 왕위 계승자

여배우인 스잔 햄프샤이어가 옷깃이 아주 깊이 파인(이른바 시스루 룩) 드레스를 입고 쇼 비즈니스 모임에 나타났다. 거기서 찰스 왕자를 소개받았다. 이때 왕세자는 아무런 당황해하는 기색도 없이 햄프샤이어와 인사를 나누었다.

찰스가 이때 "우리 아버지가 하신 말씀은 당신과 같은 옷을 입은 여성을 만나게 되면 눈을 똑바로 노려보라고 가르쳐 주셨지" 하고 말했다.

(파인 가슴을 보지 말고 눈만을 보라는 이야기)

● 채터톤, 토마스(Chatterton, Thomas : 1752~1770), 영국 시인

친구와 함께 런던의 한 교회 뜰을 걷고 있었는데, 장난삼아 교회 뜰에 서 있는 묘비들의 비문을 읽고는 채터톤은 우울한 감정에 사로잡히게 되었다.

그러다가 돌부리에 부딪혀 비틀거리다가 새로 파놓은 무덤구덩이 속으로 빠졌다. 동행하던 그의 친구는 곧 그를 끌어올리려고 다가왔다. 그러다가 일이 재미있어 보여 천재의 부활에 자기가 참여하게 된 것을 기쁘게 생각한다고 말하면서 놀렸다.

채터톤은 이 사고에 대해서 훨씬 더 우울한 느낌을 갖게 되었다.

"나는 무덤과 한동안 전쟁을 했었다. 그리고 무덤이란 내가 상상한 것보다는 훨씬 더 이겨내기 어렵다는 것을 발견했다. 우리는 여기서 모든 빚쟁이로부터 몸을 숨기기에 알맞은 피난처를 발견할 수 있다. 그러나……"

그리고 그는 사흘 후 자살을 했다(향년 18세).

● 채플린, 찰리(Chaplin, Charlie : 1889~1977), 영국 태생의 영화배우, 영화감독

☞ 찰리 채플린의 코미디는 그의 체험에서 시작되었다. 채플린은 매우 불우한 어린 시절을 보냈다. 그의 희극배우 기질은 어디서 왔을까를 연구해 보니까, 그

의 어린 시절의 체험에서 나왔음을 알 수 있었다. 그는 역사상 최고의 희극 배우가 되었지만 집은 가난하고, 아버지는 술 주정뱅이였고, 어머니는 영양실조로 인한 정신병 환자였다.

소년시절 하루 그는 런던의 빈민굴에서 어린 양이 도살장으로 끌려가다가 도망치면서 벌어진 양의 주인과 양 사이의 웃기는 광경을 목격했다. 넘어지고, 구르고, 미끄러지고, 잡았다, 놓쳤다 하면서 벌어지는 풍경 속에 희극적 요소를 발견하였다. 그가 발견한 것은 비극 속에 희극이 있고, 희극 속에 비극이 있음을 간파하였다. 이런 요소를 그는 말이라고는 한마디도 없는 무성영화 속에 동작으로 살아나게 함으로써, 세기적인 희극배우가 되었다. 어린 시절 목격한 체험을 몸으로 재현하였다는 점이 인상적이다. 몸으로 표현한 그의 연기력은 역사에 길이 남을 연기로 기억되고 있다. 몸 전체로 표현하기는 영원히 기억 속에 남는다는 좋은 본보기라고 생각된다.

☞ 몬테카를로에서 채플린 닮은 사람 경연대회가 있었다. 채플린이 몰래 이 대회에 나가서 3등을 했다. "하하!"

● **처칠, 윈스턴**(Churchill, Sir Winston : 1874~1965), **영국의 정치가, 수상, 노벨문학상 수상자, 총리(1940~1945, 1951~1955)**

☞ 2차 대전 당시 루스벨트 대통령과 처칠과 스탈린이 1945년 2월 4일에서 11일까지 우크라이나 크리미아의 얄타에서 회담을 했는데, 전후 독일문제의 처리에 대해서 의논하는 것이 주 의제였다. 이때 루스벨트는 "얄타회담은 5일이나 6일 이상 안 끌었으면 좋겠다"는 소망을 피력했다. 이에 처칠이 "제 생각에는 국제기구에 대해 5일이나 6일 안에 우리의 소망을 이루기가 어려울 것 같습니다. 전지전능하신 신도 7일이 걸렸거든요"라고 말했다.

☞ 처칠의 딸 배우 사라가 한동안 음악당 흥행사 빅 올리버와 결혼을 했다. 처

칠은 특별히 그를 좋아하지 않았다. 하루는 외출 중 사위 올리버가 장인에게 "전시 중에는 누구를 좋아하셨습니까?" 하고 물으니까 "뭇솔리니지." 소리를 내지르면서 놀랍게도 덧붙이기를 "그는 그의 사위를 총살할 만큼 용감했거든"라고.

☞ 처칠은 어린아이일 때 장난꾸러기였다. 처칠은 학교에 다닐 때 교칙을 위반해서 처벌을 받은 일이 부지기수라고 한다. 너무도 장난이 심해서 교장은 처칠에게 회초리로 때리는 벌을 과하기도 했다. 그랬더니 처칠은 "나는 절대적으로 선생님 보다는 위대한 인물이 될 것입니다"라고 교장에게 내뱉었다는 것이다. 화가 난 교장은 더욱 화가 치밀어서 회초리로 더 심하게 때렸다는 것이다.

처칠은 이 선언대로 국회의원이 되고, 거기에 역사에 이름을 남긴 영국의 수상이 되었고, 노벨상까지 받은 역사적 인물이 되었다. 과연 자기 오기대로 위대한 사람이 된 것이다. 이런 장난기는 단순한 말썽꾸러기가 아니라 뭔가 속에 뜻을 품고 있었던 소년이었던 것이다.

● 체스터필드, 필립(Chesterfield, Philip : 1694~1773), 영국의 정치가, 작가, 백작

체스터필드 경이 프랑스의 작가 볼테르의 초청으로 파리를 방문했다. 그리고 어떤 연회에 참석하게 되었다. 거기에는 아름답게 화장한 프랑스의 미인들이 많이 참석하고 있었다. 볼테르가 체스터필드 경에게 이렇게 말했다. "귀하는 영국과 프랑스 어느 나라 여성이 더 아름답다고 생각하십니까?" 이에 체스터필드 경은 "대답하기 어려운 점을 용서하시기 바랍니다. 어쨌든 저는 채색화의 감정가가 아니기 때문예요……"라고 말했다.

(화장한 아름다움은 치지 않는다는 말이다.)

● 카네기, 앤드루(Carnegie, Andrew : 1835~1919), 스코틀랜드 태생의 미국의 철강기업가, 자선가

1919년 그가 세상을 떠나기 전까지는 미국에서 철강 왕이라는 별명으로 불리었다. 한번은 자기 사무실의 직원 채용시험을 보이는데, 화물을 포장한 '밧줄'을 끄르는 것을 시험과목으로 넣었다.

나중에 보니 꼼꼼하게 차례차례 끄른 자는 모두 낙제했고, 가위로 썩썩 베어버린 사람은 모두 합격하였다. 하도 이상해서 누군가 물었더니 카네기가 "세상은 스피드 시대(1900년 전후의 동력 자동차, 무기가 새롭게 개발되던 시대)인데 밧줄하나 끄르기에 시간을 다 보내면 다른 사무는 언제 보나? 나는 그런 비능률적인 직원은 필요 없어" 하는 것이었다.

● 카노바, 안토니오(Canova, Antonio : 1757~1822), 이탈리아의 조각가, 신고전주의 지도자

모 백작 집에서 연회를 위한 준비가 한창이었다. 그런데 그 집 어떤 하인이 식탁에 장식되어 있는 석상을 넘어뜨려서 망가지게 했다. 그것은 백작이 소중하게 간직하고 있던 미술품이었다. 그런데 식탁의 장식이 없이는 곤란하니까 하인들은 모두 당황해 했다. 그런데 부엌에서 심부름하던 소년이 "제가 어떻게든 해볼게요" 하더니 버터를 이용해서 단시간에 사자상을 훌륭하게 만들어 놓았다. 손님들이 그 솜씨가 훌륭한데 감탄을 했는데, 백작은 면목을 회복해서 대리석상을 부순 것에 대해서 나무라지 않았다. 이 소년이 후일 대 조각가가 된 안토니오 카노바였다.

● 카롤린 공작부인(Caroline, Duchess : 1798~1870), 프랑스 샤를르 10세의 아들인 샤를르 페르디낭의 이탈리아 부인

베리 공작은 유명한 난봉꾼이었다. 그의 아내 공작부인은 그 사실에 대해서 참고 견디고 있었다.

1820년, 카롤린 공작부인이 약 20명의 낭뜨의 여인들의 방문을 받았다. 그들 모두가 공작의 아기를 가졌다고 주장하는 것이었다. 그래서 공작부인이 가정부더러 공작이 낭뜨에 며칠간 계셨는지를 물었다. "1주일요 마님"라고 대답했다. "아, 그렇다면 이 경우 가능한 일이요"라면서 한숨을 쉬었다고 한다.

● 카로, 이자벨(Caro, Isabelle : 1982~2010), 프랑스 패션모델 겸 배우

카로 이자벨은 프랑스의 유명한 모델이자 배우이다. 그녀가 2010년 11월 17일 일본 도쿄에서 있었던 행사에 참여한 후 파리로 돌아온 직후 사망했다. 나이 28세의 젊은 나이에 죽은 이유는 거식증으로 인한 저체중(27㎏)증으로 사망한 것이다.

왜 이런 현상이 생겼느냐 하면 그것은 여성의 외모 꾸미기에 대한 본능적 성향 때문이라고 보기도 하지만 그것은 전적으로 '억압된 사회적 진화'로 보는 편이 좋을 것이다. 여성은 예뻐야 하고, 예쁘다는 것은 얼굴뿐 아니라 몸매도 날씬해야 되고, 그뿐 아니라 의상도 멋있게 입어야 한다는 사회적 진화의 한 결과 현상이다.

특히 패션계의 '지나친 야윈 패션(excessive thin fashion)'의 요구가 여성들을 강박적으로 구속한다.

이자벨은 사과와 토마토만 주로 먹었다니 모델을 위한 영양관리가 일종의 광적 편파는 한 모델을 죽음에 이르게 하였다. 그래서 거식증반대 캠페인을 불러일으키고 있고, 최근에는 마른 모델(thin model)이 아니라 뚱뚱한 모델(fatty model)을 등장시키는 패션쇼도 생겨났다.

● 카루소, 엔리코(Caruso, Enrico : 1873~1921), 이탈리아의 테너 가수

카루소는 지독한 가난에도 굴하지 않고 삶에 최선을 다한 끝에 훌륭한 가수가 되었다. 대부분의 예술가들은 개성이 강하고 자존심이 세다. 더구나 유명한 경우라면 자신의 유명세만큼이나 콧대가 높다. 그는 겸손한 예술가였다.

카루소가 친구와 함께 뉴욕에서 가장 멋진 식당에 갔다. 한눈에 카루소를 알아본 종업원은 주방장에게 그의 방문을 알렸다. 주방장은 카루소 앞으로 달려와 공손히 인사했다.

"어서 오십시오. 이렇게 찾아주셔서 영광입니다. 언젠가는 꼭 한번 오시리라고 믿고 있었습니다."

"아니, 어째서 나를 그토록 기다렸습니까?"

"선생님의 훌륭한 노래를 가까이에서 듣고 싶었기 때문입니다. 선생님께서 식당에 오시면 노래를 청해 듣기로 저희 모두가 간절한 마음으로 고대하고 있었답니다."

"그래요? 그렇다면 노래를 해야겠군."

"선생님, 그게 정말입니까?"

카루소의 시원스러운 대답에 주방장은 활짝 웃으며 허리를 굽혀 인사했다. 카루소는 자리에서 벌떡 일어나 무반주로 그 어느 때보다 힘차게 노래를 불렀다. 주방장과 식당 종업원들은 물론 손님들 역시 세계적인 성악가의 노래를 가까이에서 듣게 된 사실에 감격해 넋을 잃고 그의 노래에 귀를 기울였다. 노래가 끝나자 식당 안은 박수와 환호성으로 가득했다. 함께 온 카루소의 친구가 조금은 못마땅한 표정으로 말했다.

"엔리코, 자네답지 않게 어떻게 이런 곳에서 노래를 부르는가?"

"하하, 이 사람, 내가 뭐 그리 대단한 사람이라고. 나는 내 노래를 이해하고, 듣고 싶어 하는 사람이 있다면 그곳이 어디든, 몇 명이 있든 상관없다네. 단 한 사람 앞에서라도 노래할 생각이라네."

● **카르다노, 지롤라모**(Cardano, Girolamo : 1501~1576), 이탈리아 점성술사, 수학자

카르다노는 점성술사로서 유럽에 널리 알려져 있던 인물이다. 영국의 에드워드 6세(1547~1553)왕을 방문해서 그의 점괘를 쳐준 일도 있다. 그가 정확성이 높은 과학이라고 굳게 믿고 있는 이 점성술사 카르다노는, 자기가 죽을 일시를 예언하였다. 그날이 다가왔다. 그런데 그는 건강하고 위험으로부터 안전한 곳에 있었다. 그래서 그는 자기의 예언이 틀렸다는 것을 보이기보다는 그는 그 예언대로 그날 자살하고 말았다.

● **카메론, 제임스**(Cameron, James : 1954~), 캐나다 영화감독

2010년 봄 한국영화계를 강타한 미국 블록버스트 3D영화 '아바타'를 제작, 감

독한 감독. 그는 1954년 캐나다에서 출생하였다. 할리우드에서 하드웨어를 가장 잘 다루는 감독으로 알려지고 있다. 공상과학 액션에 천부적인 재능을 과시하는 '하이텍 필름 메이커의 천재'라는 별명을 얻고 있기도 하다.

그의 부친은 전기기사였다. 그래서 기술적인 조작 등에 흥미를 많이 가지고 있었다. 그는 어린 시절 공상과학 소설과 만화에 빠져 처음에는 소설가가 되겠다는 꿈을 가졌었다. 고등학교에 올라가서는 과학 동아리의 회장 일도 맡아본 경험이 있을 정도이다.

대학에 들어가서는 물리학을 전공하였고, 소설가가 되기 위해서 입학한 지 2년 후에는 대학을 중퇴한다. 이상하게도 세계적으로 대성한 미디어관계 전문가나 CEO 중에는 대학 중퇴자가 많은 이유가 궁금하다.

● **캬벨, 에디트**(Cavell, Edith : 1865~1915), 영국의 간호사

1차 대전 당시 벨지움에서 적십자 간호사로 일할 때, 에디트 캬벨은 연합군(영국, 프랑스, 러시아) 병사들을 도와서 적의 후방에서 탈출할 수 있게 한 사람이다. 독일군이 그녀를 사로잡았다. 그리고 야전사령관이 사형선고를 내렸다. 그녀가 총살을 위해서 나란히 서 있는 저격부대원 앞에 끌려 나왔을 때 이렇게 말했다고 알려졌다.

"나는 애국심만으로는 충분치 않음을 깨달았습니다. 나는 어느 누구를 향해서도 증오심이나 비통함을 품어서는 안 된다고 생각합니다."

● **카스트로, 피델**(Castro, Fidel : 1926~2016), 쿠바의 통치자, 혁명지도자

1961년 카스트로의 독재를 피해 미국에 망명한 1,500명 쿠바인을 케네디가 CIA를 시켜 무장시켜 쿠바 피그만을 침공하게 했으나 실패한 후 카스트로는 공산주의자와 친 소련 인사들을 중용하면서 소련의 신임을 얻어갔다. 소련의 강력한 군사력을 이용해 미국을 위협하기 위한 것이었다.

그 결과 쿠바와 소련은 군사조약을 체결하고 '남미에 있는 사회주의국가를 보

호한다'는 명분하에 소련이 쿠바에 미사일 기지를 건설하기로 했다.

이 소식은 1962년 10월 항공사진을 통해 미국 백악관과 펜타곤에 전달되었다. 미군정찰기가 소련이 비밀리에 쿠바에 미사일 기지를 건설하는 모습을 촬영한 것이다.

당시 미국 대통령이던 존 F. 케네디는 적국인 소련의 미사일 기지가 미국 본토를 직접 공격할 수 있는 쿠바에 세워지는 걸 용납할 수 없었다. 케네디 대통령은 "미국은 소련이 미사일 기지 공사를 감행한다면 제3차 세계 대전도 불사하겠다"는 공식 성명을 발표했다. 그리고 미국의 항공모함과 전함을 동원해 쿠바의 모든 항구를 봉쇄하고 소련의 물자와 미사일이 쿠바에 들어오지 못하도록 완전히 가로막았다.

하지만 소련은 이러한 봉쇄 조치를 비판하며 핵 잠수함이 호위하는 미사일 운반선을 계속해서 쿠바로 몰았다. 미사일 기지 건설 사업도 멈추지 않고 계속되었다.

이 가운데 카스트로는 "미국이 쿠바를 침공하는 즉시 미국을 향해 핵 공격을 해 달라"며 갈등을 부추겼고, 미국의 정찰기가 소련에 의해 격추당하고 소련의 잠수함이 미군의 공격을 받는 일도 벌어졌다. 미 · 소 간 갈등은 언제 전쟁이 나도 이상하지 않은 상황까지 치달은 것이다.

당시 미 국방장관이었던 로버트 맥나마라가 "회의를 끝내고 백악관을 나오면서 노을이 드리운 가을 하늘을 보았다. 참으로 아름다운 저녁이었다. 그리고 우리 모두가 다음 주 토요일이 오기 전에 다 죽을 것이라는 예감에 공포에 휩싸였다"고 말할 정도였다.

카스트로와 미국의 갈등에서 시작된 쿠바 미사일 위기는 다행히 미 · 소 간 전쟁이 가져올 위험을 알았던 케네디 대통령과 소련의 지도자 흐루쇼프의 합의를 통해 해결되었다. 미국은 쿠바의 해상봉쇄를 풀고 향후 쿠바를 침공하지 않기로 약속하고, 소련은 쿠바의 미사일 기지를 포기하기로 한 것이죠.

(조선일보 김승호 인천포스코고 역사 담당 교사 글에서)

● 카슨, 자니(Carson, Johnny : 1925~), 미국 텔레비전 흥행사, 오랫동안 Tonight Show 주제자

여배우 앤지 디킨슨이 카슨 쇼에 자주 나왔다. 어느 날 밤 쇼에 그녀가 특이해 보이는 흘러내리는 듯한 옷 한 벌을 걸치고 나왔다. 카슨이 우스갯소리로 "왜 당신은 파자마를 입고 나왔느냐"고 물었다. 그리고는 계속 출연자에게 "당신은 옷을 입을 때 남자를 위해서 입어요, 여자를 위해서 입어요?" 하고 물었다. 이 질문에 디킨슨이 "나는 옷을 입을 때에는 여성을 위해서이고 옷을 벗을 때에는 남성을 위해서 벗습니다"라고 응수했다.

● 카잘스, 파블로(Casals, Pablo : 1876~1973), 스페인 첼리스트, 지휘자

유명한 의학심리학 기자인 노맨 커슨스가 1979년에 쓴 『질병의 해부』라는 책에서 그가 카잘스와 만난 이야기를 기록하고 있다.

세계적인 첼리스트요 지휘자인 카잘스 선생이 푸에르토리코에 있는 자기 집에서 건강문제로 요양하고 있을 때 커슨스가 거기를 찾아간 것이다. 그 당시 카잘스 선생은 류마치스성 관절염, 기종, 그리고 손등이 붓는 보종, 구부러진 손가락 등과 같은 병을 앓고 있었다. 커슨스는 카잘스 선생의 90회 생일을 축하해드리기 위해서도 그렇고 취재도 할 겸 푸에르토리코를 방문했다. 그러나 어깨가 구부러진 카잘스 선생은 간신히 피아노 앞에 힘겹게 앉았다. 그 순간 커슨스는 놀라운 광경을 목격한 것이다. 즉 형상변화를 본 것이다. 커슨스의 기록을 읽어보자.

"나는 꼭 일어날지 모르는 기적을 볼 준비가 전혀 안 되어 있었다. 카잘스 선생의 구부러진 채 굳어졌던 손가락이 서서히 풀리고, 마치 나무의 새싹이 햇빛을 보고 그 쪽으로 향해 뻗어 나가듯이 손가락이 피아노 키로 향하는 것을 보았다. 그의 굽었던 등은 순식간에 펴졌다. 선생님은 이제 더 자유롭게 호흡을 할 수 있게 된 것 같았다. 지금 그분의 손가락이 건반위에 자리 잡았다. 다음 순간 바흐의 '평균률 피아노곡'의 첫 소절을 치기 시작했다. 굉장한 감수성과 컨트롤로 연주를 했다. 카잘스 선생은 피아노를 치면서 허밍을 했고, '마치 바흐가 나에게 말을 거는 것 같다'라고 하면서 손을 자기 가슴위에 올려놓았다."

브람스의 콘체르토에 빠져든 카잘스 선생의 손은 '기민하고 힘차게' 눈부시게 빠르기로 건반 위를 오가고 했다. 그의 전신은 음악에 푹 녹아 있었고, 그의 몸은 이제 더 이상 굳어 있거나 졸아들어 있지 않고, 나긋나긋하고 우아하며, 더 이상 관절염의 악몽에서 벗어나 있는 듯 했다. 곡이 끝나자 카잘스 선생은 아침식사를 하러 갔다. 꼿꼿이 일어서서 다녔고, 조금 전에 보여주었던 불편함이란 찾아볼 수 없을 정도로 완전히 호전되어 있었다.

● **카포네, 알**(Capone, Al : 1899~1947), 미국의 갱단 두목, 이탈리아 출신, 1920년대에 그는 시카고의 암흑가를 지배함

미국의 내국세국이 카포네를 탈세혐의로 체포해서 재판에 회부하고 음성소득 탈세혐의로 수백만 달러의 벌금을 매겼다. 그러자 그는 "당신들은 불법자금에서 합법세금을 거둬 갈 수는 없습니다"라고 항의했다.

(그러나 세무당국은 1931년 카포네를 세금 포탈로 감옥에 넣었다.)

● **칸트, 임마누엘**(Kant, Immanuel : 1724~1804), 독일의 철학자, 세계적 사상가

☞ 『순수이성비판』 등 3권의 역사적 대작을 남긴 칸트의 생활은 규칙적이었다는 것이 정평이었다. 여름이고 겨울이고, 아침 5시에 일어나고, 밤 10시에 잠자리에 드는 리듬을 지켰다.

커피를 곁들인 조식이 끝나면 대학에서 강의, 점심식사 후에는 친구와 환담하고, 낮잠은 자지 않는다. 저녁에는 4시부터 1시간 동안 산책, 산책 후에는 저녁식사와 독서.

이런 생활을 엄격하게 지키고, 80세에 생애를 마감했다. 제자가 준 한 잔의 와인을 마시고, "Es ist gut(이것 좋아)"라는 한마디를 남기고 세상을 떠났다.

☞ 칸트는 유명한 여성기피자였다. 그래서 결혼도 안했다. 칸트의 사용인이었던 란페는 자기가 결혼한 것을 어떻게든 칸트에게 보고를 못했다고 한다. 야단맞

을 것이 두려워서였다. 한참 훗날에 가서 칸트는 사용인의 결혼을 알게 된다. 놀라기도 했지만 역시 야단도 맞았다고 한다.

● **칼벵, 요한**(Calvin, Johann : 1509~1564), 프랑스의 신학자, 종교개혁가

유럽의 종교개혁운동가인 칼벵은 프랑스인이지만 파리 당국의 박해로 1534년 10월 스위스 바젤로 도망갔다. 그는 그곳에서 루터파의 저작자들과 '성경'을 계속 연구했다. 1536년 27세에 『그리스도교 강요』를 출판했는데 신교의 백과사전과 같은 책이다.

그는 신앙으로 구원을 얻을 수 있다고 주장했다. 그는 교회를 로마 교황의 제약으로부터 해방시키고 다시는 로마 교황이나 제후의 통제를 받지 않도록 했다. 그는 장로교의 시조이다.

● **칼리오, 쾨스티**(Kallio, Kyösti : 1873~1940), 핀란드 정치가, 수상, 대통령(1937~1940)

1939~40년 겨울에 있었던 핀란드와 러시아간의 싸움 이야기다.

정당한 이유 없이 러시아가 맹공격해 온 것을 핀란드군 9개 사단이 러시아군 45개 사단을 막아서서 105일 동안 싸웠다. 핀란드인은 불가피하게 진압되고 1940년 3월 모스크바에서 서명할 때 항복조약을 맺을 때 불리한 조항을 강제적으로 맺어야 했다.

당시 대통령 칼리오는 사인을 하기 위해 펜을 집어 들면서 소리 질렀다. "이 괴물 같은 조약에 서명하는 내 손이 마비가 되었으면 좋겠다"고. 그리고 몇 달 동안 그의 팔은 마비되고 말았다.

● **캐그니, 제임스**(Cagney, James : 1899~1986), 미국 영화배우

(그의 부인이 캐그니의 믿을 수 없이 놀라운 기억력을 자랑스럽게 여기고 있다. 그 중 실례 한 가지)

그리 오래되지 않는 해 어느 날, 뉴욕에서 차를 타려고 하는데 어떤 사람이 길

을 건너는 것을 캐그니가 보고 "당신 저기 길 건너는 사람 보이지?" 그는 나에게 이렇게 말했다. "저 사람은 학교 다닐 때 내 옆에 앉아 있었던 짝꿍이고, 이름은 내이산 스키델스키야." "증명해 보시오"라고 내가 남편에게 말했다. "Go Say Hello" 해 보라고. "남편이 가서 '안녕'하고 인사를 했는데 어떻게 된 줄 아세요. 그 사람이 바로 내이산 스키델스키 바로 그 사람이었어요. 문제는 그가 저의 남편 캐그니를 못 알아보았다는 점이에요"라고 실토했다.

● 캐논, 제임스(Cannon, James : 1876~1969), 미국 소설가

(캐논의 딸이고 역사가 아더 슐레징거 주니어의 전처인 매리언 캐넌 슐레징거가 자기 어머니에 관해서 들려준 이야기이다.)

어머니가 90세 가까이 되었을 때, 1년인가 2년인가 후에 내 언니를 기다리면서 차 속에 앉아 있었다. 언니는 프랭클린(뉴햄프셔주) 시의 과수원 농장에서 사과를 사고 있었다. 그런데 갑자기 어머니가 언니를 불러대면서 "린다야, 나 지금 죽어가고 있어. 우리는 빨리 집에 가야 돼. 여기는 죽기에 위엄이 있는 곳이 못돼"라고 말했다. 언니가 큰소리로 "엄마, 엄마가 죽어가고 있다는 것을 어떻게 알아?"라고 말하니 엄마가 "내가 어떻게 알겠니? 전에 한 번도 죽어본 일이 없으니까"라고 말하였다.

● 캐드버리, 조지(Cadbury, George : 1839~1922), 영국의 퀘이커교도 및 코코아 제조업자

영국 왕 조지 5세와 왕비 매리가 캐드버리의 코코아 공장을 방문했다. 이때 조지 캐드버리 사장이 왕비의 길 안내를 맡아 앞장섰다. 그의 부인은 왕의 뒤를 따라왔다. 캐드버리는 왕실에 대한 존경의 뜻으로 모자를 벗고 안내를 했다. 그러나 이날 몹시 날씨가 추웠다. 그래서 왕비가 늙은 캐드버리가 감기에 걸릴까봐 염려스러워서 "캐드버리 씨, 제발 모자를 쓰세요"라고 말했다. 조지 캐드버리는 사양했다. "제발 그렇게 하세요 캐드버리 씨, 그렇게 안 하시면 왕에게 이야기해서 그렇게 하도록 명령을 내리도록 하겠소"라고 말해도 여전히 모자를 벗은 채 안내를 하였다. 그때 왕의 뒤를 따라다니던 부인 엘리자베스 캐드버리가 울려퍼지는 목소리로 "조지(여보), 모자를 쓰세요" 하고 말했다. 그는 그대로 모자를 썼다.

(왕비의 명령은 안 들어도 마누라 명령은 들었네.)

● 카롤 2세 왕(Carol II : 1893~1953), 루마니아 왕(1930~1940)

카롤 왕이 추방되었을 때 영국의 외교관 로버트 브루스 록하트에게 이런 이야기를 했다.

자기가 왕으로 재임 시 열네 사람의 뛰어난 두뇌의 루마니아 젊은이를 선발해서 특별훈련을 시켜 정부에서 일하도록 했다. 그 중 일곱 사람은 영국으로, 나머지 일곱 사람은 미국으로 보냈다. 가서 현지의 정치적, 경제적 시스템을 배워 오도록 했다. "영국으로 간 일곱 사람은 굉장히 스마트해서 브카레스트로 돌아와서 정부요직에서 큰 성공을 거두었다"라고 카롤이 말했다. 록하트가 이 말을 받아서 "미국으로 간 사람들은 어떻게 되었어요?" 했더니 "그들은 더 똑똑하고 스마트했어. 그들은 거기에 눌러앉았어"라고 왕은 말했다.

● 캐롤, 르위스(Carroll, Lewis : 1832~1898), 영국의 수학자, 『이상한 나라의 엘리스』 작가

캐롤은 이른바 하루 종일 집에 처박혀 있는 칩거형 인사였다. 소녀가 범행의 대상이 되어 위태위태한 만화를 즐겨 본다거나 소녀의 나체사진을 훔쳐본다거나 하는 『이상한 나라의 엘리스』의 저자인 캐롤은 위태위태한 인물이었다.

일생동안 독신으로 지낸 동안 160통의 편지를 소녀들에게 보냈고, 셀 수 없을 만큼의 소녀들의 사진을 찍었다고 한다. 그 중에는 이상한 사진도 있었다고 한다. 이와 같은 그의 맨얼굴 이면에는 환상적인 동화도 묘하게 정취가 있는 이야기처럼 생각된다.

● 캐롤라인, 브룬스윅(Caroline of Brunswick : 1768~1821), 영국왕 조지 4세(1820~1830)의 부인

☞ 1820년에 있었던 상원의원들 앞에서의 재판에서 외국여행에서 캐롤라인이

저지른 여러 가지 추잡한 행위에 대해서 그녀에게 불리한 증거가 자세히 드러났다. 알제리아의 수도 알지에에서의 현지 총독 데이(Dey)와의 의아스러운 행동에 대한 심문이 있었다. 재판장인 노버리 경은 이렇게 말했다. "그녀는 그 낮이 긴 만큼 행복했었다"고.

(그 낮(day)과 dey 총독의 발음이 비슷해서)

☞ 조지 4세의 침실담당 하인이 "나폴레옹의 죽음에 대한 놀라운 뉴스를 전해 왔다.

"폐하, 폐하의 가장 모진 적이 죽었습니다."

"응 그래! 맹세컨대(by God), 캐롤라인이?"

캐롤라인의 남편인 조지 4세가 외쳤다.

(마누라가 천추의 원수였던가?)

● 캐롤, 제임스(Carroll, James : 1943~), 미국소설가

(캐롤이 한번은 다음과 같은 이야기를 들려주었다.)

내 소설 『운명의 친구』(1978)를 출판했을 때 보스턴 교외에 있는 리틀 브라운(리틀 브라운은 미국의 큰 출판사의 하나)의 창고를 특별히 방문할 영광을 얻게 되었다. 나의 초청자와 가이드, 리틀 브라운 사장이 나에게 책 도매점과 서점으로 나갈 책을 근로자들이 포장하고, 상자에 넣고, 우편으로 내보내는 어셈블리 라인을 보여주었다. 한 군데에 이르자 근로자의 한 사람이 나에게 이런 말을 소개하는 것을 들었다.

"캐롤 씨, 우리 모두는 당신 책을 무척 사랑해요"라고.

"나는 이 말을 저자가 받을 수 있는 가장 훌륭한 인사말로 받아들였습니다. 이들 근로자들이 진짜로 내 책을 읽었을 것이라고 생각하면서."

그러나 그 여성은 계속해서 "우리는 이 책을 정말로 사랑해요. 이 책은 포장하기에 완벽한 사이즈니까요"라고 말했다.

● 캐인, 홀(Caine, Hall : 1853~1931), 영국 소설가

명성이란 오자마자 금세 사라지는 듯이 보인다. 예를 들면, 20세기 전반 동안 국제적으로 존경받았던 홀 캐인이라는 이름을 지금은 기억하는 사람이 많지 않다. 그의 저서는 거의 모두 알려진 언어로 번역이 되었고, 그의 외모는(셰익스피어 못지않게) 모든 사람에게 익숙해져 있었다.

막심 코르키가 런던을 방문했을 때, 어떤 파티에서 토마스 하디, 조지프 콘라드, 버나드 쇼, H. G. 웰스, 아놀드 베네트 등과 같은 문인에게 소개되었을 때 캐인은 좌중의 유명 인사들을 둘러보았는데 뭐가 빠져 있는 것이다. "홀 캐인은 어디 있지?" 하고 물었다는 것이다.

(이미 캐인의 인기는 시들고 있었다는 이야기다.)

● 캠벨, 패트릭 여사(Campbell, Mrs. Patrick : 1865~1940), 영국의 여배우, 기지와 극적인 화내기로 유명

1930년대 초에 캠벨 여사가 영화배역에 대한 의논 문제로 할리우드에 갔다. 그녀는 관례적으로 등사된 사무용지를 받아들었다. 거기서 요구하는 대로 이름, 머리카락 색깔, 눈 색깔, 키, 취미 등등 자세한 신상에 관한 기록을 요구하는 용지였다.

'경험(experience)'이라는 난이 나타나자 그녀는 '에드워드 3세(Edward III)'라고 썼다.

(에드워드 3세와 잤다는 말이다.)

● 커, 데보라(Kerr, Deborah : 1921~2007), 영국의 연극 및 영화배우

커는 가끔 출판업자로부터 자서전 출판을 제의받곤 했다. 다른 영화 · 연극 동료들처럼, "귀하도 자서전을 쓰라"는 이야기란다. 그러나 그녀는 그럴 때마다 이의를 제기했다. "그것들(친구들의 자서전)은 모두 똑 같아요"라면서 불평을 했다. "그건 언제나 '넝마에서 부자(고생고생 끝에 출세했다는 이야기)'가 아니면 '누구누구하고 그런 저런 사유로 잤다'는, 그런 이야기 아니겠소? 내가 만일 그런 글을 쓴다면 그건 망신살이지 뭐요?"

● 케네디, 존(Kennedy, John : 1917~1963), 미국 제35대 대통령(1961~1963)

☞ 어릴 때부터 문제가 있던 척추가 격침쇼크로 악화되어 수술을 받았는데 병역불합격으로 제대하고 지팡이를 짚고 귀향한다.

1947년 런던 방문 중 돌연 위독 상태에 빠진다. 병명은 '아디손병'이었다. 병의 원인도 치료방법도 확실치 않았다. 부신피질호르몬 부족으로 생기는 병으로 알려졌는데, 호르몬 보충은 평생의 업이 되었다. 케네디는 3개월마다 호르몬 캡슐을 피하에 심어야 했다. 거기서 일정량의 호르몬이 체내에 주입된다. 그리고 매일 일정한 수의 정제(錠劑)를 입에 털어 넣어야 했다.

그때 그는 이미 하원의원이었다. 젊고 활동적인 정치가로 주목받고 있었고, 병은 철저히 숨겨져 있었다. 척추염의 통증으로 고생하고 있었는데, 의자에서 일어날 때의 고통으로 상원에서 표결할 사이에도 사무실로 돌아가지 않고 가만히 앉아서 지루한 연설을 듣곤 했다. 물론 걷는 것도 곤란했다. 지팡이 없이는 걸을 수 없는 때도 많았다. 다른 사람이 보는 데서는 절대로 안 선다. 코르세트를 차고 있었으나 아는 사람은 별로 없었고, 정치가 케네디는 격통을 참으면서 늘 미소를 띠고 있었다.

☞ 케네디는 연단에 서서 연설할 때에는 코르세트를 두 손으로 필사적으로 잡고 있었으나 쾌활한 얼굴은 계속 보여주었다. 1954년 상원의원일 때 척추수술을 했고, 회복 기간 동안 『용기 있는 사람들』이란 책을 써서 퓰리처상까지 받았다.

케네디의 왼쪽 구두에는 두께 5㎜짜리 깔창이 들어 있었다. 그것은 골반의 위치교정을 위해서였다. 매일 먹는 정제 코티졸이 우울증을 유발하고 피하지방을 끼게 하였다. 암살되기 몇 년 전의 케네디는 체중증가로 고민했고, 얼굴도 둥그

스름해졌다. 이것은 모두 코티졸 부작용 때문이었다.

● **케루비니, 루이지**(Cherubini Luigi : 1760~1842), 이탈리아 작곡가, 특히 그의 합창곡이 유명하다.

케루비니가 파리 음악원(Paris Conservatoire) 원장으로 있을 때, 한 학생이 오페라 곡을 하나 만들어 가지고 와서 그것을 연출할 것을 고려중에 있는데 오페라제작 전에 선생님이 참석하셔서 음악을 들어주셨으면 해서 간청을 했다. 케루비니가 이에 동의하였다.

그는 1막을 듣고, 2막까지 듣고, 그리고는 한마디의 코멘트도 없었다. 이 젊은 작곡자는 애가 타서 선생님이 앉아계시는 좌석 쪽을 바라보면서 초조하게 기다리다 참지 못해 "선생님, 저에게 뭔가 말씀해 줄 것이 없으십니까?"고 요청하니, 케루비니는 젊은 작곡자의 손을 잡고는 친절하게 이렇게 대답하였다. "나의 젊은 친구, 내가 자네에게 무슨 말을 할 수 있어? 나는 2시간을 자네 음악을 들었는데, 그동안 자네도 나에게 말 한마디 안했잖아? 피차 마찬가지야"라고.

● **케인스, 존**(Keynes, John : 1883~1946), 남작, 영국의 경제학자

1905년 케임브리지대학을 나와 정부의 인도성(印度省) 담당 공무원으로 3년간 근무 후 케임브리지대학 교수로 있었다.

1차 세계 대전(1914~1918)이 끝나고 1919년 벽과 천장이 거울로 이루어진 프랑스 파리의 베르사이유 궁전의 '거울의 방'에서 1차 대전 승전국 대표와 패전국인 독일 대표들이 만나 전쟁을 끝맺는 '베르사이유 조약'을 체결했다.

베르사이유 조약에는 1차 대전에서 패배한 독일이 엄청난 액수의 배상금을 지불해야 하는 조항이 들어 있다. 당시 독일 1년 국내총생산(GDP)을 뛰어넘는 액수였다. 그러자 독일에서는 '베르사이유 조약이 너무 가혹하다'는 목소리가 나왔고, 승전국에서도 베르사이유 조약을 비판하는 전문가들이 등장했다.

이때 36세의 영국 대표로 참석한 존 메이너드 케인즈는 '베르사이유 조약이 독일 사람들을 절망에 빠뜨리고, 독일 경제를 파탄 낼 것이다. 독일 경제의 파탄은 곧

세계 경제에도 심각한 영향을 줄 것이다'라고 예언하면서 베르사이유 조약의 수정을 요구했으나 영국정부가 이 제안을 받아들이지 않자 대표 자리에서 물러났다.

불행히도 케인즈의 예언은 그대로 실현되었고, 정상적인 방법으로 배상금을 갚을 수 없었던 독일 정부는 화폐를 마구 찍어내서 그 결과 물가가 엄청나게 치솟고 실업자가 대규모로 발생하면서 독일 경제는 극심한 불황에 빠졌다. 독일을 덮친 사회·경제적 대혼란에 분노한 독일 국민들은 히틀러와 나치당이 정권을 잡도록 한 것이다. 드디어 히틀러는 전쟁이 끝나고 20년 후 1939년에 제2차 세계 대전을 일으킨 것이다.

● 케쿨레, 슈트라도니츠(Kékulé von Stradonitz : 1829~1896), 독일의 화학자

케쿨레가 새로 부임한 본 대학의 연구소로 가는 길에, 그는 모든 사람들로부터 정중한 인사를 받게 되었다. 화학자인 케쿨레는 무슨 영문인지 몰랐다. 그랬더니 어떤 사람이 그의 곁에 와서 "당신을 독일 함대의 창설자인 데르비츠와 혼동하고 있습니다"라고 소곤거렸다.

데르비츠와 자기가 약간 닮았다는 것이었다. 그래서 그는 이렇게 대꾸하였다.

"우리들은 선천적으로 닮았습니다. 데르비츠는 큰 규모로 건설하였습니다만, 나는 소규모로 하였습니다. 그 사람은 배를 만들었고, 나는 그저 분자(分子)를 만들었을 뿐이지요. 어느 작품이 더 오래가는가는 두고 봅시다."

● 케플러, 요하네스(Kepler, Johannes : 1571~1630), 독일의 천문학자

'혹성(惑星)의 3법칙'을 발견한 천문학자 케플러는 달이 3중으로 보일만큼 심한 난시였다. 이에 더해서 피부병으로 몸이 야위고, 일찍이 명문 집안이었던 일족도 이상한 운명을 만난다.

아버지는 교수형이 선고되자 도망을 가고, 어머니는 미신에 사로잡힌 점성술사로서 마녀재판에 회부되었다. 백모(伯母 : 큰 어머니)는 그 마녀재판에서 불에 타서 죽었다.

이렇게 저주받은 가계에 태어났기 때문에 케플러는 우주에서 그 구원의 길을 찾았다고 하겠다. 그 자신, 별의 운행과 자기의 운명을 겹쳐가지고 있었으며, 그래서 신변에서 일어나는 일 모두 정확한 일시를 기록해 두었고, 그때의 별의 위치도 남겨놓고 있다.

케플러의 기록에 의하면 1571년 5월 16일 오전 4시 27분이 자신의 인생의 시작이라고 했다. 즉 이때 어머니가 케플러를 수태(受胎)한 것이다.

여기서 224일과 9시간 53분 후, 즉 1571년 12월 27일 오전 2시 30분에 케플러가 태어난 것으로 되어 있다. 속설에는 10월 10일이라고 한다. 케플러는 미숙아였다고 한다.

● **켈러, 헬렌**(Keller, Helen : 1880~1968), 미국의 사회복지가, 작가(시각 · 청각장애자)

그녀의 선생 앤 맨스필드 설리반과 함께 헬렌 켈러는 전국을 다니면서 무수히 많은 강연을 했다.

설리반 선생을 통해서 청중으로부터 질문을 받고 대답했다. 그 중 바보스러운 질문 하나가 있었다.

"선생님은 잠잘 때에는 눈을 감습니까?" 헬렌 켈러의 엉뚱한 답은 "나는 뭘 볼 때에는 깨어있지 않아요"였다.

● **켑펠, 오거스터스 자작**(Keppel, Augustus : 1725~1786), 영국의 정치가, 제독

켑펠이 20대 중반일 때, 그는 영국정부에서 알제리아의 태수(太守)에게 밀사자격으로 파견되었다. 그의 임무는 아프리카 북부 연안의 높은 파도가 치는 바다에서 횡행하는 해적들을 소탕하는 임무를 띠고 파견되었는데, 그는 강력히 해적을 소탕할 수 있다고 주장하고 나섰다. 알제리아 태수는 그와 타협하기 위해 턱에 수염도 안 난 젊은 애송이를 보냈다고 영국 왕의 지혜의 부족을 격렬히 비난했다. "태수 각하, 저의 왕(조지 2세)께서 사람의 지혜가 수염의 길이로 결정된다고 믿었으면, 태수 각하께 숫염소를 보냈을 것입니다." 켑펠이 반격을 했다.

(이 말이 태수를 크게 화나게 해서 그는 켑펠을 죽이겠다고 위협했다. 켑펠은 항구에 정박하고 있는 자기가 타고 온 해군함정을 가리키면서 저만한 군인들이라면 태수 각하를 영광스러운 장례용 장작더미로 만들기에 충분할 것입니다"라고 하니, 태수가 그에게 호감을 가지고 문제를 해결해 주었다고 한다.)

● **코다, 알렉산더**(Korda, Alexander : 1893~1956), **헝가리 태생의 영국의 영화제작자, 감독**

코다가 키플링(영국의 소설가)의 작품 『정글 북(Jungle Book)』의 영화를 찍고 있을 때의 이야기.

고무와 철사로 만든 비단뱀을 강 중류에 떠 있는 바지선(짐배)에 계류시켜 놓고 조종하였다. 바지선에는 기술자, 카메라맨 그리고 코다의 동생 졸리 코다가 타고 있었다. 강기슭에 있던 코다가 바지선에 사람이 너무 많이 타서 불안정하다고 경고하였다.

몇 분 후 배가 전복했다. 모두 헤엄을 쳐서 강기슭으로 나왔다. 그런데 졸리 코다만 예외였다. 비단뱀 곁 깊은 곳에 혼자 남아서 허우적거리고 소리 질렀다. 코다는 동생의 바보 같은 행동을 너그러운 미소로 보고 있었다. 갑자기 누군가가 "졸리가 헤엄칠 줄 알아요?"라고 물었다. 형 알렉산더가 있다 "아니 우린 어릴 때 헤엄치는 것을 못 배웠어. 내 생각에는 졸리가 헤엄을 못 칠거요. 누가 저 사람 좀 도와줘야겠어"라고 말했다.

긴 장대를 가져와서 졸리 코다를 끄집어냈다. 그가 숨을 돌릴 수 있게 되자 "왜 힘껏 안 도와줬어요?"라고 졸리가 말했다. 형 코다가 냉정하게 대답했다. "넌 헝가리 말로 외쳤어야지. 도움이 필요할 때에는 언제든지 모국어로 소리 질러야 돼. 그래야 사람들이 알아들어." 형의 대답이었다.

● **코로, 장 밥티스트**(Corot, Jean-Baptiste : 1796~1875), **프랑스 풍경화가, 바르비종파와 인상파**
에 영향을 줌

코로가 한번은 여행을 하다가 어느 여관에 들었는데 마침 그 여관에 강도가 들어서 방마다 다니면서 투숙객의 주머니를 모조리 털었다. 마침내 코로의 차례가 되어 강도가 들이닥치자, 여장(旅裝)을 털렸다가는 오도 가도 못할 것 같아 화가 치밀어서 흥분한 그는 즉각 강도들을 하나씩 들어서 창문 밖으로 내동댕이쳤다.

다음으로 덤벼드는 놈도 그렇게 처리하고는 창문을 유유히 닫고는 두 손을 탁탁 털고 앉았다. 그랬더니 투숙객과 여관주인이 모두 와서 축하를 해주었다.

그 후 소문이 퍼져 친구들이 그의 기운이 센 것을 추켜 주니 "아닌 게 아니라 홧김에 그놈들을 집어 치우고 나서 생각하니 내 몸에서 언제 그런 기운이 났었는지 나도 모르겠네……" 했다. 그의 실물은 몸집이 크고 기골이 장대한 대장부라고 한다.

● 코르테스, 에르난(Cortes, Hernan : 1485~1547), 스페인의 멕시코 정복자

15세기 말에 콜롬버스가 신대륙 아메리카를 발견한 후 스페인이 미국 중남미 정복이 시작되었다. 그 방법은 실로 가혹한 것으로서 원주민인 인디언들을 가축처럼 살육했고 영토와 재물을 약탈했다.

특히 스페인의 코르테스에 의한 멕시코 정복(1521)은 그 중에서도 극악한 것이었다. 멕시코 최후의 왕 몬데즈마 1세는 코르테스에게 항복한 뒤에 살해되었는데, 그가 스페인의 침략에 대해 표현한 말은 그 진상을 가장 잘 증명하고 있다.

"신들은 (피에)목말라 있다."

그런데 이 말은 그 후 수세기가 지난 뒤에 똑같이 적절하게 쓰여지게 되었다. 프랑스 혁명 당시 지롱드 당원이었던 지도자가 발행한 팸플릿에도 『신들은 목마르다』를 썼고, 아나톨 프랑스도 소설 제목으로 『신들은 목마르다』를 썼다.

● 코엘료, 파울로(Coelho, Paulo : 1947~), 브라질 작가

세계적 작가 코엘료의 대표작으로 『연금술사』 같은 것이 있다. 자아를 찾아가는 한 젊은이의 여정을 그린 동화 같은 소설이다. 그는 허다한 삶의 굴곡을 겪었지만 그것이 고통으로 다가올 때도 있지만 작품에 생동감을 넘치게 하는 자양분이 되기도 했다. 그는 『연금술사』에서 다음과 같이 말했는데, 이 말은 그의 신념이기도 하다.

"무언가를 간절히 원할 때 온 우주는 소망이 실현되도록 도와준다."

● **코온, 해리**(Cohn, Harry : 1891~1958), 미국의 영화제작자, 콜롬비아 영화사 대표

해리 코온은 할리우드에서는 기피대상 인물이었다. 그런데 그의 장례식에는 많은 조문객이 참석해서 모두 놀랐다. 한 참석자는 이렇게 말했다.

"그들은 그들이 언제나 말하고 있는 것을 증명하고 있는 셈이지. 대중에게 뭔가 그들이 보기를 원하는 것을 보여주고, 그리고 그들이 그걸 보려고 돋보이게 드러내는 것이다"라고 말했다.

코온이 하루는 뉴욕에 여행을 떠날 계획이라고 간부들에게 선언했다. 그러자 영화 시나리오작가 노먼 크라스너가 "회장님 저를 같이 데려가시지요?" 했다. "당신? 당신이 나에게 왜 필요하지?" 하고 호통을 쳤다. 그러자 크라스너가 "회장님이 꼭 저를 필요로 하실 겁니다. 왜냐하면 기차를 타시면 식사주문은 종이에 써서 하게 되어 있거든요"라고 대답했다. "그래서 어쨌다는 거요?" "그래서라니요, 회장님은 글자를 못 쓰시잖아요? 그러면 회장님은 기차 속에서 굶어죽어요"라고 대답했다.

● **코워드, 노엘 경**(Coward, Noel : 1899~1973), 영국의 극작가, 배우, 유머리스트

코워드가 브라이튼의 부둣가를 로렌스 올리비에와 그의 어린 아들과 산책을 하고 있었는데, 길거리에서 두 마리 개가 교미를 하는 장면을 만나게 되었다. 이 장면을 본 올리비에의 아들이 순진하게 "아저씨 저 개들이 뭘 하고 있어요?" 하고 물었다. 그랬더니 코워드가 "자 봐, 앞에 있는 개는 눈먼 장님 개야, 그리고 뒤에 있는 개는 그 장님 개를 똑바로 가라고 밀어주고 있어"라고.

● 코페르니쿠스, 니콜라우스(Copernicus, Nicolaus : 1473~1543), 폴란드의 천문학자

이 세계도 다른 천체와 같이 둥근 것으로써, 태양을 중심으로 회전하고 있다는 지동설은 코페르니쿠스에 의해 처음으로 주장된 것은 아니고 고대 희랍의 철학자나 과학자들도 주장했었던 이론이다. 그러나 기독교 세력이 확립됨에 따라서 교회는 그런 주장을 이단사설(異端邪說)로 몰아 부정하였다. 기독교는 천동설을 내세웠다.

코페르니쿠스는 그러한 사실을 잘 알고 있었기 때문에 지동설에 대한 확신을 갖고 있었지만 자기 이론을 공표하려고 하지 않았다. 그는 사망하기 전에 1543년에 비로소 「천체의 운행에 관하여」라는 논문을 발표했는데, 신중을 기하기 위해 논문에 첫머리에 당시 교황이던 파오드 3세에 대해서 다음과 같은 내용의 헌사(獻詞)를 썼다.

"저는 조물주가 우리를 위하여 창조한 우주에 관하여 종래의 학설이 불충분한 점을 안타깝게 여기고, 옛 문헌을 조사한 바 있습니다. 그것에 의해 그리스의 피타고라스학파 철학자들이 지동설을 주장한 것을 알게 되었습니다. 그래서 천체 현상을 들여다보기 위해서는 여러 가지 상상을 허락받을 수 있다는 것을 알았기 때문에 저도 또한 지동설의 입장에서 수년간에 걸쳐 연구를 쌓아 본 결과 천체의 운행이 보다 이론적으로 해명되는 것을 발견한 것입니다."

이 헌사는 자기변호를 위한 것이고 교회와 정면대결을 슬쩍 피해가려고 했던 것 같다.

● 콜럼버스, 크리스토퍼(Columbus, Christopher : 1451~1506), 이탈리아 태생의 항해사, 미 대륙 발견자

1504년 콜럼버스가 자마이카 해안에 정박하고 있을 때, 식량이 바닥나기 시작되었는데 자마이카 원주민이 식량공급을 거부해서 위기에 직면하였다. 그래서 콜럼버스는 달력을 살펴보았다. 며칠 후 월식이 오게 되어 있었다. 월식이 예정된 날 그는 자마이카 지도자들을 불러 모았다. 만일 그들이 식량공급을 거부하면

달을 안 뜨게 해서 온 세상이 캄캄해지게 하겠다고 말했다.

자마이카 사람들이 모두 웃었다. 그러나 그날 밤 월식이 시작되자 굉장한 공포심에 사로잡혀 되돌아왔다. 만일 식량을 가져오면 다시 달이 뜨게 해 주겠다고 말했다. 그들은 그 제안을 기꺼이 받아들였다. 달은 당연히 시간이 지나니까 원상회복되었다. 그리고 자마이카 사람들은 보유하고 있던 식량을 가져왔다.

● **콜리지, 새뮤얼**(Coleridge Samuel : 1772~1834), 영국의 시인, 비평가, 철학자

콜리지가 그의 비극 희곡 『회한』이 출판된 지 얼마 안 되어 한 호텔의 라운지에 앉아 있는데, 어떤 신사가 한 검시관의 보고서가 실린 신문을 읽고 있으면서 그의 이름이 불리우는 것을 들었다. 콜리지가 그 신문 좀 볼 수 있느냐고 물었다. 그 낯선 신사는 신문을 콜리지에게 건네주었다.

"콜리지는 자기의 연극이 성공을 거둔 후에 목매 자살을 하다니 좀 특이한 일입니다. 그런데 그분은 언제나 이상했고 미친 사람 같았어요"라고 그 신사가 말했다. "그래요? 그가 목매 자살을 하다니 정말로 특별한 일입니다. 그리고 검시의 대상이라고……, 그런데 그 사람이 바로 이 순간에 여기서 당신하고 말을 하고 있으니 더 특별하잖아요?"

너무도 당황해서 그 신사가 신고하기 시작했으니 콜리지는 그를 나무라지 않고 검시관의 보고를 자세히 검토했다. 하이드 파크의 나무에서 내려진 그 시체 속 호주머니에는 그를 증명할 아무런 단서가 없었는데, 셔츠 안에 'S.I. 콜리지'라고 적힌 라벨이 들어 있었다는 것이다. 콜리지는 이 사실을 곧 설명해 주었다. 자기는 여행 중에 셔츠를 잘못 두거나 잃어버리기를 잘 한다는 것이었다.

● **콩도르세, 마리**(Condorcet, Marie : 1743~1794), 프랑스 작가, 수학자, 철학자

자코뱅이 권력을 잡고난 후(1793년) 콩도르세는 자기를 숨겨준 사람이 발각되면 사형에 처한다는 것을 알고도 한 과부가 법의 보호를 못 받게 된 사람은 자기가 보호해야겠다면서 콩도르세를 숨겨주고 있었다.

콩도르세는 그 과부의 안전이 염려되어 그의 집에서 슬쩍 나와서 한 채석장에 3일간 숨어 있었다. 그런데 배가 고파서 클라마르의 한 시골 주점에 숨어들어갔다. 여기서 그는 오믈렛을 시켰다. 주방에서 계란을 몇 개를 넣을까요 물으니까, 그건 음식에는 절대로 있을 수 없는 만큼의 귀족적인 무식함으로 12개를 요구했다. 식당에서는 의아하게 생각해서 그의 직업을 물어보았다. 그랬더니 "목수"라고 대답했는데 그의 손을 보더니 "당신은 목수가 아니야." 탄로가 난 것이다. 그는 감옥으로 끌려갔고 다음 날 그는 감방에서 사체로 발견되었다.

● **쿠퍼, 다이애나**(Cooper, Diana : 1892~1986), 아름다움과 위트로 유명한 영국의 사회지도자

래이디 다이애나는 불법주차 시 자동차 앞 유리에 남겨놓는 쪽지로 유명하다. 그녀는 불법주차 할 때마다 재치 있고 재미있는 쪽지를 남기는 버릇이 있었다. 그 중 두 가지만 소개한다. 하나는 "감시원 아저씨, 슬픈 어린이에게 영화구경 시켜주러 왔어요, 용서하세요." 다른 날 남긴 쪽지에는 "늙은 신체장애자의 자동차입니다. 점심 먹고 올게요." 래이디 다이애나가 점심 먹고 돌아와 보니 경찰이 "마님, 점심 잘 드셨을 줄 압니다"라는 쪽지와 함께 주차위반 딱지가 함께 붙어 있었다.

● **쿤데라, 밀란**(Kundera, Milan : 1929~), 체코의 작가, 프랑스 대학 교수

그는 체코 프라하예술대학의 영화학과를 나와 1949년 20세에 시집 『넓은 정원 같은 인간』으로 데뷔했고, 그의 소설 『참을 수 없는 존재의 가벼움』은 한국 내에서도 70만부가 팔렸다.

그는 1975년 46세에 프랑스에 정착했다. 체코 공산주의 독재체제를 떠나 프랑스로 망명하면서부터 일관되게 그의 작품 주제가 되고 있는 개인의 자유와 그 자유를 억압하는 정치를 비롯한 현실구조에 대한 문제제기는 그의 대표작 『참을 수 없는 존재의 가벼움』에 잘 표현되고 있다.

그는 2014년에 한국의 박경리문학상을 받았다. 심사위원은 그의 '불멸'과 '향

수' 두 작품에 집중했다. 그의 작품은 건조한 관찰로 현실을 비판했고, 고전주의적 미학의 정수를 보여주었다고 한다.

● 쿨리지, 존(Coolidge, John : 1872~1933), 미국의 제30대 대통령(1923~1929)

대통령과 대통령 부인이 정부 직영농장을 방문했다. 두 분이 따로따로 농장을 둘러보게 되었다. 닭장에 와서 대통령 부인이 감독자에게 수탉이 정말 하루에 한 번 이상 교미를 하는지를 물었다. 감독인이 "열두 번 이상 합니다"라고 대답했다. "그 사실을 대통령에게 이야기 좀 해주시오"라고 부인이 요청했다. 마침 대통령이 지나다가 여기에 들려서 수탉에 관한 이야기를 듣게 되었다. "매번 같은 암탉에게?"라고 물었다.

"Oh, No! 매번 다른 암탉이겠지. 그 이야기를 우리 집사람한테 이야기 해주시오"라면서 고개를 끄덕였다.

● 큐리, 마리(Curie, Marie : 1867~1934), 폴란드의 화학자, 1903년에 노벨 방사능의 발견으로 물리학상 수상

큐리부인은 남편과 함께 1903년에 노벨물리학상을 받았고, 여덟 살 위인 남편 피에르가 47세로 세상을 떠나자 마리아는 이 방사능을 화학과 의료에 응용하는 방법을 연구하고, 그것을 순수광물질로 분리하는 방법에 관한 연구로 노벨화학상을 1911년에 받아서 노벨상을 두 개나 받은 특출한 과학자였다. 큐리부인의 딸 이렌도 인공방사성 원소에 관한 연구로 노벨화학상(1935)을 받은 천재집안이다.

더욱이 이렌도 부부가 함께 수상을 한 것이니까 부모 자녀 2대에 걸쳐 상을 받은 집안으로서 역사상 이런 예는 단 한 가족뿐이다.

딸 이렌이 남편과 함께 인공방사능 원소를 발견했을 때, 큐리부인은 그 원소가 들어있는 관을 가이거 카운터(이 기계는 알파입자, 베타, 감마, 엑스광선의 유무와 양을 측정하는 기기임)에 가까이 갖다 대고, 큰 경고음이 울리는 것을 보고는 깊은 기쁨의 표정을 지었다고 기록되어 있다.

그 몇 개월 뒤 큐리부인은 백혈병으로 사망한다. 이렇게 방사능에 노출될 것을 알면서도 연구를 위해 생명을 내놓은 거나 같은 열정을 보였다는 것이 그의 위대한 정신이다.

● 크노프, 알프레드(Knopf, Alfred : 1892~1984), 미국의 출판인

기차로 여행을 하고 있던 어느 날, 크노프는 흡연실엘 들어갔다. 아주 유쾌하게 생기고 매너 좋아 보이는 한 신사 옆에 앉게 되었다. 그는 그가 애용하는 시가를 하나 끄집어냈다. 불을 붙였다. 그리고는 그 이웃 신사에게도 충동적으로 한 개 드릴까요? 하고 물어보았다. 그 신사는 그 제안을 받아들였다. 담배를 받고 불을 붙였다. 몇 모금 빨더니 "놀라운 시가군요"라고 칭찬을 했다.

"당연히 그렇지요. 그 담배는 저를 위해서 업만(Upmann)이 특별히 만들어준 것입니다"라고 자랑했다.

"정말로요? 성함을 물어봐도 될까요?"라고 그 낯선 신사가 물었다. "저는 알프레드 크노프입니다만, 선생님의 성함은요? 여쭈어 봐도 될까요?"

"업만(Upmann)이요."

● 크렌머, 토마스(Cranmer, Thomas : 1489~1556), 캔터베리 대주교(1532~1556)

매리 1세 여왕(1542~1567)은 헨리 8세와 자기 어머니가 이혼하게 된데 있어서 캔터베리 대주교인 크렌머의 역할을 몹시 싫어했다. 마침 그를 이단자란 명목으로 기소하면서 그에게 이혼문제를 재고하도록 강요하였다. 옥스퍼드에 있는 성 매리 교회에 불려 와서 자기가 과거에 저지른 과오를 공개적으로 선언하라고 매리 1세가 강력히 요구하였으나 그는 "나의 양심이 이혼 결정을 취소함으로써 내 목숨을 지키지는 않을 것이다"라고 말하면서, 자기가 취소한 것에 대해서 통렬히 뉘우치면서 만일 화형대(火刑台)에 서게 되면 취소사인을 한 손을 불태우겠다고 약속했다. 그는 이 약속을 지켰고, 그의 오른손을 화염 속에 내밀면서 확고부동한 자세로 자기 손을 불태웠다.

비 아 시 아 편 ㅋ

● 크로켓, 데이비(Crockett, Davy : 1786~1836), 미국의 개척자, 국회의원, 민중영웅

워싱턴에서 있었던 이동 동물전시장에서 크로켓은 그의 친구들을 데리고 다니면서 웃겨주었다. 거기 전시되어 있는 원숭이와 국회의원 한 사람의 외모가 매우 비슷하다는 것을 지적하면서 웃겼다. 둘러보더니 방금 자기가 이야기한 그 국회의원이 자기의 바로 뒤에 서 있는 것을 발견하자, "내가 사과를 해야 할 것 같소이다. 그런데, 당신에게 사과를 해야 할지, 원숭이에게 사과를 해야 할지 모르겠군요"라고 말해서 웃겼다.

● 클라크, 마크 웨인(Clark, Mark Wayne : 1896~1984), 미국의 장군

클라크 장군이 한번은 이런 질문을 받았다.
"지금까지 받은 충고 중 가장 좋았던 충고는 어떤 것입니까?"라고 물으니까
"저 여자하고 결혼하라고 한 충고였소."
"그런데 그런 충고를 한 사람은 누구입니까?"
"저 여자(아내)가"라고 장군은 대답했다.

● 클레망소, 조르주(Clemenceau, Georges : 1841~1929), 프랑스 정치가, 수상(1906~1909, 1917~1920)

그 유명한 결투를 위해서 파리의 기차역에 클레망소가 그의 입회인과 함께 나타났다. 그런데 매표구에서 표를 사는데 가는 차표만 사는 것이 아닌가? 이것을 본 입회인이 놀랐다. 입회인이 "그건 너무 비관적이지 않습니까?" 하니까 "전혀 아니야"라고 클레망소가 대답했다. "나는 항상 돌아오는 차표는 상대편이 사놓은 기차표를 사용하거든" 했단다.

● 클리블랜드, 그로버(Cleveland, Grover : 1837~1908), 미국의 2선 민주당 대통령

1884년 미국 대통령 선거전이 한창일 때의 일이다. 민주당 클리블랜드 후보에

게 열 살 난 사생아가 있다는 비밀이 드러났다. 그의 선거 참모들은 이를 강력히 부인하라고 권고했다. '깨끗한 정치'를 선거공약으로 내걸었던 그에게 이 스캔들은 치명적인 타격을 줄 것이라 믿었기 때문이다. 그러나 클리블랜드 후보는 이를 단호히 거부하면서, 자신은 지난 날 어떤 과부와 관계를 가져 그 사이에 아이가 하나 있으며, 그 아이가 태어난 후부터 아이의 양육비용을 대어왔다고 숨김없이 털어놓았다.

공화당은 이보다 더 좋은 공격거리가 없었다. 그에 대한 각종 소문을 만들어내면서 그를 공격했다. 그러나 많은 사람의 예상을 뒤엎고 그는 대통령에 당선되었고 재임까지 했다. 유권자들은 거짓말하지 않는 정직한 지도자를 택한 것이다. '정직한 대답은 감미로운 입맞춤과 같다'고 성경은 말한다.

● **클리블랜드, 프란시스**(Cleveland, Frances : 1864~1947), 미국 제22, 24대 대통령 부인

클리블랜드가 집권하고 축하연의 하나로 백악관 만찬에 유럽의 외교관의 젊은 수행원이 초대되어 갔는데 벌레가 들어가 있는 샐러드 접시가 나왔다. 그래서 막 항의하려던 참인데 대통령 부인이 아주 도전적인 눈초리로 그걸 보고 있었다. 그래서 그는 그 벌레뿐 아니라 접시에 담겨진 모든 요리를 다 먹어치웠다. 대통령 부인이 이걸 보고 잘했다는 듯이 "앞으로 당신은 더 나아갈 것이요, 젊은이"라고 말했다. 15년 후 그 같은 사람이 주 미국 대사로 임명되어 부임했다.

● **크리스티, 아가타**(Christie, Agatha : 1891~1976), 영국의 탐정소설작가, 베르기의 헤롤 포아로라는 탐정의 캐릭터의 창조자

1977년, 젊은 아랍계 소녀 한 사람이 반의식 상태로 영국으로 날아갔다. 그리고 런던의 한 병원에 입원을 했다. 의사들은 그녀의 상태를 보고 당황스러워했다. 다가올 며칠 사이에 상태가 계속 나빠질 것으로 보였기 때문이다. 여섯째 되는 날, 그 소녀는 머리칼이 빠지기 시작했다. 그 소녀를 살피고 있던 간호사는 그소녀의 증상이 그 당시 간호사가 읽고 있던 아가타 크리스티가 쓴 탐정소설『창

백한 말』에 나오는 살인 희생자의 모습과 증상이 너무 똑같았다. 허구적인 등장 인물들이 탈륨(금속) 중독으로 살해되었다. 이 아랍소녀에 대한 후속검사는 그녀의 소변 속에 많은 양의 탈륨이 검출되었음을 확인했다. 3주후, 그 소녀는 집으로 돌아갈 수 있게 되었다. 이 사례가 「영국 병원의학저널」에 발표되었다. 그리고 끝내 그 소녀를 돌본 간호사와 이미 작고한 아가타 크리스티 여사에게 감사한다는 노트가 붙어 있었다.

(크리스티 여사의 놀라운 분석력 덕택에 문제를 해결했다?)

● **키신저, 헨리**(Kissinger, Henry : 1923~   ), 독일 태생의 미국의 외교관, 미국무장관, 1972년 노벨 평화상 수상

키신저의 보좌관 윈스톤 로드가 보고서를 쓰느라고 며칠을 보냈다. 그 보고서를 키신저에게 제출했다. 그랬더니 "이게 당신이 한 최선의 것이야?"라는 논평이 붙어서 되돌아왔다. 로드는 다시 며칠 걸려서 다시 작성했다. 그리고 다시 제출했다. 그랬더니 똑같은 코멘트가 붙어서 되돌아왔다. 그는 같은 방식으로 며칠을 끙끙거려서 다시 만들어 제출했다. 로드가 "제기랄(Damn it), 그렇습니다. 이게 제가 할 수 있는 최선의 것입니다." 키신저가 그때 "됐어! 이번에는 내가 꼭 읽어보지"라고 답했다.

(키신저는 읽어보지도 않고 채근한 것이다. 최선을 다하라고 격려 겸 경고조로 사람을 부렸다는 말이다.)

● **키플링, 러디아드**(Kipling Rudyard : 1865~1936), 영국의 소설가, 시인, 단편작가

키플링이 성공의 정점에 있을 때 한 잡지사가 한 낱말에 1달러씩 벌었다고 그의 수입에 대한 내역 보고를 출판했다. 사인(자서)을 수집하는 어떤 사람이 이 위대한 시인으로부터 사인을 받아내려고 무척 애썼는데 허사로 돌아간 일이 있었는데, 그에게 다시 편지를 써서 보냈다. "당신이 글의 한 낱말에 1달러씩 받는다는 것을 알았는데, 여기에 1달러짜리 수표를 동봉하니 당신의 친필의 표본을 보

내주시면 좋겠습니다." 키플링이 다시 편지를 쓰기를 사인이 안 들어간 우편엽서에 딱 한 낱말만 써서 보냈다. "고맙소 : Thanks"였다.

● **킹슬레이, 찰스**(Kingsley, Charles : 1819~1875), 영국의 작가, 목사, 사회 개혁가

소설가 찰스 킹슬레이가 바다 위 폭풍을 그린 터너(1777~1851)의 그림을 보고 감탄하면서 그런 광경을 어떻게 그리게 되었느냐고 물었다.

"바다를 그리려고 네덜란드 해변으로 가서 어부에게 고기잡이 나갈 때 같이 나가게 해달라고 부탁했더니 자기들 일하는데 방해가 된다고 거절하더군요. 계속 간청을 했더니 그럼 자기들 일하는데 거추장스럽지 않게 나를 돛에다 묶어놓는 조건으로 바다로 나갔습니다. 마침 폭풍이 대단해서 난 그 폭풍 하나하나를 다 내 몸으로 당했지요. 그 후에 그린 그림이랍니다."

● **탈레랑, 페리고르**(Talleyran, Perigord : 1754~1838), 프랑스의 정치가

귀족 군인 집에서 태어났으나 발이 불편해서 수도자가 되었다. 대혁명 직전의 3부 회의에 성직자 의원으로 참석했고, 나폴레옹을 도와 1804년 첫 황제국 건설을 도왔다. 비엔나 회의로 명성을 날린 외상이었고, 그는 기회를 파악하는 기민한 정치가였다.

프랑스 혁명이 일어나자 솔선해서 국민회의에 참가했고, 교회 재산의 국유화나 정치와 종교의 분리를 제안했다. 교회재산의 불하시 투기를 해서 막대한 재산도 모았다.

자기 생명이 위태로워질지 모른다는 이유를 붙여 사절로 런던으로 도망가서 드디어 미국에 망명했다. 거기서 투기를 해서 돈을 벌어 필라델피아에서 제일 큰 부자가 되었다. 그래서 로베스피에르(혁명기에 독재 권력을 가지고 있던 권력자)가 실각하자 안전하다는 것을 알고 귀국해서 외무성에 들어가 외무부장관까지 이른다.

나폴레옹이 권력을 잡자 아첨을 해서 베네벤트공이라는 귀족의 지위까지 얻고 거부(巨富)가 되었다. 그러나 나폴레옹이 위태로워지자 러시아 황제를 통해서 나

폴레옹에게 불리한 정보를 흘려보냈다. 그래서 왕정복고를 위해 이번에는 부르봉가(家)에 빌붙는다. 실제로 비엔나 회의에는 부르봉가의 외상으로서 출석하고 있지만, 이 비엔나 회의에서는 자크센, 나폴리, 바덴 등으로부터 거액의 뇌물을 받은 것으로 알려지고 있다.

마지막으로 1830년, 7월 혁명이 다시 일어나 부르봉 왕조가 무너지니까 이번에는 새 정부의 런던대사로 취임한다.

탈레랑은 '근대적 부르즈와 외교의 아버지'로 불리우고 있으며, 한편 '거짓말쟁이의 아버지'라는 별명도 붙어 있다.

● 태프트, 윌리엄(Taft, William : 1857~1930), 미국의 제27대 대통령(1909~1913), 대법원장
(1921~1930)

태프트가 백악관을 떠날 때(1913), 모교인 예일대학에서 법대학장(Chair of law) 자리를 제안 받았다. 태프트는 350파운드가 넘는 자기 체중을 감안하면 학장자리(Chair : 의자라는 뜻)보다 소파가 더 적당한데…" 하고 거절했다.
(Chair 대신 Sofa의 비유가 재미있다.)

● 테니슨, 알프레드 남작(Tennyson, Alfred : 1809~1892), 영국의 시인, 계관시인

테니슨이 젊었을 때 고통스러운 치질의 공격으로 고생하였다. 주변사람의 충고로 그는 젊지만 널리 알려진 항문전문가를 찾아갔다. 처치가 성공적으로 이루어져서 그 후 몇 년 동안은 트러블 없이 지냈다. 그러나 그가 유명한 시인이라고 귀족칭호까지 받게 된 후에 또 치질이 재발해서 고통을 겪었다.

항문과 의사를 다시 찾은 테니슨은 자기가 위대한 시인이 된 이전의 환자였던 것을 알아봐 주기를 기대했다. 그러나 항문과 의사는 자기를 알아보는 기척이 안보였다. 이 귀족나리가 항문을 검사받기 위해 바지를 내리고 엎드리자 의사가 "아, 테니슨 씨구먼요" 하고 소리 질렀다.

● **테일러, 엘리자베스**(Taylor, Elizabeth : 1932~2011), 미국의 영화여배우

미스 테일러의 멋진 다이아몬드 반지가 마가렛공주의 주목을 끌었다. 공주가 "그건 좀 촌스럽구면"이라고 평했다. 미스 테일러가 공주를 설득해서 그 반지를 한번 껴보라고 권했다.

"자, 이제는 촌스럽지 않지요, 안 그래요?"라고 테일러가 말했다.

(이것은 기막힌 재치다. '사람 무시하지 마세요'다.)

● **테레사, 마더**(Teresa, Mother : 1910~1997), 유고슬라비아(마케도니아)에서 태어난 로마 가톨릭수녀

☞ 테레사 수녀는 1950년부터 일생동안 인도의 캘커타에서 선교활동과 빈민 구제활동에 종사하고 1979년에 노벨평화상을 받았다. 2016년 8월 4일에 그녀는 사후에 시성식(諡聖式) 즉 '성녀(聖女)'로 공식 인정하는 행사가 있었다. 말하자면 성인이 된 것이다. 로마 가톨릭에서는 최고의 영예요 존경의 대상자가 되는 지위이다.

그녀는 만 19세 때인 1929년 인도 캘커타로 파견돼 '사랑의 선교회'를 설립하고 평생 가난한 이를 위해 헌신했다. 사후 만 20년 미만에 시성되는 예가 드문데 그만큼 가톨릭에 던진 울림이 크다는 뜻이다.

그녀는 "저는 가난한 사람들 안의 예수님을 섬기고 사랑하고 싶습니다. 저는 아시시의 성 프란치스코처럼 살고 싶어요" 했다.

그가 도왔던 굶주린 사람들은 빵을 줘도 천천히 먹는다.…… 이 빵을 다 먹어버리면 또 배가 고플 테니까" 하고 말한다. 환자의 상태란 말로 옮기기에도 끔찍할 정도, 구더기가 살을 파먹는 환자, 폭발사고로 팔다리 잘린 환자 등 이루 말하기 어려울 정도로 비참한 상태가 많았다.

☞ 길거리에서 죽어가는 사람을 데려오자 그는 과자가 먹고 싶다고 했다. 급히 과자를 구해서 입에 넣어주자 너무도 기뻐하면서 삼키려 애쓰다가 마지막 숨을 거뒀다. 그래서 죽어가는 사람들은 이렇게 말한다. "저는 거리에서 짐승처럼 살

았습니다. 그런데 지금 사랑과 보살핌 속에서 천사처럼 죽게 되었습니다"라고.

마더 테레사의 삶을 관통하는 단어는 '기도'와 '사랑'이다. "자녀에게 기도하도록 가르치십시오. 기도가 있는 곳에 사랑이 있습니다. 사랑이 있는 곳에 평화가 있습니다."

(조선일보, 김한수 종교전문기자의 기사에서)

● **텔, 빌헬름**(Tell, Wilhelm), 14세기 스위스의 영웅

오스트리아 지배하의 속령으로 있던 스위스에 총독으로 겟슬러가 와 있었다. 오스트리아 대공의 모자를 책상위에 얹어놓고 지나가는 사람들에게 경례를 하라고까지 한 악덕한 총독이었다.

그곳에 여섯 살 난 아들을 데리고 온 궁사인 빌헬름 텔은 모자에 경례를 하지 않았다는 이유로 아들 머리 위에 사과를 올려놓고 활을 쏘아 떨어트려보라고 명령했다. 물론 성공했으나 그 활로 겟슬러를 죽이려던 음모가 탄로나 텔을 결박해서 배에 태워 루체른 호반의 성으로 보내 죽이려고 했다. 호심에서 폭풍을 만나 당황했는데 텔이 조타를 잘해 무사히 호반에 닿았다. 이때 텔이 땅위로 뛰어내리는 겟슬러를 활을 쏘아 사살했다. 그것이 봉화가 되어 스위스가 오스트리아로부터 독립을 쟁취하게 되었다.

이 이야기는 독일의 극작가 쉴러에 희곡 「빌헬름 텔」이 되었고, 이탈리아의 작곡가 롯시니에 의해 오페라가 되었다.

● **토스카니니, 아르투로**(Toscanini, Arturo : 1867~1957), 이탈리아의 지휘자

☞ 토스카니니의 성격이 불같다는 것은 유명한 이야기. 연습 중 오케스트라 단원이 잘못을 하면 참지를 못하고 무엇이든지 손에 잡히는 대로 집어서 바닥으로 팽개치는데 한번은 자기 시계를 내동댕이쳐서 산산조각을 내버렸다. 며칠 후, 미안하게 여긴 단원들이 고급스러운 벨벳으로 만든 선물상자를 그에게 바쳤는데 그 속엔 두 개의 시계가 들어 있었다. 하나는 고급 금시계, 그리고 또 하나는 연

습용이라고 새겨있는 값싼 시계.

☞ 푸치니는 그의 오페라 '투란도트' 완성 직전에 세상을 떠났다. 그 작품은 공연을 위해서 프랑코 알파노가 완성한 것이다. 토스카니니가 푸치니의 음악을 심오하게 존경하던 터이라 '투란도트'를 늘 연주해오고 있었을 때, 마지막 막의 푸치니가 갑자기 곡 쓰기를 멈춘 지점에서 늘 지휘봉을 내려놓았다. "여기서 마에스트로가 죽었소." 그는 청중들에게 이렇게 알렸다. 알파노의 마지막(피날레)도 들어가기 전에 늘 2분간의 침묵을 지켰다.

(마지막 막의 일부를 완성하지 못한 채 푸치니가 죽어서, 그 부분에서 일단 지휘봉을 내려놓고 푸치니를 추모하는 것이다.)

● 토플러, 엘빈(Toffler, Alvin : 1928~2016), 미국의 미래학자

☞ 베스트셀러 작가로도 이름을 날린 토플러의 대표작은 1980년에 출판된 『제3의 물결(The Third Wave)』. 고도 정보화 사회에 대한 토플러만의 날카로운 분석과 통찰이 담긴 시나리오다. 그는 이 책에서 미래사회가 정보화 사회가 될 것이라고 예견했다. '제1의 물결'인 농업혁명은 수천 년에 걸쳐 진행됐지만 '제2의 물결'인 산업혁명은 300년밖에 걸리지 않았다며 '제3의 물결'인 정보화혁명은 20~30년에 진행될 것이라고 예견했다. 제3의 물결에서 처음으로 재택근무, 전자정보화 가정 등의 용어가 등장했다.

☞ 토플러는 한국과 인연이 깊다. 2001년 그는 김대중 대통령 당시 한국정보통신정책연구원(KISDI)의 의뢰로 용역을 수행하고, 방한(訪韓)해 '위기를 넘어서—21세기 한국의 비전'이라는 보고서를 전달했다. 110쪽 분량의 이 보고서에서 토플러는 "한국이 세계 경제의 사다리 상위층에 자리 잡으려면 정보통신, 생명공학 등 지식기반 경제로 체질을 바꿔야 한다"며 "이를 위해서는 교육 시스템의 혁신이 필요하다"고 역설했다. 그의 예견이 지금 거의 적중하고 있는 것 같다.

(동아일보 김수연 기자 글에서 발췌)

● 톨스토이, 레오(Tolstoy, Leo : 1828~1910), 러시아의 소설가

그는 숨지기 10일 전 무소유와 청빈의 삶을 실천하기 위해 단돈 50루블만 지 닌 채 48년간 함께 산 부인과 함께 집을 떠나 구도(求道)여행에 나섰지만 기차에 서 감기에 걸려 뜻을 이루지 못했다. 그는 1910년 11월 20일 모스크바에서 남쪽 으로 약 370㎞ 떨어진 리페츠크루의 작은 시골 기차역 '아스타포보'에서 폐렴으 로 숨을 거두었다.

● 투르게네프, 이반(Turgenev, Ivan : 1818~1883), 19세기 러시아의 작가

투르게네프가 푸시킨(러시아의 시인)을 처음 찾아갔을 때의 일이다. 그의 작품을 통해서 마음속으로 사모하고 동경하던 나머지 얌전하고 다정하고 싹싹하고 잘생 긴 신사일거라고 그의 용모를 상상하고 찾아갔었다.

푸시킨의 집 문턱을 막 들어서려니까 그 집에서 별안간 어떤 사나이 하나가 뛰 쳐나오는 것이었다. 이쪽이 깜짝 놀라서 주춤하였으나 그 남자는 미안하다는 말 한마디도 없이 거만하게 몸을 돌려 달아나듯 사라져 버렸다.

투르게네프는 "원 어쩌면 대 선생의 문하에 저렇게도 예의 없는 자식이 드나든 단 말인가?" 하고 한탄을 하며, 다른 한편 '저런 놈들이 문하에 왕래를 하면 대선 배의 명예나 체면에 오점이 남을 것이 아닌가? 내가 선생을 만나거든 문하에 사 람을 함부로 받아들이지 마시라고 권고해야겠다'고 마음먹고 문을 두드리니 '대 선생'께서는 외출중이시고 안 계셔서 섭섭하게 돌아왔다.

그 후 수차례 갔다가 퇴짜를 맞았는데 얼마 후에 만나보니 처음 찾아갔을 때 자기와 부딪친 그 무뢰한이 바로 푸시킨이었다. 이에 놀란 투르게네프는 자기가 사람 볼 줄 모른다는 점을 자탄하면서 '대 선생'을 못 알아보고 무뢰한으로 착각 한 자기 눈에 대해 자책했다고 한다.

● 트럼프, 도날드(Trump, Donald : 1946~), 제45대 미국 대통령

트럼프는 2016년 미국 대통령선거전에서 힐러리 클린턴과 치열하게 경합해서 승리하고 대통령이 되었다. 그의 가문은 독일 이민자 집안이었다. 3대에 걸쳐 아메리칸 드림을 이룬 전형적인 집안이다.

도널드 트럼프(70)는 할아버지 때 독일에서 이주한 이민 3세다.

포도주 양조장에서 일하던 할아버지 프리드리히는 16세 때인 1885년 미국행 배에 올랐다. 뉴욕에서 6년간 이발사로 일하다가 1891년 '기회의 땅 서부'의 워싱턴주 시애틀에서 '푸들도그' 식당을 차렸다.

1894년엔 호텔을 열었다. 텐트 하나로 시작했지만 맛집으로 소문나면서 금세 2층 건물로 성장했다. 1900년 철로가 연결되자 식당 겸 호텔을 개장했다.

1901년 사업을 정리하고 독일로 돌아갔다가 미국에 다시 돌아와 그는 뉴욕주 퀸스에서 부동산 개발업자로 새 출발을 했다. 트럼프 가문 부동산 사업의 모태다. 프레더릭(영어식으로 부른 이름)은 부인과 두 아들 프레드(1905~1999)와 존 (1907~1985 · MIT 교수로 레이더 · 방사선치료 개발)을 남기고 1918년 전 세계적으로 대유행한 스페인 독감으로 숨졌다. 홀몸이 된 부인은 어린 아들을 데리고 부동산 개발회사 '엘리자베스 트럼프 & 손'을 차려 사업을 이어갔다.

13살 때 아버지를 잃은 장남 프레드가 바로 트럼프의 부친이다. 22살 때 프레드는 1930년대 슈퍼마켓을 열었다. 제2차 세계 대전 중에는 군함 조선소 인근의 군인 · 군무원용 주택건설을, 종전 뒤에는 귀환 장병용 주택을 건설해 재산을 불렸다. 뉴욕시에 아파트 붐이 일자 2만 7,000가구 이상을 짓고 임대사업도 벌여 뭉칫돈을 벌었다. 트럼프 그룹은 이때 세워졌다. 트럼프는 1968년 22세 때 아버지 회사에서 사회경력을 시작했다. 모친 메리 앤 맥러드 트럼프는 스코틀랜드 서북부 루이스 섬 출신의 이민 1세대다. 트럼프 가문사는 곧 이민자의 꿈이 영근 기록이다. (중앙일보 채인택 논설위원의 글 참조)

● **트렌치, 리처드**(Trench, Richard : 1807~1886), 영국의 성서신학자

1875년 낙상으로 양쪽 무릎을 크게 다쳤다. 그런 일이 있은 후 그의 건강이 충분히 회복되지 못했었다. 항상 마비의 공포 속에 살았다. 어느 날 저녁식사를 하는 자리에 한 여성 신도가 트렌치의 곁에 앉았는데 이 나이 많은 성직자가 불안

해하고 혼자서 중얼중얼하는 것을 눈치 채게 되었다. "드디어 왔어. 나는 아무것도 못 느끼겠어. 나는 마비가 된 거야"라고 중얼대고 있었던 것이다. 그녀가 트렌치에게 "뭐가 잘못되었어요?"라고 물으니까, "내가 조금 전에 5분간 다리를 긁었는데, 아무 감각도 안 느꼈단 말이외다." 그가 대답했다. "나는 틀림없이 마비되었어요." 숙녀가 얼굴을 붉히면서 "아무 일 없습니다, 신부님. 신부님이 긁고 있는 것은 제 다리입니다"라고 말했다.

● **트로이, 휴**(Troy, Hugh : 1906~1964), 미국의 예술가, 해학가

1935년, 현대미술관(Museum of Modern Art)이 반 고흐 작품의 미국 첫 전시회를 후원했다. 트로이는 이 전시회에 모여들 대중들은 그의 작품에 대한 진지한 흥미 때문에 오기 보다는 그의 인생에서 일어난 센세이셔널한 디테일(충격적 사건)에 더 관심을 가진 사람들일 것이라고 생각했다. 그래서 그는 소고기를 잘라서 그의 잘려진 귀의 모형을 복제했다. 그리고 그것을 자그마한 청색 벨벳 전시상자 위에 올려놓았다. 그 밑에는 이런 글이 적혀 있었다. "이것은 빈센트 반 고흐가 잘라서 1888년 12월 24일에 그의 애인, 프랑스의 매춘부에게 보낸 귀입니다."

이 귀는 갤러리의 테이블 위에 놓여졌고 곧 대중의 폭발적인 관심을 끌게 되었다.

● **트웨인, 마크**(Twain, Mark : 1835~1910), 미국의 작가, 유머리스트, 강연자

애송이 기자일 때 트웨인은 개인적으로 증명할 수 없었던 것은 어떤 것도 사실로 보도해서는 안 된다고 충고 받았다. 이 지시를 문자 그대로 따라서 축제적인 사회적 사건을 설명하는 글을 썼다.

"미세스 제임스 존스라는 부인은 보도된 바에 의하면 그 시의 사회 지도자의 한 사람으로 알려져 있는데, 어저께 있은 한 파티를 개최하려 했다고 한다. 그리고 정체가 의심스러운 많은 여성을 초청했다고 알려졌다. 그 초청자는 유명한 변호사의 부인이라고 한다."

(…라고 알려져 있다, …고 한다. 보도된 바에 의하면, …이라고 한다. 모두 기자 개인의 의견이 배제된 기사이다.)

● 티티안(Titian : 1488~1576), 이탈리아 화가, 주로 베니스에서 작업

우루비노의 공작부인은 비록 못생기고 나이도 많았지만, 자기 남편을 설득해서 자기 나체 초상화를 그리도록 티티안에게 위임하게 했다. 티티안이 불쾌해했기 때문에 그의 친구이고 풍자작가이고 시인인 피에트로 아레티노가 그 문제에 대해서 한 방법을 제안했다. 그들은 절묘하게 이쁜 창녀를 한 사람 고용했다. 그래서 몸체 그리기를 위해서 포즈를 취하게 한다는 식이었다. 그래서 티티안은 공작부인의 머리만을 그려서 이상적인 초상화를 만든 것이다.

공작부인은 기뻐했고 특히 그 그림에 '우루비노의 비너스'라는 제목까지 달려서 더욱 좋아했다. 이 초상화를 공작에게 보이니까 그는 한숨지으면서 하는 말 "내 마누라의 머리가 달린, 저런 처녀의 몸을 내가 일찍이 가질 수 있었더라면 나는 더 행복한 사람이었을 거야"라고 말했다. 아레티노에게 이 말이 전해지자, 너무 많이 웃다가 뇌출혈로 죽었다.

● 틴토레토, 자코포(Tintoretto, Jacopo : 1518~1594), 이탈리아의 화가

이탈리아 베네치아 어느 건물의 천정벽화를 그릴 인물을 선정하는 콩쿠르에 여러 화가들이 견본을 가지고 참석했는데 틴토레토만 아무것도 안 가지고 맨주먹으로 나타났다. 여러 사람들이 "왜 맨손으로 왔느냐?"고 물으니까 틴토레토는 "나도 가져왔지, 왜 빈손이야?" 하였다. 이 말을 들은 사람들이 더욱 이상해서 "견본을 가져왔으면 내놓아야지 왜 안 내 놓는 거야?" 하니 틴토레토는 시치미를 떼고 "내놓았어도 여러분이 보아주지를 않으면서 안 내놓았다면 어떻게 하란 말이오? 저것은 무엇이기에 떠들기만 하시오?" 하면서 천정 벽화를 가리켰다. 여러 화가가 천정을 쳐다보니 벌써 천정벽화를 그려서 갖다 붙여 놓고 있는 것이었다. 틴토레토는 "견본과 실물이란 언제나 같기가 어려운 것이기에 나는 실물을 내 보이는 거요" 하며 만장을 압도했다.

(스케치풍의 견본으로는 능력을 가늠하기 어렵다는 말)

● 파가니니, 니콜로(Paganini, Nicolo : 1782~1840), 이탈리아의 바이올리니스트 거장

1827년 교황으로부터 「금의 박차(拍車)」 훈위가 수여되었으나 가톨릭교회에서 제대로 장례식을 치루지 못했다. 그가 죽은 다음날 관은 양복점으로 옮겨지고, 그 근처의 모자가게 지하실로 안치되었다. 여기서 니스병원의 개인용 영안실로 옮겨졌고, 다음은 몬테카를로로 가는 길목의 빌프랑쉐 격리병원에 안치되고, 다시 바닷물의 간만이 없는 지중해의 해변 모래밭에 묻혔다.

어느 날 죽은 천재의 혹독한 처지에 분개한 친구 다섯이 횃불에 의지하여 관을 끝까지 매고 가서 묻었다. 그리고 석재로 묘를 밀봉했다. 1년 후 실의에 찬 아들이 유해를 탄생지인 제노바로 옮길 것을 결정했다. 그러나 유해를 실은 배는 제노바, 마르세이유, 칸느 등지에서는 유행병의 우려 때문에 유해상륙을 거절했다. 겨우 무인도인 레린제도로 옮겼다. 4년 동안 무인도에 외롭게 누워있던 파가니니는 바위섬 세인테페롤의 돌 밑에 매장되었다. 그리고 그 후 다시 파르마로 돌아갔다.

그의 아들은 유럽의 우상을 무인도에 영구히 방치하는 것이 애가 타서 고향 정원에 유해가 이장되었다. 그 후 8년이 지나 그는 다시 파헤쳐져서 재방부처리를 했다.

그 후 23년이 지나 로마교황은 관대한 처치를 취하도록 결정하고, 파가니니는 다시 파헤쳐져서 파르마의 마돈나 델라 스타카타 교회에 매장되었다. 그 무렵은 그가 죽은 후 생존하고 있었던 기간보다 20년 짧은 것이 되었다.

1893년 헝가리인 바이올리니스트가 유해가 가짜라고 하고 나왔다. 67세의 아들은 아버지의 시들시들한 검은 코트, 여위고 가냘픈 얼굴, 긴 볼 수염과 목까지 내려오는 긴 머리카락, 그리고 어깨와 약간 들여다보이는 늑골의 흰 뼈를 다시 확인했다.

● 파데레프스키, 이냐스(Paderewski, Ignacy : 1860~1941), 폴란드의 정치가, 작곡가, 피아니스트

☞ 한때 폴란드의 망명정부의 대통령이기도 했던 세계적인 파데레프스키가 다음과 같은 명언을 남겼다.

"연습을 하루 거르면 내가 그걸 느끼고, 이틀 거르면 평론가들이 알아차리고, 사흘 거르면 관객들이 그걸 안다."

☞ 파데레프스키가 러시아의 어느 시골에서 연주회를 갖게 된 적이 있었다. 그런데 그 동리에 있는 유일한 피아노가 어찌나 낡아빠졌는지 귀를 두드려도 현(鉉)을 울려주는 함마가 건반 때리는 대로 쳐주지 않는 곳이 몇 군데 있어도 어찌할 도리가 없었다. 그러나 광고는 이미 했으니 청중들은 모일 것이고 피아노는 이 꼴이니 피아노가 나빠서 연주회를 그만 둔다고 할 수가 없었다. 그렇다고 연주자가 화를 내서도 안 될 일이라 걱정을 하고 있는데, 마침 동리의 한 청년이 곁에 있다가 "제가 어디 할 수 있는 데까지 보조를 해 드리지요"라고 해서 어떻게 하겠느냐고 물은 즉 옆에 서서 건반 때리는 것을 주의집중해서 보고 있다가 함마가 미처 안내려지면 재빨리 내려뜨리겠다는 것이었다.

그럭저럭 예정된 밤에 연주회를 무리 없이 마쳐서 열렬한 갈채를 받고 돌아오는 길에 연주자인 파데레프스키가 앞서가는 청중의 주고받는 비평을 들어보니 배꼽 뺄 우스운 이야기였다. 즉 "참으로 굉장한 연주던데, 아까 위대한 피아니스트가 틀림없나봐… 아니 연주자도 훌륭했지만 그 곁에 서 있는 사람은 아마도 더 굉장한 음악가인 모양이지. 아마 그가 연주자의 선생인가 봐. 아니면 연주자가 실수할까봐 마음이 안 놓여서 지키고 서 있었던 건 아니겠지…" 하더라는 것이었다.

● 파루크 1세 왕(Farouk I : 1920~1965), 이집트의 왕(1936~1952)

1952년 나세르의 쿠데타로 왕좌에서 쫓겨난 파루크는 침통한 표정으로 이렇게 말했다. "하루아침에 이 세상에는 다섯 임금만 남게 되었소. 하트, 스페이드, 다이아몬드, 클로버, 그리고 영국."

비아시아편 ㅍ

● **파블로프, 이반**(Pavlov, Ivan : 1849~1936), 러시아의 생리학자, 1904년 노벨생리학 · 의학상 수상

☞ 파블로프는 잘 알려진 '조건반사이론'으로 유명한 생리학자다. 오랜 시간 동안 개에게 먹이를 주기 직전에 종을 울렸다. 그랬더니 종만 울려도 개는 침을 흘렸다. 음식이 안 나와도 침은 흘렸다. 그래서 동물의 소화시스템을 밝혀낸 공로로 노벨상을 받았다.

☞ 그는 죽음을 바로 눈앞에 두고서야 과학적 관찰을 멈추었다. 그가 세상을 떠나던 1936년 2월 21일, 그는 신경생리학자 한 사람을 침대 곁에 불러서 과학적인 이해에 도움이 되지 않을까 하여 자기 증세를 그와 함께 검토했다. 그로부터 몇 시간 뒤 '현대 러시아 생리학자의 아버지'는 숨을 거두었다.

● **파스테르나크, 보리스**(Pasternak, Boris : 1890~1960), 구소련의 작가, 1958년 노벨문학상 수상

구소련의 노벨문학상 수상자인 소설가 파스테르나크가 『의사 지바고』의 서문에 이렇게 쓰고 있다. 즉 "인생은 살려고 태어난 것이지 준비하려고 태어난 것이 아니다"라고. 이 말은 물론 소련의 공산주의 정권의 이념의 허망함을 말하려고 한 것으로 생각된다.

● **파아, 새뮤엘**(Parr, Samuel : 1747~1825), 영국의 작가, 교사, 목사

그의 동시대인들은 파아의 라틴어 비문(碑文)의 작곡가로서 그의 재능을 높이 평가하고 있다. 한번은 한 친구에게 "나보다 먼저 돌아가신다면 내가 귀하의 비문을 써 주려고 하네만" 하고 말했다. 그의 친구의 대답은 "그건 자살을 하라는 유혹인데"라고.

● **파커, 도로티**(Parker, Dorothy : 1893~1967), 미국의 여성 단편작가, 연극 평론가, 해학가

도로티와 그의 두 번째 남편 앨런 캠벨이 수년간 떨어져 있다가 재결합을 했

다. 결혼식 피로연에서 도로티는 이렇게 말했다. "수년간 서로 말없이 지내던 사람들이 오늘 다시 말하기 기간을 갖게 되었습니다. 거기에는 신랑과 신부도 포함해서"라고.

● 파커, 헨리(Parker, Henry : 1867~1934), 미국의 음악평론가

파커가 한 교향악 콘서트 장에 갔는데 재수 없게도 말이 아주 많은 청중의 한 사람 옆에 앉게 되었다. 이 사람은 연주회 내내 지껄였다. 참다못한 파커가 이 공격자를 본때 좋게 역습을 했다.

"저 무대 위에서 음악 한다는 사람들이 어떻게 시끄러운 소리로 연주를 하는지, 당신이 하는 말소리를 들을 수가 없잖아요"라고.

(당신 때문에 음악이 안 들리는 것이 아니고 음악 때문에 당신 말이 안 들린다? 멋진 역습자다?)

● 페루지노, 피에트로(Perugino, Pietro : 1446~1523), 이탈리아 화가

페루지노가 피렌체에 있는 한 수도원(지금은 없어짐)의 프레스코 벽화를 그려달라는 부탁을 받았다. 아주 인색한 수도원장은 그 예술가가 일할 때마다 그 곁에 서서 아주 비싼 감청색(紺靑色) 물감이 든 통을 들고, 화가가 붓에 한번 물감을 묻힐 때마다 아껴서 쓰라고 잔소리를 했다. 페루지노는 가끔 "그 벽이 얼마나 많은 청색을 먹어치우는지!" 하면서 비탄에 빠지곤 하였다. 그는 아무 말도 하지 않았다. 그러나 착실하게 일을 했다. 가끔 물통에다가 붓을 씻었다. 페루지노가 하루의 일과가 끝나자 그 물통을 씻고 그것을 순수한 감청색 물감의 앙금이 바닥에 남아있는 채로 수도원장에게 돌려주었다.

"자 여기 있습니다, 신부님. 그리고 정직한 사람을 신뢰하는 것을 배우십시오"라고 말했다.

● 패리시, 맥스필드(Parrish Maxfield : 1870~1966), 미국의 화가, 일러스트레이터, 포스터 디자이너

패리시는 예쁜 누드를 그리는 것을 전공으로 했다. 그래서 그의 스튜디오에는 예쁘고 사랑스러운 여성 모델이 와 있는 것이 관례가 되어 있었다. 어느 날 아침, 모델이 도착하자 패리시는 일에 착수하기 전에 같이 커피나 한 잔 하자고 권했다. 이 방법은 그가 근래에 와서 캠퍼스를 비워두는 것을 연장하는 방법으로 사용해왔다. 즉 일하기 전에 차 한 잔 하면 일의 능률이 오른다는 생각이다. 그들은 커피를 마시기 시작하자 스튜디오 도어의 부자가 울렸다. 패리시는 공황상태에 빠졌다. "이 젊은 아가씨, 맙소사 얼른 옷 벗어요. 내 아내가 나를 체크하기 위해 찾아온 거요"라고 소리쳤다.

● 패스트라이히, 엠마누엘(Pastreich, Emanuel : 1963~), 경희대 교수, 인문학자

☞ 패스트라이히는 한국인이 보지 못하는 한국인 자신의 모습과 한국인이 보지 못하고 있는 문화적 강력한 코드를 객관적으로 지적하고 한국인을 놀라게 한 학자이다.

그는 예일대학에서 중국문학으로 학사를, 도쿄대학에서 비교문학으로 석사를, 하버드대학에서 동아시아 언어, 문명학으로 박사를 하고, 일리노이 대학, 조지워싱턴 대학에서 교수로 있다가 경희대 국제대학교수 및 아시아 인스트튜트 소장으로 일하고 있는 인문학자이다.

☞ 패스트라이히는 한국에서 퇴계와 율곡만 찾는데 왜 다산(茶山) 정약용은 안 찾느냐고 지적했고, 세종조의 장영실과 세종에 대해서는 소설로 만들고 영화로 만들어야 한국의 문화적 우수성을 세계에 알릴 수 있다고 주장한다. 한강의 기적(2차 대전 후 민주화와 경제 성장을 동시에 달성한)의 이면의 역사를 알릴 필요가 있다고 강조한다. 그 힘의 원천은 세종과 장영실이 표본이라고 한다. 그는 한글로 여러 권의 저서를 냈다.

● 페이지, 르로이(Paige, Leroy : 1904~1982), 미국의 야구선수

페이지가 1976년 지금은 없어진 털사의 '오일러'에서 잠시 감독으로 일할 때

의 이야기다. 매일 밤 젊은이들이 그에게 몰려와서 사인해 달라고 졸라댔다. 그는 그 젊은이들에게 조그만 흰 명함 한 장씩을 건네주었다. 거기에는 '뒷면을 보세요. 거기에는 나의 비밀이 있습니다'라고 적혀 있었다. 이들은 그 카드를 받자 뒤집어 보니 거기에는 페이지의 '여섯 가지 행복한 삶의 법칙'이란 것이 적혀 있었다.

① 프라이 한 육류를 피하라 : 그것은 피를 화나게 한다.

② 당신의 위가 싸움을 걸어오면(뭘 먹고 싶다고 요구하거나 싫어하는 음식을 무리하게 먹으면) 냉철한 생각으로 잠재우고 진정시켜라.

③ 당신이 움직일 때마다 점잖게 쟁그랑 거리는 소리를 내게 주스를 흐르게 하라(주스 마시고 가만히 앉아있지 마라).

④ 사회적으로 자행되고 있는 악덕을 가볍게 넘어서시오. 사회적인 꼬부랑길은 편안할리 없소.

⑤ 언제나 뛰어다니는 것을 피하시오.

⑥ 뒤돌아보지 마시오. 어떤 것은 당신을 계속 따라 붙을지도 모릅니다.

● 패커, 알프레드(Packer, Alfred : 1842~1907), 미국의 금 탐광자

1873년 미국 유타주에서 있었던 일. 알프레드 패커와 몇몇 다른 사람들이 금 찾는 탐광여행엘 나섰다. 기후가 너무 나빠서 대부분의 일행은 집으로 돌아갔다. 패커와 여섯 사람의 동료가 산속으로 계속 깊이 파고 들어갔다. 그런데 며칠 후 돌아온 사람은 패커 한 사람뿐이었다. 그의 주장은 친구들이 자기를 버리고 떠나서 친구들을 찾을 도리가 없었다고 했다. 그는 그동안 나무뿌리를 캐먹고 작은 짐승들을 잡아먹고 버티었다고 주장했다. 그런데 그의 얼굴 혈색이 장미색이고 불그스레하게 상기되어 있었다.

그런데 얼마 안 되어 그의 동료의 시체가 반 토막은 없어진 채 누군가가 잘라먹은 흔적이 발견되어 그를 다그친 결과 배가 고파 친구들을 죽이고 그 고기를 먹었다는 실토를 듣게 되었다. 인육을 혼자서 다 먹은 것이다. 그가 사형선고를 받자 판사는 그에게 "알프레드 패커, 너는 공화당원 식인종을 타락시켜서, 오 하나님 힌스데일군(郡)에 남아있던 민주당원 중 당신이 그 중 다섯을 잡아먹었소"라고 말했다.

　(패커가 먹은 시체는 모두 민주당원이었던 것 같다.)

● **페론, 에바**(Peron, Eva : 1919~1952), 아르헨티나의 여배우, 후앙 페론 대통령의 두 번째 부인

　에바는 가난한 노동자 계급의 배경을 가진 미천한 신분 출신이다. 그런데 이 여성은 재능과 아름다움과 거리낌 없는 성격 특성의 결합이었다. 그런데 그녀는 점점 더해가는 영향력 있는 애인을 줄줄이 가지고 있었다. 그래서 이들을 자기 캐리어를 발전시켜 가는데 이용하고 버렸다. 후앙 페론 대통령의 부인으로서, 유럽 열강들에게서 아르헨티나를 위한 친구를 얻기 위해서 유럽에 파견되었다. 그녀를 위한 환영은 좀 혼란스러웠다. 밀라노의 거리를 차로 달릴 때에는 퇴역 제독이 동반했고, 군중은 "매춘부" "매춘부"라고 외쳤다. 화가 난 에바는 그를 에스코트하는 수행원 제독을 돌아보고 "저들이 나를 매춘부라고 부르는 데요?"라고 하니까, "그건 맞습니다"라고 그 제독은 진정시키듯이 말했다.

　"저는 15년간 바다에 나가지 않았어요. 그래도 그들은 여전히 나를 제독이라고 불러요"라고.

　(야, 비유치고 직설적이군, 한번 매춘부는 영원한 매춘부인가?)

● **페롯, 로스**(Perot, Ross : 1930~), 미국의 기업인, 독립대통령 후보(1992~1996)

　"사회를 위해 봉사할 수 있는 적절한 방법을 찾던 중 페롯 씨는 월남에 수감되어 있는 미국 전쟁포로 모두에게 크리스마스 선물을 주기로 결정했다. 따라서 몇천 개의 소포를 포장해서 보잉707에 싣고 하노이로 보냈다. 얼마 후 베트남 정부로부터 메시지가 왔다. 그것은 "지금 최고조에 달해 있는 피비린내 나는 전쟁 중에 그런 제스처는 고려하지 않겠습니다"라는 내용이었다. 페롯은 항의를 했다. 베트남 사람들은 어떤 자선행위도 미국의 B52 폭격기가 베트남의 시골마을을

초토화시키고 있는 와중에는 불가능하다고 주장했다.

"아무 문제없습니다." 자기는 미국인 전문 건설회사를 고용해서 미국인이 부숴 버린 마을을 재건해주면 된다고 했다.

당황한 월남인이 그와의 대화를 갖는 것이 무익하다고 거절했다. 크리스마스가 가까이 다가왔다. 소포는 배달되지 않고 그냥 남아 있었다. 절망한 끝에 페롯은 전세 비행기로 선물을 싣고 모스크바로 갔다. 그의 보좌관이 하나씩 하나씩 모스크바 우체국에서 이름을 적어서 소포로 만들어 월남으로 보냈다. 그 후 그 우편은 정확하게 배달되었다고 한다.

(모스크바에서 보낸 것이니까)

● **페이도, 조르즈**(Feydeau, George : 1862~1921), **프랑스의 극작가**

한 레스토랑에서 페이도가 한쪽 집게발만 달린 로브스타(바다가재)를 대접받게 되었다. 그러자 왜 상처 난 로브스타를 가져왔냐고 보이에게 물으니, "로브스타는 수족관 아래 있을 때 가끔 자리싸움을 하는 것을 목격할 수 있습니다. 그런 손상은 싸움의 결과로 생긴 것입니다"라고 설명했다. 그랬더니 페이도가 "그럼 이건 다시 가져가고 승리한 놈(두 집게발이 다 있는)을 가져오시오"라고 말했다.

● **페인, 토마스**(Paine, Thomas : 1737~1809), **영국의 정치이론가, 작가**

하루는 페인이 기대치 않게 한 늙은 여성의 방문을 받았다. 그 여성으로 인해 오후의 낮잠 자는 것이 방해를 받게 되었다. 그 부인이 말하기를 "저는 전지전능하신 신으로부터 계시를 받고 당신에게 당신이 죄를 회개하지 않고, 축복받은 구세주를 믿지 않는다면 당신은 저주를 받을 것이라는 것을 당신께 전하러 왔어요"라고. "프하하! 그건 사실이 아니에요." 페인이 되받았다. "당신은 그 어떤 건방진 사명을 받고 파견된 사람이 아니오. 신은 당신과 같이 그렇게 밉게 생기고 바보스러운 늙은 여자에게는 그분은 메시지를 전하지 않으시니까요"라고.

● 펜, 윌리엄(Pen, William : 1644~1718), 미국의 청교도 개척자, 미국 펜실바니아 식민지의 개척자,

미국사회에 종교적 정치적 자유를 실험한 사람

미국 펜실바니아주의 이름을 지어주고 종교적 대부가 된 펜이 어느 날 술을 너무 많이 마시는 청년에게 금주를 권했다. "저도 술을 그만 마시려 하지만 좀처럼 잘 안됩니다"라고 고백을 했다. "아니 그리 어렵지 않아, 잡고 있는 주먹의 손가락을 펴기만 하면 돼." "네?" "술이 들어 있는 병이나 컵을 쥐고 있는 손이 입까지 가기 전에 손가락을 펴기만 하면 술이 입에 안 들어가니 술을 안 마시게 되는 거야."

● 포, 다리오(Fo, Dario : 1926~2016), 이탈리아 극작가

1997년 노벨문학상 수상자인 이탈리아 극작가 다리오 포가 2016년에 별세했다. 향년 90세. 이탈리아 일간 코리에레 델라 세라는 포가 7개월 동안 폐질환으로 투병하다 밀라노의 한 병원에서 세상을 떠났다고 보도했다. 마테오 렌치 이탈리아 총리는 "이탈리아의 극장, 문화, 시민의 삶을 상징하는 위대한 주인공 가운데 한 명을 잃었다"며 애도했다.

포는 '20세기 민중 연극의 대명사'로 통하며 정치와 종교 제도권을 겨냥한 총 80여 개의 작품을 남겼다. '어느 무정부주의자의 우연한 죽음', '우스꽝스러운 비밀' 등의 작품은 통렬한 풍자로 대중의 지지를 얻었다. 스웨덴 한림원은 "해학과 진지함을 겸비하며 사회의 악습과 불의에 대한 자각을 일깨우고 역사에 대한 통찰력을 넓혔다"는 이유로 1997년 포에게 노벨문학상을 수여했다. 그는 생활 정치를 표방한 진보 성향 '오성운동' 정당을 최근까지 열렬히 지지하는 등 정치색을 숨기지 않았다.

하지만 포는 지나치게 도발적이라는 비판에도 자주 휩싸였다. 1962년부터 15년간 이탈리아 국영 방송인 라이(RAI)에 출연을 금지 당했고 1980년대엔 수차례 미국 입국이 거부됐다. 1973년엔 작품 활동을 함께한 아내가 우익 세력에 납치돼 성폭행을 당하는 사건도 겪었다. 포는 노벨문학상 수상 연설에서 "학대, 경찰의 공격, 우익 세력으로부터의 모욕과 폭력을 견뎌야 했다"고 밝혔다.

(동아일보 한기재 기자)

● **포드, 존**(Ford, John : 1895~1973), 미국의 영화 감독, 특히 서부활극으로 유명

'붉은 강(Red River)'이란 영화에서 존 웨인이 연기하는 것을 보고 포드가 하워드 호크 감독에게 "나는 저 덩치 큰 개새끼(big son of bitch) 같은 친구 저렇게 연기를 잘할 줄 몰랐어"라고 말했다.

● **포드, 헨리**(Ford, Henry : 1863~1947), 미국의 기업가, 자동차 대량생산 선구자

미국의 자동차 왕 헨리 포드가 어렸을 때 일이다. 어머니가 병으로 위독해지자 그는 서둘러 말을 타고 의사를 부르러갔다. 말 엉덩이에 채찍 자국이 날 정도로 급히 뛰어가 의사를 모셔왔으나 이미 어머니는 돌아가신 후였다.

헨리는 어머니가 돌아가신 것은 빨리 의사를 데려오지 못했기 때문이라고 생각하고, 말보다는 빨리 달릴 수 있는 기계를 제작하기 위해 전심전력했다. 그래서 개발한 것이 빨리 달리고 값이 싼 자동차였다고 한다.

● **포슈, 페르디낭**(Foch, Ferdinand : 1851~1929), 프랑스의 야전사령관(1차 대전시) 원수

미국을 방문했을 때, 관광길에 나섰는데 포슈 원수는 프랑스 말을 유창하게 하는 한 대령의 에스코트를 받았다. 이 유별난 방문자는 '그랜드 캐넌'을 보게 되었다. 캐넌의 깊이에 홀려서 한참을 들여다보고 있었다. 수행자 대령은 원수께서 한 말씀 하기를 기다리고 있었다. 드디어 포슈 원수가 벼랑 끝 가장자리에서 한 걸음 뒤로 물러서면서 하는 말 "장모를 떨어뜨리기에 얼마나 놀라운 장소인가!"라고.

● **포스터, 스테판**(Foster, Stephen : 1826~1864), 미국의 작곡가

☞ 포스터는 미국 민요의 아버지라 불리는 음악가인데, '올드 블랙 죠', '스와니

강', '오! 스잔나' 등 38세까지 발표한 작품만도 160곡에 이른다.

그는 어려서부터 비범한 음악적 재능을 보여주었고, 제퍼슨 대학을 졸업했을 뿐 음악교육을 받은 일이 없고, 자기 스스로 자습해서 그 같은 많은 작품을 남겼다. 그는 대개 단순한 형식을 사용하여 작품을 썼는데, 그 속에 언제나 애수가 깃들어 있다. 소박하고 평이한 영국민요 계통이 그의 노래에 있어서 중심을 이루고 있다.

☞ 1848년 20세 때 '오! 스잔나'를 작곡했는데, 이 노래는 서부개척의 단서가 된 골드 · 러시로 밀려드는 사람들의 긴 여정을 위로해 주었기 때문에 '골드러시 · 송'이라 이름이 붙여지고 소중히 다루어졌다.

'오! 스잔나'로 출판사는 1만 달러나 돈을 벌었지만 정작 포스터는 100달러밖에 받지 못했다.

● **포시, 랜디**(Pausch, Randy : 1960~2008), 미국의 컴퓨터과학 교수

미국 카네기 멜런대학교 컴퓨터공학과 교수인 랜디 포시 교수는 2007년 가을, 말기 췌장암 선고를 받고 9월 학교에서 마지막 강의를 했다. 그의 마지막 강의모습이 동영상으로 전 세계에 온라인으로 떴다. 이 동영상은 2008년 4월 둘째~셋째 주일 미국 구글 인기검색어 순위 1위를 차지했다.

그의 마지막 강의(The Last Lecture) 모습이 방송을 타고 책으로도 출간되면서 잔잔한 파문을 일으키게 된 것은 그의 강의의 모습이 애처롭게 보였다거나 측은해서가 아니라 시한부 인생으로 사형선고를 받은 사람으로서 학생들에게 마지막 강의를 하면서 당당하고 속 깊은 인생론을 학생들에게 들려주었기 때문이다.

그의 말 중에서 "나는 아이들이 괴상한 뭔가를 원하더라도 그대로 내버려 두세요. 그들은 아무것도 망치지 않아요"라든가, "물고기가 물을 찾듯 재미(fun)를 추구하세요"라고 말한 대목에는 전적인 동의를 보내고 싶다.

● 포우, 에드가(Poe, Edgar : 1809~1849), 미국의 시인, 단편작가, 문학비평가

☞ 아주 오래된 문학적 · 군대적 전통 때문에 포우가 1831년 웨스트포인트 육군사관학교에서 퇴학당한 일이 있다. 명분은 "전반적인 의무를 소홀히 했다"는 것이었다. 그가 대중들의 가장행렬에 벌거벗고 나타난 것이다. 그 퍼레이드의 의상규칙은, "흰색 벨트를 맬 것, 흰 장갑을 낄 것, 그리고 무장을 갖출 것" 등으로 되어 있었다. 포우는 이것을 문자 그대로 지켰다. 총을 어깨에 메고, 흰색 벨트를 매고, 흰 장갑을 끼고— 그리고 나머지는 아무것도 걸치지 않고 나타났으니…

☞ 포우의 양친은 떠돌이 연예인이었다. 어머니는 아름다운 여배우였지만 배우로서의 재능은 별로 없었다. 아버지는 포우가 태어나고 얼마 안 되어 실종되었고, 2세 때에는 어머니마저 사망했다. 어린 포우는 어떤 유복한 상인 집에서 키워지고 가정교사가 붙어서 공부를 도와서 버지니아대학에까지 진학한다.

그러나 이 무렵 이미 포우는 알코올에 빠지기 시작했다. 대학을 중퇴하고 잡지 편집자가 되고, 13세의 소녀 크렘과 결혼을 한다. 병약했던 크렘은 얼마 안 되어 세상을 떠나고 포우의 알코올은 양이 늘어갔다. 『앗샤가의 붕괴』나 『황금벌레』 등의 걸작도 미국 국내에서 인정된 것은 별로 없었다. 다만 크렘의 어머니만 포우의 원고를 가지고 출판사를 돌아다니면서 교섭을 했다. 그녀는 결코 포우의 재능을 의심하지 않았다.

실의에 빠져 발티모어에서 취중 사망한 포우를 일약 세계적 작가로 만든 것은 프랑스시인 보들레르였다. 똑같이 알코올에 빠져있던 프랑스 시인은 감상적인 느낌을 넣어서 『포우 전(傳)』을 썼다.

포우의 이름이 세계에 널리 알려지기 시작하지만, 그래도 모국 미국에서 평가를 받게 된 것은 세계 1차 대전이었다.

● 포츠, 폴(Potts, Paul : 1970~), 영국의 성악가, 가수

2007년 영국 ITV '브리튼스 갓 탤런트' 프로의 첫 번째 시즌에 우승하며 전 세계를 감동시켰던 휴대폰 외판원이었던 가수 폴 포츠는 한국을 40회 이상 방문해서 공연했고, 그는 한국의 관중들에게 푹 빠진 한국 팬이 되어 있었다.

그의 첫 앨범 '원찬스'는 400만장 넘게 팔렸고, 그는 주목받는 스타가 되었지만 "저는 외모도 떨어지고 자신감도 부족하며 행운이 따르는 편도 아니지만, 언제나 노래에 대한 열정이 가득했어요. 누구나 알다시피 인생은 결코 평범한 길은 아닙니다. 언제나 굴곡이 있습니다. 그때 잊지 말아야 할 것이 바로 마음속 열정입니다." 그의 말이다.

● **포크너, 윌리엄**(Faulkner, William : 1897~1962), 미국의 소설가, 노벨문학상 수상자(1949)

노벨 문학상 수상자인 윌리엄 포크너는 국무성의 주선으로 일본엘 간 일이 있다. 어느 대학의 수백 명이 모인 자리에서 통역을 붙여서 강연을 했다. 그는 도중에 15분가량 조금 탈선을 해서 재미있는 에피소드를 이야기했다. 통역은 그걸 1분도 안 걸리고 통역을 해서 학생들은 일제히 하하 하고 웃었다. 포크너는 나중에 통역에게 "어떻게 그렇게 긴 이야기를 짧게 통역할 수 있는가?" 하고 물었다. "지금 포크너 선생이 굉장히 재미있는 이야기를 했습니다. 제발 여러분 일제히 웃어주십시오"라고 했다고 한다.

● **퐁파두르, 잔느-앙투와네트**(Pompadour, Jeanne-Antoinette : 1721~1764), 루이 15세의 애첩

퐁파두르 여사는 자기를 총애하는 왕이 아니라 백성들의 복지에도 관심을 가지고 있었는데, 결국 '프랑스의 애첩(mistress)' 소리만 듣게 되었다. 그러던 그녀도 암으로 인해 일찍 세상을 하직했다(43세).

고해 신부가 마지막 의식을 집행한 후 일어나서 가려고 했다. "잠깐만" 그녀는 미소 짓는 얼굴로 고해 신부의 손을 잡고 "우리 같이 가요" 그리고는 숨을 거두었다.

● **표트르 1세 대제**(Pyotre Ⅰ, the Great : 1672~1725), 제정러시아 황제, 재위 1682~1725

　표트르 1세는 3세 때 부친 알렉세이를 여의고 정규교육을 받지 못하고 독학을 했다. 1682년 이복형 이반과 즉위했으나 실권은 섭정인 이복누이 소피아가 장악하였다. 그리고 1689년부터는 단독으로 지배하게 되었다.

　1697~98년에는 서유럽을 순행하면서 여러 가지 기술을 습득하고, 기술자 수백 명을 데리고 귀국했다. 황제 자신도 신분을 감추고 조선소에 견습공으로 들어가 조선기술을 익혔다. 그 후 친위대가 반란을 일으켰는데 진압하고, 러시아의 서구화에 진력하였다. 대외진출을 노려 터키와의 전쟁(1695~96)에서 아조프 지방을 점유했고, 스웨덴과의 북방전쟁(1700~21)에서 발트해 연안을 점령했고, 페르시아와의 전쟁(1722~23)에서 가스피해 서안을 얻었다. 1703년 새 수도 페테르부르크 건설에 착수해서 중앙집권화를 추진했다.

　표트르는 가난한 농부의 딸을 왕비로 맞이했고, 나중에 왕권을 물려주게 되었는데, 그 왕비가 예카테리나 대제가 된 것이다.

● **푸치니, 자코모**(Puccini, Giacomo : 1858~1924), 이탈리아 작곡가

　1926년 푸치니의 3막 작의 마지막 작품 '투란도트'가 밀라노의 라스칼라극장에서 초연하게 되었다. 그런데 이 작품은 1924년 11월 29일 푸치니가 브뤼셀의 병원에서 운명했기 때문에 미완의 상태로 남아 있었는데 그 부분을 알파노가 보필해서 완성시킨 것이다.

　이 유작은 여러 가지 점에서 종래의 것보다 비약한 혁신적인 야심작으로서, 이것을 계기로 일대전기가 예상되었던 수작이어서 푸치니의 죽음은 애석한 것이었다.

　그의 오페라는 제재로서 인정미 풍부한 것이 많고, 음악적으로 이탈리아류의 매력 있는 선율을 많이 부르게 되어 있다. 한국에서도 이 '투란도트'가 2007년에 월드컵 경기장에서 이탈리아 팀이 와서 야외공연을 한 적이 있다.

비아시아편

● **프란시스 1세 왕**(Francis I : 1494~1547), 프랑스 왕(1515~1547)

　프란시스 왕은 좀 분투적인 운동을 좋아했다. 그 중에서도 그는 아주 뛰어난 테니스선수였다. 한번은 한 신부와 파트너로서 테니스를 하게 되었다. 이때 그 신부가 프란시스 왕이 잘 처리하게 공을 잘 넘겨주었다. 왕은 자기 파트너를 칭찬했다.

　"그것 바로 신부의 타법(stroke)이구먼" 하고 칭찬한 것이다.

　"폐하, 언제든 폐하를 기쁘게 해 드릴 수 있다면, 그것 언제나 신부의 스트로크가 되게 해드리겠습니다."

　프란시스는 여기서 힌트를 얻고 그 신부는 승진을 하게 되었다.

● **프란시스, 요제프 황제**(Francis, Joseph : 1830~1916), 오스트리아의 황제(1848~1916)

　황제는 근본적으로 단순한 사람이었다. 한번은 그와 두 사람의 동반자와 사냥복장을 하고 오스트리아의 한 수렵장으로 사냥을 나갔다. 지나가던 한 농부가 타고 가던 수레를 세우더니 이들에게 무슨 도움을 드리고 싶다고 제안했다. 아직 가려던 오두막에서 한참 떨어진 곳이어서 그 제안을 받아들이고 그 농부 집에 가서 도움을 준 농부와 곧 대화에 빠졌다.

　농부가 그 중 한 사람에게 뭘 하시는 분이냐고 물었다. "색소니의 왕이오"라고 거만한 태도로 대답했다. 농부는 고개를 끄덕이고 다음 사람에게 똑같은 질문을 했다. "바바리아의 왕이요"라고 두 번째 손님이 대답했다. "그리고 당신은?" 농부는 세 번째 손님 프란시스 요제프에게 묻고는 "내 생각에는 당신은 오스트리아의 황제 같소"라고 대답했다.

● **프란츠, 페르디난트**(Franz, Ferdinand : 1863~1914), 오스트리아 황태자

　오스트리아—헝가리 제국의 황태자와 대공비 소피아는 보스니아지방의 육군 대연습을 관전한 후 사라예보(세르비아)시의 환영회에 참석했다. 1914년 6월 28일

로, 우연히도 그날이 이 부부의 결혼기념일이었다.

잘 개인 일요일, 부부는 시청으로 향해서 강을 따라 압펠케이 대로를 자동차로 통과했다. 그때 암살단의 한 사람인 차프리노비치가 작은 폭탄을 황태자의 자동차를 향해 던졌다. 폭탄은 차 뒤쪽에 떨어져서 큰 길로 굴러 떨어져서 폭발했다. 황태자에게는 아무 일도 일어나지 않았다. 대공비는 약간의 찰과상을 입었지만 무사했다.

그러나 뒤에 따라오던 차에 타고 있던 여자경찰이나 연도시민 중에 중상자가 생겼고, 사람들은 당황했으나 황태자는 침착하게 "미친놈이 한 짓이지 뭐, 자 가자"라고 운전사에 명했다.

범인은 준비한 독약을 먹고 강에 뛰어들었지만 독약은 오래돼서 안 들었고, 강은 얕고 물이 적어서 경관이 그를 잡았다.

시청환영행사가 끝난 후 수행원은 일체의 예정을 취소했고, 황태자에 숙소인 일릴지성에 돌아가도록 권고했다. 그러나 보스니아 지사는 "같은 날에 또 암살을 계획할 놈은 없다"고 우겨 황태자는 예정된 민속박물관을 보고, 먼저 폭탄으로 상처 입은 사람들을 병원에 데리고 가서 문병하겠다고 했다.

그래서 예정된 프란츠 요제프 거리를 지나지 않고, 또 한 번 압펠케이 대로를 통과하게 되었는데, 웬일인지 황태자의 운전사는 행선지 변경에 대해서 들은 바가 없었다. 그는 예정대로 압펠케이로에서 프란츠 요렘거리로 돌아가려던 참이었다. 지사가 "틀려, 멈춰"라고 외쳤고, 자동차는 속도를 늦추었다. 그때 두 발의 총성이 나고 황태자의 목과 대공비의 배에 탄환이 명중했다. 차가 병원에 도착하자 곧 대공비는, 조금 있다가 황태자가 운명했다.

범인인 프린치프는 잡혔고 차프리노비치와 함께 경찰에서 취조한 결과 이들은 세르비아의 암살단원으로서 한꺼번에 25명이 체포되었다.

이 사건으로 오스트리아 정부가 세르비아에 밀어붙인 최후통첩을 세르비아정부는 상당히 무리한 조항이 있어도 그냥 받아들였다. 그러나 10개 항의 요구 중 제6항에 "암살범과 그 일단의 재판을 위한 조사에 오스트리아도 협력하게 한다"는 조항이 있다. 세르비아는 이것을 "재판에 협력하게 하라"라는 의미로 새겨서 이것이 헌법위반이 되고, 받아들이기를 거절한 것이다. 그런데 그것은 통고의 프랑스어 문장의 번역착오로서 "재판을 위한 조사에 협력하는 일"을 오스트리아가 요구한 것이고, 재판 그 자체에 간섭할 의사가 없었다고 했다.

(주 : 암살자는 세르비아의 국수주의자이었다. 오스트리아는 슬러브민족주의자들을 억압하려던 구실을 찾고 있던 중이어서 1914년 7월 28일 오스트리아—헝가리제국이 세르비아에 선전포고를 해서 1차 대전이 시작되었다.)

● 프란치스코 교황(Pope, Francisco : 1936~), 현 교황(2013~), 아르헨티나 부에노스아이레스 출신 제266대 교황

☞ 그는 공적으로나 사적으로 검소하고 겸손하고 사회적 소수자에 관심을 주며, 다양한 배경의 인사들과의 소통에 지대한 관심을 보이고 있다.

과거 전임자들이 사용하던 사도궁전(교황관저)을 사용하지 않고 성녀 마르타 호텔을 주거로 사용하고, 교황 선출자가 입던 붉은색 교황용 모제타를 입지 않으며, 전통적으로 순금으로 주조해 왔던 어부의 반지(교황의 상징)를 도금한 은반지로 교체했으며, 목에 거는 가슴 십자가는 추기경시절부터 착용하던 철제십자가를 그대로 착용하고 있다.

☞ 그는 낙태, 동성애, 피임 등에 대해 강하게 반대하고 있는 가톨릭교회의 가르침을 고수하지만 동성애자들을 사회적으로 소외시키거나 차별해서는 안 된다고 가르쳤다.

교회 내 여성의 역할을 강조했지만 여성사제 서품에는 유보의 입장을 지켰으며, 미혼모의 자녀 세례를 거부해온 기존 입장에 대해서는 '위선'이라고 질책했다.

2014년 3월, 미국의 유력지 「포춘(Fortune)」은 세계에서 가장 영향력 있는 리더 50명 중 1위로 교황을 선정했다.

● **프랭클린, 벤자민**(Franklin, Benjamin : 1706~1790), **미국의 정치가, 외교관, 과학자, 발명가**

프랭클린이 1775년에 국회의원이 되고, 다음해 미 · 불 동맹체결을 위해 미국 대표로 프랑스엘 갔다. 1782년에는 미 · 영 평화조약을 체결했다.

아메리카니즘의 전형적인 인물로도 유명했지만 평생 도덕과 철학과 정치에 대한 논문을 많이 발표함으로써 세간의 큰 관심을 끌었다. 그러나 원래 빈곤한 환경에서 출세한 사람이어서 책을 사볼 여유가 없어서 항상 맛있는 음식을 사먹지 않고 조식(粗食)을 해서 돈을 절약해서 책을 사보았다.

그래서 친구들과 식당에서 만나면 다른 사람들이 맥주병을 터트려도 그는 시치미를 떼고 냉수 한 컵에 빵 한 접시만 놓고 있는지라 한 친구가 "여보게 모처럼 친구끼리 만났으니 맥주 한 잔쯤 상대하면 어때서 자네 혼자 그 모양이야?" 이 말에 "이 사람, 다된 맥주만 알지 맥주가 무엇으로 만들어지는지 모르는군. 맥주란 것은 물과 보리가 모여 된 것이야. 자네들은 가공(加工)품으로 먹고 나는 원료를 먹으니 그것이 그것 아닌가?"

● **프레데릭 II세 왕**(Frederick II : 프레데릭 대제, 1712~1786), **프루시아의 왕**

프레데릭 왕이 베를린에 있는 교도소를 두루 시찰하러 나섰다. 수감자들은 모두 그의 앞에 무릎을 꿇었다. 그러면서 한결같이 자기들은 죄가 없다고 격렬하게 항의했다. 그런데 한 사람만 침묵을 지키고 고개를 쳐들고 있었다. 왕이 그를 불렀다.

"거기 자네, 자네는 왜 여기 와 있나?"

"군에서 도둑질을 했습니다, 폐하!"

"그래 죄가 있다고 생각하나?"

"그렇습니다. 폐하, 저는 마땅히 벌을 받아야 할 사람입니다."

프레데릭은 간수를 불러서 "간수, 불쌍한 이 사람은 당장에 석방시켜라. 이 교도소를 점령하고 있는 다른 죄 없는 사람을 부패하게 만들 테이니 그를 여기에 가두어 둘 필요가 없다"고 명하였다.

● 프레슬리, 엘비스(Presley, Elvis : 1935~1977), 가수, 영화배우

엘비스가 선풍적인 인기를 끌 수 있었던 이유는, 스테이지 위에서 보여준 그의 그 현란한 허리와 다리의 움직임 때문이었다. 너무도 섹시해서 텔레비전 카메라가 엘비스의 하반신을 찍지 않았을 정도였다.

그가 어릴 때 다녔던 교회에서는 목사나 신자들이 찬송가를 부를 때나 설교를 들을 때 언제나 황홀한 상태였다고 했다. 성가대원의 노래도 좋았지만 목사님은 그 이상으로 인기가 있었다고 한다. 설교를 할 때에는 강단 위를 뛰어다니면서 설교를 했고, 때로는 피아노 위에 올라가서 설교를 할 때도 있었다고 한다. 신자들은 말할 것도 없이 대만족이었다고 한다. 아마도 엘비스가 이 포맷(format)을 보고 배운 게 아닐까 하고 모두들 생각한다는 것이다. 다분히 엘비스의 액션은 독창적이고 별난 것이었음은 사실이다. 소년 엘비스는 교회의 목사님의 몸동작에서 로큰롤 연주에서 보여준 허리와 다리의 새로운 움직임을 배운 것이다. 너무도 이상야릇하게 허리를 움직이기 때문에 한때는 그의 별명이 '펠비스—골반'으로 불리기도 하였다고 한다. 그러니까 그의 춤동작의 원천이 이상하게도 엉뚱한 곳에 있었던 것이다.

● 프로스트, 로버트(Frost, Robert : 1874~1963), 유명한 미국의 시인

미국의 시인인 프로스트는 이런 말을 했다. "어머니(한 여성)는 소년을 어엿한 한 사람의 어른으로 만드는데 20년이 걸린다. 그런데 다른 여성(아내)은 그 남자를 20분 안에 망가뜨린다.

● 프로이트, 지그문트(Freud, Sigmund : 1856~1939), 오스트리아 출신의 유대인 신경학자, 정신의학자, 정신분석학 창시자

☞ 프로이트는 인간의 심리나 잠재의식은 억압된 성충동에 의해서 지배되기 쉽다는 학설을 세웠다. 그러나 이 학설은 사실은 프로이트 자신의 3각관계의 체

험에서 태어났다고 프로이트연구가가 발표한 바가 있다. 그는 프로이트가 성욕
학설(리비도 : libido)을 생각해 낸 것은 자기 아내 마사와 그의 누이 민나와의 3각관
계로 고민하던 결과 태어난 이론이란 것이다.

처제인 민나는 일생 독신으로 살았는데, 프로이트 부부와 오랫동안 동거했고,
그 사이에 프로이트가 처제에 대해 애정이 싹텄다는 것이다. 세 사람이 함께 이
탈리아에 여행을 갔는데, 도중에 부인 마사가 먼저 귀가한 것을 가지고 그 후 민
나와 프로이트의 아이를 유산했다는 소문도 있었다.

☞ 프로이트는 생전에 노벨의학 · 생리학상을 수상하기를 바랐건만 그에게 돌
아온 것은 문학상인 괴테상이었다.

또 정신분석학이 '독창적 과학'임을 과시하기 위해 『꿈의 해석』 출간을 일부러
니체 사망 뒤로 미룰 정도로 니체를 의식했다.

하지만 이런 자취를 남기지 않기 위해 관련 기록을 용의주도하게 폐기하거나
조작했다. 그는 1895년 자신의 14년 연구 결과를 전부 폐기하며 희열을 느꼈다
는 편지를 남겼고, 자신을 숭배한 제자 어니스트 존스에게 자신이 제공한 정보만
으로 1,500쪽에 이르는 전기를 쓰게 해 자신에 대한 신화를 조작했다. 심지어 그
가 치료했다고 주장한 환자의 수와 사례가 상당수 조작됐음이 드러났다. 게다가
프로이트는 처제와 몰래 바람을 피우면서 부자만 상대한 속물 부르주아에다 뭇
솔리니와 히틀러를 은밀히 지지하는 정치적 보수주의자였다.

(동아일보 권재현 기자 글에서)

● **프루스트, 마르셀**(Proust, Marcel : 1871~1922), **프랑스의 소설가**

그의 걸작 대표작 『잃어버린 시간을 찾아서』는 무려 125만여 개의 낱말로 되
었고, 3천 페이지에 이르고, 1913년부터 1927년에 걸쳐 7편으로 나누어 출판된
소설이다.

이 소설은 전통적 소설형식을 취하지 않고, 화자의 면밀한 상상과 관찰을 통하

여 유년시절부터 환멸을 느끼는 중년에 이르기까지의 여러 가지 경험을 거꾸로 더듬어 가는, 20세기의 기념비적 걸작이다. 그는 이 소설로 콩쿠르상을 받았다.

1871년 5월, 파리의 혁명정부가 무너지고 노상에서 1만7천 명이 사살되는 혼란기 7월 10일에 태어났다. 아버지는 파리대학 내과학 교수였고 나중에 콜레라가 유럽을 휩쓸 때 샤리테 병원장이 되었다.

프루스트는 어머니에 고착(固着)된 오이디푸스콤플렉스에 빠져 있었고, 동성애자였다. 잠재의식적으로 어떤 여성과의 교합도 근친상간으로 여기게 된 것이다.

1917년 6월 프루스트는 살페트리에르 병원의 조셉 바빈스키 의사(바빈스키반사 발견자)에게 자기 뇌병을 치료하기 위해서 두개골 절개수술을 해달라고 요청했으나 바빈스키는 거절했다.

1922년 여름 프루스트는 격렬한 천식발작에 시달렸는데, 폐렴에 걸리게 되었고, 폐에 농양이 생겨서 필요 없는 흡각법이나 자극제 주사요법 치료로 괴로워했고, 차가운 맥주를 리츠호텔에 시켜 마셨는데, 남동생인 로버트가 지켜보는 가운데 11월 18일 오후 3시에 51세로 운명했다.

● 프리드리히 2세 대왕(Friedrich Ⅱ : 1712~1786), 프로이센 왕(1740~1786 재위)

프리드리히 대왕은 어찌나 매운 음식을 좋아하던지 그의 궁중요리는 후추, 겨자 등을 위시해서 향신료를 퍽 많이 썼다. 그래서 그의 신하들은 대왕과 함께 식사를 할 때면 영광은 영광이지만 눈물을 흘리고 입속이 화끈거릴 생각을 하여 몸서리를 쳤다. 그래서 언제가 한번은 배식령(陪食令 : 왕과 함께 식사하라는 명령)이 내리니까 어느 신하는 혼자 탄식하며 "젠장, 이 뜨거운 영광을 오늘은 어떻게 겪는 담!" 했다고 한다.

● 프리드리히 3세 황제(Friedrich Ⅲ : 1831~1888), 독일의 황제

빌헬름 1세의 외아들인 프리드리히 빌헬름 황태자(프리츠)는 20세 때 1851년 대박람회를 구경하러 런던엘 갔다. 그때 10세였던 제1왕녀(공주)였던 빅토리아(퍼

시)를 만났다.

프리드리히 황태자는 입수염에 파란 눈으로, 사람을 잘 따르며 뽐내지 않고 관대하였다. 평화를 좋아했다. 1855년 발모럴 성을 방문하여 대담하게 빅토리아 왕조의 암고양(퍼시)에게 청혼했다. 그녀의 양친 빅토리아 여왕과 남편 알버트 공은 대단히 기뻐했고, 결혼식을 베를린에서 거행하고 싶다는 독일의 요구를 모욕적이라고 생각해 거절하고 런던에서 치렀다. 즉 프리드리히 3세는 빅토리아 여왕의 사위가 된 것이고, 빅토리아 황녀 퍼시는 독일 빌헬름 1세의 며느리가 된 것이다.

프리드리히는 프로이센—오스트리아 전쟁에서 이겨 공을 세운 자유주의였으나 인후암으로 57세로 세상을 떠났다. 그의 좌우명은 "푸념을 늘여놓지 말고 고통을 즐겨라"이다.

● 프티, 롤랑(Petit, Roland : 1924~2011), 프랑스 안무가

1924년 파리 근교에서 태어난 프티는 아홉 살 때 파리 오페라 발레학교에 들어갔다. 파리 오페라 발레단 군무(16세), 솔리스트(19세)로 착실히 성장했다. 창백하고 기품 있는 얼굴, 여리고 날렵한 몸매 등 "발레하기에 최고의 조건"이라는 평이었다.

하지만 프티는 21세에 발레단을 박차고 나와 자신의 발레단을 만들 만큼 자의식이 강했다. 이후 그는 무용가는 물론, 안무가로도 한 시대를 풍미했다.

그는 추상적인 것을 싫어했다. 문학이나 연극을 원작으로 한 강한 스토리텔링에 개성 있는 캐릭터를 등장시켰다.

"발레의 3대 요소는 첫째 음악의 충격, 둘째 스텝의 충격, 셋째 조명의 충격"이라고 할 만큼 극적상황을 즐겼다.

뮤지컬 형식을 프랑스 발레에 접목시키는 등 미국과의 공동 작업이 많았다. 프랑스 내에선 "상업주의자로 전락했다"란 비난도 적지 않았지만 프티는 "카지노든, 맨바닥이든 멋진 춤이면 충분하다"며 코웃음을 쳤다.

● 플레밍, 알렉산더(Fleming, Alexander : 1881~1955), 영국의 미생물학자, 리소좀과 페니실린의 발견자

1928년 당시 세인트 메리 연구소에서 항균물질 연구를 하고 있었는데, 9월 어느 날 아침 플레밍은 연구소에 출근해 평소와 마찬가지로 차례대로 배양기의 세균 변화를 관찰하기 시작했다. 그런데 녹색곰팡이가 가득한 배양기 하나가 그의 관심을 끌었다. 거기서 놀라운 현상을 발견했다. 녹색곰팡이 주변에는 작은 곰팡이가 있었는데 원래 자라고 있던 포도상구균이 소멸되었던 것이다. 모두 죽어버린 것이다. 이 녹색곰팡이가 멸균능력이 있다는 것을 알아내고 이 녹색곰팡이를 페니실린이라 이름 지었다. 그래서 페니실린이 항생제의 대표 치료약이 되었다.

● 플로베르, 구스타브(Flaubert, Gustave : 1821~1880), 프랑스의 작가, 소설 「마담 보바리」로 유명

몇몇 친구들이 금요일 집에 찾아와서 주말 소풍에 함께 가자고 플로베르를 초대했다. 플로베르가 거절했다. 할 일이 너무 많아서 못가겠다고 했다. 일요일 저녁 친구들이 돌아왔을 때, 그래 해야 할 일 얼마나 잘 처리되었는지를 물었다. 아주 잘 되었다고 그가 대답했다. 그런데 친구들이 보아하니 자기들이 떠날 때 그가 있던 자리, 즉 콤마를 찍고는 다음에 문장을 잇지 못하고 멈추어 있던 그 자리에 그냥 머물고 있는 것을 눈치 챘다.

그게 어떻게 가능했지? 플로베르는 토요일 자기 만족감에 차서 느긋하게 앉아서 콤마를 세미콜론으로 바꾸었다고 말했다. 그리고 일요일, 그는 그 세미콜론을 다시 콤마로 바꾸었다고 했다. 그래서 놀라운 진보를 이루었다고 말했다.

● 피아티고르스키, 그레고르(Piatigorsky, Gregor : 1903~1976), 러시아의 첼리스트

피아티고르스키가 가르치던 한 학생에 좀 문제가 생겼다. 선생님은 소리를 어떻게 울려야 되는지를 연주 시범을 보이기 위해서 여러 번 연주해서 들려주었다. 그러나 그의 학생은 별로 진보를 보이질 못했다. 사실 그의 연주 실력은 회복하고 있었다.

피아티고르스키는 자기가 그 곡을 너무 완벽하게 연주하기 때문에 학생을 기죽게 만들어서 점점 못하게 했다는 것을 알았다. 그래서 그는 아주 신중하게 몇 군데 일부러 실수를 하면서 연주해 보였다. 그랬더니 기적적으로 그 학생은 진보의 징후를 보였다.

이 교수법이 몇 주 계속 적용되었다. 피아티고르스키는, 심술궂게 그가 좋아하는 방식으로 나쁘게 연주하도록 내버려두는 것을 즐기고 있었다. 이 젊은 학생은 진보에 진보를 거듭해서 졸업 때에는 놀라운 성공을 보여주었다.

호의를 보여준 무리 속을 뚫고 자기학생의 성공적인 연주를 축하해주려고 무대 앞으로 나가고 있는데, 피아티고르스키는 새 졸업생에게 누군가가 위대한 첼리스트(피아티고르스키를 말함)에 대해서 어떻게 생각하느냐고 묻는 소리를 들었다. "교사로서는 훌륭합니다. 그러나 첼리스트로서는 좀 비열하다"고 그 젊은 청년이 자기 선생을 평했다.

● 피카소, 파블로(Picasso, Pablo : 1881~1973), 스페인 태생의 프랑스 화가

☞ 파블로 피카소는 생애를 통해 제작한 작품수가 놀라울 만큼 많다. 회화 1,885점, 스케치 7,089점, 도자기 3,222점, 동판화 19,134점, 조각 1,228점, 리토그래피(석판인쇄) 3,357점, 석판화 6,574점 등이다. 이들을 금액으로 환산하면 1조 원에 달한다고 한다.

그 밖에 브라크, 마티스, 세잔느, 드가, 미로 등 저명한 화가들의 작품도 상당수 소유하고 있었다고 한다.

그뿐 아니라, 그가 소유했던 성, 은행예금, 증권류도 산더미처럼 많다고 한다. 모두 합해서 유산을 돈으로 환산하면 3조 원쯤 되지 않겠는가 하는 것이 한 전문가의 계산이다.

또 세계 각국에 빌려준 '게르니카', '우는 여자' 등의 평가액을 보태면 천문학적 숫자에 이른다.

그가 여기에 오기까지 보여준 자산운용의 능력은 놀라울만하다. 그러나 "하늘은 두 가지를 한 사람에게 주지 않는다"는 말이 있듯이 창작의 재능과 재테크능력은 있었지만 여성관계에서는 여러 가지 소동을 벌이게도 했다. 특히 유산상속에서 피카소의 손재 · 베르나르의 자살소동을 일으킨 시말. 그가 죽고 2년 후에야 미망인 자클리느를 비롯한 6명의 상속자에 분배가 마무리되었다고 한다.

☞ 1906년에 거트루드 스타인(미국의 실험적 시를 쓰는 시인)이 피카소 앞에 앉았다. 그녀의 초상화를 위해서다. 여러 번 그렇게 앉은 끝 무렵에 가서 그는 그리던 그림을 모두 지워버렸다. "당신을 더 이상 볼 수가 없어서요"라고 말하면서. 나중에 거트루드가 없는 상태에서 그 그림을 완성했다. 그리고 그림을 스타인 양에게 건네주었다. 그녀는 자기는 그렇게 안 생겨먹었다면서 불평을 했다. 이에 피카소가 말하기를 "그러나 그렇게 될 거요"라고. 그리고 이 예측은 미스 스타인이 늙었을 때 증명되었다.

● **피터 1세 대제**(Peter the Great Ⅰ : 1672~1725), 러시아 황제(1682~1725)

러시아 군대 안에 비밀결사가 존재했다. 그 멤버들은 고문에 맞서 견디어내고 아주 큰 고통에 대항해서 자기 자신에게 상처를 내는 훈련을 한다. 이들 멤버 중의 한 장교가 피터 대제에 대항하는 음모에 가담했다가 잡혔다. 그리고 네 번이나 고문을 당했는데도 고백을 거부했다. 피터 대제는 고통을 주어서는 그를 무너뜨릴 수 없다는 것을 알고 그에게 다가가서 말했다.

"넌 나에게 대항해서 음모에 가담했다는 것을 나는 충분히 알고 있다. 그러나 너는 그동안 충분히 벌도 받았다. 자, 네가 너의 황제에게 사랑의 빚을 지고 있으니 내가 맹세컨대, 너를 완전히 용서해 주려고 한다. 그뿐 아니라, 나의 특별한 자비로 너를 대령으로 진급시켜 주겠다." 이 장교는 피터 대제의 작전으로 무기력하게 되어 결국 황제를 껴안고 음모 전부를 고백하게 되었다. 피터 대제는 그와의 흥정을 실행했고, 그를 대령으로 승진시켰다.

● **필드, 존**(Field, John : 1782~1837), 영국의 피아니스트, 작곡가

필드의 친구 몇 사람이 그의 생애 마지막 시간을 같이 하면서, 마지막 임종의 식을 집행할 목사를 불러야겠다는 생각을 하게 되었다. 그런데 그가 어느 종파에 속하는지 알 수가 없어서 "자네 Papist(가톨릭교인)인가 Calvinist(개신교)인가?" 하고 그들이 죽어가는 사람에게 물으니까 그는 "나는 …Pianist(피아니스트)일세"라고 대답하고 세상을 떠났다.

● **필립 5세 왕**(Philip Ⅴ : 1683~1746), 스페인 왕(1700~1746), 루이 14세의 손자

루이 14세가 찰스 2세의 부음과 그의 유산에 관한 소식을 듣고 일주일 이상 주저하였다. 그는 그 유산을 받을 것인지 안 받을 것인지를 망설였던 것이다.

1700년 11월 16일, 그는 아침잠에서 깨자 모두 모인 궁정에서 이렇게 선언했다. "여러분!"이라고 말하고, 필립(루이 14세의 손자)을 앞으로 나오게 하더니, "여기에 스페인 왕이 있소이다"라고. 그리고는 간단하지만 감동적인 연설을 했다. 그는 그의 손자가 훌륭한 스페인 사람이 되어 유럽의 평화를 지키기를 열심히 권고하였다.

감정에 북받쳐 스페인 대사는 필립 앞에 무릎을 꿇었다. 그리고 그의 손에 키스하면서 "피레네 산맥은 이제 존재하지 않게 되었습니다"라고 말했다.

(피레네 산맥은 스페인과 프랑스 사이의 산맥인데, 즉 이 두 나라의 국경은 허물어지고 통일이 되었다는 말)

● **필립, 프린스, 에딘버러 공작**(Philip, Prince : 1921~), 영국여왕 엘리자베스 2세의 남편

필립 공이 깜짝 놀랄 정도로 무뚝뚝하게 격식 없이 즉석에서 코멘트 하는 것으로 유명해졌다. 한번은 같은 식으로 대답한 일이 있다. 브라질의 수도 브라질리아를 방문하는 길에 브라질의 한 해군 제독을 만나게 되어 질문을 했다. "가슴에 주렁주렁 단 그 찬란한 훈장은 브라질리아의 인공호수 위에서 받은 것입니까?(브

라질 나라는 바다에서 무척 멀다)"라고 물으니까 그 제독은 순순히 고개를 끄덕이면서 "네, 각하! 결혼을 잘해서 받은 것은 아닙니다"라고 대답했다.

(바다에서 먼 곳에서 해군 제독이 훈장을 많이 달고 있으니, 호수 위에서 받았느냐고 했고, 그건 필립 공처럼 결혼 잘해서 받은 것이 아니라는 말로 의미 있다.)

● 필모어, 밀라드(Fillmore, Millard : 1800~1874), 미국의 13대 대통령(1850~1853)

필모어가 대통령직을 어떻게 수행했는지에 대해서는 유감스럽게도 그가 대통령 취임선서 얼마 안 있어 워싱턴에 떠돌아다니던 한 가지 이야기(아마도 악의에 찬 의도로) 속에 요약되어 있다.

그는 새로운 마차가 필요하다는 것을 결정했다. 그리고 백악관 시종인의 한 사람인 에드워드 모란이 적당한 마차를 수배하도록 했다. 에드워드는 소유자가 이사를 가면서 내놓은 아주 값싼 마구가 잘 갖추어진 예쁜 마차를 찾아냈다. 필모어가 그걸 살펴보고는 사라고 지시했다. 그런데 문제가 하나 있었다.

"이걸 어떻게 하지 에드워드? 미국의 대통령이 중고마차를 타고 돌아다니면 말이 되느냐?" 모란이 확신을 하듯이 대답했다. "그렇습니다, 각하. 각하는 유일한 중고 대통령이십니다"라고.

(그는 전임대통령의 사망으로 잔여임기 2년의 대통령이었기 때문이다.)

● 하웁트만, 게르하르트(Hauptmann, Gerhart : 1862~1946), 독일의 극작가

극작가인 하웁트만이 양복점에서 양복을 맞추었다. 가봉의 준비가 되면 알려달라고 하고는 점포를 나섰다. 그런데 며칠이 지나도 아무 기별이 없었다. 그래서 문의를 위해서 편지를 썼다. 편지를 몇 번이나 써서 보냈지만 여전히 답장이 없었다. 그래서 직접 양복점을 찾아가서 화를 냈다. 그랬더니 양복점 주인이 이렇게 말했다. "가봉은 이미 다 준비되어 있습니다. 선생님의 편지가 양복 맞춤비용보다 비싸게 팔리기 때문에 그것이 필요해서 편지의 답장을 안 했습니다"라고 대답했다.

● 하이네, 하인리히(Heine, Heinrich : 1797~1856), 독일의 낭만주의 시인, 에세이스트

☞ 하이네가 괴테를 지극히 존경하여 한번은 괴테를 만나려고 예나를 떠나서 바이마르로 찾아갔다. 가는 도중 그는 괴테를 만나서 할 이야기, 토론할 주제 등과 여기에 관한 자료도 꼼꼼히 준비해 두었다. 그러나 바이마르에 도착해서 괴테를 만난 하이네는 기가 눌려서 준비했던 말을 다 잊어버리고 한다는 말이 "여기 오는 도중 체리를 사먹었더니 맛이 참 좋더군요" 하고 단 한마디밖에 하지 못했다.

면담을 끝내고 집에 돌아가는 하이네는 자기 머리를 툭툭 치면서 "아까는 왜 그리 생각이 안 났는지……"라고 했다.

☞ 하이네는 가난 속에서 죽었다. 그의 친구들이 그 재산들을 버렸던 것이다. 더러운 파리의 다락방에 있던 그의 임종침상에 참여한 유일한 사람은 작곡가 베를리오즈였다. "나는 항상 자네가 독창적인 작곡가라고 생각해, 베를리오즈." 죽어가면서 남긴 말이다.

● 하이든, 프란츠(Haydn, Franz : 1732~1809), 오스트리아의 작곡가

하이든은 여장하기를 좋아했다. 왜냐하면 까다로운 마누라한테서 벗어날 수 있기 때문이었다. 하루는 한 방문자가 하이든의 책상에서 뜯지 않은 편지뭉치를 보고 뭐라고 말을 했다. 그랬더니 "그건 내 마누라한테서 온 거야" 하고 작곡가는 대답했다. "우리는 매월 서로 편지를 주고받지. 나는 우리 마누라 편지를 안 뜯어 봐. 내가 보기에도 자기도 내 편지 안 뜯어 볼 테니"라고 말했다.

● 하워드, 캐서린(Howard, Catherine : 1520~1542), 헨리 8세의 다섯 번째 부인

캐서린과 2년간의 행복한 시간이 지나서 헨리 8세는 그녀가 전에 프란시스 더 햄이라는 사람과 연애를 했다는 사실을 알게 되었다. 헨리왕은 이것을 겉으로는 웃어넘겼지만 캐서린이 지금도 호감을 가진 궁정신하 토머스 컬페퍼와 사랑하고 있다는 것을 알게 되고는 크게 분노하였다.

토머스 컬페퍼는 일찍이 캐서린의 약혼자였다. 헨리왕은 캐서린과 두 남자 더 햄과 컬페퍼를 교수형에 처했다.

도전적으로 그녀는 사형대 앞에 서서 이렇게 선언했다. "나는 왕비로서 죽는다. 그러나 나는 컬페퍼의 아내로서 죽고 싶다"라고.

● **함선, 크누트**(Hamsun, Knut : 1859~1952), 노르웨이의 작가, 1920년 노벨 문학상 수상자

1894년에서 1895년 이태동안 함선은 처음으로 프랑스 파리를 방문했다. 노르웨이로 돌아오자 어떤 사람이 그에게, "처음이라 선생님의 불어 때문에 불편하지 않았어요?"라고 물으니 "아니, 내가 불편한 게 아니고 프랑스 사람이 불편했지"라고 대답했다.

● **해거드, 헨리**(Haggard, Henry : 1856~1925), 영국의 소설가

해거드에게는 여덟 명의 아들이 있었다. 그가 남아프리카를 무대로 해서 쓴 소설이 대인기를 얻었다. 아버지와 여덟 명의 아들이 집안에서 떠들어대면 옆에 있는 사람은 정신을 못 차릴 정도로 시끌벅적 했단다. 그 일로도 유명한 집안이었다. 그러나 해거드의 어머니만은 속삭이듯이 말을 했다고 한다. 어떤 사람이 "그런 말소리로 어떻게 저 드센 아이들과 대화할 수가 있습니까?"라고 물으니까 "우리 집에서는 작은 목소리가 진기하기 때문에 무슨 일인가 하고 조용히 들어 준답니다"라고 대답했다.

(주 : 음성의 역효과 내지 부수 효과에 대한 좋은 교훈이다. 아주 큰 소리로 다스리려면 아이들은 아예 귀를 막으려 들 것입니다. 작은 소리 예컨대 가을날 저녁 풀벌레 소리가 온천지를 진동하듯이 들리는 효과를 음미해 보자.)

● **해리스, 프랭크**(Harris, Frank : 1856~1931), 영국의 작가, 비평가

프랭크 해리스는 대화하면서 뻔뻔스럽게 표절을 하곤 했다. 한번은 그의 청중의 모든 사람이 아나톨 프랑스(프랑스의 작가)가 소유권을 가지고 있는 줄 알고 있는

데 자기 자신의 일화인 것처럼 말하고 있었다. 한동안 모두 조금 당혹해하는 분위기로 침묵이 흘렀다. 여기에 오스카 와일드(영국의 작가, 시인)가 "저, 알다시피 아나톨 프랑스는 그 이야기를 못 쓰게 해버렸지"라고 분위기를 깨트렸다.

● **해리손, 벤자민**(Harrison, Benjamin : 1833~1901), 미국정치가, 23대 대통령(1889~93),

William Henry Harrison 전 대통령의 손자

해리손이 1888년의 선거결과를 조용히 받아들였다. 그의 주된 관심사는 그의 고향 인디아나주에 있었다. 인디아나로부터의 선거결과가 안전하게 11시경에 선언되자 그는 잠자리에 들었다. 그 다음 날 아침, 한 친구가 한밤중에 그에게 축하전화를 걸고 왜 그렇게 일찍 잠자리에 들었느냐고 물었다. 대통령 당선자는 "내가 만일 졌다면 내가 일어나 앉아 있다고 해서 결과가 달라질 것이 아무것도 없지 않는가? 반면에 내가 당선이 된다면 내 앞길은 험난할 것이 아닌가? 그래서 하룻밤의 휴식은 어떤 경우도 유익한 것일세"라고 설명했다.

● **해리슨, 벤자민**(Harrison, Benjamin : ?1726~1791), 미국의 정치가

영국 정부가 독립선언문에 사인한 사람들에게 널리 포상을 하겠다고 발표했다. 거기에는 반면에 반역죄에 대한 선언이 들어 있었다. 사형까지도 할 수 있는.
벤자민 해리슨은 이 독립선언문 작성의 주동자였다. 그래서 위협을 받고 있었다. 그는 몸집이 크고 무게가 나가는 체격을 가지고 있었으나 반면에 친구 서명자 엘브리지 게리는 작고 허약해 보이는 체구를 가지고 있었다. "만일 교수형이 내려져도 나는 1분이면 다 끝날 터이나 자네는 내가 가고도 1시간을 줄에 매달려 있어야 할 걸세"라고 게리에게 말했다.

● **해머스타인 2세, 오스카**(Hammerstein Ⅱ. Oscar : 1895~1960), 미국의 서정시인

해머스타인이 암으로 고생하고 있을 때, 그의 방에서 다섯 자녀들이 그를 둘러싸고 있었다. 그의 아들 지미가 아버지를 생각하면서 계속 훌쩍거리고 있으니까

해머스타인이 "야, 제기랄! 죽어가는 건 난데 네가 왜 울어!"라고 버럭 소리 질러 말했다.

● **해미트, 대시엘**(Hammett, Dashiell : 1894~1961), 미국의 소설가

해미트는 여러 해 동안 극작가인 릴리언 헬만과 동거해 왔었다. 그들은 말싸움을 할 때면 둘 다 술을 진탕 먹고 싸운다. 릴리언은 대시엘에게 막 대들어 소리지르고 한다. 그랬는데 방안을 왔다 갔다 하다 보니 대시엘이 불이 붙어 있는 담배를 자기 볼에다 대고 비비고 있지 않는가? "당신 지금 뭐하는 짓이야?" 하고 물으니까 "내가 잘못하면 당신한테 할 것 같아, 그걸 예방하느라고 나한테 하는 거요." 그의 대답이었다.

● **해이건, 월터**(Hagan, Walter : 1892~1969), 미국의 골퍼, 미국의 첫 번째 가장 위대한 직업골퍼

영국에 경기하러 처음으로 방문했을 때, 전통에 따라 회원만 클럽하우스에서 식사를 할 수 있고, 반면에 방문자(갤러리 등)는 클럽하우스 밖에서 그럭저럭 해결해야 했다. 따라서 그는 그의 다음 경기에서 변호사를 고용하고, 운전기사도 고용하고, 집사도 고용하고, 클럽하우스 안의 손님들이 맥주와 소시지로 시끌벅적할 때 클럽하우스 옆에 계획을 세워 연어와 샴페인이 곁들여진 거창한 피크닉 런치를 마련했다.

그 후 영국에서는 다시는 직업골퍼들이 토너멘트 기간 중 클럽하우스에 못 들어가게 한 관례가 깨어졌다.

● **해일, 네이단**(Hale, Nathan : 1756~1776), 미국의 혁명기 애국자

1776년 9월, 해일은 뉴욕에 있는 영국계열 기관에 잠입해서 정보를 캐내는 스파이를 지원했다. 그는 네덜란드인 교사로 분장해서 기관에 잠입하다가 배신자가 신고해 들켜서 체포되고 다음날 교수형에 처해졌다. 교수대에 올라가서 그는

"내가 다만 한 가지 후회스러운 것은 조국을 위해 바칠 목숨이 하나밖에 없다는 데 있다"라고 말한 것으로 알려졌다.

● 헉슬리, 토마스(Huxley, Thomas : 1825~1895), 영국의 생물학자, 철학자, 고생물학자

헉슬리가 어디선가에서 강의를 하게 되어 있었는데 출발이 늦어버렸다. 그는 마차에 뛰어 올라타고 소리쳤다. "최고속으로!"라고. 마부는 그의 말에 채찍을 가했고 말이 달릴 수 있는 한의 최고속으로 달렸다. 갑자기 헉슬리에게 한 생각이 떠올랐다. 머리를 마차 창밖으로 내밀고 그의 마부에게 "내가 지금 어디 가고 있는지, 당신 알고 있소?" "아니오, 선생님!" 외치는 소리가 되돌아왔다. "저는 그저 빨리 달리고 있을 뿐인데요"라고 말했다.

(어디 가자고 하지도 않고 무조건 말 타고 빨리만 간 것이다.)

● 헐, 아이자크(Hull, Isaac : 1773~1843), 미국의 해군제독, 사령관

헐에게 오늘밤을 넘기기 어렵겠다고 의사가 알려주었다. 그는 자기 변호사, 전기작가, 장의사 사장을 곁에 불러모아놓고 그가 다룬 세계적인 사건(전쟁)을 연대순으로 서술하고는, 마지막에 "나는 내(사령관) 깃발을 내렸다"라고 말하고는 눈을 감았다.

● 헤밍웨이, 어네스트(Hemingway, Ernest : 1899~1961), 미국의 소설가, 노벨문학상 수상자

☞ 전기 작가 로버트 엘더가 찾아낸 헤밍웨이의 연애편지를 소개한다.

"너의 비할 바 없는 우아함과 사랑스러움, 아름다움이 나를 바보로 만들었어."

급하게 휘갈겨 쓴 데다 군데군데 줄을 그어 지운 흔적까지 선명하게 남아 있는 편지의 첫 문장은 이렇게 시작된다.

편지는 헤밍웨이 전기(傳記)를 집필하기 위해 그가 태어난 일리노이주(州) 오크파크의 공립 도서관을 뒤지던 작가 로버트 엘더가 처음 발견했다. 처음엔 헤밍웨이가 고교 시절에 쓴 작문 과제라고 생각했지만 "오, 너를 사랑해"라는 구절과 "아네트"라는 이름을 발견하고 연인에게 보낸 편지임을 알아차렸다.

엘더는 그녀가 헤밍웨이의 고교 1년 후배 아네트 데보라는 사실을 확인했다. 헤밍웨이는 오크파크 앤 리버 포레스트 고등학교 졸업반 때 아네트와 함께 교지(校誌)를 만들면서 가까워졌다.

헤밍웨이는 편지에서 "너와 함께라면 기꺼이 지옥에도 갈 수 있어. 내 목숨을 바칠 수도 있어"라며 아네트에 대한 절절한 마음을 드러냈다.

헤밍웨이의 짧고 강렬했던 첫사랑은 그가 1차 대전이 한창이던 1918년 5월 적십자 부대 앰뷸런스 운전병으로 이탈리아 전선에 투입됐다가 두 달 뒤 부상을 입고 밀라노 육군병원에 입원했을 당시 일곱 살 연상인 간호사 아그네스 폰 쿠로프스키를 만나 한눈에 반하면서 끝났다. 같은 해 11월 헤밍웨이는 누나 마셀린에게 쓴 편지에서 "아네트는 내 마음 한편으로 비켜났어"라고 했다.

쿠로프스키는 헤밍웨이의 대표작 '무기여 잘 있거라'에 등장하는 간호사 캐서린 바클리의 실제 모델이다. 헤밍웨이는 1919년 쿠로프스키에게 청혼했지만, 두 달 만에 이별 통보를 받았다. 헤밍웨이는 1921년 여덟 살 연상인 엘리자베스 리처드슨과 첫 결혼을 했고 이후 3차례 재혼했다.

☞ 굉장히 터프하게 보이는 그 수염도 헤밍웨이의 섬세한 피부 때문에 할 수 없이 기른 것이란다. 그의 피부는 면도칼을 갖다 대면 금세 상처가 날 정도로 약해서 면도를 안 하고 내버려 둔 것일 뿐 그의 수염은 터프해 보이는 것과는 관계가 전혀 없다는 것이 진상이다.

헤밍웨이의 진짜 모습은 정신적으로도 매우 세심한 사람이었다. 그래도 열심히 스스로 터프해 보이려고 노력했다는 것이다. 그것은 그의 소설속의 남자들처럼, 헤밍웨이에게 있어서는 이상적인 남성상이었는지도 모른다.

● 헤이워드, 리타(Hayworth, Rita : 1918~1987), 미국 영화배우

코미디언 잭 레몬이 한번은 미스 헤이워드가 편지 무더기를 정리하고 있는 광

경을 목격했다. 편지를 계속 뜯더니 갑자기 "Stop!" 레몬이 놀라서 소리쳤다. "거기에 수표가 들어 있을 거야." 리타가 그 우편물을 열어보더니 어깨를 으쓱 해보이면서 "응, 수표가 있어. 그런데 청구서도 같이 있어. 그래서 세상은 공평한 거야" 했다.

● 헤이즈, 헬렌(Hayes, Helen : 1900～1993), 미국의 영화 여배우

☞ 그녀가 은퇴하고 처음으로 부엌으로 돌아왔다. 만찬 준비에 마지막 손질을 하면서 가족들에게 이렇게 말했다. "이건 내가 요리한 최초의 칠면조 요리야. 만일 그게 별로이면 누구도 그렇다는 이야기하기를 바라지 않으니 아무 말 없이 테이블에서 일어나 저녁 먹으러 호텔로 가는 거야." 10분 후에 헤이즈가 테이블로 돌아오니 가족들이 모두 모자를 쓰고 코트를 입고 테이블에서 기대에 찬 자세로 앉아있는 것을 목격하게 되었다.

☞ 헤이즈는 극장이라는 세계에 처음 발을 들여놓은 것은 다섯 살 때였다. 그리고 돌아오지 않았다. 그녀의 긴 일생(93세까지 삶) 동안 스타였고, 그녀의 첫 출연 영화에서 아카데미상을 받았고, 여러 편의 연극 공연에서도 승리하였다. 그러나 그녀가 말하기를, "위대한 한 여배우가 언제나 빛을 발하는 것이 아니다"라면서 "스타의 지위란 금으로 도금된 노예나 마찬가지야"라고 한탄조로 말했다.

● 헨델, 게오르그(Handel, George : 1685～1759), 독일의 작곡가

☞ 헨델이 한번은 자기 오페라의 상연을 위해 프란체스카 쿠초니라는 프리마돈나와 계약을 했다. 대개 프리마돈나란 고금을 막론하고 오만한 예가 많다. 특히 당시는 작곡가 보다는 가수가 인기가 많았다. 청중은 새로운 작품을 들으러 오기 보다는 가수의 명성을 듣고 오는 경우가 많았다. 작곡가보다 스타 가수가 지위가 위였다.

쿠초니는 뚱뚱하고 땅땅보였고, 외모도 그저 그렇다고 한다. 그러나 그녀의 미

비 아 시 아 편 등

성(美聲)은 놀라웠다. 그래서 프라이드도 세고 고집스러웠다고 한다. 거기에다 자기가 부를 아리아에 불평을 했다. 가장 높은 소리를 기교적으로 울리게 하도록 고쳐 달라고 했다. 그렇게 고쳐주지 않으면 출연을 취소하겠다고까지 우겼다.

그때까지 하프시코드(피아노의 전신에 해당하는 건반악기)에 앉아있던 헨델이 일어나서 그 거구를 흔들더니 쿠초니에게 다가갔다. 그의 거구는 쿠초니를 덮을 만큼 커서 작은 체구의 쿠초니를 달랑 들어 올리더니 창가에까지 들고 가서 무서운 소리로, "당신은 마녀야, 그러나 잊지 말 것은, 나는 마왕이야, 알겠어?"라고 험악한 인상으로 위협했다. 쿠초니는 이 위협에 한결 얌전해져서 헨델의 말을 잘 듣게 되었다.

이와 같은 실력행사로 차례차례로 자작 오페라를 상연해간 헨델은 일설에 의하면 400곡 이상의 오페라를 작곡해서 대중의 인기를 얻었다고 한다.

☞ 헨델이 작곡한 오페라 리날도(Rinaldo)가 런던에서 상연되자 큰 성공을 거두었다. 이것을 본 약삭빠른 출판업자 월슈가 헨델에게 쫓아가서 그 곡의 판권 계약을 하고 이 곡을 출판하여 큰 이익을 냈다. 그러나 작곡가 헨델에게 지불된 인세는 미비하였다. 이에 맛을 들인 출판업자 월슈는 헨델에게 다시 쫓아가서 새 작곡을 요청했다. 헨델은 그때야 하는 말 "그럴게 아니라 이번에는 자네가 작곡을 하게, 내가 출판을 하지……" 하면서 쫓아버렸다.

● 헨리 3세 왕(Henry Ⅲ : 1207~1272), 영국 왕(1216~1272)

인간의 본성은 검소보다 허식을 더 좋아하는 것 같다. 헨리 3세는 검소령을 공포하여 의복을 황금이나 보석으로 단장하지 못하도록 하였다. 그러나 영국처럼 비교적 건실한 국민에게도 좀처럼 검소의 강요는 잘되지 않았다. 궁리를 한 왕은 이렇게 말했다.

"단, 매춘부와 도둑놈은 이 법령을 지키지 않아도 좋다."

또한 이를 부칙을 붙여서 공포하였다. 염치를 아는 영국 백성이어서 그런지 효과는 만점이었다. 그 다음날부터 보석도 황금 장식도 런던에서 자취를 감추었다.

그런데 임금님이 새로 맞이한 왕비는 프랑스 왕족이었다. 이러한 영국 법령을 알 바 없는 왕비는 진열장에 내다 걸기라도 하듯, 가지각색의 보석으로 몸단장을 하고 영국 궁전에 나타났다. 그 다음날 그 검소령은 폐지되고 말았다.

● **헨리 8세 왕**(Henry Ⅷ : 1491~1547), 영국의 왕(1509~1547)

헨리 왕 휘하의 힘이 강력한 장관인 토마스 크롬웰은 개신교의 유럽과 영국 사이의 유대를 강화하기를 바라고 있었다. 그래서 크롬웰은 헨리왕이 그의 네 번째 아내로서 프랑데르의 안느를 맞이하도록 주선하였다. 한스 홀바인이 이 공주의 즐거워하는 표정의 초상화를 그려서 헨리 8세에게 보냈다. 새로운 신부에 대한 즐거운 기대감으로 맞이하도록 준비했다. 그녀가 드디어 도착했다. 그녀의 실물은 초상화에서 보다 훨씬 수수해 보였다. 실물을 본 헨리 8세는 실망한 나머지 "당신은 프랑데르의 암말을 나에게 보냈소" 하고 소리 질렀다.

● **헨리, 오**(Henry, O : 1862~1910), 미국의 단편작가, 본명 William Sydney Porter

☞ 오 헨리가 특히 유명한 것은, 죽기 바로 전에 그가 한 말들이 당시 유행한 대중가요에서 인용한 것이라는 것이 특징이었는데, "불을 끄지 마세요, 나는 어둠 속에서 집에 가고 싶지 않아요"라고 임종 시에 말했다고 한다.

☞ 헨리가 출판사 사장 프랭크 먼세이에게 편지를 보내서 50달러 가불을 청구했다. 먼세이는 이미 그가 여러 번의 가불 상태에 있음을 알고 "당신이 그걸 어디에 쓰겠다는 걸 내가 알지 못하면 가불은 없소이다"라고 대답했다. 답신 편지로 봉한 편지봉투 속에 금발 머리카락이 한 가닥 들어 있었다. 헨리는 곧 가불을 받을 수 있었다.

(단편소설 속에 머리카락 이야기가 나온다.)

● **호쏜, 나다니엘**(Hawthorne, Nathaniel : 1804~1864), 미국의 소설가 '주홍 글씨(Scarlet Letter)'

등으로 유명하다.

말단 세관원 자리에서 쫓겨난 나다니엘 호쏜은 이루 말할 수 없는 우울증에 걸려 있었다. 사정을 잘 알고 있는 그의 부인은 바가지를 긁는 대신 직장을 그만두게 된 것은 차라리 잘된 일이라고 위로하면서 조용히 글을 쓰도록 격려를 하였다. 그래서 완성된 작품이 『주홍글씨(Scarlet Letter)』.

1850년 2월 3일이었다. 그날 저녁 그는 그 책 중에 제일 감동적인 부분을 부인에게 읽어 주었다.

평소에 전혀 남편 집필에 반응이나 간섭이 없었던 부인이 그 책을 읽어주자 아프다며 일찍 침실로 들어갔다. 그 반응을 통해 호쏜은 그 작품이 큰 성공작일 거라고 직감했다.

● **호킹, 스티븐**(Hawking, Stephen : 1942~2018) 영국의 물리학자, 교수

영국 케임브리지대학 이론 물리학자인 스티븐 호킹 박사는 근육위축증으로 손·발·언어가 불수상태로 천체에 관한 여러 가지 새로운 이론을 제기해온 학자이다. 그는 블랙홀(Black Hole)에 대해서 이렇게 새로운 견해를 말했다.

우주공간의 블랙홀은 주변의 모든 것을 집어 삼키는 무섭고 탐욕스러운 존재다. 그래서 '빛조차도 빠져나올 수 없는 어둠의 구멍'이란 뜻으로 블랙홀이다.

이에 대해 호킹 박사는 블랙홀로 빨려 들어가더라도 다른 차원의 우주로 빠져나갈 수 있다고 했다. 그는 스웨덴 왕립기술원에서 열린 강연에서 "블랙홀은 영원한 감옥이 아니며 빠져나오는 출구가 다른 차원의 우주에 있을 수도 있다"고 주장했다.

블랙홀은 내부의 중력이 엄청나 사람·물질 산산이 부셔져 없어진다는 것이 지금까지의 이론이었다.

● 호프만, 빌헬름(Hoffmann, Wilhelm : 1776~1822), 독일의 소설가, 작곡가, 극장 지배인

호프만이 한번은 베를린의 신흥 부잣집에 초대를 받아 간 일이 있었다. 그 부자는 식사가 끝난 후 호프만에게 집 내부의 사치스럽게 장식한 인테리어를 보여주었다. 그의 하인들을 소개했다. 이 백만장자는 자기 개인 심부름을 하는 하인이 셋이나 있다고 자랑했다.

호프만이 대답하기를 자기는 목욕을 하는 데만 네 사람의 하인이 붙어 있다고 대답했다. 한 사람은 타올을 바닥에 깔고, 또 한 사람은 물의 온도를 테스트하고, 세 번째 사람은 수도가 잘 나오는지를 확인합니다.

"그러면 네 번째 사람은 뭘 합니까?"

"오, 그가 가장 중요한 일을 하지요, 나대신 목욕을 합니다."

호프만은 '호두까기 인형'의 동화 원작가인데, 46세로 죽었을 때 많은 빚을 남기고 죽었다. 최대의 채권자는 매일 밤 다녔던 술집의 사장이었다. 그러나 그는 적지 않은 액수의 빚을 기분 좋게 포기했다. 호프만이 좋아서 그를 뒤따라 술집을 찾던 친구들의 수를 생각하면 그가 남긴 부채는 문제가 안 되었던 것이다.

● 호프만, 카시미르(Hofmann, Casimir : 1876~1957), 폴란드 태생의 피아니스트

기차여행을 하는데 호프만은 똑바로 앞을 노려보면서 움직이지도 않고 앉아 있는데 분명히 눈의 초점은 맞지 않는 듯이 보였다. 같이 여행하는 동료가 "자네 지금 뭘 하고 있는 거야?"라고 따졌더니 "나 지금 연습하고 있어" 했다고 한다.

● 홀리데이, 주디(Holiday, Judy : 1922~1965), 미국의 여류 코미디언

한 영화 인터뷰에서 주디 홀리데이는 좀 음탕스러운 스튜디오 감독이 그녀를 계속 따라다니고 있다는 것을 알았다. 그녀는 침착하게 자기 손을 드레스 안에 집어넣고 여성 가슴받이(이른바 뽕)를 끄집어내더니 그걸 "자, 여기 있소" 하면서 깜짝 놀란 추적자 감독에게 건네주었다.

"이게 당신이 원하는 거 아니요?"라면서.

● 홈즈, 웬델 주니어(Holmes, Wendell, Jr. : 1841~1935), 미국의 법률가, 연방대법원 판사

아흔한 살 때, 홈즈는 대법관직을 사임했다. 그 다음해 여름을 그의 고향 매사추세츠주 시골집에서 보냈다. 보스턴에서 옛 친구들이 그들의 손자녀들을 데리고 그를 보러 찾아왔고, 홈즈는 그 애들과 친구삼아 시간을 보내는 것이 즐거웠다. 열여섯 살 난 베치 와더와 베란다에 앉아 그와 인생에 관해 토론도 하였다. 그가 말하기를 "나는 네가 너무 젊다는 이유 때문에 대화하는 것을 그만두지 않을 터이지만, 너는 내가 너무 늙었다는 이유 때문에 대화하기를 그만두지는 않겠지?"라고 말했다.

● 홉스, 토마스(Hobbes, Thomas : 1588~1679), 영국의 철학자

영국의 철학자인 토마스 홉스는 밤에 잠들기 전에 창문을 꼭 닫고 안에서 큰 소리로 노래를 불렀다. 물론 그가 노래를 잘 불러서가 아니라 "큰 소리로 노래하면 목이 상쾌해져서 폐가 튼튼해지고 그것이 장수의 비결이 된다"라고 믿고 있었는데 그래서인지 그는 91세까지 살았다.

● 홉킨손, 프란시스(Hopkinson, Francis : 1737~1791), 미국 독립선언문 서명자의 한 사람

홉킨손은 낙서하기를 좋아했다. 식민지인들이 영국에서 독립하는 것의 이점에 대해서 토론을 하고 있는 아주 중대한 시기의 한 모임에 참석해서 1776, 1776…을 계속 낙서하다가 1, 7, 7, 6을 모두 더하면 21이 되었다. 이 21이란 숫자로, 독립기념일 때 예포의 발포 숫자로 쓰면 어떨까 하고, 이 아이디어를 의회에 제출해서 승인을 받았다. 그 이후 국가의 경축 행사에는 예포 스물한 발을 쏘고 있다.

● 후디니, 해리(Houdini, Harry : 1874~1926), 미국의 탈출마술사

후디니가 그의 캐리어 중 여러 번 호된 신체적 도전을 겪게 되었다. 1926년 탈의실에 앉아서 자기한테 온 편지를 읽고 있었는데, 한 아마추어 복서가 몇몇 친구들과 함께 자기에게 다가와서 만일 몸통을 복싱 주먹으로 한방 맞아도 견딜 수 있겠느냐고 물었다. 후디니는 쳐다보지도 않고 무심코 "할 수 있다"고 대답했다. 그 복서가 후디니의 배를 야만스럽게 세 번 때렸다. 그날 그는 열이 났고 마술 공연 중 쓰러졌다. 그리고 1주일 후 그는 맹장파열과 복막염으로 죽었다.

● **후스, 얀**(Hus Jan : 1371~1415), 체코의 종교개혁가

"나는 내가 쓰고 가르치고 강론한 복음의 진리 속에서 지금 기꺼이 죽겠다."

1415년 7월 6일 화형대에 오른 체코의 종교개혁가 얀 후스가 남긴 말이다. 루터는 후스와 여러모로 닮은꼴이었다. 체코의 천주교 사제이자 대학교수였던 후스는 체코어로 성서를 번역하고 강론했다. 후스는 성모 마리아, 성인(聖人), 교황을 숭배하지 말고 성서와 신만 믿으라고 했다. 루터의 유명한 명제 '오직성서뿐'의 뿌리인 셈이다. 교황청은 1411년 후스를 파문했다. 한동안은 체코 지역 영주의 비호를 받았지만 정세가 바뀌면서 결국 콘스탄츠 공의회에 소환돼 마흔넷에 화형 당했다.

● **후크, 에드워드**(Hook, Edward : 1788~1841), 영국의 언론인, 위트

후크는 희극배우 찰스 매슈와 함께 테임스 강을 배 저어 올라가고 있었다. 가다가보니 그들의 시선을 사로잡는 것이 있었는데, 허락 없이 올라갈 수 없다는 팻말이 붙은 강변 정원이었다. 약간 화가 난 이 두 사람은 거기에 배를 대고 그 정원에 올라갔다. 낚싯줄을 이용해서 그 정원의 넓이와 거리를 가로 세로 재어보고 있었다. 그랬는데 마침 정원 소유주가 나타났다. 그는 런던의 시의회 의원이었다. 그는 "당신들 거기서 뭘 하는 거요?" 하고 물었다. 후크는 자기를 운하회사의 직원이라고 소개하고 새로운 운하를 계획하고 있는 중이라고 했다. 자기가 판단할 수 있는 한, 그 운하가 부시장의 뜰과 집을 관통해야 될 것 같다고 말했다. 이 가난한 시의원은 아연실색해서 이들을 감언으로 유혹해야 하나 허세를 부려 이것을 막아야 하나 하고 고민하였다. 별로 환영할만하지 않은 이 인사들을 달래

기 위해서 그들을 만찬에 초대해서 맛있는 음식과 술로 대접을 했다. 그리고 그의 재산을 손괴시키는 일을 단념시키도록 시도했다. 그 소동의 결말은 마지막 와인 병이 비고 난 후 없던 일이 되었다.

(이 후크의 장난기는 끝이 없어 보인다.)

● 휘슬러, 맥닐(Whistler, McNeill : 1834~1903), 미국의 화가, 에칭판화가, 1860년 이후 런던 거주

☞ 휘슬러가 친구의 작품을 가을의 살롱에 입선시키려고 노력하다 겨우 성공했다. 크게 감사한 그 휘슬러의 친구는 첫날 살롱에 자기의 걸작을 보러갔는데 첫눈에 그만 입을 벌리고 말았다.

"아니, 자네 어찌된 일인가? 이것은 그림이 거꾸로 걸리지 않았어?" 친구가 말했다.

"쉬잇! 이렇게 하지 않고는 통과가 안 되었단 말이야." 휘슬러의 말이다.

☞ 한 미국의 자수성가한 사업가가 파리의 휘슬러의 스튜디오를 방문했다. 자기의 궁전 같은 집에 장식용으로 그의 그림 몇 점을 사고 싶어서였다. 그는 스튜디오를 쭉 둘러보더니 어수선하게 늘어 놓인 캔버스에서 "이것 모두 얼마나 될까요?"

"400만 달러요." 휘슬러가 말했다.

"뭐라고요?"

"그건 저의 사후의 값입니다."

(그림을 지금의 가치로 따지지 마라. 내가 죽으면 그림 값이 훨씬 많이 오를 테니까.)

● 휘트맨, 월트(Whitman, Walt : 1819~1892), 미국의 시인

☞ 휘트맨은 1865년 링컨이 암살로 갑작스럽게 세상을 떠난 이후 추모 시 4편을 남겼는데, '오 캡틴, 마이 캡틴'은 그 중 한 편이다.

"오, 캡틴, 마이 캡틴!/ 일어나 저 종소리를 들으소서/ 일어나 보십시오, 당신을

위해 깃발이 휘날립니다/ 당신을 위해 나팔소리가 울리고, 당신을 위해 꽃다발이 준비되어 있습니다/ 여깁니다, 캡틴/ 당신의 머리를 괴고 있는 이 팔이, 당신이 차갑게 누워있는 이 갑판이 제발 꿈이기를!"

☞ 미국 역사학자들이 미국 형성에 가장 크게 기여한 인물 100인 중 휘트맨이 22위를 차지한 적이 있다. 그가 미국 역사에 기여한 것은 국가에 대한 애정 때문이었다.

퀘이커교도 성향의 농부인 아버지와 네덜란드인 어머니 사이에서 태어난 월트는 네 살 때 그의 아버지는 브룩클린으로 이사해서 건설작업인이 되었고, 9남매의 둘째아들인 월트는 11세에 사환, 13세에 신문사 사환, 5년간 순회교사, 27세에 브룩클린 「이글지」의 편집사원이 되었을 때 남부 노예에 대해서 지나치게 동정한 나머지 해고되어 뉴욕에서 목수가 되었고, 36세에 시집 『풀잎』을 출판하였다.

● 흄, 데이비드(Hume, David : 1711~1776), 영국의 철학자이자 역사가

흄은 만년에 외무차관 등의 관직을 맡았었다. 경제적으로도 윤택해졌다. 그래서 『영국사』라는 저술의 후속편을 계속 이어가지 못했다. 친구들이 그것을 완성하라고 권고하니까 "내가 그것을 완성하지 못하는 이유에는 네 가지가 있다. 첫째는 나이를 많이 먹었다. 둘째는 너무 뚱뚱해졌다. 셋째는 나는 게으름뱅이다. 넷째는 돈은 더 이상 필요하지 않다"였다.

● 흐루시초프, 니키타(Khrushchov, Nikita : 1894~1971), 소련 정치가, 수상(1958~1964)

흐루시초프가 유엔총회에 나와서 유엔을 공공연히 맹렬히 공격하였다. 콩고의 독립 후 위기에 소련이 개입하는 것을 막는 행동을 했다는 것이다. 그 후 얼마 안 되어서 그는 당시 유엔 사무총장인 대그 함마슐드에게 소련의 환영만찬 의전에 어울리는 초청장을 보냈다. 함마슐드는 그 리셉션에 참가했고, 소련 지도자들

로부터 정중한 대접을 받았다. 누가 흐루시초프에게 "당신이 최근에 그렇게 공개적으로 신랄하게 공격한 당사자를 그렇게 따뜻하게 대했느냐"고 물으니까, 흐루시초프가 대답하기를 "우리나라의 코카서스지방의 산악주민들의 전통을 당신은 압니까? 적이 당신 집안으로 들어왔을 때, 당신이 가진 빵과 소금을 나누어주고 언제나 최대로 환대해야 합니다. 그러나 적이 집밖으로 한 발자욱이라도 내 디디면 그의 목을 베어도 괜찮습니다"라고.

● **히치코크, 알프렛**(Hitchcock, Alfred : 1889~1980), **영국의 영화감독**

☞ 히치코크는 음식을 즐겨했다. 그가 어떤 개인이 초대한 만찬모임에 초대받아 갔는데, 나오는 음식들이 하나같이 전체적으로 양이 부적절했다(모자랐다는 말). 그날 저녁식사가 끝날 무렵 초대자가 "곧 여러분과 다시 식사하기를 희망합니다"라고 인사를 했다. "좋고 말고요, 그럼 지금 시작하면 어떨까요?"라고 히치코크가 동의했다.

☞ '39계단'이란 영화를 찍기 시작했을 때, 히치코크는 장난기가 발동해서 주연 여배우 마들렌느 캐롤과 공연 중인 로버트 도넷에게 수갑을 채워 두 사람을 묶어 놓았다. 그리고 열쇠를 잃어버렸다고 하면서 하루 종일 묶어놓고는 이 불행한 커플이 자연의 부름(대소변 처리)을 어떻게 해결하는지를 듣고 보았다고 했다.

● **히틀러, 아돌프**(Hitler, Adolf : 1889~1945), **나치 독일의 총통**

☞ 히틀러는 생리적으로 옷 벗는 것을 극히 싫어해서, 주치의가 탈의를 권해도 옷을 안 벗으려 해서 진료에 어려움을 겪었고, 거기에 의사 기피증으로 건강진단마저 싫어했다는 것이다. 습관성 트림을 했고, 위궤양 때문에 고생했고, 이로 인해 그의 유명한 연설마저도 위협을 받았다고 한다. 말기에는 교감신경안정제 주사를 하루에 다섯 번씩 맞았고, 코카인(마약)이 든 안약 13방울을 넣는 지극히 불안정한 건강상태를 유지했다고 한다.

주치의 모렐은 1941년부터 매일 아침 히틀러가 기상하기 전에 그의 기분을 상쾌하게 하기 위해 그날의 어려운 난제와 싸울 수 있는 주사를 놓았다고 한다.

☞ 1945년 4월에는 세계 2차 대전도 끝나가고 있었다. 4월 27일에는 뭇솔리니가 체포되고 그 이튿날 총살되었다. 밀라노시의 광장에 거꾸로 매달려 사람들이 밟기도 하고 때리기도 하면서 지나갔다.

그리고 3일 후 히틀러가 자살했다. 뭇솔리니의 죽음은 뉴스·영화 등으로 보도되어 죽음이 확실하나 히틀러에 대해서는 전사했다, 잠수함으로 도망갔다, 발틱해 섬에 있다, 스페인의 수도원에 숨었다, 남미 농장에 있다는 등 루머가 많았다.

히틀러는 뭇솔리니가 죽고 이틀 후 4월 29일에 소식을 들었다. 그때 그는 베를린의 총통관저 지하 벙커에 머물고 있었는데, 전쟁의 지휘를 계속하고 있었다. 그러나 베를린에 소련군이 거의 점령하고 전세는 절망에 가까웠다.

그날 그는 애인 에바 브라운과 결혼식을 올렸다. 그 다음날 측근을 모아 점심을 같이 했고, 그들과 이별을 고했다.

그 후 그는 자기 방에 에바와 함께 들어갔는데 이내 한발의 총성이 울렸다. 히틀러는 권총을 입에 물고 머리 쪽으로 쏘아 자살했다. 에바는 독약을 먹고 그의 곁에서 죽었다.

그와 에바의 사체는 관저의 뜰에서 180리터의 가솔린으로 태워 화장되어 그 후 관저의 뜰에 묻었다.

히틀러의 후계자 데니츠는 히틀러가 전사했다고 발표했다. 5월 2일 관저를 점령한 소련군은 곧 히틀러의 사체를 발굴했다. 소련군 사령관은 히틀러의 신변 경호단 사관이나 히틀러의 틀니를 한 치과의사의 조수, 틀니 기공사 등을 잡아서 히틀러의 사체의 진위를 확인시키고, 이것을 러시아로 운송해 갔다.

그러나 스탈린은 히틀러가 죽었다는 사실을 믿지 않았다. 그래서 러시아는 그의 시체를 숨겼다. 그의 사체 매장지는 아직도 비밀이다. 열광적인 히틀러 숭배자가 이것을 약탈해가는 것을 두려워해서이다.

● 히포크라테스(Hippocrates : BC 460~377)

"술(術)은 길고 생(生)은 짧다" 영어로는 "Life is short, the art long"으로 되어 있다. 이것을 우리는 흔히 "인생은 짧고 예술은 길다"고 알고 있으나 이 잠언을 말한 히포크라테스는 실은 이 말을 그의 잠언집의 첫머리에 적어두었다. 본래의 뜻은 "의술(醫術)은 길고 인간의 생애는 짧다"는 뜻이다. 이어서 그는, "또한 좋은 기회란 날카롭고(험난하다는 뜻), 시도하는 바는 실패하기 쉬우며, 판단(진단)은 어렵다. 그러므로 시광(의사)은 스스로 필요한 수단을 강구해야만 할뿐 아니라 환자나 임석자며 외계의 사물로부터 협력을 구하지 않으면 안 된다"라고.

● 힌덴부르크, 파울(Hindenburg, Paul : 1847~1934), 독일의 장군, 바이마르공화국 대통령

대통령 선거날 아침 일찍이 아버지 힌덴부르크를 그의 아들이 잠에서 깨웠다. 아들은 흥분되어 아버지가 방금 독일의 대통령으로 당선되었다고 알렸다.

"왜 넌 나를 깨웠어? 아침 8시가 되어도 그 사실은 변함없이 진실일 터인데 말이야"라고 장군은 소리 질렀다.

〈한국어 참고문헌〉

• 강만길(2203), 고쳐 쓴 한국 현대사, 서울 : 창작과 비평사.

• 고지훈(2005), 현대사 : 인물들의 재구성, 서울 : 엘피.

• 권오봉(2001), 퇴계선생 일대기, 서울 : 교육과학사.

• 김근태(2007), 단순에 읽는 세계 인물, 서울 : 베이직 북스.

• 김문성 편저(2006), 유식의 즐거움 : 위대한 천재들, 서울 : 휘닉스.

• 김민아 엮음(2006), 세계 명언집, 서울 : 민중출판사.

• 김방이(1997), 천년의 지혜가 담긴 109가지 이야기, 서울 : 한국문원.

• 金富軾(1145), 三國史記.

• 김성광 편저(2007), 이야기 세계사, 서울 : 효원출판.

• 김영훈 편저(2007), 조선왕조 500년 야사, 서울 : 효원출판.

• 김옥림(2014), 명언의 탄생, 서울 : 팬덤북스.

• 김용만(2001), 인물로 보는 고구려사, 서울 : 창해.

• 김정빈(2010), 인물불교사, 서울 : 솔바람.

• 김종길(2009), 내가 만난 영미작가들, 서울 : 서정시학.

• 김철중 역(Richard Gordon)(2001), 역사를 바꾼 31명의 별난 환자들, 서울 : 에디터.

• 김한룡(1986), 공자의 말씀, 서울 : 대일출판사.

• 남경태(2013), 한눈에 읽는 현대 철학, 서울 : 휴머니스트.

• 동아일보사(2005), 동아연감(부록 : 한국, 외국인명록), 서울 : 동아일보사.

• 박세길(1998), 다시 쓰는 한국 현대사, 서울 : 돌베게.

• 박은봉(1993), 한국사 100장면, 서울 : 가람기획.

• 성기산 옮김(Frederick Mayer)(1998), 위대한 교사들, 서울 : 문음사.

• 송은명(2008), 조선왕조 인물 왕조실록, 서울 : 포스트북스.

• 宋志英(1979), 山河, 그 人傑, 서울 : 培英社.

• 예지원 편집부 편역(1991), 세계를 움직이는 명언, 서울 : 예지원.

• 오광수(1976), 韓國現代畵家 十人, 서울 : 열화당.

• 李基白(1970), 韓國史新論, 서울 : 一潮閣.

• 이덕일(2007), 교양 한국사, 서울 : 휴머니스트.

• 이덕일(2016), 조선이 버린 천재들, 서울 : 옥당.

• 이보영 엮음(2009), 한권으로 읽는 이야기 세계사, 서울 : 아이템북스.

• 一然(1281~83), 三國遺事.

• 이종기 편저(1977), 위인들의 일화집, 서울 : 세종문화사.

• 이학 엮음(1990), 성서 명언록, 서울 : 청목서적.

• 이형기 엮어 옮김(2007), 인물로 풀어 쓴 이야기 중국사, 서울 : 아이템북스.

- 李炯雨 · 申敬淳 編著(1963), 東西逸話集, 서울 : 教友社.
- 李弘稙(1973), 國史大事典, 서울 : 百萬社.
- 중앙일보사(1985), VIP中央大百科, 서울 : 中央日報社
- 池榮在 編譯(1989), 中國詩歌選, 서울 : 乙酉文化社.
- 최향숙(2009), 고려왕조 500년, 서울 : 교학사.
- 하일식(1998), 연표와 사진으로 보는 한국사, 서울 : 일빛.
- 韓國佛教教化院 編(1991), 佛教說話大事典, 서울 : 佛教教化院.
- 한국역사연구회 고대사 분과 엮음(1998), 한국고대사 산책, 서울 : 역사비평사.
- 한창호 옮김(Richard Wiseman)(2007), 괴짜 심리학, 서울 : 지식하우스.
- 한홍구(2000), 대한민국사, 서울 : 한겨레신문사.
- 合同通信社(1980), 韓國人名辭典, 서울 : 合同通信社.
- 홍동선 옮김(Edward de Bono)(1995), 30인의 사상가, 서울 : 正宇社.
- 洪潤基(1973), 西洋故事逸話, 서울 : 瑞文堂.

〈영어 · 독어 참고문헌〉

- Bernett, White(ed.)(1957), This is my philosophy. New York : Harper and Brothers.
- Fadiman, Clifton, & Bernard Andre(ed.)(1985). Bertlett's Book of Anecdotes. New York : Little, Brown and Co.
- Foulkes, Paul(1970). Wisdom of the west. New York : Crescent Books Inc.
- Peter, Karl Heinrich(1961). Briefe zur Weltgeschichte. Stuttgart : Cotta'sche Buchhandlung.
- The New American Desk Encyclopedia. 3rd ed.(1993). New York : Penguin Books, Ltd.
- Marquis(2017 ed.), Who's Who, New Jersey, USA : Marquis.

〈일본어 참고문헌〉

- 印南 博吉 譯(K.H. Peter)(1964), 世界史を譯る手紙, 東京 : 筑摩書房.
- 音樂 友社(1962), 大音樂家の肖像と生涯, 東京 : 音樂の友社.
- 澤邊 有司(2003), 音樂家100人の言葉, 東京 : 彩國社.
- 高階 秀爾(1969), 近代美術の巨匠たち, 東京 : 美術出版社.
- 人間 研究會 編(1994), 天才の謎と祕密, 東京 : 青春出版社.
- 野末 陳平(1996), 中國の賢者 · 哲人の言葉, 東京 : 青春出版社.
- 博學 俱樂部 編(1992), 天才の不思議, 東京 : 青春出版社.

- PHP文庫(2008), 常識としての世界 哲學, 東京 : PHP出版社.
- 福島 章(1989), 天才の精神分析, 東京 : 新曜社.
- 三浦 一郎・山口 修 編(1966), 世界史の謎, 東京 : 每日新聞社.
- 宮崎 正勝(1999), 早わかり東洋史, 東京 : 實業出版社.
- 守屋 洋(1985), 中國古典の人間學, 東京 : 新潮社.
- 守屋 洋(1986), 續 中國古典の人間學, 東京 : 新潮社.
- 守屋 洋(1987), 中國古典の名言錄, 東京 : 新潮社.

＊ 이 밖에 신문, 잡지, 인터넷 정보자료들을 많이 인용했음을 밝혀둔다. 신문이나 잡지에서
  인용했을 경우에는 필자의 성명을 밝혀두었다.

〈용어집〉

〈고려·조선조의 신하(臣下)의 표기와 종류〉
- 중신(重臣) : 중요한 직책에 있는 신하(관원)
- 상신(相臣) : 영의정(영상), 좌의정(좌상), 우의정(우상)의 삼정승을 말함
- 권신(權臣) : 실권을 잡고 있는 신하
- 간신(奸臣, 姦臣) : 간사한 신하
- 충신(忠臣) : 충성을 다하여 섬기는 신하
- 공신(功臣) : 임금과 나라의 이익에 크게 이바지한 신하
- 정승(政丞) : 영의정, 좌의정, 우의정 삼정승을 말함(총리)
- 판서(判書) : 육조(六曹)의 우두머리(장관)
- 참판(參判) : 판서 아래의 차석(차관)
- 대사간(大司諫) : 사간원의 우두머리 : 정3품(감사원장)
- 대사원(大司院) : 임금께 간하는 일(감사원)

〈서양의 작위〉
- 공작 : duke—duchess(여성) : 왕의 형제들. 우리나라의 군(君)에 해당
- 후작 : marquis—marquess
- 백작 : count—countess(or earl)
- 자작 : viscount—viscountess
- 남작 : baron—baroness

동서고금 명사들의 일화집

역사를 만들고 일화로 남은 사람들

초판인쇄 2019년 11월 28일 인쇄
초판발행 2019년 12월 5일 발행

자료정리 · 집필 : 김재은
자료수집 · 표지디자인 : 김준현
발행인 : 서 영 애
펴낸곳 : 대양미디어

서울시 중구 퇴계로45길 22-6(일호빌딩) 602호
등록일 : 2004년 11월 8일(제2-4058호)
전화 : (02)2276-0078
E-mail : dymedia@hanmail.net

ISBN 979-11-6072-054-9 03900
값 30,000원

이 도서의 국립중앙도서관 출판예정도서목록(CIP)은 서지정보유통지원시스템 홈페이지
(http://seoji.nl.go.kr)와 국가자료공동목록시스템(http://www.nl.go.kr/kolisnet)에서
이용하실 수 있습니다.(CIP제어번호 : CIP2019045525)